Johann Gottfried Bernhold

Vollständiges Register der Köhlerschen Münz-Belustigung

Johann Gottfried Bernhold

Vollständiges Register der Köhlerschen Münz-Belustigung

ISBN/EAN: 9783742890436

Hergestellt in Europa, USA, Kanada, Australien, Japan

Cover: Foto ©ninafisch / pixelio.de

Manufactured and distributed by brebook publishing software
(www.brebook.com)

Johann Gottfried Bernhold

Vollständiges Register der Köhlerschen Münz-Belustigung

Vollständiges Register

über die

XXII Theile

der

Köhlerischen Münzbelustigungen

in sich enthaltend

ein

Vierfaches Verzeichnis

I. Aller darinnen vorkommenden Münzen.
II. Der auf denselben befindlichen Sprüche.
III. Der darinnen erklärten Wappen,

und

IV. Einen hinlänglichen Auszug der darinnen vorkommenden Personen und Sachen

verfertiget

von

Johann Gottfried Bernhold,

öffentlichen Lehrer der Geschichte auf der Universität Altdor.

Nürnberg, bey Christoph Weigels, des ältern, Kunsthändlers seel. Erben,
wohnhaft gegen der grossen Wag über.

Gedruckt, mit Felßeckerischen Schriften, 1764.

Dem Durchlauchtigsten Fürsten und Herrn
Herrn
Carl Thomas,
Des H. R. R. regierenden Fürsten
zu Löwenstein-Wertheim,

Souverainen Fürsten zu Chaſſepierre, Grafen zu Königſtein, Rochefort und Montaigu, Herrn zu Epſtein, Münzenberg, Schaffeneck, Breuberg, Kerpen, Caſſelburg, Herbemont, Neufchâteau, Weſſeritz, Schwanberg, Guttenſtein, Zebau, Skupſch, Haydt, Bernardit, Malkowitz, Roſenberg und Heubach ꝛc. ꝛc. Ihro Römiſch-Kaiſerlich- und Königl. Majeſtät würklichen Cämmerern und Sr. Churfürſtl. Durchl. zu Pfalz General-Lieutenant der Infanterie, des St. Huberti- und Rothen-Adler-Ordens Rittern ꝛc. ꝛc.

Meinem gnädigſten Fürſten und Herrn.

Durchlauchtigster Fürst/
Gnädigster Fürst und Herr!

Ew. Hochfürstl. Durchlauchtigkeit geruhen in Gnaden aufzunehmen, wenn sich meine Wenigkeit unterstehet, gegenwärtiges Register zu den Köhlerischen Münzbelustigungen, als ein Zeichen meiner unterthänigsten Ehrfurcht und tiefsten Verehrung zu überreichen, und demüthigst zu Dero Füßen zu legen. Das gnädige und huldreiche Bezeigen Ew. Hochfürstlichen Durchlauchtigkeit überhaupts gegen iedermann, auch gegen Dero geringste Diener; und insonderheit Ew. Hochfürstl. Durchlauchlauchtigkeit hohe Einsichten, und Erfahrung in dem weiten Umfang gelehrter Kenntniße, auch gnädigste Neigung zu der Gelehrsamkeit, und fördersamst zu den schönen Wissenschaften, haben mich beherzt gemacht, meiner, ob gleich in der Hauptsache nicht eigenen, doch mühseeligen und hoffentlich nützlichen Arbeit, durch Vorsetzung Dero Durchlauchtigsten Nahmens, maiestätischen Bildes, und vorzüglich schöner Münzen die gröste Ehre und Zierde beyzulegen. Da die Köhlerischen Münzbelustigungen öfters eine angenehme Beschäftigung großer Prinzen und hoher Häupter bisher gewesen, und auch künftig, ihrer Anmuth wegen, warscheinlich seyn werden; da die einzeln Theile des Werkes alle, Durchlauchtigsten Fürsten, Erlauchten Grafen und hohen Hochstpreißlichen Ministern und Staats-Männern, vom seeligen Köhler sind unterthänigst zugeeignet und gnädigst und geneigt aufgenommen worden: so schmeichle ich auch mir mit vieler Zuversicht, daß Ew. Hochfürstliche Durchlauchtigkeit, diesem Auszuge, und meiner Hoffnung nach, dienlichem Schlüssel zum gemächlichen Gebrauch des belobten Köhlerischen Werkes, die angemaßte Ehre und Würdigung, durch diese unterthänigste Zueignungs-Schrift, nicht in Ungnaden misgönnen, sondern nach gewohnter Hochfürstlicher Huld und Gnade, einen heitern und gnädigen Blick auf dieses geringste Opfer der Demuth, und auf Ew. Hochfürstlichen Durchlauchtigkeit unterthänigsten Knechtes devoteste Absichten, gnädigst zu werfen, geruhen werden. Ich sollte hiernächst, diese erwünschte Gelegenheit ergreiffen, um durch ein öffentliches Zeugnis Ew. Hochfürstlichen Durchlauchtigkeit unvergleichliche Fürsten- und Helden-Tugenden zu preisen. Alleine, so wenig sich der vortreflichsten Fürsten ruhmwürdige Eigenschaften der Welt verbergen können, so wenig reichet mein Unvermögen und meine Armuth an Beredsamkeit hin, solche nach Würden zu erheben: ob ich gleich in Dero Durch-

lauch-

lauchtigsten Höchsten Person, den Fürsten= und Heldenmuth, die Klugheit, die Liebe zur Gerechtigkeit, die gnädige Neigung zur Beförderung der Wissenschaften, den Eifer und mildreiche Gesinnung der Unterthanen Flor, Heil und Eintracht zu befördern, eines Großmächtigen Churfürst Friedrichs, des Großen Stammvaters des Hochfürstlich und Hochgräflich Löwensteinischen Haußes; eines Erlauchten Graf Ludwigs von Bayern; eines um drey Kaiser und das teutsche Reich hochverdienten Graf Ludwigs von Löwenstein und Wertheim; eines glorreichsten Fürst Maximilian Carls, der durch Tugend, Staats=Klugheit, große Wissenschafft, Tapferkeit, unvergleichliche Treue, und unzälige Verdienste um Ihro Kaiserliche Maiestäten und das ganze Reich, sich den Reichsfürsten=Stand, nebst so vielen glänzenden und herrlichen Würden, höchsten Aemtern und Kaiserlichen Statthalterschaften, ruhmwürdigst verdienet; eines huldreichen Fürst Dominicus, Dero Durchlauchtigsten und Höchstseeligen Herrn Vaters, kurz: alle die so höchstrühmliche Neigungen und fürstliche Eigenschaften Dero Erlauchten und Durchlauchtigsten Vorfahren, als ein Erbeigentum in Höchstderoselben Durchlauchtigsten Person, sage ich, anzutreffen; zu bewundern, zu preisen und ehrfurchtsvoll unterthänigst zu verehren und zu rühmen habe. GOtt der allmächtige verleihe, daß Ew. Hochfürstl. Durchlauchtigkeit, als ein so preißwürdiger Fürst sich ferner einer, bis in das allerspäteste Alter daurenden höchstgeseegneten Regierung mögen zu erfreuen haben! Er mehre und hebe den Glanz und Herrlichkeit des ganzen Hochfürstlichen Löwensteinischen Haußes bis zum Gipfel der vollkommensten Glückseeligkeit; und lasse absonderlich Ew. Hochfürstliche Durchlauchtigkeit durch Dero Einzige an Fürsten=Tugenden und Schönheit vollkommene Prinzeßin Tochter

Tochter, die Durchlauchtigste Fürstin von Hohenlohe-
Schillingsfürst, durch viele, den vortreflichsten Ahnherren
ähnliche, Fürsten-Enkel künftig erfreuet und das Durchlauchtigste Blut ausgebreitet werden. Ich unterfange mich
noch schlußlich, mir die Gnade demütigst zu erbitten, daß ich
mich aus tiefester Devotion Zeitlebens nennen dürfe.

Ew. Hochfürstlichen Durchlauchtigkeit

Meines gnädigsten Fürsten und Herrn

Unterthänigst-gehorsamster Knecht,
Johann Gottfried Vernhold.

Vorrede.

Es ist schon seit vielen Jahren, nachdem die unvergleichlichen Köhlerischen Münzbelustigungen auf viele Theile angewachsen sind, von Kennern und Liebhabern dieses so angenehmen als nützlichen Werks vielfältig gewünschet worden, daß ein brauchbares allgemeines Register dazu möchte verfertiget werden. Nun ist zwar dergleichen, sonderlich schon von den X ersten Theilen versprochen, und als fertig zum Drucke, angegeben worden. So ist auch nachher verschiedene mahle ein Index nach Endigung des ganzen Werkes angekündiget und würklich daran zu arbeiten angefangen wor-

Vorrede.

worden. Gleichwol aber hat es aus allerhand Ursachen, nicht zum Stande kommen wollen. Ungefehr schickte sichs, daß der Herr Verleger und Miterbe der berühmten Weigelischen Kunst-Handlung, mit einem lieben Freunde von mir auf mich zu reden kam, und denselben befragte: ob ich mich etwan dieser Arbeit unterziehen möchte? Ich ließ mich nicht zweymal deswegen befragen, sondern nahm den Antrag mit Vergnügen an; da ich theils diese Münzbelustigungen selbst so gerne und oft zur Hand nehme, theils immer selbsten ein bequemes Register dazu wünschte; theils und vordersamst aber mir eine wahre Freude daraus machte, dem mit unsterblichem Ruhm und Ehre gekrönten wolseeligen Herrn Köhler, den ich, zwar noch als ein Knab, doch als meinen gütigsten Gönner, und noch kurze Zeit als theuersten Lehrer allhier verehren durfte, einen Nachtrag, zu seinem, in der Welt so sehr beliebten, Münz- und Historischen Werke zu liefern, und gleichsam die letzte Hand daran, zu dessen leichterm Gebrauch zu legen. Es muste mir auch um deswillen diese Arbeit ein besonders Vergnügen erwecken, daß, da der wolseelige Herr Verfasser, hier zu Altdorf in der Stelle eines öffentlichen Lehrers der Geschichte, welche ich seit einigen Jahren zu bekleiden die Ehre habe, angefangen hat, seinen Ruhm durch diese Münzbelustigungen, noch mehr auszubreiten, ich nun an eben dem Orte und in der nehmlichen Stelle, die letzte erforderliche Zugabe zu verfertigen von ungefehr bestimmet bin worden. Wie glücklich will ich mich schätzen, wenn meine, gewiß nicht ohne große Mühe und Fleiß verfertigte Arbeit, ihren Endzweck erreichen und der hoch-

geneig-

Vorrede.

geneigten Leser Beyfall erlangen kan! Ich schmeichle mir mit der Hoffnung, daß die getroffene Einrichtung und Eintheilung, sonderlich den Liebhabern der Münzwissenschaft und Erfindern der Münzen, nicht misfällig, sondern brauchbar seyn werde. Ich schmeichle mir, daß nichts wichtiges leicht ausgelassen ist, sondern daß bey Zusammenhaltung des Münz- und Realregisters, alles Merkwürdige angezeiget und ohne Mühe zu finden seyn werde. Unterdessen ist keine menschliche Arbeit ohne Fehler und Tadel. Wie leicht wäre es also, in einem so weitläufigen und mannichfaltigen Werke ein oder mehrere Versehen zu begehen? Sollte mir dergleichen nun zuweilen, wie ich gar gerne glaube, begegnet seyn, so hoffe ich doch gewiß, daß Kenner und verständige Beurtheiler es leichtlich vergeben, und meinen Fleis und Arbeit beswegen nicht geringer schätzen werden. Ich hätte die Artickel noch um viele hunderte leicht vermehren können, und, wie vielleicht einige glauben möchten, sollen. Allein ich hielte es für allzuweitläufig und unnöthig, solche Sachen und Personen anzuzeigen, von welchen wenig, ausser dem Nahmen, gesagt oder bemerket ist; oder die unter andern Hauptartickeln leicht zu vermuten und zu suchen sind. Nicht gerne wollte ich eine Sache unter viele Artickel bringen; und ich weiß, man wird mir dieses danken. Hingegen wird mir vielleicht mancher zum Vorwurf machen: daß in dem Realregister bey vielen Artickeln mehr Umstände angeführt und bemerket worden, als zur Anzeige eines Registers nöthig sey. Ich will nicht in Abrede seyn, daß ich einige Bogen mehr dadurch angefüllet; aber ich glaube doch, der vermeinte

Vorrede.

meinte Schaden und Verdruß werde leicht ersetzet, wenn man oft im Nachschlagen und Auffuchung eines historischen, chronologischen, genealogischen Umstandes, unter einer Arbeit, hinlängliche Nachricht ohne Weitläufigkeit und auf einen Blick, so zu sagen, ohne von einem Bande zum andern laufen zu dürfen, in diesem Register, soll ich sagen? oder Auszug und Kern des ganzen Werkes? findet. Vielleicht mag dadurch diese Arbeit auch manchem ziemlich zu einem historischen Handbuche dienen. Sie würde gewiß in vielen Theilen der Geschichte völlig dafür gelten, wenn der Wolseelige Verfasser sein Werk noch 10 Jahre hätte der Welt zum Vergnügen fortsetzen können, und bey längerm Leben hier und dort mit Ruckficht weiter geschrieben hätte. Was ich für eine Ordnung in Eintragung der Artickel gebrauchet, lässet sich leicht übersehen. Man hat manches unter allgemeinen Titeln, das meiste unter speciellen zu suchen. Kaiser, Könige, Chur-Geist- und Weltliche Große Fürsten stehen unter ihren Taufnahmen, wie gewöhnlich; die meisten ausländischen Fürsten aber, z. E. Conbe, Medices, Gonzaga 2c. unter ihren Geschlechts-Nahmen, so wie die Reichs-Grafen, Freyherren u. a. m. Könige und Fürsten gleiches Nahmens sind alphabetisch nach ihren Reichen und Staaten angesetzet. Doch ich will mich und den geneigten Leser mit leicht in die Augen fallenden Dingen nicht weiter aufhalten, sondern nur noch etwas weniges von den vor der Dedication abgestochenen Hochfürstlich-Löwensteinischen Münzen geben; ken. Es hat mich zu deren Vorstellung als eine Neben-Ursache mit veranlaffet, daß der seelige Herr Köhler zu der Zeit, als er den

XIten

Vorrede.

XIten Theil der Münzbelustigung verfertiget, in der Vorrede Seite 10, wo er von den Fürstl. Löwenstein-Wertheimischen Thalern redet, nicht anderst hat schreiben können, als daß des Fürst Maximilian Carls beide Herren Nachfolger, dessen Herr Sohn, der Hochseel. Fürst Dominicus Marquard, der A. 1735 den 11 März verschieden, und dessen Enkel, Se. iezt regierende Hochfürstliche Durchlaucht, Carl Thomas, keine Thaler nach ihm weiter gemünzet hätten. Nachdem nun aber höchstgedachte iezt regierende Hochfürstliche Durchlauchtigkeit, diesem Abgang auf gedoppelte höchstrühmliche Art A. 1754, durch Ausprägung eines ungemein schönen Thalers und eben so feinen Ducatens abgeholfen, beide schöne Münzstücke aber ungeachtet ihres iungen Alters doch ungemein rar geworden sind; so wird dieser Abdruck den Münzliebhabern und Besitzern der Köhlerischen Münzbelustigungen kein unangenehmes Supplement seyn. Den Thaler hat der hochberühmte Herr Prof. Ioachim, zu Halle, in seinem neueröfneten Münz-Cabinette im I Theil Tab. XXV n. 2. zwar schon einrücken lassen, dennoch kan er in der Gesellschaft des feinen Ducatens nicht überflüßig, sondern wird dem Köhlerischen Münzwerke noch eine Zierde allezeit seyn und bleiben: da sonderlich der Ducate, meines Wissens, noch nirgends in einem Münzbuche recensiret, und auch vom iüngern Herrn Prof. Köhler, dem so geschickten Nacheiferer der väterlichen Gelehrsamkeit, Geschichtkunde und Münzwissenschaft, in seinen schönen Ducaten-Cabinette nicht angefüret stehet. Beide nun, der Ducate und der Thaler, haben meist einerley Gepräge, einerley Geburtszeit, und einerley Verfertiger, an dem berühmten und vorzüglich kunstreichen Medailleur Peter Paul Werner zu Nürnberg, dessen Nahmens-Buchstaben unter dem abgeschnittenen Arme der Brustbilder angezeigt sind. Man findet auf beider Aversen das geharnischte Brustbild des Durchlauchtigsten Fürsten, auf dem Thaler mit dem Ordens-Creuz vom rothen Adler auf der Brust. Die Umschrift heißt: CAROL.us D.ei G.ratia R.omani I.mperii

Vorrede.

PRINC.eps IN LÖWENST.ein et WERTH.eim. Die Rückseite enthält einen mit einem Fürstenhut bedeckten zweymal gespaltenen, auf dem Thaler zierlich gebogenen modernirten, auf dem Ducaten etwas länglichtrunden Wappenschild mit einem Mittelschilde; oder, wie man sagen will: einen dreymal in die Länge und so vielmal in die Quere getheilten Schild. Den Schild umgiebt die Kette von St. Huberts-Orden, (welchen S. Hochfürstl. Durchl. seit 1751, samt dem rothen Adler-Orden, sich und dem Orden zur Ehre tragen) durch dessen herabhängendes Creutz die Jahrzahl 1754 getheilt wird. Die Umschrift heißt: Constantia et Prudentia: Durch Beständigkeit und Klugheit. Uebrigens findet sich die merklichste Verschiedenheit in den Schildhaltern. Denn auf dem Thaler vertretten 2 Löwen diese Stelle; hingegen sind auf dem Ducaten die Beständigkeit und Klugheit, von welchen die Tapferkeit nie ferne ist, als die ächten Stamm- und Wappenhälter der fürstlichen und höchsten Häußer, und als die wahren Sinnbilder der Löwensteinischen Durchlauchtigsten Fürsten, zu sehen. Ich habe nicht Ursache, mich mit genauer Zergliederung und Beschreibung des Hochfürstl. und Hochgräflichen Wappens von Löwenstein-Wertheim aufzuhalten, da es der seelige Herr Verfasser im V Theil der Münzbelustigung S. 338 schon genau und richtig gethan hat; worinnen Ihm Herr Joachim l. cit. gefolget, und auch einige merkwürdige Lebensumstände des gnädigsten Fürsten angeführet; die aber noch sehr unvollständig sind und zur andern Zeit nach höchstem Verdienst und Würden zu Höchstderoselben Ruhm bey besserer Muse können und sollen nachgeholet werden; so wie verschiedene Fehler in verschiedenen genealogischen Handbüchern, in Ansehung der neuesten Hochfürstl. Löwensteinischen Genealogie zu verbessern übrig bleiben. Noch eines muß ich vom Hochgräfl. Löwensteinischen Wappen anmerken, daß dasselbe sonst 4 Helme über dem Wappenschilde stehen hatte, aus welchem der Löwensteinisch gekrönte Löwe, der wertheimische wachsende goldne Adler

und

Vorrede.

und die Breubergischen Balken-Fähnlein, der Bayerische goldne rothgekrönte Löw, und die Virneburgischen Rauten hervorgehen. Fürst Maximilian Carl hat den Fürstenhut statt der Helmzierde, über den Schild gesetzt und denselben mit dem Fürsten-Mantel umgeben, wie Köhler V, 417 zeigt. Noch andere Aenderungen lassen sich aus des Hochberühmten Herrn Prof. Gatterers Wappen-Calender S. 176 f. abnehmen und erlernen. Endlich wird es doch auch nicht überflüßig seyn, noch etwas von dem althergebrachten Münzrechte der Grafen von Wertheim anzuhängen, da es der seelige Herr Verfasser verschwiegen. Man findet am ersten, daß Graf Eberhard von Wertheim A. 1363 vom Kaiser Carl IV einen sehr rühmlichen Lehenbrief, Pfenning und Hellermünz nach Würzburgischen und Miltenberger oder Hällischen Schröt und Korn zu schlagen, erhalten hat. Ein anderes und wichtigers Münzdiploma erfolgte von dem nehmlichen Kaiser im Jahr 1368 zu Bamberg an der Vastnacht datirt; worinnen dem Grafen zu Wertheim sein Wappen auf die Münzen zu setzen und dieselben auf Nürnbergischen und Frankfurtischen Fuß zu schlagen erlaubt und vorgeschrieben ist worden. So belehnte auch Kaiser Ruprecht Graf Johannsen A. 1498 mit der Münze zu Wertheim, zu Creuzwertheim. Mit der Grafschaft Wertheim, und zwar durch die glückliche eheliche Verbindung der reichen Erbtochter Graf Ludwigs von Stollberg, der vortreflichsten Gräfin Anna mit Graf Ludwig von Löwenstein, ist nun auch nothwendig das Wertheimische Münzrecht, samt vielen andern Vorrechten und Glückseeligkeiten auf das Erlauchte und nun auch Durchlauchtige Haus Löwenstein transferirt und zu üben fortgesetzet worden. Es haben die Herren und Grafen von Wertheim und Löwenstein also nicht nur ein alt privilegirtes Münzrecht; sondern die Stadt Wertheim wird auch unter die Ordinari Münzstädte des fränkischen Craißes gerechnet, wie z. E. aus einem Münzprobations-Abschied von 1624 zu Regenspurg, der 3 correspondirenden Craiße

Fran-

Vorrede.

Franken, Bayern und Schwaben erhellet. In den auch damals verwirrten Münzzeiten, schien es doch, als ob die Herren Grafen von Löwenstein, zu völliger Richtigkeit im Münzwesen einiger Erinnerung der correspondirenden Craiße gebraucht hätten, wozu sie aber ihre Bereitwilligkeit hernach zeigten; und weiter hinaus die Herren Brüder Graf Ferdinand Carl und Johann Dietrich, Rochefortischer Linie A. 1644 auf Ausschaffung des ungehaltigen Geldes und Abschaffung des Wuchers durch ein Edict vom 24 Junius zu Wertheim rühmlich und ernstlich dachten; wie solches alles der im Münzwesen so hoch erfahrne Herr Hof-Cammerrath Hirsch in seinem vortreflichen T. Reichs-Münz-Archiv, Th. I, 33. 40. 62. Th. IV, 244. 271. 277. 312, Th. V, 159. 366. ꝛc. documentiret.

  Hiemit empfehle ich mich zur Gewogenheit des Hochgeneigten Lesers, und versichere, daß der Rest oder 2te Band dieses Registers, der schon völlig ausgearbeitet vorhanden ist, sogleich unter die Presse genommen werden soll. Geschrieben, Altdorf den 22sten April 1764.

I. Münz-

I. Münzregister,

Oder Verzeichnis von allen in diesen 22 Theilen und deren Vorreden erklärten oder auch nur angeführten Münzen von allerley Sorten und allen andern zur Münzwissenschaft gehörigen Dingen.

Die römische Zahl zeiget den Theil, die gemeine aber die Seite, und das V. die Vorrede an. Da die Vorreden nicht in allen Theilen ihre Seitenzahlen haben, so hat man unterweilen nach den Paragraphen, und manchmal nach der Signatur des Bogens citiren müssen. Das Sternlein gibt zu erkennen, wo eine Münze im Kupferstiche vorgestellet worden. Stehet unterweilen hinter der gemeinen Zahl ein Creutz, so bedeutet es, daß in dem Werke selbst eine Unrichtigkeit im Zehlen der Seiten vorgegangen sey. Der Buchstabe f. zeigt, daß auch eine oder mehrere folgende Seiten unter der Citation mit begriffen seyen.

A.

Aachen. Verzeichnis der Thaler dieser Stadt, XVIII V. 1. 3. Sie hat sich allein unter den Reichsstädten schon seit langen Jahren des Thalermünzens gänzlich enthalten, 3. Ein Thaler von

I. Münzregister.

von 1571, * VII, 89. andere Münzen dieser Stadt, 96. Ein Thaler von 1596, worüber der Kaiser das äuserste Misfallen bezeugt, und warum? 96. XVIII B. 2. 3.

Aberglaube. Mit den Räbleinsducaten, I, 420. mit den Händleinspfenningen, IV, 290. XII, 264. mit einem münsterischen Thaler, worauf das wunderthätige Crucifix zu Cösfeld, V, 218. Verzeichnis verschiedener Münzen, die vor allerley Ubel bewahren sollen, VI, 100. f. Aberglaube mit den Rosenobeln, VI, 326. mit einer Jesusmünze, VI, 353. Abergläubische Zäuberinmünze, Talisman, Sigillum Solis, VIII, 353. Ein fälschlich für ein Amulet oder magische Münze gehaltenes aus vermischtem Metall gegossenes Stück, XIV, 145. f. Abergiaube mit dem S. Georgen-Thaler, XVI B. 3. XXI, 105. f.

Acye, siehe Asper.

Achtköpfigte Thaler, IX B. 17. Warum sie ietzt selten sind, ib.

Aebte, reichsfürstliche. Ihre Thaler sind noch seltener, als die bischöfliche, V B. 25. Verzeichnis derselben nach dem Alphabet, V B. 25 ‒ 28.

Aebtißinnen. Verzeichnis ihrer Thaler, V B. 28 ‒ 30.

Agnel, Agnelet, eine französische Goldmünze, III, 212.

Alba siehe Niederlande.

Albertusthaler, VII B. 22. ausfürliche Nachricht davon, XIX, 101. f.

Albrechtsthaler, Herzog Albrechts Güldenthaler, VI B. 12.

Alchymie. Die zween kronemännischen angeblich aus alchymischem Silber gemachte Thaler, VI B. 21. VII, 265. der dritte, IX, 417. hauptrarer dreyfacher holsteinischer und sachsenlauenburgischer Thaler, VII B. 33. X B. 21. f. XII, 223. f. ein hessischer Thaler, XVI, 1. ein solcher Gedenkpfenning in der wienerischen Schatzkammer, 5. Einbildung, als wären die Rosenobeln daraus gemacht, VI, 327. dergleichen Einbildung von einem erfurtischen Thaler, widerlegt, XXI, 66. f.

Alciatus, Andreas, ein grosser Rechtslehrer in Frankreich und Italien. Eine rare Schaumünze auf ihn, * XVI, 117.

Alethophilorum Societas. Gedächtnismünze darauf, von 1736, * XII, 365.

Alkemäde schreibt von den Münzen der Grafen von Holland, VI, 327. ꝛc.

Alt Schrot und Korn. Was diese Münzformel heise, VIII, 323.

Alten-

I. Münzregister.

Altenburgischer Creutzdreyheller oder Händleinspfenning, * XII, 257. ist nicht vom Gegenkaiser Rudolph, 258. f. noch vom Kaiser Heinrich dem vierten, 259. f. noch von den Grafen von Orlamünde, 260. f. noch von der schwäbischen Reichsstadt Halle, 261. sondern in Altenburg geschlagen worden, 262. Diese war ehedem eine Reichsstadt, 262. ihre uralte Münzgerechtigkeit, 262. warum er zu den altenburgischen Münzen gehöre, 263. was die Hand und das Creutz darauf bedeute, 263. f. wer davon geschrieben, 164. Siehe auch Händleinspfenning.

Altyn, Altine, rußische Münze, XVIII, 298.

Amadies, savoyische goldne Münzen, V, 392.

Andachtsthaler, siehe Catechismusthaler.

Anderson, Johann, Burgermeister in Hamburg. Dessen Begräbnismünze, * XVII, 343. ein anderes Gepräge davon, 309.
— Jacob, siehe Ruddimann.

Angel, Engel, englische Goldmünze, XVII, 378. f.

Anges, (les) Angelotes, französ. Goldmünze, III, 212.

Angster, Augustl, eine Münze der geistlichen Fürsten, XXI, 42.

Anhalt. Hat sein Münzrecht von 1340, VI B. 1. das Recht, goldene Münzen zu schlagen, von 1505, 16. der allerälteste anhaltische Thaler, 2. Eintheilung der anhaltischen Thaler, 3. was wegen eines auf einen Thaler zu setzenden Spruches vorgegangen, 4. anhaltischer Gesamtthaler von den Stiftern der 5. Linien in diesem Fürstl. Hause, 1615, * VI, 177. ein Doppelthaler von 1618, VI, 445. Seltenheit der anhaltischen Thaler, I, 206. Eine der ältesten Medaillen des Fürstlichen Hauses Anhalt, mit 5 Gesichtern, 1569, * XIV, 257. eine ältere mit 3 Gesichtern, 258. ein rarer Thaler mit 4 Gesichtern, 258.

Anhaltbernburgische Thaler, VI B. 6. f. des Fürsten Victor Friederichs zu A. Bernburg schöner Thaler, von 1744, * XXI, 97. ist ein seltenes Stück, so neu es ist, 98. sein Gehalt, 98.

A. cöthenische Thaler, VI B. 9. f. Prinz Ludwig des jüngern zu A. Cöthen Begräbnisthaler von 1624, * I, 201. der Princeßin Louise Amöna daselbst Begr. Thaler von 1625, 207. der Fürstin Amöna Amalia daselbst Begräbnisthaler von 1625, 207. 430. Fürst August Ludwig zu A. Cöthen schöner Thaler von 1747, * XIX, 281. mehrere anhaltische Münzen und Medaillen, 282.

A. deſſauiſche Thaler, VI B. 5. f.
A. zerbſtiſche Thaler, VI B. 7. f.
A. zerbſtiſche Medaillen von Koch verfertigt, XIII B. 23 ‒ 26.
Fürſt Johanns von A. Zerbſt Begr. Thaler von 1667, * X, 225.
Die erſte geprägte Schaumünze von Silber aus dem neuaufgenommenen Bergwerke zu Harzgerode im Fürſtenthum Anhalt, 1693, * XIV, 297. Thaler und andere Münzen auf die Bergwerke und Ausbeute, 301. f.
Fürſt Wilhelms zu Bernburg groſſe Medaille auf die harzgerodiſche Silber-Grube, 302.

Anſpach. Gedächinismünze auf die daſelbſt erneuerte S. Gumperts-Stiftskirche, 1738, * X, 409. Sonſt ſiehe Brandenburg.

Aquila. Ein ſehr rarer kupferner Vierling der wider K. Ferdinand I. in Sicilien ſich empörenden Stadt Aquila, von 1485. * XXI, 377.

Aquileia. Zween alte Pfenninge der Patriarchen daſelbſt, Raymunds und Pagans, aus dem 13 und 14 Sæc. * XXI, 153. ihre Münzgerechtigkeit, 154. mehrere Nachricht von daſigem Münzweſen, 157. f.

Arcadiſche Verſammlung gelehrter Leute in Rom; ein einſeitiges Schauſtück mit ihrem Sinnbilde, * XVII, 41.

Aremberg, Thaler und Gulden dieſes Fürſtl. Hauſes, XI B. 2. 3.

Arends Münzbuch, ſehr gerühmt, XIII, 168. verſchiedene Ausgaben, 168. Mängel deſſelben, ib.

Aretinus, Peter, Medaille auf ihn, * III, 73. wer ſie inventirt haben möchte, 79. ob ihm das Beywort diuus oder diuinus zukomme, 79. eine andere Medaille, 80. noch eine kleinere, 422. ein rares Schauſtück von ſeiner Beyſchläferin und der mit ihr erzeugten Tochter, * XVI, 193. Verzeichnis von 5 ihn betreffenden Schauſtücken, 194. f.

Arias Montanus, Bened. Gedächtnismünze auf ihn, wegen des ihm antwerpiſchen Bibelwerks, von 1569, * XI, 217.

Arioſto, Ludwig, ein rares Schauſtück auf dieſen berümten italieniſchen Poeten, * XVII, 33.

Ariſtoteles. Vorgebliche Münze auf ihn, XII, 282. wer ſie erfunden, ib. mehrere ſolche neugemachte Münzen auf alte Philoſophen ꝛc. ib.

Arnold, Andreas, ſchreibt de denario Petri, I, 23.

Aslani, ſo nennen die Türken einen Thaler, X, 290.

Aſper, die kleinſte Silbermünze in der

I. Münzregister.

der Türken, X, 289. heißt auch Acge, ib.

Attila. Eine in neuerer Zeit auf ihn gemachte Medaille, * II, 313. eine kleinere Medaille von ihm, 317. ob noch mehrere Münzen von ihm vorhanden seyen, 317.

Auersperg. Graf Joh. Weichards von Auersperg Thaler auf seine Einführung in den Reichsfürstenrath, ꝛc. 1654, XI B. 3. 4.

Augspurg. Bischöfe. B. Bruno sehr rare harte Münze zu Anfang des 11 Saec. * XXI, 41. B. Peters 3 Pfenninge von 1441, XXI, 46. Bischöfliche Thaler gibt es sehr wenige, IV B. §. 9. Sie haben die Freyheit zu münzen von Kaiſ. Carl IV erlangt, ib. Biſch. Heinrichs V rarer Thaler zwiſchen 1619 und 46, * XX, 113. woraus zu erkennen, daß er ihm zugehöre, 114. B. Johann Chriſtophs Thaler von 1681, * IV, 113. B. Alexander Siegmunds zierlicher Thaler von 1694, * XII, 49. B. Joſephs Thaler von 1744, * XIX, 369. noch 2 kleinere ſehr ſaubere Münzen von ihm, 375.

— Stadt. Wenn ſie das Münzrecht erhalten, XV, 232. XVIII B. 3. 4. ihre erſte Gold- und Silbermünzen, XV, 232. hat gar ſpät angefangen, ſich des Rechtes, Thaler zu münzen, zu gebrauchen, XVIII B. 4.

ihre Thaler, XVIII B. 3. 6. ſonderbarer Thaler von 1625, * VI, 113. ſehr rare Schaumünze auf ihren verbeſſerten Zuſtand durch die ſchwediſche Einnahme, 1632, * X, 41. ein Thaler von demſelben Jahre, mit K. Guſt. Ad. in Schweden Bildnis und Wappen, 48. künſtliches Schauſtück mit ihrem ſchönen Rathhauſe, 1677, * V, 1. Auslegung davon in lat. und teutſchen Verſen, 3. wer es angegeben und prägen laſſen, nemlich der Stadtpfleger, Leonhard Weiß, 6. dem auch ſonſt die Anrichtung der neuen Münze und die Erfindung und Förderung ſo mancher vortreflichen Medaillen zu danken iſt, 7. zween neue und ſehr zierliche Ducaten, von 1742 und 43, * XV, 225.

Auguſtales, eine goldene Münze, II, 303.

Avguſti, Angſter, Münzen der geiſtlichen Fürſten, XXI, 42.

Ausbeutmünzen. Johann Gottlieb Biedermann beſchreibt ſie, XXII, 138. Medaillen: aus den harziſchen Bergwerken, II, 157. 163. aus der rammelsbergiſchen Erzgrube, 157. f. anhaltiſche, 159. XIV, 297. 301. f. metalliſodinarum Truperdinarum, II, 429. Thaler: ein trieriſcher, II, 153. ſieben ilmenauiſche, 154. f. aus den Harzbergwerken,

werken, 156. VII B. 17. 18. heßische, II, 158. f. 192. VII B. 30. magdeburgischer, II, 159. dänische, 160. braunschweig-wolfenbüttelische, 161. VI B. 36. VII B. 8. braunschw. Communion-Ausbeutthaler, XVIII, 216. auf dem Oberharz geprägter, II, 191. VII B. 19. mehrere Ausbeutthaler, II, 162. f. fürstenbergischer, II, 169. norwegische, 191. 420. anhaltische, 192. VI B. 7. XIV, 301. stolbergische, II, 192. 429. böhmische, 192. salfeldische, 192. X B. 15. f. pfenburgischer, VII, 161. würtembergischer, X B. 35. ungarische, XX, 17. churpfälzischer, XXII, 137. Verzeichnis der Ausbeutthaler, XXII, 139. f.

Ausländische Thaler, welche? II B. §. 22.

Auswurfsmünze. Geschichte der Krönungs- und Auswurfsmünmünzen, VII, 394. f. Verzeichnis der neuern Auswurfsmünzen der teutschen Könige, 398. f. einige ältere, 397. des röm. Königs Rudolphs I. afische Krönungsmünze, VII, 393. Kaiser Adolphs, XIX, 153. Kaif. Francisci I, XVII, 369. böhmische: Kbn. Matthiä, II, 88. bey der Krönung Erzh. Ferd. IV. zum K. in Böhmen, XVI, 65. 68.

Auswurfsducate bey der böhmischen Krönung der Erzh. Maria Theresia, mit dem Titel Rex, XVI, 417. Bey Krönung der Kbn. Maria de Medices in Frankreich, III, 385. polnische: K. Michaels, II, 393. bey der ersten Vermählung Kbn. Sigmunds III, III, 145. 424. K. Johann Casimirs, XIII, 241. rußische, VIII, 257. schwedische: bey der Krönung K. Carl Gustavs, VIII, 17. 24. bey der Begräbnis K. Carls XII, XIV, 209. 214. Bey der ungarischen Krönung der Erzh. Maria Theresia, XIII, 313. Bey der Huldigung Chf. Fried. Wilh. von Brandenburg, als souverä-nen Herrn von Preusen, I, 352. IX, 177. bey Mrgr. Albr. von Brand. Huldigung, als Herzogs in Preusen, VI B. 16. Ein bey vorgehabter Installation des Prinzen Wilh. von Oranien zum Grafen von Holland zur Auswurfsmünze bestimmtes Stück, XVI, 264.

B.

Baaden. Der Marggr. zu Baaden Thaler sind wenig und selten, VI B. 10. Thaler der Mrgr. zu Baaden-Baaden, VI B. 10. zu Baaden-Durlach, 11. eines gedachteten Mrgr. Thaler, 11. fürstl. baadenische brüderliche Eintrachtsmedaille, von 1533, * I, 361. der Mrgr. Bernhard und

I. Münzregister.

und Ernſten Medaillen von 1533, I, 365. Mrgr. Eduard Fortunats einſeitige Medaille, * VIII, 313. er iſt ein falſcher Münzer, 316. deſſelben hauptrarer Thaler von 1590, * XVI, 117†. groſe Seltenheit deſſelben, 118†. Medaille auf Mrgr. Ludwigs von Baaden 1693 übernommenes Commando wider die Franzoſen, * V, 57.

Bachov von Echt, Freyherr Johann Friedrich, ſachſengothaiſcher Premierminiſter und Geheimenraths Director; drey Medaillen auf ihn, XIII B. 29.

Baͤckgte Groſchen, II, 236.

Balemann, Heinrich, Bürgermeiſters in Lübeck, Schauſtück von 1730, * XXII, 49.

Bamberg. Thaler der Biſchoͤfe, IV B. §. 10. des Domcapitels, ib. n. XX. eines Dompropſtes daſelbſt, ib. Kaiſ. Carl IV hat den Biſchoͤfen das Münzrecht erneuert, das ſie ſchon lange zuvor gehabt haben müſſen, ib. B. Johann Georgs Thaler, * III, 369. iſt zu Fürth gepraͤgt worden, IV, 446. B. Friederich Carls zu Bamb. und Würzb. ſchoͤner Ducate von 1729, und zweyerley Gepraͤge, * XVIII, 281.

Bancothaler, VIII, 324. f.

Bandurii, Anſelm. bibliotheca numaria, XV, 80.

Banner, Johann, ſchwed. Feldmarſchall, Medaille auf ihn, * IV, 345.

Barbadica ex gente virorum illuſtrium numismata, XXII, 47. f. Seltenheit dieſes Buches und deſſen Urſache, 48.

Baſel. Die Biſchöfe daſelbſt erhielten das Münzregal von Kaiſ. Conrad III, IV B. §. II. B. Johann hat es der Stadt abgetreten, ib. Siehe auch XVI, 297. f. B. Wilhelms Thaler von 1625, IV B. §. 11.

— Stadt. Hat die Münzgerechtigkeit vom Biſchofe 1373 käuflich erhalten, XVI, 298. und von dieſer Zeit an unter dem Baſelſtabe gemünzet, ib. wie das ihr vom Pabſt 1523 ertheilte Münzprivilegium zu verſtehen ſey, 298. f. 302. ihre Stempelform, 304. eine uralte Silbermünze von 1499, * XVI, 297. ſchöner Doppelthaler, * VIII, 225. mehrere Thaler, 226. ſchöner Gluckhennenthaler, * XIX, 209.

Baſſi, Laura Maria Catharina, öffentliche Lehrerin der Philoſophie zu Bononien; Medaillon auf ſie von 1732, * IX, 65.

Baſſianus ſiehe Bonavitus.

Batenburg. Gräflich-batenburgiſche Thaler, XIV B. 316.

Batzen, zu allererſt zu Bern geſchlagen, I, 384.

Bauergroſchen, II, 236.

Bayern.

Bayern. Churfürsten: Thaler der Churf. in Bayern, III B. §. 10 / 13. sind alle rar, §. 13. Chf. Max. Gedächtnismünze auf die von ihm 1623 erlangte Churwürde,* XII, 17. dessen Ged. Münze auf seine im 30jährigen Kriege noch mehr bevestigte Haupt- und Residenzstadt München, 1640, * XIV, 201. Chf. Ferd. Maria Vicariatsthaler, von 1657, * II, 97. Medaille mit dessen und seiner Gemalin Bildnissen, von 1660, * VI, 89. Rare Ged. Medaille auf die erste Vermälung Chf. Max. Eman. mit der Erzh. Maria Antonia zu Oesterreich, von 1685, * XVII, 265. dessen goldene Münze zu Behauptung des Vicariats, 1712 geschlagen, XI, 426. dessen Goldstück auf die Huldigung der Stände der Grafschaft Namur, 1712, * XV, 329. dessen sehr rarer und merkw. Thaler, den er als Herzog der spanischen Niederlande 1713 schlagen lassen, * XVII, 425. f. noch eine Medaille auf die Huldigung, 425. Chf. Carl Albrechts Vicariatsthaler, von 1740. XIX, 298.
— Herzoge: herzogl. bayerische Thaler, VI B. 11 / 13. H. Wilhelm VI, Grafen in Hennegau, Holland &c. vortrefliches Schaustück, zwischen 1405 und 17, * XXII, 1. H. Albrecht IV und weisen sehr rare Medaille, von 1507, * IV, 361. H. Wilhelm V mit seiner Gemalin Renata Bildnisse auf einem grossen Medaillon, VI, 95. * X, 185. ein paar rare Med. auf den sonst nicht viel bekannten bayerischen Prinzen Theodo, von 1533, * VI, 217. zwo Medaillen mit H. Albrechts V und seiner Gemalin Anna Bildnissen, VI, 95. * XXI, 345. dessen sehr rarer Thaler von 1557, * XII, 321. Seltenheit desselben, 322. wird bisher noch für den ältesten bayerischen Thaler gehalten, 322. dessen rare Gedächtnismünze, von 1576, * XXI, 425.

Bayle, Peter, ein weltberühmter Gelehrter; Medaille auf ihn, * X, 305.

Becceler, Ludwig, Burgermeisters in Hamburg, Begräbnismünze, * XVII, 328.

Begeri, Laur. numismata moderna cimeliarchii Regioelector. Brandenb. XIII, 258. numismata Pontif. Rom. et alior. ecclesiasticor. XIV B. 32.

Begräbnismünzen, Thaler, Medaillen &c. Nutzen derselben, XI, 2. wo sie häufig anzutreffen, 2. die Gewohnheit fängt an, rar zu werden, daß hohe Anverwandten einander mit Gedächtnismünzen nach dem Tode beehren, XIV, 75. anhaltische, I, 201. 207.

I. Münzregister.

207 f. VI B. 5 - 9. X, 225. XIII B. 18. 24. f. brandenburgische, III B. §. 45. VI B. 18- 21. 23. f. braunschweigische, I, 271. II, 193. 200. 289. 295 f. III B. §. 49. V B. 3. VI B. 29. 33. 36-38. VII B. 2.6-16. 18 f. VIII, 249. X B. 37. XI, 420 f. XII, 361. XIII B. 3. 6. XVI, 393. XIX, 105. XX, 353. fürstl, crovische, XI B. 4. 5. XI, 185. XII, 447 f. englische, VII B. 19. X, 81. XIV, 65. der Maria Fuggerin, XIV B. 15. Hamburg. 21 Begr. Münzen basiger Burgermeister, nebst 3 nachgeschlagenen, XVII, 305- 352. hanauische, VII, 81. henne-bergische, VII B. 23. hessische, II, 353. VII B. 27 - 30. XI, I. XIII, 49. XVI, 169. Abr. Heidani u. seiner Frauen, XV, 161. 163. hohenlohische, X, 385. holsteinische, VII B. 32 - 34. VII, 288. XIV, 249. 460. liegnitzische, III, 41. 436. IV, 377 f. gräfl. lippische, XV B. 4. mannsfeldische, V, 297. mecklenburgische, VIII B. 9-11. eines Bischofs zu Metz, XI, 385. eines münsterischen Bischofs, V, 81. oldenburgische, IV, 417. XX, 273. ostfriesische, XIII B. 26. XVII, 233. pommerische, IV, 443. VIII B. 34. 36 f. IX, 337. XII, 419. XX, 97. XXII, 193. preußische, XIII B. 10. 12. promnitzische, II, 305. einer quedlinburgischen

Aebtißin, V B. 30. gräflich reußische, IX, 225. 241. XVII B. 13 f. römischkaiserliche, I, 185. VI, 393. rußische, XIV B. 32. sächsische, III B. §. 35. 36. 38- 44. VII, 97. IX B. 7 f. 10 f. 13-17. 20-22. 24. 27. 34. 36 f. X B. 2 - 5. 8 - 10. 11 f. 16. 20. 22. XIII B. 13 f. 21. XIV, 1. XV, 377. XX, 1. XXI, 385. 387 f. schaumburgische, XI B. 20. schlesische, IX, 209. schönburgische, XII, 33. schwarzburgische, XI B. 24-26. XIII B. 18. schwedische, I, 177. 184. XIV, 209. XX, 241. solmische, XIV, 73. stolbergische, XVII B. 24. f. trierische, XIII, 129. Heinr. Wittendorfs, XV, 185. württembergische, VI, 401. 407. X, 358. XII B. 13. XV, 297. XVIII, 17.

Beichlingen. Sehr rare Med. des gefallenen Chursächs. Obristcanzlers, Wolfg. Dietr. Grafen von Beichlingen, von 1702, * XII, 273. ist eine Med. und kein Thaler, XIV B. 12. soll das danebroger Ordensband und Creutz auf einen churf. sächsischen Thaler haben setzen lassen, XII, 276. seine Apologie deswegen, XVII, 303. f. was er bey Ausmünzung der rothen Sechser gethan, XII, 178.

Bekker, D. Baltasar, der berümte Teufelsbanner; Med. auf ihn, von 1691, * VIII, 345. noch 3 Med.

Med. auf ihn, 365. und noch eine, 366.

Bellorii ueterum philosophorum &c. imagines ex uetustis numis &c. VIII, 367 f.

Benedictspfenning, * VI, 105.

Bentheim. gräflich bentheimische Thaler, XIV B. 6. 7.

Berengers II. letzten Königs in Italien, Münze von 948, * I, 97.

Berg, Adam, bey ihm zu München gedrucktes Münzbuch, II B. §. 30. XIV B. 9.

Berge, Bergen. Der Grafen von Bergen Thaler, XIV B. 7. 11. heißen auch Hertenbergische, 7. wer die meisten davon schlagen lassen, 7. wo man sie beysammen finde, 9. unnöthige Erinnerung davon in einem alten Münzbuche, 9 f. des in der niederländischen Unruhe so berümt gewordenen Gr. Wilhelms IV von Berg nicht gemeiner Thaler, * IV, 129. woher die Herren von Berg das Münzrecht haben, 134. Gr. Oswalds von Berg Thaler, 134.

Bern. Dieser Stadt sehr alter Thaler, von 1494. * I, 377 f. verbesserte Beschreibung der darauf befindlichen Wappen, XXI, 242. ihr Münzrecht, I, 384. schlägt die allerersten Batzen, 384. ein anderer Thaler, von 1501 und ein halber Thaler, 384. zürch- und bernischer Bundsthaler und Klippe von 1588, II, 276. goldene Holmünze von Bern, * II, 297. ist vermutlich aus dem 14 Saec. 304. ein Sechzehnerpfenning des äussern Standes zu Bern, von 1737, * IX, 193. eine Medaille, 194. alter und vortreflicher Wappenthaler, von 1540. * XXI, 241. ein schöner Bernerthaler, von 1684, * XXI, 249.

Bernini, Ioh. Laur., Ritter, berümter römischer Baumeister und Bildhauer; Med. auf ihn von 1674, * IX, 239.

Besançon siehe Bisanz.

Besantes d'or, XV, 344.

Beslik, türkische Silbermünze, X, 290.

Bettler= oder Krüpelthaler, XIV B. 27.

Beutel, heißt in der Türkey eine Summe von 500 Thalern, X, 290.

Biedermanns, Johann Gottlieb, 3 Einladungsschriften von Ausbeutmünzen, XXII, 138.

Bie (Jaques de) Kupferstechers in Paris, la France metallique, V, 230. XIX, 362. Impp. Rom. numismata aurea &c. XX, 283. Les familles de la France illustrées, par les monumens des Medailles &c. XXI, 314.

Bisanz, Besançon; keine erzbischöfliche Münze ist vorhanden, IV B. §. 3. Thaler der Stadt, XVIII B. 6. 7. einer von 1660, * XV,

I. Münzregister.

* XV, 337. warum auf demselben noch Kaiſ. Carl V zu ſehen iſt, 338. warum ſie noch 1660 eine Reichsſtadt heiſe, 338. f. Münzprivilegium dieſer Stadt, 338. allzubuchſtäbliche Deutung deſſelben, 338. ihr Münzweſen zu Carls IV Zeiten, 343. vor welchem Kaiſer ſie ſchon lange die Münzgerechtigkeit gehabt, 343. die Römer hatten da ſchon eine Münze, 343. ſolidi Stephanienſes oder Stephansgroſchen werden da geſchlagen, 343 f.

Biſchöfliche Thaler, nach dem Alphabeth, IV B. §. 8=21 und V. B. p. 1=22.

Bizot hiſtoire metallique de la republique de Hollande, nach verſchiedenen Ausgaben, III, 430. XI, 183. was mit den Rechenpfenningen darinnen vorgegangen, XI, 183.

le *Blanc* Traité des monnoyes de France, V, 230. diſſ. fur quelques monnoyes de Charles Magne &c. XIX, 354.

Blaurers, Ambroſ., eines berümten Gottesgelehrten, Gedächtnismünze von 1539, * XXI, 81. noch 2 andre Schauſtücke auf ihn, 82.

Blechmünzen, Bracteaten, Holmünzen; Seeländers Schriften davon, II, 278 f. ſind noch nie ſo ſchön und accurat in Kupfer geſtochen worden, als in Seeländers Schriften, 280. wer von Blechmünzen geſchrieben, 298. Beſchreibung derſelben, 299. hieſen mit dem älteſten Namen Pfännige, 299. wenn man ſie zu ſchlagen angefangen, 299 f. ob die Teutſchen von den Engländern Holmünzen ſchlagen gelernt, 300. was die Veranlaſſung darzu geweſen ſeyn möchte, 301 f. ſind mit hölzernen Stempeln geſchlagen worden, 301. doch hat man auch zuweilen eiſerne Stöcke gebraucht, 302. ſiehe auch XXI, 258. ob es goldene Blechmünzen gebe, II, 302 f. ſind aus neuern Zeiten, aber doch ſehr rar, 304. Blechmünzen heiſen auch Pfaffenpfennige, 304. was auf den ſilbernen Bracteaten anfangs für Figuren geweſen, 304. ob ſie Gedächtnispfennige ſeyen, 424. ſind auch im Orient geprägt worden, 424. ſechs goldene Blechmünzen im gothaiſchen Cabinet 431 f. welche aber alle nicht hoch hinauffſteigen, 432. heiſen auch Denarii, IV, 289. Blechmünzen der quedlinburgiſchen Aebtißinnen, beſchreibt Leukfeld, VIII, 12 f. Blechmünze Albrecht I Mrgr. zu Brandenburg vor 1170, * VIII, 169. wobey Seeländer wiederlegt wird, 175 f. deſſen Verantwortung eingedruckt, XV, 419=425. Köhlers Gegenantwort, 425=434. rare und zweyſeitige Blechmünze Herz. Bernhards in Sachſen aus dem aſcaniſchen Stamm,

B 2

zwischen 1180 und 1212, * X, 201. daß es auch zweyseitige Blechmünzen gebe, 202. es werden 3000 Stücke entdecket, 202. mehrere Blechmünzen gedachten Herzogs, 205. Sal. Frank beschreibt die raren Blechmünzen des weimarischen Cabinets, 205. eine ansehnliche Blechmünze des Erzbischofs zu Magdeburg Wichmanns zwischen 1153 und 92, * X, 209. dessen Blechmünzen sind zierlicher, als andere, 210. er läßt zu erst weit gröseres und ansehnlichers Geld, auch in einem Jahre zweymal schlagen, 210. vortrefliche Blechmünze von der ersten Grösse Mrgr. Ottens des reichen in Meissen, zwischen 1156 und 89, * X, 401. warum sie ihm zugeeignet wird, 402 f. was ihm Anlaß gegeben, so schöne und grösse Münzen zu prägen, 403 f. Werth derselben, 404. eine andere, so von ihm seyn soll, 404. Abt Böhmer hält die grösten Blechmünzen für Gedenkpfennige, XI, 71. erfurtische Blechmünze und sogenannter Freypfennig, * XII, 137 f. sonderbare Blechmünze des röm. Kön. Heinr. VII zwischen 1222 und 35. * XVI, 361. wo sie, nebst andern, gefunden worden, 362. zwo kleinere von gleicher Bildung, 363. warum sie ihm zugeeignet wird, 364 f. warum sein Titel allein drauf stehe, 367. eine Holmünze von 2 Königen, mit der Umschrift Fridericus Imperator, 363. was ein doppelter Reichsapfel auf den Holmünzen bedeuten solle, 367 von schwedischen Bracteaten, XX, 231. rostockische Blechmünzen, XX, 293.

Böhmen. Zween alte böhmische Groschen, * II, 233. sechs alte böhmische Groschen, * VII, 417 f. von verschiedenen böhmischen Münzen, XVII, 441-443. K. Carls IV rarer böhmischer Ducate von 1355, * XVIII, 49. unter ihm, sagen die Böhmen, sey eine recht eigentl. sogenannte güldene Zeit gewesen, 49. warum? 50 f. Einschränkung, 53 f. üble Verfassung und Verbesserung des Münzwesens unter ihm, 54 f. seine Münzverordnung im arelatischen Reiche, 55 f. K. Johannis zween seltene Goldgulden von verschiedenem Gepräge, * XXII, 209. Thaler der Könige in Böhmen, III B. §. 1-9. ob man eine besondere Classe davon machen könne, §. 1. böhmische Güldenthaler, §. 5. noch ein Thaler vom Winterkönige, * IV Tit. u. B. §. 22. böhmischer Thaler Kön. Wladislas in Ungarn u. Böhmen, * XIV, 345. Auswurfsmünze bey der Krönung Kön. Matthiä in Böhmen, II, 88. der erste böhmische Thaler Kön. Matthiä II, von 1611, * XVII, 257. eine in der böhmischen

schen Unruhe zum Feldzeichen an-
gehängte Gedächtnismünze auf
die grosse pragerische Conföderа-
tion von 1619, * XVII, 25. böhmischer Stände sub utraque sehr
rare Münze von 1619, * I, 305.
und von 1620, 434. bewiesen, daß
sie von ihnen herkommen, 434.
sind ein Beweis, daß die Stände
auch in das kbnigl. Münzregale
gegriffen, 312. pragerischer dreyfacher Ducaten auf des böhmischen Kön. Friedrichs Krönung,
I, 434. rarer Gedächtnisthaler
auf die Krönung Erzh. Ferd. IV
von Oesterreich zum Kön. in
Böhmen, von 1646, * XVI, 65.
68. Auswurfsducate bey der Krönung der Königin Maria The-
sia, mit dem Titel Rex, * XVI,
417.
Böhmer, Just. Christoph, Abt zu
Lockum; Gedächtnis-Münze auf
ihn, * XI, 65.
Bonsultus (Marc. Mantua) ein
JCtus zu Padua; Med. auf ihn
und noch 2 andere Paduaner, den
Antiquarium, Alex. Bassianum,
und den Medailleur, Joh. Ga-
uineum, von 1570, * XVIII,
97. sie haben sich alle 3 um die
Münzwissenschaft auf verschiedene Art sehr verdient gemacht,
98 f.
Bonanni, Philipp, numismata Pontificum Romanorum, a Martino V usque ad Innocentium
XII, XVIII, 370. Beurtheilung
dieses Buchs, ib. Venuti Urtheil
von seiner Arbeit, XX, 434.
Bostel, Lucas von, Burgermei-
sters in Hamburg, Begräbnis-
münze, * XVII, 321.
Bouillon. Heinrichs de la Tour,
Herzogs von Bouillon, Thaler,
von 1615, * VI, 201. woher er
das Recht Geld zu münzen hat,
208.
Bourbon. Peters II Herzogs von
Bourbon sehr rarer Ducate zwi-
schen 1488 und 1503, * XVI,
225.
Bouteroué, Claude, recherches
curiueses des monnoies de
France, IX, 34.
Bracteaten siehe Blechmünzen.
Brahe, Peter, des Königreichs
Schweden Drotset, sehr schöne
Medaille, * VII, 337.
Brandenburg. Churfürstliche.
Dreyzehen Originalthaler der
Churfürsten zu Brandenburg, in
Berlin in Kupfer gestochen, II,
420. Thaler der Churfürsten zu
Brandenburg, III B. §. 44-47.
Chf. Joachims I vortrefliches
Schaustück von 1530, * XV,
369. Chf. Joachims II Thaler
von 1543, * II, 121. ein anderer
merkwürdiger Thaler von 1552,
worauf der zweyköpfigte Reichs-
adler zu sehen, 128. eine andere
Sorte davon, 428. Chf. Johann
Georgs Thaler von 1576, * II,
129. seine Thaler kommen wenig vor, 134. grosser und schöner

ner Medaillon mit seinem und Churfürst Augusts in Sachsen Bildnissen, 134. noch einer, 428. sehr rarer Spruchthaler von 1587, * XVIII, 417. dergleichen 2 Ducaten und 2 Groschenstücke, 428 f. und * XVIII Tit. Goldstück oder Portugalöser von 1587, XVIII, 427. Chf. Joachim Friederichs Thaler von 1605, * II, 135. mit etwas verändertem Reverse, 428. Chf. Johann Siegmunds sehr rarer Thaler von 1611, * XVIII, 345. ein anderer Thaler von eben diesem Jahre, 345. ungemeine Seltenheit, 350. was das Creutz darauf bedeute, 350 f. 427. Chf. Friederich Wilhelms erster preußischer Souverainetätsthaler, von 1657, * I, 345. falsche Einbildung davon, 352. Anmerkungen darüber, XIII, 421 f. und Gegenerinnerungen, 422 f. Antwort darauf, XVII, 422 f. Auswurfsmünze dabey, I, 352. eine Medaille mit fast eben diesem Avers, 422.424. Gedächtnismünze auf die erste Huldigung der preußischen Stände nach der von Chf. Friedr. Wilh. erhaltenen Souverainetät, 1663, * IX, 177. Fehrbellinischer Siegsthaler von 1675, * I, 353. von einem andern Stempel, 360. ist sehr rar, 360. Medaillon auf diesen Sieg, 360. vielerley Sorten davon, 360. noch eine Münze in Thalergrösse, 360. 440.

noch ein anderer Siegsthaler, * II Tit. und 418. Gedächtnismünze darauf, * X, 65. Chf. Friederich Wilh. des Grossen Gedächtnismünze auf die 1679 aus Preusen geschwind vertriebene Schweden, * XIV, 225. noch 2 Schaustücke auf diese Begebenheit, 231. noch 4 Medaillen dieses Churfürsten, die man, aber fälschlich, dahin rechnen will, 231 f. dessen 500 Ducaten schwerer goldener Medaillon, 232. Gedächtnismünze auf die andere Huldigung des souverain gewordenen Preusens, von 1690, * XVIII, 321. Gedächtnismünze auf die Einweihung der neuen churfürstl. brandenburgischen Friederichsuniversität zu Halle, von 1694, * VII, 169. Chf. Friederichs des Weisen magdeburgischer Ausbeutthaler, von 1701, II, 159.

Brandenburg. Marggräfliche. Blechmünze Albrechts, allerersten Marggrafen zu Brandenburg, vor 1170, * VIII, 169. Die zur rechten Hand stehende und für eine geistliche gehaltene Person siehet Seelander für dessen Gemalin an, 175. wird widerlegt, 175 f. Vermutung, daß diese geistliche Person der h. Norbert sey, 176. Seelanders Verantwortung gegen Köhlern, XV, 419. 425. Köhlers Gegenantwort, XV, 425. 434. Friederichs V, Burggragrafen zu Nürnberg, sehr rarer Goldgulden zwischen 1372 und 98, *XVIII, 73. Seltenheit, 74. wo er nebst mehrern gefunden worden, 74. der Burggraf erhält von Kaiser Carl IV, ein Privilegium, Florenzer-Gulden schlagen zu lassen, 74 f. und ein anderes, Pfenninge und Heller schlagen zu lassen, 76. der Marggrafen zu Brandenburg Thaler, VI B. 19-27. der alleralteste, 13. Thaler der Marggrafen von der ältern Linie in Franken, 14. schwabachische Goldgulden und Groschen, 14. Streit über einen Thaler eines Marggr. Albrechts, 15 f. falsche Thaler mit M. Albrechts Bildnis, 17. der neuen fränkischen Linie, und zwar der M. zu Brand. Culmbach Thaler, 19-22. und zu Brand. Onolzbach, 23-27. M. Christian zu Brandenb. Culmbach läßt bey der schlimmsten Kipper und Wipper-Zeit gut Geld schlagen, 19 f. marggräflich brandenb. anspachische Medaillen, von Koch verfertigt, XIII B. 22. M. Siegmunds Ducate zu Schwabach gemünzt, XII, 150. wie sich Pfeffinger dabey irret, ib. M. Casimirs in Franken rare einseitige Medaille von 1526, * V, 241. dreyerley Revers davon, VI, 432. M. Albrechts des jüngern zwo Feldklippen von 1552, * III, 409. 433. woraus sie geschlagen worden, 416. Grosse Goldklippe aus Kirchen- und Clostergeschmeide, 433. * III Tit. schweinfurtische Nothklippe von 1553, * IX, 249. noch eine kleinere von eben dem Jahre, * IX, 257. auß erpreßtem schweinfurtischen Thränensilber, 257. 261. mehr solche Münzen; auch eine mit der Ueberschrift: zu Ehren Marggraf Albrechten, zu Schanden allen Pfaffenknechten, 258. Münzen der damaligen Bundesstände im Lager geschlagen, 251 f. M. Georg Friederich zu B. Onolzbach Schaumünze auf seine Wahl zum fränkischen Craisobersten, 1580, V, 123. Luck hat sie unrecht vorgestellt, 123. 127. M. Christians zu B. Culmbach Medaille zum Andenken des fränk. Craisoberstenamtes, 1606, V, 124. noch eine von 1605, ib. M. Johann Georg des ältern, Herzogs in Schlesien zu Jägerndorf, rarer Thaler von 1611, * XI, 49. seine Thaler sind sehr rar, 56. eine Ovalmedaille von ihm, 56. M. Joachim Ernst, schöner Thaler von 1623, * XX, 249. ein anderes Gepräge, 250. zu seinem unsterblichen Ruhme gereichet, daß er in der Kipper- und Wipperzeit gutes Geld schlagen lassen, 250. M. Christian Wilhelms, postulirten Administrators des Erzbistums Magdeburg ꝛc. Thaler von 1623, * II, 225.

225. von seinen andern Münzen, 231. M. Christian zu Br. Culmbach, Thaler von 1628, * XVIII, 361. M. Christian Ernst zu Br. Culmbach Gedächtnisthaler auf das 1664 übernommene fränkische Craisoberstenamt, * V, 121. M. Wilhelm Friederichs zu Br. Onolzbach vortrefliche Medaille, mit dessen Devise, * IV, 209. M. Georg Friederich Carls zu Br. Culmbach Medaille auf den Antritt der Regierung, * V B. 32. M. Georg Wilhelms zu Br. Culmbach saubere Gedächtnisthaler seiner 1712 angetrettenen Regierung, * XVIII, 89. Gedächtnismünze auf den zwischen beeden fürstlichen Häusern Br. Culm= und Onolzbach 1712 zu Gunzenhausen getroffenen Vergleich, * XI, 129. der verwittibten Marggräfin Christiana Charlotte sehr schöner vormundschaftlicher Thaler von 1727, * VI, 17. M. Carl Wilhelm Friederichs zu Br. Onolzbach Thaler beym Antritt der Regierung, 1729, * VI Dedication. Gedächtnismünze auf die ganz erneuerte und erweiterte uralte S. Gumperts=Stifts=Kirche zu Anspach, 1738, * X, 409. Medaille auf den erblichen Anfall der Reichsgraffschaft Sayn, altenkirchischen Antheils, an M. Carl Wilh. Frieder. zu Br. Onolzbach, 1741, * XIV, 273. ein überaus schöner Medaillon und dergleichen Ducate auf die Vermählung des br. onolzbachischen Erbprinzen mit der Prinzeßin Friederica Carolina zu Sachsen=Coburg und Salfeld, 1754, * XXII, 217.

Braun, histor. Bericht vom polnischen und preussischen Münzwesen, VI, 311. f.

Braunschweig. Der Churfürsten zu Braunschweig und Lüneburg Thaler, III B. h. 49. churfürstlich=braunschw. lüneburgische von Ehrenreich Hannibal verfertigte Medaillen, XIII B. 3 = 5. Siehe auch England.

— herzogliche. H. braunschweigische Thaler, VI B. 28 = 40 und VII B. 1 = 19. des alten bräunschw. Hauses oder der grubenhagenschen Linie, VI B. 28 f. des mittlern Hauses Braunschweig, und zwar zu Br. Wolfenbüttel, 30 = 38. Br. Calenbergische, 38 = 40. des mittlern Hauses Lüneburg und zwar der harburgischen Linie, VII B. 2. des neuen Hauses Braunschweig und zwar der dannebergischen, hernach wolfenbüttelischen Linie, 3 = 11. des neuen Hauses Lüneburg, 11 = 19. der älteste herzogl. br. Thaler, VI B. 30. der allerälteste br. lüneburgische Thaler, 39. Zusätze zu diesem Verzeichnis, XII, 444 f. Br. lüneburgische Thaler übertreffen, nebst den sächsischen Thalern, alle andere

an

I. Münzregister.

an der Menge, VI B. 27. kein fürſtl. teutſches Haus kan eine ſolche Menge merkwürdiger, angenehmer und ſinnreicher Münzen aufweiſen, als das braunſchweigiſche, IX, 170. herz. braunſchweigiſche von Hannibal verfertigte Medaillen, XIII B. 6. herz. br. wolfenbüttelſche von Koch verfertigte Medaillen und Münzen, XIII B. 22 f. zwey rätzelhafte braunſchweigiſche Schauſtücke, * XIII Tit. u. B. 32-36. vollſtändiges br. lüneburgiſches Münz- und Medaillen-Cabinet ꝛc. recenſirt, XVIII, 213 f. XX, 88. Vor dem 16 Jahrhunderte findet ſich kein von den Herz. zu Br. und Lüneburg geſchlagener Goldgulden und Ducate, XX, 86. der älteſte herz. br. lüneburgiſche Goldgulden, nach 1508, XX, 86. mehrere alte Goldgulden und Ducaten dieſer Herzoge, 86 f. H. Franz zu Br. und Lün. in Gifthorn rares Schauſtück von 1532, * XVI, 369. iſt eine der rareſten braunſchw. Medaillen, 370. vermutliche Abſicht derſelben, 376. H. Erich des jüngern, letzten Fürſten der calenbergiſchen Linie, rarer Thaler von 1560, mit einer doppelten Gegenſeite, ſpero und ſperno inuidiam, * VIII, 209. die Umſchrift mit ſperno wird für einen Stempelfehler gehalten, 215. Gründe davon, 215. H. Heinrich des jüngern zu Br. Wolfenbüttel Thaler von 1561, * I, 281. mehrere Thaler von ihm, 287 f. eine Ovalmedaille, 288. Goldſtücke von ihm, 288. andere Spruchthaler, 288. Triumphsmünze auf ihn, 288. * V, 113. zweydeutiger Verſtand der Ueberſchrift auf der erſten Seite, I, 288. V, 113. H. Wilhelms des jüngern Vermälungsſchauſtück mit der kön. däniſchen Prinzeßin Dorothea, von 1561, XV, 406. H. Julius zu Br. Wolfenbüttel ſchöner Begräbnisthaler von 1589, * XVI, 393. zweyerley Gepräge davon, 394. Juliuslöſer, * I, 393. VI B. 33. Fünferley goldene und ſilberne Schauſtücke auf die Vermälung H. Heinrich Julius zu Wolfenbüttel mit der kön. däniſchen Prinzeßin Eliſabeth, von 1590, XV, 407. fünf ſchöne und ſeltene Medaillen von ihm, II, 186 f. deſſen ſchöne Medaille von 1612, * III, 345. deſſen Thaler u. Schauſtücke haben gar ein ſchönes Anſehen, 346. dreyerley Sorten des Thalers mit dem Spruch honeſtum pro patria, 346. auch 3 Sorten mit dem Spruch conſumor pro patria, 346. deſſen Rebellenthaler, 346 f. * XVI, 161. Lügenthaler, III, 347. XVI, 164. Warheits- und Mücken- und Eintrachtsthaler, III, 348. Patriotenthaler, 349.

C Me-

Medaillen bey seinen Streitigkeiten mit Braunschweig, 349=352. Siehe auch VI B. 34=36. H. Philipp II zu Grubenhagen Thaler von 1595, * I, 265. warum er den Spruch: GOtt gibt, GOtt nimmt, darauf setzen lassen, 269. warum der h. Andreas darauf stehet, 269. ein anderer Thaler von 1596, 269 f. eine merkwürdige Geschichte davon, 270. noch 6 andere gemeinschaftliche Thaler, 270 f. sein Begräbnisthaler, 271. H. August des ältern zu Br. u. Lüneb. ungemein rarer und schaustückförmiger Doppelthaler, vermutlich von 1610, * XVIII, 209. grosse Seltenheit desselben, 210. Nicht gemeiner brüderlicher Eintrachtsthaler der Herzoge zu Br. Lün. dannebergischer Linie, Julius Ernst und August, Gebrüder, 1617, * XV, 89. ist sehr rar, 90. H. August des jüngern, zu Br. u. Lüneburg, dannebergischer Linie, zu Hitzacker, gar rarer Thaler von 1621, * XV, 81. drey andere Schaustücke von ihm mit so vielen Sinnbildern, 83 f. seine Glockenthaler, siehe Glockenthaler. sein Schiffsthaler, I, 144. dessen allerletzter Geburtstagsthaler und allerletztes gottseliges Unternehmen im Jahr 1666, * XIV, 161. ein anderer von diesem Jahre, 459. Jacob Burkhards Nachricht von H. Augusts Thalern und andern Medaillen, XVII, 430 f. H. Friedrich Ulrichs zu Br. Lün. Wolfenbüttel Medaillon von 1617, * II, 185. noch eine Medaille, 188. noch ein Medaillon währender Belagerung von Braunschweig, 189 f. H. Christians zu Br. u. Lün. Cellischer Linie, und Bischofs zu Minden, Thaler von 1623, * XIII, 41; siehe Minden. H. Christians zu Br. und Lün. postulirten Bischofs zu Halberstadt, Thaler mit der Umschrift: GOttes Freund ꝛc. mit darzu auf das Schwert gesetzten Baret, betrüglicher Weise nachgeschnitten, III, 376. Gründe, warum dieser Thaler für genuin zu halten, 441. Siehe auch VI B. 37. nachgeprägter, VI B. 38. unwahr, daß er solte haben Thaler schlagen lassen nach abgeschossenem Arm, mit der Umschrift: Verlier ich gleich Arm und Bein ꝛc. und einen andern aus den 12 silbernen Aposteln zu Paderborn, mit der Umschrift: ite in mundum uniuersum, VI B. 38. eine silberne Klippe mit V. S. L. K. (von S. Liborii Kopf.) 38. Von wem diese Auslegung herrühre, XI, 426 f. mehrere Nachricht davon, 427. dreyerley Gepräge von dem Thaler mit der Umschrift: GOttes Freund ꝛc. von 1622, * XIX, 113. ob H. Rudolph August dieselben 1671 nach-

I. Münzregister.

nachprägen lassen, 115 f. ob sie H. Christian aus des h. Liborii Ruhekästen oder Sarg prägen lassen, 118 f. sind nachgehends zu einem neuen silbernen Sarge Liborii wieder angewendet worden, 120. dieses H. Christians Begräbnismedaillen von 1626, * II, 193. von seinen Thalern, 196. Begräbnisthaler, 200. Ovalmedaille, 200. H. Georgs zu Br. Lün. Calenberg sonderbares Anderthalbthalerstück zur Erinnerung der brüderlichen Eintracht seiner 4 Prinzen, von 1634, * IX, 169. ist selten, 170. wer die 4 Brüder darauf seyen, 171 f. die Ueberschrift des Sinnbildes ist als eine Prophezeyung eingetroffen, 176. H. Wilhelm des ältern zu Br. und Lün. Begräbnisthaler, von 1642, * XII, 361. eine Menge guter gerechter Thaler von ihm, 366 f. noch eine grössere Menge guter Scheidemünzen, 367. H. Johann Friederich zu Br. und Lün. läßt in Hannover auf Kön. Ludwig XIV in Frankreich zum Angedenken des nimwägischen Friedens eine Medaille schlagen, XVIII, 171. dieses Herzogs Begräbnisthaler von 1679, * VIII, 249. Zehen zum Angedenken desselben geprägte Stücke, darunter doch dieser Thaler nicht erscheint, welchen auch andere nicht haben, 256. mag auf besonderes Verlangen aus zweyen verschiedenen Stempeln zusammengesetzet seyn, 256. dessen symbolischer Thaler, 256. H. Ferdinand Albrecht zu Br. und Lün. in Bevern rarer Begräbnisthaler von 1687, * XX, 353. der Herzoge Rudolph August und Anton Ulrich brüderliche Eintrachtmünze, I, 367. beeder Herzoge Medaille auf die neue Kirche der H. Dreyeinigkeit, 1700, wird durch ein besonders Kunststück in eine päbstliche Jubelmedaille verwandelt, XX, 346. H. Rudolph Augusts ungemein rares Schaustück mit dem Bildnis seiner zweyten Gemalin, Rosina Elisabeth Rudolphine, * XXI 289. ein anderes, 296. H. Anton Ulrichs 2 sinnreiche Schaumünzen auf die verursachte Trennung der brüderlichen Einigkeit von 1702, * XVI, 321. des Canzler Ludewigs Erklärung davon mit beygesetzten Anmerkungen, 324=336. Anderes Gepräge davon, * XVI Tit. mehrere sinnreiche Medaillen dieses Herzogs, XVI, 335 f. Eben dieses Herzogs Thaler von 1710, * VIII, 25. brüderlicher Eintrachtsmedaillon, 26. noch 3 Medaillen von ihm, 32. H. Georg Wilhelms zu Br. und Lün. in Celle sehr rare Medaille mit dem Bildnisse seiner Gemalin, * XXI, 73. Medaille auf dessen angetrettenes 80 Jahr 1703, von seiner Stadt Lü

Lüneburg, * XIV, 344. deſſen Begräbnisthaler, 1705, * XIX, 105. H. Ludwig Rudolph ſchöner Thaler von 1734, * VII, 401. zwo Gedächtnismünzen auf die Huldigung zu Blankenburg und ſeine Gelangung zu Sitz und Stimme auf dem Reichstage zu Regenſpurg wegen Grubenhagen, 403. Medaille auf die Einweihung der brunlagiſchen Kirche, 405. auf die neuaufgefürte Schloskirche zu Blankenburg, 405. auf die Einweihung der erneuerten Kirche zu Haſſelfeld, 406. auf das neuerbaute St. Georgen-Spital, 406. zum Angedenken des neuen Cloſter- und Kirchengebäudes zu Michaelſtein, 406. der verwittibten Herzogin zu Br. Lün. Wolfenbüttel ChriſtinaLouiſe Gedächtnismünze auf ihren verſtorbenen Gemal, H. Ludwig Rudolph, 1735, * XI, 425. H. Ferdinand Albrecht zu Br. Lün. Wolfenbüttel Thaler von 1735, * VII, 377. Seltenheit deſſelben, 379. Medaille auf ſeine Vermählung, 382. deſſen Begräbnismedaillon, * X Tit. und V. 37. H. Carls zu Br. und Lün. Thaler beym Antritte der Regierung, 1735, * XVII Dedication. dieſes Herzogs Thaler von 1747, nach dem Fuß der Albertusthaler, * XIX, 97. deſſen Declaration, ſeine Münze betreffend, 98 f. fünf braunſchweigiſche Communion-Ausbeutthaler von 1744-46, XVIII, 216.

Braunſchweig, Stadt. Allerälteſter Thaler derſelben, von 1498, * X, 9. derſelben ſehr rarer ſchmalkaldiſcher Bundes- und Triumphthaler von 1545, * XVI, 409. woher die vormalige Münzgerechtigkeit der Stadt rühre, 409 f. warum ſie dieſen Thaler münzen laſſen, 411. wahre Auslegung davon, 414 f. kommt der Stadt ſehr theuer zu ſtehen, 415 f.

Braut- und Bräutigamsmedaille, ein Judengoldſtuck, I, 92.

Brechmünze, I, 48.

Brederode. Heinrichs, Herrn von Brederode Thaler von zweyerley Gepräge, XIV V. 11 f.

Breite Groſchen, II, 236.

Bremen. Erzbiſchöfliche Thaler, IV V. §. 4. Wann ſie das Münzrecht erlangt, ib. Erzbiſchof Chriſtophs ſehr alter und rarer Thaler von 1522, * XV, 129. ein anderer Thaler von ihm, 129 f. ein Goldgulden, 130. hauptrarer Thaler von 1522, * XVIII, 149. woher der Spruch auf dem Reverſe genommen, 250. hat gutes und grobes Geld münzen laſſen, 252. Beſtallungsbrief, den er ſeinem Münzmeiſter gegeben, 253 f. Siehe auch 263 f. unendliche Seltenheit dieſes Thalers, 164. überhaupt ſind die alten bremiſchen Münzen ſehr rar, 264. Erzb. Johann Rodens Thaler von

I. Münzregister.

von 1511, XV, 130. des Erzb.
zu Bremen und Bisch. zu Lübeck, Herzog Johann Friederichs von Holstein-Gottorp, sehr
rarer Thaler, von 1618, * XIV,
377. die Erzbischöfe von Bremen haben unter den geistlichen
Reichsfürsten zuerst Thaler schlagen lassen, XV, 129.

Bremen, Stadt. Thaler dieser
Stadt, XVIII B. 7. 8. bremi-
sche Thaler von 1542 bis 1742,
XV, 306. hauptrarer allererster
Thaler von 1542, * VIII, 241.
Seltenheit desselben, 241 f.
Wann die Stadt die Münzgerechtigkeit erhalten, 242. sonst
kam sie dem Erzbischofe alleine zu,
243. die Stadt pachtet sie unterweilen vom Erzbischofe, 243.
wie alsdenn die Münzen ausgesehen, 244. Hat Streit wegen
der Münzgerechtigkeit, 244 f.
schöne Medaille zum Angedenken des im westphälischen Friedensschluß vorbehaltenen Standes 2c. 1648, * X, 145. rarer
Gedächtnisthaler auf das erste
Jubelfest des Gymnasii zu Bremen, 1684, * XV, 2. rares Goldstück der freyen Reichsstadt Bremen, * XV, 305. das allererste
Stück unter allen bremischen
Münzen, worauf alleine das Prädicat liberae reipublicae gebraucht worden, 306. allererster
Thaler der freyen Reichsstadt
Bremen mit dem Titel liberae reipublicae, von 1744, * XIX, 289.

Brenners, Elis, schwedischgothi-
scher Münzschatz, VI, 258. kurzer Bericht von den Münzen der
alten schwedischen Könige, XX,
229-232.

Breslau, Bischöfe. Thaler der
Bischöfe zu Breslau, XII B.
2-4. Ducaten und Medaillen
derselben, 2. Bischof Johannis
V rarer Johannesgrosche von
1506, * XXII, 201. dessen Gehalt und Werth, 202. dieser
Bischof hat das Recht, goldne
Münzen zu schlagen, erworben,
207 f. und zwar vom Kaiser, 208.
doch ist bisher noch keine goldne
Münze von ihm zum Verschein
gekommen, 208. dieses Bischofs
thalerförmige grosse Silbermünze von 1508, ein sehr rares Stück,
XII B. 2. B. Balthasar von
Promniz Goldstück von 1551,
* XI, 201. B. Caspars von Logau rarer Ducate von 1562, *
III, 353. dessen Seltenheit, 353
f. warum er munus Caesaris Maximiliani darauf gesetzet, 357 f.
wie der Kaiser den Bischöfen zu
Breslau habe ein solch Münzprivilegium geben können, 359.
diese Bischöfe haben schon eher
Geld schlagen lassen, 359. das
Recht, Gold zu prägen, hatten
sie noch nicht, 360. B. Caspars
anderer Ducate nach des Reichs
Münzfuß, 360. wann diese Bischöfe die Worte munus Caesaris Maximiliani weggelassen, und
wer

wer sie wieder gebraucht, 360.
B. Carl Ferdinands zweylötige Klippe von 1627, * IV, 409. dessen Reichsthaler und zweylötige Silberklippen, 415. achteckigte zweylötige Silbermünzen, 415. mutmaßliche Ursachen, warum er so viele Klippen schlagen lassen, 415. B. Friederich, Cardinals ꝛc. rarer Thaler von 1680, * XII, 25. 432. B. Franz Ludwigs Thaler von 1694, IV, 311.
Breslau, Stadt. rarer Thaler dieser Stadt, von 1622, * XVII, 89. andere Münzen der Stadt und der Bischöfe, 92 f. Ursprung der Münzgerechtigkeit der Stadt, 94. von ihren Thalern, 94. sonst von ihrer Münzverfassung, 95 f. von breslauischen Münzen, XVII, 442 f.
Bretagne. Frantz II, des letzten Herzogs in Bretagne rarer Doppelducate von 1464, * XX, 377. warum er ihm zugeeignet wird, 378. seine Münzordnung, 379. von der Münze in Bretagne, 379.
Briconet, Robert, Erzbischof zu Rheims, und kön. franz. Canzlers, einseitiges Schaustück, von 1494, * XVI, 281. eine andere Medaille von ihm, 285.
Brillenducate, * XII, 145. Veranlassung desselben, 146.
Brilkenthaler, zerley Gepräge, VI B. 32 f. XII, 444 f.
Brixen. Von den Bischöfen zu Brixen soll nicht einmal eine kleine Scheidemünze vorhanden seyn, IV B. §. 12. doch haben sie das Münzrecht von Kais. Friederich I erhalten, ib. und V, 376. gleichwol findet sich ein sehr seltener Thaler des Bischofs Caspar Ignatii von 1710, * V, 361.
Brömsenthaler, XVIII, 145 f. siehe Lübeck.
Brokemony, I, 48.
Brück, D. Christian, der unglückte fürstlich sachsengothaische Canzler; Medaille auf ihn, * XII, 401.
Brüderliche Eintrachtsmünzen, von Baaden, * I, 361. herzoglichsächsische, 366 f. IX B. 5. 6. hanauische, * XXII, 144. braunschweigische, I, 367. III, 348. VII B. 7. 12. VIII, 26. * IX, 169. * XV, 89. XVI, 325 f. auf verursachte Trennung brüderlicher Einigkeit, * XVI, 321 und Tit. pommerische, XII, 241. löwensteinwertheimische Thaler, * XXI, 9. solmsische, von brüderlicher Liebe zeugende Medaille, * XIV, 73 f.
Brügleb. Nachrichten von schwarzburgischen Münzen, XI B. 21.
Brunatius, Johann, de re numaria Patauinorum, XIX, 235.
Brysach. Brysacher Nothklippe, von 1633, * I, 289. fünf bis sechs Sorten davon, 432. Thalerklippe auf den Entsatz derselben, 1633, * I, 425. daraus ist der eigentliche Tag der Aufhebung der Be-
lage-

I. Münzregister.

gerung zu erſehen, 432. Gedächtnißmünze auf ihre Eroberung von H. Bernhard von Weimar, 1638, * XI, 433.

Buchdruckerey. Zwo Medaillen aufs dritte Jubelfeſt wegen deren Erfindung, 1740, XIII B. 31. eine auf den wahren Erfinder derſelben, Johann Guttenberg, * XIV, 353.

Budelius, Reinerus, tr. de monetis et re numaria, VII, 72.

Bünau, Heinr. von, ſchrieb de iure circa rem monetariam in Germania, II, 224.

Burckhardianum numophylacium. Deſſen erſter Theil recenſirt und gerühmt, XIII, 46 ‒ 48. XIV, 120. der zweyte Theil von neuern Münzen recenſirt, XVII, 20 f. was Köhler in der Vorrede darzu abgehandelt, 24.

Burgmilchling. Freyherrn Hermann Heinrichs von Burgmilchling und Wilhermsdorf Thaler von 1608, * I, 153. erhielte das Münzrecht vom Kaiſ. Rudolph II, 157.

Burgund. Burgundiſche Thaler, VII B. 20 ‒ 22. werden nicht für voll angeſehen, ib. welche ſo heiſen, ib. und XIX, 101. Ein halber Nobel Herzog Philipps des gütigen von Burgund, XVI, 362.

Byzantini, eine goldene Münze der griechiſchen Kaiſer, II, 303. XV, 344.

C.

Cabinetthaler, VI, 103 f.

Calvin, Johann, Medaille auf ihn, * XIII, 257. Begeri dabey geäuſerte Gedanken, 258 f.

Cambray, Cammerich, erzbiſchöfliche Thaler, IV B. §. 5. wann ſie das Münzrecht erlangt, ib.

Campen. Notthaler dieſer Stadt von 1672, * X, 257. war ehemals eine Reichsſtadt, 258. ſtand mit Zwoll und Deventer in einem Münzverein, 258. dreyerley Gepräge dieſer gemeinſchaftlichen Thaler, 258. Thaler dieſer Stadt von 1655, * X, 433. iſt ein Beweis, daß ſie auch ohne ihre alte zwo Münzſchweſtern Thaler ſchlagen laſſen, 438.

Campobaſſo. Nicolaus von, ſehr rare Kupfermünze dieſes ſo übelberüchtigten Grafen, * XXI, 409 f. wann er etwann dieſe Münze ſchlagen laſſen, 410 †.

Canonen-Erz. Daraus geſchlagener Notthaler, * XXI, 409. 413. mehrere dergleichen, 414.

Canſtein, Raban von, churfürſtl. brandenb. geheimer Rath, Obermarſchall und Cammerpräſident; Schauſtück auf ihn von 1680, * XIII, 57.

Caraffa, Andreas, Vice-Re in Neapel; Medaille von ihm, * I, 161. noch eine, 165. läßt 3000 Stücke Medaillen mit ſeinem Bild-

Bildniſſe in den Grundſtein ſeines Luſtſchloſſes legen, 166.

Cara-greſch heiſt in der Türkey ein Reichsthaler, X, 290.

Cardinäle. Münzen der Cardinal-Cämmerlinge mit ihren Wappen bey Erledigung des päbſtlichen Stuls, * X, 49 und 52 = 54. alle Cardinäle, die der vaticaniſchen Bibliotheck von P. Leo X an vorgeſtanden, werden in zierlichen Medaillen nach der Reihe abgebildet, XVIII, 430. Beſchreibung aller dieſer Stücke, 430-432. des Card. von Amboiſe, K. Ludwigs XII in Frankreich Staatsraths; rare Gedächtnismünze auf ſeine mislungene Hofnung zur Erlangung der päbſtlichen Würde, * X, 97. warum er darauf in der Kleidung eines Domherrn abgebildet iſt, 104. einſeitige Medaille auf den Card. Peter Bembo, * III, 233. eine gröſſere, 233. und * III, 417. eine kleinere, * III Tit. und 427. ſchöne Medaille auf den Card. Jac. Sadoletum, * XI, 377. Medaille auf den alten Card. von Bourbon als vermeinten König Carl X in Frankreich, 1590, * I, 329. noch 2 Medaillen auf ihn, 336. Courrentgeld und goldene Münzen ꝛc. 336. Gedächtnismünze auf den ſtaatsklugen franzöſiſchen Card. von Oſſat, * XI, 401. eine dem Card. Heinrich Noris zu Ehren von der Academie zu Piſa gemachte Medaille, * XIII, 265. eine ſchöne Medaille auf den Card. Quirini, Bibliothecarium der römiſchen Kirche und Biſchof zu Breſcia, von 1746, * XVIII, 329. eine andere Medaille auf ihn wegen der von ihm neuerbauten Domkirche in Breſcia, * XVIII, 337.

Carraria. Franz von Carraria Gedächtnismünze auf Wiedereinnehmung der Stadt Padua, 1390, * V, 321. Jacob von Carraria, des Groſſen, Herrn von Padua, Medaillon erklärt Köhler in einem ſchediaſmate hiſtorico, 321. acht Medaillons aus Erz von deſſen Nachfolgern im paduaniſchen Regimente aus eben der Familie, 321 f. wo dieſe in Kupfer vorgeſtellet ſind, 440. Der letzte unter denſelben, mit Franz von Carraria Bildnis, * V Tit. und 440; ſiehe auch XVIII, 430. Sie haben in Padua ihre eigenen Münzen geſchlagen, XIX, 239.

Carrarini, Carrareſii, XIX, 239.

Caſal. Ein ſehr rarer in der Belagerung der Stadt Caſal im Montferratiſchen von dem franzöſiſchen Commendanten und Feldmarſchall Herrn von Toiras aus Canonen-Erz geſchlagener Noth-Thaler, von 1630, * XXI, 409. 413 f.

Caſſeburgs Sammlung preuſiſcher und

und polnischer Medaillen und Thaler, XI B. 6.
Catalogus numismatum graecorum et romanorum &c. XXII, 86.
Catechismus-Thaler. Fünfe derselben läßt Herzog Ernst der Fromme zu Gotha schlagen, IX B. 28. 34. hat sie selbst erfunden, iedoch die Reimen darzu durch einen andern machen laßen, 34. heißen auch Andachtsthaler, 28.
Catharinen-Medaille, ein Juden-Goldstück, VI, 139.
Chastel, alter Name der Turnosen, II, 34. 36.
Chatelet, Nicolaus von, rarer Schildgroschen, von 1554, * XVII, 225.
Chiemsee. Bischof Christoph II, Thaler, V B. 22. * VI, 121. ist vielleicht der einzige, den ein Bischof von Chiemsee schlagen laßen, 122. warum er dem Bischof Christoph II zugeeignet wird, 127.
Chisi, ein Beutel, heißt in der Türkey eine Summe von 500 Thalern, X, 290.
Chiromantische Thaler, XX B. 7.
Chlebarias. Was dieses Wort unter den Münzbedienten heiße, XXI, 260.
Chronosticha. Ob sie auf Münzen gehören, XXI, B. 13.
Chur. Thaler der Bischöfe daselbst, IV B. §. 13. des Bischof Joseph Mohrs Thaler von 1628, * XIII, 65. der Bischöfe Münzrecht, 72.
Chur, der Stadt, zierlicher, aber abgewürdigter Thaler, * XIII, 289 f. ihr Münzrecht, 291.
Claire, Bruder, siehe Nicolaus von Flüe.
Coddaeus, Peter, Erzbischof zu Sebaste, und päbstlicher Generalvicarius in den vereinigten Niederlanden; Medaille auf ihn, von 1705, * X, 393. ein anderes Gepräge, * X, 441.
Cölln. Der Churfürsten zu Cölln Thaler, II B. §. 42. siehe auch XI, 351. XII, 443. Churf. Hermanns rarer Goldgulden, * IV, 249. wann er etwann geschlagen worden, 255. Churf. Hermanns Turnose von 1482, * XVII, 145. Churf. Hermanns rare Medaille von 1532, * IV, 57. Churf. Salentins, und der vereinigten Chur- und Fürsten, Thaler von 1572, * IV, 185. 440. eine rare goldene Medaille von ihm, 188. Churf. Gebhards bonnische Nothklippe von 1583, * I, 297. ein anderes Gepräge, 434. Churf. Ferdinands sehr rarer Thaler von 1620, * XIX, 409. Medaille auf Churf. Clemens August, XIII B. 6.
— der Stadt, Münzfreyheit, XVIII B. 8. ihre Thaler, 8 - 10. Goldstück mit dem Jungfernschiffe, 1516, * I, 257. Thaler von gleicher Art und Jahr, 264.

D   Col-

Collalto, Anton Rambald, Grafens von Collalto, vortrefliche Medaille, von 1723, * XIII, 281.
Colmar. Thaler dieſer ehemaligen Reichsſtadt, XVIII B. 10. 11.
Condé, Ludwig, Herzog von Bourbon, Prinz von Condé; eine zum Angedenken ſeiner vielen Heldenthaten verfertigte Medaille, * XI, 297. noch eine wegen der Schlacht bey Seneſ, * XI, 305.
CONOB, crux Numismaticorum, IV, 247. fürſtliche Auslegung darüber, ib.
Contrefecten-Münzen, X B. 18.
Corbach. Dieſer fürſtl. waldeckiſchen Stadt ſehr rarer Thaler von 1566, * IX, 145. hat die Münzgerechtigkeit nur pachtweiſe bekommen, 148. 151. Seltenheit dieſes Thalers, 152.
Cork. Rare kupferne Nothklippe mit dem Namen und Zeichen dieſer Stadt, im irländiſchen Kriege, 1690, * XV, 169.
Correggio. Camilli Auſtriaci, Grafen von Corregio Ducate von 1571, * XVII, 201. die Münzen dieſes Hauſes machen ſich unſichtbar, 201. ſeinem Sohne, Fürſt Sprus, wird wegen geringhaltiger Münze eine Strafe von 300000 fl. zuerkannt, 202 f.
Corſica. Eine rare Silbermünze des Afterkönigs von Corſica, Theodors, von 1736, * XV, 65. wie viel ſie gegolten, und woraus ſie geprägt worden, 66.

Corvey. Der Aebte daſelbſt Thaler, V B. 25 f.
Coſtnitz, Conſtanz, Coſtanz. Den Biſchöfen daſelbſt hat Kaiſ. Friederich I ihre priuilegia, auch quoad monetam, beſtättiget; es ſoll aber kein Thaler von ihnen vorhanden ſeyn, IV B. §. 14. Iedoch wird einer von dem Biſchof und Cardinal Marx Sittich von Hohen-Embs, von 1573 beygebracht, * XI, 265. Münzrecht, 291.
— Thaler dieſer ehemaligen Reichsſtadt, XVIII B. 11. 12.
Courantmünzen müſſen oft in der Hiſtorie zu Hülfe genommen werden, III, 34.
Couronne, Couronne de France, franzöſiſche Goldmünzen, XVII, 171.
Cramers, Johann Friederich, hiſtoria Friderici, Pruſſorum regis, ex numis illuſtrata, iſt nur bis auf 14 Blätter fortgeführt worden, XIII B. 10. 11.
Creutz und Heiligen-Bilder ſind gar gewönlich auf alten Münzen, und warum? I, 48. X, 10. Creutz iſt das älteſte und allergewöhnlichſte Zeichen auf Münzen, XII, 263. iſt das eigentliche Wappen des teutſchen Reiches, 263.

Creutzdreyheller, XII, 257 f.
Creutzgroſchen, II, 236.
Creutzpfenninge, alte, XI, 40.
Creutzthaler, eine Cruſade in Silber,

ber, VII, 34. so heisen auch die Albertusthaler, XIX, 101.
Crönigte Groschen, II, 236.
Cromwel siehe England.
Crosside heisen die Engländer die andere Seite einer Münze, weil gemeiniglich ein Creuz darauf war, I, 48.
Crown, half a Crown, englische Silbermünzen, XXI, 114.
Croy. Herzogs Ernst Bogislaf von Croy fünf Medaillen, XI B. 4, 6. XI, 187. Sterbmedaille, * XI, 185. XII, 447 f.
Crusade, Cruzados, eine portugiesische Münze, VII, 34. ihr Name, 34. von wem und bey welcher Gelegenheit sie zuerst geschlagen worden, 34. ihr verschiedener Werth in Gold und Silber, 34.
Cuno, Moriz, wer er gewesen, IX, 114. schreibt den gar zu gemein werdenden alten und neuen Thalerbetrug in 2 Theilen, ib. ec.

D.

Dacier, Anna, geborne Faberin, ein gelehrtes Frauenzimmer in Frankreich, Medaille auf sie, * IX, 385.
Dänemark. Sprüche der dänischen Könige auf ihren Münzen, XXI, 403 f. K. Abels des Brudermörders Münze vor 1252, * IX, 393. der K. Margareta in den 3 nordischen Reichen sehr berümte Münze mit einer vermeintlich schimpflichen Figur, von 1395, * VII, 241. was diese Figur bedeuten solle, 241 f. daß diese Münze von dieser Königin herkomme, 242. das Mährlein wird widerlegt, 246 f. was die Figur eigentlich bedeute, 247 f. ältester dänischer Thaler K. Johannis von 1496, VIII, 211. die älteste dänische grobe Silbermünze, von 1496, XXI, 402. ein ungemein seltener Güldengroschen des zweyten nordischen Monarchen aus dem oldenburgischen Stamm, Kön. Johanns, von 1502, * XIX, 161. grosse Seltenheit, 162. von dem Titel des Königes auf dem Averse, 163. ein anderer Güldengroschen von ihm, 162. eine Medaille und ein Goldstück von ihm, 162. K. Christian II, drey Thaler, XXI, 402. dessen bey seiner Zurückkunft in Norwegen, 1531 aus Kirchensilber geschlagene Nothklippe, * XI, 41. Graf Christoph zu Oldenburg sehr rare Nothmünze in der zur Befreyung des gefangenen K. Christians II entsponnenen Grafenfehde, von 1535, * XIV, 329. K. Friederichs I in der Stadt Rixen gemünzter Thronthaler, und ein Dickthaler von 1531, XXI, 402. K. Christian III rare Wahlspruchsmedaille, von 1541, * XIV, 17. dessen norwegischer Thaler von 1546, *

XVII, 1. drey merkwürdige Dinge bey diesem raren Thaler, 2 f. woraus er geschlagen worden, 4. K. Friederichs II Medaille mit dem Zeichen des Ritterordens vom Elephanten, von 1582, * X, 129. eine vom Meybusch verfertigte Gedächtnismünze auf die Erneuerung dieses Ordens, 136. K. Friederichs III Medaille auf die erlangte souveraine Erbfolge, XXI, 406. Silbermünze auf die Huldigung K. Christian IV in Hamburg, XXI, 402. dessen sehr rarer Brillenducate, von 1647, * XII, 145. Veranlassung darzu, 146. dessen Thaler nach portugallischem Schrot und Korn, XIV, 312. Gedächtnismünze auf die tapfer abgeschlagene schwedische Bestürmung von Coppenhagen, 1659, * L, 401. ein anderer Stempel davon, 408. beede sind sehr rar, 408. eine Opahlmedaille darauf, 408. * V, 433. K. Christian V Crönungsmedaille, von 1671, XXI, 403. dessen sonderliche Doppelkrone von 1675, * XVIII, 273. bey welcher Gelegenheit sie geschlagen worden, 280. dessen Ritterordensthaler von 1683, * XIX, 377. Seltenheit davon, 377. dessen Geburtstagsmedaille mit dem Titel Arbiter maris Baltici, von 1686. * IX, 81. mehrere solche Geburtstagsmünzen auf diesen König, 82 f. iene scheinet die rareste davon

zu seyn, 84. das Gepräge der ersten Seite wird auf einer andern Münze wiederholt, 84. der Titel Arbiter &c. wird nachmals von den Schweden angefochten, 84 f. wie auch eine andere Medaille, 85. Verahntwortung, 86. Beurtheilung derselben, 86 f. eine andere Medaille vom arbitrio recuperato, 88. eine anzügliche dänische Medaille von 1626, 88. dessen allergrößter Medaillon auf die 1677 dreymal besiegte schwedische Flotte, * XI, 81. dessen Gedächtnismünze auf den mit Braunschweig und Lüneburg wegen der neuen Befestigung der Stadt Ratzeburg 1693 gemachten Frieden, * XIV, 89. dessen Medaille auf die erlangte souveraine Erbfolge, XXI, 406. K. Friederichs IV Medaille nach erlangter Souverainetät, XXI, 463. Gedächtnismünze auf die von K. Friderich IV und dessen Bundsgenossen erzwungene Uebergebung des ganzen schwedischen Kriegsheeres unter dem Grafen von Steinbock, zur Kriegsgefangenschaft bey Tönningen, 1713, * XIV, 97. dessen Ducate von 1720, wo aus Versehen VI statt IV gesetzt worden, VIII, 283. dänischer Ducate, von Gold aus Guinea, von 1738, * XIII, 305. zwo Gedächtnismünzen auf die Vermälung des Cronprinzen Friederichs mit der königlichen großgrosbritannischen Prinzeßin Luise, 1743, * XV, 401. K. Friederichs V. erste und sehr zierliche Krone von 1747, * XXI, 401. besonderes Gepräge der dänischen Kronen oder Speciesthaler, 401 f. Jubelmedaille, auf die vor 300 Jahren angefangene Regierung aus dem oldenburgischen Stamme, 1749, XXI, 405 f. vom dänischen Münzwesen, XVIII, 276 f. dänische Münzstreitigkeit mit Hamburg, VIII, 4 - 8.

Dankbarkeitsmedaille, ein Judengoldstück, I, 429.

Dankelmann. Medaille auf die in churfürstl. brandenburgischen ansehnlichen Diensten gestandene vortrefliche sieben Brüder von Dankelmann, * III, 81.

Danzig. Sehr rarer Noththaler bey der Belagerung von 1577, * VI, 305. siehe auch Nothmünzen. auf die Eroberung der Vestung Haupt, 1659, Gedächtnismünze, * VI, 281.

Dantziger, Johann, ermeländischer Bischof in Polnisch - Preussen; rares Schaustück auf ihn, von 1529, * XXII, 185. ein anderes Schaustück von ihm, 190.

Degenfeld. Luise, Raugräfin und Baronesse von Degenfeld; Medaille auf sie, 1677. * II, 25. 427. ihr Vatter, Christoph Martin von Degenfeld, hat als venetianischer Generalgubernator von Dalmatien und Albanien, von der Republick, eine güldene Kette nebst daran hangender ex Senatusconsulto zu Ehren gemachten Medaille erhalten, IV, 426 f.

Denarii, Deniers, XVII, 146.

Denga, Dengi, Dennuschi, rußisches Geld, XVIII, 198.

Denner, Balthasar, hamburgischer Mahler; Medaille auf ihn, XIII B. 30.

Derfflinger, Georg, Freyherr von, churbrandenburgischer Generalfeldmarschall; Medaille auf ihn, * III, 121.

Deventer, dieser Stadt in der Provinz Ober - Yssel schöner Doppelthaler, von 1609, * XXI, 209. ihre Münzgerechtigkeit, 215.

Deverdeck's, Gottfried, Silesia numismatica, III, 353 f. XII B. 1 f.

Dhaun. Zween sehr rare wild- und rheingräfliche dhaunische Doppelthaler von 1602 u. 7, und ein dergleichen Doppelducate von 1607, * IX, 272. uraltes Münzrecht des gesamten Hauses, 279.

Dicke Silbergroschen, II B. §. 2.

Dickgroschen, II, 235.

Dickmann, Peter, observationes zur Erkenntnis des schwedischgothischen Geldes, XX, 132.

Dickpfenninge, VII, 106.

Dietrichstein. Fürstlich dietrichsteinische Thaler, XI B. 6. gräflich dietrichsteinische zween sehr schöne Thaler, XIV B. 12. 13. Freyherrn Sigmund von Dietrichstein

stein und seiner Gemalin Medaille von 1515, * IV, 89.
Dilherr, Johann Michael, vorderster Prediger bey S. Sebald in Nürnberg; Medaille auf ihn, von 1666, * VII, 217.
Dölpelthaler, ein lächerlicher Druckfehler, statt Doppelthaler, XIX, 101.
Dohna. Alexanders und Christophs, Burggrafen und Grafen von Dohna Gedächtnismünze wegen erhaltener Standesherrschaft Wartenberg in Schlesien, 1719, * VI, 345. der berümte Heraeus hat sie erfunden, 352.
Donawörth, oder Schwäbischwörth, dieser ehemaligen Reichsstadt Münzfreyheit, XVIII B. 12. ihre Thaler, 12.
Donellus, Hugo, berümter ICtus und Prof. zu Altdorf; Medaille auf ihn, von 1590, * VII, 385.
Doppia, doppelte Goldmünze, VI, 33.
Doria, Andreas, kaif. Admiral; Medaille auf ihn, * III, 249. eine ähnliche, 249. mit einem andern Revers, 438.
Dortmund. Thaler dieser Stadt, XIX B. 214.
Dreybrüderthaler, IX B. 12.
Dreyfaltigkeitsmedaille, so auf einer Seite sehr übel angegeben, * XVII, 161. 167.
Dreyfaltigkeitsthaler, * IX, 129 f. ein anderer, 134. und * IX, 425.

Johann Christoph Hapnisch Beschreibung desselben eingeruckt, 425 f.
Dreypölker, polnische Münze, XIII, 221.
Ducaten. Woher der Name? XII, 148 f. die erste Münze, so man ducatum genennet, 149. der Venetianer Umschrift darauf, 149. wie diese Münzen nach Teutschland gekommen, 150. in Ungarn und Spanien sind sie eher aufgekommen, als in Teutschland, 150. ob Ducaten vom Kaif. Carl IV vorhanden, 150 f. wann des Ducatens in den Reichsmünz-Edicten gedacht werde, 151. Verhältnis gegen die Goldgülden, und verschiedentlich erhöheter Werth, 152. 30000 Ducaten in einem metallenen Stücke zu München von K. Gustav Adolph in Schweden gefunden, XIV, 208. 500 Ducaten gilt ein einiger Medaillon, XIV, 232. eines alten niedersächsischen Münzwardeins Verzeichnis von 163 Ducaten, nach ihrem Gehalt und Abweichung von der Reichsmünzordnung von 1559, aus dessen 1606 aufgesetzten Manuscripte abgedruckt, XIX, 82-96. Ducaten um 24, 21, 20 und 11 Kreuzer valvirt, XIX, 96. Beschreibung von 29 zeithero zum Vorschein gekommenen falschen Ducaten, * XX, 65-77. einige daraus gezogene Anmerkungen, 77 f.

I. Münzregister.

77 f. ein unbekannter Ducate, * VI, 433 f. Auflösung, von wem er sey, IX, 434.

Ducatons heißen die alten savoyischen Thaler, X V. 23.

Ducatus, eine herzogliche Münze, I, 88.

Dumbshirn, Wilhelm, sächsischen Obristen, dreyeckigte Medaille auf den Sieg einiger schmalkaldischen Bundsverwandten über die Kaiserlichen ꝛc. 1547, *XIX, 249. Beurtheilung, 250. noch eine sehr rare dreyeckigte Medaille des chursächsischen Obersten Thomshirn auf den Sieg bey Zittart, 1543, * XIX, 425. Nachricht von dieser Medaille, 426. Gelegenheit darzu, 426.

Dunkelspiel, ein angeblicher Thaler dieser Stadt, XIX V. 4.

Dütchen, schlesische Dütchen, XIII, 218.

E.

Ebner, Hieronymus Wilhelm, von Eschenbach, wirklichen kaiserl. Raths, Verwahrers der kaiserl. Crone und Reichskleinodien, und andern Losungers in Nürnberg, rühmliche Gedächtnismünze, * XXII, 97.

Ebrach. Medaille auf Hieronymum Hollein, Abt dieses Klosters, * VIII, 97.

Ecu, Escu, was es überhaupt heiße, XIV, 318. wird gemeiniglich von Goldmünzen gebraucht, 318. XVII, 170. wenn sie sich anfangen, und wie sie sonst heißen, 171. ihr Gepräge und Gehalt, 171 f. Ecu à la Salamandre, I, 429. XVII, 172. Ecu cornu, XIX, 102. Ecu d'or à la couronne, V, 225. Ecu d'or à la croisette, Kreutzensducate, XVII, 169. oder à la petite croix, XVII, 172. was einem Geistlichen mit einem solchen Schildkreutzducaten begegnet, 172 f. Ecu d'argent, XIV, 318. Ecu au soleil, XVII, 172. Ecu à la couronne, VI, 324. XVII, 171. Ecu heaume, VI, 324. XVII, 171. Ecu blanc, ein französischer Thaler, VI, 375.

Eduardiner Rosenobel, oder Eduardsnobel, VI, 326 f.

d'*Effiat.* Ein vortreflich schönes Schaustück auf den Oberaufseher der königl. Einkünfte in Frankreich, Antoine Ruzé, Marquis d'Effiat et de Longjumeau, von 1629, * XXI, 313. Lucks falsche Beschreibung davon, 314 f. eine andere Medaille, 315.

Eger. Zwo zinnerne Nothmünzen dieser Stadt, von 1743, * XV, 409.

Egkh, Leonhard von, herzoglich bayerischer Rath; rares Schaustück auf ihn, von 1543, * XV, 233.

Eggenberg, Johann Ulrich, des ersten Fürsten, trefflicher Thaler von 1630, * X, 73. mehrere Thaler

ſer dieſes neuen fürſtlichen Hauſes, XI B. 6.
Eheſtandsmedaille, ein Judengoldſtück, I, 76. VI, 139. *XII Tit. eine andere Eheſtandsmedaille, XIV, 148.
Eheſtandsthaler, IX B. 31.
Ehrencronianum numophylacium, VII, 336. XII, 146.
Ehrenfels. Thomas Freyherrn von Ehrenfels ſehr rarer Thaler von 1621, * XI, 137. ein Ducate von ihm, 143. Siehe auch 418 f. und XIV B. 13.
Einbeck. Thaler dieſer Stadt von 1625, * XI, 145. woher und wie ſie die Münzgerechtigkeit erlanget, 152.
Eichſtädt. Biſchöfliche Thaler, IV B. §. 15. Biſchofs Johann Chriſtoph Schaumünze von 1613, * VIII, 305. B. Johann Anton unvergleichlich ſchöner Ducate mit doppeltem Revers von 1738, * X, 345.
Eintrachtsthaler, III, 348. VI B. 35.
Eliſabeth, heilige, Landgräfin in Thüringen; Judenmedaille auf ſie, I, 91.
Eilwangen. Probſt Johann Jacob Blarers von Wartenſee rarer Thaler von 1624, * IV, 217. Ellwangiſche Thaler ſind ſo rar, daß man gezweifelt, ob es einen gebe, 218. der Probſt Blarer bedienet ſich des alten Münzregals von neuem, 219. noch einer vom

Probſt Heinrich Chriſtoph von Wolframsdorf, 1629, * V Tit. und B. 27, und 440.
Engelgroſchen, II, 237.
Engelthaler, III B. §. 39.
England. England hat ſehr ſpät angefangen, auf Medaillen zu gedenken, XVII, 437. in Silber geſtochene Schaupfenninge, ib. ein Paar davon angeführt, ib. Engliſcher Medaillen Preis in Gold, Silber und Kupfer zu London, XVII, 438 f. drey ſehr rare alte engliſche Münzen, XIII, 162 f. die dritte iſt räthſelhaft, 163. 167 f. Petersgroſchen, * I, 17. Benennung derſelben, 21. Werth davon, 21. wo ſie ausgemünzet worden, 22. König Aelfreds Münze von 879, *. I, 25. eine uralte Münze von dem eilften K. in England aus dem weſſeriſchen Geſchlechte, Edwig, vor 959, * VIII, 193. K. Aethelreds 2 Münzen, XV, 176. Cnuts des groſſen, K. in England, Dännemark und Norwegen, Münze von 1017, * I, 41. noch eine von 1030, * I, 49. K. Wilhelm I Conqueſtoris ſehr rare Münze zwiſchen 1067 u. 87, * XI, 361. läſt das Münzweſen in der alten Form, 368. Schaumünze auf den erſten normanniſchen König in England, Wilhelm den Eroberer, ſo die erſte aus J. Daſſier Sammlung iſt, * XVII, 433 f. Prinz Eduard des ſchwar-
jen

zen von Wallis, als Herzogs von Aquitanien, sehr rare Goldmünze, von 1363, * VII, 25. zweifelhafte Umschrift des Aversses, 25 f. warum sie diesem Prinzen zugeeignet wird, 26. K. Eduards III Legende auf Münzen, 26 f. Seltenheit einer Münze, 27. Siehe auch 420. 430. K. Heinrich VI in England zu Paris 1423 geschlagene sehr rare Goldmünze, Salut genannt, * VI, 321. 323 f. Münzgebrechen verbessert, 324. Ursprung der Saluts, 324 f. K. Heinrich VIII Viertels Goldkrone von 1542, * XVII, 377. hat fünferley Arten von Goldmünzen prägen lassen, 377. hat zuerst in England die Münze durch den Zusatz von Kupfer geringert, 379. was ihn darzu gebracht, 379 f. Münzverfassung unter diesem Könige, 381 f. Erklärung der Rose und der Umschrift auf dieser Goldkrone, 383 f. der Kön. Maria I vortrefflicher Medaillon auf die gedämpften Unruhen und wieder eingeführte catholische Religion, von 1555, * VII, 1. XIV, 466. drey Medaillen auf die von der Kön. Elisabeth besiegte unüberwindliche spanische Flotte, XIV, 99. ein Paar schöne Schaustücke auf sie, * XXI Tit. ein ruhmvolles Schaustück auf ihr Absterben, von 1603, * XXI, 225. Gedächtnismünze auf den zwischen Grosbritannien und Spanien 1604 geschlossenen Frieden, * XXI, 217. K. Jacob I Goldkrone, XVII, 383. Jetton auf den entsetzlichen Pulverrath wider K. Jacob I von 1605, * XV, 153. eine andere Auslegung von diesem Jetton, 155. K. Carls I goldene schottländische Krönungsmünze von 1633, * XX, 385. ein sehr sonderbares und merkwürdiges Stück davon, 386. vom Sinnbild auf der Gegenseite, 389. Medaille auf dessen Zurückekunft aus Schottland in London geprägt, 390. dessen rarer Schilling von 1642, * II, 329. wie der Revers zu lesen, 329 f. 432. drey unterschiedene Stempel davon, 432. eine goldene Münze mit gleichem Revers, 330. dessen sehr rares 20 Schillingstück oder gemünztes Pfund Sterling, 1642, * XXI, 113. Nachricht von den geprägten und gangbaren englischen Münzsorten, 114 f. Nothmünze bey Belagerung des Schlosses Pontfract in Yorkshire bey der innerlichen Unruhe unter Carl I *I, 337. in achteckigter Form, 438 f. Seltenheit, 439 f. noch eine achteckigte, 439. auf die Belagerung von Newark, von doppelter Art, 439. * VIII, 177. merkwürdige Medaille auf die entsetzliche Enthauptung K. Carls I, * XXII, 313. Gedächtnismünze auf den Tod des Protector Olivarius Cromwells, von 1658,

1658, * VIII, 217. vergebliche Umschrift des Reverses, 223 f. Neuere Gedächtnismünze auf ihn, * VIII, 433 f. des wiedereingesetzten K. Carls II rare goldene englische Krönungsmünze, 1661, * XX, 393. seiner Gemalin, Catharina II, sehr schöne Medaille, 1662, * IV, 393. Medaille mit seinem und seiner Gemalin Bildnis von 1670, * IV, 433. Gelegenheit darzu, ib. Medaillon auf des Herzogs von York, Jacobi, 1665 gehaltenes glückliches Seetreffen mit der holländischen Flotte, * V, 9. dem Könige und dem Herzoge zu Ehren werden etliche Gedächtnismünzen hiebey geschlagen, 16. Medaille auf K. Carls II siebende Maitresse, die Herzogin von Portsmouth, * VI, 241. Medaille auf das unglückliche Unternehmen des Herzogs von Monmouth, 1685, * IV, 225. geschicktes Sinnbild darauf, 232. K. Jacobs II Krönungsmünze von 1685, * XIV, 169. sonderbare und rare Münze des aus Grosbritannien nach Frankreich entwichenen K. Jacobs II von 1699, * XVII, 137. Gehalt dieser Münze, 137 f. Absicht derselben, 138 f. Medaille auf Churf. Georg Ludwigs Proclamation zum Könige in Grosbritannien, XIII B. 4. auf dessen Krönung, 4. Gedächtnismünze auf die 1693 und 94 bey Bombardirung etlicher am Canal liegender französischen Häfen von der engels und holländischen Flotte gebrauchte Branders, die man Höllenmaschinen nennt, * XIII, 9. Medaille auf das Absterben der K. Maria II, 1694. * XIV, 65. Medaille auf die 1707 glücklich gemachte Vereinigung von England und Schottland, unter dem Namen von Grosbritannien, * IX, 73. siehe auch XI, 352. K. Georgs I Krone von 1723, * XX, 233. hat zuerst den Titel: Beschützer des Glaubens auf seine Münzen gesetzet, 234. von seinen Silbermünzen, 234. was die Buchstaben SSC und WCC darauf bedeuten, 235. wieviel unter K. Georg I gemünzet worden, 238. von seinen Goldmünzen, 239. und Kupfermünzen, 239. für Irland geschlagene Münzen, 239. neue Geldspecies zum Dienste der englischen Colonien in America, 240. Gedächtnismünze auf den von K. Georg I 1725 erneuerten ritterlichen Orden vom Bad, * XV, 321. dessen Begräbnisthaler, 1727, * X, 81. Medaille auf die Erbfolge K. Georgs II in dero teutschen Landen, XIII B. 4. bey dieser Gelegenheit auf die Königin, 4. auf die wienerische Allianz, 5. dessen Thaler von 1729, * XII 225. vortreflicher Medaillon auf die

die ganze 1732 lebende königlich englische Familie, * IX, 1. K. Georg II Medaille auf die neuerbauten Schleusen zu Hameln, 1734, * IX, 9. dessen Gedächtnismünze auf die Stiftung der Universität Göttingen, 1734, * IX, 233. und 3 Gedächtnismünzen auf deren Einweihung, 1737, * IX, 297. 305. 313. Dessen Gedächtnisthaler auf seine verstorbene Gemalin, Wilhelmina Carolina, von 1738, * XI, 9. Medaille auf diese Vermälung, 11.

Epernon, Johann Ludwigs von Nogarat und Valette, Herzogs von Epernon in Frankreich, sehr schönes Schaustück, * XIX, 145.

Erasmus von Roterdam; Erklärung des grossen Medaillons mit seinem Bildnisse und dem Termino, XII, 116–120.

Erfurt. Münzrecht dieser Stadt, XXI, 69. vier sonderbare Erfurtische Münzen, * XII, 137. erfurtischer Freypfenning, 138 f. drey verschiedene dafür angegebene erfurtische Sargpfenninge von 1525, * XVII, 289. die gemeine Sage davon, 290 f. Widerlegung, 293 f. erfurtische Thaler, XIX B. 5–8. ein merkwürdiger Spruchthaler von 1617, * XXI, 65. Einbildung, daß er aus chymischen Silber geschlagen worden, widerlegt, 66 f. ob er zum Beweis der Reichsunmittelbarkeit der Stadt geschlagen worden, 68 f. ist ein Jubelthaler, 69. Gedächtnismünze auf das dritte Jubelfest der Universität daselbst, 1692, * XII, 169. Gedächtnismünze auf die Vorstellung des churmainzischen Statthalters daselbst, Anshelm Franz, Freyherrn von Warsberg, von 1732, * XII, 129.

Erpach. Gräflich Erpachischer Thaler von 1623, * VII, 57. Scheinet der einzige Thaler dieses gräflichen Hauses zu seyn, 58. wer solchen schlagen lassen, ib. Siehe auch XI, 422 f. und XIV B. 13.

Erzbischöfliche Thaler, IV B. h. 2–7.

Essen. Der Aebtißinnen zu Essen Thaler, V B. 28 f. der Aebtißin Anna Salome Thaler von 1672, * XIII, 209. vom Münzrechte der Aebtißinnen, 216.

d' Estrées, Gabrielle, K. Heinrichs IV in Frankreich Kebsweib; Medaille auf sie von 1597, * V, 265.

Evelyn, J. discourse of Medals, XVII, 394.

F.

Faber, Johann Jacob, Burgermeisters in Hamburg, Begräbnismünze, * XVII, 333.

Fabers Entwurf einer numismatischen Kenntnis der europäischen Staaten, XXI, 199.

Falſche Ducaten; ein holländiſcher von 1736, * XII, 145. 148. und einer von 1729, 148. ſiehe auch Ducaten.

Farthing, engliſche Münze, VI, 326. XX, 239 f.

Ferrara. Des frommen Biſchofs daſelbſt, Johann von Toſſignani, aus dem Orden der Jeſuiten, 300jähriges Schauſtück der erſten Gröſſe, von 1446, * XIX, 73. wie die Schrift des Averſes zu leſen, 73 f. iſt eine der alleräteſten Medaillen, 74. was die Stralen über ſeinem Haupte bedeuten, 79 f.

Finke, Johann Paul, Verzeichnis der zahlreichen und auserleſenen Sammlung güldener und ſilberner neuer Münzen und Thaler des Kaufmanns Dude zu Hamburg, XXI B. 9.

Finkenaugen, Vienken Ogen, roſtockiſche Pfenninge, XX, 293.

Fledermäuſe, welche Münzen vom Pöbel alſo genannt werden, XX, 293.

Floren, oder Liliengulden, II, 303.

Florenz. Medaille auf den erſten Herzog zu Florenz, Alexander Medices, von 1534, * XVIII, 57. Medaille auf den Mörder ſeines Vettern, Herzogs Alexanders, Lorenz Medices, von 1537, * XVIII, 65. wer ſie möig haben machen laſſen, 72. Herzogs Cosmus II rare Medaille mit ſeinem Glücksgeſtirn vor 1569, * XI, 225. der Revers iſt von einer alten Münze Oct. Auguſti genommen, 225 f. den himmliſchen Steinbock hat man auf mehrern Münzen, 228. Cosmus III, Großherzogs von Toscana, ſchöner Deviſen-Thaler von 1703, * XV, 9. mehrere Deviſen oder Impreſe der Großherzoge von Toscana, 10. Joh. Gaſtons, Großherzogs in Toscana, Livornine, von 1723, *.XIX, 177.

Flüe, Nicolaus von, Bruder Claus genannt, Medaille auf ihn, * II, 281. ſetzet das Sterbjahr falſch an, 285.

Follaris, eine Münze, I, 88.

Fontange, Herzogin von, dritte Maitreſſe K. Ludwigs XIV in Frankreich; Medaille von ihr, von 1681, * VI, 297.

Fountaine erklärt die angelſächſiſchen Münzen, VIII, 194. XV, 175.

Fracaſtorius, Hieronymus, Philoſophus und Medicus, eine Medaille auf ihn, * V, 177. ihre Seltenheit, 178.

Fränkiſcher Fürſten Thaler, zu Fürth geprägt, IV, 346.

Franks numophylacium Wilhelmo-Erneſtinum, III, 34. 36.

Frankenthal. Nothklippe dieſer Stadt bey Einſchließung derſelben vom ſpaniſchen Kriegsvolke, 1623, * X, 137. eine andere, XI, 424.

Frankfurt am Mayn. Wie die Stadt zum Münzrechte gekommen, VI, 277 f. wann ſie angefangen, Reichsthaler zu münzen, 279.

279. mancherley Thaler, derselben von einerley Figur, 279. Verzeichnis ihrer Thaler, XIX B. 8 f. grosse Schaumünze von 1611, VI, 280. schöner Thaler von 1625, * VI, 273. muß bey einer besondern Gelegenheit geschlagen worden seyn, 279 f. soll eine Gedächtnismünze seyn, XIX B. 10.

Frankreich. Der Könige in Frankreich Münzen werden von den niederländischen Prinzen und Grafen fleißig nachgeahmet, III, 212. französische Thaler sind älter, als von K. Ludwig XIV Zeiten, VI, 429. in Frankreich ist bis itzo noch üblich, jährlich die merkwürdigsten Begebenheiten der kön. Regierung auf Jettons vorzustellen, XI, 184. K. Dagoberts II in Austrasien zwo goldene Münzen der 678, * IX, 339. Urtheil über diese Meinung, 40. K. Pipins in Aquitanien rare Silbermünze zwischen 822 und 838, * XX, 401. wo er münzen lassen, 408. K. Carls des Kahlen silberne Münze von 878, * V, 289. ist seltsam und sonderbar, 289. dieser K. hat sich angelegen seyn lassen, das Münzwesen aufrecht zu erhalten, 289 f. der gemeine Mann hat sich von K. Carls des Grossen Zeiten an immer geweigert, das königliche Geld anzunehmen, 290. er erneuert die Münzordnung, 290. wie die neugeprägten Münzen aussehen sollten, 290. an welchen Orten in Frankreich Münze geschlagen werden solte, 291. Erwart dieser uralten Münzordnung, 290. 293. was man daraus lernen könne, 293 f. sie scheinet nicht lange gedauert zu haben, 294. Gründe dieser Vermutung, 294. ob er zu erst ein Monogramma auf seine Münzen gesetzet, 294. eine sehr alte und rare Silbermünze von K. Boso in Niederburgund und Provence, oder Arelat, zwischen 879 und 87, * IX, 185. K. Ludwig VI oder Dicke ließ zuerst auf eine Goldmünze den Spruch Christus vincit &c. setzen, III, 216. K. Philipp des Schönen Goldmünze von 1310, Agnel genannt, III, 212. ein Judengoldstück auf ihn und seine Gemahlin Blancam, VI, 138. K. Philipp von Valois prägte zuerst 1340 goldene Münzen, worauf ein Engel stunde, die man daher les Anges oder Angelottes hieß, VI, 325. K. Carl VII zu Ehren verfertigter Medaillon, wegen des verbesserten Kriegswesens, vermutlich von 1457, * XIII, 1. Tenzels Nachricht davon, 2 f. Erinnerungen dargegen, 3 f. noch 3 Medaillons davon, 3 f. Herrens Beschreibung jenes Medaillons, 5 f. K. Ludwig XI Medaillon, * VI, 161. ist wegen allzuplumper Schmeicheley eine sehr un=

ungerehmte Medaille, 161. K. Carls VIII nach Eroberung des Königreichs Neapel geschlagene sehr rare Goldmünze von 1495, * VI, 313. es wurden bey dieser Gelegenheit Gold- Silber- und Kupfermünzen geschlagen, 318. drey Medaillen, worauf die K. Anna, Herzogin von Bretagne, mit ihren beeden Gemahlen, K. Carl VIII und K. Ludwig XII abgebildet ist, * VI, Tit. und 422 f. zween sehr rare Ecus d'or K. Ludwig XII, als Herzogs von Bretagne, und seiner Gemahlin Anna von 1499 und 1498 (1493) * VI, 185. der zweyte ist die erste französische Münze, worauf eine Jahrzahl stehet, 192. nach ihrer Vermählung hat sich der König allein des Münzrechtes in Bretagne angemaßt, 192. seine in der Provence geschlagene Münzen, 192. K. Ludwigs XII und seiner Gemahlin Anna Judenmedaille, I, 428. * VI, Tit. und 423. dieses K. rarer Ducate mit der nachdenklichen Umschrift: Perdam Babylonis nomen, * V, 225. ein seltenes und hochschätzbares Stück, 226. wo es anzutreffen ist, 226 f. hat vieles Aufsehen gemacht, 226. Thuani Auslegung davon, 227 f. Gretser eifert wider dieselbe, 228 f. Beurtheilung des letztern, 229 f. ob dieser Ducate erdichtet sey, 230. warum der König denselben schlagen lassen, 230. und wann? 230. ein besonderes Gepräge davon mit der Jahrzahl 1512, 230. andere Mutmassung davon verworfen, 230 f. Harduins neue paradoxe Erklärung, 131 f. politische Absichten des Königes dabey, 232. K. Franz I, noch als Herzogs von Valois und Grafen von Engoulesme, Medaille von 1504, * I, 145. noch ein Paar Medaillen von diesem Könige, 151. er setzet seinen Salamander auch auf Currentgeldsorten, 429. dieses K. rarer Ecu à la croisette oder Creutzensducate, nach 1539, * XVII, 169. Nachricht von dieser und ähnlichen Arten Münzen in Frankreich, 170 f. fünf besondere Sorten dieses Königes davon, 172. Ursache der Seltenheit der französischen Goldmünzen, 170. dieses Königes Medaille mit der Beyschrift, Vnus non sufficit orbis, X, 162. Medaille auf den glücklichen Fortgang der Waffen K. Heinrichs II. im Jahr 1552, * XXII, 345. ein anderer Revers, 345. dreyerley Gepräge, 345 f. eine diesem K. zu Ehren von der Stadt Metz geprägte Gedächtnismünze wegen vergeblicher Belagerung derselben von Kaiß. Carl V, 1552, * IX, 121. rare Medaille von der gewaltigen Maitresse dieses Königes, Diana von Poitiers, Herzogin von Valentinois, * VI, 209.

P.

P. Daniels Gedanken davon, 215. wann sie geschlagen worden, 215. Critik über den Revers, VIII, 434 f. Vermälungsmünze Francisci, Dauphins von Vienne und der Kön. Maria Stuart in Schottland, von 1558, * XXI, 393. ein anderes Gepräge, 394. der Kön. von Navarra Johanna, und ihres Sohnes, K. Heinrichs, Losungsmedaille im dritten Hugenottenkriege in Frankreich von 1569, * IX, 97. Medaille auf die Kön. Catharina Medices und ihre 3 Prinzen, die einander auf dem kön. Throne gefolget sind, 1574, * III, 257. 438. wann sie möchte geschlagen worden seyn, 258. ein ordentlicher Thaler mit ihrem und ihres Sohnes, K. Carls IX. Bild, 427. K. Carls IX Krönungsmünze von 1561, * V, 65. Medaille auf K. Heinrich III, von 1577, * III, 265. 428. 438 f. dessen Medaille mit 3 Kronen, III, 269. ein sehr rarer Schauthaler Heinrichs K. in Frankreich und Polen von 1579, * XIX, 361. warum diese Medaille ein Schauthaler genennet worden, 361 f. Jaques de Bie Erklärung davon, 362. Acht Medaillen von ihm, worauf er den in der Taufe empfangenen Namen Alexander führet, 363. dieser Name gibt Gelegenheit zur Erfindung des Reverses, 363. dessen veränderte Umschrift, 368.

des Cardinals von Bourbon, als vermeinten K. Carls X, Medaille von 1590, * L, 329. noch zwo Medaillen auf ihn, 336. Currentgeld und Goldmünzen, ꝛc. 336. mehrere Münzen von und auf ihn, VI, 430. Medaille auf Gabrielle d' Estrées, K. Heinrichs IV erstes Kebsweib, von 1597, * V, 265. dieses K. Medaille mit der unvergleichlichen Retorsion gegen den Herzog von Savoyen, V, 394. eben desselben Doppelthaler, * VI, 433. eben dieses Königes Gedächtnismünze auf das erneuerte Bündnis mit den Schweitzern, von 1602, XX, 386. der Kön. Maria de Medicis goldene Krönungsmünze von 1610, * III, 385. derselben Medaille, als Witwe, * III, 393. ist ein Gnadenpfenning, III, 400. diese extraschöne Medaille mit einem andern Revers, 433. die erste Seite sehr gros in Kupfer unvergleichlich schön gemacht und gegossen, 433. K. Ludwigs XIII Gedächtnismünze wegen des mit der Schweizerischen Eidgenossenschaft gemachten Bundes, 1613, * XIII, 215. dessen rarer Schauthaler wegen des verbesserten Münzwesens, * XIV, 313. Verfassung des Münzwesens unter ihm, 314 f. läßt zu erst Louis d'or prägen, 315 f. kön. Ausschreiben deswegen, 315 f. Münzverbesserung und

und Münzordnung desselben, 316 f. läßt die Münzen rändeln, um sie vor dem Beschneiden zu bewahren, 317. erlangt dadurch grossen Ruhm, und den Beynamen Bis justus, 318. woher der Revers dieses Schaustalers entlehnet worden, 320. genaues und richtiges Verzeichnis der 318 auf die vornemsten Begebenheiten unter der Regierung K. Ludwigs XIV verfertigten Medaillen aus den 2 verschiedenen Ausgaben der Medailles sur les principaux evenemens &c. mit Bemerkung des Unterschiedes und unterweisen beygefügter Critik, XIV, 389=475. gehen von 1638=1715, von der Geburt dieses Königes bis an seinen Tod, denen noch eine Medaille auf seinen Tod von 1723 beygefügt ist, 388. die erste unter diesen 318 vortreflichen Schaumünzen, * XIV, 385. ein erstlich unter diesen Medaillen beliebtes, aber nachgehends ausgeworfenes Stück von 1663, * XIV, 393. noch eine dergleichen ausgeschossene Medaille von 1670, * XIV, 401. der dritte Ausschuß, von 1663, * XIV, 409. dieses Königes Sinnbildsschaumünze von 1662, * XVI, 401. Nachricht und Beurtheilung der Devise: Nec pluribus impar, 402 f. Gedächtnismünze auf die von diesem K. gestiftete kön. Academie der Aufschriften und Gedächtnismünzen, 1663, * IX, 361. Verrichtungen dieser Academie, 362 f. Jetton derselben, 367. Beurtheilung ihrer angegebenen Münzen, und sonderlich dieser, 368. D. Gebauers Critik darüber, 368. Gedächtnismünze auf den mit den schweizerischen Eidgenossen 2c. 1663 erneuerten Bund, * X, 297. ein anderes Gepräge, * XI, 417. Gedächtnismünze auf die neuerbaute Stadt und Hafen Rochefort, von 1666, * XVII, 121. Gedächtnismünze auf die von K. Ludwig XIV, 1672 in 2 Monaten mit gröster Geschwindigkeit eroberte 12 holländische veste Städte, * X, 25. Critik über die Vorstellung auf dem Reverse, 26 f. man hat sich hernach dieser Erfindung selbst geschämt und eine andere in die histoire metallique gebracht, 32. Gedächtnismünze auf die Aufname der französischen Academie in das Louvre, von 1672, * XIII, 401. Medaille auf das von K. Ludwig XIV für die ausgedienten Soldaten zu Paris gestiftete grosse Versorgungshaus, von 1676, * XIII, 25. Medaille auf dieses K. natürlichen Sohn, Ludwig von Bourbon, Graf von Vermandois, Admiral von Frankreich, von 1678, * VIII, 185. K. Ludwigs XIV sehr rarer Prahlthaler, von 1681, * XIX, 393. Medaille auf dieses K.

K. dritte Mâtresse, Marie de Scoraille, Herzogin von Fontange, von 1681, * VI, 297. dessen Medaille auf die in seinem Reiche ausgetilgte reformirte Religion, von 1685, * VII, 353. ist ein Auswürfling der Medaillen der kön. Academie, 354. wie der Revers der ächten Medaille aussiehet, ib. zwo andere Medaillen darauf, 355. die zum Preis der Vortreflichkeit der Dichtkunst von der kön. Academie der französischen Sprache bestimmte Schaumünze von 1687, * XIII, 393. K. Ludwigs XIV Thaler mit dem Titel und Wappen eines Herzogs zu Bearn, 1690, * VI, 369. hat vor andern Thalern etwas ganz besonderes, 370. Bearn hat allein die Ehre, daß der König den Titel und Wappen davon auf seinen Münzen führet, 375. nur noch von 3 Provinzen, Niedernavarra, Dauphiné und Burgund, kommt das Wappen auf französischem Gelde vor, von den beeden letztern aber ohne Titel, 376. ein anderer Ecu blanc von 1672, 376. ein burgundischer Gulden von 1693, 376. neue 1685 in den eroberten Flandern geschlagene Silbermünzen, 376. ein Thaler von Niedernavarra, 376. eine Medaille auf diesen K. Ludwig XIV, so Herzog Johann Friederich zu Braunschweig-Lüneburg in Hannover auf den nimwägischen Frieden schlagen lassen, XVIII, 171 f. eine Medaille dieses Königes, so dem Czaar Peter so wohl gefallen, XVII, 392. eine zu Paris den Holländern zum Verdruß geprägte Medaille, IX, 382. richtiges Verzeichnis von 58 zur Historie K. Ludwigs XV gehörigen Schaumünzen, von 1715 bis 38, XX, 347-352. einige zu dieser Historie gehörige in Teutschland verfertigte Schaumünzen, XX, 352. die vernichtigte Medaille K. Ludwigs XV auf die Verlobung mit der spanischen Infantin, 1721, * XX, 345 †. warum sie vernichtiget worden, 346 †.

Französische Sprache auf teutschen Münzen, X B. 11 f. XVI B. 20.

Freher, Marquard, tr. de re monetaria Germanorum, XII, 261. sein Münzcabinet handelt Herzog Philipp II in Pommern an sich, 410. seine expositio numismatis argentei Constantini Imp. Byzantini, XVI, 37.

Freyberg. Jubelmünze bey dem 100jährigen Gedächtnis der am 17 Febr. 1643 von der schwedischen Belagerung befreyten Hauptstadt Freyberg im erzgebürgischen Craise des Marggraftums Meissen, * XV, 393.

F Frey-

Freymäurer. Medaille auf die berümte englische Freymäurerbrüderschaft, 1733, * VIII, 129. 201 f. zwo Freymäurer Medaillen von der hamburgischen und braunschweigischen Loge, * XV, 417. Medaille der Freymäurer-Loge in der magdeburgischen Stadt Halle, von 1744, *XVII 417 f. 444.

Freypfenning, erfurtischer, * XII, 137. was es damit für eine Bewandnis habe, 138 f. wer das von gehandelt, 139 f.

Freysingen. Den Bischöfen zu Freysingen hat ihr uraltes Münzprivilegium schon Kaiser Conrad II. confirmirt; es will aber scheinen, als wenn sie sich dessen niemals bedient hätten, IV B. §. 16. jedoch findet sich ein Thaler des B. Johann Franz von 1709, * VII, 225. ist ein recht rares Wildpret, 226. er läßt Gedächtnismünzen auf das Jubelfest seines tausendjährigen Stiftes schlagen, 232.

Friedberg. Der kaiserl. ganerbschaftlichen Burg zu Friedberg Thaler von 1623, * VI, 25. erhält 1541 die Münzgerechtigkeit, 32. wem die darauf befindlichen Wappen zugehören, 419. ein anderer Stempel, 445. Burgfriedbergischer Thaler von 1747, * XIX, 1. unter die Vorzüge eines Burggrafen gehört, daß er die burgfriedbergischen Münzen mit

seinem und seiner Gemahlin Geschlechtswappen bezeichnen kan, 2. Thaler der ganerbschaftlichen Reichsburg Friedberg, XX B. 2. 3. von der Stadt Friedberg ist kein Thaler, noch Münze vorhanden, XX B. 1.

Friese, Ottomann, Burgermeisters zu Göttingen, Münzspiegel, VIII, 323. 378. XX B. 3.

Frixacensis moneta, Frixachenses denarii, Frixern, Frillieri; verschiedene irrige Meinungen davon, XXI, 157 f. ist eine zu Friesach in Kärnthen, oder nach dem friesachischen Fuß geschlagene Münze, 158.

Fröllchs appendicula ad numos Augustorum et Caesarum ab urbibus graece loquentibus eusos, quos Vaillantius collegerat, VI, 304.

Frunsperg, Balthasar von, trefflicher Schaupfenning auf ihn, von 1529, * XVI, 209.

Fugger, Mar. Fuggers, Freyherrn, Thaler von 1624, * VI, 65. andre Thaler von ihm, 72, 445. Raymund Fuggers zu Augspurg Schaustück von 1529, * VI, 73. Kais. Carl V ertheilt ihm 2c. die Münzgerechtigkeit, davon er selbst sagt, dergleichen Privilegia habe er noch keinem ertheilt, und werde es auch keinem mehr thun, 75. sie mögen anfänglich mit dem Gebrauch dieses Regals an sich gehalten haben, XIV. B. 14.

ein-

I. Münzregister.

ein fuggerischer rheinischer Goldgulden von 1597, 14. Medaille auf Jacob II Fugger, 14. fuggerische Thaler, 14. 15.

Fulda. Der Aebte von Fulda Thaler, V B. 26. wer von den fuldischen Münzen geschrieben, 27. fürstlich fuldaische von Koch verfertigte Medaillen, XIII B. 27-29. der allererste fuldische Thaler Abts Johann III, von 1539, * XIX, 329. ein anderes Gepräge, 330. siehe auch II, 117. des Abts Bernhard Gustav Thaler, * I, 225. ein anderes Gepräge, 430. des Abts Placidi von Droste nettes Schaustück von 1688, * XIV, 241.

Fürstenberg. Graf Egons Thaler, XI B. 7. noch einer, XIV B. 16. Fürst Hermann Egons Thaler, XI B. 8. * XII, 9. Fürst Joseph Wilhelm Ernsts Ausbeutthaler von 1729, * II, 169.

Fürstengroschen, II, 237. alte Fürstengroschen, ib.

Fürstliche Auslegung einer Münze, IV, 247.

Fürth. Daselbst geprägte Thaler, IV, 446.

G.

S. Gallen. Thaler des Klosters, * VI, 57. auf den alten Pfenningen des Klosters ist das Osterlämmlein gestanden, hernach haben sie den Bären angenommen, 64.

Gandersheim. Der Abbatißin Elisabeth Ernestine Antonie Gedächtnismünze auf ihre Erwehlung, 1713, * XIX, 9. die Randschrift erklärt das Wort Tandem, 10. Münzgerechtigkeit des Stiftes, 10. bisher ist noch keine ungezweifelte gandersheimische Münze zum Vorschein gekommen, 19.

Garampi, Graf Joseph, von Rimini, diß. de numo argenteo Benedicti III, P. M. XX, 306.

Gaston, Herzogs von Orleans, höchsten Fürstens von Dombes, nicht gemeiner Thaler, von 1652, * XIV, 9. Münzgerechtigkeit aus der Souveraineté des Fürstentums Dombes, 27.

Gattinara, Mercurinus de, kaiſ. Obrist - Hof - Canzler: einseitige Medaille auf ihn, * VII, 9.

Gavineus oder Cauincus. Siehe Medailleurs.

Geldern. Wer die erste Gold- und Silbermünze in Geldern schlagen lassen, I, 376. der Herzoge zu Geldern Thaler, VII B. 22 f. der Provinz Geldern Thaler, 23. Herzog Carls von Egmond Goldgulden von 1492, * I, 369. II, 418. Sprüche auf seinen Silbermünzen, I, 376. dessen geldrische Silbermünze, damals Snaphane genannt, * X, 121. siehe auch XXI, 423. geldrischer Thaler

I. Münzregister.

ler von K. Phil. II in Spanien, * II, 241. ein anderer, 430. K. Frid. Wilh. in Preußen besonderer Thaler, als Herzogs in Geldern, von 1718, * X, 113.

Genua. Ein Thaler von 1630, * II, 33. was die auf dem Revers vorkommende Figur bedeute, 34 f. hat das Münzrecht von Kaif. Conrad II, 36. setzet daher dessen Namen auf alle ihre Münzen, ib. Veränderungen darinnen wegen französischer Botmäßigkeit, ib. Thaler von 1671, II, 420.

Georg-noble, englische Goldmünze, XVII, 379.

Geußenpfenning. * VIII, 105.

Ghedik, türkische Kupfermünze, X, 290.

Glaserz und weißes Silber. Daraus hat man im Joachimsthal Schaugroschen gemünzet, XVI, 56.

Glaubensmedaille, ein Judengoldstück, I, 429. VI, 139.

Glaubensthaler, IX B. 28.

Glatz. Des Pfandinnhabers der Grafschaft Glatz, Johann, Freyherrn von Bernstein, rarer Thaler von 1540, * XII, 313. noch ein Thaler eines solchen Pfandinnhabers, XIV B. 16.

Gleichmann, Joh. Zach. alias Helmond, hist. Betrachtung einer Münze des thüringischen K. Balderichs oder Walderichs, eingedruckt, mit einem nötigen Bedenken darüber, XIV, 372-376.

Glockenthaler, die 7 wolfenbüttelische, * I, 137. Gelegenheit dazu, 140. Erfinder derselben, 143. Zahl derselben, 144. siehe auch VII B. 4. ein sehr rares und besonderes Gepräge vom siebenden Glockenthaler mit der angezogenen Glocke ohne Klöppel, von 1643, * IX, 105. ist wirklich ein anderes Gepräge, 106. des Abts Molani Anmerkungen von Veränderungen auf den Glockenthalern, 86 f. genaue Abbildung des von H. August eigenhändig gemachten Entwurfes zum ersten und andern Glockenthaler, * XIX, 41. Richtigkeit der Handschrift, 41. einige daraus gezogene Anmerkungen: von dem Erfinder der Glockenthaler, 42. vom Worte Gloria auf dem ersten, 42 f. von der Anzahl dieser Thaler, 43 f. über den ersten Glockenthaler, 46 f. über den andern, 47 f.

Gluckhennenthaler, XIX, 209.

Glücks- oder Narrenthaler, VI B. 37.

Godfrey, Edmund Bury, Friederichter zu London; Gedächtnismünze auf seine Ermordung, 1678, * XIV, 81.

Görz siehe Schweden.

Görzischer Thaler, eine Mährgensmünze, * XVII, 197 f.

Göttingen. Ein Thaler dieser Stadt, von 1659, * VII, 209. Groschen mit dem gecrönten G sind von Göttingen und nicht

von

von Goslar, 211. ein anschnliches Goldſtück von 4 Ducaten, daraus erhellet, daß Göttingen auch das Recht gehabt, Goldmünzen zu ſchlagen, * VII, Tit. und 423. acht Stücke dieſer Art im ſchwarzenfelſiſchen Münzcabinete, angefürt, 423 f. woher die Stadt das Münzrecht hat, 424. hält ſcharf über ihr Münzrecht, 424. ein alter Groſchen von 1495, * VII, 425. eine Gedächtnismedaille auf die Stiftung der Univerſität daſelbſt, von 1734, * IX, 233, und 3 auf deren Einweihung, von 1737, *IX, 297. 305. 313.

Götze, J. M. Nachricht von dem beruffenen ſo genannten mannsfeldiſchen Thaler, eingerückt, XXI, 106‒110. beurtheilt und widerlegt, 110‒112.

Goldaſti catholicon rei monetariae, XII, 152.

Goldfloreenen, VIII, 439.

Goldgulden. Johannes der Täuſer mit dem Gottesslamm iſt auf den alten Goldgulden ein ſo gemeines Kennzeichen, als der Reichsapfel, III, 35. warum überall Johannes darauf ſtehe, 422. aus rheiniſchem Gold geſchlagene, 202. ie älter ſie ſind, ie mehr halten ſie an feinem Golde, VII, 304. rheiniſche Goldgulden, VIII, 439. Metzer Goldgulden, von ſehr geringem Gehalte, 440. von Goldgulden ſiehe auch XI,

215 f. Verordnung von den Goldgulden von 1559, XII, 152. noch andere, 152. Verhältnis gegen die Ducaten und verſchiedentlich erhöheter Werth, 152. Il Fiorino d'oro antico illuſtrato &c. zu Florenz, 1738, ein herrliches Buch, XV, 63.

Goldguldengroſchen, II V. §. 2.

Goldkrone, Viertelsgoldkrone, eine engliſche Münze, XVII, 377. 379.

Gonſalvo Fernandez von Corduba; vortrefliches Schauſtück auf ſeinen 1503 über die Franzoſen zweymal befochtenen Sieg, * XIII, 17. wo dieſe Medaille ſonſt mit einigen Veränderungen angetroffen wird, 18. mehrere Medaillen darauf, 18 f.

Gonzaga, Ferdinand, Kaiſ. Carls V. Generals, unvergleichlich ſchöne Medaille, * I, 33. noch 3 Medaillen auf ihn, 426 f. auf ſeine Tochter Hippolyta, 426. ein Medaillon auf ſeine Gemalin, VIII, 362. Ferd. Gonzaga, Fürſtens zu Molfetta und Grafen zu Guaſtalla, Thaler von 1620, * VIII, 361. Carl Gonzaga, Herzogs von Nevers und Riethel, ganz beſonderer Thaler von 1627, * XI, 350. 393. was Cuno davon ſagt, 394. was Carolopolis darauf heiſe, 399. aus was für einem Rechte er ihn ſchlagen laſſen, 399 f. Caecilia Gonzaga, die ungemein gelehrte Prinzeſſin zu Mantua;

tua; einer von den ersten Medaillons auf sie,* XVII, 73. Nutzen desselben in der Historie, 74.
Gorze. Ein gar rarer Thaler Carls von Lothringen, Herrn der Abtey Gorze, vor 1643, * XV, 33. noch ein Paar kleinere Münzen von ihm, 34.
Goslar. Alterum der goslarischen Münze, XX B. 3. Ansehen und Reputation dieser Stadt wegen ihrer guten Münze, 3. unerschöpfliche Silbergrube des Rammelsberges, 3. Thaler dieser Stadt, 4-6.
Gotha numaria, VII, 109.
Gotter, Freyherr Johann Michael von, sachsengothaischer Geheimer Rath; Medaille auf dessen Absterben, von 1729, XIII B. 29.
Gottorfische Kunst- und Naturalienkammer; Gedächtnismünze darauf, von 1688, * XX, 89. Erfinder der Medaille, 90.
Goude Larmen, eine holländische Goldmünze, III, 212.
Granvelle siehe Perenot.
Greifenfeld, Graf Peters in, dänischen Groß-Canzlers, Medaille, von 1674, * L, 105. ist Goldschmidsarbeit, in Silber gegossen, und sehr übel formirt, 106. doch sind die Originale geprägt und ganz sauber, 429. er hält die Medaille heimlich und sie wird ihm übel gedeutet, 112. eine kleine Medaille auf ihn, 429. es soll eine satyrische Münze mit einer Nachteule auf ihn gemacht worden seyn, 112. 429. III, 419. noch eine Medaille, III, 418 f.
Greifswaldische zinnerne Notmünze von 1631, * IX, 353.
Griespeck, Florian, kön. böhmischen Raths, Schaupfenning von 1543, * XVI, 57.
Griwna, Grive, rußische Münze, XVIII, 298.
Groat, ehemalige englische Silbermünze, XXI, 114.
Gröningen, Thaler dieser freyen Stadt, von 1602, * XXII, 121. Medaille auf ihre Eroberung von Graf Moritz von Nassau, von 1594, 128. eine kleine Medaille der friesischen Staaten darauf, ib. eine in der Belagerung der Stadt geschlagene Notklippe, von 1672, * X, 177.
Gronsfeldische Thaler, XIV B. 16. 17. ein gräflicher gronsfeldischer Thaler, * X, 1. 435. von wem er geschlagen worden, 2. ein gleicher Ducate, 2.
Groschen. Geschichte derselben, II, 234 f. woher ihr Name kommt, 234. wer sie zuerst schlagen lassen, 234 f. werden immer geringer, 235. sehr viele Arten und Namen meisnischer Groschen, 236 f. wer von den Groschen geschrieben, 240. alte Groschensammlungen, 240. XI, 352.
Groschencabinet, Joachims neueröffnetes, gerühmt, XI, 352. XX, 305.

Grosser,

Groſſer, däniſche Münze, XVIII, 274.
Grotius, Hugo, Schauſtück auf ihn, mit dem Bücherkaſten, dadurch er aus der Gefangenſchaft gekommen, * V, 153. mit einem andern Revers, 154.
Grumbach, Wilh. von, rare einſeitige Schaumünze auf ihn, von 1567, * XII, 353.
Guarino, von Verona, erſter Lehrmeiſter der griechiſchen Sprache und Gelehrſamkeit unter den Welſchen; altes Medaillon von ihm, vom 1460, * XVII, 49.
Gudenus, Val. Ferd. de, Vaticanarum W.Marienſe, correcirt und gerühmt, VI, 103 f.
Guineen, XX, 238 f.
Guiſe. François de Lorrain, Herzog von Guiſe, Medaillon, IV, 165. Heinr. II. von Lothringen, von Guiſe, zwo ſehr rare Gedenkmünzen bey der neapolitaniſchen Empörung, von 1648. 49, * VIII, 57. 64. wer von ſeinen Guiſemünzen handelt, 72. weitere Nachricht davon, 436 f. Güldengroſchen, dreyfach ſiehe, III W. §. 22. VII. 205. XVII, 98.
Gurk, Biſchof Johanns VI Thaler von 1563, V, W. 22. * VI, 229. iſt ſehr ſelten. ib.
Gute Groſchen, II. a 163.
Guten Freytags Goſchel, VI, 112.
Guttenberg, Johann von Sörgenloch, genannt Gänſefleiſch, warhafter Erfinder der Buchdru-

ckerey; Gedächtnismünze auf ihn, von 1740, * XIV, 353.

H.

Haarzöpfe auf Münzen, III W. §. 47.
Händleinspfenninge, Händelsheller. Ein in Altenburg geſchlagener, * XII, 257. wo dergleichen gefunden worden, 257. unrichtige Meinung von dem, des ſie prägen laſſen, 257 f. was die Hand darauf bedeute, 259 f. ſind nicht alle für ſchwäbiſchhälliſche Münzen zu halten, 261. käiſerliche Verordnung, dergleichen in Nürnberg und noch 3 andern Städten zu prägen, 261 f. man hat ſie auch an andern Orten geſchlagen, 262. Aberglaube davon, 264. Creutz und Kindsköcher noch auf ſchwäbiſchhälliſcher Münze, 264. ſiehe auch XX W. 7.
Hag. Der Frauenberger Grafen im Hag zu Praun einziger Thaler, von dem letzten Gr. Ladislau, von 1579, welcher Sehe ſelten iſt, XIV W. 17. * XV, 41.
Hagenau, Thaler dieſer ehemals anſehnlichen Reichsſtadt, XX W. 61.
Hailsbronn. Schöne Schaumünze des 27 Abts in dieſem ehemaligen Kloſter Ciſtercienſer Ordens, Johann Schoppers, von 1536, * XV, 203.

Hal-

Halberſtadt. Biſchof Hildigard erlangt ſchon von Kaiſ. Otto II das Münzrecht, welches hernach beſtåttiget wird, IV B. §. 17. B. Ludwigs Geld wolte kein Menſch mehr nehmen, ib. er überließ daher daſſelbe dem Domcapitel und daſigem Rath und Gemeine, ib. ob es Churf. Albrecht zu Mainz, als B. zu Halberſtadt, wieder eingelöſet habe, ib. ſechs Thaler mit dem Wappen des Domcapitels und der Stadt, ib. H. Heinrich Julius, als B. von Halberſtadt, Thaler, ib.

Haldenſtein. Dieſes Schloß hat Münzgerechtigkeit, IX, 434. der graubündiſche Edelmann von Salis läßt darauf ſehr häufig geringhaltige Scheidemünze prägen, 434.

Hall in Schwaben. Davon haben die Heller ihren Namen, XII, 261. hat Händleinspfenninge geprägt, 261. nach kaiſerlicher Verordnung, 262. führt noch Creutz, Hand und Adler auf ihren Münzen, 264. Cruſii alberne Auslegung dieſer 3 Dinge, 264. der Stadt Schwäbiſchhall allegoriſche Erklärung von Creutz und Hand, 264. Thaler dieſer Stadt ſind wenige, aber wohl geprägt, XX B. 6, 8. toller Einfall, dieſe Thaler für chiromantiſche Thaler zu halten, XX B. 7. die ſchwäbiſchhälliſchen Thaler ſind ſehr rar, 8. warum dieſe Stadt ſo wenig grobes Geld ſchlagen laſſe, 8. Gedächtnismünze auf die Einweihung des neuerbaueten Rathhauſes daſelbſt, * XX, 217.

Halle. Gedächtnismünze auf die Einweihung der Friederichs-Univerſität daſelbſt, 1694, * VII, 169.

Hamburg. Hat viele harte Thaler in dieſer gräßlichen Münzzeit durch ihre Handlung erhalten, VIII 2. Münzverfaſſung dieſer Stadt, 2 f. erlangt die Münzgerechtigkeit von den Herzogen von Holſtein, 2. vom Kaiſer, 2. von ihren Thalern, andern Münzen, Münzmandaten, Münzfuß ꝛc. 2, 4. Münzſtreitigkeit mit Dänemark, 4 f. ſiehe auch X, 430. Geſpräch im Reiche der Warheit von den hamb. Münzneuerungen, VIII, 324. Hamburg beſtrebt ſich unter vielen Münzzerrüttungen von Alters her gute Münze beyzubehalten, XX B. 8. 9. Nachricht von der Befugnis, Beſchaffenheit, Billigkeit ꝛc. der neuen hamb. Münzordnungen ꝛc. 9. ungedruckte Schriften von ihrer Münzverfaſſung, 9. D. Langermanns hamb. Münz- und Medaillen-Vergnügen, 9. hamburgiſche Thaler, 9 = 15. ein rarer von 1553, * VIII, 1. noch ein älterer, X, 419. hamb. halbes Markſtück, * XI, 209. ſiehe Lübeck. zwo Jubelmedaillen von 1717

1717 und 30, XIII B. 7. aufs Jubelfest der Banco daselbst, 8. auf die neue Courantbance, 8. auf die patriotische Gesellschaft, 8. ein und zwanzig Begräbnismünzen der Bürgermeister in Hamburg in völliger Reihe von der Zeit an, da solche üblich geworden sind, nebst 3 nachgeschlagenen, * XVII, 305 s 352. Ursprung und Werth dieser Münzen, 310. Zusätze zu deren Beschreibung, XVIII, 125 s 128. was das holsteinische Nesselblat auf hamb. Münzen anzeigen solle, XX B. 10.

Hamburgische historische Remarquen haben sehr viele Begräbnisthaler, XI, 2.

Hanau. Gräflich hanauische Thaler nach der münzenbergischen Linie, XIV. B. 18. nach der lichtenbergischen, 18 s 20. Graf Philipp Ludwig II münzenberg. Linie goldener Anhängpfenning, von 1602, * VII, 73. desselben rarer Begräbnisthaler, von 1612, * VII, 81. Gr. Joh. Reinhards I zu Hanau, lichtenberg. Linie Thaler von 1624, * VI, 377. gräfl. vormundschäftlicher Thaler der Catharinae Belgicae, von 1625, * IV, 273. noch ein Thaler von ihr, 279. der letzten beeden Grafen zu Hanau, Philipp Reinhards und Johann Reinhards, schöne brüderliche Eintrachts Ge-

denkmünze, von 1699, * XXII, 145.

Hanke, Martin, de Silesiorum monetis, XII B. 1.

Hannover. Dieser churfürstlich braunschw. lüneburgischen Residenzstadt Thaler von 1666, * XI, 33. Münzrecht derselben, 34. Münze und Wechsel derselben, 34 f. mehreres von ihrem Münzwesen, 37 f. Thaler dieser Stadt im Abt-Molanischen Münzcabinet, 40.

Hartknoch de re numaria Prussorum, VIII, 378.

Havré, Der Marggräfinn Diana von Havré rarer halber Gülden, * IX, 201.

Haßfeld. Thaler der Grafen von Haßfeld, wildenbergischer Linie, XIV B. 20 f. und gleichischer Linie, 21.

Heart-Penny, I, 21.

Heidanus, Abraham, Theologe zu Leiden: eine ganz in Silber gestochene Begräbnismünze auf ihn, * XV, 161. wozu sie angewandt worden, 163. Begräbnismedaille von seiner Ehefrau, 163.

Heidelberg, grosses Faß daselbst, Medaille darauf, von 1664, * VIII, 145. auf die Wiedererneuerung desselben, 1727, * VIII, 417. historische Beschreibung dieses Fasses, 418 f. noch eine weit grössere Medaille darauf, * Tit. und 423.

Heilige auf Münzen, IX, 435 f. warum man ihre Bilder und die Creutze so gerne vor Alters auf die Münzen gesetzet, X, 10. Stiftsheilige auf Münzen, XIII, 202 f.

Heinrichsnobel, VI, 328.

Helblinge, VII, 204. XII, 161.

Helenenpfenninge, VI, 111 f. wofür sie helfen sollen, ib. Ursprung derselben, ib.

Helfenstein. Ein einiger ganzer Güldenthaler der Grafen von Helfenstein, von 1562, XIV B. 21. 22.

Heller mit einem Creutz und Hand, VII, 203. siehe auch Händleinspfenninge.

Henneberg. Der gefürsteten Grafen zu Henneberg Thaler, VII B. 23 f. Graf Wilhelms Thaler von 1546, II, 120. des gefürsteten Grafen Wilhelms VII Medaille von 1557, * V, 345. des letzten gefürsteten Grafen Georg Ernst Thaler, von 1564, * II, 113. eine andere Sorte, 428. dessen Begräbnisthaler, VII B. 23 f.

Heraei numismata recentiora depromta ex gaza Imp. Aug. Caroli VI, XIII, 18.

Hermann, Georg, in Kaufbayern, ein Patron der Gelehrten; Schaustück von ihm, von 1527, * XVII, 281. noch 4 Medaillen auf ihn, 288.

Herrenbergische Thaler, XIV B. 7 f.

Herrgott, Marquard, numotheca princip. Austriae, XXI, 412.

Hessen. Hessische Thaler, VII B. 24, 31. solche, die vor der Abtheilung des Hessenlandes unter Landgraf Phil. I Söhne geschlagen worden, 24-26. nach derselben, und zwar aus der casselschen Linie, 26-29. Landgr. Ludwigs zu Marburg, 29. die darmstädtischen, 30. Zusätze, XII, 445 f. hessendarmstädtische vom Hannibal verfertigte Medaillen, XIII B. 5. Landgr. Wilh. des mittlern Goldgulden von 1506, IV, 255. Landgr. Philipp des Grosmütigen rare Medaille von 1535, * XVII, 321. dessen sehr rarer Thaler von 1538, * XII, 721. warum die Thalerliebhaber grosses Werk daraus machen, 722. dessen Triumphsmedaille auf H. Heinrich den jüngern zu Br. Lüneburg, 1545, * V, 113. Thaler von 1564, XVI, 117. und ein Schaustück von ihm, 118. der berufene falsche Philippsthaler mit dem Spruche: Besser Land und Leut verloren rc. * I, 233. zweyerley Meinung, warum der Landgr. diesen Spruch habe sollen darauf setzen lassen, 234. werden widerlegt, 234 f. Erklärung der einzelnen Buchstaben darauf, 234 f. ist höchstgezwungen, 238 f. Beweis, daß er nie

… wie dergleichen Thaler schlagen laſſen, 239. wie es mit dieſem Betruge zugegangen, 239 f. woher der Ruf von dergleichen Th. entſtanden, 240. wer davon geſchrieben, 240. hoher Preis davon, 412. Joh. Reinhold E. (vielleicht, Engelhard) ein Medailleur u. Petſchierſtecher zu Breslau hat dieſen falſchen Th. und andere mehr betrüglicher Weiſe nachgeſchnitten, geprägt und gewinnſüchtig diſtrahirt, III, 376. ſiehe auch VII B. 26. Tenzels kleine Schrift davon, eingerückt, XV, 75-79. vermeintliche Widerlegung deſſelben, 85-87. Löhleriſche Beurtheilung detſelben, 80. Tenzels Antwort auf jene vermeinte Widerlegung, 94-96. und 102-104. zween nachgemachte heßiſche Philippsthaler, * XVI, 113. ſind gegoſſen und ſcheinen die Figuren ſehr abgenützt, 115. Falſchheit derſelben, 115. des Herrn von Gudenus Anmerkungen über dieſe Thaler, 115. eines ungenanten Vertheidigung der Wirklichkeit ſolcher Thaler, 116 f. Antwort darauf, 117 f. Landgr. Wilhelms V Münze mit dem Spruche: Lieber Land und Leut ꝛc. I, 240. XV, 78. 80. XVI, 116. Landgr. Wilh. des Beſtändigen Thaler von 1621, 22, I, 240. der Landgr. Anna Marg. von Heſſenbutzbach rare Begr. Münze, 1629, * XIII, 149. Landgr. Moritz des ältern zu Heſſencaſſel Begr. Thaler von 1632, * XVI, 169. Landgr. Wilh. VI zu Heſſencaſſel zierlicher und nicht gemeiner Th. von 1655, * VII, 329. Beurtheilung des Sinnbildes darauf, 335 f. XII, 446. Landgr. Georg II zu Heſſendarmſtadt Begr. Th. von 1661, * II, 353. der Landgr. Maria Amalia Begr. Th. von 1711, * XI, 1. Landgr. Carls zu Heſſencaſſel merkwürdiger Sinnbilds-Ducate von fünferley Stempel, 1720, * XVI, 105. Anfechtung darüber von einem Jeſuiten zu Regenſpurg, 106 f. Abfertigung deſſelben, 108 f. was der Landgr. doch mit ſeiner Deviſe für Gedanken gehabt haben möchte, 112. eine Medaille mit ſeinem und ſeiner Gemalin Bildnis, * XVI Tit. die in Schweden verfertigte Ged. Münze auf ihn, von 1730, * XVI, 337. legte das fürſtliche Kunſthaus an, als ein immerwährendes Behältnis einer anſehnlichen Sammlung von alten und neuen Münzen ꝛc. 344. kaufte zu Venedig die alten Münzen und Camei des Carl Patin, 344. vortrefliche Schaumünze auf den von demſelben erbaueten Carlsberg, * XXII, 385. Landgr. Ernſt Ludwig zu Heſſendarmſtadt 2 rare Th. von 1717 u. 24, deren der erſte von alchymiſchem Silber, * XVI. 1. vom erſten

G 2 ſind

sind nur 100 Stücke geprägt worden, und warum? 2. Ged. Münze auf desselben 50idriges Regierungsfest, 1738, * XVI, 313.

Hevelius, Johann, der berümte Sternseher zu Danzig; Medaille auf ihn, * VII, 305. ist anderwärts nicht schön genug in Kupferstiche vorgestellt, 306.

Heuschrecken, Ged. Münze von dem in Teutschland 1693 gekommenen Heuschreckenschwarm, * XXI, 89. noch eins von diesem Johann Kittel, 90. zwo verminutische Medaillen, 90.

Heusinger, Friederich, vom Nutzen der teutschen Münzwissenschaft, XXI, 46.

Hildesheim. Bischöfliche Thaler, IV B. §. 18. des Domcapitels Thaler von 1688, und von 1724, ib. n. XII, * X, 417. des Domcapitels Ged. Münze auf die Erledigung des bischöflichen Stuls, 1724, * XI, 409. der Stadt Hildesheim Ged. Münze auf das ihr von Kaif. Carl V verliehene Wappen, von 1605, * IX, 17. XI, 413.

Hirtenpfenning, kupferner, vermeinter, III, 210. 376. ist ein buchhornischer Heller, 210. 376.

Historische Gedächtnismünzen dieses Jahrhunderts, von Körnlein verfertiget und von Negelein erläutert ꝛc. VII, 126 ꝛc. IX, 194.

Höselers, Heinrich, 2 Jubelhochzeitmedaillen, VI, 102.

Hofmann, Friderich, von preuf. Geheimerrath und ältester Prof. der Medicin zu Halle; Medaille auf ihn, XIII B. 30.

Hofmanns alter und neuer Münzschlüssel, XI, 418. die Kupferstiche davon sind elend, 419.

Hohenembs, Graf Jacob Hannibal, Generals, Medaille von 1575, * IV, 9.

Hohenloh. Gräflich hohenlohische Thaler, XIV B. 22. 2 ꝛc. sie werden ihres Gepräges und Vorstellung wegen zu den schönen und zierlichen Thalern gerechnet, X, 386. XLV B. 22. sind auch seltsen XLV B. 22. der älteste Gr. hohenl. Thaler von 1594, * XX, 129. noch 2 hohenl. Thaler, 130. wer seinen Th. habe schlagen lassen, 130 f. Gr. Wolfg. Julius von Hohenloh und Gleichen, emblematischer Th. von 1697, * II, 389. zween schöne Th. Gr. Carl Augusts von 1738, * X, 385.

Hohenzollern, Fürst Joh. Georgs Thaler von 1623, XI B. 8.

Hohlgroschen, II, 137.

Hohlmünzen siehe Bracteaten.

Holland siehe Niederlande.

Holländische Thaler, wie sie zu colligiren, II B. §. 23.

Hollstein, Freyherr Carl Jacob von, de rare circa rem numariam in Suecia, VIII, 437 f.

Holstein. Thaler der Herzoge in Holstein, VII B. 31. 34. H. Frie-

I. Münzregister.

Friederichs I nachmaligen K. in Dänemark, 31. der Herzöge zu Schleswigholstein, sunderburgischer Linie, 32 f. gottorfischer Linie, 33 f. H. Friederich I zu Schleswig und Holstein rare Münze von 1514, * XX, 257. ist wol nach lübischer Währung geschlagen, 264. ihm kommt als Reichsfürsten das Münzrecht zu, 264. Münzregal der alten Grafen von Holstein, 264. H. Johann Adolphs zu Schleswig und Holstein, gottorfischer Linie, Bischofs zu Lübeck, hauptrarer Doppelthaler, von 1607, * XX, 105. sonderbare Beschaffenheit dieses Thalers, daß seiner Gemalin Bild darauf stehet, rc. 106 f. ein anderer, von 1611, * VII, 257. H. Johann des jüngern, Stifters der sunderburgischen Linie, Thaler von 1622, * VII, 273. H. Friederichs III zu Hollsteingottorf, Th. von 1626, * XII, 217. mehrere Nachricht von seinen Thalern, 223. Streit wegen seines Thalers von alchimistischem Silber, 223 f. H. Alexanders Begr. Thaler von 1627, XIV, 460. H. Augusts zu Holsteinplön in Norburg Ged. Th. auf die vom Kaiser zugesprochene oldenburgische Erbschaft von 1676, * XII, 97. H. Christian Albrechts zu Schleswig und Holsteingottorf Ged. Münze auf den mit Dänemark 1689 getroffenen al-

tonaischen Vergleich, * VII, 249. noch eine von Carlstein verfertigte Medaille, 256. noch ein Paar andere, 256. H. Friederichs zu Schleswigholsteingottorf, der in der Schlacht bey Clißcow 1702 erschossen worden, Begr. Thaler, * XIV, 249.

Holzschuher, Siegm. Elias von Aspach und Thalheim, des innern geheimen Raths zu Nürnberg rc. Gedächtnismünze auf ihn, von 1709, * XVII, 177.

Honstein. Warum die abgestorbenen Grafen von Honstein so viele Thaler schlagen lassen, XIV B. 25. sind meist von einerley Gepräge, 25. von gutem Gehalt, daher ihnen die Münzjuden so sehr nachstreben, 25. Verzeichnis dieser Thaler, 25. 26. einer der ältesten und rärsten gräfl. honsteinischen Thaler, Gr. Ernsts V, von 1539, * XV, 353.

Hopfe, Henning, öffentlicher Lehrer der Rechte und Probst zu S. Marien in Erfurt, rare Ged. Münze auf ihn, von 1570, * XII, 185.

Horb, Joh. Heinrich, Pastors der Kirche zu S. Nicolai in Hamburg, Gedächtnismünze, von 1695, * XVII, 361.

Horn, Phil. Graf von, der in der niederländischen Unruhe 1568 enthauptet worden, rarer Thaler, * IV, 153. XIV B. 26. ein fast gleich gestalteter Thaler, XIV B. 26.

26. wird nicht für einen horni-
schen gehalten, 27.
Horngroschen, II, 237.
Hospital, Michael de l', berümter
Canzler in Frankreich; Med. von
ihm, zwischen 1560 und 68, *
XII, 281.
Hottinger, D. hat eine Heluetiam
numismaticam zu schreiben vorgehabt, XXI, 78.
Hurenkarrenthaler, XXII, 64.
Hus, Johann, der 1415 zu Costnitz
verbrannte pragische Prediger;
ein altes Schaustück von ihm,
* VII, 41. dieses ist die älteste
von fünferley Sorten, 42. Zeugnisse, daß dergleichen Münzen
gleich nach Hussens Tode von
seinen Freunden verfertiget worden,
43. Erinnerung dargegen, 43 f.
neue Zeugnisse, 44. Ablehnung
derselben, 44. Beweis des Gegentheils, 45 f.

J.

Jacobs, Friederich Wilhelm,
Sammlung verschiedener merkw.
rarer und anderer Thaler, recensirt und gerümt, VII, 32. VIII, 360.
Jagdthaler der Stadt Lüneburg,
* XIV, 265 f.
Jahre auf den Münzstempeln an-
ticipirt, II, 82. VII, 150.
Janning, P. della moneta propria
e forestiera, ch' ebbe corso nel
ducato di Friuli &c. XXI,
158.

Japon. Goldmünze daselbst, Kobani genannt, * III, 113. die
Japoner haben mehr Gold als
Silbermünze, 120. die zu Jedo
geschlagenen und die, so tiefe Linien haben, haben sie am liebsten, 120. Probe damit, 120.
eine Sorte von einer grössern
Goldmünze, Obani genannt,
120.
Jemgumercloster, D. Joh. Lor.
von, ältern Städtmeisters zu
Schwäbisch Hall, Ged. Münze
auf sein 1748 begangenes Amts-
und Ehe-Jubelfest, * XX, 185.
Jesuiter. Ged. Münze auf ihr erstes Jubelfest von 1639, * VII,
185.
Jesusmünze mit hebräischer Aufschrift, * VI, 353. eines Unge-
nannten Erklärung derselben,
354 f. ähnliche Münzen mit dem
Bildnisse unsers Heilandes, 360.
Wagenseils Gedanken davon,
426 f. noch ein Paar ähnliche
Münzen, 427. eine alte Münze
mit dem Bildnisse JEsu und dessen Taufe, * XIII, 345. wer davon geschrieben, 346. soll ins
10 saec. gehören, 346. sie ist
aber wol jünger, 349 f. wird
gar für einen Pathenpfennig gehalten, 350. mehrere Münzen
morgenländischer Kaiser mit dem
Bilde JEsu, 347 f.
Jettons oder Rechenpfenninge. Geschichte derselben, XI, 182 f. worzu man sie Anfangs gebraucht,
und

und wie sie ausgesehen, 182. wie es nach und nach aufgekommen, daß man etwas darauf gepräget, 182. einige, auch der ältesten, niederländische Jettons, 182. f. Bizot hat viele Rechenpfenninge als grosse Medaillen stechen lassen, 183. in den neuern Ausgaben stehen sie daher zweymal, 183. der Rath von Staaten befiehlt 1578 dergleichen alljährlich in Silber und Kupfer zu prägen, 184. worzu? und wann es abgekommen? 184. in Frankreich ist es noch üblich, sie jährlich mit den merkwürdigsten Begebenheiten der kön. Regierung zu prägen und auszutheilen, 184. Wunsch, daß mans in Teutschland nachthun möchte, 184. von den Jettons der medicinischen Facultät ꝛc. zu Paris, XIII, 338. Guy Patin läßt statt des Wapens sein Bildnis darauf setzen, 338. der kön. Finanzrath zu Brüssel überreicht allen General-Gouverneurs alljährlich neue Jettons zum Neujahrsgeschenke, XV, 166. heisen auch Legpfenninge, 266.

Jevern. Der Maria, gebornen Tochter und Fräulein zu Jevern Thaler, XIV. B. 27. 31. wie auf einigen die abgekürzte Sylbe Do. recht gelesen werden müsse, 29. nur ein Stück ihrer Thaler zu besitzen, wird für eine Rarität gehalten, geschweige dann alle 7. Stücke beysammen zu haben, 30. welche darunter die rärresten sind, 30. Erläuterung ihrer symbolischen Thaler aus ihrer Geschichte, 30. 31.

Imhof, Jacob Wilh. von, Losungrath in Nürnberg; Med. auf ihn, * II, 401. Entwurf einer Med. auf ihn, so er deprecirt, 407. vortreffliche Ged. Münze auf den nach gestillter sinesischer Unruhe in Batavia dahin als General gouverneur der holl. ostindischen Compagnie wieder zurücke segelnden Gustav Wilhelm Freyherrn von Imhof, von 1742, * XV, 217. wer diese Medaille erfunden und geschnitten, 218. noch eine Med. auf ihn, * XV Tit. und B. 7. ein anderer Gedenkpfenning, der am Vorgebürge der guten Hofnung ausgetheilt worden, bey der feyerl. Einsetzung des Barons von Imhof, XV B. 8.

Indien. Einer indischen Königin goldene Münze mit den himmlischen Zeichen zu gewisser Zeit geschlagen, als selbiger ihr Gemal die Regierung auf 24 Stunden abgetreten, XI, 426.

Interimsthaler, zweyerley, verschiedene Gepräge und Nachricht davon, XXII, 59 f.

Invasionsthaler, XVI, 314.

Joachimsthal. Daselbst werden viele Thaler geschlagen, welche Geldsorte davon den Namen bekommen, II B. §. 2. III B. §. 3. 4.

Joachims-

I. Münzregister.

Joachimsthaler, II B. §. 2. III
 B. §. 4.
Jobert Einleitung zur Münzwissen-
 schaft, I, 427.
Johannisgroschen, III, 357. wer
 davon geschrieben, ib. Aberglau-
 be damit, VI, 111.
Johanniterorden. Ein einziger sehr
 rarer Thaler davon, V B. 24.
 des Grosmeisters des ritterlichen
 Johanniterordens in Malta, Ant.
 Emanuels de Vilhena Gedächtnismünze und Ducate von 1723,
 * XVI, 81. eine thalerförmige
 Münze des Grosmeisters Fabri-
 cii de Caretto, 82. eine maltesi-
 sche Kupfermünze, 83. eine rare
 Silbermünze des Grosmeisters
 Alofii von Wignacourt, von 1611,
 * XXI, 233. wo mehrere Nachricht von maltesischen Münzen
 vorkommt, 240.
Jovius, Paul, Bischof zu Nocera
 und berümter Geschichtschreiber;
 Ged. Münze auf ihn von der ersten Grösse, von 1552, * XII, 1.
Irrländische Münze. Die einige,
 die dem Verfasser in 15 Jahren
 vorgekommen, XV, 169 f. acht
 Stücke alter irrländischer Münzen im Holzschnitte stehen in Jac.
 Waraei disq. de Hibernia &c.
 169 f. wer jene kupferne Münze
 schlagen lassen, 173. werden ab-
 gesetzet, 173 f. Verzeichnis von
 jacobitischen Notmünzen im irrländischen Kriege, 174. Waraei
 Nachricht von irrländischen Mün-

zen, 175. deren Beurtheilung,
 175 f. irrländische Münzverfassung unter K. Georg I, XX, 239 f.
 Raps, eine falsche und geringhaltige Münze in Irrland, 239.
Isenburg, siehe Ysenburg.
Isny. Thaler dieser Stadt, XXI
 B. 1-3. sind die allerrarsten
 unter den reichsstädtischen, 2.
 wann sie das Münzregal erhalten, 2. von ihren kleinern Münzen, 2. 3.
Isotta von Rimini, Siegm. Pand.
 Malatestä Mätresse; Medaillon
 von ihr, von 1446, * I, 417.
 siehe auch Malatesta.
Jubelmünzen. 1) Bey Reforma-
 tions- Augspurgischen Confes-
 sions- und Friedens-Jubilaeis: ein
 Schaustück bey dem 1630 ge-
 feyerten ersten Jub. der A. C., *II,
 nach 208. nürnbergische 5 Med.
 beym zweyten. A. C. Jub., 1730,
 II, nach 208. Churf. Joh. Georg
 I zu Sachsen 2 Jubelthaler von
 1617 u. 1630, III. B. §. 39.
 zween anspachische Jubelthaler
 von 1730, VI B. 26. wolfen-
 büttelischer Jubelthaler von 1717,
 II B. 10. Adolph Fried. III H.
 zu Mecklenburg Schwerin in
 Strelitz Jubelthaler von 1717,
 VIII B. 10. H. Phil. II in
 Pommern Jubelthaler von 1617,
 VIII B. 34. dessen angegebene
 Jubelmünzen auf 1617, XII, 423.
 zween gothaische Jubelthaler,
 1717, X B. 10. 11. zwo hamburgische

burgische Jubelmedaillen von 1717 u. 30, XIII B. 7. hamburgische Jubelthaler, 1717 und 30, XX B. 13. Jubelthaler auf den westphäl. Frieden, 1748, ib. eisenachische Jubelmedaille, 1717, XIII B. 13. zwo gothaische Jubelmedaillen, 1717 u. 30, XIII B. 16 f. 19. anspachische Jubelmünze, 1717, XIII B. 22. drey anhaltzerbstische Jubelmünzen, 1730, XIII B. 25 f. der strasbergischen Bergwerks-Interessenten Jubelmedaille von 1717, XIII B. 30. gräflich hohenlohischer Jubelthaler, 1730, XIV B. 24. gräfl. stolbergischer Jubelthaler von 1717, XVII B. 16. lübeckischer Jubelthaler, 1730, XXI B. 13. erfurtischer Jubelthaler, 1617, * XXI, 65. 69. zürchische Ged. Münze auf die 200jährige Jubelfeyer wegen der bekannten evangelischen Lehre, 1719, * XXI, 57. noch eine andere, 61 f. Holzheps vortrefliches Schaustück zum Angedenken des münsterischen Friedens zwischen Spanien und den vereinigten Niederlanden, * XX, Tit. u. 443 f. der Stadt Freyberg in Meissen Jubelmünze auf die Befreyung von schwedischer Belagerung, 1743, * XV, 393. 2) Bey Stiftungs-Erbauungs-2c. Jubilaeis: aufs eilfte Jub. der Gründung des Erzbistums Salzburg, Thaler von 1682, * II, 369. andere Jubelmünzen darauf, 376. zween helmstädtische Universitäts-Jubelthaler, 1676, VII B. 17. auf das erste Jubeliahr der Jesuiten, 1639, * VII, 185. zwo Jubelmünzen auf das 1000jährige Hochstift Freysingen, VII, 232. zwo Schaumünzen auf das 100jährige Gedächtnis der vortreflich krausischen Stiftung in Nürnberg, 1739, * XI, 161. 166. Ged. Münze auf das dritte Jubelfest der hohen Schule zu Erfurt, 1691, * XII, 169. Med. auf das Jubelfest der Banco zu Hamburg, 1719, XIII B. 8. zwo Med. auf das 1740 begangene Jubelfest wegen Erfindung der Buchdruckerey, XIII B. 31. und auf Joh. Guttenberg, den wahren Erfinder derselben, * XIV, 353. Rarer Ged. Thaler auf das erste Jubelfest des Gymnasii zu Bremen, * XV, 1. auf das liborianische Jubelfest in Paderborn, 1736, * XX, 57. Jubelmünze der Stadt Thoren in Polnischpreusen wegen erreichten V Jahrhundertes von ihrer Erbauung, 1731, * XXII, 105. 3) Bey Regierungs- und Amts-Jubilaeis: zwo Jubelmedaillen auf die vor 300 Jahren angefangene kön. dänische Regierung aus dem oldenburgischen Hause, 1749, XXI, 405 f. Ged. Münze auf das 50jährige Regierungsfest Landgraf Ernst Ludwigs zu Hessendarmstadt, 1738, * XVI, 313.

Pla-

Placidi, Abts des Closters Mury und ersten Reichsfürsten, Prie-
ster-Jubilaeum, 1720; Med. darauf, * II, 321. noch kleinere
Schaustücke, 328. des Freyherrn
von Waltpott in Baßenheim,
Scholastici u. Senioris des mayn-
tzischen Domcapitels, Medaille auf
sein Priesterjubiläum, 1705, VIII,
269. Gedächtnißmünze auf die
academische Jubelfeyer Grafen
Ernst Christoph von Manntcufel,
1743, * XV, 281. Ged. Münze auf das von Nic. Tulpen 1672
begangene Jubelfest wegen der 50
Jahre getragenen Würde eines
Rathsherrn zu Amsterdam, *
XIII, 329. 4) Bey Hochzeit-
Jubilaeis: die rabische, * VI,
97. die krechtingische, 102. zwo
höselerische, 102. die uchelnische,
103. die winterbachische, * VI,
417. zwo meinertzhagenische, 420.
die waitzische, 420. die kundman-
nische, 421. die jemgunmereloste-
rische, * XX, 105. die königi-
sche, * XXII, 393.

Judengroschen, Judenhüte, Ju-
denköpfe, II, 237.

Judenmedaillen: auf die Kais.
Eleonora, Friederichs III Gema-
tin, * I, 89. noch 8 solche Judenmedaillen, 90 f. es soll sie ein
gewinnsüchtiger jüdischer Goldschmid zu Prag gemacht haben,
90. man trifft sie auch in Silber an, 90. 93. sind künstlich und
fleißig gemacht, und noch gut inventirt, 91. der Künstler soll darüber den Kopf verloren haben,
93. wie sie inwendig beschaffen
sind, 93. noch 5 Stücke, alle
in geringhaltigem Golde, 427 f.
die Inuentiones können von einem Christen her, 428. Tenzels
Zeugniß davon, 428. noch ein
solch Stück, * II, 417 f. noch
eines, der Margaretenpfenning,
III, 418. eines auf K. Peter in
Castilien, * VI, 49. noch eines,
die Tapferkeitsmedaille, * VI
Tit. u. 50. der Erfinder mus
ein geschickter in der Historie wohl
erfahrner Mann gewesen seyn,
50. kan die Fehler in den Jahr-
zahlen mit Fleis begangen haben,
50. die Kindersegensmedaille, *
VI, 137. Tenzel hat von diesen
Judengoldstücken geschrieben, 138.
neues Verzeichn. von 21 Stücken,
138 f. Tenzel will mehr als 30 gesehen haben, 140. Gerhard von
Mastricht gibt auch einen jüdischen
Goldschmid zu Prag für den
Werkmeister dieser Medaillen aus,
140. Vermutung, daß ein Advocat dem Juden diese Med. angegeben, 142 f. daß sie aus einer
Mache seyen, XII V. 19. zwo
im Abstich, * XII Tit. eine auf
Kais. Carl IV mit dessen Sinnbilde, * XVIII, 233. auf Kais.
Carl V, * XIX B. 13 u. Tit.
geschickte Auslegung des Wahl-
sinnbildes dieses Kais. darauf, ib.

Juel, Niels, dänischer Admiral-
lieutenant; Medaillon auf die
von

von ihm 1677 wider die Schweden befochtene Seeschlacht, * XI, 73.
Jülich. Herzoglich jülichische Thaler, VII B. 34 f. H. Wilhelms zu Mühlheim geschlagene Goldgulden, XXI B. 16. H. Wilhelms sehr rarer Goldgulden, * XXII, 73. welchem H. Wilhelm er zugeeignet werden möchte, 73 f. wo dieser Goldgulden geschlagen worden, 80. H. Wilhelms Thaler von 1578, * III, 361. noch einer, 440. noch ein anderer, 440 f. des letzten Herzogs zu Jülich, Cleve und Berg, Johann Wilhelms, Thaler von 1604, XIV, 460. ein anderer von 1608, * X, 217. wo dieser Th. geschlagen worden, 218. drey in der Belagerung Jülich 1610 geschlagene Notmünzen, * V, 169. noch mehrere, VI, 431. die vierte, * IX, 425.
Juliuslöser, ein halber, * I, 393. wer diese Geldsorte prägen lassen, 396. wozu sie bestimmt war, 396. woher sie den Namen hat, 397. viererley Stempel davon, 397 f. sind nach dem Reichsthalerfuß geschlagen, 398. ältester Schlag derselben, 399. siehe auch XII, 443.
Junkers, Christian, güldenes und silbernes Ehrengedächtnis, D. Martin Luthers, XXI, 82 ꝛc.
Jux heiset in der Türkey eine Summe von 100000 Aspern, X, 290.

K.

Kaisergulden, XI, 215.
Kaiserlich siehe Römisch-kaiserlich.
Kaufbeuern, Thaler dieser Stadt, XXI B. 3 ꝛc. wann sie das Münzregal erhalten, 4.
Keder, Nicolai, numorum in Hibernia cusorum indagatio, XV, 175.
Kempten. Des fürstlichen Abts Ruprecht zu Kempten schöner Thaler von 1694, * IV, 97. wo er geschlagen worden, 97. der Aebte Thaler, V B. 27. des gefürsteten Abts Engelberts Schaustückförmiger Thaler, von 1748, * XXI, 1.
— der Reichsstadt Thaler von 1538, * X, 169. von wem sie ihre Münzgerechtigkeit erhalten, 170. warum die österreichischen Wäpplein auf diesem Thaler stehen, 170. XXI B. 6. viererley Gepräge von ihren Thalern, 171. die Stadt hat niemals ihr Wappen auf ihre Thaler gesetzet, 171. von ihren Thalern, XXI B. 5. 8. Kais. Maximilians I zwey Münzprivilegia extrahirt, 5. 6.
Kevenhüllers, Christoph, von Aichelberg, kais. Raths und Landhauptmanns in Kärnthen, rares Schaustück von 1543, * XX, 169.
Kindersegensmedaille, ein Judengoldstück, * VI, 137. 139. XI, 421 f.

Kippers

Kipper- und Wipper-Zeit, II, 232. IV, 370. VII, 207. Kippertha-ler, IX B. 12. Münznutzung der sächsischen Herzoge, weinia-rischer Linie, IX B. 19.
Klappmützenthaler, III B. §. 19.
Kleine Groschen, II, 237 f.
Kleine Gülden, IV, 191. XVIII, 56.
Kobani, japonische Goldmünze, * III, 113. ihr Werth, 114.
Köhler, Joh. David, schreibt die Münzbelustigungen, XXII A. c. 2. b. wer an dem letzten Theile gearbeitet, b. 3 f. er gibt J. C. Olearii specimen universae rei numariae scientifice tradendae heraus, c. 3. macht eine Vor-rede zur gründl. Nachricht vom teutschen Münzwesen älterer und neuerer Zeiten, c. 3. und eine Vorrede zum andern Theile des numophylacii Burkhardiani, wo-rinnen er eine Anweisung zu ge-schickter Angebung der Schau-münzen ertheilt, c. 3 b. schreibt de numismate Jac. Grandis de Carraria, c. 4.
Koeleseri auraria Dacica, XXI, 305.
König, Jobst Lazarus, Stadt- und Ehe- auch Bauern- und Landgerichts-Schreiber zu Nürn-berg; Medaille auf dessen Ehe- und Jubelfeyer, 1750, * XXII, 393.
Kopeika, russische Münze, XVIII, 298.

Korn, was es bey Münzen heise? VIII, 323.
Kouei, sinesische Münze, X, 252.
Kraußin, Elisabeth, in Nürnberg, 2 Schaumünzen auf das 100jäh-rige Angedenken ihrer vortrefli-chen Stiftung, 1739, * XI, 161.
Krechting, Bernhard, Sen. Mini-sterii in Lübeck, Jubelhochzeit-medaille, VI, 162.
Krell, Nicolaus, churf. sächsischer Cantzler; Medaille auf ihn, * VII, 193.
Krone, doppelte, dänische Münze, XVIII, 273. 275.
Krönemann, Christ. Wilh. Ba-ron von, 2 rare Thaler von ver-meintlich alchymistischem Silber, * VII, 265. dessen Geschichte und elender Ausgang, 266 f. der dritte rare Thaler, von 1679, * IX, 417 f.
Krügelthaler, XI B. 23. XIV B. 27.
Kundmann, Johann Samuel, Wachtmeisterlieutenant 2c. zu Breslau, Jubelhochzeitmedaille, VI, 421.
—— Johann Christian, nummi sin-gulares oder sonderbare Thaler und Münzen 2c. III, 375. wird gerühmt, 375 f. berümte Schle-sier in Münzen, X, 116.
Kunzenpfennig, VIII, 79.
Kupferschärfen in Lüneburg, XIV, 244. ist wol die allerkleinste Mün-ze in Teutschland, 244.

L.

L.

Lamberg. Von diesem fürstlichen Hause sind keine Thaler vorhanden, als die, so zween Bischöfe von Passau aus diesem Hause prägen lassen, XI B. 9. siehe Passau. Gr. Leopold von Lamberg Med. von 1700, XI B. 9.

Lamoignon, Wilhelm von, Parlamentspräsidenten zu Paris, Medaille von 1679, * XII, 289.

Landi, Friederich, Fürsten von Val di Taro, rarer Thaler von 1622, * XV, 209.

Langermann, D. Joh. Paul, hamburgisches Münz- und Medaillen-Vergnügen, ꝛc. XX B. 9.

Lasko, Johann a, eines Gottesgelehrten, einseitige Medaille von 1557, * IX, 265.

Laurs, Joach., Münzbuch, II B. §. 30.

Laybach. Geb. Münze auf die Einweihung der neuerbauten Thumkirche allda, 1707, * IV, 293. Bischof Thom. Chrœn 2 sehr rare Geb. Münzen wegen seiner bischöfl. Wahl und Crönung, von 1599, * XIII, 105.

Leake, Steph. Martin, hist. Auszug von den Münzen der englischen Könige, XVII, 139. 383. XX, 240. XXI, 114.

Legpfenninge, XV, 266.

Leiningen. Gr. Ludwigs zu Leiningen-Westerburg, hauptrarer Doppelthaler, von 1610, * XX, 117. noch ein Thaler und Goldgulden, 178. dessen Goldgulden, von 1614, * VII, 121. von dessen Thalern und darauf gebrauchten Sprüchen, 123. XV B. 2. Gr. Joh. Ludwigs in Leiningen und Dachsburg rarer Thaler von 1623, * XIII, 137.

Leipzig, eine landesfürstl. Münzstadt, III, 35. Marggr. Dieterich von Landsberg überläßt ihr das opus fabrile monetae, 35 s.

Leipzigerfuß, VIII, 8. 324. wie er 1738 vestgestellet worden, XXI, 98 s.

Lemmermann, Joachim, Burgermeisters in Hamburg, Begr. Münze, * XVII, 319.

Lengerke, Peter von, Burgermeisters in Hamburg, Begr. Münze, * XVII, 320.

Leuchtenberg, Landgraf Georgs rarer Thaler, von 1547, * I, 141. noch einer von 1543, 247. VII B. 35 s.

Leuckfelds antiquitates numariae, mit des Abt Böhmers Vorrede, XI, 71.

Libussenpfenning, VII, 419.

Lichtenstein. Ein einziger Thaler dieses fürstl. Hauses, XI B. 9. zween fürstl. lichtensteinische Thaler, XII B. 15 s. Jos. Joh. Adams Fürsten und Regierers des Hauses Lichtenstein sehr zierlicher Thaler von 1728, * XII, 57. Herzog Carls zu Troppau

I. Münzregister.

in Schlesien und Fürsten von Lichtenstein sehr rarer Thaler von 1615, * XIX, 273.

Lichtthaler von verschiedenen Sorten, VI B. 32.

Liebens, Christian Siegm., Juliani Imp. Caesares &c. additis imperatorum numis, X, 216.

Liefland. Der liefländischen Heermeister Thaler, V B. 25. Ducate des Heermeisters Heinrich Reuß von Plauen, von 1410. V, 99. ein sehr rarer liefländischer halber Thaler des Erzbisch. zu Riga und des Heermeisters des ritterlichen Schwertbrüderordens von 1516, * XXI, 113. Merkwürdigkeit dieses Stückes, 114. Seltenheit der alten liefländischen Münzen, 114. ein seltenes Goldstück des Heermeisters Walthers von Plettenberg, von 1525, * V, 89. man hats auch in Silber, V B. 25. Gewicht und Gehalt davon, 100. eine rare goldene Münze der Stadt Riga mit dieses Heermeisters Namen und Wappen, 1533, * V, 97. ist aus Respect geschehen, 100. er hat zum Zeichen seiner landesherrlichen Hoheit Münzen schlagen lassen, 99. warum er der Maria Bildnis darauf setzen lassen, 99 f. Gotthard von Kettler, letzten Heermeisters, Notthaler, 1559, * IV, 385.

Liegnitz. Thaler der Herzoge zu Liegnitz und Brieg, XII B. 6, 11. sie haben unter allen schlesischen Fürsten die ersten und meisten Thaler schlagen lassen, 6. den Söhnen H. Friederichs II wird vom Kaiser die Münzgerechtigkeit streitig gemacht, 6. H. Joachim Friederichs Begr. Münze, von 1602, * IV, 377. ein anderes Gepräge, * IX, 209. H. Friederichs II Thaler von 1541, * XIII, 33. ein anderer Thaler von ihm, 34. Verbesserung der lehmännischen Nachrichten, 34 f. ist sehr rar, 34. setzet den Spruch Verbum Domini &c. auf seine Münzen, der die allgemeine Losung fast aller ersten Bekenner der evangelischen Lehre gewesen, 36 f. H. Joh. Christi. Thaler von 1621, * XI, 249. ist noch nirgends beschrieben gewesen, 250. sein Wahlspruch auf andern Münzen, 256. des letzten piastischen Herzogs zu Liegnitz, Brieg und Wohlau, Georg Wilhelms, Begr. Medaille von 1675, * III, 41. er läßt Reichsthaler und Ducaten prägen, 46. trägt seines Vaters Bildnis in einer Ovalmedaille stets am Halse und siehet es öfters an, 46. noch mehr Begr. Münzen auf ihn, 48. noch eine Begr. Münze, 436. schöne Ged. Münze, so bey feyerlicher Legung des Grundsteines zum neuen Gebäude der kais. und kön. Josephinischen Ritteracademie in

I. Münzregister.

in Liegnitz 1734 ausgetheilet worden, * XIX, 33.

Lilienducate, zweifelhafter, V, 134. Erklärung desselben, sonderlich des darauf befindlichen P, 135 f. noch 12 Lilienducaten, ib.

Liliengulden oder floreni, II, 303. VIII, 153 f. 439.

Lilienthals, Michael, auserlesenes Thalercabinet gerümt, II, 184. Anhang darzu, XVIII, 184 f.

Limpurg. Friederichs, Herrn zu Limpurg, des h. R. R. Erbschenken, rares Goldstück von 1596, * XVIII, 201.

Linnaeus, Carl, berümter Prof. Med. et Botan. zu Upsal; Med. auf ihn von 1746, * XVIII, 25.

Lippe. Gräflich lippische Thaler, XV B. 2. 5. der älteste gr. lippische Thaler Graf Simons V, von 1528, * XXII, 81. Gr. Simon Heinrichs, Thaler von 1686, * VIII, 121.

Lipsius, Just., öffentl. Lehrer der hohen Schule zu Löwen; Schaumünze auf ihn, von 1598, * XI, 193.

Livornine. Grobes Silbergeld zu Livorno geprägt, XIX, 178.

Lobkowiz. Ein einziger Thaler dieses fürstl. Hauses, XI B. 10.

Lochners, D. Mich. Frid., zu Nürnberg, versprochene historia medicorum ex numis ist mit seinem Tode supprimirt worden, VIII, 368.

Lochners Sammlung merkwürdiger Medaillen, XVIII, 243.

Löwenstein. Von den Thalern dieses fürstl. Hauses, XI B. 10. gräflich löwensteinwerthheimische Thaler, XV B. 5. 6. ein rarer gräfl. löwenst. werthheim. brüderlicher Eintrachtsthaler, von 1622, * XXI, 9. Gr. Johann Dieterichs Thaler von 1623, XI B. 10. Gr. Euchariï Casimirs sehr zierlicher Thaler von 1697, * V, 337. Gr. Maximilian Carls Thaler von 1711, * V, 305. noch einer von 1712, und ein Ducate von 1716, * V, 417.

Löwenthaler nennen die Türken die holländischen Thaler, X, 290.

Longueville, Herzogs Heinrich Aurelius, ersten kön. franz. Gevollmächtigten bey der münsterischen Friedenshandlung, Medaille von 1645, * VIII, 41. dessen schöner und rarer neuburgischer Thaler von 1632, * Tit. und B. 37. H. Carl Paris Aurelius, der zur polnischen Crone im Vorschlag gewesen, Medaille, * VIII, 49.

Loon, Gerhard von, histoire metallique des Païs bas &c. VI, 430 rc. Hauptfehler daran, XV, 163.

Losanne. Des dasigen Bischofs Aimon von Montfaucon rare Münze, * XI, 257.

Lothringen. Der Herzoge zu Lothringen Thaler, VII B. 36. 39.

L.

H. Renati II hauptrarer Thaler von 1488, * XV, 289. grosse Seltenheit deſſelben, 290. er ließ ſehr geringhaltige Münze und doch mit beygelegtem ſehr hohen Werthe ſchlagen, 295. H. Antons und ſeiner Gemalin Renata rare Medaille, * VIII, 33. 40. der H. Renata ſehr rarer Thaler von 1525, * XVIII, 1. eine andere Münze von ihr, 2. Veranlaſſung, ienen Thaler zu prägen, 2. 3. H. Carls II Thaler von 1575, * V, 193. Ged. Münze auf die Vermälung H. Franciſci von Lothringen und der Erzherzogin Maria Thereſia, 1736, * VIII, 89.

Louis d'or, wer ſie zu erſt ſchlagen laſſen, XIV, 315 f.

Louis d'argent, XIV, 317. heiſen auch Louis blancs, Ecus d'argent, neue Thaler, 318.

Lowizen, flandriſche Goldmünze, III, 215.

Lübeck, Thaler der Biſchöfe daſelbſt, IV B. §. 19. des Domcapitels von 1720, ib. n. XIX. einer von 1727, * X, 377. iſt ein ſonderbarer Thaler, 378. ein alter lübeckiſcher Liliengulden, von 1359, * VIII, 153. Ueber keinen Goldgulden und deſſen Werth iſt mehr geſtritten worden, als über dieſen, 153. Veranlaſſung darzu aus einem Kauf und Wiedereinlöſung der Stadt und Vogtey Möllen, 153 ‐ 160. ſoll ſo viel als ein ungariſcher Gülden oder Ducaten, gelten, 155. wann Lübeck die Freyheit zu münzen erhalten, 156. weitere Nachricht von dem Werthe der lübiſchen Liliengulden, 439. lübeckiſches ganzes Markſtück von 1549, * XI, 209. was ſtatus marcae Lubecenſis heiſe, 210 f. Werth der lübiſchen Mark, 210 f. ſemimarca oder Halbmarkſtück, 210. Sorgfalt dieſer Stadt, allezeit einen guten ſchweren Münzfuß beyzubehalten, XXI B. 8. lübeckiſcher Münzfuß und deſſen Veränderung, XI, 210 f. ſechſerley lübeckiſche Brömſenthaler von verſchiedenen Jahren, * XVIII, 145 f. gemeine Meinung davon, 147. ſonſt wuſte man nur von einem, 147 f. zweyfache irrige Vorſtellung davon, 165 ‐ 167. Bedeutung der Brömſe, 167 f. ſoll das Zeichen des Gwardeins ſeyn, 169 f. der ſiebende Brömſenthaler, 168. ſiehe auch XXI B. 9. 10. 12. rares Schauſtück auf die lübeckiſche Kirchenreformation von 1531, * XVIII, 193. will von Schlegeln den münſteriſchen Wiedertäufern zugeeignet werden, 194. wird widerlegt und von Lübeck erwieſen, 195. lübeckiſcher Thaler von 1639, unter dem Regimente des älteſten Burgermeiſters Heinrich Köhlers geſchlagen, * XIX, 137. Verzeichnis von lübecki-

beckischen Thalern, XXI B.
§ 8 - 14. die lübeckischen Stadtthaler haben dieses besondere, daß sie auch des Burgermeisters Wappen führen, XXI, B. 14.
Lübsche Währung, XVIII, 274.
Lucca, ein Thaler dieser Republick von 1616, III B. d. 3.
Luckii, Joh. Jacobi, sylloge numismatum elegantiorum, recensirt und gerühmt, I in der Vorrede. Was daran zu tadeln ist, 9. siehe auch IV, 434.
Ludewig, Joh. Peter von, vermischte Gedanken von Kenntnis 271 rarer Thaler, ꝛc. VII, 72. Einleitung zum Münzwesen mittlerer Zeiten, X, 104.
Luerkens, Peter, Burgermeisters in Hamburg, Begr. Münze, * XVII, 324.
Lügenthaler, III, 347. Erklärung desselben, XVI, 164.
Luis, Joh. Hermann, Burgermeisters in Hamburg, Begr. Münze, * XVII, 340.
Lüneburg. Münzgerechtigkeit und Münzwesen dieser Stadt, XIV, 306 - 308 und 338 - 344. zwey zehen lüneb. Goldgulden beschrieben, XIV, 308 - 310. ein Goldgulden vor. 1452, XX, 86. der ungemein rare sogenannte Jagdthaler dieser Stadt, * XIV, 265. wie selten er sey, und wie hoch er bezahlt werde, 266. ein Doppelthaler auf diese Art, 266. auch in Gold geprägt, ib. ist ein Thaler, und keine Medaille, 267 f. ob er zum Angedenken der erlangten Jagdgerechtigkeit geschlagen worden? wird verneinet, 269 f. wann er mögte geschlagen worden seyn, 271. Schlegels Beschreibung des Jagdgoldstückes, XVII, 432. das Menschenantlitz im Monde mit und ohne Ohr, XX, 18. sehr rarer Viertelspartugalöser, * XIV, 305. dessen äusserste Seltenheit, 305. dessen sonderbare innerliche und äuserliche Beschaffenheit, 310 f. wann er geschlagen worden seyn mögte, 311 f. 466. ein rarer Doppelthaler, * XIV, 337. Numus uotiuus, als ihr Landesherr, H. Georg Wilhelm, ins 80 Jahr getretten, 344.
Luther, D. Martin, von der Menge der auf ihn geprägten Schaustücke, IV, 202. XX, 49 f. XXII, 241. Albrecht Dürers rares Schaustück auf ihn, 1526, * XX, 49. eine kleineres dürerisches auf ihn, 50.
Lüttich. Bischöfliche Thaler, IV B. §. 20. des Domcapitels Thaler, ib. n. X. XII. XIV. der junge König Ludwig gab 908 der Stiftskirche zu Lüttich monetam de Traiecto, so hernach bestätiget worden, ib. des B. Georg von Oesterreich nicht gemeiner Thaler von 1547, * XVII, 57. man hat keinen ältern bischöflich lüttichischen Thaler, als diesen,

57. ein anderer Thaler von ihm, 58. Anmerkung wegen des Wappens auf ienem Thaler, 63.
Luxenburg. Ein rarer Grosche Herzog Wenzels in Luxenburg und Brabant zwischen 1356 und 83, * XIX, 193. ein sehr rarer luxenburgischer Grosche Markgraf Jobstens in Mähren, der 1411 als römischer König gestorben, * XVIII, 117. noch ein Grosche von ihm, XIX, 200.
Luynes. Carl von Albert, Herzogs von Luynes, höchstunwürdigen Connetables von Frankreich, Medaille von 1621, * XI, 273.

M.

Mähren siehe Luxenburg.
Magdeburg. Erzbischöfliche Thaler, IV B. §. 6. wann das Erzstift die Münzfreyheit erhalten, ib. der erste evangelische Bischof erscheinet darauf nicht im geistlichen Habit, ib. n. IV. des Domcapitels Thaler, ib. n. VI und VIII. des Erzbischof Wicmanns ansehnliche Blechmünze zwischen 1153 und 92, * X, 209. des Domcapitels gar rare goldene Feldklippe, vermutlich in der Belagerung dieser Stadt, 1551, * XVII, 241 f. Notklippe der 1551 belagerten Stadt, * XVII, 249. mehr solches Notgeld, 256. der Stadt Goldstück mit dem Bildnis Kaiß. Ottens I, ihres Stifters, von 1590, * IX, 25. der Stadt sehr rarer doppelter Schauthaler von 1622, * XXII, 57. ihre Münzgerechtigkeit, 58 f.
Maggen David, ein numus, VI, 359.
Magliabechi, Anton, weltberümter Bibliothecarius des Grosherzogs von Florenz; vortrefflicher Medaillon auf ihn, * XIII, 297. eine kleinere Med. auf ihn, 298. noch ein Stück von der ersten Grösse, so aber an Kunst den beeden vorigen nicht gleich kommt, 298 f. siehe auch 430.
Malatesta, Siegmund Pandulf, Medaille auf ihn, * I, 9. noch 3 Schaustücke von ihm, 15. 16. noch eine kleinere Medaille von ihm, III, 418. Medaillon auf seine Mätresse, Isotta von Rimini, * I, 417. noch mehrere Medaillen von ihr, 424. gehören ihr, und nicht der Isotta Nogarola zu, 414.
Malergroschen, XVII, 441.
Malpighius, Marcellus, päbstlicher Leibmedicus; vortrefliche Medaille auf ihn, von 1693, * XII, 393.
Malta. Seltenheit maltesischer Münzen, XVI, 82. zwo von dem Grosmeister Anton Emanuel von Vilhena, von 1723, * XVI, 81. eine vom Grosmeister Fabricio de Caretti, 82. eine Kupfermünze, 83. des Grosmeisters Alofii von Wignacourt rare Silber-

I. Münzregister.

bermünze von 1611, * XXI, 233. wo mehr Nachricht von maltesischen Münzen vorkommt, 240. siehe auch XXI, 423 f. ein Medaillon auf den Grosmeister Ant. Manoel de Vilhena, XXI, 427. die Reverse von 4 artigen maltesischen Medaillen, XXI, 427.

Maming, Georg von, Landeshauptmanns in Oesterreich ob der Ens, rarer Gedächtnispfenning, von 1570, * V, 129.

Manderscheid. Wann diese Grafen das Münzrecht bekommen haben, X, 274.

Manfredis, Carl II de, Herrn von Faenza, gegossene Medaille, * I, 57.

Mangur, Kupfermünze in der Türkey, X, 290.

Mannsfeld. Gräflich mannsfeldische Thaler, XVI. B. 1 = 24. sind unter den gräflichen Thalern der Anzahl nach die stärksten, 1. und warum? 1. 2. XIX, 26. von ihrer Bergwerksgerechtigkeit und ihren Verträgen und Münzordnungen unter einander, XVI B. 2. haben gar zeitlich angefangen, Thaler zu schlagen, 2. ihre gemeinschäftliche Thaler, 3 = 14. die von einzelnen Grafen geschlagene, 14 = 24. der berümte und recht eigentlich sogenannte S. Georgenthaler, 3. ein jüngerer Thaler, den man dafür gehalten, 3. warum der Ritter S. Georg auf den mannsfeldischen Thalern stehe, 3. Streitigkeit wegen der kleinern Münzsorten mit H. Georg in Sachsen, 4. einem Grafen wird wegen einer Heckmünze das Münzen verboten, 8 f. Graf Albrecht VII einseitige Feld = und Thalerklippen im schmalkaldischen Kriege, 14 f. Thaler mit der Umschrift: bey GOtt ist Rath und That, und deren vielfältiger Unterschied, 16 = 18. von dem berufenen mannsfeldischen zum Aberglauben gebrauchten Thaler, XXI, 106 f. ein sonderbarer seltener und unächter gräflich mannsfeldischer Thaler, ohne Namen und Wappen, dargegen mit einem doppelten Wahlspruche, * XV, 73. 78. 80. warscheinlichste Mutmassung, wie es damit zugegangen, 79. Johann Georg III des letzten Gr. zu Mannsfeld eislebischer oder evangelischer Linie, Begr. Thaler von 1710, * V, 297. keine fürstlichen mannsfeldischen Thaler sollen nicht vorhanden seyn, XI B. 10. iedoch findet sich Heinrichs Fürsten zu Fondi und Grafens und Herrn in Mannsfeld Thaler von 1747, * XIX, 25. Abnahme der mannsfeldischen Thaler und deren Ursache, 27.

Mannteufel, Graf Christoph Ernst von, Gedächtnismünze auf die von ihm gestiftete Gesellschaft der Wahrheitliebenden, von 1736, * XII,

* XII, 369. woher die Erfindung dieser Medaille genommen worden, 369. Gedächtnißmünze auf dessen grab nebst Jubelfeyer, den 1743, * XV, 281.

Mantua, Francisci II Marggrafen zu Mantua schöner Sinnbildsducate, * XIX, 89. Gehalt dieses Ducaten, 90. zween mantuanische Sonnenthaler, XX, 78.

Maravedi, die kleinste Kupfermünze in Spanien, was bey uns ein Heller ist, VII, 34.

Marca, Mark, Markstücke, löthige Mark, Markpfenning, Stadtsmarke, ꝛc. XI, 72 f. hildesheimische Mark, XVII, 429.

Margarethenpfenning, ein Judengoldstück, III, 418.

Mariengroschen, XI, 40. woher der Name komme, XX B. 4.

Mariengulden, XI, 38.

Masserano, Fürst Franz Philibert zu, rarer Thaler, von 1613, * IX, 113. ein anderer Thaler von ihm, von sehr schlechtem Gehalte, 114. siehe auch 422 f. XI, 418. XXII, 29 f. Paul Ferrero, Fürsten zu Masserano, rarer Sinnbildsthaler von 1633, * XXII, 17.

Matfeld, Bernhard, Burgermeisters in Hamburg, Begr. Münze, * XVII, 325.

Matthier, goßlarische Münze, XX B. 4.

Maurus, Aruns, Kaif. Vespasians Subprocurator Rhaetiae, Von thm sollen noch Kupfermünzen vorhanden seyn, XIII, 66.

Meyland, Galeacii M. riae Sfortiae Herzoge zu Meyland, Ducate von 1474, * I, 273. des Erzbischofs und Cardinals Carls Borromeo, der unter die Heiligen versetzet worden, Medaille von 1581, * XII, 377. ein rarer in Meyland geschlagener königlich spanischer verwandtschaftlicher Th. von 1666, * XXI, 281. maylandischer Thaler der Königin in Ungarn, Maria Theresia, von 1741, * XX, 121. die maylandischen Thaler verdienen eine besondere Classe, und warum? 122. gedachter Königin maylandische Huldigungsmünze, XX, 123.

Maynz. Churfürstlich maynzische Thaler, II B. §. 48. III B: 6. 3 b f. pero maynzischen Domcapitel sede vacante sind keine Thaler vorhanden gewesen, II B: §. 40. doch hat es 1732 zum erstenmal sede vacante Thaler von dreyerley Sorten schlagen laßen, IV B. §. 22. siehe auch * VIII, 265 f. Martin stehet als Schutzpatron auf den maynzischen Münzen, 269. des Scholastici und Senioris des Domcapitels Freyherrn von Waldpott in Bassenheim Medaille auf sein Priesterjubiläum, von 1705, 269. Churf. Gerlachs rarer Ducate von 1354, * I, 409. hat eine Münze zu Aschaffenburg angelegt, 415.

noch

I. Münzregister.

noch ein Ducate von ihm, 429. dessen Vereinigung im Münzwesen mit Pfalzgraf Ruprecht, 429. Churf. Conrads II rarer Ducate von 1391, * IV, 363. Churf. Johannis II rarer Ducate von 1399, * IV, 337. zeigt das maynzische Rad auf der Brust des Erzbischofs, 337. 447. welcher Umstand zur Untersuchung des maynzischen Wappens dienet, 338. dieser Churf. errichtet mit den rheinischen Churf. eine heilsame Münzordnung, 344. Erklärung der Schrift auf dem Reverse, 347. Churf. Dieterichs sehr rarer Goldgulden von 1438, * VI, 385. Churf. Adolphs II, Gr. von Nassau, rarer Ducate, von 1467, * XV, 345. ist ein abscheuliches Blutgeld, 346. Churf. Jacobs Goldgulden von 1506, * VII, 137. Churf. Bertholds rarer Goldgulden von 1501, * XV, 57. Churf. Albrechts, Cardinals ꝛc. rare Medaille von 1515, * V, 137. ihre Seltenheit, 138. Churf. Wolfgang Cämmerers von Worms ꝛc. sehr rarer Thaler von 1593, * X, 57. Gudenus hat in Uncialeo keinen von diesem Churf. aufbringen können, 58. Churf. Joh. Philipps zierlicher Thaler von 1652, * VII, 17. Churf. Anshelm Casimirs Thaler, * XI, 193.

Mecklenburg. Thaler der Herzoge zu Mecklenburg, VIII B. 1 s 12. die vor der Theilung dieses fürstl. Hauses in die 2 Hauptlinien geschlagen worden, 2 s 7. nach dieser Theilung; und zwar der Herzoge zu Mecklenburg-Schwerin, 7 s 10. zu Mecklenburg-Güstrau, 10 s. die wallensteinischen, 11 s. dieses Wallensteiners, als Herzogs zu Mecklenburg, Ducate von 1631, * III, 17. er hat Thaler und Ducaten sowol als H. zu Mecklenburg, als auch als Herzog zu Friedland schlagen lassen, 18. der alleralteste doppelte Güldengroschen der Gebrüder und Herzoge Magnus und Baltasar zu Mecklenburg, von 1502, * XVII, 97. scheinet sich fast gänzlich verloren zu haben, 98. mecklenburgische Münzverfassung zu H. Magni Zeiten, 103. H. Joh. Albrecht I von M. Schwerin Thaler von 1549, * XI, 121. H. Hans Albrechts II zu M. Güstrau rarer Thaler von 1622, * VI, 249. warum er rar? 246. galt damals 10 Thaler, 246. noch 2 andere Thaler, 446. H. Albrecht Friederich I, Stifters der schwerinischen Linie, rarer Thaler von 1642, * XII, 345. wie die Umschrift zu lesen, 346 s. dessen testamentliche Verordnung wegen der Münze, 352. H. Christian Ludwig zu M. Schwerin Thaler von 1670, * V, 185. französische Schubenkette um ein Wappen auf diesem Thaler, 12.

VIII

VIII B. 9. deſſen ganz ſonderbarer Thaler von 1672, * XVIII, 305. warum er darauf Fürſt zu Ratzeburg allein heiſe, 306 f. rare Ged. Münze auf die 1718 an. einem Tage vorgegangene Entſetzung der mecklenburgiſchen Ritterſchaft von ihren Gütern, * XIII, 81.

Medaillen, Medaillons, Schauſtücke, Gedächtnismünzen ꝛc. deren Hauptendzweck, IV, 266. heiſen daher Gedenkpfenninge, ib. wenn ſie in der Hiſtorie recht nützlich ſind, ib. es können oft viele Bücher daraus verbeſſert werden, 267. Nutzen der Medaillen, XI, 282. XIII, 282. auf Privatos mit ihrem Bildniſſe zu ſchlagen, verbietet der Churf. von Br. Lüneburg, I, 328. XI, 72. einſeitige, mit dem Bruſtbilde einer vornemen Perſon ſind vormals häufig von italiäniſchen Goldſchmieden gemacht worden, III, 233. VI, 154. bey den Italiänern ſind eben ſo viele Medaillen von gelehrten und berümten Männern vorhanden, als von groſſen Herren, V, 178. Privatleuten und Stempelſchneidern ſolte nicht verſtattet werden, Medaillen eigenes Gefallens zu verfertigen, XI, 71. ſolche ſind denen weit nachzuſetzen, die auf landesherrliche Verordnung gepräget werden, XIV, 209. Regeln der Kunſt, Medaillen zu erfinden, von der franz. Academie angegeben, XIV, 388. Köhlers Vorrede zu P. II. numophylacii Burkhardiani enthält eine kurze Anweiſung, Schaumünzen geſchickt anzugeben, XVII, 24. wer ſonſt davon geſchrieben, 24. Hauptfehler bey Gedächtnismünzen, die Dunkelheit, XV, 154. es gibt gegoſſene und geprägte, aber auch geſtochene Schaumünzen, XV, 162. wann und wo die leztern aufgekommen, 162. Rinks Nachricht davon, 162. werden in England zu Spielmarquen gebraucht, 162. ein Paar engliſche, XVII, 437. Unvergleichliche Invention, vermittelſt des Fiſchleims oder Hausblaſen Copeyen von Münzen zu machen, deren ſchon Joh. Dan. Maior, Prof. zu Kiel, Erwehnung gethan, XV, 335. von den älteſten unter den modernen Medaillen, XXI, 78 f. Schmelzwerk zur Bezierung der Med. gebraucht, XXI, 170. Medailles ſur les principaux evenemens du regne de Louis le Grand avec des explications hiſtoriques par l'academie Royale des Medailles et des Inſcriptions, 1702, fol., von 286 Medaillen, XIV, 386. kürzer zuſammengezogen in Quart, 386. teutſch überſetzt zu Baden, 1705, fol., 386 f. zwepte Ausgabe in der allerſchönſten und vollkommenſten Pracht, 1723, fol., von

L. Münzregister. 71

von 318 Medaillen, 387. 389. wird weitläufig recensirt und ein richtiges Verzeichnis aller Medaillen aus beeder Werke Vergleichung geliefert, 387 ‒ 457. allgemeine Anmerkungen darüber, 457 f. bleibt doch ein herrliches und vortresliches Werk, das Frankreich nur allein aufweisen kan, 458. Gebauers Critik darüber, 458. Medaillon von 500 Ducaten, XIV, 232. der allergröste Medaillon, XVI, 362.

Medailleurs, Stempelschneider, Eisenschneider ꝛc. kurzes Verzeichnis der berümtesten Medailleurs, XVII, 22. solche, die zur Beförderung der Historie ganze Reihen der Kaiser, Könige und Päbste auf Schaumünzen vorgestellet haben, XVIII, 242 f. sonderlich der Päbste, 369. falsche Stempelschneider sind wul meistens Juden, XX, 78. Eifer wider dieselben, 78 f. der schwedischen Medailleurs Namen findet man nicht vor der K. Christina Zeiten, IX, 108. auf K. Gustav Adolph haben Medaillen gegossen und geprägt J. Blum a Brem; J. G; H. A; E. C. L; F. G; ist aber ungewiß, wo sie gelebt, 108. Nachricht von mehrern, 109 f. einige Medailleurs, so in diesem Werke nur mit Buchstaben angezeigt sind: G. W. II, 193. VII, 321. H. H. II, 305. S. K. III, 41. 436. A. ein französischer, 265. G. IV, 121. H. R. IV, 369. XII, 425. lächerlicher Unverstand desselben, 425. G. O. V, 73. V. F. H. 105. L. V. O. oder D. V. G. ein französischer, 265. F. S. 337. VER. 385. P. I. VI, 90. I. B. S. VII, 169. I. S. 409. I. K. ein schwedischer, IX, 109. L. R. X, 233. G. T. 369. C. S. XI, 73. L. B. oder I. B. K. XIII, 9. G. S. oder L. 57. B. 169. 433. I. C. A. XIII, 273. S. XIV, 73. R. 169. XV, 257 f. I. H. 225. P. H. R. 233. M. M. XV, 83. D. 137. XVII, 193. N. R. XV, 329. XVII, 137. H. XV, 369. C. L. XVI Tit. V. H. und I. H. L. hamburgische, XVII, 305. Tab. IV und V. I. F. P. XVIII, 396. F. P. 406. Jo. Ani. P. 406. F. C. 407. Emil. B. XIX, 204. Amb. B. 206. G. F. 207. E. K. XX, 321. H. W. in Riga, XXI, 374 f. A. S. XXII, 137. R. XX, 137. G. H. 164. G. L. 165. N. O. C. 341. L. V. 346. I. A. L. 361. MVA. 370. H. I. G. XXI, 57. E. B. 73. H. R. XXII, 241. H. G. 297. W. 329. die übrigen nach dem Alphabeth; Julius Angerstein, X B. 14. Arbien, kön. dänischer Hofmedailist, XV, 401. 405. Zach. Hartwig Arensburg, wird vom Baron Görz in Schweden für einen Medailleur gebraucht, IX, 111 f. Aury, IV, 161. 163. D. Becker, XVII, 193. T. *Bernard*

nard zu Paris, XII, 289. XIV, 388. Joh. *Bernhard* e caſtro Bononienſi, XVIII, 103. J. le *Blanc*, XX, 345 †. 347. 349. J. *Blum*, IV, 345. X, 145. J. B. Börner, XX, 345. Nic. *Bonis*, XVIII, 415 f. 419. 422 f. Ant. *Bonienſis*, XVIII, 374. Breuer, III, 431. Nachricht von ihm, IX, 109. Nic. *Briot*, Generaleiſenſchneider in Frankreich, XIV, 317. Nachricht von ihm, XX, 386. C. du *But*, XVI, 362. Alexander *Caeſari* oder a Caeſaribus, oder Ἀλέξανδρος, ein Grieche, XVIII, 103. 387. 389. Victor *Camelio* in Vincenza, (*Venetus*) XVIII, 103. 375. XXII, 41. Joh. *Cauineus* oder Gauineus, ein künſtlicher Eiſen- und Stempelſchneider in Padua; Medaille auf ihn und 2 andre gelehrte Paduaner, * XVIII, 97. hat das Kunſtſtück der alten Griechen und Römer, mit geſchnittenen ſtählernen Stempeln Medaillen zu prägen, wieder in Gang gebracht, 103. wer ihm darzu behülflich geweſen, 103. ſchnitte die ſchönſten alten Medaillen nach, 103. wird darüber unbillig für einen ſchändlichen Betrüger ausgeſchrien, 103. deſſen Ehrenrettung, 103 f. Verzeichnis aller ſeiner Medaillen, 106 - 112. Benvenuto *Cellini*, XVIII, 103. F. *Cheron*, IX, 289. XVI, 201. XX, 164. Nic. *Chevalier*, XV, 184. *Corman*, XIX, 346. Andr. von Cremona, XVIII, 103. Joh. Crocker, engl. Medailleur, IX, 1. 73. XIV, 57. Sebaſt. Dadler, II, nach 208. III, 197. IX, 108. XXII, 273. 281. Jean *Daſſier*, Medailleur der Republik Genf, VIII, 433. IX, 385. 409. X, 305. deſſen lobenswürdige Arbeit, die Bildniſſe der berühmteſten Gelehrten auf geprägtem Erz vorzuſtellen, X, 305. XI, 401. XII, 385. XVII, 434. hat die Könige in Frankreich auf 65 Medaillen vorgeſtellet, XVII, 434. XVIII, 243. Verzeichnis aller ſeiner Medaillen, XVII, 434-436. beſonders hat er auch die Könige in England in 34 ſehr ſchön geprägten Schauſtücken vorgeſtellet, XVIII, 243. Johann Didier, X, 154 f. I. V. *Dishoeke*, VIII, 345. Dan. Sigm. Dockler, XXI B. 29. Matthi. Donner, kaiſerl. Cammermedailleur, VIII, 89. XIX, 33. Albrecht Dürer, in Nürnberg, XX, 49 f. ſein Bildnis mit dem Bilde der Pfalzgräfin bey Rhein, Suſanna, zuſammen auf einem gar ſonderbaren Schauſtücke von ſeiner Arbeit, von 1530, * XXI, 297. die Möglichkeit, wie dieſe 2 verſchiedene Seiten zuſammen gekommen, 303. Nachricht von ihm, 303 f. noch 2 Schauſtücke von ihm, 303. Johann Reinhold E . . (vielleicht, Engelhard,) Medailleur und Petſchierſtecher

stecher zu Breslau, der betrüglicher Weise Thaler nachgeschnitten, und dessen Schicksale, III, 376. Raymund Falz, schwedischer ꝛc. Medailleur, III, 81. Nachricht von ihm, IX, 110 f. wo die von sich selbst gemachte Medaille anzutreffen, 111. H. Fuchs, VI, 345. Gemmae, XIII, 281. Göttinger, anspachischer Stempelschneider, XXII, 217. Groskurt, churf. sächsischer Medailleur, XIII B. 11. Joh. Bapt. Guglielmada, XX, 163. 166. 168. 302. Otto und Albrecht Hamerani, VI, 41. VIII, 113. VII, 233. 240. XVII, 353. XIX, 349. XX, 161. 163. 165. 426. dieser hinterlies seine grosse Kunst seinem Sohne, Johann, gleichsam erblich, 240. wo die Bildnisse dieser beeden grossen päbstlichen Medailleurs auf einem Medaillon abgebildet zu sehen, VII, 240. Ermenegildo Hamerani, XIII, 97. sein erstes Kunststück im 17. Jahre seines Alters, XX, 414. 415. 419. Joh. Hamerani, XX, 165. 166. 167. 297. 299 f. 301. 339. 341. 343 f. 345 f. 414. 416. seine letzte Medaille, ib. Hamerani, ohne Vornamen, oder opus Hamerani, XX, 167 f. 298 f. 300. 344 f. 409. 413 f. 417. 419 f. 421 f. 423 f. 427. Beatrix Hamerana, Johannis Tochter, XX, 345. 415. Otto Emerano Hamerano, XX, 426.

Ehrenreich Hannibal, churf. br. lüneb. Medailleur und Münzeisenschneider zu Clausthal, IX, 9. 49. 233. 297. 305. 313. Nachricht von ihm, 111. sein Sohn, 112. umständlichere Nachricht von ihm, XIII B. 2. 3. von seinem Sohn, Martin Hannibal, 3. Verzeichnis der von ihm verfertigten Medaillen, 3-8. Carl Gustav und Engel Hartmann in Schweden, IX, 415. Haslefanus, XIX, 342. Georg Hautsch, Münzeisenschneider in Nürnberg, XXI B. 27. G. Hedlinger, III, 185. Johann Carl Hedlinger, ein Schweitzer, und vortreflicher Medailleur, II, 181 f. 345. IV, 145. XI, 428. XVI, 337. XX, 425. seine Medaille mit einer hieroglyphischen Figur auf dem Reverse, * VIII, 425. was das Wort Λογον bedeute, 429. 431. X, 430 f. Ruhm desselbigen, VIII, 431 f. Nachricht von ihm, IX, 112. Erfindet selbst Medaillen, 112. seine Discipel, 112. dessen 56 Schaustücke von den Königen in Schweden, XVIII, 243. die 2 ersten davon, * XVIII, 241. Beschreibung derer, so die Könige der letzten 2 Jahrhunderte vorstellen, 244 f. J. W. Högener, XII, 273. J. Hönn, III, 121. Martin Holzhey, Medailleur zu Amsterdam von Ulm gebürtig, XV B. 7. XV, 217. XX Tit. u. 443 f. hat eine Medaille selbst sinnreich erfunden, und vortrefflich geschnitten, XV, 218. Dan. Hosling, Medailleur in Hamburg, IX, 112. A. D. Januario, VI, 1. XIII, 298. Franc Jaurana (oder Laurana) in Frankreich, VI, 161. Arweed Karlsteen in Schweden, III, 161. VII, 249. 305. Nachricht von ihm, IX, 109 f. Hedlinger verfertigt seine Medaille, 110. seine Discipel, 110 f. XII, 257. hat die 9 Könige in Schweden aus dem Hause Wasa in Schaumünzen vorgestellt, XVIII, 243. XXI, 373. 376. N. Keder, IV, 145. 438. Johann Kittel, ein breslauischer Medailleur und Petschierstecher, III, 376. XXI, 89. 90. Friederich Kleinert in Nürnberg, V, 57. XVI, 98. Johann Christian Koch, sächs. gothaischer Medailleur, IV, 209. VII, 97. 105. XIII, 409. XIV, 353. XV, 113. Verzeichnis der von ihm verfertigten Medailler, XIII B. 9. s 31. Kohler, XXII, 385. Caspar Gottlieb Laufer, des fränk. Craises Münzrath und Generalmünzwardein in Nürnberg, II, nach 208. XVII, 372 f. 374 f. hat die römischen Päbste in 151 Gedenkmünzen zum Vorschein gebracht, XVIII, 242 f. Joh. Andr. Laurenzano, XX, 343. XXI, 384. Ant. Lazari, IX, 65. J. Linck, II, 247. Joh. Lodff, in Seeland, XX, 322. Hieronymus Eques *Lucenti*, ein römischer Bildhauer und Medaillist.; Nachricht von ihm und seinem Sohne Ambrosio Lucenti, XX, 165 f. 167. Christian Friederich Lüders, Medailleur zu Berlin, XV, 176. Valentin und Christian Maler, künstliche Eisenschneider und Medailleurs in Nürnberg, V, 123. 124. XI, 153. XII, 17. XXII, 289. Ant. *Marescoti*, ein berümter Rotgieser zu Ferrara, XIX, 73. 80. seine Kunstwerke, 80. noch ein Paar Medaillons von ihm, 80. F. *Marteau*, IV, 145. *Jean Mauger*, zu Paris IX, 361. XIII, 25. 401. XIV, 385. 393. 401. 409. XVII, 123. XX, 347. hat 7 Jahre lang 260 Medaillen und alle Köpfe des K. Ludwigs XIV in Stahl geschnitten, XIV, 368. Anton Meybusch, in Schweden rc. Nachricht von ihm, IX, 109. X, 136. XIV, 89. XXI, 208. Heinr. Mier oder Milr, ein Künstler, VIII, 345 f. Jo. v. *Milon*, XII, 337. Gasp. *Molo*, VII, 185. XIX, 341 f. 343. 345. 347 f. 349 f. 351 f. Jo. Ant. *Mori*, XIX, 207. 339. Philipp Heinrich Müller, augspurgischer Medailleur, IV, 113. 193. 305. V, 57. XI B. 14. XII, 49. XIV, 241. XVI, 97. XVII, 361. XX, 342. XXI B. 29. XXII, 321. L. Natter zu Florenz, VIII, 129. J. L. Oexlein in Nürnberg, XVII, 372.

I. Münzregister.

372. 375. Omeiß, Münzeisenschneider, XIII, 418. XVI, 56. Joh. Ortolani, Ven. XX, 341. XXI, 384. J. Parise in Schweden, IX, 109. Fedéricus de Parma, XVIII, 389. 407. 411. Franz von Parma, röm. Medailleur, X, 362. Lorenz von Parma, XVI, 47. XVIII, 406. 407. 411. 416. 418. Matteus de Paſtis, XVII, 49. Nachricht von ihm, 50. Petrecini de Florentia opus, XVIII, 41. Anton. *Philibertus*, XX, 304. Ant. *Pilaia* Meſſaneñſis, XX, 344. A *Pilotus*, XX, 303. *Piſani* pictoris opus, Vittore Piſano, Piſanello, I, 16. 423. XVI, 47. XVII, 73. Nachricht von ihm, XVII, 73 f. ſiehe auch 129. XVIII, 103. P. *Pompeio*, XVI, 72. Joh. Bapt. *Pozzi*, ein Mayländer, hat in Rom zu P. Sixti V Zeiten angefangen, alle Päbſte von S. Peter an auf Medaillen vorzuſtellen, ſeine Arbeit iſt aber nicht allzufein, XVIII, 369. G. du *Pré*, in Frankreich, III, 393. 333. XIX, 145. Hans von der Putt, II, 188. *Quintinus*, ein berümter Künſtler zu Antwerpen, XII, 317. Paul de *Raguſio*, XVIII, 426. XIX, 201 f. 203 f. 205 f. 108. Heinr. Reiz, II, 186 f. III, 145 o. Andr. Richter, XVIII, 402. Richter, ein vortreflicher Steinpelſchneider, V. B. 15. Bengt Richter, in

Schweden, IX, 111. Roettiers, zu Paris, XX, 347. J. Robn, XIV, 137. Julius *Romanus*, XVIII, 384. H. *Rouſſel*, Medailleur zu Paris, VII, 353. XIV, 388. Joh. Ant. *Rubeus* oder Roſſi, Mediol. XVIII, 396 f. 398 f. 403. Franc. *Sangallius*, XII, 1. Paul *S. mquiric*, XIX, 207 f. Lorenz Schilling, Eiſenſchneider zu Frankfurt am Mayn, VI, 273. 280. G. *Schnitz*, XV, 297. Johann Schmeltzing, II, 337. V, 154. Marcus *Seſtu*, XXI, 79. F. *Seuo*. XIII, 97 f. *Sperandei* opus, XVI, 9. 47. Jacob *Terzo*, VIII, 362. Johann *Thiebaud*, Eiſenſchneider zu Augſpurg, XV. B. 7. XV, 225 f. XXI, 265. 273. Girolamo. *Ticciati*, XIII, 298. *Trauanus*, römiſcher Medailleur, V, 145. XIX, 352. XX, 341. 424 f. Ant. *Travani*, XIX, 53. Joh. Franc. *Travani*, XIX, 349. Jacob *Trezzo*, I, 33 f. VII, 2. *Varin*, vortrefl. Münzeiſenſchneider in Frankreich, XIV, 317. XVI, 401. Dominicus *Venetus*, I, 169. 176. Georg Wilhelm und Andreas Veſtner, Vatter und und Sohn, in Nürnberg, kaiſ. und churf. baieriſche Hofmedailleurs, II, 401. VI. B. 26. VI, 17. IX, 137 f. XI, 65. XII, 409. XIV, 173. XV, 281. XVII. B. 18. XVII, 177. 371. 373. XIX, 129. XX, 352. J. du *Vivier*, XVII, 385. XX, 345 f. 347 f. 349.

349. 351 f. Ferd. di S. *Vrbano* ein Lorenefer, lothringischer Medaillist, hat unter P. Clemens XI gleiche Arbeit, wie Pozzo, aber mit mehrerer Geschicklichkeit, unternommen und glücklich ausgefürt, XVIII, 369. XX, 343. 345. 415 f. Wahl, kön. dänischer Medaillist, IX, 112. XXI, 407. *Warou*, Waroy, in Wien, Nachricht von ihm, IX, 111. XIII, 89. Christian Wermut, sachsengothaischer Medailleur, V, 297. VIII, 201. XI B. 27. XII, 169. 201. 203. XV, 98. 100. 184. XVIII, 272. XX, 415. XXI, 90. Specification seiner Medaillen angefürt, ib. sehr üble Beschreibung von ihm, XII, 34. hat 215 Kaiser-Medaillen geliefert, und 4 vor den 4 Monarchien Daniels, XVIII, 242. A. R. Werner, XVII, 65. Peter Paul Werner, Medailleur zu Nürnberg, IX, 409. XI, 161. 329. 409. XII, 369. XVII, 217. 375 und Tit. 409. XVIII, 89. XX, 57. 185. 217. XXI B. 31. XXII, 317. Bengt Westmann in Schweden, IX, 112. Wiß, aus Norwegen, churf. sächs. Medailleur, XIII, 417 f. 419. XX, 26. Tob. Wost, III, 34. Levin Fernemann, XVIII, 171.

Medices, Laur. Medaille auf diesen Mörder seines Vettern, H. Alexanders zu Florenz, von 1537, * XVIII, 65.

Meinerzhagen, Jacob, 2 Hochzeitjubelmedaillen, VI, 240.

Meissen. Marggr. Otto des reichen zu Meissen, vortrefl. Blechmünze zwischen 1156 und 89, * X, 401. siehe auch Blechmünzen. Heinrich V Burggraf zu Meissen und kön. böhmischen obersten Canzlers, sehr rare Contrefaitmünze, von 1542, * XV, 361. Mellen, Jacob von, Brief an Sagittarium, de antiquis quibusdam numis Germanis &c. XII, 126. XV, 333 f. dessen Verdienste um das neuere Münzstudium, XV, 331. f. er hat zu erst die Begierde, Thaler und neue Münzen kennen zu lernen, und in guter Ordnung zu sammeln, erwecket, 331. hat zu erst den Gebrauch und Nutzen der Blechmünzen gezeiget, 334. dessen specimen sylloges numorum ex argento uncialium, 334 f. will alle Thaler in Kupfer stechen lassen, 334. dessen curieuses Thalercabinet, 334 f. seine series regum Hung. ex nummis aureis, quos Ducatos vocant, 335. Reihe ungarischer Könige aus goldenen Münzen, I, 8. mit Zusätzen und Vermehrungen, von Gottfr. Heinrich Burghart, XX, 441. XXI, 428.

Meinungen, Ein Paar für Thaler gehaltene Stücke dieser Stadt, XXI B. 14. 15.

Mena-

I. Münzregister.

Menage, Aegid., ein berümter Gelehrter in Frankreich; Med. auf ihn, * IX, 409.

Meſſing. Wird zu Jettons gebraucht, XV, 194. ein in der Not aus Meſſing geprägter Thaler, XV, 174.

Methen, eines bayeriſchen Cloſters räthſelhafter Benedictspfenning, * VI, 105. iſt auch in Gold vorhanden, 106. ausfürliche Beſchreibung davon, 106 f.

Metz. Biſchöflich metziſcher Thaler von 1551, * III, 89. allerketzter biſchöflich metziſcher Thaler von 1557, * III, 97. jener iſt noch in des Stadtraths zu Metz Münzhauſe geſchlagen, 92. der Cardinal Robert von Lenoncourt löſet von der Stadt das an ſie verſetzte Münzrecht ein, 92. noch ein anderer Thaler von ihm, 92. warum dieſer der letzte? 104. der Card. Carl von Lothringen, Biſchof zu Metz, überläßt das Münzregale ꝛc. dem Könige in Frankreich, 1558, 104. dieſer Thaler kan nicht der letzte ſeyn, weil noch einer von 1559 vorhanden, 436. jedoch werden nur 2 biſchöfl. metziſche Thaler angefürt IV B. S. 21. B. Annas Descars, Card. von Givry, rare Begr. Münze, XI, 351 u. * 385. der Stadt Metz Ged. Münze auf K. Heinrich II in Frankreich, wegen vergeblicher Belagerung von Kaiſ. Carl V, 1552, * IX,

121. ſatyriſche Medaille deswegen auf gedachten Kaiſer, IX, 127 f.

Michieli. Ein ſehr rares Schauſtück von der Iſabella Seſſa, Gemalin des Giovanni Michieli zu Benedig, * XVIII, 121. noch ein Paar Medaillen von ihr, 123.

Mieris, Franz von, mit 1000 Münzen beſtärkte Hiſtorie der niederländiſchen Fürſten, XI, 182.

Milano. Des ital. Fürſten Dominici Milano rarer Thaler von 1732, * XVI, 377.

Milton, Johann, ein berühmter Engländer; Medaille auf ihn, wegen ſeines Heldengedichtes, das verlohrne Paradies, * X, 143.

Minden. Biſchöfl. mindiſche Thaler, V B. r f. deren ſind wenige und ſelten, 3. XIII, 40. B. Chriſtians, H. zu Br. u. Lün. Thaler von 1623, * XIII, 41. 45. worauf er mit dem darauf befindlichen Spruche ſein Abſehen gehabt, 45. er verändert hernach die Umſchrift, 46. andere Münzen von ihm, 46. der Stadt Minden in Weſtphalen ſilberne Notmünze in der Belagerung von 1634, * VIII, 385.

Mirandula, Johann Pici, Herrn zu Mirandula, Schaumünze; * VI, 153. eben dieſelbe, * XIX, 265.

Mittelgroſchen, II, 238.

Modena, ſehr rarer Ducaten der Stadt Modena zwiſchen a. 1515 und 14, * XVI, 89. ihre Münzgerechtigkeit, 90. fünf alte Pfenninge der Stadt beschrieben, 90 f. warum auf diesem Ducaten Kaiſ. Maximilian I. Dominus Mutinae genennet wird, 91 f. des erſten Herzogs zu Modena Borſius vortreflicher Medaillon von 1460, * XVIII, 41. H. Reinolds zweyte Vermälung mit der braunſch. lün. hannbverischen Prinzeßin Charlotta Felicitas von 1695; Medaille darauf, * VIII, 161.

Moeda, eine portugieſiſche Münze, XIV, 217.

Mömpelgard. H. Ludwig Friederichs Thaler, X B. 35 f. eine Ged. Münze auf das 100 Jahre zuvor zu Mömpelgard gehaltene Religionsgeſpräch, 1686, * X, 265.

Mörls, Guſtav Philipp, des Miniſterii Antiſtitis, vorderſten Predigers, Prof. und Bibliothecarii zu Nürnberg, Gedächtnismünze, * XXII, 161.

Mörs. Thaler der Grafen von Mörs, XVII B. 1. 2.

Molanus, Gerhard Wolter, Abt des Cloſters Loccum; Medaille auf ihn, von 1722, * IX, 49. beſitzet unter den Gelehrten ſeiner Zeit das gröſte und koſtbarſte Münzcabinet, 50. Catalogus MS. numorum Brunſtuic. et Luneburgenſium &c. IX, 271. XVIII, 213 f. Molanoboehmerianum numophylacium recenſirt, XVI, 183 f.

Moldau. Der allererſte aus geraubtem Kirchenſilber geprägte und gar ſehr rare moldauiſche Thaler des abentheuerlichen Fürſten dieſes Landes, Johann Heraclides Deſpota, von 1562, * XVIII, 33. Urſache des ſeltenen und ſonderbaren, 34. ein rarer Ducate von ihm, 429 f.

Molinet, Claude du, Benedictiners, Beſchreibung des Münzcabinetes des Stiftes der h. Genevieve zu Paris, XVIII, 106. deſſen hiſtoria ſummorum Pontificum a Martino V ad Innocentium XI per eorum numiſmata, XVIII, 370. Beurtheilung, ib.

Molinos, Michael, Medaille auf ſeine lebenslang währende Gefangenſchaft, * II, 337. noch eine gröſſere, 432.

Moller, Dieterich, und Hieronymus Hartwig, beyder Burgermeiſter in Hamburg, Begräbnismünzen, * XVII, 312. 318.

Monaco. Des Fürſten Honorati II Grimaldi von Monaco, Thaler von 1651, * XI, 241.

Moneta nova, warum man dieſes gern auf die Münzen ſetzet, auch mit Anticipirung des Jahres, II, 82.

Monogramma auf Münzen, XII, 180 f.

Montfort. Der Grafen von Montfort Thaler, XVII B. 2 3 5.

Mont-

Montmorancy, Annas von, Connestable in Frankreich; Medaille auf ihn, * III, 241.

Montpensier. Der Prinzeßin Maria von Bourbon, Herzogin von Montpensier, rare Münze v. 1613, * XIII, 369; ihres Gemals Thaler, siehe *Gaston*. ihrer Tochter, der Mademoiselle Montpensier Thaler von 1673, * XIV, 25.

Morstein, Johann Andreas, polnischer Crongroßschatzmeister; Schaustück auf ihn, * XXI, 361.

Moses auf einer Münze, VI, 355.

Mucken- oder Wespen-Thaler, III, 348. VI. B. 35.

Mühlhausen in Thüringen. Wer von ihrem Münzwesen geschrieben, XXI V. 15. ein alter Pfenning dieser Stadt, 15. ihre Thaler, 16.

Mühlheim. Ein daselbst geschlagener Goldgülden H. Wilhelms zu Jülich, wird fälschlich für einen mühlhäusischen ausgegeben, XXI B. 16.

Mühlsteine, Groschen, II, 238.

Münster. Bischöflich münsterische Thaler, V. B. 3 f. des Domcapitels Thaler von 1650, 5. noch 2 andere von 1688 u. 1706, 6. 7. Bischof Johann, Grafens zu Hoja, sehr rarer und merkwürdiger Thaler von 1572, * XI, 353. B. Bernhard Christoph von Galen rarer Thaler mit dem wunderthätigen Crucifix zu Cösfeld, 1659, * V, 217. macht sich sehr rar, 218. Aberglauben damit getrieben, 218. B. Friederich Christians Thaler von 1695, † V, 73. dessen Begräbnisthaler von 1706, * V, 81. Gedächtnismünze auf den zu Münster zwischen Spanien u. den vereinigten Niederlanden geschlossenen Frieden, * XX, 321. viererley Gepräge davon, 322. dergleichen auf den daselbst unterschriebenen westphälischen Friedensschluß, 1648, * XX, 329. zwölf Stücke auf den westphälischen Frieden, XXII, 273. noch eines zu Nürnberg verfertigt, * XXII, 273. Ged. Münze auf die völlige Vollziehung des westphälischen Friedensschlusses zu Nürnberg verfertigt, * XXII, 281.

Münsterberg, siehe Oels.

Münters, Bürgermeisters zu Lübeck, Sammlung auserlesener silberner und goldener Münzen, XVIII, 168.

Münzbücher, I. N. §. 30. III, 214. VIII, 77. XX, 19.

Münzcabinet. Weimarisches, II, 48. Gustav Schröders thesaurus numorum antiquorum, II, 48. kön. schwed. gustavadolphisches beschrieben, III, 198 f. polnischpreusisches will Ge. Dan. Seyler herausgeben, III, 424. gothaisches im Kupfer vorgestellt, in der Dedicationsleiste des IV Theils, und beschrieben gleich nach der Vorrede; siehe auch VII, 109.

109. ridderisches in Braunschweig, V, 130. ebnerisches Münz- und Antiquitätencabinet in Nürnberg, V, 321. des Conferenzrath und Vicecammerpräsidenten Muhlius in Kiel, XX, 51. heroldisches zu Berlin, VI B. 38. haugwitzisches zu Berlin, VI, 140. soll nach Weymar gekommen seyn, ib. H. Anton Ulrichs zu Br. Wolfenbüttel, VI, 428. ehrencronisches, VII B. 31. schwarzburg-arnstädtisches, VII, 109. kommt nach Gotha, ib. schwarzenfelsisches, VII, 423. thomasisches in Nürnberg, VIII, 295. das melanische, IX, 50. 419. Molanoboehmerianum, XXII, 273. Frau Louisen, Wildgräfin zu Dhaun, IX, 276. claussenisches, X, 120. sinesisch kaiserliches, X, 254. Marq. Frehers, XII, 420. Franz Fagels, Griffier der Generalstaaten der vereinigten Niederlande, XIII, 4. D. Michaelis zu Glückstadt, XV, 87. des Hofrath Bittners zu Arnstadt, XV, 99. Hermann Voß in Haag, XV, 154. Catalogus davon und Anbieten zum Verkauf, XXII, 87. kön. französischer Münzschatz, XVI, 340 ꝛc. das rinkische Münz- ꝛc. Cabinet und heraldische Münzsammlung zu Altdorf, XVII, 222 f. Schafhausens zu Hamburg, XVII, 317. andersonisches daselbst, XVII, 349. ein zu Dresden befindliches Cabinet, davon der Catalogus 1746 heraus gekommen, und das zum Verkauf angeboten worden, wovon die rareſten Stücke gemeldet werden, XVIII, 94 - 96. des Ritters Franz Gualdo, I, 15. Joh. Jac. Lucks, I B. 2. Münzcabinet im Stifte der h. Genevieve zu Paris, XVIII, 106. der Jesuiten zu Presburg, XVIII, 138. schulzisches zu Halle, von Agenethler beschrieben, XVIII, 255 f. iemguinercloſteriſches zu Schwäbiſchhall, XX, 192. der JCtorum zu Edimburg, XX, 386. Bährs in Eisenberg, XX, 440. Freyherrn von Röbel, kön. preußischen Cämmerers, XX, 441. von endterisches in Nürnberg, XXI B. 20. von mansbergisches, XXI, 114 f. kostbares feilgebetenes Medaillencabinet, XXI, 170. Fabers, würtemb. Geheimenraths, Sammlung, XXI, 205. pommerische Sammlung des Burgermeisters von Liebeherr zu Altenstettin, XXI, 373. eines münsterischen Generals und Cavalliers Münzcabinet zu verkaufen, XXII, 86. ridderisches Thalercabinet zu Braunschweig kauft der Schutzjud Samson Gumpel, XXII, 88. Franz Tueſſenſteins in Wien, XXII, 153. wallenrodisches, XXII, 174.

Münze, wo eine Münze ist, ist auch ein Wechsel, cambium publicum, XI, 35. ein Strom schwemmt

L. Münzregister.

schwemmt 3300 Münzen ans Land, X, 252.

Münzer, Hausgenossen auf der Münze, gewisse Geschlechter in den Reichsstädten, die darinnen in des Kaisers Namen das Münzrecht ausübten, VI, 277. hatten daher gewisse Freyheiten zu geniesen, 277 f. XI, 36. wer solche zu Franckfurt am Mayn waren, VI, 277 f. zu Nürnberg, VII, 202. zu Worms, XVIII, 83 f. falsche Münzer in Sina bestraft, X, 251. in Bremen, XVIII, 264. Eid der hannöverischen Münzer, XI, 37.

Münzgebrechen, Münzverfassung, Münzwesen. Der kaiserl. Name und Reichsadler muß auf die Reichsmünze gesetzet werden, I, 160. Verfall des teutschen Münzwesens ist nicht eine der geringsten Landstrafen des gerechten GOttes, III, 370. Christian Bisch. zu Minden u. H. zu Br. u. Lüneburg, ist der erste Reichsstand, der durch sein 1621 publicirtes Münzvalvationsedict das sehr verfallene Münzwesen im Reich wieder in Richtigkeit bringt, V B. 2. XII, 226. das Münzwesen betreffende recht güldene Worte im Testamente H. Adolph Friederichs zu Mecklenburgschwerin, V, 189. Kais. Ruprechts Bemühungen, die stark eingerissenen Münzgebrechen abzustellen, 1402, VII, 298 f. die Reichsstädte haben ehemals viel im Reichsmünzwesen zu sprechen gehabt, VII, 303. haben das gesteinpelte Geld zu erst aufgebracht, 303. haben Obsicht gehabt, daß nicht gutes Geld in geringeres verschmelzet werde, 303. haben selbst iederzeit die besten Münzen geschlagen, 303. Münzverfassung von Hamburg, VIII, 2 f. Münzstreitigkeit mit Dänemark, VIII, 4. 8. Münzgebrechen unter Maximilian I, VIII, 74. in neuern Zeiten, XVI, 378. Reichsmünzverderber, VIII, 282. ietzige elende Münzzeit, VIII, 296. der kleinen Prinzen in Italien Münzen sind fast alle von schlechtem Gehalt, IX, 114. Münzwesen im sinesischen Reiche, X, 249 f 254. in der Türckey, X, 289 f. in Hannover und andern braunschweigischen Städten, XI, 34. 40. des Münzwesens in Polen elender Zustand unter Johann Casimir 2c. XIII, 218 f. Beschaffenheit der Münze im Ende des 14 Saec. XIX, 239 f. Parlamentsacte in England, daß keinem, der Gold oder Silber in die Münze bringt, das geringste für die Legierung oder Schlagschatz abgezogen werden solle, XX, 235 f. ist immer wieder erneuert worden, 238. Abdruck eines Schreibens, die teutsche und anderer Völker Münzverfassung betreffend, XX, 79 f. Wunsch, daß

I. Münzregister.

daß in ieglicher Reichsmünzſtadt die Münzen und Medaillen ordentlich beſchrieben würden, XX B. 9. ia von allen Ländern, XXI, 78.
Münzgerechtigkeit, Münzfreyheit, Münzrecht, Münzregale. Münzrecht, den teutſchen Fürſten vom Kaiſer verliehen, I; 158. Vergünſtigung, daß die Reichsſtände Münzen auf beeden Seiten mit ihren Bildniſſen, Wappen und Namen prägen dürfen, I, 159 f. Münzregale wird nicht ohne der Churfürſten Bewilligung erhalten, I, 160. Münzrecht haben die geiſtlichen eher, als die weltlichen Stände erlangt, II, 220. Münzrecht im Königreich Italien, 221. die alten Kaiſer haben mit Verleihung des Rechtes, goldene Münzen zu ſchlagen, eben ſo ſehr an ſich gehalten, als ſie mit dem ſilbernen Münzregale verſchwenderiſch geweſen, II, 304. die Macht, Gold zu vermünzen, haben die Churf. erſt vom Kaiſ. Carl IV erhalten, 304. ſie bedienten ſich deſſelben nicht eher, bis ſie vom Kaiſer ein neues priuilegium deswegen erhalten, 304. Exempel davon, 304. Kaiſ. Friederich II iſt mit Verleihung des Münzrechtes, ſonderlich an Geiſtliche, ſehr freygebig, II, 378. das Recht, Gold zu münzen hatten auch einige Churfürſten nach der goldenen Bulle noch nicht, III, 360. Exempel davon, 360. die Reichsſtädte haben das Münzrecht gar ſpät erhalten, VI, 277. es wurde darinnen durch gewiſſe Geſchlechter im Namen des Kaiſers ausgeübet, 277. daß die Münzgerechtigkeit nicht aus der Reichsſtandſchaft und landesherrlichen Hoheit, ſondern lediglich aus kaiſ. Gnadenverleihung herflieſſe, VII, 168. Münzedicte beweiſen das Münzrecht nicht, VIII, 246. Münzgerechtigkeit kan nicht durch die Verjährung erlangt werden, 246. H. Ernſt der Fromme zu Gotha hat das Münzrecht ſelten gebraucht, niemals gemisbraucht, und auf alle ſeine Münzen geiſtliche und ſcharfſinnige Sprüche geſetzet, IX B. 28. die Reichsſtädte haben weit ſpäter die Münzgerechtigkeit erhalten, als gemeiniglich vorgegeben wird, XI, 36. Münzregal iſt in Schweden des Königes eigene Sache, XI, 314. Münzgerechtigkeit kommt dem Reichsgrafen- und Herrenſtande lediglich aus kaiſ. Begnadigung, und nicht aus landesherrlicher Hoheit, noch ex immemoriali conſuetudine zu, XIV B. 2. doch iſt ihr Münzregal ſchon alt, 2. die älteſte Exempel davon, 2. 3. ſiehe auch XVII B. 30 f. wodurch die künftige kaiſ. Münzbegnadigung noch ſchwerer werde, XVII B. 31.

I. Münzregister.

32. die Pfaffenfürsten konnten ihr erhaltenes Münzrecht auch mit andern gemein machen, XVI, 302 f. die Kaiser haben als Könige in Italien das Münzrecht den ansehnlichsten Städten ertheilt, XIX, 239. der König in England hat ganz allein das Münzrecht, XX, 239. das Münzrecht haben einige geistliche Stände weit eher erhalten, als die weltlichen Fürsten im teutschen Reiche, XXI, 41 f. zu welcher Zeit solches geschehen, wird untersucht, 42 f. warum solches geschehen, 45. daß die Bischöfe auch ihre Namen auf diese Münzen gesetzet, 46. Wann die Patriarchen, Bischöfe und andere Geistliche ihre Geschlechtswapen auf Münzen zu setzen angefangen, XXI, 160.

Münzmährlein. Von einer vermeinten schimpflichen Figur, widerlegt, VII, 241 f. von den erfurter Sargpfenningen, XVII, 289 f. von einem görzischen Thaler, 297 f. von dem schwäbisch-hällischen groben Geld, XX V. 8.

Münzmeister. Ein brandenburgischer muß 2000 Thaler Strafe geben, weil er einen Thaler vom feinsten Silber geprägt, III V. §. 44. n. V. ein Münzmeister, der reicher geworden, als sein Herr, IV, 31. Münzmeisters Name fehlt auf einem Reichsthaler, und wird daher gezweifelt, ob er von rechtem Schrot und Korn sey, X V. 12. des Münzmeisters oder der Münzstadt Name stehet meistens auf dem Reverse der alten englischen Münzen, I, 48. VIII, 198. 284. und warum?, I, 48. XI, 368. auch in Schweden, VIII, 283 f. Böhmisches Münzmeisters-Zeichen, XVII, 441. Albrecht, Graf von Guttenstein, oberster Münzmeister in Böhmen, XVII, 443. Dietericus, magister monete, Ruedgerus incisor, Heinricus socius eius, Mahifridus, monetarius, Albrecht chlebarius, kommen in einem österreichischen Huldebriefe vor, XXI, 260. einige, deren Namensbuchstaben nur auf Münzen hierinnen vorkommen: A. B. I, 345. P. Z. II, 97. M. H. II, 137. A. K. II, 225. XXII, 137 f. B. eines metzischen Münzmeisters Zeichen, III, 97. P. P. oder O p. P o. ein venetianischer, III, 153. C. T. ein würtembergischer, III, 321. E. I. anhaltischer, VI V. 4. P. L. VII, 209. I. H. VIII, 121. I. P. VIII, 401. I. L. H. IX, 241. I. F. B. X, 33. H. L H. X, 113. A. G. A. X, 161. I. L. C. XI, 17. A. S. XI, 33. H. R. XI, 249. XII V. 5. I. L. XII, 81. C. P. XII, 97. C. B. H. XIII, 209. H. XIII, 321. I. C. F. XIV, 1. H. S. XIV, 41. G. M. XV, 79. C. S. berlinischer, XV, 177. I. O. Z.

XV, 269. H: I. mannsfeldischer, XVI B. 19. B. L B. heßischer, XVI, 1. F. S. XVI, 49. W. A salfeldischer, XVII B. 12 f. F. W. XVIII, 9. I. B. H. XVIII, 225. G. K. XVIII, 273. A. W. XIX B. 6. E. E. oder E. K. XIX, 97. B. L oder B. H. XIX, 273. M. XIX, 369. M. F. XIX, 289. I. C. G. XIX, 417. H. G. XX, 17. R. B. XX, 353. H. W. XXI, 1. H. S. XXI, 97. C. P. T. XXI, 337. L. J. XXII, 17. H. S. XXII, 57. Hufeisen, des schwäbischen Craises in der Münzstadt Augspurg Münzmeisters, Zeichen, IV, 217. drey Koenähren, eines nürnbergischen Münzmeisters Zeichen, XXI B. 21. ein Sterngen, eines andern daselbst, ib. andere nach dem Alphabeth: *Ainvid*, zu London, XII, 162. Bastian Altmann, hennebergischer, II, 155 f. Joh. Adam Bötger, braunschweigischer, VII, 377. 401. IX, 129. X, 425 f. Jacob von Boporten, erzbischöfl. bremischer, XVIII, 252. Mester Jacob von Bort, zu Bremen, VIII, 244. *Dureferd*, Norvicensis, I, 41. 48. *Edsan*, zu *Bath*, XII, 162. Modestinus Fachs, anhaltischer, VI B. 4. *Faereman*, Dyflinensis, XV, 176. Joh. Joach. Gründler, strasbergischer, V, 297. XVII B. 26. XIX, 25. Hanns Christoph Hillen, braunschweigischer, VIII, 25. Hohleisen, augspurgischer, XV, 226. Baltasar Hundertpfund, erster augspurgischer, XV, 232. *Landfertus*, englischer, I, 49. Joh. Lippe, thornischer, XXII, 106. *Lupus*, Saxo, moldauischer, XVIII, 38. F. Marl, kön. preußischer, XV, 385. *Marme*, XVIII, 225. *Midstfugu*, japonischer in Jedo, III, 313. Gregorius *Mockley*, englischer, XXI, 120. Hanns Neumann, hennebergischer, II, 113. Georg Friederich Nürnberger, des fränkischen Craises, in Nürnberg, II, 385. IV B. §. 10. XXI B. 27 f. 29 f. Georg Paul Nürnberger, XXI B. 30. Hanns Pahlemann, lübeckischer, XVIII, 268. Samuel Pfakr, X, 337 f. *Rouyer*, französischer Münzer, den der Baron Görz zu Prägung der schwedischen Kupfermünze gebraucht, VI, 238. Heinrich Schlütar, braunschweigischer, II, 162. IX, 169 f. XII, 365. XIII, 41. XIV, 161. 459. Caspar Seyler, IX, 251. *Snelling*, schwedischer, VIII, 281. 283. noch andere schwedische, 284. Christian Phil. Spangenberg, Münzdirector zu Clausthal, X, 81. XII, 225. XIX, 1. Daniel Stumpfelt, anhaltischer, XIV, 300. Conrad Senrz, IV, 329. Thom. Trympff, brandenburgischer, III B. §. 45. *Valepio* zu Esser, XI, 361. Weißmantel, erfurtischer, III, 193. dessen Zeichen,

I. Münzregister.

chen, 193. XIX B. 5. 6. 7. was darüber für eine wunderliche Meinung entstanden, 66 f. Corn. Wyntjes, ostfriesländischer Aufseher der Münze, XI, 177 f.

Münzordnungen. Eine uralte franz. extrahirt, V, 290 ᵒ 293. Goldmünzenordnung Kaif. Ruprechts von 1402, VII, 298 f. dauert nicht lange, 301. Münzordnung auf dem Reichstage zu Nürnberg, 1438, 303. auf dem Reichstage zu Frankfurt unter Kaif. Friederich III, VIII, 74. sächsische, ib. auf dem Reichstage zu Worms, 75 f. Münzedict von Bremen, VIII, 245. daraus folgt kein Beweis des Münzrechtes, 246. Münzedict König Heinrichs II in Frankreich, XI, 315. niedersächsische Münzordnung, XII, 238. K. Georgs II in Grosbritannien und Churf. zu Br. Lün. Münzedict von 1740, XII, 226–229. nebst beygefügter Tabelle von Münzen von vollem Werth und devalvirter Münze, 230–232. und darzu gehöriger Declaration, XIII, 96. dieses Königs 3 heilsame Münzverordnungen in dessen churf. Landen, XX, 80–85. Verruffung einer vom osnabrückischen Domcapitel geprägten Kupfermünze, von 1740, XII, 319 f.

Münzpachter, polnische, Andreas Tympe, XIII, 217 f. Titus Livius Boratini, 223 f. Jacob Jacobsen, 224.

Münzprofesser, ohnmasgebliches, J. J. J. Z. C. VIII, 325 f.

Münzreduction veranlasset im braunschwegischen einen Streit, XIII, 43. wird beygelegt, 44 f.

Münzrepressalien, V, 394. IX B. 11 f. u. 18. X B. 26 f. XIV, 97. 98. XVI, 391 f. XX, 282 f.

Münzstädte und deren Zeichen. Welche Münzstädte heissen, II B. §. 20. in der Türkey, X, 290. Münzstadt Breslau wird durch den Buchstaben W angezeigt, XII B. 15. dieser Buchstabe ist auch das älteste Merkzeichen des breslauischen Stadtgeldes, XVII, 93. Münzzeichen der franz. Münzstädte nach dem Alphabeth, aus zweyerley Nachrichten, VI, 429. XVII, 176. K. B. auf ungarischem Gelde deutet die Münzstadt Kremiz Bania an, VIII, 410. N. B. aber Nagi Bania, das ist, Neustadt, XV, 450. eine Stutte und ein Trebstein sind das Zeichen der 2 Münzstädte des schwäbischen Craises, nemlich Stutgard und Augspurg, XIII, 420.

Münzthaler, XI, 37.

Münzvereine, Münzvergleich, dreyer geistlicher Churfürsten, VII, 301. siehe auch Rhein. der niederländischen Reichsstädte, VII, 301 f. der andern Reichsstädte, 303. dreyer schwäbischen Städte, VIII,

VIII, 73. 76. mehrerer Städte, 76. Wunsch, daß iemand de foederibus monetalibus statuum imperü schreiben möchte, 80. der 3 Reichsstädte Campen, Zwoll und Deventer, X, 258. der 4 Städte Lübeck, Hamburg, Wißmar, Lüneburg, XI, 216. XIV, 340. der 3 Städte Lübeck, Hamburg und Lüneburg, XIV, 340.

Münzwurmschneider, wer sie seyen, XII, 122.

Murbach und Luders, der Aebte daselbst Thaler, V B. 27 f. des Administrators, Andreas von Oesterreich, sehr rarer Thaler, * XV, 145.

Mury. Jubelmedaille des Abtes dieses Closters und ersten Reichsfürsten Placidi auf sein Priesterjubilaeum, 1720, * II, 321. kleinere Schaustückgen darauf, 328. Med. auf dessen Inauguration zum ersten Reichsfürsten, 327.

Muschinger, Vincenz, kaiserl. Raths, sehr rare goldene Medaille, * VII, 345. 422.

Muscheln, statt des Geldes in China gebraucht, X, 254.

Muthgroschen, II, 238.

Mylius, Georg, rare Schaumünze mit seinem und Barth. Rolini Bildnissen, von 1578, * XX, 193.

N.

Nassau. 3 Thaler aus dem gräfl. und fürstl. Hause Nassau, XI B. 11. noch einer, XVII B. 6.

Naumburg. Julius Pflug, nachmaligen Bischofs allda, rare Medaille, von 1540, * IV, 137.

Neapel. Rare Kupfermünze der unglückseligen und berümten Königin Johanna I von 1382, * VI, 145. siehe auch *Guise.* K. Ferdinands I in Neapel sehr rarer Ducate von 1461, * XXI, 121. seine Crönungsmünze, 126. neapolitanischer Thaler K. Carls II in Spanien, von 1684, * X, 161.

Nepomuck, Johann von. Gedächtnismünze auf die von dem Freyherrn von Wunschwitz ihm zu Ehren 1683 auf die Pragerbrücke gesetzte eherne Bildsäule, * XIX, 49. ist die beste unter allen auf dessen Canonisation verfertigten Medaillen, 55. Beurtheilung einer andern, 56.

Neuburg. Welschneuburgischer Thaler des K. in Preussen Friederichs I von 1713, * VIII, 401. des Herzogs von Longueville, * X Tit. und B. 37.

— ein Closter in Niederösterreich; kleine goldene Gedächtnismünze, * VII, 361. wer der Heilige darauf sey, 361 f. was der Schleyer darauf bedeute, 364. und die Buchstaben T. P. C. XXI, 422.

der-

I. Münzregister.

dergleichen stehen auf mehrern solchen S. Leopoldspfenningen, 422 f.

Nevers siehe Gonzaga.

Neuß. Des Commendanten darinnen in der Belagerung 1585 geschlagene zinnerne Notklippe, * VII, 65.

Neustätter, genannt Stürmer, Johann Christoph, bambergischen Domprobstes, Thaler, IV B. §. 10.

Newton, Isack, des weltberümten Philosophen, Medaille von 1726, * XIV, 57.

Niederlande. Niederländische Thaler, VII B. 20. andere niederländische und holländische Münzen: keine neuere Geschichte kan so schön aus Münzen erläutert werden, als die niederländische, XI, 181. dreyerley Art von neuern niederländischen Münzen, Medaillen, Jettons und Notpfenninge, 181. Einige zum Theil später geprägte Medaillen von der niederländischen Unruhe, 181 f. einige, auch der ältesten, niederländische Jettons, 182 f. von den niederländischen Notmünzen, 184. H. Wilhelms in Bayern, als Grafen von Holland, rarer Goldgulden, von 1351, * IV, 49. seine silberne Münzen, 56. Gr. Wilhelms V. von Holland Goldmünzen, goude Lammen, III, 212. der ältern Grafen von Holland Münzen, 212. die niederländische Prinzen und Grafen ahmen den Münzen der Könige in Frankreich fleißig nach, 212. Kaif. Wilhelms IV dieses Namens unter den Gr. von Holland Münze, 214. Ludwigs Grafen von Flandern 2 goldene Münzen, Lowitzen, 214 f. Wilhelms VI H. in Bayern, Gr. zu Hennegau, Holland, Seeland, und Herrn von Friesland, vortreflich altes Schaustück, zwischen 1405 u. 17, * XXII, 1. Gr. Wilhelms VI von Holland 2 silberne Münzen mit dem Zaun, XI, 183. ein sehr rarer flandrischer Goldgulden der H. Maria von Burgund von 1477, * X, 89. vier silberne kleine Münzen dieser Herzogin, 96. niederl. halber Real des röm. Kön. Maximilians I von 1487, * XII, 177. kommt auch in Silber vor, 178. was er besonders hat, 178. dergleichen Geld ist den Flandrern sehr anstößig gewesen, und hat eine Aufruhr veranlasset, 178. was Maximilian damit für ein Absehen gehabt haben möchte, 178. der verwittibten K. Maria von Ungarn, als Statthalterin der Niederl. Jetton, XV, 267. der so berümte niederl. Geußenpfenning, * VIII, 105. Veranlassung desselben, 107 f. 111. ist das allerälteste Denkmal der niedert. Unruhe auf Schaumünzen, XI, 181. Gegenzeichen der Catholitholischen, VIII, 112. Med. auf die Gouvernantin der Niederlande und Herzogin von Parma, Margareta von Oesterreich, 1567, * IX, 41. des H. von Alba, Gouverneurs der spanischen Niederlande, erste Siegsmedaille, 1568, * VIII, 232. 240. wer sie erfunden haben möchte, 237. eine andere Med. von ihm, 239 f. der Stadt Middelburg in Seeland Notklippe von 1572, * IV, 257. siehe Notmünzen. Notklippe in der span. Belagerung der Stadt Harlem, 1572, * VI, 81. ein anderes Gepräge, ib. noch eine runde Münze, 88. noch 2 Sorten, 445. Notklippe der Stadt Zirksee in Seeland, von 1576, * IV Tit. und 443. eben dieselbe noch einmal, * VIII, 81. brabantische Silbermünze in der grossen niederl. Unruhe 1584, von den Ständen dieses Herzogtums geschlagen, * III, 273. ähnliche Einrichtung solcher Münzen, 274. wie Luck und Bizot iene angesehen, 274. werden widerlegt, 275. einer der ältesten Thaler der beeden vereinigten niederl. Provinzen Holland und Seeland, von 1584, * XVI, 257. Merkwürdigkeit desselben, 259. das Bild darauf stellet Prinz Wilhelm von Oranien vor, 259 f. wird fälschlich für ein Auswurfgeld gehalten, 259. 264. der niederl. Provinzen Verordnung, keinerley Münze mehr mit dem Wappen, Namen und Titel des K. in Spanien schlagen zu lassen, 260. mehrere dergleichen Thaler, 260 f. 264. eine Med. auf des Prinzen Verwaltung der höchsten Landesregierung, 261. Veränderung wegen des Titels auf dem Gelde, 262. warum sein Bild ohne Titel auf den Münzen stehet, 263. solcher Münzen werden verschiedene angefürt, 263. Cleres Irrtum hiebey, 263. eine bey vorgehabter Installation des Prinzen zum Grafen von Holland bestimmte Auswarfsmünze, 264. Robert Dudley, Grafens von Leicester, Medaille auf seinen misvergnügten Abzug aus den Niederlanden, 1587, * XVI, 385. was mit dieser Med. vorgegangen, 392. der Generalstaaten Schaupfenning wider den Grafen von Leicester, XVI, 391 f. schöne Gedächtnismünze von dem Siege bey Turnhouth und den darauf Spanien abgenommenen 9 Städten im niederl. Kriege, 1597, * XVIII, 353. der Staaten von Seeland 2 Rechenpfenninge auf den von Gr. Moritz von Nassau wider den Erzh. Albrecht von Oesterreich bey Nieuport 1600 erfochtenen Sieg, XX, 370. eine ansehnl. Ged. Münze auf eben diesen Sieg auf Verordnung der Generalstaaten, ib. noch eine etwas kleinere Medaille,

daille, ib. ein brabantischer Ducaton Erzh. Albrechts von Oesterreich und seiner Gemalin, Isabella Clara Eugenia, als Besitzerin der span. Niederlande, 1619, * VIII, 393. eine seltene goldene Tornose von ihnen, * VIII Tit. und B. 39. Ged. Münze auf den zu Münster zwischen Spanien und den vereinigten Niederlanden geschlossenen Frieden, * XX, 311. viererley Gepräge davon, 322. vortrefliche von Holzhey verfertigte Jubelmünze auf den münsterischen Frieden zwischen Spanien und den vereinigten Provinzen, 1748, * XX Tit. und 443 f. Ged. Münze der Provinz Seeland auf die 1651 im Haag gehaltene allgemeine Versammlung der vereinigten niederländischen Staaten, * X, 17. 436. eben dieselbe, * XXII, 337. Medaille zum Ruhm der holl. Republick nach dem aackischen Friedensschluß, 1668, * IX, 377. wird in Frankreich übel ausgelegt, 383 f. eine andere übel ausgelegte, 384. und * Tit. beede werden vertheidigt, 384 und B. 39. die Republick soll sich durch pralerische und andern zur Verkleinerung gereichende Medaillen den 1672 ausgebrochenen franz. Krieg zugezogen haben, 378. eine Münze mit der Beyschrift: Sta, sol! 379. die Erfindung davon wird fälschlich dem Staatsminister von Beuningen zugeschrieben, 380 f. eine zu Paris dargegen gemachte Medaille, 382. noch ein Paar holl. satyrische Medaillen, 383. vortreflicher Medaillon auf die durch des Grafen von Monterey, Gouverneurs der Niederlande, Bemühung wider gangbar gemachte Schleusen zu Ostende, 1675, * XII, 297. eine ähnliche Ged. Münze, 303. sechsehen Jettons, so zu Ehren der Erzherzogin Maria Elisabeth von Oesterreich in so vielen Jahren, als sie den österreichischen Niederlanden als Gouvernantin von 1716-41, vorgestanden, zu Brüssel geschlagen worden, * XV, 257 f. falscher holl. Ducate von 1736, * XII, 145. Unterschied von gerechten holl. Ducaten, 148. auch eine solche Sorte von 1729, 148. unter den 29 falschen Ducaten, so beschrieben werden, sind alle, bis auf einen, holländische, XX, 79. woher es komme, 79. Urtheil von dem Schaden, den Teutschland von den holländischen Ducaten hat, 79.

Nobiles oder Rosenobel, VI, 326.
Nördlingen. Rarer Goldgulden dieser Reichsstadt, von 1452, * VII, 177. X, 432. wann sie etwann die Münzgerechtigkeit erhalten, VII, 184. vier Goldgulden der Stadt aus dem 15 Saec. XXI B. 17. was ihr wegen ih-

rer. Batzen angesonnen worden, ib. keinen Thaler siehet man nicht von ihr, ib.

Norbert. Gedächtnismünze auf die Versetzung der Gebeine des h. Norberts, Erzbischofs zu Magdeburg und Stifters der Prämonstratensermönche, aus dem magdeburger Marienstifte in das Closter Strahow zu Prag, 1627, * IX, 321.

Nordhausen. Thaler dieser Reichsstadt, XXI B. 18. 19, einer von 1566 mit Kais. Carls V Bildnisse, und warum? XXI B. 18 f. ein schöngeprägtes Zweydrittelstück, 19.

Northeim. Thaler dieser Stadt v. 1671, * IX, 161. eigene Münze, 166. hat die Münzgerechtigkeit von ihren Landesherren pachtsweise überkommen, welche dieselben wieder an sich genommen, 168. daher die Seltenheit des Thalers, 161.

Nostitz und Rineck, Graf Anton Johanns schöner Thaler von 1719, * VI, 265; XVII B. 6. Münzrecht der Grafen zu Rineck, XVII B. 6.

Notmünzen, Notklippen, Notthaler ꝛc. Beschreibung der Notmünzen, XL, 184. von niederländischen Notmünzen, XL, 184. die ungarischen sind unter allen Notmünzen die rarsten, und warum? V, 409 f. zwo Feldklippen M. Albrechts von Brandenburg von 1553, * III, 409. eine grosse goldene Klippe, 433. noch zwo von Schweinfurt, * IX, 249. 257. brysacher Notklippe, 1633, * I, 289. Notthaler der Stadt Campen, 1672, * X, 257. die förmlichste und wohlgestalteste unter den Notmünzen, 257. was die andere Not auf diesem Thaler heise, 260. in der ersten Not liesen sie 1572 Klippinge schlagen, und woraus? 260. sehr rarer aus Canonenerz geschlagener Notthaler in der Belagerung der Stadt Casal im Montferratischen, 1630, * XXI, 409. Churf. Gebhards zu Cölln bonnische Notmünze, 1583, * I, 297. Rare küpferne Notklippe mit dem Namen und Zeichen der Stadt Cork im irrländischen Kriege von 1690, * XV, 169. K. Christi. II in Dänemark bey seiner Zurückekunft in Norwegen 1531 aus Kirchensilber geschlagene Notklippe, * XI, 41. 42. Notthaler der Stadt Danzig bey der von K. Stephan in Polen ausgestandenen Belagerung, 1577, * VI, 305. woraus er geschlagen worden, 311. auch Groschen und Ducaten, 311. Zweyerley Stempel des Notthalers, 312. noch einer, 446. zwo zinnerne Notmünzen der Stadt Eger, 1743, * XV, 409. Notklippe der von dem spanischen Kriegsvolke 1623 eingeschlossenen Stadt Frankenthal in der untern Pfalz, * X, 137. eine andere, XI, 424. zwo in der Be-

la-

I. Münzregister.

lagerung der Stadt Gotha 1567 geschlagene Notklippen, * XII, 161. dritte Sorte, 162. verschiedener Werth, 163. Greifswaldische zinnerne Notmünzen von 1631, * IX, 353. Notklippe der Stadt Gröningen, 1672, * X, 177. Notklippe in der spanischen Belagerung der Stadt Harlem, 1572, * VI, 81. ein anderes Gepräge, ib. woraus sie geschlagen, 88. noch eine runde Münze, ib. noch 2 Sorten davon, 445. Verzeichnis iacobitischer Notmünzen im irrländischen Kriege, XV, 174. drey in der Belagerung Jülich 1610 geschlagene Notmünzen, * V, 169. woraus sie geschlagen worden, 169. 175. noch mehrere, VI, 431 f. die vierte, * IX, 425 f. Notthaler Gotthart von Kettler, letzten Heermeisters in Liefland, 1559, * IV, 385. woraus er geschlagen worden, 391. und warum so unförmlich, 391. rare goldene Feldklippe des Domcapitels zu Magdeburg, vermutlich in der Belagerung derselbigen Stadt, 1551, * XVII, 241 f. silberne Notklippe der 1551 belagerten Stadt Magdeburg, * XVII, 249. mehr solch Notgeld, 256. Notklippe der Stadt Middelburg in Seeland, 1572, * IV, 257. wer und woraus er sie schlagen lassen, 264. verschiedene Sorten davon, ib. ist die älteste niederl. Notmünze, XI, 185. silberne Notmünze der belagerten Stadt Minden in Westphalen, 1634, * VIII, 385. ist sehr rar, 385. zinnerne Notklippe des Commendanten in der belagerten Stadt Neuß, 1586, * VII, 65. eine kleinere, 72. sehr rar, 72. Notmünze bey der Belagerung von Newark, 1646, I, 439. * VIII, 177. Graf Christophs zu Oldenburg sehr rare Notmünze in der zur Befreyung des gefangenen K. Christian II in Dänemark entsponnenen sogenannten Grafenfehde, von 1535, * XIV, 329. Notklippe der Stadt Osnabrück bey der schwedischen Belagerung 1633, * X, 313. ist aus des Bischofs Silbergeschirr geschlagen, 315. 320. zwo in der von K. Francisco I belagerten Stadt Pavia 1524 geschlagene Notmünzen, * XI, 321. 326. Notmünze, bey Belagerung des Schlosses Pontfract in Yorkshire bey der innerlichen Unruhe in England unter Kön. Carl I, 1648, * I, 337. siehe England. Neun zinnerne Notmünzen des Prinzen von Sachsenhildburghausen in Braunau, von 1743, * XVI, 362. Klippe der schlesischen Fürsten und Stände von 1621, * IV, 369. noch 2 Sorten, 370. zehnerley auf Angeben des Baron Görz in Schweden geschlagene kupferne Notmünzen, * VI,

* VI, 233 f. siehe Schweden. gräflich solmsische in Wolfenbüttel 1627 geprägte Notmünze, I, 234. Thalerwichtige Feldklippe des strasburgischen Bischofs Carl, Herzogs von Lothringen, V B. 18. Klippe H. Carls von Südermanland, 1598, * III, 305. Ungarische im Türkenkriege 1552 geschlagene Feldklippe, * V, 409. Lucks Erklärung davon, 410. wann und woraus sie etwann geschlagen worden, 416. eine von dem Commendanten in Großwaradein bey der ragotzischen Einschliessung 1708 aus Kupfer geschlagene Notmünze, * XXI, 305. zwo Notmünzen, so die Schweden bey der Belagerung von Wismar aus Canonen gehauen, XI, 426. Notklippe der Stadt Zirksee in Seeland, 1576, * IV Tit. u. 443. woraus sie geschlagen, 443. eben dieselbe, * VIII, 81.

Nuenar siehe Mörs.

Numismatica res, darinnen hat, wie fast in allen Wissenschaften, ein Teutscher das Eis gebrochen, I B. 1.

Numus restitutus, III, 439. XI, 181.

Nürnberg. Diese Reichsstadt hat von den ältesten Zeiten her schönes und gutes Geld schlagen lassen, VII, 202. vor Alters war zweyerley Münze in der Stadt, die kaiserliche oder Reichs- und die Stadt-Münze, 202. die Kaiser setzeten Reichsmünzmeister dahin, 202. überliessen die Münzgerechtigkeit pfandsweise an vermögliche Burger, ib. wann solche dem Rath abgetretten wurde, ib. Privilegium über ihre eigene Münzgerechtigkeit von Kais. Friederich II, darinnen noch älterer Rechte gedacht wird, 202 f. ihre eigene Münzgerechtigkeit ist also uralt, 203. Unterschied der zu Nürnberg geprägten Reichs- und Stadtmünze, 203. der Rath richtet sich aufs eifrigste nach den Kais. und des Reichs Münzverordnungen, 203. verschiedene solcher Verordnungen und Privilegien, 203 f. ihre Heller, 203. Pfenninge, halbe Groschen, Gulden, Goldmünzen, Schillinge, Plapperte, Helblinge, 204 f. was für Sorten von Silbermünzen bis aufs 16 Jahrhundert da geschlagen worden, 205. Dickpfenninge und Silbergroschen, 206. ist unter den ersten Reichsständen mit, die Thaler schlagen lassen, 206. Beschreibung ihrer Thaler und Thalergroschen, 206. leuchtet im Münzen andern Ständen mit gutem Exempel vor, 206. preiswürdige Sorgfalt gegen schlechte Münzen, 206. Eigennutz eines Burgers im Münzen bestraft, 206 f. die nürnbergischen Thaler, Gulden und Ducaten machen sich ihres recht schönen Gepräges und thro-

I. Münzregister.

chronologischer Umschriften willen gar beliebt, 207. achtzehen solcher Umschriften angefürt, 207 f. Schaumünze auf die der Reichsstadt Nürnberg vom Kaiſ. Siegmund zur ewigen Verwahrung 1424 anvertrauten Reichsheiligtümer und Kleinodien, * XV, 313. der Stadt Nürnberg Güldengroschen werden nicht unter die Thaler gezehlet, XXI B. 20. ihre sehr häufigen und alle vorhergehende reichsstädtische Thalerlisten an Menge übertreffende Thaler, XXI B. 20-32. der älteste nürnb. ganze Güldenthaler, von 1528, * VII, 201. ein älterer von 1527, XXI B. 21. eine schöne Münze von 1580, * II, 9. XI, 419. eine andere dergleichen von 1596, II, 419. Goldgulden auf Kaiſ. Matthiä u. ſeiner Gemalin Einzug daſelbſt, 1612, * V, 49. Gedächtnismünze auf die völlige Vollziehung des weſtphäliſchen Friedensſchluſſes in Nürnberg, * XXII, 281. das Friedensgedächtnis mit dem Steckenpferdreuter, 288. fünf Medaillen auf das zweyte A. C. Jubelfeſt, 1730, II, nach 208. ein nürnb. Thaler und Ducate von 1745, * XVII Tit. neun daſelbſt auf den Regierungsantritt Kaiſ. Franciſci ausgefertigte Schaumünzen, mit einiger Erklärung und Beurtheilung der Erfindung, XVII, 370-375. davon die neun-

te mit der Ehrenpforte im Kupfer vorgeſtellt wird, * XVII Tit.

O.

Obani, japoniſche Goldmünze, III, 120. 436.

Occo, Adolph, Numiſmaticus und Medicus zu Augſpurg, 1606; Med. auf ihn, * VIII, 369. iſt einer der erſten, der die Münzen der alten röm. Kaiſer beſchrieben, 370. dieſe Schrift wird recenſirt, 372. Geſchichte dieſes Buches, 372 f. eine andere Medaille, 376.

Oels. Münzgerechtigkeit der Herzoge zu Oels, X, 339. Thaler der Herzoge von Münſterberg-Oels, nach 2 Claſſen, XII B. 11-14. ein rarer Goldgulden Albrecht und Carls, Herzoge zu Münſterberg und Oels, Gebrüder, von 1511, * XVII, 105. warum der Apoſtel Jacob darauf ſtehet, 108. ein rares und merkwürdiges Goldſtückgen der Herzoge zu Münſterberg und Oels, Carls und Joachims, Vatters und Sohnes, ohngefähr von 1553, * XVII, 113. darauf erſcheinet der Vatter ohne Bart, und der Sohn mit einem ſtarken Bart, 113. der Sohn hat es dem Vatter zu Ehren nach ſeinem Tode prägen laſſen, 120. ein gleichmäſiges Goldſtückgen Herzog Carls mit ſeinem dritten Sohne, Johannes, 114. H. Carls II

Münst. und Oels Begr. Thaler von 1617, * XII, 289. noch 2 andere Begr. Münzen, 295 f. H. Sylvius Nimrod ovales Goldstücke, als er 1659 unter der Schützenbrüderschaft zu Oels König geworden, X, 338. dessen Nachläßigkeit, daß er die Erlangung dieses Fürstentums nicht durch eine Münze verewigt, 338 f. der allererste fürstl. ölsnische Thaler H. Sylvius Friederichs aus dem würtembergischen Hause, von 1674, * X, 337. warum er der erste heisset, 338. H. Christian Ulrichs Thaler von 1687, * X, 353. Medaille auf seine erste Vermälung, 358. seiner ersten Gemalin Anna Elisabeth Begr. Münze, 358. Medaillen auf die zweyte und dritte Vermälung, 359.

Oere, eine schwedische Geldsorte, VII, 248. XX, 229.

Oertug, eine schwedische Münze, XI, 289. 318 f. XX, 231.

Oesterreich. Zween alte einseitige herzoglich oesterreichische Pfenninge aus dem 13 Saec., * XXI, 257. wo sie gefunden worden, ib. sind keine Blech- sondern harte Münzen, 257 f. zu welcher Zeit sie gehören mögen, 258 f. Münzgerechtigkeit und Münzwesen im österreichischen, 259 f. Thaler der österreichischen Erzherzoge, VIII B. 13-22. ihrer sind sehr viele wegen der reichen tyrolischen Bergwerke, 13. die allerältesten, 13 f. Erzh. Siegmund zu Tyrol schlägt zu Ausgang des 15 Jahrhundertes zu erst Thaler, II B. h. 2. K. Maximilians und seines Sohnes, Erzh. Philipps, in den Niederlanden mit einander geschlagene Münzen, III, 421. des letztern niederländische Münzen, ib. vortreflicher Medaillon auf die Vermälung der österreichischen Erzh. Margareta, mit H. Philibert.II. in Savoyen, * XV, 121. mehrere Medaillen von ihr und auf sie, 126 f. Medaille auf Philippina Welserin, Erzherzog Ferdinands Gemalin, von 1580, * III, 9. Andreä von Oesterreich, Cardinals und Administrators der fürstl. Stifter Murbach und Luders, sehr rarer Thaler zwischen 1587 und 1609, * XV, 145. eine Med. auf ihn, 150. ein Jetton auf ihn, 150. rares Goldstück, so die Landschaft im Herzogtum Crain der bayerischen Prinzeßin Maria Anna bey ihrer Vermälung 1600 mit dem Erzh. Ferdinand zu Oesterreich zum Hochzeitgeschenke gegeben, * XXI, 177. 180. Erzh. Ferdinands in Tyrol schöner Doppelthaler, * V, 161. Seltenheit und Vorzug desselben, 162. zwo andere Sorten seiner Thaler, 162. eine thalerförmige Silbermünze Erzh. Ferd. I. nachmaligen Kaisers, VIII B. 15. Thaler des römischen

I. Münzregister.

sehen, ungarischen und böhmischen Königs Ferdinands I mit dem besondern Titel eines Erzherzogs von Kärnthen, * III, 289. ein ähnliches Stücke, 290. verordnet in der der Landschaft Kärnthen gegebenen Münzfreyheit, ihm diesen Titel zu geben, 295. ein anderer kärnthischer Thaler von ihm, 296. 430 f. 439. Erzherzog Carls Thaler von 1614; ungewiß, ob er ihn als Bisch. in Brixen oder Breslau schlagen lassen, IV. B. h. 12. zween Thaler Erzh. Leopolds, Kais. Ferd. II andern Bruders, von 1624. u. 28, * III. 281. warum er darauf Gubernator anteriorum prouinciarum S. C. M. heise, 288. hat viele schöne Thaler münzen lassen von allerley Gepräge, 288. Erzh. Matthiä schöne Medaille, * III, 377. bey welcher Gelegenheit sie geschlagen worden, III, 383. noch mehr Med. von ihm, 383. noch eine Medaille, 432. Ged. Münze auf den Erzh. von Oesterreich Ferdinand IV und dessen Wahl zum römischen Könige, * XXII, 305. Gedächtnismünze auf die niederösterreichische Huldigung zu Wien, 1740, * XIII, 113. zwey recht schöne Schaustücke auf den iungen Erzh. in Oesterreich, Joseph, * XVII, 193.

Oettingen. Gräflich ettingische Thaler, XI B. 12 * 14. XIV, 461. noch ein gräfl. ettingischer Thaler, XVII B. 6. 7. des ersten Fürsten zu Oettingen, Albrecht Ernst, 2 Thaler, XI B. 13. Gedächtnisthaler desselben wegen erhaltenen Fürstenstandes, 1675, * XII, 65. ist übel geschnitten und erfunden, 66. Med. des letzten evangelischen Fürsten Albrecht Ernst II, XI B. 14.

Oiselii, Jac., thesaurus selectorum numismatum antiquorum, XVI, 37.

Oldenbarnevelt, Johann von, hochverdienten, aber unglücklichen Pensionaire der holländischen Republick, Medaille, * V, 17. wo sie befindlich ist, 18. Prinz Moritz von Oranien Medaille auf den enthaupteten Oldenbarnevelt von 1619, * V, 25. noch 2 andere Med. zu seinem Lobe, 27. anderweitige Nachricht davon, VI, 4311.

Oldenburg. Des letzten Grafen Anton Günthers Begr. Münze, 1667, * IV, 417. gräfl. oldenburgische Thaler, XVII B. 7 : 10. Veränderung auf Gr. Antons Thalern, XVII B. 8. 9. der unglücklich verlobten Gräfin Anna Sophia sehr rarer Begr. Thaler, 1639, * XX, 273.

Olearii, Johann Christophs, prodromus hagiologiae numismaticae teutsch eingerückt, IX, 435 f. Isagoge ad numophylacium bracteatorum, XII, 139. Köhler gibt

gibt deſſen specimen univerſae rei numariae ſcientifice tradendae heraus, XXII B. c. 3.

Olik, türkiſche Silbermünze, X, 290.

Oliviſcher Friede. Vortreflicher Schaupfenning darauf, 1660, * XVI, 265. ein anderes von der Stadt Danzig darauf geprägtes Stück, * XVIII Tit. u. 433.

Olmüz. Biſchöflich olmüziſche Thaler, V B. 22. B. Wolfgang Cardinals von Schrattenbach Medaille, * IV, 265. Thaler des B. Jacob Ernſt, Gr. von Lichtenſtein, 1740, * XIV, 105.

Omineus. Omineuſe Dinge auf Münzen, als: verkehrte Zahlen und Buchſtaben, II, 42. III B. h. 9. III, 46. Stempelriſſe, II, 42 f. III B. §. 26. Omineuſe Medaille, * VI, 225. Omineuſes Entzweyſpringen eines Thalerſtempels, IX B. 16. Omineuſer Spruch auf einem Thaler, IX B. 39. Omineuſe Umſchrift, IX, 84. fälſchlich vorgegebene omineuſe Auslaſſung des Wörtleins pro in dem Spruche, ſi Deus pro nobis &c. XII, 122 f.

Oranien. Prinz Moritz von Oranien, Med. auf den enthaupteten Oldenbarnevelt, 1619, * V, 25. Erklärung der Abſicht davon, 27. Prinz Wilhelms II Thaler von 1649, * X, 241. warum das franz. Wappen darauf ſtehe, 248. Pr. Friederich Heinrichs und deſſen Gemalin vortreflicher Medaillon, * XIV, 137.

Ortenburg. Card. Widmanns, als Grafen von Ortenburg in Kärnthen, rarer Thaler von 1656, * IV, 105. muß vom Kaiſer die Münzgerechtigkeit bekommen haben, 110. deſſen Vatters Medaille, * IV Tit. und 437. Gabriel Grafens in Ortenburg ungemein rarer Schauthaler, von 1533, * XIX, 313.

Oſello oder *Oſella*, eine venetianiſche Münze, III, 154. Urſprung, Name, Abſicht und Werth derſelben, 154. Wagenſeils Nachricht davon, VIII, 435 f. ſiehe auch XVIII, 129. 130.

Oßnabrück. Biſchöfliche Thaler, V B. 7 f. des Domcapitels Thaler von 1698 und 1715, 9. 10. deſſen Medaille sede vacante, 10. Beurtheilung, 10. B. Erichs ſehr rarer Thaler von 1524, * XVII, 9. gehört unter die recht raren, 10. wird anderwärts fälſchlich beſchrieben, 10. er hat ihn als Biſchof zu Paderborn ſchlagen laſſen, 10. des B. Franz Wilhelms Kupfermünze von 1633, X, 314. des erſten Biſchofs aus dem Hauſe Braunſchweig und Lün. Ernſt Auguſts, Gedächtnismünze auf die Beſitznehmung dieſes Biſtums, von 1662,

I. Münzregister.

1662,'* X, 329. ein anderer Revers davon, 336. des Domcapitels daselbst Kupfermünze zu 3 Pfenningen, von 1740, XII, 320. Verrufung derselben, 319 f. diese Kupfermünze in Kupfer vorgestellt, * XIX, 17. Briefwechsel darüber zwischen einem Domherrn und Rechtsgelehrten, XIX, 18-24. Notklippe der Stadt Oßnabrück bey der schwedischen Belagerung, 1633, * X, 313.

Osse, D. Melchior von, churf. sächs. Canzlers, sehr rare Schaumünze von 1543, * XV, 193. dienet zur Ergänzung seiner Lebensbeschreibung, 194.

Ostfriesland. Gräflich ostfriesländische Thaler, XI B. 14-17. fürstl. XI B. 18 f. Verzeichnis der gräfl. und fürstl. ostfriesl. Thaler, eingerückt, XX, 19-24. fürstl. ostfriesl. Medaillen von Koch verfertigt, XIII B. 26. Gr. Enno II schöner und schaustuckmäßiger Doppelthaler zwischen 1528 und 40, * XX, 201. daß er denselben habe prägen lassen, 202. desselben sehr rarer Spruchthaler von 1529, * XVI, 233. Gr. Enno III sehr rarer Th. von 1614, * VI, 361. dessen rarer Thaler von 1617, * XVII, 209. Gr. Ulrichs II sehr rarer Thaler von 1629, * XX, 209. der verwittibten Gr. Juliana sehr rarer Begr. Thaler, von 1659, * XVII, 233. Fürst Christian Eberhards Medaille, XI B. 18. der verwittibten Fürstin Christina Charlotte vormundschaftlicher Thaler, von 1686, * XIII, 321. des letzten Fürsten Carl Edzards sehr rarer Thaler von 1734, * XIX, 417. ist ein ungemein rares Stück, und warum? 417 f.

Otho. Was die Kön. Christina von dessen ehernen Münzen zu sagen gepflogen, XV, 75.

Oxenstirna, Axel, schwedischer Reichscanzler; dessen sehr rarer Thaler von 1634, * III, 137. 436. IV, 436. ist vermutlich demselben zu Ehren als eine Gedächtnismünze geschlagen worden, III, 144. IV, 437. eine schöne Med. auf ihn, * III Tit. u. 423 f.

P.

Paderborn. Bischöflich paderbornische Thaler, V B. 10 f. siehe auch XI, 352. des Domcapitels Thaler von 1683, V B. 12. noch ein sehr sinnreicher Thaler von 1719, 13. desselben Gedächtnismünze auf den erledigten bischöflichen Stul, 1719, * XI, 329. B. Dieterichs von Fürstenberg rarer Thaler von 1618 (1612), * VIII, 329. B. Hermann Werners zierlicher und rarer Thaler, von 1685, * XVII, 273. mehrere Thaler von ihm, 274. Gedächtnismünze auf das in diesem Bistum 1736 gehaltene liborianische Jubelfest, * XX, 57.

Padua. Ein alter und rarer Groschen der ehemaligen lombardischen Reichsstadt Padua zwischen 1319 u. 28, * XIX, 233. Nutzen desselben in der Historie, 233 f. streitige Erklärung desselben, 233 f. des Bischofs zu Padua Bernhards Münzprivilegium, 233 f. die Stadt hat gar spät angefangen, eigenes Geld zu schlagen, 238. Nachricht von ihrem Münzwesen, 238 f. Medaille auf 3 gelehrte Paduaner, * XVIII, 97.

Päbstliche Münzen. Wer die ganze Reihe der Päbste in Medaillen vorgestellt, XVIII, 369 f. wer von den päbstlichen Medaillen geschrieben, 370. der römische Abt Valesio will alle päbstl. Schaumünzen beschreiben, und den Molinet, Bonanni &c. übertreffen, III, 384. Verzeichnis aller päbstlichen Medaillen aus dem Venuti, von Martino V, 1417, bis auf Benedikt XIV, 1743, XVIII. 370=426. XIX, 201=208. 337=352. XX, 161=168. 297=304. 339=346. 409=431. was Bonanni unter den Schaumünzen der Päbste für Currentmünzen und Sinnbilder angeführet habe, 434=437. die Päbste von derselben Zeit an in alphabethischer Ordnung, 433 f.

einzelne Münzen, so in diesen 22 Theilen vorkommen, nach alphabetischer Ordnung: Alexandri VI sehr rarer sechsfacher Ducate zwischen 1492 und 1503, * XVIII, 393. Fehler des Stempelschneiders in der Zahl des Namens dieses Pabstes, 393. Alexandri VII Medaille mit dem von ihm erbauten Gang um den grossen Platz vor der S. Peterskirche in Rom, 1661, * V, 273. Alexandri VIII erstes Schaustück mit einem aus seinem Geschlechtswappen veranlasseten Sinnbilde, * XX, 339. ein römischer Silberling Kais. Lotharii mit P. Benedicti III Namen von 855, womit das Mährgen von dem damaligen für ein Weib ausgegebenen P. Johann VIII gänzlich vernichtiget wird, * XX, 305. Benedicti XIII Medaille von 1725, * III, 185. Gedächtnismünze auf die von Clemens V 1305 geschehene Versetzung des päbstlichen Stuls nach Frankreich, * VI, 409. ist erst in neueren Zeiten verfertiget worden, 410. ein sehr rarer Turneß des in Avignon sitzenden Clemens VI zwischen 1342 und 52, * XX, 313. ein sehr rarer Giulio Clemens VII auf seine Erledigung und Flucht aus der Engelsburg, 1527, * IX, 153. 160. Merkwürdigkeit desselben, 160. zwo Jubelfestmedaillen. Clemens VII,

I. Münzregister.

so Venuti nicht gesehen, XVIII, 384. Gedächtnismünze auf die von Clemens VIII 1598 wieder in Besitz genommene Stadt Ferrara, * XIX, 201. Clemens IX schöne Piastra mit dem h. Peters-Stul, 1667, * XIV, 361. Clemens IX gutthätiges Herz gegen seine Unterthanen offenbarende Medaille, 1667, * XX, 161. Clemens X vortrefliche Medaille mit der gewöhnlichen päbstlichen Legitimation, 1670, * VII, 233. dieser Pabst hat viele schöne Münzen und Medaillen mit sehr nachdenklichen Sprüchen schlagen lassen, 239 f. Clemens XI sehr schöne Piastra zum Angedenken der von ihm 1705 am Weihnachtsfeste in der grösten Marienkirche zu Rom bey der Messe gehaltenen Predigt, * XIII, 97. eine auf sein Symbolum gerichtete artige Medaille, XIII, 104. allergrößter Medaillon, den C. du But zu Ehren P. Clemens XI verfertigt hat, XVI, 362. die zum Preis in der römischen Maleracademie von Clemens XI bestimmte Medaille, * XX, 409. Clemens XII vortrefliche Gedächtnismünze auf die von ihm ganz neu aufgebaute vordere Seite der ältesten röm. Hauptkirche des h. Johannis in Lateran, von 1733, * XVII, 353. Eugenii IV Medaille von 1439, * I, 73. numus elegantissimus et fere unicus, 74. soll die allererste unter den modernen Gedächtnismünzen seyn, 427. Jobert hat sie nicht accurat abgebildet, 427. Gedächtnismünze auf das von Gregorio XIII 1582 zu Rom gestiftete Jesuitercollegium, * X, 361. eine andere Medaille auf ihn wegen der Pest, 367. Gregorii XV Gedächtnismünze auf die von ihm 1622 vollbrachte fünffache Canonisation, * XIX, 337. Hadriani VI Münze von 1523, * I, 113. eine Medaille auf ihn, * I, 121. wer sie mutmaßlich schlagen lassen, 122. noch 4 Medaillen von ihm, 128. Innocentii X sehr schöne Friedensmedaille, 1651, * XIX, 345. Erklärung des darauf befindlichen Spruches, 345 f. Innocentii XI Medaille auf den Sieg gegen die Türken bey Barkan, 1683, * IV, 41. Fehler derselben, 48. dessen Medaille wegen der von der französischen Geistlichkeit angefochtenen päbstlichen Unfehlbarkeit, 1679, * VI, 41. ein die ungemeine Gemütsstärke desselben bemerkendes schönes Schaustück von 1689, * XX, 297. Julii II sehr rarer Ducate, * V, 225. eine andere Gedächtnismünze von ihm, 231. dessen Schaustück zwischen 1503 und 13, * XVIII, 401. eine unwahrscheinliche Erklärung davon widerlegt, 401 f. Schaustück auf den von ihm erneuerten Hafen zu Civita Vecchia von 1508, * XIX, 185. mehrere Medaillen, so diesen Hafen betreffen,

sen, 189 f. eine Medaille auf Leo IV, in neuerer Zeit gemacht, * XVIII, 369. Leonis X sehr rare römische Doppia, * VI, 33. ihre Seltenheit, 34. ein noch seltenerer silberner Groschen mit diesem Gepräge, 34. warum die h. drey Könige darauf zu sehen, 34, 36. von seinen Münzen, 37. Münze im ersten Jahre seiner Regierung mit dem Spruche Vicit leo de tribu Juda, 39. eine rare Medaille auf den nur 21 Tage regierenden Pabst Marcellus II von 1555, * XVII, 153. ist die rareste unter den zu seinem Gedächtnisse geschlagenen Medaillen, 154. Pauli II sehr rarer Medaillon von 1464, * II, 201. 430. Seltenheit desselben, 202. anderweitige Nachricht davon, VI, 430. Pii II sehr rare goldene Münze zwischen 1458 u. 64, * XVIII, 385. sehr rares Jubelfestsgoldstück Sixti IV von 1475, * XVIII, 377. Seltenheit und Bestimmung desselben, 378. ein Testone Pabstes Sixti V vom Nutzen seiner strengen Gerechtigkeit, von 1586, * IX, 401. dessen merkwürdige Medaille wegen der von ihm im Kirchenstaat vertilgten Banditen, von 1587, * XVIII, 409. dessen Piastra mit den 5 Wundenmalen Francisci, von 1589, * X, 369. noch 2 solche Stücke, 370. dessen Medaille, auf die von ihm aufgeführte Capell an der S. Peterskirche zu Rom, 1589, * V, 249. sehr rare Medaille auf dessen Schwester, Donna Camilla Peretti, von 1590, * VII, 49. Gedächtnismünze auf das von der Gesellschaft JEsu begangene erste Jubeljahr, 1639, mit dem Bildnisse Vrbani VIII, * VII, 185. ein Scudo des Cardinal Cämmerlings Ant. Barberini, bey Erledigung des römischen Stuls, 1667, * X, 49. mehrere solche Münzen der Cardinal-Cämmerlinge, 52-54.

Papierne Münze in Sina, X, 253.
Pappenheim. Maximilian, des H. R. R. Erbmarschalls, Herrn zu Pappenheim und Landgrafen zu Stülingen, rare Medaille, * XI, 153.

Para, eine Silbermünze in der Türkey, X, 289.

Paracelsus, Theophrastus, der weltbekannte grosse Meister der spagyrischen Arzneykunst; einseitige Medaille auf ihn, von 1539, * XI, 369.

Pasquier, Stephan, kön. Advocatens der Rechenkammer zu Paris, Schaustück von 1615, * XXI, 329. de Bie Beschreibung davon, 330. siehe auch 430.

Passau. Bischöflich passauische Thaler, V B. 14 f. deren sind wenige, 14. B. Urbans von Trenbach rarer Thaler von 1569, * XIV, 369. auch in Gold, 370.
Sel-

Seltenheit, 370. B. Johann Philipps Thaler von 1712, * II, 409. eine ſchöne und groſſe Medaille von ihm, 412. B. Raymund Ferdinands Thaler von 1717, * III, 105.

Paragon, Patacon, heiſen in Spanien die Albertusthaler, XIX, 101. was für eine Münze ſonſt ſo geheiſſen, 101 f.

Patin. Guy Patin, Decanus der mediciniſchen Facultät zu Paris; derſelben Jetton auf ihn, von 1652, * XIII, 337. Nachricht davon, 338. Carl Patin Einleitung zur historia numismatica, XVI, 38.

Patrioten- oder Pelicans-Thaler, III, 349. VI B. 35.

Patriotiſche Geſellſchaft zu Hamburg; Medaille darauf, von 1737, XII B. 8.

Pavia. Zwo in der von K. Francisco in Frankr. 1524 belagerten Stadt Pavia geſchlagene einſeitige Notmünzen, * XI, 321.

Paulſen, Paul, Burgermeiſters in Hamburg, Begräbnismünze, * XVII, 320.

Paumgärtner, Hieronymus, ältern Herrn des Raths und erſten Kirchenpflegers zu Nürnberg, ſehr rare Schaumünze von 1555, (1553) * XV, 137. Seltenheit, 138 f.

Pence, Six Pence, Twelve Pence, 4 Pence, Three Pence, Two Pence, engliſche Silbermünzen, XXI, 114.

Penny, engliſche Silbermünze, XXI, 114.

Perenot, Anton, von Granvelle, Biſchofs zu Arras, kaiſ. und ſpan. Staatsminiſters, Medaillon, * IV, 169. es ſind noch mehr Med. von ihm vorhanden, 175.

Perſien. Eine Silbermünze des eilften und letzten K. in Perſien in dem Sefſchen Geſchlechte, Schach Huſſein, vom Jahre 1695, * XXII, 177. eine perſianiſche Zucka-Sicca oder Silberling des Schach-Nadirs oder Thomas Kuli-Chan, von 1736, * XVIII, 105.

Petersgroſchen, ſiehe England. Aus Schweden, VIII, 285.

Peterspfenninge, ſchleſiſche Münze, IV, 370. polniſche, VI, 112. Aberglaube mit beeden, ib.

Pfenninge, Blechmünzen, II, 299. Pfaffenpfenninge, II, 304.

Pfalz. Churpfälziſche Thaler, III B. h. 48. XIV, 452. Vicariatsthaler von Pfalzgr. Joh. II zu Zweybrücken, als Adminiſtrator der Churpfalz, 1612, * II, 65. Churfürſt Carl Ludwigs Vicariatsthaler von 1657, * II, 89. 420. eine andere Sorte davon, 427. deſſen Grundſteinsmedaille der Eintrachtskirche zu Friderichsburg, * IV, 1. kleine ſilberne Gedächtnismünze davon, 3. noch eine Medaille, 4. der Churfürſt hat dieſe Medaillen ſelbſt erfunden, 4. noch einige, 430 f. Grundſteinsmedaille der lutheriſchen

schen Providenzkirche zu Heidelberg, 3. dessen Goldstück mit einem nachdeüklichen Sinnbilde, * XII, 105. wo mehrere Münzen von ihm in diesem Werke vorkommen, 106. rarer Gedächtnisthaler auf des Churprinzen Carls Vermälung mit der kön. dänischen Peinzeßin, Wilhelmine Ernestine, von 1671, * XII, 81. Churf. Carls Grundsteinsmedaille einer Kirche zu Mannheim, IV, 5. hat die Inscription darauf selbst gemacht, 5. Churf. Joh. Wilhelms Gedächtnisducate wegen des wiedererhaltenen Erztruchseßenamtes des H. R. Reichs, 1708, * XX, 361. churpfälz. Vicariatsthaler von 1745, * XIX, 321. Churf. Carl Theodors sehr schöner Ausbeutthaler, von 1751, * XXII, 137.

Pfalz. Der Pfalzgrafen bey Rhein, die nicht Churfürsten gewesen, Thaler, VIII B. 22-31. in der alten 1559 abgestorbenen Churlinie, 22-24. in der simmerischen, 24-26. in der zweybrückischen, 26-28. in der neuburgischen, 28 f. in der veldenzischen, 29-31. Pfalzgr. Ruprechts Ducaten und Vereinigung im Münzwesen mit dem Erzbischof Gerlach zu Maynz, II, 429. Pfalzgr. Friederichs recht schöner und rarer kaiserlicher Reichsstatthalters Thaler von 1522, * XIX, 305. Pfalzgr. Philipp des Streitba-

ren rare Medaille von 1528, * IV, 281. eine andere und grössere Medaille von ihm, 288. ein einseitiger Medaillon der ersten Grösse, * IV, 425. der Pfalzgr. Susanna Bildnis mit dem Bilde Albrecht Dürers, des nürnb. Künstlers, auf einem gar sonderbaren Schaustücke beysammen, von 1530, * XXI, 297. Möglichkeit der Vereinigung der zwo sich nicht zusammenschickenden Seiten dieses Schaustückes, 303. seltsamer alter Thaler Pfalzgr. Friederichs II, von 1538, * IV, 313. ist sein allerrarester Thaler, 314. noch 2 Thaler von ihm, vor seiner churfürstl. Würde, 314. auf dem einen heist er locumtenens Caef. Mai. in imperio, 1522, 314. Jener Thaler, von 1538, ist geschlagen worden, da er am wenigsten Geld gehabt, und eben Schulden wegen sein Land auf eine Zeitlang verlassen, 315. muthmaßliche Ursache seiner Seltenheit, 320. ein seltener Thaler von ihm, als Churfürsten, von 1547, * IV, 321. noch eine sehr schöne Med. von ihm als Pfalzgrafen, 1530, * IV Tit. 2. 445. Pfalzgr. Wolfgangs zu Zweybrücken, Thaler von 1565, * IX, 89. Spruch, den er häufig auf seine Thaler setzen lassen, 90. auf welchen Thalern derselbe noch vorkommt, 90. Pfalzgr. Joh. I ersten reformirten Fürstens
zwey-

zweybrückischer Linie sehr rarer Thaler, zwischen 1575 und 1604, * XII, 305. XIV, 461. Pfalzgr. Wolfg. Wilhelms, neuburgischer Linie, und Herzogs zu Jülich, Thaler von 1632, * XXI, 337. dessen Goldklippe von 1642, * XXI, 417. Pfalzgr. Phil. Wilhelms zu Neuburg und Herzogs zu Jülich, seltener Thaler von 1655, * XXI, 353. noch einer von 1688, 354. jenen hat er als Herzog von Jülich schlagen lassen, 354. Pfalzgr. Christi. August zu Sulzbach rares Goldstück von 1665, * XIV, 185. zwey Schaustücke von ihm von 1703 und 1695, * L, 321. Ovalmedaille von ihm, * L, 433. wenige sulzbachische Medaillen, 328. Schaumünze beym Abschied der pfalzgr. Prinzen Adolph Johanns und Gustav Samuels von Altdorf, * IV, 177. wird allen Professoren in Silber ausgetheilt, 179. Wagenseil hat sie ihnen zu Ehren durch einen Goldschmied in Nürnberg machen lassen, 179. wie hoch Herzog Gustav Samuel diese Medaille gehalten, 179.

Pfannen- oder Schüssel-Pfenninge, XXI, 158.

Pflug, Julius, nachmaligem Bischofs zu Naumburg, rare Medaille von 1540, * IV, 137.

Pfund. Was es in Münzsachen bedeute, XI, 212.

Philippsburg. Gedächtnismünze auf die Eroberung dieser Vestung von der kaiserlichen und Reichsarmee, 1676, * VI, 169.

Philippsgülden, III, 410.

Philippsthaler, VII. B. 20. sind eigentlich spanische, ib. von dem falschen heßischen Philippsthaler siehe Hessen.

Picus, siehe *Mirandula*.

Piece cornuc, XIX, 102.

Pierius Valerianus, Joh., eine rare Schaumünze auf diesen in den egyptischen Altertümern so vortreflich erfahrnen Mann, * XXII, 65.

Pignatelli, Ant., Fürsten zu Belmonte im neapolitanischen, nicht gemeiner Ducate von 1733, * XVIII, 257.

Pisoli, eine Münze, XIX, 240.

Plappert, VII, 204.

Poitiers, Diana von, Mätresse K. Heinrichs II in Frankreich: Medaille auf sie, * VI, 209.

Polen. Polnische Thaler, wie sie abzutheilen? II. B. §. 25. K. Siegmund I und grossen ganz unvergleichlicher Medaillon, * II, 265. wo er anzutreffen, ib. Grösse, Seltenheit und Schönheit desselben, 266. noch 2 Medailten von ihm, 266. Med. auf K. Siegm. August, von 1548, * L, 169. dessen überaus schöner Medaillon, vermutlich von 1564, * XXII, 401. K. Stephans Medaille mit seinem Sinnbilde, * XII,

XII, 441. stehet auch in Luckii sylloge, 442. deſſen rare Gedächtnismünze auf die Wiedereroberung der Stadt Poloczko, 1579, * XXII, 409. deſſen nicht gemeiner Thaler von 1580, * VIII, 289. unter ihm hat die Münze an Würden abgenommen, 296. deſſen Thaler auf das wiedereroberte Liefland und die Stadt Poloczko, * XXII, 417. Lucks Anmerkung über die Kehrſeite, 418. deſſen rare Medaille auf die Eroberung Lieflands, 1582, * XXII, 425. K. Siegmund III allererſter Thaler von 1587, * XX, 265. Auswurfsmünze bey ſeiner erſten Vermälung, 1592, * III, 145. 424. zwo Medaillen mit den Bildniſſen ſeiner 2 Gemalinnen, 2 leiblichen Schweſtern und Erzherzoginnen von Oeſterreich, * XII, 241. eine Gedächtnismünze der zweyten Vermälung, 245. noch eine andere Medaille auf dieſen König und ſeine erſte Gemalin, Anna, Erzherzogin von Oeſterreich, von 1596, * XII, 425. lächerlicher Unverſtand des Stempelſchneiders, der die Königin mit der Ordenskette des guldenen Blüſſes bezieret, 425. deſſen überaus rarer und ſchöner Thaler von 1630, * XX, 433. des kön. poln. Prinzen Vladislai Siegmunds Gedächtnismünze auf ſeine 1610 geſchehene Wahl zum Czaar von Rußland, * XII, 329.

noch 2 dergleichen, 330 f. mögen alle 3 in Danzig verfertigt ſeyn, und ſind ſehr ſchlecht geſchnitten und erfunden, 331. polniſche Gedächtnismünze auf die Eroberung der Hauptveſtung Smolensko, 1611, * VI, 289. noch eine, * XII, 433. rare Gedächtnismünze auf K. Vladislai V (IV) glücklichen Entſatz von Smolensko, 1634, * XII, 249. zwo Gedächtnismünzen auf die beeden Gemalinnen K. Vladislai IV, von 1644 (1637) und 1646, * XIII, 233. Auswurfsmünze bey der Krönung K. Johann Caſimirs, 1649, * XIII, 241. ein polniſcher Tympfe, von 1665, * XIII, 217. elender Zuſtand des Münzweſens unter Joh. Caſimir in Polen, 218 f. Auswurfsmünze bey der Krönung K. Michaels 1669, * II, 393. Herzogs Carl Paris Aurelius von Longueville, als deſignati Poloniae regis, ſehr rare Medaille, * VIII, 49. 56. Omineuſe Medaille auf die ſtanislaiſche Krönung in Polen, 1705, * VI, 225. Gedächtnisthaler auf das Abſterben Friedrich Auguſts I K. in Polen und Churf. in Sachſen, von 1733, * XIX, 385.

Polomaei numi, aus einem Schreibfehler entſtanden, XVII, 95.

Poluſka, die kleinſte rußiſche Scheidemünze, XVII, 298.

Pom=

Pommern. Thaler der Herzoge in Pommern, VIII B. 31=39. XIV, 460. besonders, die die schwedischen Könige, als Herzoge in Pommern, in Vorpommern schlagen lassen, VIII B. 38 f. H. Bugslafs X Thaler von 1498, * IX, 329. hat das Münzwesen gebessert, und war mit unter den ersten, die Thaler schlagen lassen, 336. H. Philipps II rarer doppelter Goldgulden von 1615, * IV, 241. zween Thaler von ihm sind bekannter, als dieser Goldgulden, 241. Untersuchung von dem einen, 246. der Herzog schreibt commentariolum in numum aureum Imp. Zenonis Isaurici, 247. so gelobt wird, ib. fünf andere Goldgulden von ihm, 442. verschiedene Thaler von ihm, 442 f. noch eine Münze, 443. ein rarer Goldgulden von 1614, * XII, 417 dessen Begräbnismünzen, XII, 419. brüderliche Eintrachtsmedaille, 421. angegebne Jubelmünzen von 1517, 423. halber Thaler H. Ulrichs, Bischofs zu Camin, von 1622, * IX, 345. ob er diese Münze als Herzog, oder als Bischof schlagen lassen, 350 f. Groschen von ihm, 351. es ist keine Münze von einem Bischofe zu Camin vorhanden, 350 f. sehr rarer Begräbnisthaler Herz. Phil. Jul. in Pommern zu Wolgast, von 1628, * XXII, 193. der Kön.

Christina in Schweden pommerscher Ducate von 1641, * VI, 257. und Thaler von diesem Jahre, * VI, 417. der Ducate ist selten und merkwürdig, 258. der Thaler aber sonst gar unbekannt, 423. warum sie designata regina darauf heise, 258 f. warum damals Gold- und Silbermünzen in Pommern mit der Kön. Bild und Titel geprägt worden, 260 f. warum des Heilands Bild darauf stehe, 264. Begräbnismünze des allerletzten H. in Pommern, Bogislafs XIV, von 1654, * IX, 337. dessen Begräbnisdoppelthaler, * XX, 97.

Portia, Hieron., Bischof von Adria, ein rares Schaustück von ihm, von 1607, * XII, 113.

Portsmouth, Herzogin von, siebende Mätresse K. Carls II von Grosbritannien, * VI, 241.

Portugall. K. Emanuels grosse Crusade zu 10, Ducaten, vor 1521, * VII, 33. die darauf befindlichen Titel dieses Kön. werden erklärt, 34 f. was conquesta, nauigatio und commercium darauf heise, 35 f. das Wappen, 36 f. was das Creutz auf dem Reverse bedeute, 40. unter ihm war eine recht goldene Zeit in Portugall, daß man auch eine Menge Goldstücke zu 500 Ducaten geschlagen, 40. K. Sebastians sehr rare Silbermünze vor 1578, * VII, 313. warum sehr wenig

wenig alte portugieſiſche Münzen mehr vorhanden ſind, 313. f. ein anderes Schauſtück und eine Feldklippe von dieſem Könige, 314. des unglücklichen Kön. Alphonſi VI Moeda zwiſchen 1656 und 58, * XIV, 217.

Portugallöſer, I, 397. Viertelsportugallöſer von Lüneburg, * XIV, 305. portugalliſcher Münzfuß, 310 f. eine däniſche Münze nach dieſem Fuß, 312. im Reichsabſchied von 1567 verboten, 466.

Poſtulatsgulden, XI, 113. 114.

Pou, eine ſineſiſche Münze, X, 252.

Praetorii Bericht von der Münze in Preußen, VIII, 379 f.

Prag. Pragergroſchen, II, 234 f. wer davon geſchrieben, 420. vortrefliches Schauſtück von der erſten Gröſſe auf das krettiſche Haus zu Prag, * XIX, 129.

Prahlthaler, franzöſiſcher, XIX, 397.

Praun, von, gründliche Nachricht vom teutſchen Münzweſen, XVII, 98.

Preislerin, Suſanna Maria, die unvergleichliche Künſtlerin in Edelgeſteinſchneiden, zu Nürnberg; Gedächtnismünze auf ſie, * XVII, 65.

Preuſſen. Kön. preußiſche Medaillen, von J. E. Koch verfertigt, XIII B. 10-12. preußiſcher erſter Souverainetätsthaler, * I, 345. falſche Einbildung davon, 352. Auswurfsmünzen, 352. * IX, 177. Gedächtnismünzen auf die zweyte Huldigung des ſouverain gewordenen brandenburgiſchen Preuſens, von 1690, * XVIII, 321. kön. preußiſcher Ordensthaler von 1711, * XV, 177. iſt der rareſte unter den kön. preuſ. Thalern, 184. zwo Medaillen auf dieſen Orden, 184. Stiftungsmedaille der kön. preuſ. Societät der Wiſſenſchaften zu Berlin, von 1711, * XV, 385. Kön. Friederichs I welſchneuburgiſcher Thaler, 1713, * VIII, 401. Kön. Friederich Wilhelms beſonderer Thaler, als Herzogs zu Geldern, 1718, * X, 113.

Promniz. Siegm. Seifried, erſten Grafen von Promniz, Begräbnismedaille, von 1654, * II, 305.

Pſychoſophica ſocietas, ſo D. Johann Joachim Becher anrichten wollen; ein münzförmiges Stück, mit dem Wappen derſelben, * XIV, 145 f. Erklärung der darauf befindlichen Buchſtaben, 147.

Puchaim. Graf Johann Chriſtoph III von Puchaim ſehr rarer Medaillon, * VII, 113.

Q.

Quadrinen, kleinſte Münze zu Florenz, IX, 376.

Quedlinburg. Der Aebtißinnen Thaler, V B. 19 f. wer ſie beſchrieben, 74. der Aebtißin Doro-

I. Münzregister.

rothea Sophia Thaler von 1634, * VIII, 9. wann dieses kaiserl. freye Reichsstift die Münzgerechtigkeit erhalten, 12. weitere Nachricht davon, 12. die älteste Münze einer Aebtißin, ist aus dem 12 Jahrhunderte, 12. Blechmünzen der Aebtißinnen von Quedlinburg beschreibt Leuckfeld, 12 f.

Quernhameln, der Stadt, rarer Thaler, von 1555, * XXI, 145. Münzgerechtigkeit der Stadt, 418 f. Ein Goldgulden derselben, 419.

Quesnel, Paschasius, Presbyter Oratorii; Medaille auf seine Verfolgung wegen seiner erbaulichen Schriften, * XI, 105.

R.

Raabens, Joh. Michael, Burgermeisters zu Rotenburg an der Tauber, Jubelhochzeits.medaille, 1734, * VI, 97.

Rabelais, Franz, D. der Arzneykunst und Erzpossenreissers, einseitiges Schaustück, * XIX, 225.

Rabenhaupt, Carl, gröningischen Generals, Medaille von 1672, * X, 193. noch 2 Medaillen zu seinen Ehren, X, 437.

Räbleinsoucaten, von zweyerley Gattung, I, 420. Aberglaube damit, 420.

Räthselhafter Thaler, * XIV, 289. ist vermutlich vom Kön. Ferdinand I, 293 f. vermutliche Auslegung des Spruches auf dem Reverse, 295 f. Räthselhafte Münze von 1668, * XIV, 293. vermutlich von der Provinz Utrecht, 291. räthselhafte 2 braunschweigische Schaustücke, * XIII Tit. und Vorrede.

Ragusa. Thaler dieser Republick von 1731, * VIII, 137. ein ragusischer Thaler ist noch in keinem Münzbuche angetroffen worden, 138. zwo kleine Silbermünzen, 138.

Rambschwag, Ulrich von, S. Johannis-Ordens-Ritter und Commenthur zu Würzburg; dessen Medaille von 1569, * XI, 281.

Ranzau. Christian, ersten Grafens zu Ranzau, Medaille von 1657, * X, 233. XVII B. 10. Münzgerechtigkeit, XVII B. 10.

Raps, irländische falsche und sehr geringhaltige Münze, XX, 239.

Ravensspurg. Schönes und rares Schaustück dieser Reichsstadt, * III, 337. Goldmünze, 432. stehet mit Ulm und Ueberlingen in einem Münzverein, wovon eine rare Silbermünze von 1502 zeugt, * VIII, 73. 76.

Real, spanische Münze, XIII, 21. englische Goldmünze, Regalis, beschrieben, XVII, 378.

Rebellenthaler, III, 346 f. VI B. 35. * XVI, 161. wer ihn schlagen lassen, 161 f. die darauf befindlichen Figuren sind manchem schwer zu errathen gewesen, 162 f. genauere Erläuterung dieses Thalers, 163 f. was zu Prägung dieses und des Lügenthalers Anlaß gegeben, 165 f.

Rechenpfenninge, siehe Jettons.

Reckheimische Thaler, XVII B. 11. sind fast in allen Thalersammlungen aus der Acht gelassen worden, 11. ein alter und rarer reckheimischer Thaler, * XVII, 17. mehrere Thaler, 19. Münzprivilegium, 20.

Regenspurg. Bischöfliche Thaler, V B. 15 f. B. Franz Wilhelm, Grafen von Wartemberg, Cardinals ꝛc. Thaler von 1661, * XI, 25. Thaler auf die Eroberung der Stadt Regenspurg, durch Herzog Bernhard von Weimar, 1633, IX B. 21.

Regenstein oder Reinstein. Ein einziges und sehr rarer Thaler Graf Ulrichs von 1540, XVII B. 11 f. Graf Johann Erasmus von Reinstein und Tättenbach, sehr rarer Thaler von 1663, * XX, 153. mehrere gräfl. reinsteinische Münzen, 155.

Reichensteinische Münze, XX, 145. sind so gemein nicht, 146. ein Bergstädtlein im schlesischen Fürstentum Münsterberg, dahin 1507 die Münze verlegt worden, 147.

Reichsgroschen, II, 238.

Reichsgulden, XI, 215.

Reinbeck, Johann Gustav, vortreflicher Theologe zu Cölln an der Spree; Gedächtnismünze auf ihn, von 1741, * XV, 105.

Reinharth, D. Tob. Jacob, JCti und Prof. Gedächtnismünze auf sein 1731 angetrettenes Rectorat der erfurtischen hohen Schule, * XVII, 409.

Reinstein siehe Regenstein.

Reiserthaler, VII B. 4.

Reuß. Historischcritisches Verzeichnis aller bisher bekannt gewordener gräfl. reußischen Current= und Gedächtnismünzen, Regenspurg, 1742, XV, 362. der Verfasser davon ist Johann Georg Büchner, gräfl. reußischer Rath, XVII B. 12. darinnen werden 12 gräfl. reußische Thl. vorgelegt, XVII B. 12. gräfl. reußische Thaler, XVII B. 12 = 14. Heinrichs V Burggrafen zu Meissen und kön. böhmischen obersten Canzlers sehr rare Contrefaitmünze, von 1542, * XV, 361. erste gräfl. reußische Begräbnismünze, Heinr. Reuß des jüngern, Herrn von Plauen, zu Gera, von 1635, * IX. 225. Heinrichs I, jüngerer Linie, Reuß, Grafen und Herrn von Plauen zu Schlatz, symbolischer und auf seinen Geschlechtsnamen abzielender Thaler von 1679, * IX, 129. 425. ein etwas geändertes Gepräge davon, 130. * X, 425. Beurtheilung des Sinnbildes, 131 f. Johann Georg Heunisch Beschreibung davon, und warscheinliche Erklärung der Gelegenheit darzu, 426 f. sehr rare Ge=

I. Münzregister.

Gedächtnismünze der Geburt Heinrichs XXIV jüngern und ältesten Reußen, Grafen und Herrn von Plauen, von 1681, * XX, 137. wo das Sinnbild sonst angebracht worden, 138. Begräbnisthaler Heinrichs VI ältern Reußen, Grafen und Herrn zu Plauen, poln. und sächs. Generalfeldmarschalls ꝛc. * IX, 241.

Reyher, Samuel, de numis argenteis antiquissimis, VIII B. 14. de numis quibusdam ex chymico metallo factis, XII, 224. XXI, 66.

Rheinfels. Gedächtnismünze auf den hessencasselischen Entsatz der von den Franzosen belagerten Vestung Rheinfels, 1693, * XVI, 97. was strenae gallicae darauf bedeuten, 102.

Rheinischer Chur- und Fürsten, vereinigter, Thaler, II B. §, 43. einer von 1572, * IV, 185. VII B. 29. Vertrag der geistlichen Churfürsten am Rhein von 1409, Goldmünzen zu schlagen, IV, 404 f. ein anderer, VI, 392. der rheinischen Chur- und Fürsten Münzeinigungsthaler, 1572, VII B. 26 f. ein Goldgülden, * VII, 137. ein anderer, * XV, 57.

Rietberg. Der 2 Schwestern, Ermen und Walburg, gebohrner Gräfinnen von Rietberg, sehr rarer Thaler von 1567, * XV, 49. ist der einzige gedr. rietbergische Thaler, 49. und sehr merkwürdig, 49. wird insgemein in den Thalersammlungen übersehen, XVII B. 14. rietbergische Thaler, XX, 23.

Riga. Dieser Stadt seltene Münze mit des liefländischen Heermeisters, Walthers von Plettenberg, Namen und Wappen, 1533, * V, 97.

Rineck siehe Nostitz.

Rink, Eucharius Gottlieb, kais. Rath und ordentlicher und ältester Prof. iuris zu Altdorf; schönes Schaustück von der ersten Größe auf ihn, von 1735, * XVII, 217. seine Münzwissenschaft, 222. seine heraldische Münzsammlung, 222 f. erfindet viele Medaillen, 224 f. vortreffliches Buch de veteris numismatis potentia et qualitate, sehr gerümt, XV, 80. XVII, 222. diss. de nûmo unico, XV, 95.

Römischkaiserliche Münzen. Alte römische Münzen mit den Bildnissen der Gemahlinnen, Töchter, Mütter und Schwestern der Kaiser; ein Verzeichnis davon, XVIII, 290–293. Kais. Octaviani Augusti Münze mit dem Gestirn des Steinbocks, XI, 226 f. drey Münzen desselben mit der Zirbelnuß, XV, 129. Kais. Galbae nummus aereus, XV, 343. Medaillon auf Kais. Gordiani Verbesserung der römischen Münze, XII, 232. Eine Münze Kais. Constantins des Grossen, XVII, 187 f. eine Judenmedaille auf ihn,

ihn, I, 427. Kaiſ. Heraclii neuerer berühmter Triumphsmedaillon, * XVI, 33. verſchiedene Lesart der Aufſchriften, 34. gehört unter die eꝛſten und vornemſten Stücke der Künſtler in Welſchland, die die groſſen Schaumünzen wieder üblich gemacht haben, 36. wird bewieſen, 36 f. Kaiſ. Carls des groſſen in Rom zwiſchen 800 und 814 und zur Zeit P. Leo III geſchlagene ſehr rare Silbermünze, * XIX, 353. ob es eine in Rom geprägte kaiſerliche oder päbſtliche Münze ſey, 354 f. Judenmedaille auf Kaiſ. Carl den Groſſen, I, 90. uralte Münze Kaiſ. Ludwigs des Frommen, vor 840, * VIII, 193. 199. ein römiſcher Silberling, des Kaiſ. Lotharii mit P. Benedicti III Namen von a. 855, * XX, 305. wer davon geſchrieben, und was für einen Nutzen derſelbe in der Hiſtorie gebe, 306. Beweis, daß er überaus ſelten und ächt ſey, 306. daß es keine päbſtliche, ſondern kaiſerliche Münze ſey, 312. Ein einziger ſolidus mit dem Namen der Kaiſerin Adelheid, Kaiſ. Ottens I anderer Gemahlin, XVIII, 293. Kaiſ. Heinrich VI Judenmedaille, I, 90. Kaiſ. Ottens IV cöllniſche Krönungsmünze, VII, 397. Kaiſ. Friederichs II rarer Silberling * VII, 369. 430. Gründe, warum er dieſem Kaiſ. zugeeignet wird, 371.

Kaiſer Wilhelms aus dem Geſchlechte der Grafen von Holland, Münze von 1248, * I, 193. eine ganz kleine Münze mit dem zweyköpfigten Reichsadler, III, 214. K. Rudolph I ſehr rare ackiſche Krönungsmünze, 1273, * VII, 393. ſchlechte Arbeit des Stempelſchneiders, ib. warum ſie für die ackiſche Krönungsmünze deſſelben gehalten wird, 394. eine andere Krönungsmünze von ihm, 397. ſo aber von Kaiſ. Rudolph II ſeyn ſoll, ib. 430 f. K. Adolphs Krönungsmünze, VII, 394. * XLIX, 153. 160. des röm. Kön. Heinrichs VII ſonderbare Blechmünze zwiſchen 1222 und 35, * XVI, 361. ein Paar kleinere von gleicher Bildung, 363. eine goldene Bulle oder Siegel Kaiſ. Ludwigs IV aus dem Hauſe Bayern, von 1329, * XXII, 361. Kaiſ. Ludwigs aus Bayern ſehr rare Goldmünze mit dem zweyköpfigten Reichsadler von 1346, * III, 209. 438. IV, 441 f. ſoll der allererſte Pfenning mit dem zweyköpfigten Reichsadler ſeyn, III, 210. des Canzler von Ludewigs Erklärung derſelben, 211. köhleriſche Erklärung davon, 211 f. zwo andere und ältere Münzen mit dem zweyköpfigten Reichsadler, 214. Kaiſ. Carls IV Judenmedaille mit ſeinem Sinnbilde, I, 91. * XVIII, 233. das Thier auf dem Reverſe iſt kein Par-

I. Münzregister.

Pardel, sondern ein Luchs, 234 f. Kaiſ. Ruprechts rheiniſcher Goldgülden zwiſchen 1400 u. 1410, * III, 201. noch mehrere, 438. deſſen Goldgülden von 1402, * VII, 297. Kaiſ. Albrechts II und ſeiner Gemalin Eliſabeth, Judenmedaille, * II, 417. Eine der älteſten Medaillen auf Kaiſ. Friederichs III Ritterſchlag 1469 zu Rom, * XI, 233. Kaiſ. Friederichs III ſonderbarer Goldgülden mit ſeinem Denkſpruch A. E. I. O. V, * III, 169. verſchiedene Auslegungen dieſer Buchſtaben, 170 f. wahre Erklärung, 172. neuerer Gebrauch dieſer Buchſtaben, 173 f. 426. was der auf dieſem Goldgülden vorkommende zweyköpfigte Adler anzeige, 176. warum Kaiſ. Heinrich der Heilige darauf ſtehe, 176. Kaiſ. Friederichs III einſeitige Medaille mit der arragoniſchen Ritterordenskette, * XXII, 225. Kaiſ. Friedrichs III und Maximilians I Judenmedaille, I, 91. Medaille auf die Kaiſ. Eleonora, Kaiſ. Friederichs III Gemalin, * I, 89. Kaiſ. Friederichs III ſehr rare Begräbnismünze von 1513, * VI, 393. Römiſchkaiſerliche Thaler beſchrieben, II B. §. 32 - 39. fangen von Maximilian I an, §. 32. was es mit den angeblichen ältern für eine Bewandnis habe, ib. Kaiſ. Maximilians I Thaler ſind alle rar, §. 33. achterley Sorten davon, §. 33 f. Thaler mit den Bildniſſen Maximilians I, Carls V und Ferdinands I von dreyerley Sorten, §. 36. III B. d 3 b. von Kaiſ. Carl V kan man keinen in Teutſchland geprägten Thaler aufbringen, II B. §. 37. III B. d 3 b. und warum? XIV, 43. Kaiſ. Ferdinands I Thaler, II B. §. 38. vollſtändige Kaiſer-Thaler-Suite, II B. §. 39. III B. d 3 b. Kaiſerliche Thaler von Ferdinand I an, wie ſie nach dem Gepräge der Länder zu unterſcheiden ſind, XIV, 42 f. im rechten eigentlichen Verſtande gibts gar keinen kaiſerlichen Thaler, 42 f. Kaiſ. Maximilians I, noch als Erzherzog, Medaille auf ſeine Vermälung mit der Herzogin Maria von Burgund, von 1477, * IV, 65. V, 167. was die Buchſtaben R. B. darauf bedeuten ſollen, 167 f. ein Goldſtück von 3 Ducaten deſſelben und ſeiner burgundiſchen Maria, von 1477, V, 168. auf wen der Lobſpruch des Reverſes gehe, 168. Judenmedaille auf ihn und die burgundiſche Maria, I, 92. * XII Tit. und 443. Silbermünze mit ſeinem und ſeiner Gemalin der mayländiſchen Blanca Maria Bildnis, von 1494, * IV, 73. Judenmedaille auf ihn, als Stifter des Kammergerichtes, I, 92. deſſen groſſe Schaumünze beym Luckio, XXII, 231. deſſen Redaille mit seinem Sinnbilde von 1504, * XXII, 233. rare Medaille auf die Verlobung der kön. ungarisch-böhmischen Prinzeßin Anna, an Kaiſ. Maximilian I wegen seiner Enkel, von 1515, * IV, 81. 88. dessen rarer Thaler mit den Bildnissen seiner beeden Enkel, von 1518, * III, 177. 437. soll sein allerrareſter seyn, 426. Kaiſ. Maximilians I Begräbnismünze, * I, 185. 430. Medaille auf Kaiſ. Carls V mit dem Kön. in Frankreich 1530 zu Cambray geschlossenen Frieden, * II, 249. dieſes Kaiſ. Medaillon von 1537, * XXII, 241. Luck hatte einen andern Abguß davon, 242 f. dessen Erklärung davon, 244. iſt eine, ohne Abſicht auf eine Geschichte, verfertigte Contrefaitmünze, 244 f. noch eine Mutmaſſung davon, 246 f. eine unvergleichlich schöne Medaille auf diesen Kaiser von 1537, * IV, 201. von der Anzahl der Schaumünzen auf ihn, 202. rarer kaiſ. Siegsthaler auf deſſen erſte Zertrennung des ſchmalkaldischen Bundes, von 1546, * III, 57. eine Klippe darauf, 64. eine kaiſ. Gedächtnismünze auf die Gefangennehmung des Churf. zu Sachsen und des Landgr. in Heſſen, 64. Kaiſ. Carls V vortreffl. Medaillon wegen Ueberwindung der ſchmalkaldischen Bundesverwandten von 1547,

* XVI, 129. Luck führt sie mit einem andern Avers an, 130. noch eine Medaille von ihm, I, 152. eine Judenmedaille von ihm, 428. * XIX Tit. u. B. 13. gar schöner Medaillon auf seine Gemalin Iſabella, * II, 361. ein anderer, 362. eine auf die geschwinde Eroberung von Tunis 1573 dem Johann von Oeſterreich, Kaiſ. Cals V unehlichen Sohne, zu Ehren geschlagene Medaille, * XII, 337. des röm. Kön. Ferdinands I drey Münzen mit Sprüchen, XIV, 193. dessen Medaille von 1532, * II, 1. zwo Medaillen von ihm, II, 8. zween sonderbare Thaler von 1558, * II, 57. sind beede selten zusammen zu bringen, 58. andere Medaillen von ihm, 426. dessen Klippe bey dem Zug nach Siebenbürgen, 1551, XV, 267. rare Schaumünze mit dessen Bruſtbild und dem Spruche: date Caesari &c. * VIII, 337. kommt auch beym Luck, aber etwas gröſſer, vor, 337. Raupach wiederlegt dessen Erklärung, 337 f. eine ähnliche Münze Kaiſ. Maximilians II, 338. Luck wird gegen Raupachen vertheidigt, 339. Raupachs Schreiben deswegen, 440. Kaiſ. Ferdinands I schöner Medaillon nach 1558, * XXII, 249. Lucks Erklärung davon, 252 f. Beurtheilung, 253 f. Gedächtnismünze auf das Abſterben Kaiſ. Maxi-

L. Münzregister.

ximilians II von 1576, * XXII, 257. noch eine andere darauf, 262. Kaif. Rudolphs II vortrefliche Gedächtnismünze auf die 1599 und 1601 besiegten Fürsten in Siebenbürgen, den Card. Andreas Bathor und Siegmund Bathor, * XXII, 265. dessen 2 Münzen mit dem Steinbocke, XI, 228. dessen und der sämtlichen österreichischen Erzherzoge Thaler von 1612, * II, 31. wie Kaif Rudolph II noch in diesem Jahre habe können Thaler schlagen lassen, 82. warum der Erzherzoge von Oesterreich auf der andern Seite gedacht werde, 82 f. wo der Thaler gemünzt worden, 83. mehrere von dieser Art, 83. ein falscher von dieser Gattung, 83. Kaif. Matthias zierliche Medaille, * XXII, 289. wann sie gemacht worden, 290. Erklärung des Reverses, 290. Goldgülden auf dessen und seiner Gemalin Einzug zu Nürnberg, 1612, * V, 49. Kaif. Ferdinands II rare Gedächtnismünze bey Grundlegung der Kirche und des Closters auf dem weisen Berge bey Prag 2c. 1628, * I, 313. dessen und seiner zweyten Gemalin Eleonora Gonzaga, Prinzeßin von Mantua, schöner Medaillon, * XXII, 297. Kaif. Ferdinands III Thaler sind alle von zierlichem und schönem Gepräge, XIV, 43. ein falscher, der sich sogleich verräth, ib. vortrefflicher Medaillon zu dessen Ehren wegen glücklicher Vollziehung des westphälischen Friedens, 1649, * XXII, 273. eben dieses Kaisers zierlicher Thaler von 1657, * XIV, 41. ein ungarischer von ihm, von diesem Jahre, 42. das goldene Schaustück des von der verwittibten röm. Kaiserin Eleonora 1661 gestifteten Damenordens der Sclavinnen der Tugend, * XXI, 169. warum es zu den Schaumünzen gerechnet wird, 170. Schaustück von der friedliebenden Gesinnung Kaif. Leopolds I, * XXII, 353. Medaille von Kaif. Joseph I bey Antritt der kaif. Regierung, 1705, * XXII, 329. drey Medaillen auf die Wahl und Krönung Kaif. Carls VI, XIII B. 9 f. Gedächtnismünze zu desselben Ehren, so bey feyerlicher Legung des Grundsteins zum neuen Gebäude der kaiserl. und königl. josephinischen Ritteracademie zu Liegnitz 1735 ausgetheilet worden, * XIX, 33. Medaille auf desselben feyerliche Erneuerung des Ritterordens vom güldenen Vließ, * XXII, 329. ein auf die Geburt Erzherzog Leopolds, 1716, von Graf Maximilian Carl zu Löwenstein-Wertheim, Principalcommissario auf dem Reichstage, geprägter Ducate, * V, 417. Jetton auf diesen 1716 gebornen Erzherzog, XI, 228. Kaif. Carls VII rarer

rarer Thaler von 1743, * XIX, 297. Seltenheit und Merkwürdigkeit deſſelben, 298 f. Auswurfsmünze bey der Krönung Kaiſ. Franciſci, 1745, * XVII, 369. neun auf ſeinen Regierungsantritt zu Nürnberg ausgefertigte Schaumünzen, 370-375. davon die neunte, nebſt einem nürnbergiſchen Ducaten und Thaler, in Kupfer vorgeſtellt iſt, * XVII Tit. Der röm. Kaiſ. Maria Thereſia ſchöner Thaler von 1746, * XVIII, 289. iſt der erſte von einer römiſchen Kaiſerin, 289. Urſache, warum keine Kaiſerin gangbare Münzen ſchlagen laſſen, 290.

Römiſche ſehr rare Münze von 946, * III, 329. dergleichen hat nicht der Pabſt, ſondern der Souverain von Rom ſchlagen laſſen, 336.

Roggendorf, Wilhelm Freyherr zu, öſterreichiſcher geheimer Rath und Feldhauptmann; rare Medaille auf ihn, * XVIII, 113.

Rollenpatzen, X, 170.

Rome-penny, Rome-ſcot, I, 21.

Romeſina, eine Münze, I, 88.

Roſenberg. Peter Wogl, Regierer des Hauſes Roſenberg, rarer reichenſteiniſcher Ducate von 1592, * XX, 145.

Roſenoble. Geſchichte derſelben, VI, 326-328. VIII, 143. XXI, 106.

Roſe-reals, heiſen in England auch die Realen, XVII, 378.

Roſinus, Bartholomaeus; rare Schaumünze mit ſeinem und Ge. Mylii Bildniſſen, von 1578, * XX, 193.

Roſtock. Rarer Doppelthaler dieſer Stadt, 1605, * XX, 289. Münzgerechtigkeit und übriges Münzweſen dieſer Stadt, 292 f.

Rotenhan, D. Sebaſtian von, Ritters und groſſen Beförderers der Gelehrſamkeit, ſehr rares einſeitiges Schauſtück, von 1526, * XXI, 17.

Rothe Sechſer, eine ſächſ. geringhaltige Scheidemünze, XII, 278. werden Seutzer genannt, ib. ihr innerer Werth, ib.

Rothweil. Rarer Thaler dieſer ſchwäbiſchen Reichsſtadt, 1623, * XI, 345. warum er ſo rar? 346. Münzgerechtigkeit dieſer Stadt, 346 f.

Rovere. Eine rare und alte Medaille von 2 welſchen Prälaten aus der Familie Rovere, u. P. Sixt IV Anverwandſchaft, dem Cardinal Julian und Biſchof Clemens zu Mende, zwiſchen 1492 und 1503, * XVI, 289.

Rubeis, F. Bernard. M. de, diſſ. de numis patriarch. Aquilei. XXI, 160.

Rubel, ein rußiſcher Thaler, XVIII, 298.

Rüblinger, Batzen, von dem Wappen

I. Münzregister.

pen des Erzb. Leonhards zu Salzburg so genannt, I, 222.

Ruddimann. Jac. Anderson et Thom. Ruddimann selectus diplomatum et numismatum Scotiae thesaurus, XVII, 394. 428.

Ruland, Rütger, Burgermeisters in Hamburg, Begräbnismünze, * XVII, 341. ein anders Gepräge, 309.

Rußland. Rußisches Münzwesen, XVIII, 297 f. Verzeichnis eines kleinen rußischen Münzcabinets von 281 Stücken in 12 Fächern, XVIII, 300 f. Verzeichnis von 19 in Rußland geprägten Medaillen, XVIII, 302 f. die alten rußischen Münzen sind unter allen europäischen die unförmlichsten und schlechtesten gewesen, XVIII, 297. sehr rares Goldstück eines falschen Demetrii und aufgeworfenen Czaars, * V, 369. wer davon die erste Nachricht gegeben, 370. Fehler des Stempelschneiders, 370. Untersuchung, welchem unter den 5 falschen rußischen Demetriis dieses Goldstück zuzueignen, 371 f. Gründe der vorgetragenen Meinung, 376. es ist vermutlich in Polen geprägt worden, 377. rarer rußischer Ducate mit den Bildnissen der beeden minderiärigen Czaaren Iwans und Peters Alexiewitz Gebrüder, und ihrer ältesten Schwester, der Prinzeßin Sophia, als Reichsverweserin, von 1683, * XVIII, 313. eine von den ersten Siegsmedaillen Czaar Peters I auf die Eroberung der Vestung Azow, 1696, * XIX, 257. Gedächtnismünze, welche dem Kaiser Peter dem I bey Besichtigung des kön. Münzhauses in Paris, 1717, unvermutet ist überreicht worden, * XVII, 385. 388. Krönungsmedaille der Kaiserin Anna Johannowna, nebst der Auswurfsmünze, von 1730, * VIII, 257. zweyerley Gepräge der Medaille, 258. ein ungleichlich schöner Medaillon auf sie, * XI Tit. und 427 f. eben derselben Medaille auf das verbesserte rußische Münzwesen, von 1731, * XVIII, 297. derselben vortreflicher Medaillon auf den 1739 befochtenen herrlichen Sieg wider die Türken, * XIII, 377. ein vortreflicher Medaillon auf ihr Absterben, 1740. * XIV Tit. und V. 32. Kais. Joh. III Rubel, * XIII, 361.

S.

Sabioneda, Nic. Herzogs von Sabioneda und Fürsten von Stigliano rarer Thaler von 1666, * XI, 97.

Sachsen. Churfürstliche Münzen. Thaler der Churfürsten zu Sachsen, III B. §. 14 * 43. Ob Churf. Friederichs des weisen Stücke mit dem Titel Locumtenens geneneralis imperii Thaler oder Schaustücke seyen, §. 16. Herz. Georgs Name steht H. Johannis seinem vor, auf einem Thaler, §. 19. wird gerügt, ib. ob schon 1485 zum Gedächtnis der Theilung zwischen Churf. Ernst und H. Albrecht zum allererstenmal ganze Stücke Silbers unter beeder Fürsten Bildnissen und Namen gemünzet worden, §. 22. unvergleichliche Stücke von Churf. Johann Friederich von 1539 in einfacher und Doppelthaler Form, so aber Medaillen sind, §. 24. siehe auch XII, 443. die sächsische Thaler sind wegen ihrer Menge die gemeinsten unter allen, IX B. 38. Churf. Friederich des Weisen merkwürdige Contrafectmünze mit den Worten I H S Maria auf dem Halskragen, * II, 257. daß diese Worte aus Schalkheit und Gewinnsucht erst nachher hinein gebracht worden, will David Christian Hilscher in einer eigenen Schrift erweisen, 258. dessen Gründe, 258 f. werden widerlegt, 260 f. Gründe, daß diese Münzen ächt sind, 263 f. Hilschers Einwendungen, 421. Beantwortung derselben, 422 f. dreyerley Sorten von dieser Münze, 430 f. wodurch dieser Streit entschieden wird, 431. Gedächtnismünze auf eben diesen Churfürsten von 1532 (1535) mit den Buchstaben I H S auf der Brust,

* II, 425. 431. Churf. Johannis unvergleichliche Medaille, * II Tit. u. 422 f. Churf. August zu Sachsen und Churf. Joh. Georg zu Brandenburg Bildnis auf einem grossen und schönen Medaillon, II, 134. noch einer, 428. Churf. Christian I Portugallöser und Doppelducate von 1587, XVIII, 428 f. der erste sächsische Vicariatsthaler von Churf. Joh. Georg I, 1612, * II, 73. wo dessen übrige Vicariatsmünzen beschrieben werden, 73 f. ein anderer Schlag dieses Thalers, 74. ist der erste sächsische Vicariatsthaler, 74. ein schönes Schaustück auf dieses sein erstes Vicariat, * V, 281. ist ein rechtes nürnbergisches Kunststück, 282. Vicariatsmünzen dieses Churfürsten bey seinem zweyten Vicariat, 1619, II, 74. eben dieses Churf. Thalerklippe, so bey einem Armbrustschiessen in Dreßden zum Gewinn bestimmt gewesen, * XXI, 193. Christian Andr. Büttners Nachricht davon eingerückt, 194-197. Köhlers Beurtheilung dieser Münze und der vorgegebenen Seltenheit, 197-200. der Churfürstin Sophia Ducaten von 1616, * I, nach 296. Churf. Joh. Georgs II Vicariatsthaler von 1657, mit 2 Stempeln, * II, 105. warum die andere Sorte gemünzet worden, 106. daher die Seltenheit der ersten Sorte, 106. Churf.

I. Münzregister.

Churf. Friederich Augusts ganz besonderer Thaler mit dem Elephantenorden, von 1701, * IV Tit. II. B. §. 22. churf. sächs. Thaler mit dem danebroger Ordenscreutz, XII, 276. so dem Grafen von Beichlingen zur Last gelegt worden, ib. zweyerley sächs. Vicariatsducaten von 1711, XIII, 426 f. ein dem ersten gleicher Thaler, 427. sonderbare Schaumünze, so bey dem Vermälungsfeste des kön. polnischen und churf. Prinzen Friederich Augusts 1719 unter dem gehaltenen bergmännischen Aufzuge zu Dreßden geprägt worden, * XIII, 145. Hauptmedaille auf das bey eben diesem Beylager gehaltene Bergfestin, so den Planeten Saturnus vorstellet, * XIII, 417. es sind 7 solcher Medaillen, aber sehr rar, 418 f. eine grosse mit allen 7 Planeten zusammen, 418. alle 7 Paar Stempel darzu sind ausfindig gemacht worden, 419. die übrigen 6 sehr rare Schaustücke auf die bey dieser Vermätung in Dreßden angestellten Planetenlustbarkeiten, 1719, * XX, 25. Seltenheit dieser Schaustücke, und deren Ursache, 26 f. Gedächtnisthaler auf das Absterben Friederichs Augusts I, K. in Polen und Churf. zu Sachsen, von 1733, * XIX, 385. churf. sächs. Vicariatsthaler von 1740, * XIII, 71. der andere kön. polnische und churf. sächs. Vicariatsthaler, von 1741, * XIII, 425. Gedächtnismünze auf das von Friederich August II, K. in Polen und Churf. zu Sachsen, zum zweytenmal geführte Reichsvicariat, 1745, * XVII, 401.

Sachsen. Herzoglich sächsische Münzen. H. Bernhards zu Sachsen aus dem ascanischen Stamm rare und zweyseitige Blechmünze zwischen 1185 und 1212, * X, 201. ist sehr selten, 202. warum sie eine zweyseitige Blechmünze heise, 202. warum sie diesem Herzoge zugeeignet werde, 203. eine h. sächs. merkwürdige alte Piece, III, 439. ein rarer Goldgulden H. Albrechts des Grosmüthigen, * III, 33. ob er aus dem saalfeldischen oder reichmannsdorfischen Golderzt geprägt worden, 34 f. warum Leipzig darauf stehe, 35. andere Goldgulden und Silbergroschen von ihm, 35 f. eine andere Silbermünze in Thalergrösse von ihm, als Statthalter in Friesland, 36. ob sie ein Thaler oder Stupper sey, 36 f. herzogl. sächsische Thaler, IX B. 2 38 und X B. 2 23. der ernestinischen Linie, IX B. 2 38 und X, 2 17. der albertinischen Linie, X B. 17 21. H. Georgs, albertinischer Linie, merkwürdige Schaumünze mit dem angenommenen merkwürdigen Ehrentitel eines beständigsten Vertheidigers

des

des alten Glaubens und gehorsamsten Sohnes der Kirche, vom Jahr 1532, * XXII, 25. ein Thaler, worauf er sich principem catholicum genennet, 26. sonderbarer Thaler der 3 Brüder und Herzoge von Sachsen, ernestinischer Linie, Joh. Friederichs des Mittlern, Johann Wilhelms und Joh. Friederichs des jüngern, vor 1566, * VII, 145.

Sachsen-Coburg. Brüderlicher Eintrachtsthaler von Coburg und Eisenach, von 1598, I, 366. eine artige Scherzmedaille auf H. Johann Casimirs zu Coburg zweyte Vermählung von 1599, * XVI, 25. wer sie angegeben, 31. der H. Christiana Friderica zu Coburg und Salfeld Begräbnismünze von 1743, * XV, 377. zwo Begräbnismünzen Christian Ernst des Frommen, H. zu Coburg und Salfeld, von 1745, * XX, 1.

Sachsen-Eisenach. Gedächtnismünze auf die Einweihung der Gottesackerkirche und des Seminarii theologici und classis selectae zu Eisenach, von 1697, * VIII, 201. herzogl. sachseneisenachische von Koch verfertigte Jubelmedaille, 1717, XIII B. 13.

Sachsen-Gotha. Zwo in der Belagerung der Stadt Gotha 1567 geschlagene Notklippen, * XII, 161. eine dritte Sorte, 162. verschiedener Werth, 163. Schaumünze von dem in kaiserlicher Verhaft 28 Jahre gewesenen H. Johann Friederich II zu Sachsengotha, 1576, * XII, 233. H. Friederichs II zu Gotha sehr zierlicher Thaler mit den Bildnissen seiner 7 Prinzen, * VII, 105. Vermehrung des alten und neuen Münzschatzes, 109. läßt denselben beschreiben, ib. Gedächtnismedaille auf dieses Herzogs Absterben, 1732, * VII, 97. Gedächtnismedaille auf die H. Magdalena Augusta zu Gotha, 1740, * XV, 113. drey von Tenzeln angegebene Medaillen auf das Beylager dieser Prinzeßin mit H. Friederich II zu Gotha, XV, 115-117. h. sachsengothaische von Koch verfertigte Medaillen und Münzen, XIII B. 13-21.

Sachsen-Hildburghausen. Medaille auf das Absterben H. Ernsts daselbst, 1715, XIII B. 21 f.

Sachsen-Lauenburg. Herzoglich sachsenlauenburgische Thaler, X B. 21-23. H. Franz II zu Sachsenlauenburg Sterbthaler von 1619, * XIV, 1. ist sehr rar, 2. H. Julii Francisci Thaler mit der Beyschrift: Alt Schrot und Korn, von 1673, * VIII, 321. was diese Beyschrift bedeute, 322 f. andere Thaler von ihm, 323. des letzten

letzten H. zu Sachsenlauenburg Thaler von 1678, * X, 281.
Sachsen-Meinungen. Medaille auf das Absterben H. Ernst Ludwigs, 1724, XIII B. 21.
Sachsen-Weimar. Ein sehr schönes Schaustück der andern Gemalin H. Johann Friederich des mittlern zu Sachsen-Weimar, Elisabeth, von 1576, * XVI, 137. H. Friederich Wilhelms, Administrators der Chur, Thaler von 1594, * II, 177. andere Münzen von ihm, 182 f. H. Bernhards des Grossen zu Weimar sehr rarer Thaler mit dem Wappen des Herzogtums Franken, 1634, * IV, 329. Erklärung des auf dem Reverse befindlichen Schildleins und Spruches, 332. ist in Fürth geprägt worden, 446. dessen Medaille auf die Eroberung der Hauptvestung Breysach, 1638, * XI, 43. rarer Begräbnisthaler auf den jüngsten weimarischen Prinzen Friederich von 1656, * XXI, 385. noch eine Begräbnismünze auf H. Wilhelms erstgebornen Prinzen, 387. noch mehrere sachsenweimarische Begräbnismünzen, 388 f. Medaille auf Prinz Bernhards 1654 übernommenes Rectorat der Universität Jena, XXI, 387. H. Wilhelm Ernsts Thaler zum Angedenken seiner milden Geburtstags-Stiftung, 1717, * II, 17. Medaille auf die Einweihung der neuen S. Jacobskirche u. des Waisenhauses zu Weimar, II, 22. 24. herzogl. sachsenweimarische von Koch verfertigte Medaillen, XIII B. 13.
Sachsen-Weisenfels. Herzoglich sachsenweisenfelsische von Koch verfertigte Medaillen, XIII B. 12 f.
Sagan, Herzoge in Schlesien. Unter denen hat allein Albrecht von Waldstein Thaler schlagen lassen, XII, B. 14. 15.
Sagittarii progr. de numis Saxonicis, XII, 264.
Salburg, Gotthart Heinrich, Graf von, kais. Geheimer Rath und Hof-Cammer-Präsident, vortrefliches Schaustück auf ihn, 1703, * XIII, 89. XIV, 462.
Salis, Gobert von, Herr in Haldenstein, ein graubündischer Edelmann, prägt viele geringhaltige Scheidemünze, IX, 434. ein Ducate von ihm, * VI, 433 f. IX, 434.
Salvini, Ant. Maria, berümter Prof. der griechischen Sprache zu Florenz; schöner Medaillon auf ihn, * XIV, 321.
Salut, eine englische und französische Goldmünze, * VI, 321. 323.
Saluzzo. Der verwittibten Marggräfin von *Saluzzo*, Margareta, gebornen Gräfin von Foix, als Vormünderin ihrer Söhne, rarer Thaler von 1516, * XXII, 29. ein Thaler mit ihrem und ih-

res Gemals, Ludwigs II, Bildnissen, 90.
Salzburg. Erzbischöfliche Thaler, IV B. §. 7. auf welchem Thaler der Titel apostolicae sedis legatus zu erst vorkommt, ib. n. 4. Erzb. Leonhards Klippe, * I, 217. läßt eine Menge guten Geldes prägen, 222. Erzb. Matthäi Langens schöner Doppelthaler von 1521, * IV, 25. V, 167. eine andere Piece, V, 167. noch eine, XII, 444. dessen sehr rarer Doppel- und Spruchthaler von 1538, * XVI, 185. Erzb. Mary Sittichs goldener Gnadenpfenning, von 1612, * IV, 17. Jubelfestes Gedächtnisthaler, von 1682, * II, 369. andere Jubelmünzen, 376. Erzb. Franz Antons schöner Thaler von 1723, * IV, 121.
Samariter unter den Thalern, XIV B. 12.
Sanct Gallen. siehe im Buchstaben G.
Sancts-Georgen-Medaille, oder ein vorgeblich aberglaubisches und rares Schaustück mit dem Ritter S. Georgen und dem Schifflein Christi, * XXI, 105. Joh. Melch. Götzens Abhandlung davon abgedruckt, 106 s 110. er will sie an die Stelle des berufenen mannsfeldischen Thalers setzen, 106 f. Prüfung und Wiederlegung seiner Meinung, 110s 112. Pletschens ungezwungene Erklärung davon, 112.

Sanctgeorgenthaler, XVI B. 3. Aberglauben damit, 3.
Sargpfenninge, siehe Erfurt.
Sarpi, Paul, des weltberümten Theologi der Republick Venedig, und Servitenmönchs daselbst, insgemein genannt Fra-Paolo, sehr rares und merkwürdiges Schaustück, * XXI, 25.
Satyrische Münzen. Auf Graf Peter in Greifenfeld, dänischen Groscanzler, oder einen andern dänischen Minister, I, 112. 429. auf Kais. Carl V wegen Metz, IX, 127. holländische, wahre und angebliche, IX, 378=384. brandenburgische, XIV, 231. auf die Cardinäle, so Amsdorf angegeben haben soll, XXII, 62.
Savonarola, Hier., sehr berümter Predigermönch, so 1498 zu Florenz verbrannt worden; einseitige Medaille auf ihn, * VII, 289.
Savoyen. Der Herzog in Savoyen bekam das Münzrecht von Kais. Siegmund, 1416, III B. d 2 b. H. Carls I rarer Teston, von 1483, * V, 353. savopische Thaler, X B. 23 = 29. warum sie unter die Thaler der alten fürstl. Häuser des teutschen Reiches gesetzet werden, 23. woher die Herzoge von Savoyen die Münzgerechtigkeit haben, 23. wie die savopischen Thaler in ihrer Heymat heissen, 23. ein gar vortreflicher Medaillon auf H. Philiberts II Vermälung mit Margareta

reta, Erzherzogin zu Oesterreich, 1501, * XV, 121. ist mit 30 Thalern bezahlt worden, 122. wer ihn prägen lassen, 122. ein silberner Ducaton auf dieses Herzogs Vermälung mit Jolantha Louise von Savoyen, 123. H. Carls II sehr rarer Thaler von 1553, * XI, 89. eine Münze von ihm mit einem schönen Spruche, 96. H. Emanuel Philiberts 2 besondere Münzen von 1562, * V, 377. eine andere Medaille von ihm, 379. H. Carl Emanuels I besonderer Thaler von 1619, * V, 385. darauf stehet des gottseligen H. Amadei IX Bild, ib. H. Victor Amadeus hat dieses Bild zu erst auf goldene Münzen setzen lassen, 392. auf savoyischen Münzen kommt auch S. Mauritius vor, 392. desselben H. Carls Em. I sehr rarer Sinnbildsthaler von 1623, * XXII, 9. eben desselben bedenklicher, bey dem Bündnisse mit Spanien gegen Frankreich 1630 geschlagener Thaler, * V, 393. man hat von ihm sauber geprägte und mit wohl ausgedachten Sinnbildern und Umschriften gezierte Thaler und Medaillen, 394. der Ducaton mit dem Centauro auf zweyerley Art, 394. K. Heinrichs IV in Frankreich Retorsion, 394. andere Schaupfenninge mit sinnreichen Devisen, womit er seine Feinde angepackt, 394 f. der allererste savoyische vormundschaftliche Thaler von der H. Christiana, mit ihrem und ihres Sohnes, H. Carl Emanuels II Bildnissen, von 1641, * V, 401. eine vormundschaftliche Duplone der H. Maria Johanna Baptista, mit ihrem und ihres Sohnes, H. Victoris Amadei II Bildnissen, von 1677, * V, 433.

Sayn. Gräfl. sayn- und witgensteinische Thaler, XVII B. 14. 15. Gr. Johann zu Sayn, Witgenstein und Hohenstein, Thaler von 1656, * IX Tit. und B. 39. Gr. Ludwig Christians Thaler von 1667, * VI, 337. Seltenheit desselben, 339. altes Münzrecht der Grafen von Sayn, 339. Gr. Gustavs ganz besonderer Doppelducate von 1687, * VII, 409. siehe auch Sonstein.

Sbolzonare monetam, was es heisse, XIX, 238 f.

Scaligeri, Iosephi, expositio num. argentei Constantini Imp. Byzantini, XVII, 165.

Schaafträger; lüneburgische Doppelschillinge werden so genannt, XIV, 342.

Schafshausen, Joh. Dieterich, Burgermeisters in Hamburg, Begräbnismünze, * XVII, 316. Ovalmedaille auf ihn, 317.

Schauenburg, Schaumburg. Der schaumburgischen Grafen und Fürsten Thaler, XI B. 19. 20. Gr. Ernsts zu Holstein-Schaumburg

burg dreylötiger Thaler von 1619, * VII, 281. XI, 423. ein Thaler von ihm mit dem fürstlichen Titel, VII, 288. sein Begräbnistthaler, ib. Gr. Philipps zu Schaumburg, Lippe und Sternberg rarer Thaler von 1660, * XVII, 81.

Schiffsnobel, VI, 328. XVII, 378.

Schildgroschen, XVII, 170. 225 f.

Schildigte Groschen, II, 238.

Schillinge, solidi, II, 299. Derivation dieses Wortes von schelten; nicht von solidus, oder siliqua, oder schälen, IV, 289 f. sind zur Erkenntnis des alten teutschen Münzwesens und zur Historie nötig, 290. übertreffen die Holmünzen an Altertum, ib.

Schilling, eine englische Silbermünze, XXI, 114.

Schirmergroschen, II, 238.

Schlegel, Christian, Münzbibel, VIII, 344 rc. geschriebene Zusätze darzu, XII B. 3. exerc. de numis antiquis Isenac. &c. XII, 126. XXI B. 15. Goth. nis &c. XII, 161. Altenburgensibus cruce manuque signatis, XII, 264. de numo comitis Blankenburgensis, XIV B. 2.

Schlesien. Warzeichen der schlesischen Münzen, VI, 329. von schlesischen Münzen, XVII, 442 f. sehr rarer solidus H. Boleslai Alti in Schlesien, vor 1201, * VI, 329. Beweis, daß er von ihm sey, 329 f. er soll aber vielmehr eine böhmische Münze seyn, VII, 418. ein kleiner silberner numus, der etwann dem schlesischen H. Boleslao Alto zugeeignet werden könte, 419. Thaler der schlesischen Fürsten, XII B. 1518. ihnen soll das Münzregal suspendirt seyn, 19. der schlesischen evangelischen Fürsten und Stände sehr rare silberne Klippe von 1621, * IV, 369. viererley Gattungen von Gold- und Silbermünzen, so die schlesischen Fürsten und Stände zusammen schlagen lassen, 370. die Klippe ist zur schlimmsten Zeit geschlagen worden, 370. wiegt nur 2 Lot feines Silbers und hat doch 6 Thaler geg. lten, 370. eine kleinere Art von 1 Loth zu 3 Thalern, 370. die kleinste Sorte von ½ Loth zu 1½ Thalern, 370. dreyfache Ducaten, deren Preis 25 Speciesthaler war, 370. woher solches gekommen, 370 f. 375. mehrere Nachricht von ihren Thalern und Klippen, XII B. 5. 6. unbekannte Zeichen auf den Klippen, 5. besondere Vermutung von einem solchen Thaler widerlegt, 5. 6.

Schlick. Die Grafen von Schlick haben zuerst Thaler schlagen lassen, III B. §. 3. XI, 175. musten des Königs in Böhmen Namen und Wappen darauf setzen, III B. §. 3. Joh. Albr. Schlicks, Grafen von Passaun und

und seiner Gemalin: sehr rares Schaustück, * XL, 169. ist kein Thaler, 175. bey welcher Veranlassung es geprägt worden, 170. 175. achtzehen Stücke mancherley gräfl. schlickischer Münzen hat Heracus auf eine Tafel in Kupfer stechen lassen, XL, 175. Franz Joseph Schlicks, Gr. von Passaun ꝛc. nicht gemeiner Thaler von 1716, * XVI, 49. Verzeichnis aller bewusten Schlicken-Thaler, 52 f. ihre Münzfreyheit, 53. verschiedenes Gehalt dieser Thaler, 54. Münzmährlein von 700000 alten Speciesthalern, 55. wie man beym Ausmünzen der alten schlickischen Thaler verfahren, 56. eine ganz sonderbare Art geprägten Silbers im Joachimsthal, 56.

Schmale Groschen, schmales Geld, II, 137.

Schmalkalden. Der 2 schmalkald. Bundeshäupter erste, rare, schöne Medaille mit der verkehrten Dreye, 1535, * II, 41. Rarität derselben, 42. die verkehrte Zahl 3 wird als etwas ominöses angesehen, 42. beede Herren kommen öfters auf Münzen vor, 43. diese werden daselbst angeführt, 43 f. schmalkaldische Bundsthaler, III B. §. 32. Beede schmalk. Bundsthaler, VII B. 16. schmalk. Bunds- und Siegsthaler der Stadt Braunschweig, * XVI, 409. fälschlich angegebner schmalk. Bundsthaler der Stadt Hamburg, XX B. 11. rarer kaiserl. Siegsthaler auf die erste Zertrennung des schmalk. Bundes, * III, 57. 436. was die beeden Häupter, so der Adler im Schnabel hält, bedeuten, 64. und die mit dem zerbissenen Strick umschlungene Städte, 64. eine Klippe darauf, 64. was um selbige Zeit einige Reichsstädte auf ihre Thaler prägen lassen, 64. eine kaiserl. Gedächtnismünze auf Gefangennehmung des Churf. in Sachsen und Landgr. in Hessen, 64. Kais. Carls V vortreflicher Medaillon auf die überwundenen schmalk. Bundsverwandten, 1547, * XVI, 129. mit einem andern Avers, 130. eine überaus rare dreyeckigte Gedächtnismünze auf den Sieg einiger schmalk. Bundsverwandten über die kaiserlichen ꝛc. 1547, * XIX, 249. ist Goldschmieds Arbeit, 250. ein wunderliches Denkmal eines ganz wunderlichen Sieges, 250.

Schmeizels, Martin, Erläuterung goldener und silberner Münzen von Siebenbürgen, XXI, 306.

Schneeberger Groschen, II, 238.

Schönberg, Abraham von, poln. und sächs. geheimer Rath und Oberberghauptmann; dessen gar rar gewordene Gedächtnismünze von 1698, * XII, 201. woher diese Seltenheit komme, 203.

Schönburg. Graf Otto Ludwigs von Schönburg, aus dem Hause Waldenburg, Begräbnismedaille, 1701, * XII, 33. sonst ist noch keine Münze von diesem gräfl. Hause zum Vorschein gekommen, 35. soll die Münzgerechtigkeit nicht gehabt haben, 35. hat doch auf den obersächsischen Crais-Münz-Probationstägen Sitz und Stimme gehabt, 25.

Schottland. K. Davids II Münze von 1342, * I, 65. die allerälteste schottländische Medaille K. Jacobs IV, 1513, * XVII, 393. verschiedene Erklärung davon, 394 f. K. Jacobs V und VI Münzen mit der Distel, XX, 389. Joh. Stuarts, Herzogs von Albanien und Regenten in Schottland, rares Goldstück von 1524, * XXI, 33. ein anderes Gepräge, 34. Vermälungsmünze Francisci, Dauphins von Vienne mit der K. Maria Stuart in Schottland, 1558, * XXI, 393. der K. Maria und ihres andern Gemals, K. Heinrichs, sehr rarer Thaler von 1566, * V, 329. dieser Königin rare einseitige Medaille, mit dem Titel Königin von England, * V, 233. scheint ein Gnadenpfennig zu seyn, 233. rarer schottl. Thaler K. Jacobs I in Grosbritannien, * V, 201. er befiehlt, daß alle schottl. Münze in England gültig seyn soll, 204. andere Gold- und Silbermünzen desselbigen, 104. warum er solche Sprüche darauf gesetzt, 204. K. Carls I von Grosbritannien goldene schottl. Krönungsmünze, 1633, * XX, 385.

Schreckenberger, Groschen, II, 239.

Schröders, Gerhard, Burgermeisters in Hamburg, Begräbnismünze, * XVII, 329.

Schröterings, Johann, Burgermeisters in Hamburg, Begräbnismünze, * XVII, 310.

Schrot und Korn, VIII, 323. hies vor Alters Witte und Wichte, XI, 213.

Schultens, Johann, Burgermeisters in Hamburg, Begräbnismünzen, * XVII, 314. ein anderes Gepräge davon, 309.

Schulze, D. Joh. Heinrich, Prof. Med. zu Halle, befördert das studium numismaticum und erläutert die Münzen der saracenischen Califen mit arabischen Inschriften, XII, 417. Schulzianum numophylacium ed. Mich. Gottli. Agenethler, XVIII, 255 f.

Schüsselpfenninge, Pfaffenpfenninge, XXI, 158.

Schwaben. Des schwäbischen Craises Thaler von 1694, * VII, 153. auserordentliche Stellung der Umschrift auf dem Reverse, 154. zweyerley Stempel, ib. woher der Unterschied komme, und wie er zu erkennen, XIII, 420.

schwä-

schwäbische Crais-Ducaten, circa 13000 Stück, aus den ungangbaren Carolinern geprägt, die man aber selten zu sehen bekommt, 420.
Schwarzberg. Thaler dieses fürstl. Hauses, XI B. 27 - 29. des ersten Fürsten von Schwarzberg, Joh. Adolphs, Thaler von 1682, * XII, 41. Münzrecht, 43.
Schwarzburg. Thaler dieses gräfl. Hauses, XI B. 21 - 26. zween Thaler Fürst Anton Günthers, XI B. 27 f. wiewol der letztere eher eine Medaille ist, 28. Medaille auf die Erhebung des schwarzburgischen Hauses in den Reichsfürstenstand, 1709, XIII B. 27. Fürst Günthers zu Schwarzburg-Sondershausen merkwürdiger Ducate aus einem entdeckten Golderzte, 1737, * XVI, 2.
Schweden. Das Münzregal ist in Schweden des Königes eigene Sache, XI, 314. die 2 ersten Schaustücke von den 56, durch Hedlingern mit den Bildnissen der schwedischen Könige verfertigten, historischen Schaustücken, * XVIII, 241. Beschreibung derer, so die Könige der 2 letzten Jahrhunderte vorstellen, 244 f. K. Olaus III sehr rare uralte Münze, nach 993, * VIII, 281. ein Oring Steen Sturens des jüngern, Gubernators des Reiches Schweden von 1512, * XI, 289. hat zu erst grosse Münzen von einer ganzen Mark in Schweden prägen lassen, 296. diese werden beschrieben, ib. ob er sein Geschlechtswappen auf Münzen setzen lassen, ib. des falschen Nicolaus Sturen, Daleiunkaren genannt, 2 sehr rare Münzen bey vorgehabter Empörung, 1527, * XI, 313. sind die allerrarestem unter allen schwedischen Münzen, 315. Elias Brenners Nachricht davon, eingerückt, 316 - 319. mehrere Münzen der wahren Sturen, 315. K. Gustav I Dahlklippinge, XI, 318. K. Gustav Wasa sehr rarer halber Thaler, 1545, * X, 327. ist hauptsächlich zur Behauptung des schwedischen Reichswappens geschlagen, 322. dessen 2 Spruchthaler, XII B. 3. rare Klippe H. Magnus zu Ostgothland, Erbfürsten des schwedischen Reichs, von 1565, * XX, 225. daß er sie schlagen lassen, 226. viererley Sorten, 426. K. Erichs XIV sehr rarer Hochzeitducate von 1568, * XX, 281. wie ihn Brenner beschreibt, 281 f. ist doppelt merkwürdig, 282. andere Münzen von ihm, 282. ein schönes Schaustück von ihm, 283. K. Carls IX, noch als Herzogs von Südermanland, Thaler von 1595, * III, 297. ist sehr rar, 298. einer von 1593, 439. eine Klippe von eben diesem Herzog, 1598, * III, 305. eine andere von 1599, 306. woraus diese Klippe geschla-

geschlagen worden, 312. eine grössere, 440. eben desselben, als designirten K. in Schweden, dreyfacher Thaler, 1606, * III, 313. andere Medaillen von ihm mit seinem Wahlspruch, 431. sein erster Thaler, als designirten Königs, 1604, 440. der Kön. Maria Eleonora, Gemalin K. Gustav Adolphs, Vermälungs- Krönungs- und Begräbnis-Gedächtnismünzen von 1620 und 55, * XX, 241. noch eine Vermälungsmedaille, 243. und ein anderer Revers derselben, 243. noch eine andere Medaille darauf, 244. K. Gustav Adolphs zu Fürth geprägter Thaler, IV, 446. ein augspurgischer und oßnabrückischer Thaler desselben, ib. ein rarer Schauthaler auf dessen ungebetene Absegelung nach Teutschland, 1630. * XIX, 65. Seltenheit, 72. mag in Teutschland geschlagen seyn, 72. Gedächtnisthaler wegen erfochtener leipziger Schlacht, zu Erfurt 1632 geprägt, auf Befehl des dasigen schwedischen Gouverneurs, H. Bernhards von Sachsen-Weimar, XIX B. 7. 8. erfurtische Gedächtnismünze auf den Tod K. Gustav Adolphs, 1634, * III, 193. eine andere Medaille darauf, 197. Beschreibung eines kön. schwedischen gustavadolphischen Münzcabinetgens, 198 f. noch ein schöner Doppelthaler, 437. Verzeichnis der Medaillen der Kön. Christina, XXI, 373. 376 und 383 f. ein pommerischer Ducaten und Thaler dieser Königin, * VI, 257. 417. siehe Pommern. Merkwürdige Medaille, mit welcher diese Kön. ihre Herzensmeinung wegen der 1654 aufgegebenen Regierung des schwedischen Reiches geäusert hat. * XVI, 353. Schaumünze auf die Abdankung der K. Christina, 1654, * XXII, 377. eine andere Medaille von ihr, 383. ein sittliches Schaustück derselben, das sie vermutlich nach ihrer Abdankung prägen lassen, * XXI, 369. Erklärung der Worte des Reverses, 370. wann sie geschlagen worden seyn möchte, 371. eben dieser Königin vortrefliches Schaustück auf ihren Aufenthalt in der Stadt Rom, * XIII, 185. dreyerley Gepräge davon, 185 f. ihre schöne Medaille mit dem räthselhaften Worte Μακελως, 1665, * V, 145. Bedeutung dieses Wortes, 146. Johann Gottfried von Meyern sucht dieses Wort zu erklären, VIII, 426 f. widerlegt sich selbst, 428 f. 440. weitere Erläuterung, 431 f. noch eine Auslegung davon, X, 430 f. K. Carl Gustavs Auswurfsmünze bey seiner Krönung, 1654, * VIII, 17. eine grössere Medaille, die bey seiner Krönung ausgetheilt worden, 24. Medaille auf

auf dessen erstaunenswürdige Pasſirung des gefrornen Belts, 1658, * III, 161. noch weit grössere Cariſteeniſche Medaille darauf, 437. und andere, 437. dessen Begräbnismünze, * I, 177. noch 2 andere Medaillen, 184. Gedächtnismünze auf die bey der Däniſchen Belagerung des Schloſſes zu Landscron 1676 von einem Wetterstral verursachte Veränderung auf dem Zeigerblat des Kirchenuhrwerkes, * XIV, 113. K. Carls XI Gedächtnismünze auf den zu Stockholm 1682 gehaltenen Reichstag, * XIV, 149. K. Carls XI. als Herzogs zu Bremen und Verden, Thaler von 1691, * XIII, 273. sehr schöner Gedächtnisthaler der Huldigung dieses Königes von den Herzogthümern Bremen und Verden, 1692, * XXI, 129. eine kleine Kupfermünze, mit Kön. Carls XII Bildnis von 1716, VI, 140. ist eher ein Jetton, ib. eine Medaille, so auf dessen Kriegsmacht abzielet, * XLIX, 217. der fälſchlich dafür gehaltene görziſche Thaler K. Carls XII. von 1718, * XVII, 297. was man davon vorgegeben, 298 f. Unterſuchung und Widerlegung, 299 f. dieſes Königes Begräbnismünzen, 1718, * XIV, 269. ward auf landesherrliche Verordnung geprägt, 210. beym Leichenbegängniſſe ausgeworfen, 214. eine grössere,

so unter die Senatores und Stände ausgetheilet worden, 214. eben dieselbe vorgestellt, * XIV, 425. zehen auf Angeben des Baron von Görtz in Schweden geschlagene Notmünzen, * VI, 233=235. der Baron erfindet Münzzeichen, Müntekens, und warum? 236 f. unter welchen Einschränkungen, 237 f. warum die Steinpel davon so oft zu ändern, 238. nach seinem Vorschlage wird das Münzwesen in Schweden geändert, 238. dreyerley Thaler in Schweden, 238. eine görziſche Kupfermünze beträgt dem innern Werth nach 3 Pfennige, und gilt doch einen halben Reichsthaler, 238. wieviel ihrer geſchlagen worden, 238. sie ſehen gut aus, 238. sie haben die gewünschte Wirkung nicht, und warum? 239. bringen den Erfinder um den Kopf, 239. noch einige dahin gerechnete Stücke, 445 f. weitere Nachricht davon, und von einigen andern Stücken, VIII, 438. nöthige Anwendung der görziſchen Kupfermünzen, an einem ſilbernen Becher, X, 434. vortrefliche Medaille auf K. Friederich und deſſen Gemalin, Ulrica Eleonora, * II, 345.

Schweiz. Der 3 Waldſtädte Uri, Schwytz und Unterwalden Gedächtnismünze auf den bey Novara über die Franzosen erhaltenen Sieg, 1513, * III, 65. warum

rum diese Münze von keinem andern Siege verstanden werden kan, 72. warum nur von diesen 3 Cantons die Wappen darauf zu sehen, 72. warum die päbstlichen Schlüssel dabey stehen, 72. siehe auch XVI, 305 f. sehr schöne Medaille von den schweizerischen Eidgenossen und den 7 zugewandten Orten, * III, 217. falscher schweizerischer Bundsthaler, wer ihn gemacht habe? III, 376. wird beurtheilt, 426 f.

Schwertgroschen, II, 239.

Scudi, italiänische, wie vielerley? II B. h. 24.

Sechszehnerpfenning in Bern, * IX, 193. Gebrauch desselben, 208. wann die ersten geschlagen worden, 208.

Seeländer, Nicolaus, schreibt von der segnenden und schwörenden Hand auf Monumenten, Siegeln, und Münzen mittlerer Zeiten, II, 277. mehrere Schriften von ihm, von Bracteaten, 278 f. von churmainzischen Bracteaten, XII, 139 f. Vertheidigung gegen Köhlern eingedruckt, XV, 419. 425. Gegenantwort Köhlers, 425. 434.

Seeligkeitsthaler, IX B. 33.

Seon siehe Sitten.

Serif, eine türkische Goldmünze, unsern Ducaten gleich, X, 289.

Severin, ein verfälschter Name der Souverains, XVII, 378.

Seufzer, so werden die rothen Sechser in Sachsen genannt, XII, 278.

Sextini nigri, XIX, 240.

Seylers, Georg Daniel, polnisch- und preußisches Münzcabinet beschrieben, und gewünscht, daß es zum Vorschein komme, III, 424. Seylers Leben des Churf. Friederich Wilhelm des Grossen zu Brandenburg, mit Medaillen und Münzen erläutert, XIII, 424.

Sfortia, Galeacii Mariae, Herzogs in Mayland, rarer Ducate von 1474, * I, 273.

Shaftsbury, Graf Anton von, englischer Staatsminister; Medaille auf dessen Entlassung aus dem Tower, 1681, * XI, 337.

Sicilien. Rogerii, des II dieses Namens unter den normannischen Prinzen, 3 Münzen von 1121, 28 und 46, * I, 81. 427. nimmt eine grosse Aenderung im Münzwesen vor, 28. K. Manfredi sehr rare Münze von 1255, * III, 401. ein sehr rarer goldener Carolin K. Carls I. in Sicilien aus dem Hause Anjou, nach 1277, * XXII, 153.

Siebenbürgen. Gabriel Bethlens, Fürsten in Siebenbürgen, rarer Thaler und Ducate mit dem angemassten Titel eines erwehlten Königes in Ungarn, von 1621, * XV, 249. hat eine Menge Thaler und Ducaten prägen lassen, 250. darunter sind die mit dem ungarischen Königstitel die raresten,

rareſten, 250 f. zweyerley Gepräge von einem Jahr, 250. der ſiebenbürgiſchen Fürſtin Catharina, geborner churf. brandenburg. Prinzeßin, ſehr rarer Ducate von 1630, * XXI, 321. Seltenheit, 321. 324. ein anderes Gepräge davon, 322. eine ſiebenbürgiſche Goldmünze erklärt, XVII, 428 f.

Sigillum ſolis, eine abergläubiſche Zaubermünze, * VIII, 353. 357. ſiehe Talisman.

Silberbrenner, ein Münzbedienter, XXI, 260.

Silbergroſchen, II, 239.

Sillem, Garlieb, Burgermeiſters in Hamburg, Begräbnismünze, * XVII, 335.

Sina. Eine Tong-tſien oder Kupfermünze des Kaiſers Yongtching, * X, 249. 254. das Silber wird in Sina nicht geprägt, ſondern in Stangen oder unförmlichen Stücken geführt, 249. warum? 250. wie geſchickt die Sineſer ſind, das feine Silber zu beurtheilen, 250. Silberwäſche der gemeinen Leute in Sina, 251. das Kupfer brauchen ſie allein im kleinen Handel, 251. vermünzen es in runde Groſchen, ib. deren Werth, ib. ſind gegoſſen, ib. vormals waren 22 Münzſtädte im Reiche, ib. der Kaiſer hat das Münzrecht alleine, ib. falſche Münzer beym Kupfergelde, und deren Beſtrafung, ib. was die Schriften darauf bedeuten, 251 f. beſondere Aufſchrift auf einer Kupfermünze, 252. uralte Münzen mit Figuren geprägt, ib. die Sineſer halten es für unanſtändig, das Bild eines groſſen Königes darauf zu prägen, ib. Geſtalt ihrer Münzen in den älteſten Zeiten, ib. 3300 alte Münzen werden durch den Strom ans Land geſchwemmt, ib. Verwirrung in ihrem Münzweſen, 253. papierne Münze, ib. vor Alters brauchte man auch kleine Muſcheln ſtatt des Geldes, 254. woraus ſie ſonſt Geld ſchlagen laſſen, ib. das Gold wird heut zu Tage nicht mehr vermünzet, ib. wie ſie die Münze in ihrer Sprache nennen, ib. ſineſiſch kaiſerliches Münzcabinet, ib.

Sinzendorf, Grafen Georg Ludwigs von, ſehr rarer Thaler von 1676, * XIV, 177. aus welcher Münze dieſer Thaler ſeyn möchte, 182. er hat viele 1000 gute bayeriſche Groſchen in ſchlimme Funfzehner vermünzt, 182.

Sion ſiehe Sitten.

Sitten, Seon, Sion, im Lande Wallis; biſchöfliche Thaler, V B. 16 f. warum ſie noch in die biſchöfliche Claſſe geſetzet werden, 16. alle Thaler dieſer Biſchöfe ſind ungemein rar, 17. B. Nicolai Thaler von 1498, iſt einer von Hauptpatriarchenthalern, 16. ein rarer alter und vortreflicher

R Dop-

Doppelthaler des B. Matthäi Schiners mit dem Bilde des wunderthätigen S. Theodoli, * XV, 25.

Skoter, eine Münze, II, 381. was darunter verstanden werde, und ihre Geschichte, VIII, 378 f.

Gnaphane, eine Silbermünze, X, 121. 124.

Solidi siehe Schillinge, und Sols.

Solms. Gräflich solmsische Thaler, XVII B. 16. 1b. gr. solmsischer Thaler von 1627, * l. 129. woraus er geprägt worden, 133. viererley Sorten davon, 133 f. sind den wolfenbüttelischen Herzogen sehr verhaßt, 134. in wessen Namen sie geschlagen worden, 135 f.

Solota, türkische Silbermünze, einen Gulden werth, X, 290. die Türken heisen auch die Gulden so, ib.

Solotnik, VIII, 258.

Sols, solidi in Frankreich, XVII, 146. zwo Sorten von den in Bourges geschlagenen solidis, V, 294.

Sonnenthaler, XX, 18.

Souverain, Supremus, eine englische Goldmünze, XVII, 378. beschrieben, ib. ganze, halbe und Viertel, ib.

Souverainetststhaler, * I, 345.

Spangenberg, Cyr., Tractat vom Gebrauch und Mißbrauch der Münze, XII, 259.

Spanheim, Ezechiel, de usu et praestantia numismatum, XV, 38.

Spanien. Alle spanische Münzen sind bey uns selten anzutreffen, XVI, 178. K. Petri des Grausamen in Castilien und Leon Judengoldstück mit der falschen Jahrzahl 1398, * VI, 49. ein uraltes und vortreffliches Schaustück von der ersten Größe auf K. Alphonsum V in Arragonien und I in Neapel, von 1448 (1449) * XVII, 129. K. Ferdinands II in Arragonien Goldstück von 1495, * III, 49. warum er den Titel Rex catholicus et Christianissimus darauf setzen lassen, 53. ein Ducate von ihm, wo das Wort christianissimus weggeblieben, 53. warum nicht auch seiner Gemalin Name auf jenem Goldstücke stehe, 53. beede Bildnisse stehen auf castilianischen Münzen, 53. siehe auch XI, 420. ein besonderer spanischer Ducate K. Ferdinands des Catholischen in Arragonien, * XIX, 81. was daran besonder ist, 82. desselben Gehalt, 82. K. Philipps I in Castilien Medaille, * III, 1. 434. drey Münzen von ihm hat Luck, III, 420. dreyerley Sorten von ihm in den Niederlanden geschlagener Münzen, 421. ein doppelter castilianischer und einfacher arragonischer Real von der Kön. Johanna und ihrem Sohne, K. Carl I, * XIII, 421. XIV, 462. f. Gedächtnismünze auf die im Jahr 1555 von Kais. Carl V geschehene Ueberlassung

laſſung der ſpan. Monarchie an ſeinen Sohn, K. Phil. II, * XXII, 369. einige andere Medaillen auf K. Phil. II, 376. noch eine, X, 163. deſſen in Geldern geſchlagener Thaler, * II, 241. ein anderer, 430. ein vortreflicher Medaillon des unglücklichen ſpaniſchen Infanten Don Carlos, * XVI, 73. K. Carls II neapolitaniſcher Thaler von 1684, * X, 161. Erklärung des Reverſes, 163. K. Philipps V Ducate von 1703, in Brabant geſchlagen, XVI, 178. ein ſehr rares Schauſtück auf K. Ludwig von 1724, * XVI, 177.

Spener, Phil. Jacob, des um das rechtſchaffene Chriſtentum, hochverdienten Theologen, beträchtliches Schauſtück von 1698, * XVIII, 165. Erklärung des Wortes Tandem auf dieſer Münze, 271.

Sperling, Otto, diſſ. de numis non cuſis, II, 167. ep. de numorum bracteatorum et cauorum noſtrae ac ſuperioris aetatis origine et progreſſu, XV, 333.

Speyer. Biſchöfliche Thaler, V B. 17. B. Marquard von Hattſtein ſehr rarer Thaler von 1571, * XVI, 249. warum er ſo ſelten, 250. eine andere Münze von ihm, 250.

Spielbergers exquiſitiſſ. ſeries thalerorum et monetarum modernarum, XXI, 199.

Spitzgroſchen, II, 239.

Spork, Graf Franz Anton von, Gedächtnismünze auf die von ihm zu Ehren des h. Johannis des Taufers erbauete Einſiedeley, 1697, * X, 105.

Sprinzenſtein, Gr. Joh. Ehrenreichs von, Thaler von 1717, * V, 33.

Stablo. Zween Thaler des daſigen Abtes Chriſtoph, V B. 28. der zweyte davon, von 1570, * X, 273. warum er für einen abteylichen Thaler gehalten wird, 274.

Stade. Rarer Thaler dieſer Stadt, von 1621, * VII, 273. hat die Münzgerechtigkeit von den Erzbiſchöfen zu Bremen, 279. warum doch der kaiſ. Titel und Adler darauf zu ſehen iſt, 279. noch ein Thaler von 1686, 280.

Stahrenberg, Ernſt Rüdiger, Graf und Herr von, Gedächtnismünze auf ihn wegen der tapfern Beſchirmung der von der türkiſchen Macht belagerten Stadt Wien, 1683, * XXI, 185.

Steenbock, Graf Magnus, ſchwediſcher Feldmarſchall. Eine Schaumünze auf ſeinen Sieg über die Dänen bey Helſingburg, 1710, 98. eine dargegen gemachte Gedächtnismünze auf ſeine und des ganzen ſchwediſchen Kriegsheeres Ergebung zur Kriegsgefangenſchaft an die Dänen, 1713, * XIV, 97.

Stephansgroschen, solidi Stephanienses, zu Bisanz geschlagen, XV, 343 f. warum sie so heißen, 344.

Sterbensthaler, IX B. 29.

Sterling, eine englische Silbermünze, XXI, 14. man rechnet in England nach Pfunds- Schillings- und Pfennings-Sterling, ib. ordentlich gibts kein geprägtes Pfund Sterling, ib. eines jedoch, von K. Carl I. * XXI, 113 f. verschiedene Meinungen vom Ursprung des Wortes Sterling, 115. 119. dreyerley Bedeutung des Wortes Sterling; eine englische Silbersorte; die Feine, der Grad und das Korn des Silbers; und ein gewisser Münzfuß in England, 119 f.

Stockfleth, Daniel, Burgermeisters in Hamburg, Begräbnismünze, * XVII, 339.

Stolberg. Graf Ludwigs von Stolberg und Königstein Thaler von 1546, * V, 41. in Augsburg geprägt, 41. Gr. Christophs zu Stolberg und letzten Innhabers der Grafschaft Königstein, rares Goldstück von 1568, * XXI, 237. ein größeres und kleineres Schaustück zum Angedenken Gr. Christians in Stolberg, XXI, 269. erste und größere Gedächtnismedaille auf die gottselige Fürstin Christina, verwittibte Gr. von Stolberggedern, von 1749, * XXI, 265. die zweyte und kleinere Gedächtnismünze auf sie, * XXI, 273. Verzeichnis gräfl. stolbergischer Thaler, XVII B. 18-28. warum sie so häufig sind, 28.

Stosch, Philipp Baron von, drey schöne Medaillen, * IV, 145. 438 f.

Stralsund. Rarer doppelter Gedächtnisthaler auf die Befreyung dieser Stadt von der friedländischen harten Belagerung, 1628, * IV, 233. IX, 420 f.

Straßberg. Der dasigen Bergwerksinteressenten Jubelmedaille auf das Reformationsfest, 1717, XIII B, 30.

Straßburg. Bischöfliche Thaler, V B. 17 f. gehören unter die rarsten, XX, 10. des Kön. von Frankreich Souveraineté in Elsaß verstattet dem Hochstifte schwerlich das ihm von Altersher zukommende Münzrecht, V B. 18. B. Wilhelms II rares Schaustück, 1526, * XII, 73. B. Carls von Lothringen zu Straßburg und Metz rarer Thaler von 1605, * XX, 9. drey Medaillen von ihm, 10 f. der Stadt Straßburg Gedächtnisthaler auf das 1585 gemachte Bündnis mit Zürch und Bern, * II, 273.

Strauch, D. Aegid., zwo Medaillen auf seine Erledigung aus der cüstrinischen Verhaftung, von 1678, * III, 129.

Sturm

Sturm, Jacob, strasburgischer Stadtmeister; rares Schaustück von ihm, 1526, * XIX, 241.

Stürmer siehe Neustätter.

Stürmers, Wolf, Münzbuch, II B. §. 30.

Stutgard. Sehr rarer Thaler dieser Stadt von 1522, * IX, 217. ist sehr selten, 217. 219. die Stadt hat vormals die Münzgerechtigkeit vom Kaiser und Reiche gehabt, 219. wann dieser Thaler geschlagen worden, 219. 224. ein ebenfalls sehr rarer Goldgulden dieser Stadt von 1520, * IX, 433 f. noch ein älterer Thaler, X, 437.

Sulz. Der Grafen von Sulz in Schwaben Thaler, XVII B. 28 f. St. Albichs in Sulz und Landgrafen in Klegau gar rarer Thaler; * XIX, 247.

Sulzbach siehe Pfalz.

Surland, Julius, Burgermeisters in Hamburg, Begräbnismünze, * XVII. 318.

T.

Talisman, eine abergläubische Zaubermünze, insonderheit sigillum solis genannt, * VIII, 353. billiger Abscheu davor, 354 f. wer davon geschrieben, 355-358. Erklärung davon, 357. von den vermeinten Wirkungen der Talismans, 360. zween andere, IX, 419 f. von den Characteren darauf, 420.

Tao, eine sinesische Münze, die wie ein krummes Messer aussiehet, X, 252.

Tapferkeitsmedaille, ein Judengoldstück, * VI Tit. µ. 50.

Tartagni, Alex., berümter öffentlicher Lehrer der Rechtsgelehrsamkeit zu Bologna; ein alter vortrefflicher Medaillon von ihm, * XVI, 9.

Tast, Hermann, allererster evangelischer Lehrer zu Husum; eine sehr rare Schaumünze, vermeintlich auf ihn, von 1535, * XIII, 161. Zweifel, ob solche Tasten vorstelle, 164-166.

Taufthaler, IX B. 32.

Tecklenburg. Graf Moritz in Tecklenburg und Bentheim Thaler von 1657, * XI, 17. ein anderer, XVII B. 19.

Tenzel, Wilhelm Ernst, berühmter churfächsischer Rath und Geschichtschreiber; eine Gedächtnismünze auf ihn, von 1700, * XV, 97. seine Verdienste in der Münzwissenschaft, 98. 99. 100. dessen scripta affecta in Münzsachen, 102. seine Beschreibung der sächs. Beylagersmedaillen, XV, 115. dessen Saxonia numismatica, XXI, 199. wie sie hätte vollständiger werden können, III, 33. von sächs. Begräbnismedaillen, IX B. 22. Entwurf der churmaynzischen Münzen, XII, 139. Beschr. der brandenb. Münzen, XIV, 231.

wieder

wieder gedruckt und verbessert, ib. Schrift von falschen heßischen Philippsthaler, XV, 75-79. eine vermeinte Widerlegung derselben, 85-87. dessen Antwort darauf, 94-96 und 102-104.

Teschen. Oberschlesische Herzoge von Teschen, ihre Thaler, XII B. 16-18. sie sind wegen ihrer Zierlichkeit und schönen Sprüche beliebt, 17. 18.

Teston, V, 353.

Teufel von Gundersdorf, Andreas, kais. Obersten zu Roß, Schaumünze von 1566, * XII, 353.

Teutschorden. Der teutsche Orden hat die Münzgerechtigkeit von Kais. Friederich II, II, 378. siehe auch XXII, 170 f. hat die Gewalt, den ihm unterwürfigen Städten, das Münzrecht zu ertheilen, II, 378. von den Münzen des Ordens, 379 f. welcher Hochmeister die erste goldene Münze schlagen lassen, 379 f. von den Zunamen der Hochmeister auf ihren Groschen, 381. warum sie die Maria auf ihre Münzen gesetzt, 381. älteste Nachricht von der preusischen Silbermünze, XXII, 170. älteste Nachricht und Untersuchung von der preusischen goldenen Münze, 172 f. einer von den ältesten preusischen Skotern, 1370, * VIII, 377. vom preusischen Münzwesen, besonders den Skotern, 377 f. zween alte preusische Creutzgroschen aus dem 15 Jaec. * XI, 57. ungemein rarer Ducate des Hochmeisters des teutschen marianischen Ritterordens in Preusen, Heinrich von Plauen, von 1410-13, * XXII, 169. der Hochmeister des teutschen Ordens Thaler, V B. 23 f. IX, 58. die teutschmeisterischen Thaler sind nicht gemein, II, 378. Medaille auf den Administrator des Hochmeisterthums in Preusen, Walther von Cronburg, von 1528, * III, 25. Thaler von gleichem Gepräge, * III Tit. u. 422. noch einer, IX, 58. Marggraf Albrecht soll keinen Thaler, als Hochmeister, haben schlagen lassen, V B. 23. gleichwol kommt einer vor, IX, 58. des Hochmeisters Heinrich von Bobenhausen Thaler von 1590. ist extra-rar, V B. 23. * IX, 67. Maximilian, Erzherzogs von Oesterreich und Hochmeisters des teutschen Ordens, prächtiger Wappenthaler von 1612, * XXI, 161. vielerley Sorten davon, 162. wie die Schrift des Averses recht zu lesen, 162. des Hochmeisters Joh. Eustachii rarer Thaler von 1625, * II, 377. Medaillon des Hochmeisters Franz Ludwigs von 1699, * IV, 305. was der Löwe darauf bedeute, 311. noch eine Medaille von ihm, 311. Ducaten von ihm, 311.

Thaler. Was ein Thaler sey? II B.

B. §. 21. wann man sie zu schlagen angefangen, ib. wie man sie Anfangs genennt, ib. Verschiedenheit ihres innern Gehaltes, ib. einer gilt zehen, ib. woher ihr Name, ib. ihre Seltenheit, §. 28. Regeln davon, §. 29. Einwürfe dargegen und deren Beantwortung, III B. b 3. woraus ihr innerlicher Werth zu erlernen, II B. §. 30. ihre Schönheit, §. 31. Regeln davon, ib. Einwürse dargegen, III B. b 3. b. welches die schönsten unter den neuern, II B. §. 31. Vorschlag, ohne Einbuß Thaler zu schlagen, §. 31. Thalerpreis zur Kipper- und Wipperzeit, II, 231. IV, 370. Thaler, so 14 Kreutzer werth ist, XIX B. 6. n. 6. daß die grossen Stücke von Thalersilber geschlagen, auch zu den Thalern gehören, III B. b 3. die allerraresten Thaler, III B. §. 39. n. VII. VI B. 39. n. H. Specification verschiedener extrararer Thaler, XVIII, 174. 183. einen neugeprägten Thaler in ietzigen Zeiten zu sehen, ist eben so eine Rarität, als einen alten, und warum? VII, 379. ein neugeprägter Thaler eines geistlichen teutschen Fürsten ist ietzo eine Seltenheit, XIV, 106. Ursache, warum die alten Thaler so sehr verschwinden, XVI, 51. ie neuer der Thaler, ie rarer, und warum? XVI, 378. der fürstlichen Gemahlinnen Thaler sind rar und sonderbar, XVIII, 2. ein solcher von der Herzogin Renata von Lothringen, * XVIII, 1. 2. das Wort Thaler ist 1530 noch nicht üblich, VI, 75. ein Thaler einer evangelischen Reichsstadt, worauf die Namen JEsus, Maria, Joseph, stehen, XX B. 5. der schöne Thaler, VII. B. 5. die ältesten Thaler, einer des B. Nicolai von Sitten, von 1498, V B. 17. Siegmundsthaler von 1484, VIII B. 13 f. von Dortmund, XLX B. 2. im Thalerschlagen äusert sich der Gebrauch eines grössern Regals, als im Medaillenprägen, V B. 10. Speciesthaler sind von verschiedenem, sonderlich vierlerley Gehalt, VIII, 8. sind nicht alle nach dem alten Reichsmünzfuß geschlagen worden, 324. von ihrem Schrot und Korn, VIII, 325 f. Hauptirthum bey der Reichsmünzverfassung der Speciesthaler, VIII, 325 f. Thaler, deren Seiten nicht zusammengehören, sondern aus Irrtum zusammen gefügt worden, XII B. 10. XV, 79. siehe auch Zwitterthaler. Churfürstliche Thaler mit des Kaisers Namen und dem Reichsapfel, I, 157 f. Thaler der Söhne des gefangenen Churf. Joh. Friedrichs von Sachsen, von 1550, VI. mit Kais. Carls V. Bildnis, I, 159, VII, 147. IX B. 2. wa=

rum ſie ſo ſelten, 2. daß ſie nicht der Kaiſer ſchlagen laſſen, 2. 3. Thaler des reſtituirten Churf. Joh. Friederichs zu Sachſen mit dem kaiſ. Namen und dem zweyköpfigten Reichsadler, I, 159.

Thalergroſchen, III B. §. 22. VI, 256.

Thalerſammlung. Vorzug derſelben vor einer Medaillenſammlung, II B. §. 1. wie ſie dabey einzutheilen, §. 2 f. Thalercabinet Mich. Lilienthals, II, 184. Thalerorum et monetarum modernarum exquiſitiſſ.ſeries &c. Berlin, 1750, XX, 95 f. ſiehe auch Münzcabinet.

Thann, ein ungemein rarer Thaler dieſer Stadt von 1511, * XVI, 17. ein noch älterer von 1494, 18. noch zween ſolche Thaler, 19. woher dieſe Stadt Silber zum Thalerſchlagen gehabt, 19.

Theſaurus uniuerſalis omnium numiſmatum ueterum graecorum et romanorum &c. ſoll zu Zürch herauskommen, VI, 199. der Entwurf davon wird gezeigt, 199 f. greulicher Abſtich der Münzen darinnen, XIII, 168.

Thoren. Der Aebtißinnen allda Thaler, V B. 29. ſeltener Thaler der Aebtißin Margareta von Brederode, 1557, * XV, 241.

Thoren. Gedächtnismünze von der Vollziehung des wegen der thorniſchen Tumultſache zu Warſchau 1724 gefällten ſtrengen Urtheils,

* XVI, 345. Jubelmünze wegen des erreichten fünften Jahrhundertes nach Erbauung dieſer Stadt, von 1731, * XXII, 105. eine Medaille wegen Errettung aus Gefahr, 1650, unter dreyfachem Stempel, 106.

Thüringen. Eine angebliche Münze von K. Walderico, mit einem nötigen Bedenken darüber, XIV, 372-76.

Thüringergroſchen, II, 239.

Tilgner, Gottfried, hatte vor, eine hiſtoriam numiſmatico - literariam zu ſchreiben, hats aber nicht ausgefürt, VIII, 367.

Tilly. Johann Tſerclas, Grafen und Freyherrn von Tilly, ligiſtiſchen und kaiſ. Feldherrn, Medaille, * VII, 129. noch ein merkwürdiges Schauſtück von ihm, * XIX, 169.

Tong-tſien, * X, 249. eine ſineſiſche Kupfermünze, was die darauf befindlichen Wortzeichen bedeuten, 249. warum ſie in der Mitte ein viereckigtes Loch hat, 251. ihr Werth, 251. Tſuen heißt im ſineſiſchen überhaupts eine Münze, welches ſie jetzt Tſien ausſprechen, 254. Tong-tſien aber heißt eine Kupfermünze, und In-tſien die ſpaniſchen piaſtres und Franzthaler, ib.

Toſcana ſiehe Florenz.

de la Tour ſiehe Bouillon.

Trappe. Ein Schauſtück auf den berümten Abt Armand Johann Bou-

Bouthillier von Rance wegen des von ihm in Trappe wieder aufgebrachten sehr strengen Klosterlebens, 1693, * XVI, 201.

Trautson, Fürst Johann Leopolds Thaler, 1719, * VI, 193. das trautsonische Haus hat noch im Grafenstande Thaler schlagen lassen, 194. dieser ist sehr rar, 194. mehrere Thaler, XI B. 29. 30. XIV, 461.

Trient. Ein einziger extrararer Doppelthaler des dasigen B. Bernhard von Glöß, V B. 18. eine rare Schaumünze von ihm, von 1520, * XII, 89. wird irrig für einen Thaler gehalten, 90.

Trier. Churf. Cononis sehr älter und rarer Ducate von 1362, * II, 145. Anmerkungen darüber, IV, 191. noch 2 Ducaten von ihm, II, 428. sehr merkwürdige dritte Sorte davon, IV, 447. Churf. Werners 2 rare Goldgulden von 1389, * IV, 401. 450. churf. trierische Thaler, II B. §. 41. sind die allerrarresten unter den geistl. churf. Thalern, ib. Thaler des trierischen Domcapitels, ib. siehe auch III B. d. 4. Churf. Philipp Christoph rarer Thaler von 1625, * IV, 33. mehrere, V, 167. Churf. Carl Caspars doppelter Ausbeutthaler von 1657, * II, 153. zwey aufeinander folgende churf. trierische Begräbnisthaler, von 1711 und 15, * XIII, 129. eine wohlgeschnittene Medaille Churf. Joh. Hugo von Orsbeck, * XIV Tit. und B. 32.

Trieste. Des B. Conrads zu Trieste sehr rare Münze von 1232, * II, 217. warum auf der ersten Seite des Bischofs, und auf der andern der Stadt Name stehe, 223.

Trivulzio, Joh. Jacob, Marggr. von Vigevane, Marschall in Frankreich; merkwürdige viereckigte Medaille auf ihn, 1500, * II, 49.

Troni, ein gewisses venetianisches Geld, VIII, 435.

Tull. Die Bischöfe daselbst haben vermutlich gar keine Thaler schlagen lassen, V B. 19.

Culpen, Nicolaus, D. Med. und Burgermeister zu Amsterdam; Gedächtnismünze auf sein 1672 begangenes Jubelfest wegen solcher Rathsherren Würde, * XIII, 329.

Turenne, Heinrich, Vicomte von, ein weltberümter französischer Kriegsheld; Medaille auf ihn, * VIII, 113.

Türkische Münzen, einheimische und ausländische, iene von Gold, Silber und Kupfer, X, 289 f. sie prägen ihres Groß-Sultans Bild nicht auf die Münzen, 290. wer zuerst unter den Muhamedanern angefangen, eigene Münze zu schlagen, 290. ordentliche Münzstädte in der Türkey, 290.

ein türkischer Ducate von 1680,
* X, 289. die Ducaten sind nicht
allemal vom feinsten arabischen
Golde, 289.
Turnosen, alte Silbergroschen, II,
34. wer sie zuerst münzen lassen,
ib. was die darauf stehende Figur bedeute? 34 f. siehe auch XVII,
146 f. ein cöllnischer, * XVII,
145. heißen auch Gros Tournois,
Sols d'argent, Sols Tournois,
Gros Deniers d'argent, Gros
Deniers blancs, Grossi (argentei) Turonenses, Turoni, 146 f.
einige alte Turnosen, 146 f. werden in den benachbarten Rheinlanden des teutschen Reiches nachgemünzt, 147. franckfurtische und
würzburgische, 147. haben zu
den böhmischen Groschen Anlaß
gegeben, 147.
de Turre et Valsassina, Fürst Anshelm Franz, hat Ducaten münzen lassen, XI B. 29.
Tympfe, Tympfgulden, polnisches
Geld, * XIII, 217 f.

U. V.

Valeso, ein römischer Abt, will alle
päbstl. Schaumünzen beschreiben,
III, 384.
del Vasto, neapolitanischer Marchese; dessen Thaler von 1705, *
III, 225. Kais. Joseph bestättigte seine Erhebung in den Reichsfürstenstand und verherrlichte diese Würde mit dem Münzrechte,

232. wo dieser Thaler geprägt
worden, 226. wie auch andere
Thaler und Goldstücke, 232.
Uchelen, Segers von, Jubelhochzeitmedaille, VI, 103.
Ueberlingen siehe Ulm.
Veit. S. Veitsthaler werden zu
Corbey geschlagen, V B. 25 f.
Venedig. Eine rare Münze des
Doge Andr. Dandulo zwischen
1343 und 54, * XIV, 153. des
Herzogs Augustin Barbarigo rares Schaustück zwischen 1486
und 1501, * XXII, 41. eine rare
Osella der Gemalin des Herzogs
zu Venedig Marino Grimani,
einer gebornen Morosini, 1597,
* XVIII, 129. von den Rosgen
auf dem Reverse, 136. eine andere Osella einer Herzogin, 130.
ein Osello des Doge Franc. Morosini von 1690, * III, 153.
Venuti, Rudolfinus, aus Cortona,
beschreibt numismata Rom. Pontificum praestantiora a Mart. V
usque ad Bened. XIV, und hat
seine Vorgänger übertroffen,
XVIII, 370. Auszug daraus,
XVIII, 370. siehe päbstliche
Münzen.
Verdun. Die Bischöfe daselbst haben das Münzregale gehabt, V
B. 19. ein Thaler des B. Carls
von Lothringen, 19.
Vergara, Cesar Anton., Monete
del regno de Napoli, VIII, 72.
Vernon. Gedächtnismünze auf des
englischen Viceadmirals Vernon
Anfall

Anfall auf Carthagena, von 1741, * XIII, 353. eine andere vorgebliche Medaille auf diese Gelegenheit, 354. noch eine bey dieser Gelegenheit, * XIV, 433.

Vicariats-Thaler und andere Münzen. Zehen Vicariatsthaler werden angefürt III B. d 1 b. bayerische: einer von 1657, * II, 97. Churf. Maximilian Emanuels goldene Münze 1712, zu Behauptung des Vicariats geschlagen, XI, 426. bayerischer Vicariatsthaler von 1740, XIX, 298. erster gemeinschaftlicher bayerischer und pfälzischer Vicariatsthaler von 1740, * XIII, 177. eine zu Augspurg auf das churbayr. und churpfälzische gemeinsame rheinische Reichsvicariat geprägte schöne Gedächtnismünze, * XV Tit. und B. 6. pfälzische Vicariatsthaler von 1612, * II, 65. von 1657, * II, 89. 420. 427. von 1711, III B. §. 48. der allerneuste von 1745, * XIX, 321. sächsische: der erste Churf. Johann Georgs I, * II, 73. ein schönes Schaustück auf dieses sein erstes Vicariat, * V, 281. beym zweyten Reichsvicariat eben dieses Churfürsten, von 1619, II, 74. von 1657, von 2 Stempeln. * II, 105. Churf. Friederich Augusts von 1711, III B. §. 43. XIII, 427. zweyerley sächsische Vicariatsducaten von 1711, XIII, 426 f. Vicariatsthaler von 1740, * XIII, 71. der andere von 1741, * XIII, 425. Gedächtnismünze auf das von Frid. Aug. II, K. in Polen und Churf. zu Sachsen zum zweytenmal gefürte Reichsvicariat 1745, * XVII, 401.

Pignorius, Joh., schreibt de antiquioribus Pontificum denariis, XIX, 354.

Vinci, Leonhard, Mahler zu Florenz; Medaille auf ihn, von 1669, * IX, 369.

Dinstingen. Die Herren von Vinstingen haben das hohe Münzregal, IX, 205. eine einzige Münze von der Marggräfin Diana, * IX, 201.

Ulm, stehet in einem Münzverein mit Ueberlingen und Ravenspurg, davon eine rare Silbermünze von 1502 zeugt, * VIII, 73. 76. Batse van Olms, oder ein Dreykreuzer mit dem ulm. und überlingischen Wappen, ib. was der Ritter S. Georg darauf bedeute, 76 f.

Ungarn. Rare Kupfermünze der von 1262 bis 70 zusammenregierenden Könige in Ungarn, Bela IV und Stephan V, Vatters und Sohnes, * XVIII, 137. verschiedene Stücke davon, 138. Nutzen derselben in der Historie, 138. Specification der ungarischen Ducaten von K. Ludwig I an bis auf Carl VI, I, 418 f. sind gröstentheils rar, 419 f. rare Silbermünze K. Ludwigs I und grossen

grossen zwischen 1342 und 71, * XIV, 121. ein Groschen desselben von 1351, * II, 209. Ducate der Kön. Maria von 1382, * I, 1. ist sehr rar, 8. drey unterschiedene Stempel davon, 418. daß in der Umschrift Rex und nicht Regina zu lesen sey, L, 7. Carl Andr. Bel widersetzt sich dieser Meinung, XIV, 122 f. ausfürlicher Vortrag seiner Gründe und deren Beantwortung, 123-136. Bels vorläufige Antwort darauf, abgedruckt, XVI, 418-437. Köhlers Beschluß dieser Streitigkeit, 437-440. sehr rare Silbermünze dieser Kön. Maria zwischen 1382 und 87, * XIV, 121. darauf heist sie Regina, 132. ungemein rarer Ducate K. Carls des kleinen von Neapel, XX, 439. noch ein anderer dafür gehaltener, 440. Joh. von Hunyad, Gubernators des Königreichs Ungarn, rarer Ducate, zwischen 1445 und 52, * XVII, 185. ein anderer Schlag davon, 185 f. K. Matthiae Corvini Ducaten, siehe Räbleinsducaten. Ein Paar ungemein rare Thaler K. Wladislai II in Ungarn und Böhmen, * XIV, 345. der erste von 1499 ist ein ungarischer, der andere ein böhmischer, beede aber sehr unbekannt, 346. noch ein Thaler von ihm, von 1506, auch in Gold, 352. wie die ungarischen Thaler abzutheilen sind,

II. B. s. 26. Medaille der verwittibten K. Maria von 1530, * V, 313. rare Goldmünze K. Joh. Zapolya &c. * VI, 9. ungarische im Türkenkriege geschlagene Feldklippe, 1552, * V, 409. ein gar sehr rarer Ducate der Kön. Isabella und ihres Sohnes K. Johannis II, von 1559, XIII, 385. räthselhafte Buchstaben S. F. V. auf dem Revers, 385. werden erklärt, XVII, 21. 440 f. eine andere Erklärung, XXI, 428 f. dreyerley Sorten dieses Ducaten, 429. Thaler K. Matthiä II von 1610, * VIII, 409. zween zierliche ungarische Ausbeutthaler von 1648, * XX, 17. warum man Sonne und Mond darauf geprägt hat, 18. Kais. Ferdinand III ungarischer Thaler von 1657, XIV, 42. eine von dem Commendanten in Gros-Waradein bey der ragozischen Einschliesung 1708 von Kupfer geschlagene Notmünze, * XXI, 305. wenige ungarische Notmünzen, 305. von des aufgeworfenen K. Johannis II Feldthaler von 1665, mit der glatten Ruckseite, 306. Auswurfsmünze bey der ungar. Kön. Krönung der österr. Erzh. Maria Theresia, 1741, * XIII, 313. erster Thaler der Kön. Maria Theresia, * XIV, 417. ein Ducate dieser Königin, * XIV, 121.

Un-

Unterwalden ob dem Kernwald. Ein Ducate dieses eidgenößischen sechsten Hauptortes von 1726, * XVI, 305. wie dieser Ort hat können Ducaten schlagen laßen, 306.

Vondel, Joost van den, berümter holländischer Poet; eine recht schöne Medaille auf ihn, von 1679, * XIV, 193.

Vormundschaftliche Thaler sind nicht gemein, IV, 279.

Vos, Herman, Catalogue d'un Cabinet très considerable de Medailles modernes - - - recueilli par lui, XXII, 87.

Ursini, Fuluii, imagines et elogia uirorum illustrium et eruditorum ex antiquis lapidibus et numismatibus, VIII, 367.

Utrecht, Bischof Rudolphs daselbst rarer sogenannter Postulatsgulden, zwischen 1423 u. 55, * XI, 113. XII, 447. utrechtischer Löwenthaler, XIV, 291. Gedächtnismünze der utrechtischen Staaten auf den von Graf Moritz von Nassau wider den Erzh. Albrecht von Oesterreich 1600 erfochtenen Sieg, * XX, 369. utrechtischer Rechenpfenning von gleichem Gepräge, 370. B. Balduins I zu Utrecht sehr alter Pfenning von 988 - 94, * XXII, 129. Münzrecht der Bischöfe, 134.

W.

Wagners gründliche Nachricht von den in Sachsen, Thüringen und Meißen gemünzten Groschen, XVII, 170.

Waiz, Jacob, Med. D. zu Gotha; dessen Eheiubelmedaille, VI, 420.

Waldeck. Der Grafen Georg Friederich und Johann Wolrads von Waldeck Thaler von 1654, * V, 105. Seltenheit desselben, 106. noch einer von den Grafen Christian und Wolrad, XI B. 29. 30. Graf Christian Ludwigs Sinnbildsthaler von 1695, * XVIII, 9. gehört unter die merkwürdigen und raren Thaler, 10.

Waldstein, Freyherr Johann Heinrich, Medaille auf ihn, wie er 1254 seine 24 Söhne dem König in Böhmen übergibt, * VI, 1.

Wallenstein. Thaler und Ducaten, die Wallenstein sowol als mecklenburgischer, als auch als friedländischer Herzog, schlagen laßen, III, 17. 18. dreyerley Sorten davon, 434 f. siehe auch VIII B. 12. XII B. 15. alle seine Thaler sind rar, die friedländischen aber am allerseltensten, XII B. 16. wie er so viele Thaler hat können prägen laßen, 16. seine saganischen Thaler, 15.

Walliserland. Dessen schöner Gedächtnisthaler auf den erneuerten Bund mit den römischcatholischen

ſchen ſchweitzeriſchen Eidgenoſſen, von 1696, * XXI, 49.

Warheitsthaler, III, 348. VI B. 35.

Wechſel, cambium publicum, iſt, wo eine Münze iſt, XI, 35.

Weingarten. Des Abts Gerwicus in dieſem Cloſter rare Schaumünze, von 1529, * XVI, 103.

Welſerin, Philippina, Erzherzogs Ferdinand von Oeſterreich Gemalin; Medaille auf ſie, * III, 9.

Werden. Der Aebte daſelbſt Thaler, V B. 28. zween rare Thaler von 1636 und 98, * XIII, 193. noch zween rare Thaler von 1724 und 30, * XIII, 201.

Weſtfriesländiſcher Thaler von 1596, * I, 385. Gedächtnismünze auf den über die ſpaniſche Flotte 1573 erhaltenen Sieg, * XI, 177 f.

Weſtphäliſcher Friede. Siehe Münſter.

Wichmannshauſen, churſächſ. geheimen Cammerraths, Catalogus von alten raren und neuen Münzen, XX, 27.

Wied. Graf Friedrich Alexanders von Wied recht ſchöner Ducate von 1744, * XVIII, 225. ſonſt iſt keine gräfl. wiediſche Münze zu Handen gekommen, 226.

Wiedertäufer. Des wiedertäuferiſchen Königs in Münſter 1534 in Gold und Silber geſchlagene Münze, * V, 257. wo einige andere wiedertäuferiſche Münzen erklärt und beſchrieben werden, 258. dieſe iſt noch nicht im Kupferſtiche vorgeſtellt worden, 258. Beweis, daß ſie der Wiedertäuferkönig ſchlagen laſſen, 258. alter Abdruck davon mit hochteutſcher Schrift, 258. viererley Stempel davon 258 f. iſt den ausgeſandten Propheten mitgegeben worden, 259. warum ſo viele Sprüche darauf ſtehen, 260 f.

Wiedmann, Hanns, zu Venedig, Medaille, * IV Tit. und 437. von deſſen Sohne ſiehe Ortenburg.

Wieſe, Heinrich Dieterich, Burgermeiſters in Hamburg, Begräbnismünze, * XVII, 332.

Wilhelmergroſchen, II, 239.

Windiſchgrätz, Leopold Victorin Johann Graf von, recht ſchöner Thaler von 1732, * XIII, 169. ſilberne Spielmarquen, die er bey ſeinem Aufenthalt zu Cambray 1722 prägen laſſen, 170.

Winterbach, Johann Philipp von, Burgermeiſters zu Rotenburg an der Tauber, Jubelhochzeitmedaille, * VI, 417.

Witt. Vortrefliche Medaille auf die 1672 jämmerlich entleibten beeden Witten, * IV, 161. XIV, 465.

Wittenpfenninge, in den 3 Städten,

I. Münzregister.

ten, Lübeck, Hamburg, Lüneburg, XIV, 340.

Wizendorf, Heinrich, Burgermeisters in Lüneburg, sehr rare goldene Begräbnismünze, 1617, * XV, 185.

Wladislai-Heller, eine schlesische Münze, IV, 370.

Wolders, Jürgen, Münzbuch, II B. §. 30.

Wolf, Christian, der weltberümte Philosoph. Medaille auf ihn, * XII, 385. eine andere, * XII, 409. Gedächtnismünze auf seine Zurückekunft in Halle, von 1740, * XIII, 409.

Wolffstein. Christian Albrecht, letzten Grafens von Wolfstein und Herrn zu Obersulzbürg und Pyrbaum, Gedächtnismünze auf die Einweihung der neuerbauten Schloskirche zu Obernsulzbürg, von 1723, * XII, 209.

Worms. Uraltes Münzrecht der Bischöfe zu Worms, XVIII, 82 f. welches sie einigen Bürgern überlassen, 83 f. Werth der wormser Münze, 85. das bischöflich wormsische Thalerfach kan erfüllet werden mit den Thalern der Chuirfürsten von Mainz, so zugleich Bischöfe von Worms gewesen, V B. 19. ein sehr rarer Thaler Bischof Georgs von Schönburg, von 1588, * XVIII, 81.

Wunschwiz. Gedächtnismünze auf die von Matthia Gottfried, Freyherrn von Wunschwiz, dem heiligen Johann von Nepomuck zu Ehren 1683 auf die Prager Brücke gesetzte eherne Bildsäule, * XIX, 49. wer diese Medaille verfertigen lassen, 53.

Wurmbrand, Hieronymus, zu Stuppach, kaif. Raths und Landsabgeordneten in Niederösterreich, rare Schaumünze von 1573, * XIII, 153.

Würtemberg. Herzoglichwürtembergische Thaler, X B. 29 s. 36. der Grosvater aller würtembergischen Thaler, 29 f. warum auf würtembergischen Thalern der grosse Christoph stehe, 32. Vormundschaftliche Thaler: Herzog Carl Rudolphs von 1737, * X, 33. soll der andere würtembergische vormundschaftliche Thaler seyn, 40. der erste von 1680, 40. noch zween vormundschaftliche Thaler, X, 436. noch einer, vom Herzog Ludwig Friedrich, der sehr rar ist, von 1629, * XII, 265 f. Herz. Carl Friedrichs, von Würtemberg und Oels, als Administrators und Vormunds sehr schöner Thaler, von 1739, * XIII, 433. angefangenes Verzeichnis der würtembergischen Schau

Schau- und Gedächtnismünzen in der fürſtl. ſtutt- und mömpelgartiſchen Linie, die nicht oft vorkommen, XXI, 205-208. Herzog Chriſtophs ſehr rarer Thaler von 1554, * XVI, 241. iſt der allerrareſte im würtemb. Thalerfach, 242. H. Friederichs rarer Thaler von dem merkwürdigen Jahre 1598, da er ſein Haus von der öſterreichiſchen Reichsafterlehenſchaft entlediget hat, * XVI, 145. mehrere Thaler von ihm, 146. H. Johann Friederichs Thaler von 1623, * III, 321. ein Doppelducate von ihm, 425. 431 f. eine ſchöne Klippe, 440. deſſen ſechseckigte Medaille mit der Reichsſturmfahne, XIV, 240. H. Wilhelm Ludwigs niedlicher Begräbnisthaler, von 1677, * XVIII, 17. der H. Eliſabeth Maria Begräbnisthaler, von 1686, * VI, 401. noch eine kleine Silbermünze, 407. H. Georgs Gedächtnismünze auf das vor 100 Jahren gehaltene mömpelgartiſche Religionsgeſpräche, von 1686, * X, 265. H. Eberhard Ludwigs Gedächtnisducate auf die mömpelgartiſche Huldigung, 1723, * XIV, 33. deſſen Schauſtück mit der Reichsſturmfahne, * XIV, 233. H. Carl Alexanders ſehr rare Begräbnismedaille von 1737, * XV, 297. iſt zwar geſchnitten, aber nie geprägt worden, 298. Gedächtnismedaille auf die Vermälung H. Carls mit der brandenburgculmbachiſchen Princeßin Eliſabeth Friderica Sophia von 1748, * XXI, 201.

Würzburg. Biſchöflich würzburgiſche Thaler geben wegen ihres Alters, Schönheit und Menge einem Thalercabinet eine ſonderbare Zierde, V B. 19. Verzeichnis derſelben, 19 f. noch zween Thaler von 1523 und 43, XV, 18. Biſchof Gebhards uralter Schilling von 1151, * IV, 289. Biſchof Melchior Zobels rarer Thaler von 1554, * XV, 17. ein Schauſtück von ihm, 18. eine Medaille auf ſeine Entleibung, von 1558, * IV, 297. Biſchof Julius Echters von Meſpelbrunn ſehr wohl ausgearbeitetes Schauſtück, von 1575, * XIX, 401. Biſchof Philipp Adolphs Thaler, von 1623, * V, 209. ſonderlicher biſchöfl. würzb. Ducaten zwiſchen 1724 und 29, * XIV, 281. Ducaten des Biſchof Friederich Carls, V B. 21. Biſchof Chriſtoph Franzens Thaler, * I, 209. eine Medaille auf ſeine Wahl, 212. er läßt gute und überaus ſchöne Münzen prägen, 213. deren verſchiedene Sorten angefürt werden, 213 f.

Y.

Y.

Ysenburg. Graf Wolfgang Ernst I zu Ysenburg und Büdingen Gedächtnisthaler aus dem Bergwerke bey Hepler, 1618, * VII, 161. wenn er die Münzgerechtigkeit erlanget, 165. von seinen übrigen Münzen, 166. sonst ist kein ysenburgischer Thaler vorgekommen, XV B: 1. 2.

Z.

Zamoyski, Johann, polnischen Cron-Gros-Kanzlers und Feldherrn, Medaille, * I, 249. die Wirklichkeit dieser Medaille hat wollen in Zweifel gezogen werden, VIII, 295.

Zechini. Man schlug vormals zu Trevoux güldene Zechini mit dem S. Marx Gepräge, worüber sich Venedig beschwert, XIV, 35.

Zenonis Isaurici Imperatoris numus aureus, darüber ein fürstlicher commentarius, IV, 247.

Zetter, Jacob von, Münzbuch, XIX, 162.

Ziegler, Christina Maria von, geborne Romanus, in Leipzig; Medaille auf ihre poetische Krönung, von 1733, * IX, 137.

Zinn, in der Noth zum Münzen gebraucht, VII, 72. IX, 353. 360.

Zinnischer Fuß bey den Thalern, VIII, 8. 324.

Zinsgroschen, II, 240.

Zollern. Ein ungemein rarer Thaler Graf Jobst Nicolaus zu Zollern, von 1544, * XXII, 33.

Zucka-Sicca oder persianischer Silberling, XVIII, 105.

Zug. Thaler dieses Ortes in der schweizerischen Eidgenossenschaft, von 1621, * XIII, 249.

Zuichemus, Viglius, ab Aytta, niederländischer geheimer Raths-Präsident; Medaille auf ihn von 1561, * XVI, 417 †. Medaille von grösserer Form, 418 †. vom Sinnbild darauf, XVII, 427.

Zürch. Zürch- und bernischer Bundsthaler und Klippe von 1588, II, 276. Zürcher Thaler von 1512, VIII, 302. zürchische Gedächtnismünze auf die 200jährige Jubelfeyer wegen der bekannten evangelischen Lehre, von 1719, * XXI, 57. noch eine andere, 61 f.

Zwitterthaler, VI B. 17. XII B. 10. XV, 79. was einer sey? XIX, 57 f. drey Veranlaßungen darzu, 58. und Exempel davon, 58 f. mit keiner Art Thalern haben die Betrüger mehr gefrevelt, als mit den sächsischen, 61. mehrere Exempel davon, 61 f. Zwitter unter den alten römischen Münzen, 64. ein rarer und gräßlicher Zwitterthaler mit Kais. Carls V Bildnisse und dem sächsischen Wappen, * XIX, 57. genauere Betrachtung seiner scheuslichen Gestalt, 62 f. warum die falschen Münzer zwey verschiedene Gepräge zusammen gegattet, 63 f. hälsischer Zwitterthaler, XX B. 7. lübeckischer, XXI B. 11. nürnbergischer, 24.

II. Spruch-

II. Spruchregister,

Oder Verzeichnis der auf den Münzen vorkommenden Sprüche in verschiedenen Sprachen, nach dem A. B. C.

1) Französische.

A l' immortalité, XIII, 393.
Au gré de mon soleil, VI, 297.
Dieu et mon droit, XII, 225. XXI, Tit.
En tout fidelles au Roi, jusques à porter la beface, VIII, 105.
Espoir me conforte, XVI B. 20.
Ferme au milieu des ondes, VII, 256.
Fidelité oblige, X, 338.
Fortune infortune fort une, VIII B. 8. XV, 127.
Fromage d'Hollande, IX, 383.
Hony foit, qui mal y penfe, II, 193 f. V, 25. XII, 225. XXI, 206.
Je maintiendrai, V, 25.
Il ne fçait, où aller, IX, 383.
Plus oultre, XIV, 462. XXII, 241.
Point de couronne fans peine, X B. 11.
Sans point fortir hors de l'orniere, XXI, 427.
Tout avec Dieu, VI B. 37. XIX, 113 f.

2) Griechische.

A et Ω, XXI, 240.
Ἀνδρὸς δικαίου καρπὸς ἐκ ἀπόλλυται, XVI, 217.
Ἄριστον μέτρον, IV, 145.
Ἀρχιερεῖ τῷ πάνυ, XVIII, 390.
Αὐδὴ θείη, IX, 137.
Γρηγορεῖ, XX, 436.
Δόξα ἐν ὑψίστοις Χριστῷ τῷ Θεῷ &c. XVI, 34.
Ἐκ πολέμε μηνιζομένη, XVIII, 121.
Ἐκεῖθεν ἡ σωτηρία, XI, 377.
Εὕρηκα, XI, 217.
Θεοτόκε βοήθει, VI, 360.

Ἰησοῦς Χριστὸς νικᾷ, XVII, 176.
Κρατοῦμαι, XVIII, 392.
Κύρι' βοήθει, VI, 360.
Λάχου, VIII, 425 f. X, 430 f.
Μαχέλως, V, 145 f. VIII, 425 f. X, 430 f. XXI, 384.
Οἶκος φίλος οἶκος ἄριστος, XXI, 82.
Ὅρα τέλος μακροῦ βίου, XII, 119.
Ὀρθὸς ἐχὶ ὀρθυμένος, XXI, 369.
Πανταχόθεν χρήσιμα, XIV, 321.
Φέρει Ζεὺς εὖ ῥαίνει, XVIII, 389.
Ὑγίεια, XVI, 65.

3) Hebräische.

שוע נצר משיח יהוה ואדם יחד VI, 427.
משיח מלך בא בשלום &c. VI, 353 f. 427.

4) Holländische.

De bevalligheyd is bedroch &c. XV, 163.
De tyd heef nimmer weghgenomen &c. V, 27.

5) Italiänische.

Giovar a molti ed a niſſun far danno, V, 395.
I prencipi tributati da i popoli &c. III, 80. XVI, 195.
Libero in acqui e viſſi e morro ſciolto, XXI, 384.
Ne mi baſta, ne mi beſogna, XXI, 384.
Notriſco al buono, ſtingo el reo, I, 145.
Per non dormire, XII, 441.
Vivo o mortuo I, 426.

6) Lateinische.

A Deo datus, XX, 344.
A Deo deſtinata; (data) III, 198. IX, 177. XX, 241.
A Deo et Chriſtina (Regina) III, 200. VIII, 17. 24.
A Deo et parente, VI B. 22. VII, 265.
A Deo et pro Deo, XX, 344.
A Deo et uirtute ſplendor, III, 121.
A Deo omnia ornamenta reip. &c. IV, 442.
A dextris eſt mihi; ne commoueat, I, 214.
A Domino auxilium meum, VIII B. 31.
A Domino hoc (iſtud) factum, et mirabile eſt in oculis noſtris, I, 360. III, 199. X B. 24. X, 1, 65. 435. XIV B. 17. XVIII, 353. 403. XIX, 61.
A Domino regnum uenit imperiique poteſtas, VIII, 398.
A. E. I. O. V. III, 169 f. 426.
A militari ad regiam, XIV, 169.
A quo et ad quem, XX, 436.
A ſole ſal, X B. 16.
A ſolo Jehoua ſapientia uera, XVII B. 15.
A temporali ad aeternum, XVIII, 423.
A teneris, XX, 138.
A tergo et fronte malum tandem Deus propitiare &c. XVII, 428 f.
A uictoria nomen, XXII, 48.

Ab

II. Spruchregister.

Ab altis ad altiora, XVII, 307.
Ab incunabulis, XX, 138.
Ab inimicis libera me, Domine, III, 421.
Ab origine, VIII, 129.
Ab origine mundi, XVIII, 426.
Accende lumen sensibus, X, 54.
Accipe, quae peragenda prius, XX, 348.
Ad alligandos reges in compedibus eorum &c. III, 64.
Ad aras usque obsequens, XIII, 81.
Ad astra mecum, XIV B. 15.
Ad benedictiones, XVIII, 418.
Ad meliora, XIII B. 22.
Ad metam tempore ducit, XX, 26.
Ad mortem usque certa pro ueritate &c. XV, 161.
Ad utrumque, IV, 305.
Adiutorio et protectione Dei odiantis operantes iniquitatem, XI, 96.
Adiutorium nostrum in nomine Domini, VIII, 75. XVIII B. 9.
Adiuua nos, Deus salutaris noster, XV, 289.
Adiuua, o uirgo, res tua agitur, II, 381. IX, 58.
Adorate Dominum in atrio sancto eius, XVII, 353.
Aduersa et philosophum et christianum probant, XIII B. 30.
Aduersa placide, prospera moderate, XI, 65.
Aduersus hostes nulla est praetereunda occasio, XXI B. 14.

Aedificat et custodit, XIX, 347.
Aequa lege sortitur insignes et imos, XV, 417.
Aequa libra Deo grata, III, 421.
Aequitas iudicia tua, Domine, I, 376. X, 121.
Aequitatis et innocentiae cultus, XXII, 41.
Aetas mea tanquam nihilum est coram te, XXI, 81.
Aeternae nuncia pacis, XVII, 307. *Aeternitati II. 25.*
Aeternum meditans decus, VII B. 21.
Aethereum numen diademata celsa tuetur, XXI, 373.
Afflictis sidus amicum, VIII, 49.
Agere aut pati fortiora, XI, 182.
Agimus tibi gratias, omnipotens Deus, XX, 313.
Agnosce te diligentes, IV B. §. 7. XVI, 185.
Agnus Dei, qui tollis peccata &c. III, 212.
Agnus is, ecce, Dei, qui tollit crimina mundi, I, 429.
Alibi hyemandum, XV B. 4.
Aliis inseruiendo (ipse) consumor, I, 393 f. VI B. 32 f. XVII, 305.
Aliis, non sibi, clemens, XX, 161.
Alit et protegit, XIX, 209.
Alleluia, XXI, 375.
Altera alit, protegit alter, X, 358.
Amara miscet dulcibus Jehoua, XIII, 423. XVII, 414.
Amat aurea condere saecla, XX, 347.

Amat

Amat uictoria curam, III, 377. 433.
Amor distantia iungit, III, 145. 424.
Amor et prudentia regnat, X B. 9.
Amore et corde, XX, 342.
Amore et prudentia, XIII B. 20.
Animi conscientia et fiducia sati, XI, 225.
Annosoque ualet cum robore, I, 321.
Annuntiate inter gentes, XX, 346.
Antiqua uirtute et fide, III, 273.
Antiquo decore uirens, VI B. 6.
Aperi eis thesaurum tuum, XX, 166. 412.
Aperuit Dominus thesaurum suum, XX, 166. 413.
Aptata saecula uerbo Dei, XX, 415.
Aquila Electa Iuste Omnia Vincit, IV, 201.
Aquila romani imperii signum, II, 1.
Arctoos fasces cum Ioue solus habet, IX, 85.
Ars feminini generis, XVII, 65.
Arte mea bis iustus, XIV, 313.
Arx esto huic urbi, Deus, et fortissima turris, VII, 207. XXI B. 25.
Ascendit Deus in iubilo &c. XVIII, 383.
Aspectu tenebrosa fugat, XV, 258.
Aspera nos tenuere diu, nunc astra serenant, VII, 249.

Aspicit accensas: nec tantos sustinet ignes, XIII, 16.
Astra petit uirtus, VI B. 7.
Auarus non implebitur, I, 214.
Auctor coniugii Deus, XIII, 233.
Auctore Christo et adiuuante regina, XXI, 375.
Audita est, XV, 25. 28.
Audite uoces supplicum, XX, 168.
Aue, gratia plena, Dominus tecum, II, 263. XXII, 153.
Aue Maria, gratia plena, XVI, 297.
Augusto domino tuta ac secura parente est, VII, 208. XXI B. 30.
Auitam et auctam, XXI, 375.
Aurum contemne, III, 198.
Auspice Deo, comite fortuna, II, B. §. 40.
Auspicium melioris aeui, XXI, 417.
Aut mors, aut uita decora, II, 200.
Auunculus excitat Hectorem, XX, 352.
Auxilium meum a Domino, IV, 417. VIII B. 32. X B. 25. XVII B. 8. XIX, 90. XX, 415.
Beati pacifici, IX, 49.
Beati, qui custodiunt uias meas, X, 52. XVIII, 391. 396. 405. XIX, 340.
Beatius est dare, quam accipere, I, 213.
Beatus, qui intelligit super egenum et pauperem, XX, 344. 424.

Bea-

II. Spruchregister.

Beatus, qui sperauit &c. XVI
 B. 14.
Beatus uir, qui non abiit in consilio impiorum, III, 226.
Belli pacisque minister, VIII, 41.
Bene fac, Domine, bonis et rectis corde, VI, 95. X, 185.
Bene faciendo bene faciet, IX,
 B. 27.
Bene fundata domus Domini, XIX,
 351.
Benedic hereditati tuae, III, 421.
 V, 385.
Benedic populum tuum, Domine,
 VIII, 436.
Benedicent coronae benignitatis
 suae, XIX, 351.
Benedicta semper sancta sit Trinitas, XVII, 161.
Benedictio Domini diuites facit,
 II, 160. XII B. 16. XXI, 404.
Benedictio Domini super nos,
 XVIII, 389.
Benedictum sit nomen Domini I.
 C. XVIII, 217.
Benedictus es, Domine, doce
 me iustificationes tuas, V B.
 11.
Benedictus, qui uenit in nomine
 Domini, IV, 56. XVIII, 379.
 XIX, 94.
Benedixit filiis in te, XX, 166.
 414.
Benignitate coeli terram suam
 uberat, XVIII, 225.
Bina copulatio, mortis meditatio,
 VI, 417.
Bis pereo, III, 351.

Boni saeculi subsidia, XIII B. 20.
Caecis uisus, timidis quies, VII, 1.
Callet commercia mundi, XX, 26.
Campum designat honoris, XX,
 25.
Candida pax redeat, pax regnet
 in orbe et in urbe, VII, 207.
 XXI B. 23.
Candide et fortiter, VIII, 305.
Candide et constanter, XXI, 374.
Candor illaesus, XVIII, 384.
Candor inest Hallis. Dubitas? En
 dextra fidesque, XII, 264. XX
 B. 7.
Candore et amore, XIII B. 27.
Candore et constantia, IV B. §.
 20.
Canescet saeclis innumerabilibus,
 XXI, 389.
Cara ex sobole uiua, XI B. 19.
Cari genitoris imago, VII, 105.
Caritate et candore, XI B. 18.
 XIII, 321. XX, 22.
Caste et suppliciter, VIII, 362.
Castra Dei sunt haec, VII, 407.
Caussa Deo placuit, sed et arma
 tuentia caussam, VI, 281.
Caussa nostrae laetitiae, XIX, 340.
Cedant arma togae, toto toga
 floreat orbe, IX B. 23.
Cedit maiori, X, 193.
Centum reuolutis annis Deo reddetis rationem et mihi, VII,
 41.
Cernit Deus omnia uindex, XVI,
 250.
Certa ratione modoque, IV,
 145.

Certa

Certa salus Deus est mihi, robur et ardua rupes, XIII B. 27.
Certum iter sata parant, VIII, 257.
Ceu fert diuina uoluntas, XIII, 433.
Christi crux mea lux, I, 427.
Christo et reipublicae, IV, 241. VIII B. 33 s.
Christo uictore triumpho, XV, 174.
Christus dux, ergo triumphus, III, 200.
Christus mihi uita, mors lucrum, II, 187.
Christus nobiscum stat, VI, 432.
Christus rex uenit in pace, et Deus factus est homo, XIX, 344.
Christus spes una salutis, III, 361. VII B. 35.
Christus uincit, Christus regnat, Christus imperat, III, 209 f. V, 353. VI, 321. 369. XVII, 169 f. XXII, 125.
Circi certamen adornat, XX, 26.
Circumdate Sion, XVIII, 390.
Cita aperitio breues aeternat dies, XVIII, 376. XX, 166.
Claret in occiduis, XIII B. 7.
Clauduntur belli portae, XVIII, 384.
Clemente Deo, bona conscientia, XV B. 3.
Clypeus omnibus in te sperantibus, II B. §. 40. III B. §. 13.
IV B. §. 10. VI B. 13. VII, 17.
Coelesti numine surgo, III, 383.
Coelique cupidine tacta Altius egit iter, XIII B. 18.
Coelitus ardet, X B. 19.
Coelitus haec uobis rara corona datur, XX, 185.
Coelitus sublimia dantur, XIII, 57.
Coelo redux intaminatis fulget honoribus, X B. 16.
Cogitatio mea ad Dominum, XVI, 73.
Cognata ad sidera tendit, XV, 385.
Cognatis redditus sideribus, VII, 97.
Collectasque fugat nubes solemque reducit, XXI, 427.
Colles fluant mel de petra, XX, 165.
Colligit maturas, XVII, 309.
Commercia reddit, VIII, 161.
Commisi Domino, et ipse faciet, XV, 73. XVI B. 15.
Compelle intrare, III, 349.
Concedo nulli, XII, 118 f.
Concedat Musarum deliciis, XXI, 376.
Concesso lumine fulget, XVIII B. 10.
Concordes coelum ditat amores, X, 359.
Concordi lumine maior, VII, 299.
Concordi mente ligantur, XVII, 306.

Con-

Concordia ditat, XV, 89.
Concordia res paruae crescunt, XVI, 263. XX, 66 f.
Concordia feruat, XXI, 208.
Confidens Domino non mouetur, XIV, 291.
Confidenter et folus, XXI, 384.
Confortamini et non diffoluantur manus ueftrae, XX, 300.
Confregifti draconum capita, XIX, 205.
Congratulamini mihi, XX, 436.
Coniunctaque gloria noftra eft, XIII B. 25.
Compleat gloria Mariae domum iftam, XIX, 207.
Connubio ftabili, VI, 97.
Confentientibus uotis, VII, 298.
Conferua, Domine, hofpitium ecclefiae tuae, X, 145.
Conferua res (nos), Domina, VIII B. 31. IX, 329. XX B. 11.
Confilia pacis concordia firmat, XIII, 170.
Confilio et armis, X B. 7.
Confilio et conftantia, V, 81. XIII B. 27. XXI, 206.
Confilio et uirtute, VII B. 27. XVI, 169.
Confilio ftat firma Dei, VIII B. 10.
Confilium Jehouae ftabit, XII B. 9 f. XIX, 60.
Conftans in aduerfis, XVII, 429.
Conftanter, VII B. 8. 9. VIII, 25. 32. XVI, 335.
Conftanter et fincere, III B. 5.

50. III, 350. X B. 17. VI B. 5. VIII B. 26.
Conftantia et labore, VII B. 34.
Conftitui te principem, XX, 422.
Conftituit eum Dominum domus fuae, XVIII, 376.
Confumor pro patria, III, 346.
Contra ftimulum ne calcitres, XVIII, 380.
Contraria iuuant, XVII, 431.
Contribulafti capita draconis, XVIII, 404.
Cor noftrum dilatatum eft, XX, 424.
Cor regis in manu Domini eft, II, 1.
Cor unum et anima una, VI, 95. X, 185.
Coronam uitae accipe, IX B. 21. XXI, 390.
Coronatus amor, VI, 410.
Coronatus, quia legitime certauit, XXI, 126.
Credo, unam effe fanctam catholicam ecclefiam, VII, 41.
Crefcant cum tempore honores, III, 419.
Crefcit, florefcit, X, 41.
Crefcit geminatis gloria curis, XII, 425.
Crefcunt, dum florent, III, 393.
Crefcunt noua moenia Mufis, XIX, 33.
Cruce redemtus homo, XIV, 342.
Crux Chrifti noftra falus, II, 259. 425.
Crux fugat omne malum, XXI B. 11.

Crux

Crux sacra sit mihi lux, non draco sit mihi dux, VI, 106.
Cubum utcunque voluas, stat, VII, 337.
Cui pudor, incorrupta fides, nudaque ueritas quando ullum inuenient parem? XIII B. 29.
Cuius regni non erit finis, XIX, 206. 340.
Cum ceciderit, non collidetur, V B. 13.
Cum Deo et die, X B. 34 s. X, 385.
Cum Deo et labore, VI, 337. XVII B. 15.
Cum grandibus astris clarius ipse nitens, XIII B. 19.
Cum his, qui oderant pacem, eram pacificus, XIII, 249.
Cum me laudarent simul astra matutina, XX, 165. 436.
Cum sit satis, esse fidelem, XIII B. 25.
Cum sole rebellante luna pugno, V, 121.
Cunctando nouo insurgit lumine, XIII, 409.
Cunctando restituit rem, XVII B. 27. XXII, 143.
Cunctis clemens, XX, 414.
Cunctis patet ingressus, XX, 167.
Custodi nos, Domine, III, 421.
Custodiat creator omnium humilem seruum suum, XII, 177.
Custos non dormit, X B. 11.
Da gloriam Deo et eius genitrici Mariae, II, 263. X B. 30.

Da gloriam Deo omnipotenti, X B. 31.
Da mihi uirtutem contra hostes tuos, VII B. 20. XIV, 296.
Da pacem, Domine, in diebus nostris, VI, 361. XI B. 13. 16. XIV, 265. 337. 344. XVII, 208. 432. XVIII, 1 s. XIX. B. 4. XIX, 350. XX B. 13 s. XX, 21 s. 201. 209.
Da, quod iubes, XIX, 205.
Da recta sapere, X, 49. 54.
Dabit Deus his quoque finem, VI B. 8.
Dabitur uobis Paraclitus, X, 54.
Dabo eos in manus tuas, XII, 250.
Dante Deo, uirtute duce, XIII, 46.
Daphnin ad astra feremus: amauit nos quoque Daphnis, II, 401.
Dat gloria uires, V, 329.
Dat praemia digna laborum, II, 158.
Dat pretium seruata salus, potiorque metallo est, XIII, 217.
Dat serpens pugnae, dat apis praesagia mentis, XX, 137.
Date Caesari, quae Caesaris, et Deo, quae Dei sunt, VIII B. 26. VIII, 337. IX, 89. XIV, 293. XIX B. 5. 7. XXI, 65.
De coelo prospexit, XX, 299.
De forti dulcedo, XIX, 206.
De nostris det Deus annos, IX, 83.
De rore coeli, XX, 422.
De uentre matris Deus protector meus, X B. 27.

De

II. Spruchregister.

De vultu tuo, Domine, meum prodeat iudicium, IV, 313. VIII B. 27.
Decor domus Domini, XIX, 347.
Decor eius gloria sanctorum, XX, 165.
Dedi coram te ostium apertum, XX, 437.
Deducet nos mirabiliter dextera tua, X B. 28.
Defende nos, Christe, saluator, VI, 305.
Defendit, non laedit, XIV, 281.
Dei aedificatio est, XIX, 208.
Dei gratia reges regnant, III, 36.
Deligit, quem diligit, XVII, 373.
Deo aspirante uirescit, VIII B. 37. IX, 345.
Deo confidam, non timebo, quid faciat mihi homo? XX, 201.
Deo dirigente, IX, 337.
Deo duce, V B. 24. XIV B. 23 f.
Deo duce, comite fortuna, X B. 4. X, 233. XVII B. 11.
Deo duce et auspice, XV B. 7.
Deo et imperio, XVII, 369.
Deo et patriae, II, 105. 185. VI B. 36. XX, 87.
Deo et regi uitae usus, VIII, 240.
Deo et uictricibus armis, III, 199.
Deo gloria, XXI, 384.
Deo iuuante, XI, 241.
Deo, patriae, proximo, sacrum, X B. 14.
Deo patrum nostrorum, VIII, 233.
Deo protectori meo, X B. 14.
Deo sacra resurget, XX, 418.

Deo uindice, XIV, 98.
Deo Volente Humilis Leuabor, VII B. 27.
Desertis semina terris, XX, 436.
Desiderio desideramus, XVIII, 397.
Desuper compactum est, XIII, 241.
Det tibi Deus secundum cor tuum, XXI, 206.
Det tibi in terris uirtutem et in caelis gloriam, XII, 177.
Detectus, qui latuit, XV, 153.
Deum qui habet, omnia habet, X B. 20.
Deum timentibus nihil deerit, XXI, 198.
Deus adiutor et protector noster, V B. 7. XIX, 88.
Deus constituit (et transfert) regna, VII B. 23.
Deus dat, cui uult, I, 213. XIV B. 18.
Deus fortitudo et spes nostra, XIX, 96.
Deus fortitudo mea, III B. §. 45.
Deus fundauit eam, XX, 165.
Deus in adiutorium meum intende, VI, 185. XX, 377.
Deus iudex iustus, fortis, patiens, VII, 25.
Deus opitulatio mea, XVI, 418*.
Deus petra nostra angularis, XI, 424.
Deus propitiare nobis, XI B. 12.
Deus protector et refugium meum, XXII, 89.

U 2 Deus

Deus refugium (et fiducia mea), X, 217. XXI, 403.
Deus folatium meum, III, 297. 431. 440.
Deus tueatur unita, XVII, 383.
Dextera Domini exaltauit me &c. II B. §. 40. XVI, 225. XIX, 161 &c.
Dextera Domini facit (fecit, faciat) uirtutem, II, 393. VI, 9. XVIII, 421.
Dextera tua, Domine, percuffit inimicum, XVIII, 403. XX, 300.
Dexterae gubernationis fpes, IX, 193.
Dicent pofteris, XI, 81.
Diebus famis faturabitur, XVIII, 423.
Dies falutis, XI, 81.
Diffugite, caprimulgi, XI, 183.
Diffufus in orbe Britannus, IV, 433.
Dignitas et libertas a Deo et Caefare, VI B. 6.
Dilexit Dominus Andream, VII B. 31.
Dilexit Dominus decorem domus fuae, XIX, 350.
Diligit domum decoris genetricis fuae, XX, 164.
Diligite iuftitiam, qui iudicatis terram, III, 421.
Dimicandum, XX, 283.
Difcite iuftitiam moniti, XVI, 129. XVIII, 396.
Difcordia praecurfor ruinae, IX B. 11. 18. XIV, 98.

Difcordiae fomes iniuria, IX B. 18. XIV, 98.
Difperfit, dedit pauperibus &c. I, 91.
Diffimulare uirum hunc, diffimulare Deum eft, XIV, 353.
Diffoluor, VII B, 29.
Ditat feruata fides, XVI, 285.
Ditefcit ab imo, II, 157.
Diuina benedictione et Caefarea iuftitia, VII B. 32. XII, 975.
Diuinae nuncia mentis, XX, 301.
Dixit ad Jacob Deus: gens, imo congregatio &c. XIII B. 7.
Docebit et fuggeret, X, 54.
Docebit uos omnia, X, 54.
Doctor gentium, XXI, 25.
Domina Maria, conferua nos, XXII, 113.
Domine, adiuua nos. Modice fidei, quare dubitafti? XVIII, 377. 381. 393. 495.
Domine, conferua me in uerbo tuo, II, 182. IX B. 11.
Domine, conferua nobis lumen euangelii, XIX B. 12.
Domine, conferua nos in pace, IV B. §. 13. VIII, 225. XIII, 65. XIV B. 6. XVI, 19. 304. XVIII B. 10.
Domine, deprecabilis efto, XX, 419.
Domine, dirige me in uerbo tuo, IX B. 17.
Domine, fac me fcire uiam, qua ambulem, III B. §. 45.
Domine, humilia refpice, XXI B. 15.

Do-

Domine, habe me ad te uenire, VIII, 420. 425. XIX, 207.
Domine, minor sum prae omnibus miserationibus tuis, VI, 103.
Domine, ne da inimicis uerbi tui laetitiam, VIII B. 5.
Domine, probasti me et cognouisti me, XIX, 89 f.
Domine, quis similis tibi? XVIII, 405. XIX, 344.
Domine, salua nos, perimus, XI, 182.
Domine, saluum fac regem, VI, 370.
Domine, si uis, potes, XX, 303. 343.
Domine, tu scis, quia amo te, XX, 302.
Domini est assumptio nostra, XX, 340.
Domini sumus, siue uiuimus, siue morimur, XVI, 369.
Dominum formidabunt aduersarii eius, XX, 700.
Dominus adiutor (et redemtor) meus, IV, 311. XI, 201. XIII, 369. XIV, 9. 33.
Dominus adiutor mihi, quem timebo? IV B. §. 6. 17.
Dominus assumsit me, XIII, 241.
Dominus custodit te, Dom. protectio tua, XVIII, 386.
Dominus illuminatio mea, XX, 472.
Dominus mihi adiutor, et ego despiciam inimicos meos, VI, 49. VII B. 10 f. 23.
Dominus protector (et liberator)

meus, I, 65. III, 435. XII B. 15.
Dominus protector uitae meae, a quo trepidabo? IV, 129. 134. XIV B. 1. f. XVII B. 7. XXI, 108.
Dominus (Deus) prouidebit, I, 408. II B. §. 41. II, 88. III B. §. 48. IV B. §. 4. VII B. 2. XII, 66. 367. XV, 407. XVIII, 201. XIX, 69.
Dominus regit me, III, 225.
Domus Dei et porta coeli, XVIII, 407. XX, 166. 419.
Domus mea domus orationis, XVIII, 390. 396.
Dormiat, dum licet, XX, 370.
Duc me, sequar, X B. 7.
Dulce est, fratres habitare in unum, I, 367. VIII, 26. XVI, 325.
Dulce est pro patria mori, VII B. 2. XXI, 207.
Dulces ante omnia, XXI, 376.
Dulcibus inseruit natis Venus alma creandis, VI, 137.
Dum premor, amplior, XXII, 9.
Dum scinditur, frangor, V, 337.
Dum spiro, spero, I, 337.
Dum totum compleat orbem, XI, 316.
Dum uincor, liberor, XII, 433.
Dura pati, uirtus, X B. 22.
Dura placent fortibus, XXI, 208.
Durabis (durabit) in perpetuum, (aeternum) XX, 436.
Durabo, VIII, 32. XVI, 336.
Durate, IV, 169. 175.

Duret in aeuum urbis honos, II, 9. 419.
Durum, contra ſtimulum calcitrare, XVI, 161 f.
Durum patientia mollit, XI B. 25.
E medio ad mediatorem, XXI, 390.
E tenebris dies, e luco lux lucet, XVIII, 404.
Eben Ezer, I, 401, V, 433.
Ecce agnus Dei, qui tollit peccata mundi, XIV, 268. 309. 337. 342. XVI, 82. XXI, 240.
Ecce ancilla Domini, XIX, 344.
Ecce ego tecum et cuſtodiam te, VI, 103.
Ecce hereditas Domini, XX, 301.
Ecce regnum Dei, XVIII, 418.
Ecce, ſic benedicetur homo, XVIII, 376.
Ecce, uicit leo de tribu Juda, XVII, 94.
Ecce, uirgo concipiet et pariet filium, XIV, 293.
Ecce uirgo, quae peperit filium, XI, 257.
Ecquis curſum inflectet? IX, 383.
Effeminati dominabuntur eis, XXII, 98.
Effigies cardinum mundi, XXII, 98.
Egenos uagosque induc in domum tuam, XX, 344.
Ego in iuſtitia uidebo uultum tuum &c. XX, 1.
Ego plantaui, ego irrigaui, Deus incrementum dedit, XIII B. 28.

Ego ſicut oliua fructificaui &c. XIX, 74.
Ego ſum Joſeph frater ueſter, XVIII, 383.
Ego ſum lux mundi, XVIII, 112. 408.
Ego ſum paſtor bonus, XX, 299. 425.
Ego ſum uia, ueritas, uita, X, 321. XVIII, 392. XXI, 207.
Ego tuli te de grege, IV, 442.
Ego uos reficiam, XIX, 203.
Eia hic mare, hic portus, XX, 343.
Elige, cui dicas, XVIII, 249 f. 264.
Emitte ſpiritum tuum, X, 54.
En, adſum tibi cura fidelis, XIII B. 24.
En labor, en praemium, VII B. 18.
En praemia digna (grata) laborum, III, 419. VI, 102.
En, tua quam nobis conceſſit dextera, prolem, VI, 420.
En, uicit denique dignus, cuius praecinxit celſa corona caput, XIX, 389.
Equo credite Teucri, XIV, 81.
Eratis quondam tenebrae, XIII B. 7.
Erexit in titulum, XX, 424.
Erit cgeno ſpes, XX, 345.
Eſt aliquid, Chriſti pro cruce ferre crucem, I, 427.
Eſt Deus auxilio conſilioque potens, XVI B. 20.
Eſt ubi dux Jeſus, pax uicto Marte gubernat, VII, 208.

Eſto

II. Spruchregister.

Esto turris fort. a facie inimici, IV, 73.
Esurientes impleuit bonis &c. X, 1. 435. XIV B. 17.
Et debellare superbos, XX, 301.
Et eget moderamine certo, XIII B. 25.
Et ex occasu decus, XIII B. 6.
Et sera memor beneficii, XIX, 350.
Et habet sua castra Diana, XX, 350.
Et in nationes gratia Spiritus S. XVIII, 407.
Et iuncti currum dominae sub-ere leones, XX, 321.
Et nitet et durat, XIII B. 7.
Et non poenitebit eum, XVIII, 426.
Et pace et bello arma mouet, XXII, 346.
Et patet et fauet, XIX, 177.
Et pones tentorium in terra eorum, XII, 250.
Et portae coeli apertae sunt, XVIII, 384. 407. XIX, 348.
Et portae inferni non praeualebunt, XIX, 207.
Et rege eos, II, 420.
Et sine te, XVI, 343. XXI, 376.
Et spiritu principali confirma me, Deus, XI B. 5. XI, 187.
Et statui custodire, X, 53.
Et uita et morte triumpho, III, 197.
Et uolucres coeli pascentur cadaueribus eorum, XII, 250.
Etiamsi occiderit me, in ipso sperabo, IV, 281.

Etsi annosa germinat, XVIII, 375.
Euerso missus succurrere saeclo, XX, 391.
Euexi, sed discutiam, IX, 382.
Euge, serue fidelis, III, 197. 437.
Euolat ad coelos undarum turbine fessus, XVII, 361.
Ex aduerso decus, VII B. 11. VII, 401.
Ex cineribus (flammis) orior, X, 385. XIV B. 23.
Ex duris gloria, VI B. 39. VII B. 16.
Ex forti dulcedo, VII B. 17.
Ex uno omnis nostra salus, XXI B. 16.
Exaltatum est nomen eius, XIX, 49.
Exaltauit humiles, XVIII, 416. XIX, 208.
Exaltauit me humilitas &c. XVI, 285.
Exaudi, Domine, iustitiam meam, VII, 239.
Excelsus super omnes gentes Dominus, XIX, 393.
Exemplum dedi uobis, XIX, 343. 347. XX, 241.
Exemplum liberalitatis, XII, 161.
Exitus acta probat, XIX, 313.
Exoptata diu pax coeli ex munere uenit, VII, 208. XXI B. 28.
Expectata redi, pax, pax, superum aurea proles, VII, 208. XXI B. 28.
Expectate, ueni, XIII B. 17.
Expende, VII B. 4. XV, 84.

Ex-

Expergiſcere, qui dormis &c. XXI, 82.
Explorant aduerſa uiros, et perducit ad ardua uirtus, XVII, 281.
Exſurgat Deus, XX, 435.
Exſurgat Deus, diſſipentur inimici, II, 329. 432. V, 329. XVIII, 385. XIX, 205. XXI, 113.
Exſurgunt nubila Phoebo, XIV, 231.
Externe cultus, aureus interne, XI, 426.
Faciam eos in gentem unam, V, 204.
Facies ſupremi eadem, XV, 417.
Facite judicium et iuſtitiam &c. V, 385.
Factura nepotibus umbram, VI, 420.
Factus eſt principatus ſuper humerum eius, XX, 413.
Fama noui fontis, VII, 169.
Fata conſiliis potiora, VII B. 28.
Fata feren. ſe. pari patientia palmam, VIII B. 33.
Fata uiam inuenient (tandem) II, 186. VI, 225. XXI, 376. XXII, 383.
Fatis cedentes migrate, coloni, XIII, 81.
Fato, nec fraude, nec aſtu, XII, 17.
Fauete linguis, XV, 417.
Fauore altiſſimi, VII B. 11. VII, 377.
Fauſtum iuſtitiae et pacis conſortium, VII B. 5.

Fecit enim mirabilia in uita ſua, XX, 304.
Fecit in monte conuiuium pingue, XVIII, 415.
Fecit mirabilia magna ſolus, XIX, 341.
Fecit pacem ſuper terram, XX, 301.
Fecit potentiam in brachio ſuo, (diſperſit ſuperbos), VII B. 37. XVIII, 403.
Fecit utraque unum, XXI, 193.
Felices flammae, quas mutuus excitat ardor, XI, 11. XIII B. 3. 4.
Felices, ſi ſua ſecundent, XVII, 426.
Felici numine creſcat, VI B. 24.
Felix cognoſcere cauſſas, XIV, 57.
Felix fortuna diu exploratum &c. VI, 422.
Felix, iuſta fides quem ſic ſuper aethera uexit, XVIII, 361.
Felix, qui potuit, XIII, 337.
Felix terra, fides pietati ubi iuncta triumphat, XX, 329.
F. E. R. T. V, 363.
Fert magni dona laboris, XII, 201.
Fiat mihi ſecundum uerbum tuum, VIII, 1. XX B. 12.
Fiat pax in uirtute tua, III, 421. XVIII, 381. XIX, 341. 345. XX, 167.
Fiat pax ſuper Iſrael, XX, 414.
Fiat uoluntas Domini perpetuo, II, 117. V B. 26. XIX, 329.

Fiat

II. Spruchregister.

Fiat voluntas tua, Domine, I, 206. VI B. 4. I. VI, 178.
Fide et iustitia, VII B. 20.
Fide, sed cui, uide, I, 246. XV, 55.
Fidem seruaui, X, 53.
Fides et constantia per ignem probata, XXII, 106.
Finitae in odoribus aeuum, XIII B. 24.
Firma haec disrumpet foedera nulla dies, V, 2.
Firma stabit, IXIII B. 79.
Flecteris, an frangeris, II, 390.
Flexu apto praecurre, XVIII, 390.
Flos candoris, dos honoris, crux auctoris, lux altioris, XIII B. 28.
Fluctus eius tu mitigas, XX, 436.
Fluent ad eam omnes gentes, XX, 167.
Foedere tuo, Deus, dirigentur &c. XVIII, 390.
Forma perit, uirtus remanet, XV B. 4.
Fortes creantur fortibus, XXI, 427.
Fortique cadentium X it.
Fortiter et constanter, XVI B.
Fortiter, recte, pie, V B. 17.
Fortitudo et laus mea Dominus, XII, 353.
Fortitudo mea, Domine, XX, 297.
Fortitudo mea et refugium, XVIII, 425.

Fortunae comes inuidia, XX B. 14.
Fortunam reuerenter habe, I, 429.
Fortunam uince ferendo, XIV B. 19.
Fortunamque Deo sociali foedere iuncti, VII, 382.
Frange moras, VII, 113.
Fratrum concordia coronat, IX, 169.
Fratrum inter se concordia quouis muro firmius munimentum, IX B. 27.
Fraus fraude compensata, XXI, 424.
Fronte capillata est, II, 157.
Fructum eum dedi in tempore, XIX, 546.
Fructus uirtute perennat, VIII, 325. X B. 23.
Frustra conatur impius, XV, 152.
Fugat nubes coelumque reducit, XII B. 20.
Fuge, non effugies, VI, 394. XXII, 21.
Fugiens fumum, incidit in ignem, XVI, 352.
Fulcito me floribus, III, 135. XX, 429.
Fulget Caesaris astrum, XI, 228.
Funda nos in pace, XIX, 208.
Fundamenta eius in montibus sanctis, V, 273. XVIII, 392. XIX, 390.
Fungendo consumor, XVII, 388.
Futura uim non ostendent, XVIII, 386.
Gaude III. excussis, XIII B. 5.

X Gens

Gens et regnum, quod non ser-
uierit tibi, peribit, XVIII, 392.
Genus antiquuum, V, 9.
Gloria Domini plenum est opus,
XX, 436.
Gloria et honor et pax omni ope-
ranti bonum, VI, 57.
Gloria et honore coronasti eum,
XVIII, 381.
Gloria in excelsis (altissimis) Deo,
et in terra &c. XII, 22. XV,
121. XIX, 45. XX B. 14. XXI
B. 31. XXII, 1.
Gloria mea crux Christi, IV, 137.
Gloria principum felicitas saecu-
li, VII B. 17.
Gloria reipublicae, VII B. 25.
Gloria tibi, Domine, qui natus es
de uirgine, IV B. §. 15.
Gloriosa dicta sunt de te, ciuitas
Dei, XVIII, 376. XX, 303.
Gratia Dei omne bonum, XX,
304.
Gratia Dom. Dei nostri factus
sum, XVII, 147.
Gratia gratiam parit, I, 429.
Gratia obuia, ultio quaesita, XV, 9.
Gratior una tribus, XX, 352.
Gregem ne deseras, XIX, 205.
Habet et Germania metas, XVI,
97.
Habeto nos foederatos, et ser-
uiemus tibi, XX, 300.
Hac magna Triade patrocinante,
V B. 21.
Hac patrem condimus urna, XVII,
308.
Hac suffulta resurgo, XIII, 233.

Haec damus in terris, aeterna da-
buntur Olympo, XVIII, 375.
Haec me coniunctio perdit, XIII
B. 32 f.
Haec me post fata manebunt,
XV B. 4.
Haec meta laborum, III B. §. 49.
VII B. 19.
Haec porta Domini, XVIII, 390.
Haec timet ora Roma, XIII B.
25.
Has habet et superat, II, 361.
Haud fulsit gratior populis, XIX,
105.
Haud timet mortem, qui uitam
sperat, III B. §. 36. XXI, 269.
Haurietis cum gaudio, XX, 416.
Haurietis in gaudio de fontibus
salutis, XX, 423.
Hector pro patria moriens non
interit unquam, VI, 50.
Herbipolis sola, XIV, 281 f.
Hercules excessit magna uirtute
columnas, XIX sit.
Hereditatem tuam defessam refi-
cis, XVII, 307.
Hesperidum regem deuicit uirgo,
XIV, 99.
— — Negatur. Est meretrix
uulgi, XIV, 99.
— — — Res eo de-
terior, XIV, 99.
Heu, genitorem omnis curae ca-
susque leuamen amitto, XIII
B. 22.
Heu praepostera fata, VII B. 34.
Hic amor, haec patria, XIII, 186.
XXI, 383.

Hic

II. Spruchregister.

Hic armis maximus, ille toga, IV, 161.
Hic claues regni coelorum et summa potestas, XVIII, 242.
Hic plantauit, ille rigauit, Deus incrementum dedit, V, 209.
Hic quiesco et alios quiescere facio, XIII. B. 15.
Hic regit, ille tuetur, IV, 442.
Hic uerbum caro factum est, XX, 302.
Hinc labor et opus, XI B. 14.
Hinc libertas, VIII, 65.
Hinc nostrae creuere rosae, XX, 385.
Hinc orta fouetur ab illa, XV, 258.
Hinc pax, copia, claraque religio, XXI, 117.
Hinc pax, hinc uictoria, XIX, 203.
His ducibus omnia domantur, XXI, 409.
His ego nec metam rerum, nec tempora pono, XXI, 406.
His maioribus, III, 121.
His ornari, aut mori, III, 425. XXI, 206.
His sceptra uirebunt, XXII, 289.
His ueniunt merces, geritur bellum, itur in orbem, XXI B. 27.
Hoc duce, sub cruce, non sine luce, XI B. 26.
Hoc Ergastulo Confracto Sublimis Viuo, XVII B. 24.
Hoc fido, hoc glorior, hoc nitor, XXI, 20.

Hoc mare uitae tulit, XV, 129. XVIII, 264.
Hoc me sibi temperat astrum, XV, 34.
Hoc omnia sidera uersa, XXI, 315.
Hoc opus Domini exercituum, XX, 369.
Hoc redeunte perit contagiosa lues, XIX B. 7.
Hoc sidere gaudet, IX, 193.
Hoc signum foederis do inter me et uos, XIII B. 28.
Hoc uindice stamus, X, 437.
Hoc unum defuit, XVII, 372.
Hodie in terris canunt angeli, XVIII, 398.
Hodie salus facta est mundo, XVIII, 384. XX, 435.
Hominibus bonae uoluntatis, XIX, 341.
Honeste, beate, XXII, 49.
Honestum pro patria, III, 346. IV B. §. 17. VI B. 44.
Honor magistri (regis) iudicium diligit, II, 379. VIII, 379. XX, 440.
Honor uirtutis praemium, XII, 331.
Honoror, non oneror, XIII B. 32 f.
Huc tendimus omnes, XXI, 129.
Humilia respicit, XX, 435.
Iacta est alea, I, 144.
Iactura sine iactura, XIII B. 8.
Iacturam ostendet dies, III B. §. 36.

Ibi vera trinitas, ubi duorum unitas, XXII, 145.
Iehoua dat, cui uult, XX, 281.
Ichoua salus et uictoria nostra, XXII.
Iehoua solatium meum, III, 333.
Iehoua uexillum meum, III B. S. 41.
Iehoua uolente humilis leuabor, VII B. 28.
Iesu, gnate Dei, quaeso, memento mei, XI, 143.
Iesus autem transiens per medium illorum ibat, VI, 326. XVII, 378.
Iesus Christus rex regnantium, XIII, 347 s.
Iesus et Maria, sint nobis in uia, XIX, 349.
Iesus Maria, II, 257. 421 s. 430.
Iesus sacerdos magnus in uita sua &c. XVIII, 412. XX, 430.
Iilae sunt, quae testificantur de me, VI B. 26.
Illaesa supersunt, V, 395.
Illinc siducia, X B. 19.
Ilos et glorificauit, XX, 428.
Illumina uultum tuum, Deus, XVI, 33.
Illuminare, Hierusalem, XVIII, 404.
Iluxit, illucescat adhuc, X, 54.
Immane pondus, uires infractae, XVIII, 394.
Immittet angelum Dom. in circuitu timentium eum, II, 182.
Immolauit uictimam in monte Iacob, VII, 405.

Immortalis erit, uirtutem quisquis amabit, VI, 50.
Immota resistit, IV B. §. 7.
Immotus, VIII, 32. XVI, 385.
Impauidum ferient ruinae, XIII, 281.
Impera, Domine, et fac tranquillitatem, XVIII, 405. XXI, 111.
Imperat in toto regina pecunia mundo, X B. 7.
Imperiosa iam redit quies, XVII, 371.
Impetus laetificat, XX, 345.
In a maioribus uirtute parto pretiosa possessio est, XX, 289.
In aequitate abundantia, XVIII, 407.
In aequitate tua uiuificasti me, I, 376.
In caritate non ficta, V B.
In casus peruigil omnes, V, 305.
In Christo crucifixo pendet salus nostra, XIV, 296.
In coelo patriam, qui bene transit, habet, IX B. 20. XXI, 389.
In coelo semper assistitur, XX, 299.
In constantia quiesco, XI B. 14.
In cruce et uulneribus Iesu meum auxilium, VIII, 201.
In cunctis te quaerit amor genuare metallis, X, 358.
In Deo faciemus uirtutem, I, 206. VI B. 9.
In Deo fortitudo, I, 305.
In Deo mea consolatio, VIII B. 28.
In

4. Spruchregister.

In Deo meo transgrediar murum, XII B. 17.
In Deo speraui, non timebo; quia Iehoua mihi adiutor, (quid faciat mihi homo?) XI B. 1.§. XVI, 235. XX. 30.
In Deo spes mea, III, 440 f. VII B. 34 f. X B. 34. XI B. 18. XVIII, 17.
In dies, XV, 81. XVII, 430.
In Domino fiducia nostra, I, 296. VI B. 9. XIX, 282.
In Domino sperans non infirmabor, IV B. §. 7.
In domo tua, Domine, delicium meum, XIII B. 18.
In fluctibus emergens, XVIII, 397.
In foraminibus petrae quiesco, VII, 417.
In hoc signo uinces, VII, 33. 313. XIV, 217.
In labore quies, III, 92.
In lumine tuo cernimus lumen, XVIII, 411.
In manu Domini omnis potestas terrae, XXI, 403.
In manu (manibus) Domini (tuis) fortes meae, II B. §. 40. IV B. §. 10. XIV. B. 9.
In mari uia tua &c. XI, 182.
In medio cursu metuo, VI B. 33.
In motus cincta serinos, XX, 26.
In nomine Iesu Christi, XX, 440. XXI, 389.
In nomine Iesu surge et ambula, XVIII, 408.

In pace et aequitate, IV B. §. 18.
In patientia possidebitis animas uestras, V, 312.
In petra exaltasti me, X, 53.
In portu tandem secura, XVII, 306.
In potentatibus salus &c. V, 137.
In publica commoda, IX, 233.
In recto decus, III B. §. 49. VII B. 19. X, 81.
In saeculum stabit, XX, 299.
In silentio et spe fortitudo mea, VI B. 13.
In sobole restat, XXI, 273.
In spe et silentio, (fortitudo mea) XIII, 46. XVI B. 16. XX, 87.
In spem prisci honoris, XXII, 249.
In splendoribus sanctorum, XX, 163.
In summis cernit acute, VII, 305.
In te, Domine, speraui, non confundar in aeternum, II, 113. VII. B. 23. 30. 38.
In te sitio, X, 369. XX, 436.
In te sitit anima mea, IV, 412.
In te spero, Domine, XI, 17.
In tempestate securitas, XXI, 195.
In uerbo tuo, (laxabo rete) XVIII, 422. 424 f. XIX, 343.
In uiam pacis, (dirigentur pedes nostri) XX, 419. 435.
In uirtute tua seruati sumus, XVIII, 390.
In uita nihil amplius, post mortem omnia expectat, XXII, 162.

In

In umbra alarum tuarum sperabo, donec transeat iniquitas, XV, 137.
In uulneribus Christi triumpho, X B. 12.
Incertum, quo fata ferent? XI, 182.
Inclinata rursus in Deo erigar, XXI B. 19.
Inclyta uirtus, XXI, 303.
Indocilis pati, XIV, 214. 425.
Indomitus pro pace quieui, I, 177.
Inextinctum, XXI, 62.
Infestus infestis, V, 377.
Infunde amorem cordibus, X, 54.
Infunde lumen, ut sint aspera in uias planas, XX, 414.
Ingressus sum in innocentia mea, XVIII, 376.
Initium sapientiae timor Domini, III, 421.
Innocens manibus et mundo corde, XX, 167.
Inquiete in quiete, XVII, 307.
Inquisitio inquirendo nimis sedulo se ipsam perdit, XI, 177.
Inseruiendo extinguitur, XVII, 307.
Insolubili nexu uniti, VII B. 7. XVI, 325.
Insontem frustra ferire parat, X, 393. 441.
Insperata floruit, XX, 434.
Instar horum florescam, XXI, 409.
Instar omnium, V, 377.
Intactus utrinque, XIX, 145.
Intaminatis fulget honoribus, III, 81.

Integer uitae scelerisque purus, IV, 161.
Integra fortuna et fama, XIII B. 29.
Integritas et rectum custodiant me, XI, 256. XII B. 8.
Inter sanctos sors eorum, XX, 419.
Inter trepida intrepidus, XIII B. 26.
Inter utramque uiam, XVII, 217.
Intercedite pro nobis, XX, 166. 437.
Intrepide et constanter, XIX, 282.
Intrepide intuituros, XIX, 388.
Introite in exultatione, XIX, 204.
Introite portas eius, XX, 413.
Inueni hominem secundum cor meum, XVIII, 408.
Inuenta autem margarita una pretiosa, XV, 127.
Inuia uirtuti nulla uia, VIII B. 29 f.
Inuicti patriae custodes, V B. 20.
Inuictus morior, IX, 241.
Inuidia assecla integritatis, III, 345.
Inuito numine, XV, 152.
Inuitus mordeo, cur mordeor? VI B. 33.
Ipsa immota manet, XV, 259.
Ipse aedificabit domum nomini meo, XVIII, 337.
Ipse Dominus possessio eius, XX, 163.
Ipsoque fit utilis usu, XIV, 289.
Irae nuncia diuinae, XXI, 90.

Ira-

II. Spruchregister.

Irato bellum, placato Numine pax est, IX Tit.
Irreparabilium felix obliuio rerum, IX B. 14.
Irrupta copula, VI, 102.
Ite in mundum uniuersum, VI B. 38.
Ite, operamini in uinea Domini, X, 361. XVIII, 412.
Iubet sperare, XVII, 392. XX, 347.
Iubilate Deo, omnis terra, XVIII, 408. XX, 424.
Iubilemus Deo salutari nostro, XX, 87.
Iudicabit in aequitate, XX, 430.
Iudicium melius posteritatis erit, V B. 10. VIII, 329.
Iunctas accendite taedas, XIII B. 18.
Iungimus optatas sub amico foedere dextras, XII Tit.
Iunguntur feliciter, X, 329.
Iupiter, plue mel, XX, 436.
Iure et tempore, X, 177.
Iusti intrabunt per eam, XVIII, 371. 390. XIX, 104. XX, 435.
Iustitia et clementia, XIII, 113. 313. XVI, 417. XX, 123.
Iustitia et clementia complexae sunt, XVIII, 425. XIX, 347 &c.
Iustitia et concordia, V B. 2. XV B. 7. XIII, 41 f. XX, 87.
Iustitia et pax osculatae sunt, VIII, 436. XVIII, 424. XIX, 349.
Iustitia ex Deo, XVIII, 383 f.
Iustitia firmatur solium, XX, 429.

Iustitia non derelinquitur, I, 288. VI B. 30.
Iustitia pacem, copiam pax attulit, XVIII, 411.
Iustum inter sortemque suauiter ardet, XV, 258.
Iustus es, Domine, et rectum &c. II, 201 f. XIV, 226. XVIII, 375.
Iustus ex (sua) fide uiuit, VI B. 16. VI, 113.
Iustus non (nunc) derelinquitur, I, 288. V, 113. VI B. 30. XIV, 296. XVI B. 8.
Iustus uirebit, XIII B. 19.
Iustus ut palma florebit, X, 2.
Iuuet prudentia fortem, XII, 105.
Laborantem corroborat, XIX, 377.
Labore et constantia, VII B. 34. XIV, 249.
Labore maior, XIII, 89. XIV, 462.
Laeta Deum partu, III, 433.
Laetamur, XI, 337.
Laetamur grauiora passi, II, 187.
Laetior in uado, XVII, 308.
Lapis iste, quem erexi &c. VII, 405.
Laqueus Schmalcaldiensis contritus est &c. III, 57. XIV, 296.
Laudabitur heros post funera, XV, 297.
Laudate nomen Domini, XIX, 203.
Laudent in portis opera eius, XIX, 348. XX, 167.
Laus Deo, XIII, 153. XIX, 425.

Laus

II. Spruchregister.

Laus recti diuturna beat, VII B. 11.
Legitime certantibus, III B. §. 8. VII, 399.
Lex nihil aliud, nisi cognitio peccati, XV, 18.
Libertas liberis curae, XXI, 249.
Libertas non ita cura, ut simiae catuli, XVI, 392.
Longitudine dierum replebo eum, L, 321 s.
Longo postliminio, XVIII, 382.
Lucet in uultu eius, XX, 415.
Luctor et emergo, XX, 270.
Luna sub pedibus eius, XI, 97.
Lustrando fouet et recreat, XX, 348.
Lux uera in tenebris lucet, VI, 33. XX, 435.
Magnae res armis, XX, 370.
Magnas ferte Deo grates pro pace relata, XXI B. 26.
Magnorum soboles regum, pariturque reges, XV, 401.
Maior post exequias, XV B. 4.
Malum minuit clementia, bonum auget liberalitas, VII, 239.
Manet ultima coelo, (claustro) III, 269. 384.
Manu potenti et brachio excelso, XXII, 425.
Manus Domini protegat me, XV, 127. 267.
Manutenebo, XVII B. 6.
Mars foris, Apollo domi, VI B. 21.
Mater Saluatoris ora pro nobis, XX, 303.

Materies superabit opus &c. XI, 297.
Maturas colligit uuas, XVII, 308.
Mature, XVIII, 389.
Me coniunctio seruat, V, 337.
Me ne populus magis faltum uolet, an populum ego? XIII B. 23.
Me quoniam coelestis regia poscit, tu curis succede meis, XIII B. 22.
Mea maxima cura, XIII B. 18.
Mediis tranquillus in undis, XIII B. 5.
Mediocritas in omni re est optima, XXI B. 14.
Meditatio mortis, optima philosophia, IV, 443.
Melior post aspera fata resurgo, V, 153.
Melioris fabrica mundi, XVII, 308.
Memento mori, II, 187. VI B. 7 s. XVI, 169.
Memorare nouissima, XV, 233.
Mens agitat molem et magno se corpore miscet, IV, 161.
Mens immota manet, XXI, 427.
Mens, pia mens, summo uictima grata Deo, VII, 249.
Mensuram nominis imples, XIII B. 20.
Mentes tuorum uisita, X, 54.
Mi nihil in terris, XXI, 584.
Mihi multos dilecte per annos, XXIII B. 15.
Mihi omnia Christus, III, 433.

Mihi

Mihi tollunt nubila folem, XVII, 306.
Miles ego Chrifti, III, 199.
Militans de inferno triumphat ecclefia, XVIII, 405.
Militemus, III, 383.
Minor fum cunctis miferationibus, VII, 406.
Mirari, non rimari, fapientia uera eft, II, 187.
Mifceri pulchrum eft reges, et foedera iungi, XII, 81.
Mifericordias Domini in aeternum cantabo, I, 209 f.
Mifericors Deus, beneficus in nos omnes, VIII B. 6.
Mifit Dominus angelum fuum, IX, 153. X, 53. XX, 435.
Mitis et fortis, IX, 384.
Mobile fit fixum fidei, XV, 84.
Monftra, te effe matrem, XV, 65. XIX, 344.
Moribus antiquis, XXII, 329.
Moribus antiquis res ftat romana uirisque, XI, 193.
Moriendo reftituit rem, XIV, 81.
Mors imitata quietem, XIII B. 25.
Mors iugulans cedit, uita falusque redit, XIX B. 7.
Mors mihi quies, uita bellum, XIV, 1.
Mors ultima linearerum, II, 193 f. XII, 120.
Morte aequamur, XVII, 288.
Mortifera non nocebunt, XX, 436.
Mouet ignibus ignes, XX, 25.

Multiplicafti munificentiam, XX, 427.
Multis ille bonis flebilis occidit, XVII, 309.
Munimento et ornamento, X B. 9.
Munit et unit, XX, 339.
Mufarum iungit amores, IX, 305.
Nafcor ad alta, V, 417.
Natura hoc debuit uni, III, 161.
Ne corruat, XIII B. 9.
Ne deterius nobis contingat, XVIII, 397.
Ne me falfificans rodat auara manus, IV. B. §. 16.
Ne multorum fubruatur fecuritas, XVIII, 372.
Ne portae quidem inferorum, XIII B. 22.
Ne proiicias me in tempore fenectutis, VII, 240.
Ne quid parum, ne quid nimis, XIII B. 8.
Nec afpera terrent, VII B. 19. XIII B. 4.
Nec conduntur, nec retunduntur, V, 395.
Nec falfo, nec alieno, XXI, 383.
Nec pluribus impar, XIV, 393. XVI, 401 f.
Nec primus tertio, nec fecundus, XVIII, 386.
Nec retrogradior, nec deuio, XX, 18.
Nec finit effe feros, XXI, 384.
Nec temere, nec timide, VIII, 121. XV B. 3.
Nec terrae fidera defunt, II, 158.

Y   Nec

Nec uita, nec mors feparabit, XII, 33.
Nemini grauis, nifi aemulis, XII, 409.
Nemo me impune laceſſet, XX, 389.
Neque annis extinguitur ardor, XIII B. 15.
Nexos fauore Numinis quis diſſoluet? XXII, 128.
Nexu uno iungimur omnes, XIV, 49.
Ni Deus ipſe ſuo tueatur moenia nutu, nil uigilum prodeſt cura laborque uirum, VI, 280.
Nihil coinquinatum, XVIII, 407.
Nihil ille reliquit, XX, 436.
Nihil illum amplexa uerebor, XIII B. 16.
Nihil ſine Deo, XVII B. 14.
Nil abeſt, I, 161.
Nil deeſt timentibus Deum, X B. 27.
Nil humana moror, dum ſuper aſtra feror, XXII, 262.
Nimium ne crede ſereno, XIV, 231.
Niſi Dominus cuſtodierit ciuitatem &c. XIV, 201.
Nobilitas eſt hominis generoſus animus, XVI, 209.
Nocebit nihil, cui non nocuiſſe debet, XXI Tit.
Noli me tangere, XVI, 161 f.
Nolite cor apponere, VI B. 12.
Nomen Domini turris fortiſſima, XIX B. 11.

Nomenque erit indelebile noſtrum, XIII B. 24.
Non alia fruitur uictoria laude, III, 153.
Non alibi ſtat firma, XI, 351. 385.
Non aliunde, XXI, 375.
Non bene pro toto libertas uenditur auro, XX, 289.
Non commouebitur in aeternum, qui habitat in Hieruſalem, XI, 353.
Non concupiſces domum proximi, XIV, 289.
Non cum corpore extinguuntur magnae animae, XV, 297.
Non curat uulgi ſibilos mens conſcia recti, XV, 97.
Non deficient Oliuarii, VIII, 217.
Non deficiet fides tua, VI, 41. XX, 168.
Non dimittam te, niſi benedixeris mihi, VII, 406.
Non dormit cuſtos, X B. 10 f.
Non dormit, qui cuſtodit, III, 250.
Non dormitaſti, antiſtes Iacobi, XV, 153.
Non eſt a uulnere tutus, III, 436.
Non eſt currentis, neque uolentis, ſed miſerentis Dei, XXI, 325.
Non eſt diuiſa, ſed una, II, 183.
Non eſt mortale, quod opto, V, 185. VI, 249. VIII B. 11. XX, 1.
Non eſt prudentia, non eſt conſilium contra Dom. XV, 193.
Non eſt, qui ſe abſcondat calore eius, XVIII, 414.

Non

II. Spruchregister.

Non exoratus exorior, III, 198. XIX, 65.
Non extinguentur honores, XIV, 232.
Non fecit proximo malum, XIX, 375.
Non fit tamen inde minor, XXI, 383. XXII, 327.
Non gregem, fed ingratos, inuitus defero, XVI, 385.
Non hos, fed plures, fautoribus opto dies, VIII, 269.
Non inferiora fecutus, VI, 304.
Non marcefcet, XVIII, 216. XXII, 144.
Non mihi, Dom. fed nom. tuo da gloriam, IV, 314. VIII B. 23.
Non mouebitur foedus pacis meae, XIII, 225.
Non mutuata luce, XX, 18.
Non nobis, Domine &c. VI B. 12. IX, 114. XIX, 88. XXII, 21.
Non omnis moriar, II, 17. XIII B. 27.
Non peieraffe iuuabit, XIII, 81.
Non poteft abfcondi, XVIII, 421.
Non praeualebunt, XX, 341.
Non quaerit, quae fua funt, XX, 300. 428.
Non recedet malum a domo ingrati, (et feditiofi) VI B. 32. XVI, 161 f.
Non fufficit, XXI, 384.
Non fumit, aut ponit honores arbitrio popularis aurae, X, 393.
Non temere hunc quisquam moueat, aut transeat orbem, XIV, 50.
Non ui, fed arte, XVI, 321.
Non uidi iuftum derelictum, I, 288. VI B. 30.
Non uidit talia tellus, XIII B. 32 f.
Non ultra, XVI, 97.
Non uos relinquam orphanos, X, 54.
Nos autem populus eius et oues &c. XVIII, 392.
Nos cum prole pia benedicas, Virgo Maria, XVII, 97.
Nos pater Aeneas et auunculus excitat Hector, IV, 177.
Nos patriae uolumus, nos nobis uiuere cari, VII, 382.
Nouas mirabitur artes, XIII B, 31.
Nulla carior, XVIII, 395.
Nulla dies fub me natoque haec foedera rumpat, X, 297. XI, 417.
Nulla falus bello: pacem &c. V B. 21.
Nulli cedo, II, 422.
Nullis praefentior aether adfuit ominibus, XIII B. 12.
Nullius pauet occurfum, XVIII, 233.
Nullum fimulatum diuturnum, IX B. 39. XVII B. 15.
Numen, unica in terris falus, prouidebit, XII, 65.
Nunc cinis, ante rofa, XV B. 5.
Nunc denique uiues, XII, 1.

Nunc

Nunc pax amborum super arma abiecta triumphat, XX, 322.
Nunc redeunt animis ingentia confulis acta, et formidati sceptris oracla miniſtri, IV, 161. XIV, 465.
Nunc ſequitur, poſthac ſemper comitatur euntem, VI B. 21, XXI, 207.
Nunc tandem cantare iuuat, V, 417.
Nunquam retro curſum uerto, XXII, 17.
Nunquam retrorſum, XIII B. 23.
Nurimberga diu Chriſti ſit tuta ſub umbra, VII, 207. XXI B. 24.
O Maria, ora pro me, II, 97 f.
Ob ciues (ſubditos) ſeruatos, I, 353. 360. II, 418. XIII, 48. XVII, 373.
Oceano ſurgit metuendus, VIII, 185.
Occidit, aſt orietur, XV B. 25.
Occiduo panduntur ſidera Phoebo, V B. 9.
Oculi Domini ſuper iuſtos, X Tit.
Odi profanum uulgus et arceo, VIII, 365.
Officio mihi officio, IV, 241.
Olla meae ſpei, XX, 346.
Omine fauſto, XIII B. 11.
Omne regnum in ſe diuiſum deſolabitur, XII, 89.
Omnes gentes (reges) ſeruiant ei, XVIII, 389. XX, 434.
Omnes in manu Dom. ſumus; ipſe bene faciet nobis, VIII B. 6.
Omnia ad unum, omnia ab uno, XIX, 347.
Omnia cum Deo, (et nihil ſine eo) X B. 33. XIX, 112. XXI, 207.
Omnia dat, qui iuſta negat, V, 393. X B. 27.
Omnia in manu Domini, I, 329.
Omnia poſſum in eo, qui me confortat, XX, 422.
Omnia uanitas, X B. 13.
Omnia uincit, VI, 241.
Omnibus gratus, XX, 436.
Omnibus omnia, XIII, 297.
Omnis poteſtas a Deo eſt, IV, 415. XII B. 3. XX, 283.
Omnis ſapientia a Domino, XIX, 351.
Omnis ſpiritus laudet Dominum, III, 421.
Omnium pater, omnium uotis datus, XX, 168.
Omnium rerum uiciſſitudo eſt, XVII, 431.
Omnium uictorem uici, VI, 289.
Opportune. Opportunius, V, 394. X B. 26 ſ. XIV, 98.
Optima ſpes patriae, VI B. 22. VII, 265.
Optime regitur, XVIII, 414.
Opus uirtutis ueritatisque triumphat, VIII, 365.
Ora pro me, beata Martina, XIX, 343.
Ora pro me, Sancte Rudberte, I, 217.
Ora pro nobis Deum, ſancta Virgo Radiana, IV, 25.

Or-

II. Spruchregister.

Orbata laetor, XIII B. 32 f.
Orietur in tenebris lux tua &c. V B. 9.
Ossa ipsius post mortem prophetarunt, XX, 57.
Ostende, quem elegeris, XX, 426.
Ostendit Dom. misericord. in domo matris suae, XIX, 351.
Ostium coeli apertum in terris, XIX, 348.
Pace et iustitia, VII B. 23.
Pacem dones protinus, XX, 344. 419.
Pacem meam relinquo (do) uobis, VII, 240. XX, 435.
Pacemque uirumque cano, XVIII, 172 f.
Pacis et armorum uigiles, XX, 370.
Pallida collapsis destruitur foliis, XIII B. 18.
Palma sub pondere crescit, V, 105. XVIII, 9.
Par animo robur, XIX, 217.
Par uirtus oneri, XX, 347.
Paraclitus illuminet, X, 54.
Parcere subiectis et debellare superbos, II, 43. III B. §. 32. VII B. 26. XV, 77. XVIII, 376.
Parta tueri, VII B. 10.
Parua licet, V, 395.
Pascite, qui in uobis est, gregem Dei, XVIII, 380.
Pater, qui misit me, trahet eum, X, 54.

Patientia uincit omnia, XVI B. 20.
Patienter et constanter, XI B. 25.
Patriam seruata tuebor, XV, 258.
Patriam tutore carentem excepit, XIII B. 23.
Patriis uirtutibus (orbem), VII B. 12. XVIII, 213. 321. XX, 87.
Pax adsit, bellum fugiat pestisque seuera, VII, 207. XXI B. 24.
Pax bona (noua) nunc redeat, Mars percatque ferox, VII, 207. XXI B. 24.
Pax certa, uictoria integra, mors honesta, IX, 97.
Pax cum iustitia fora, templa et rura coronat, XX, 329.
Pax esto. Seruate fidem. Resipiscite gentes, IX B. 23.
Pax et iustitia exosculentur se, XIV B. 20.
Pax et salus a Domino, XIX, 204.
Pax multa diligentibus legem tuam, Domine, II, 136. VI B. 16.
Pax praeualet armis, II B. §. 40.
Pax una triumphis innumeris potior, I, 360. III B. §. 45. VII B. 13.
Pax tibi. (Ego sum) XI, 257. XIX, 349.
Pedo seruatas oues ad quietem ago, XVIII, 381.
Pellit mendacia uerum, III, 350.
Per aspera ad astra, VII B. 33. 156. X B. 7. XV B. 4.
Per crucem tuam salua nos Christe redemtor, XVII, 379.

Y 3   Per

Per lignum S. Crucis liberet nos Dom. noster, VI, 313.
Per me si quis introierit, saluabitur, XX, 423.
Per me uita, extra me mors, XIX, 166.
Per te uenit nostra salus, XVII, 225.
Per tot discrimina, XXII, 233.
Peragit tranquilla potestas, quod uiolenta nequit, II, 412.
Perdam Babylonis nomen, V, 225 f.
Perit, ut uiuat, III, 200.
Perpetua soluet formidine terras, XXII, 321.
Perpetuo, VI B. 25.
Petre, ecce templum tuum, XX, 435.
(Petre,) pasce oues meas, XVIII, 377. 412.
Pie, iuste, fortiter, V B. 6.
Pie, iuste, temperanter, III B. §. 48.
Pietas ad omnia utilis, VI B. 21. IX B. 15. IX, 225.
Pietas tutissima uirtus, VI B. 25.
Pictate commotus, iustitia adactus, IX, 83.
Pietate et aequitate, XXI, 1.
Pietate et caritate, XV, 260.
Pietate et constantia, XIV, 241.
Pietate et iustitia, II, 160. 191. VI B. 24. VII B. 16. XI B. 25. XIX, 112.
Pietate insignis, IV, 393. XI, 1.
Pictate uinces, XVI, 81.
Pinguescit, dum eruit, II, 155.

Placeat homini, quicquid Deo placet, XVII, 317.
Placere et tollere uidetur, XIV, 289.
Plena est omnis terra gloria eorum, XX, 165.
Plura natalia feliciter, XIII B. 15.
Plus ultra, I, 428. VII, 398. XIII, 121. XLX B. 12.
Ponat fines suos pacem, XIX, 341.
Pondera coelesti mente paterna feret, XXII, 321.
Ponderibus firmata suis, XIII B. 29.
Popule mi, quid feci tibi? XXII, 313.
Populum religione tuetur, XIX, 349.
Portae inferni non praeualebunt, XX, 426.
Portauerunt tabernaculum foederis, XX, 418.
Possis nihil urbe Roma uisere maius, XIII, 186. XXI, 383.
Post animos sociasse iuuabit, III, 145.
Post multa plurima restant, XVIII, 383.
Post nubila Phoebus, X, 41.
Post tenebras (spero) lucem, XVII, 306. XVIII, 380. 401.
Posui Deum adiutorem, quem timebo? XIV B. 5.
Posuit Iacob statuam, XIII B. 7.
Praebet, non prohibet, XX, 436.
Praelia Domini praemia, V, 394.
Praestant aeterna caducis, X B. 5.

Prae-

II. Spruchregister.

Praestat componere, XIII 𝔅. 5.
Praeualent coniunctae uires, XXII, 128.
Primum quaeuis sibi poscit honorem, XVIII, 329.
Prisca uirtute fideque, VII 𝔅. 32. XXI 𝔅. 13.
Priuata relinquo, publica defendo, III, 198.
Pro ara, lege, rege, grege, XVII, 25.
Pro aris et focis, III, 349. XI 𝔅. 25.
Pro bono malum, XVII, 33.
Pro cunctis, XVIII, 413.
Pro Deo, Caesare et patria, X, 345.
Pro Deo et Caesare, IV, 305.
Pro Deo et ecclesia, V 𝔅. 24. XII 𝔅. 4. XII, 25.
Pro Deo et imperio, X 𝔅. 35. XIV, 233.
Pro Deo et patria, VI, 433 f. IX, 434.
Pro Deo et populo, I, 352. VII, 399. IX, 177. XVI, 65. XXII, 305.
Pro Deo, fide et libertate cuncta facere et ferre parati, XXI, 49.
Pro fide et patria candide et sincere, (cordate) V 𝔅. 21. XVIII, 281.
Pro iure et populo, XX, 265.
Pro lege et grege, II, 225 f. III 𝔅. §. 50. V 𝔅. 7. XIII 𝔅. 27.
Pro lege, grege et ore, II, 231.
Pro patria, VI 𝔅. 22. VII, 265.

Pro patria confumor, VI 𝔅. 34. XVI, 161 f.
Pro tui nominis gloria, XIX, 208.
Procidamus et adoremus in spiritu et ueritate, XIX, 352.
Procul hinc, mala bestia regnis! IX Tit.
Promissa fideli, XV 𝔅. 4.
Promte et sincere in opere Domini, XIII, 257.
Propitio Deo securus ago, X 𝔅. 21. XII, 224.
Propter ueritatem et iustitiam, XXI, 240.
Prospiciente Deo, II, 186.
Protector meus es tu, XI 𝔅. 3.
Protectore Deo, VI, 273.
Protege, X, 54.
Protege populum tuum, Domine, crucis per signaculum, V, 217 f.
Protegere praestat, quam rapere, XIII 𝔅. 5.
Protegit una suos mediis tranquilla procellis, XV, 260.
Prouide et constanter, VIII 𝔅. 10.
Prouide et iuste, V 𝔅. 11. XI, 352. XVII, 273.
Prouidentia Domini sufficientia mihi, X 𝔅. 20.
Prouidentiae haec diuinae obnoxia, I, 345. XIII, 422.
Prouocatus pugno, V, 124.
Prudenter et constanter, X 𝔅. 5.
Prudenter et uigilanter, XV, 83.
Prudenter passus, fortiter egit, XIX, 343.

Pru-

Prudentia et constantia, XXI, 401.
Prudentia et uigilantia, XV, 83.
Prudentia rerum exitus metitur, VII B. 34.
Publica fide, VI, 235.
Publica praefero, priuata relinquo, XVI, 105.
Publicae quietis parens, IX, 401.
Pudeat, amici, diem perdidisse, VI, 73.
Pugno pro Deo et patria, XIV, 240.
Pugno pro patria, XI, 181.
Pulchra ut luna, electa ut sol, IV, 113.
Pulsis tenebris satior luce, XVII, 306.
Pupillum et uiduam suscipiet, V, 433.
Putata soecundior, XII, 113.
Qua sit eundum, monstrat iter, XV, 260.
Quae Deus coniunxit, nemo separet, V, 201.
Quae uoui, reddam pro salute Domino, XIX, 350.
Quaerunt tua lumina gentes, V B. 32.
Quaestus magnus pietas cum sufficientia, XX, 345.
Quam iucundum, fratres habitare in unum, XVII, 288.
Quantum mutatus ab illo, XIV, 97.
Quare fremuerunt gentes? XIV, 289.
Quem dies uidit ueniens superbum, hunc dies uidet fugiens iacentem, XIV, 225. XX, 370.
Qui distulit, non abstulit; ipse me protegat, XVI, 117.*
Qui facile credit, facile decipitur, VIII, 366.
Qui fodiet sepem, II, 183.
Qui fundasti, protegite, IV, 17.
Qui litem aufert, execrationem in benedictionem mutat, V B. 29.
Qui me inuenit, inuenit uitam, XX, 303.
Qui rex iustitiae, iudiciumque, ueni, VII, 208.
Qui uolet, III, 1. 420.
Qui uult amari, languida regnet manu, XI, 181.
Quia Dominus suscepit me, X, 53. XX, 436.
Quicquid est iussum, leue est, XXI, 313.
Quid non pro religione? I, 129.
Quid premitis? redeat si nobilis ira leonis? XI, 181.
Quid retribuam Domino? VIII B. 11.
Quid uolo, nisi ut accendatur? XX, 422.
Quiescit ad gloriam surrectura, XXI, 389.
Quis crederet, sic monstra pellere regno? XIV, 58.
Quis Deo resistat? XIV B. 22.
Quis hac imperii corona dignior te? XIX B. 11.
Quis, nisi Deus? Time eum, XIV B. 10.

Quo

II. Spruchregister.

Quo fas et gloria ducunt, VII B. 16.
Quo iustior alter, nec pietate fuit, nec bello maior et armis, XIX, 217.
Quo me iura uocant et regis gloria, XI, 273.
Quocunque aufugiant, nullo secura recessu, XV, 259.
Quod Deus uult, hoc semper fit, IV, 329.
Quod non cera capit, fama loquetur anus, XIV, 231.
Quod ui non potuit, disiectum est arte ministra, XVII, 321 f.
Quos Deus coniunxit, eosdem in omne aeuum benedicat Deus, XVII, 265.
Quos fides adunat, hos fides conseruat, XXI, 49.
Rebus es ubertas siccis sat rebus es uber, V, 2 f.
Recordatur desiderabilium suorum antiquorum, XX, 105.
Recordatus misericordiae suae, XXI, 121.
Recte faciendo neminem timeas, III, 348. IV, 209. XX, 87.
Rectis corde laetitia, XX, 426.
Redde cuique suum, XX, 434.
Redde' mihi laetitiam salutaris tui &c. V B. 13.
Redde (reddite) quae sunt Caesaris, Caesari, et quae Dei, Deo, III, 64. XXV B. 2. 3.
Redemtio filiis hominum, XIII, 345.

Redeunt Saturnia regna, XIII, 417.
Rediit concordia mater, IX Tit.
Redit, unde uenit, XX, 361.
Rediuiua per illum Thebais, XVI, 201.
Refloresce, XIII B. 18.
Reformatio post guerram (guerrae) pax (est), III, 421.
Regale sacerdotium, I, 336.
Regna firmat pietas, XXI, 404.
Regnis natus et orbi, XVIII, 426.
Religionem libertatemque defendo, XVI, 105.
Remigio altissimi (uni) VII B. 6. 8. XVI, 315.
Renouabis faciem terrae, XX, 422.
Renouabitur quotannis, XIII B. 12.
Repleuit orbem terrarum, XIX, 348.
Rerum gestarum fides, IX, 361. XIV, 408.
Rerum uicissitudo, XV, 84.
Respexit tristes hac tempestate Camenas, VII, 169.
Respicit haec populum, respicit illa polum, VII, 399.
Respondet curis, XX, 348.
Respublica demum florebit, V, 25.
Restauret pacem Jesus dux orbis in urbe, VII, 207.
Resurgit ex uirtute uera gloria, XXI, 425.
Reuirescendo, XIII B. 12.
Reuiresco, VIII, 323.

Z   Ri-

II. Spruchregister.

Rigantur, ut ornent, VII B. 17.
Robore diuino coronatus uincit leo, III, 137.
Robur ab astris, XX, 416.
Rutilans rosa sine spina, XVII, 377.
Sacra anchora Christus, XI, 181.
Sacra oculo spectat irretorto, XVIII, 414 f.
Sacra profanis praeferenda, XVIII, 415.
Salua, Domine, uigilantes, IV, 9.
Salua nos, Domine, XIX, 205. 343. XX, 167 &c.
Saluator mundi, salua (adiuua) nos, III, 198. IV, 446.
Salue crux benigna, (sancta) XI, 40. 347.
Saluo Caesare, salua respublica, XXI B. 13.
Salus populi suprema lex esto, II, 393 f. III B. §. 45. XXII, 49.
Salus publica, salus mea, VI B. 25.
Salus tuta, VIII, 138.
Salutem ex inimicis nostris, II, 88.
Saluti publicae, X, 33.
Saluum fac pop. tuum, Dom. &c. III, 421. VIII B. 4. XVIII, 383. XIX, 87.
Saluum me fac, Domine, VII B. 38.
Sancta Maria, conserua populum tuum, V, 89.
Sancta Trinitas mea hereditas, X B. 20.
Sancte Baptista, succurre nobis, III, 357. XII B. 2. XVII, 93. XXII, 201.
Sancte Ianuari, rege et protege nos, VIII, 57.
Sancte Ludgere, respice de coelo &c. XIII, 201.
Sancte Martine, ora pro nobis, XI B. 21.
Sancte Norberte, ora pro nobis, IX, 321.
Sancte Philippe, intercede pro nobis, III, 421.
Sanctus Autor Patronus noster, X, 9.
Sanctus Franciscus protector noster, XV, 209.
Sanguinem principum terrae bibetis, XX, 304.
Sapere aude, XII, 369. 388.
Sapiente diffidentia, XII B. 17.
Sapienter et fortiter, XI B. 16.
Sapientia aedificauit domum &c. XIII B. 29. XXI, 208.
Sapientia fundauit, stabiliuit prudentia, XX, 343.
Sapientia in plateis dat uocem suam, XIX, 351.
Sapientia, non uiolentia, IV, 241. 246. VIII B. 34.
Saturnia redit, XX, 419.
Scio, cui credidi, II, 187. XX, 436.
Scire nostrum reminisci, XIII, 298.
Scopus uitae meae Christus, II, 188. XXI, 193.
Scribit, quam suscitat, artem, IX, 369.
Scuta comburet igni, XVIII, 381.

Se-

Secundum religionem et legem, XIII ℬ. 26.
Secundum uires da pauperi, I, 213.
Secundum uoluntatem Dei,(tuam, Domine) II, 358. VII ℬ. 30. X ℬ. 36.
Sed maior caritas, XX, 346.
Sedes fructusque perennis, XII, 385.
Sedes haec folio potior, XXI, 376.
Semen mulieris conteret caput ferpentis, XXI, 207.
Semen timent. Deum potens erit in terra, XXI, 406.
Seminans in benedictionibus, de benedictionibus et metet, X, 361. XVIII, 412.
Semper idem, V ℬ. 21. VII ℬ. 9. VIII, 32. XVI, 336.
Senes cum iunioribus laudent nomen Domini, I, 321 f.
Senfim prudentia fiftit, V, 394.
Sequere me, XIX, 205.
Seruator orbis, XXII, 321.
Seruire foli Deo, regnare eft, XIX, 91.
Si bona fufcepimus de manu Dei &c. XI ℬ. 27.
Si Deus pro nobis (nobifcum), quis contra nos? II, 43. III, 217. 433. VI ℬ. 14 f. 18. 33. VII ℬ. 25. IX, 252. XII ℬ. 8. XII, 121. XIV, 296. 337. XVII, 25. XVIII, 305. XIX, 61. XX ℬ. 14 &c.
Si poffibile eft, tranfeat a me ca-

lix ifte, XVII, 153. XVIII, 395. XX, 435.
Si uis uincere, perde, XIV, 185.
Sic abeunt, II, 157.
Sic ad aftra, XIX, 255.
Sic bene conueniunt et in una fede morantur, XI, 129.
Sic currite, IV ℬ. §. 10.
Sic decuit mea facta fequi, III, 424.
Sic Deo placuit in tribulationibus, XVI, 1.
Sic fata uolunt, XVII, 22.
Sic florui, XIX, 206.
Sic luceat lux ueftra, XVIII, 421.
Sic mihi iucundis adolefcunt ignibus arae, X, 359.
Sic oculos, fic ille genas, fic ora ferebat, IV ℬ. §. 6.
Sic omnia tuta, XVIII, 415.
Sic omnis mundi gloria, XX, 434.
Sic pridem auulfae redeunt in foedera dextrae, VII, 256.
Sic publica commoda ftabunt, IV, 446.
Sic folum colit, ut in coelo metat, XX, 11.
Sic fortem uinco ferendo, XIX, 169.
Sic ftabit femen et nomen ueftrum, XXI, 208.
Sic triumphant electi, XVIII, 371.
Sicut fortis equus, XI, 353.
Sicut fol oriens Dei &c. I, 92. XII Tit.
Signatis decoris ueftigiis, XIII ℬ. 10.

II. Spruchregister.

Sileat inuidia, res ipsa loquitur, II, 429. XXII, 143.
Sincere et constanter, VII B. 15.
Sine clade, XX, 436.
Sine Deo nihil feliciter succedit, II, 162.
Singularis in singulis, in omnibus unicus, IX, 289.
Sinum suum aperuit egenis, XX, 345.
Sistit iter, populumque beat mora, XV, 260.
Sit Deus auxilium, tuta sit ipse salus, VII, 208.
Sit nomen Domini benedictum, I, 336. III, 421. VI, 185. 422. VII B. 38. XVII, 145 f. XIX B. 8. XIX, 90.
Sit pax in terris tandem et patientia uictrix, VII, 207.
Sit pax intra muros, et prosperitas in palatiis tuis, IX, 25.
Sit tibi, Christe, datus, quem tu regis, iste ducatus, XII, 149. XIX, 84.
Siue uiuimus, siue morimur &c. VII, 385.
Sixte et Sebast. selecti patroni, or. pro nob. V B. 22. VI, 121.
Sol orbem rediens, sic rex illuminat urbem, XX, 390.
Sola bona, quae honesta, III B. §. 49. V B. 9. VII B. 18. XXII, 141.
Sola gaudet humilitate Deus, XII, 377.

Sola gloriosa, quae iusta, III B. §. 42.
Sola ubique triumphat, XXI, 169.
Solem noua sidera norunt, XX, 165.
Soli cui fas uidisse Mineruam, IX, 65.
Soli Deo confide, XVII, 288.
Soli Deo gloria, I, 401. III B. §. 32. IV, 442. V, 433 f. VIII, 201. XX, 153. XXI, 384.
Soli Deo honor et gloria, II, 42. X, 241.
Soli Deo uictoria, II, 43. XII, 443.
Solis ales me proteget alis, XVIII B. 10.
Solisque labores, X, 25.
Solo sublata, polo resplendet, XVII, 307.
Solum in feras pius bellatur pastor, XVIII, 375.
Sors mea a Domino, XII B. 9. XIX, 60.
Spe melioris, XVII, 308.
Sperant in te, qui nouerunt nomen tuum, XX, 301.
Spero (Sperno) inuidiam, VI B. 39. VIII, 209.
Spes alma superfit, XI, 182.
Spes altera, XV, 321.
Spes confisa Deo nunquam bona uota fefellit, (nunquam confusa recedit) XIII B. 30. XV B. 3.
Spes et amor patriae, magnum Boreae incrementum, XV, 401.
Spes exspectata diu, XX, 138.

Spes

II. Spruchregister.

Spes mea altissimus, (Deus, Christus) III, 421. IV, 445. XI B. 24.
Spes mea in Deo est, III B. §. 24.
Spes meliorum temporum, XV B. 8.
Spes non confundit, (confunditur) II, 187. 188. XX, 436.
Spes nescia falli, XVII B. 26.
Spes nostra Iesus, Dei et Mariae filius, XX B. 5.
Spes nostra Virgo Maria, X, 429. XX B. 9.
Spes o fidissima Musis, XIII B. 31.
Spes opis eiusdem, XVIII, 413.
Spiritu oris eius omnis uirtus eorum, XX, 164.
Spiritus consilii (sapientiae), XVIII, 382. XX, 342.
Splendet a maiestate eius, XIV, 361.
Splendet in orbe decus, II, 345.
Splendorem splendor adauget, XVIII, 241.
Spoliat mors munera nostra, XV, 127.
Sponsum meum decorauit, XVIII, 421.
Sta sol, IX, 379. 383.
Stans, acie pugnans, III, 200. XX, 244.
Stat cura omnis in uno, XX, 348.
Stat firmiter aequo, XXII, 97.
Stat solido, XII, 393.
State et uidete magnalia Dei, XX B. 11.

Statuit supra petram pedes meos, X, 53.
Stetit sol in medio coeli, IX, 383.
Studio, sapientia, silentio et non sicata amicitia, quid nobilius? XVII, 417.
Suauiter et fortiter, V B. 11 f.
Sub alis protegentibus tuis, XIV B. 13.
Sub cruce crescit fides, I, 427.
Sub pondere, I, 225.
Sub praesidio altissimi nihil timendum, XIV, 302.
Sub tuum praesidium, (confugio, confugimus) I, 313. IV B. §. 7. IV, 41. XIII, 209. XIX, 89. XX, 113.
Sub umbra alarum tuarum, (absconde me, protege nos) II B. §. 40. III, 64. VII, 232. XI B. 6. XIV, 293. XV, 257. XVIII, 379. XIX, 85. XX B. 13. XXI, 2. 4. &c.
Sublatam ex oculis quaerimus inuidi, XIV, 65.
Sublatum ex oculis conquerimur, XVII, 306.
Subueniat finis iudiciumque piis, VII, 207.
Succurrit egenis, XV, 261.
Sufficit, XXI, 384.
Sufficit mihi gratia Tua, Domine, XII B. 9.
Suffulta uiresco, VI, 420.
Suis perit ignibus auctor, XIII, 9.
Suo intenta soli, XI B. 3.
Suos proprio sanguine pascit, XX, 425.

Su-

Super aspidem, XVIII, 112.
Super aspidem et basiliscum militauit, XVI, 34.
Super exstat opacis, XVII, 308.
Super fundamentum apostolorum et proph. XX, 421.
Super hanc petram, V, 249. XVIII, 408.
Super his seruata quiesco, XII, 137.
Super omnia germana fides, V B. 21.
Super tenebras nostras militabo in gentibus, XVI, 33.
Superaui hostes meos, XIV B. 29.
Supergressus, VII, 409.
Superi risere, IV, 225.
Supra firmam petram fundata est, XVIII, 426.
Surgit ab hac nostris ciuibus alma quies, XV, 259.
Surrexit Christus, spes mea, XIX, 91.
Sustentante Deo, III B. §. 48.
Suum cuique, II, 159. III B. §. 46. VIII, 401. XV, 177.
Tale iubar, tot et annos, IX, 82.
Tali Dea se iactat alumno, XX, 348.
Tali dicata signo mens fluctuare nequit, XVII, 379.
Talis Alexandri, Tigrin superantis, (mundum moderantis) imago, XIX, 361. 368.
Tamen et adhuc quietus, II, 337.
Tandem, I, 137. VII B. 6. XI B. 26. XVII B. 15. XVIII, 265. XIX, 9. XXI, 353.
Tandem bona caussa triumphat, II B. §. 42. 43. III B. §. 35. III, 347.
Tandem fit surculus arbor, IX, 129. X, 425.
Tandem patientia uictrix, I, 137 f. IX, 105.
Tandem. Tunc. Nunc. Sat est. IX B. 23.
Te facimus, XIII, 281.
Te Iesum sitio &c. XV, 186.
Te mane, te uespere, XIX, 341. 343.
Te nemus omne canet, XIII B. 17.
Te ope diuina seruabo, VIII, 137.
Temperat aestus, XIII B. 5.
Templo fulgebit et orbi, XIII B. 16.
Tempora laeta reducit, XIII B. 20.
Tempori pare, XV, 201.
Tempus reuelat omnia, VI, 240.
Tendit ad ortus, XIII B. 12.
Tene mensuram et respice finem, VII, 398.
Tentanda uia, XX, 435.
Terra coeloque beata, XX, 241.
Terrena consideres, ut coelica possideas, XVII, 429.
Terret labor, aspice praemium, XIII, 105.
Tetragrammaton Iehouah Adonai Eloy, XVII, 161.
Tibi Aderit Numen Diuinum, Expecta Modo, XIX, 10.

Tibi

II. Spruchregister.

Tibi militat aether, XVIII, 265.
Tibi, mors, paramur, II, 193 f.
Time Deum, dilige iustitiam &c. III, 431.
Time Deum, honora Caesarem, VII B. 3. XX, 87.
Timentem Dominum glorificat, XX, 420.
Torrentem pertransiuit anima nostra, IV, 185.
Tota pulchra es, amica mea &c. V, 168.
Totus in toto et totus in qualibet parte, XVI, 195.
Transmissa luce refulget, XIII B. 3.
Tres sanctam Triadem uenerentur more Iohannis, X, 105.
Tu autem idem ipse es, XVIII, 388. XX, 435.
Tu Dominus et Magister, XIX, 339. 347. XX, 163 &c.
Tu es Petrus, et super hanc &c. VII, 233. XX, 165.
Tu mihi, Christe, scopus, XX, 10.
Tu ne cede malis, I, 417.
Tu nos ab hoste protege, XVII, 201. XIX, 93.
Tu pro me nauem liquisti, suscipe clauem, XVIII, 375.
Tu scis, Domine, XIX, 205.
Tueatur unita Deus, V, 204.
Tuetur et auget, II, 156.
Tuentur et ornant, VII B. 16.
Tulit alter honores, X, 97.
Turbant, sed extollunt, XVII, 306.

Turris fortissima nomen Domini, X B. 12.
Turris super domum meam, V B. 13.
Tuta his auspiciis, XVII Tit. XXI B. 31.
Tutissimo lumine exhibito, XII, 393.
Vade et praedica, XX, 414.
Vade, Francisce, repara, XVIII, 416.
Vade retro, Satana, nunquam suade mihi uana, sunt mala, quae libas, ipse uenena bibis, VI, 107.
Vado et uenio ad uos, X, 54.
Vadunt solido ui, XI, 228.
Variis in motibus eadem, V B. 9.
Vas electionis, XX, 436.
Vbi uult, spirat, X, 54. XIX, 206.
Vel mortuum fugiunt, III, 197. 437.
Vel sic enitar, XII, 329 f.
Vela Ventis His Leuantur, VII B. 28. 329.
Velociter scribentis soboles, XVIII, 373.
Veni, aut subueni tuis, o Christe, redemtor, VII, 207. XXI B. 23.
Veni, dilecta mea, XIX, 205.
Veni et uici, XII, 337.
Veni, lumen cordium, XX, 343. 419.
Venit, uidit, Deus uicit, XVIII, 353.

Ve-

Venite ad me omnes, et ego reficiam uos, XVIII, 414.
Venite et uidete opera Domini, XX, 302.
Venite, uenia, uenite, XX, 419.
Venti et mare obediunt ei, XX, 421.
Vera sap. et pietas fastidit terrena &c. VII B. 7.
Verbum Domini manet in aeternum, II, 65. 259 f. 425. III B. §. 16. 48. III, 197. V B. 8. VIII B. 31. XII B. 6. XIII, 33. 36 f. XVI, 409. XVII, 9. XX B. 14. XXI, 206.
Veritas conteret contraria, L, 165.
Veritas, filia temporis, XX B. 14.
Veritas odium parit, III, 73. 422. XVI, 194.
Veritas premitur, sed non opprimetur, XXI, 207.
Veritas uincit omnia, III, 348.
Vestigia premo maiorum, VII B. 10.
Vetat mori, IX, 367.
Vi et uirtute, XVIII, 382.
Vi unita concordia fratrum fortior, XVII B. 27.
Via Deo auspice est, VIII B. 30.
Vicerunt crucem coelestia gaudia tandem, XV B. 4.
Vicit leo de tribu Iuda, VI, 39. XX, 303. 435.
Vicit morte sua, XV, 297.
Victor gaudet, uictus moeret, III, 57.

Victoria nostra a solo Deo, II, 43.
Victricem manum tuam laudemus, XX, 341.
Victrix casta fides, XX, 434.
Vide mira Domini, XII, 145.
Videant oculi mei filios uestros, XXI, 208.
Videte dolorem meum, XX, 304.
Vidi lunam adorare me, XVIII B. 10.
Vigilantia florui, XVI, 9.
Vigilat, XVIII, 413.
Vigilat, qui custodit eam, XX, 346.
Vigilat sacri thesauri custos, XVIII, 414.
Vigilate Deo confidentes, XVI, 257.
Vincere et seruare eosdem, hoc opus est, XII, 250.
Vincit ueritas, XI, 105.
Vincit uim uirtus, VI, 88.
Vindica, Domine, sanguinem nostrum &c. XVIII, 385.
Virebo, proficiente Deo, III B. §. 45.
Vires acquirit eundo, XVII, 385.
Vires ultra fortemque senectae, XIII, 329.
Vires unitae, sola salus patriae, IV B. §. 16.
Virgo, coeptis faue, spem adauge, XXII, 139.
Virgo immaculata iugiter sis patrona, XIII, 193.
Virgo potens, ora pro nobis, XX, 420.

Vir-

Virgo, tua gloria partus, XVIII, 334.
Virtus uictrix fortunae fortissima, XV, 126 f.
Virtute et labore, VI, 421. XI ℬ. 13.
Virtute experiamur, VII ℬ. 32.
Virtute nouata, XIII ℬ. 15.
Virtutes praemiis coronantur, VIII, 377.
Virtutibus occupat orbem, XIII ℬ. 10. 21.
Virtutis gloria merces, VII ℬ. 33. XII, 217 f.
Vis animi cum corpore crescit, XX, 348.
Visitauit nos oriens ex alto, XIV, 265 f. 310. 337. 342. XVII, 432. XX, 18.
Vita mihi Christus, mors mea dulce (erit ipsa) lucrum, III, 193. VIII, 369.
Vita mortalium uigilia, XVI, 417 †.
Vitae melioris imago, XIII ℬ. 26.
Viuat pax Christi, sit dux sua tempore tristi, VII, 208.
Viue memor lethi, VII ℬ. 32.
Viuida pax Christi seruet nos tempore tristi, VII, 207. XXI ℬ. 24.
Viuificat et beat, XX, 165.

Viuit post funera uirtus, VII ℬ. 30. VIII ℬ. 9. XV ℬ. 4. XVII ℬ. 12. XX, 23. 105.
Viuo ego, iam non ego, XIX, 349.
Viuunt, quia uiuo, XIII, 299.
Vixi annos bis centum, nunc tertia uiutur aetas, X ℬ. 10. XIII ℬ. 16.
Vna laetantur fede locatum, VII, 403.
Vna salus patriae, fratrum concordia constans, XII, 421.
Vna super unum, XX, 299.
Vnde pendet, XX, 168.
Vnde uenit auxilium mihi, XIX, 346.
Vnica spes mea Christus, XIV, 17. XXI, 403.
Vnita durant, III, 348.
Vnitae mentes uniunt, XVIII, 389.
Vniuit palmamque dedit, XX, 300.
Vno Volente Humilis Leuabor, VII ℬ. 27.
Vnus Deus, una fides, XIX, 205.
Vnus pellet mille, XII, 250.
Vnus non sufficit (orbis) I, 438. X, 161 f.
Voti argumenta potentis, XIII ℬ. 16.
Votorum tandem compotes, VIII, 89.

Vox de throno, XIII, 97.
Vrbi et orbi salus, XIII, 337.
Vrget plebis amor, XIX, 375.
Vsque ad mortem, X B. 20.
Vt abundantius habeant, XV, 166.
Vt abundetis magis, VII, 239. XX, 437.
Vt aurora Musis amica solem, sic typographia renatum euangelium, XIII B. 31.
Vt bibat populus, XVIII, 384.
Vt capiant fructus, IX, 313.
Vt eruantur a uia mala, XX, 416.
Vt eruat praedam. capt. fratrum &c. XVIII, 413.
Vt fidei hostes perderem, elegit me, XVIII, 372.
Vt frontibus, ita frondibus coniunctissimi, VII B. 8. XVI, 326.
Vt ipse finiam, XVIII, 382.
Vt lunae, sic siste gradum nunc, Iosua, solis, V, 57.
Vt me deligerent pro eo &c. XX, 435.
Vt mecum sit et mecum laboret, XX, 430.
Vt nunc, nouissimo die, XVIII, 392.
Vt Phoenix flamma, sic nos renouamur amore, VI, 137.
Vt rupes immota mari, stant foedera iuncti, X, 117. XXII, 337.
Vt uideant filios filiorum &c. XVII, 265.
Vt umbra illius liberarentur, XIX, 349.
Vtilibus rectum praeponere suadet, VI B. 26.
Vtinam non posset mori, IX, 84.
Vtraque ciuis, I, 249.
Vtrumque, XVII, 393.
Vtrumque praestat, XVIII, 413.
Vtrumque unum, XV B. 6.
Vxor casta est rosa suauis, I, 92. XII Tit.

7) Rußische.

Lateinisch übersetzt, XVIII, 302 f.

8) Schwedische.

Flinck och färdig, VI, 235.
Hoppet, VI, 235.
Med Gudz Hielp, XVII, 297.
Wett och Wapen, VI, 233.

9) Sinesischer.

Kouci yu thing ti, X, 252.

10) Teutsche.

Alle Ding zum Besten wenden, und mein Leben selig enden, X B. 2.

II. Spruchregister.

Allein Evangelium Ist Ohne Verlust, XII, 233.
Allein GOtt die Ehr, VIII B. 30.
Alles in Ehren, II, 423.
Alles mit Bedacht, I, 137 f. VII B. 4. 6. XIV, 161. 459. KV, 82 f. XVII, 431. XIX, 41 f.
Alles mit GOtt und der Zeit dauert in die Ewigkeit, II, 22. X B. 3.
Alles nach GOttes Willen, XI B. 11.
Alles vergänglich; GOttes Gnade währet ewig, XI B. 24.
Alles zu seiner Zeit, IV, 442. XII, 417.
An GOttes Segen ist alles gelegen, II, 192. X, B. 22. XVII, B. 25. XXII, 143.
Anfang bedenk das Ende, III B. §. 44. XVI B. 19.
Auf deinen Wegen leit, Herr GOtt, mich allezeit, VI B. 9.
Auf dich, Herr, traue ich, XI B. 26.
Auf GOtt traue ich, VII B. 14.
Auf Liebes-Glut folgt Segens-Gut, dies stärkt den Mut, IX, 417.
Behalt ihnen die Sünde nicht, IX B. 30.
Besser Land und Leut verloren, als ein falschen Eid geschworen, I, 233. 240. III, 376. VII B. 26. XV, 73 f. 94 f. 102 f. XVI, 113 f.

Bewahre mich, Herr. Ich bin nicht ferr. XIII, 49.
Bey GOtt ist Rath und That, XVI B. 3. 16. 17. 18. 21. XXI, 108.
Brich dem Hungrigen dein Brod, XI, 161.
Das Aug des Herrn sehe mich an in Gnaden, III, 198 f.
Das Geheimnis ist gros; ich sage ꝛc. IX B. 31.
Das Weib, so fürchtet GOtt, nicht werden kan zu Spott, I, 208. VI B. 9.
Dat Wort is Fleisch geworden ꝛc. V, 257 f.
Dein Weib wird seyn wie ein fruchtb. Weinstock ꝛc. VI, 103.
Dein Klehkraut schadt kein Hitz noch Kält ꝛc. II, 187.
Dennoch, XVI B. 22.
Der HErr erhält mich, XVI, 118.
Der HErr ist mein Schild ꝛc. VI B. 23.
Der recht Glaub ia ewig lebt, VII, 121. 123.
Der Sieg kommt von GOtt, III, 200.
Der Vatter, das Wort und ꝛc. IX B. 28.
Die Erde ist voll der Güte des Herrn, XVIII, 216. XXII, 144.
Die Gnad GOttes währet ewiglich, I, 271. VI B. 28.

Aa 2   Die

Die Sonne kan nicht ohne Schein, der Glaub nicht ohne Werke seyn, II, 22. X B. 3.

Dir befehl ich meinen Geist, IX B. 30.

Dis ist mein lieber Sohn ꝛc. IX B. 32.

Dit is min leve Son ꝛc. XXII, 95 f.

Du verzehrest sie, wie Stoppeln, XXI, 208.

Durch (doch) GOtt hab ichs erhalten, XIV B. 28 f.

Durch GOtt unter Mariä Schutz wurd diß gedruckt dem Feind zum Trutz, XVII B. 5.

Durch GOttes Segen, XV B. 5. XVII, 81.

Ein Diener des Herrn der Heerschaaren, XXI, 89.

Ein Godt, ein Geluve ꝛc. V, 257.

Ein Pfropfreis thut gar bald bekommen, ꝛc. II, 186.

Einträchtigkeit verzehret alles Leid, III, 199.

Elend nicht schadt, wer Tugend hat, IX B. 6. XVIII, 213.

Es bleibt im Gedächtnis, so lang GOtt will, III, 25.

Es ist ein grosser Gewinn, wer gottselig. ꝛc. IX B. 27.

Es ist genug, laß ꝛc. IX B. 30.

Es stehet alles in GOttes Händen, XV, 407.

Es stehet alles in seiner Macht, XIII, 161.

Fried ernährt, Unfried verzehrt, I, 366. VII B. 12 f. IX B. 5. XX, 88.

Fried in Gemeinschaft nährt, Unfried durchaus verzehrt, VII B. 24. IX B. 37.

Für GOttes Wort das Schwert ich führ, III, 199.

Geduld in Unschuld, XVI B. 22.

Gelobet sey GOtt, II, 136.

G. E. M. V. T. (Gemüt) XIV, 145 f.

GOtt allein die Ehr, XIX, 249.

GOtt bessere die Zeit und Leut (die Läufte und Zeiten) IX B. 7. XIX B. 6.

GOtt den Herren lobt und ehrt ꝛc. IX B. 35 f.

GOtt, du siehest mich, XXI, 375.

GOtt erhalte uns im Frieden, XIX B. 11.

GOtt gibt, GOtt nimmt, I, 265. 269. VI B. 29.

GOtt hat Lust, auf diesem Berge zu wohnen, XII, 209.

GOtt hilf zu allen Sachen, XXI, 137. 139.

GOtt ist unser aller Heil und Hofnung, XVIII B. 11.

GOtt mit uns, III, 199.

GOtt segne dich, o heiliger Berg, XV, 323.

GOtt

II. Spruchregister.

GOtt sey gedanket, der uns den Sieg gibt ꝛc. XIV B. 24.
GOtt thut retten, VII, 123. XX, 177.
GOtt und mein Glück, VI B. 32.
GOttes Freund, der Pfaffen Feind, III, 376. 441. VI B. 37. XIX, 113 f.
GOttes Güte gibt mir Friede, VII B. 32.
GOttes Versehen muß geschehen, I, 393 f. VI B. 32.
Graf Hoiger ungeborn hat noch keine Schlacht verloren, XVI B. 4 f.
Hats GOtt versehen, so wirds geschehen, VII, 281. XI B. 19.
Halt Maas in allen Dingen, XXII, 251.
Herr GOtt, verleih uns Gnad, VIII B. 7.
HErr, deine rechte Hand hat die Feinde zuschlagen, XXI, 208.
Hie Schwert des HErrn, III, 200.
Hilf, du heilige Dreyfaltigkeit, I, nach 296.
Hilf, himmlischer HErr, höchster Hort, XVI, 137.
Hüte dich für der That ꝛc. III, 347.
Ich bau auf GOtt, IX, 225.
Ich bin ein guter Hirt, III, 200.

Ich fürchte mich nicht vor viel 100000, VI, 445.
Ich fürchte nicht den Grösten, VI, 445.
Ich getraue GOtt in aller Noth, VII B. 29.
Ich hab überwunden, IX B. 15.
Ich laß dich nicht, IX B. 29.
Ich lebe und ihr solt auch leben, IX B. 30.
Ich schlafe mit Frieden, IX B. 30.
Ich schweig und gedenk, XVI B. 19.
Ich vermag alles durch den, der mich stärkt, X, 169.
Ich wags, GOtt walts, XI, 56.
Ich wart dein Heil, IX B. 30.
Ich weis, daß mein Erlöser lebt, IX B. 30.
Ich will den Herrn loben, so lang ich lebe, XIII B. 13.
Je ärger Schalk, ie besser Glück, III, 419.
Jehovah ist mein Trost, III, 431.
JEsu, du Sohn David, erbarme dich mein, XX, 1.
JEsu, hilf zur Seligkeit, XVI, 393.
JEsus, mein Erwerber und Geber der ewigen Seligkeit, IX B. 36.
Ist David ein kone Helt ꝛc. XVIII, 193.

II. Spruchregister.

In alle Lande gieng ihr Schall ꝛc. XIV B. 24.

In Christi Blut mein bestes Gut, XI B. 24.

In den blutgen JEsus Wunden Hat diß Schäflein Ruh gefunden, XV, 377.

In GOttes-Gewalt hab ichs gestalt, der hats gefügt, daß mirs genügt, (wie er will, so will ich auch) I, 181. 287. VI B. 30 f. XX, 86.

In GOttes Gewalt hab ich mein Sach gestalt, I, 287.

In GOttes Gewalt haben wirs gestalt, I, 287. VI B. 39.

In GOttes Hand haben wir es gestalt, IV, 65.

In manchem Krieg gab mir GOtt Sieg, VI, 432.

Ist GOtt mit uns ꝛc. VI B. 18.

Kum, Glück, erlös Hofnung, XVIII, 209.

Laß dir an meiner Gnade genügen, XX, 1.

Lehre mich dein Wort, meiner Seelen Hort, VI B. 10.

Lieber Haab und Gut verloren, als ꝛc. XIII, 81.

Lieber Land und Leut verloren, als ꝛc. I, 240. XV, 85. 104. XVII, 116 f.

Lobe den, der ihn gemacht hat, XVIII, 216. XXII, 144.

Lobe den Herrn, meine Seele, und vergiß ꝛc. XVIII, 417. 427.

Mein Anfang und Ende steht in GOttes Händen, XI B. 25.

Mein End und Leben ist GOtt ergeben, I, 201 f. VI B. 9.

Mein Hofnung zu GOtt allein, X, 129. XXI, 403.

Mein Stärke, Glück und Lob ist mein Herr und GOtt, Christus JEsus, VII, 321.

Menschenkind, meinest du, daß diese Gebeine ꝛc. III, 200.

Mir gebühret, alle Gerechtigkeit zu erfüllen, IX B. 32.

Mir ist beygelegt die Crone der Gerechtigkeit, IX B. 30.

Mit GOtt und ritterlichen Waffen, III, 199.

Nichts unversucht, IV, 455.

Nit schimpf mit Ernst, I, 365.

Nument kumt to Vader den doch mi, XVIII, 193 f.

O HErr, behüt mir nicht mehr denn Seel, Leib, Gut und Ehr, I, 293 f.

Packe di Satan, du Interim, XXII, 95 f.

Regier mich, HErr, nach deinem Wort, III B. §. 48.

Ruthe, weise glück ich an, daß ich Ausbeut münzen kan, XIII, 145.

S. E. D. S. P. (Stell ein dein schelmi-

II. Spruchregister.

ſchelmiſches Prägen.) I, 239, XV, 77.

Seyd wohlgemut und trauret nicht: wer weis, was noch gar bald geſchicht? VI, 240.

Sie ruhet von ihrer Arbeit, XV, 377.

Siehe, alſo wird geſegnet der Mann ꝛc. VI, 103.

Siehe, das iſt GOttes Lamm ꝛc. IX V. 32.

So fähret ein recht edler Sinn Ueber alles wiedrigs hin, II, 385.

So nimm nun hin, mein GOtt, zu dir, was du zuvor haſt geben mir, IX V. 22. XXI, 389.

Taufet ſie im Namen ꝛc. IX V. 32.

Thu recht, ſcheu niemand, X V. 23. X, 425.

Trau, iſt mißlich, XVI V. 19.

Treu iſt Wildpret, X, 129. XVI V. 22. XXI, 403.

Verlier ich gleich Arm und Bein ꝛc. VI V. 38.

Verſehen iſt verſpielt, I, 429. VI, 445.

Vertraue (Vertruibb) GOtt, ſo wird er dich erhalten, XIV V. 28.

Und wenn mir gleich mein Herz zerbricht ꝛc. IX V. 29.

Von Mitternacht kommt Gold, II, 121.

Was GOtt beſcheert, bleibt unverwehrt, VII V. 26. XII, 445. XVI, 117.

Was GOtt bewahrt, iſt wohl verwahrt, I, 207. VI V. 9.

Was GOtt verſehen ꝛc. I, 399.

Was hier der Welt entgeht, ins Himmels Klarheit ſteht, X V. 2.

Was hilft den Augen Licht und Brill ꝛc. VI V. 33.

Was ietzt fährt Wolken an, bald wieder ſinken kan, XIV, 231.

Was pflanzt diß heilge Chor, das wächſt und kommt empor, (das bleibt in gutem Flor,) IX, 129 f. X, 425.

Was war unmöglich aller Macht, das hat ein S. C. H. A. L. G. zum Stand gebracht, XVI Tit.

Wer durch des Lamms Blut überwindt, die Cron des ewgen Lebens findt, XIII, 49.

Wer glaubt und getauft wird ꝛc. IX V. 32.

Wer nicht geboren is vth de Waſter ꝛc. V, 257.

Wer recht glaubt, ia ewig lebt, XV V. 2. XX, 184.

Wer ſagen kan, wo blieben ſind ꝛc. XIV, 231.

Wie gut wird ſichs doch nach der Arbeit ruhn! XV, 377.

Wie küſſen ſich die zwey ſo fein! Wer küßt mich armes Nünnelein? XVI, 25.

Wie

Wie Krebskraut stets die Sonn an＝
sieht ꝛc. II, 188.

Wir hoffen auf dich, HErr, laß
uns ꝛc. II, 120. V, 345.

Wo Liebe aus der Höhe, da Segen
in der Ehe, VI, 421.

Wohl dem, der Freud an seinen
Kindern erlebt, I, nach 296.

Wol mi sudt, de suedt ock den Ba＝
der, XVIII, 194.

Zu Ehren Marggraf Albrechten, zu
Schanden allen Pfaffenknechten,
IX, 252.

Zu GOtt allein mein Hofnung,
XVI B. 20.

Zum guten neuen Jahr, XIX B.
11.

Zusehen ist das beste im Spiel,
III, 419.

III. Wap＝

III. Wappenregister,

Oder Verzeichnis der sowol gestochenen und blasonirten, als auch der nur beschriebenen Wappen in diesem Werke, und einiger Anmerkungen zur Wappenkunde.

Wappen stehen zuweilen auf Münzen auf der Brust des Bildes IV, 337. 447.
Die Könige in den ältern Zeiten bleiben nicht beständig bey einem Reichswappen oder Insigne. Manche führten gar keines, X, 325.
Zweifel, ob gegen das Ende des XII Jahrhunderts die Wappen schon üblich gewesen, X, 408. müssen es bald geworden seyn.
Wappenbriefe, so die Kaiser Städten rc. ertheilen, ziehen deswegen keine exemtion oder Reichsstandsrecht nach sich, XVI, 410.
Wappen sind nicht allezeit einerley in verschiedenen Familien, wenn sie gleich einerley Nahmens und Ursprungs sind, XII, 355.
Wappen eines Herrn stehet zuweilen zweymal auf einer Seite einer Münze, IV, 451.
Wie die Stammwappen der Frauenzimmer am gewöhnlichsten mit den Wappen ihrer Eheherren vereiniget werden, welches der Teutsche verschränkt, der Franzmann parti und coupé nennet, IV, 279. mehr Arten der Vereinigung, ib. XVII, 238 f. die alte teutsche Art, wie fürstliche Gemalinnen ihre und ihrer Gemale Wappen füren, XVII, 238.
Natürliche Kinder vornehmer Herren füren nur ein Stück vom Geschlechtswappen; haben bey andern Nationen ein Beyzeichen; dergleichen Personen vom geistlichen Stande aber nicht gebrauchen dörfen, XVII, 58. XV, 33.

Gleichförmigkeit der Wappen der Städte mit dem Wappen ihrer Hochstifter ist von gefährlichen Folgen zuweilen für die erstern, IX, 20.

Vom Fürstenhut über der geistlichen Fürsten, die nicht gebohrne Fürsten sind, Wappen; ob sich derselbe für sie schicke, oder ob sie Ursache haben, solchen mit der Inful zu vertauschen? V B. 12. der Bischof von Würzburg führt den herzoglichen Hut allezeit, wie der von Bamberg die kaiserliche Krone über seinem W. 13.

Regalien, oder Bannschild, welchen alle Fürsten und Stände, die vom Kaiser Regalien haben, füren sollten, wird doch selten in den Wappen angetroffen, V, 286. in welchem er am ersten ist wahrgenommen worden? ib.

Rautenschilde sind sonst dem weiblichen Geschlechte eigen; doch findet man einen besondern Rautenschild auf einem Thaler Gr. Philipp Moritzens von Hanau, XIV B. 18.

Unter den Schildsfarben ist kein Unterschied in der Wappenkunst zu machen; und keine für würdiger oder unwürdiger zu achten, XXII, 36 f.

Wappenhandel: Streit und Fehde darüber kommen in den ältern Zeiten öfters vor, XXII, 38. 39.

Controvers: Ob das Wappen auf dem trierischen Ducaten Conons v. J. 1562, II, 145. das falkensteinische oder münsterbergische seye? IV, 192. 408. 450.

Dewerdeck's Meinung und Bestimmung des ächten schlesischen Adlers und Wappens; und des Verfassers Einwendungen dagegen, IV, 377. 376.

Ludewigs Meinung vom halben Monde über der Brust des schlesischen Adlers, ib.

Woher das Hermelin Pelzwerk in die Wappenkunst gekommen? XX, 380.

Helmzierden, wie sie in den adelichen Familien verändert worden, IV, 120. XXI, 268.

Wappen der Domcapitel sollten fleißiger beschrieben werden, X, 418.

Wappen der Reichsstadt Aachen, VII, 89. Admiralitäts-Collegii von Nordholland, XI, 181.

Acciaioli des Hauses, IX, 113.

Alchelberg, derer von, XX, 169.

Alban, des Ritterstifts zu St., ohnweit Maynz, VIII, 297.

Alciati, Andr. XVI, 218.

Alkmaer, der Stadt, I, 385.

Akdorfisches und der übrigen, zu der Reichsstadt Nürnberg gehörigen Städtlein, Pflegämter und Schlösser Wappen, II, 10. 11.

Altenburg, der Herrschaft, V, 286. der alten Burggrafen daselbst, und der Stadt Altenburg Wappen Beschreibung, rühmlicher Ursprung des Stadtwappens von der Treue eines Burgers

III. Wappenregister.

gers gegen seinen Fürsten, XII, 263.
Ankenheim, der Herrschaft, XXI, 189. Beschr.
Andersons, Joh., XVII, 309.
Anhalt-Cöthenisches, I, 203 f.
— — Zerbstisches, X, 225.
— — Bernburgisches XXI, 273.
  Von den 2. Bären im jetzigen anhaltischen Wappen, XIX, 282. vom Alterthume dieser Wappenbilder aus alten Siegeln, 283. Fabelhafter Ursprung, 283 f. wahrscheinlicher, 285.
Antwerpen, der Marggrafschaft, XVII, 425 f.
Appenzell, des Orts, III, 217. 224.
Aquila, der Stadt im neapolitanischen, XXI, 377. 380.
Aquileja, der Herrsch. X, 73. 74.
Arembergisches Fürstentum, XI B. 2 f. Beschr.
Armenien, des Königreichs, XI, 89.
Arnstein, der Herrsch. XIX, 25.
Arragonien, des Königreichs, III, 49. XIX, 81.
Arragonisches altes, XIII, 121. 122. Ursprung, 128.
Ascanien, der Grafschaft, X, 225 f.
Aspermont, der Herrschaft, XIII, 137 f.
Avalos del Vasto, der Fürsten und Marggr. III, 225 f.
Augspurg, des Bistums; B. Joh. Christoph von Freyberg, IV, 113. — — B. Alex. Sigm. Pfalzgr. XII, 49.

Augspurg. B. Heinrichs von Knöringen, XX, 113.
Augspurgisches Stadtwappenzeichen der Tannenzapf, Zirbelnuß oder gemeiniglich Stadtpyr oder Stadtbirn genannt, kommt schon von den alten Römern her, VI, 119. 120. XV, 226 f.
— — Stadtpyr, und einiger augspurgischer Geschlechter Wappen, X, 41. 42.
Ballenstädtisches, X, 225 f.
Bambergisch bischöfliches mit dem würzburgischen unterm B. Friedr. Carl Gr. v. Schönborn vereinigtes, XVIII, 281.
Barbarigo, der venetianischen Familie, beschrieben, XXII, 47. Ursprung, 48.
Barberinisches, X, 49. 56.
Barr, des Herzogtums, XV, 289.
Basel, der Stadt und ihrer 8 zugehörigen Vogteyen, VIII, 229. 230.
Batenburgisches, X, 1. 2.
Baumgärtnerisches, von, II, 10. Hieron. Paumgärtners, XV, 137.
Bayerisches, herzogl., IV, 361. der Ursprung der bayerischen Wecken, von den buntfärbigten Waffenröcken der alten Boyer, die mit den Galliern Rom erobert haben sollen, her, will nicht warscheinlich lauten, 368.
Bayerisches, herzogl., um welches auf eine seltne Weise die Wappen

pen der 4 Anfrauen, des auf der Münze stehenden Prinz Theodo, gesetzt sind, VI, 217. 220.
Bayerisches, churfürstlich, Maximilians des ersten Churfürstens, in welchem die bayerischen Wecken dem pfälzischen Löwen wider die alte Gewonheit vorgesetzt sind, VI B. 13.
— — als Reichs-Vicarius, II, 97.
Beccelers, Ludw. XVII, 307.
Bedbur, der Herrsch., XIII, 205 f.
Beichlingen, der Grafen v. XII, 273 f.
Bentheim, der Grafsch. XI, 17 f.
Berg, des Herzogtums, V, 284.
Berg, der Grafen v. IV, 129.
Bern, der Stadt, ein Bär, I, 377. 383. um welchen 27 Wäpplein herum stehen, welches die Wappen der beiden Schultheissen und der 28 Räthe sind, 383.
— — 2 Bären und der zweyköpfigte Adler unter einer kaiserl. Crone vom J. 1540. R. ein einköpfigter Adler und 32 Wäpplein herum, XXI, 241 f. die Wäpplein sind der zum Canton Bern gehörigen Landvogteyen, Aemter, Castellaneyen, Vogteyen, Städte und Oerter. Beschreibung und Nahmen derselben, 242. 248. wo man noch von 32 andern solchen Wäpplein Anzeige findet, 202 f.
Bernburgischer und Beringischer Bär, X, 226.

Bernhards H. v. Weimar wegen des Herzogtums Franken angenommenes Wappen, IV, 329. 332.
Bernstein, der Herrn von, XII, 317.
Bethlen des siebenbürgischen Hauses, XV, 249 f.
Bisanz, der Stadt, XV, 337.
Bitsch, der Herrschaft, IV, 273. VI, 377.
Blaarer von Giersberg, XVI, 153.
Blankenburg, Grafsch. VII, 377. 378.
Blankenheim, X, 273 f.
Blarer, von Wartensee, IV, 217.
Blumeneck, der Herrsch. XII, 9.
Bobenhausen, von, IX, 57.
Bodmannisches, IV, 97.
Böhmers, Just. Christ. Abts zu Lockum, XI, 65.
Böhmisches, königl. XIV, 345 f.
Böhmischer Löwe, auf eine ungewöhnliche Art, XII, 313.
Borhta, der Famil. in Valentia, XVIII, 393.
Borkelo, von, V, 74.
Borromeisches, (des Card. Carls) XII, 379.
Boßnischer Löwe, I, 421. XIII, 385.
Bostels, Luc. von, XVII, 307.
Bourbon, der alten Herren von, XVI, 232.
Brabant, Herzogt. III, 273. IV, 65.
Brandenburgisches, marggräflich, V, 137.
— — churfürstliches, von 4 Fel-

III. Wappenregister.

Feldern und einem Mittelschild, II, 121.
Brandenburgisches, churfürstliches, von 16 Feldern und einem Mittelschild, II, 129. 136.
— — von 17 Feldern und Mittelschild, II, 137.
Brandenburg churfürstliches, wegen des Reichs-Erzcämmerer-Amts, XVIII, 545. X, 113.
— — Culmbachisches, XVIII, 89.
— — Marggraf Albrecht des Jüngern, III, 409.
— — Onolzbachisches, Marggraf Joachim Ernst, Stammvatter des Hauses Onolzbach, XX, 249. VI, 17.
Braunschweiglisch herzogliches, I, 265. 266. 281.
— — Lüneburgisches völliges W. IX, 105.
— — Wolfenbüttelisches von 11 Feldern, II, 161. von 12 Feldern, VII, 377.
Braunschweig, der Stadt, XIX, 97. XVI, 409. die Stadt will sich vieles von ihrem Wappen rühmen, so herzoglicher Seits billig widersprochen wird, 410 f.
Brederode, der Herren von, XV, 241.
Bremen, erzbischöfl., XV, 129.
Bremen, der Stadt, VIII, 241. XV, 305.
Brendels von Homburg, VI, 25. 419.

Brene, der Grafschaft, V, 286.
Breßlau, des Bistums, III, 353. IV, 409. Bisch. Friedr. Cardinals, XII, 25.
— — der Stadt; wie es Kais. Carl V vermehret, nebst dessen falscher Beschreibung und richtigern Auslegung, XVII, 89. 91. 94.
Bretagne, das Wappen des Herzogtums, besteht aus Hermelin, XX, 377. 380. lächerlicher Ursprung, vom Hermelin-Mäntelein her, den die h. Mutter GOttes dem K. Arthur übern Helm zum Schutz geworfen, 381. wahrscheinlicher Ursprung dieses besondern Wappens, 382.
Breuberg, der Herrsch. im Odenwald, V, 338. VII, 57.
Brixen, des Bistums, V, 361.
Brömse, derer von, Wappen, wie es falsch angegeben wird, XVIII, 165. dessen wahre Beschaffenheit, und wie es Kais. Carl V vermehrt, 167.
Bronchorstisches, X, 12.
Bruchhausen, (Broch.) Grafsch. VII, 377. 378.
Bunds Wappen, Rheinischen, v. 1572, oder die im Schild zusammen gesetzte Wappen von Maynz, Trier, Cöln, Pfalz, Hessen, IV, 185.
Burgmilchling, des Freyherrn von, I, 155. 430.
Burgund, Herzogt. IV, 65. neuburgundisches, VIII, 394 f. alt

und neuburgundisches beschr. X, 89.
Campen, der gewesenen Reichsstadt, X, 257.
Canstein, Baron v. XIII, 57.
Carafische, unterscheiden sich durch eine beygesetzte Schnellwage, I, 163.
Cassubisches, V, 138. IX, 329.
Castilien, Königreichs, VIII, 393.
Catharina von Medices, Königin in Frankreich, III, 393.
Catzenellenbogen, der Grafschaft, IV, 274.
Chalon des Hauses, VII, 407.
Chatelet des Hauses, XVII, 225. wie es vor Alters ausgesehen und sich verändert, 231 f.
Chiemsee, des Bist., des Bisch. Christoph Schatels, wahrscheinl. VI, 121. 127.
Chroen, Bisch. zu Laybach, XIII, 105.
Chur, des Bist. XIII, 65.
— der Stadt, XIII, 289.
Clemens XI. P. Wappenschild, XIII, 97. warum er mit einem Blumengehäng umgeben ist, 104.
Clettenbergischer Hirsch, VII, 378.
Cleve, des Herzogt., V, 284.
Coeffier und Ruzé einer französischen Familie, XXI, 316. beschr.
Cöln, erzbischöfliches von, mit dem Wappen des Herzogtums Schwaben, so das Haus Truchseß von Waldburg führet, I, 297.

Cöln, Hermanns Grafens von Wied, IV, 57.
— — Hermanns Landgr. von Hessen, IV, 249. 255.
— — des Cölnischen Erzst. Erbvogtey, XI, 17. 18.
— — der Stadt, I, 257.
Constantinopels, XI, 400.
Corbau, der abgestorbenen Grafen von, XIV, 177 f.
Corduba, des Gran Capitano Gonsalvo Fern. de, XIII, 18. beschr.
Corregio, der italien. Grafen und Fürsten von, Wappen wird beschrieben, dessen fabelhafter Ursprung, XVII, 204. 206. dessen alte Beschaffenheit und falsche Einbildung, daß es einerley mit dem österreichischen gewesen, 207. Veränderungen, so damit vorgegangen, 207.
Crain, des Herzogt., XXI, 177 f. wie es Kais. Friedr. 1462 verbessert, 180.
Croy, des herzogl. Hauses von, IX, 201. 205.
— — Herzogs Ernst Bogislas, Domprobst von Camin, mit 10 herumstehenden kleinen Wäpplein, XI, 183. 191.
Crumlow, des Herzogtums, X, 73.
Culenburg, der Grafsch. V, 105. woher die Säulen in diesem W. 108.
Cunstade, des Podiebradischen Stammschlosses, II, 295.
Cypern, des Königreichs, XI, 89.

Das

Dänisches Wappen, von 3 Leoparden und 24 Herzen, XIV, 329. XVIII, 273. von deſſen Alter, Veränderungen und wahren Urſprung, 275 f. iſt vermuthlich aus dem zuſammengeſetzten Jütländiſch und Schleßwigiſchen entſtanden, ib.
Dagspurg, der Grafſchaft, XIII, 137 f.
Dalberg, der Cämmerer von Worms genannt, X, 57.
Dalmatiens, XIII, 385. I, 421.
Dammartin, IX, 203. 205.
Danzig, der Stadt, VI, 315.
Danzigers, des Ermeländiſchen Biſch. Joh. XXII, 185.
Degenfeld, Freyherr von, XIX, 1.
Delmenhorſt, der Grafſch., IV, 417. VII, 258.
Derflingers, des General, III, 121 f.
Deventer, der geweſenen Reichsſtadt in Ober Yſſel, XXI, 209. 210.
Dieden von Fürſtenſtein, der, XIX, 1.
Diepholt, der Grafſch., Löw und Adler, VII, 377 f.
Dietmarſiſches, VII, 258.
Dietrichſteiniſches, mit dem Rothaliſchen vermehret, IV, 96.
Dietz, der Grafſch. IV, 274.
Döreriſches, II, 9.
Droſte, der Freyherren von, XIV, 241.
Eberach, des Kloſters, VIII, 97.

Eberſtein, der Grafſchaft, VII, 377. X, 1. 2.
Echter von Meſpelbrun, XIX, 401 f.
Ecker von Kapfing und Lichteneck, VII, 225.
Edam, der Stadt, I, 385.
Eger, der Stadt, XV, 409.
Eggenbergiſches, X, 73.
Egkh, Leonhards von, herzogl. bayeriſchen Raths, XV, 233.
Ehrenberg, von, V, 209. 210.
Ehrenfelſiſches iſt nicht kenntbar, XI, 138.
Ehrwitte, der Freyherren von, XIII, 193 f.
Eichſtätt, des Biſt., B. Joh. Chriſtoph v. Weſterſtetten, VIII, 305. Joh. Ant. Freyh. von Freyberg, X, 345.
Eiſenberg, der Grafſchaft, V, 286.
Elſaß, der Landgrafſchaft, XII, 73 f.
Elwangen, der Probſtey von, IV, 217.
Enkhuſen, der Stadt, I, 385.
Engeländiſcher Wappenſchild, mit dem oben an ſtehenden franzöſiſchen Wappen quadrirt, VI, 321.
Engerns, des Herzogtums, IV, 58.
Eppſtein, von, V, 41.
Erfurriſches völliges Stadtw., XII, 137 f. mit beſondern Schildhaltern, XXI, 65.
Erpachiſches, gräfl., VII, 87.

Eſens,

Esens, der Herrschaft, XV, 49.
Essen, das Stiftswappen ist unbekannt, XIII, 210. der Aebtißin Anna Salome, Gr. von Salm und Reifferscheid, steht allein auf der Münze, 209.
Fabers, Hans Jac., XVII, 308.
Falkenburg, der Herrschaft, im Herzogtum Limburg, XV, 241.
Falkensteinisches, des alten ausgestorbenen gräfl. Hauses, IV, 191. 401.
— — gräfliches, so die Trautsone führen, VI, 193.
Falkenstein, der Herrschaft, XIII, 90.
Ferraro, des italienischen spanischen Hauses, beschr. XXII, Verschiedenheit, 22. 23.
Finkenstein, von, IV, 96.
Flandern, der Graffschaft, VIII, 393 f.
Flisco des wälschen Hauses, IX, 113 f.
Frankfurt, der Reichsstadt, VI, 273. ist daselbst nicht recht vorgestellt, 280.
Fränkischer Craißstände W. beysammen, V, 121.
Fränkischen Herzogtums, XV, 17.
Französisches, königl., auf einer oranischen Münze, X, 241. 248.
Freyberg, der Freyherren von, IV, 113. wunderliche Herleitung dieses W. von den alten römischen Curiis, 119. X, 345.

Freysburg, der Herrschaft, VI, 337 f.
Freysingen, des Bißt., VII, 225.
Friedberg, der kaiserl. Ganerbschaftlichen Burg, XIX, 2. VI, 25. 419.
Fryburg, der Stadt, III, 217. 224.
Fuggerisches, VI, 65.
Fürstenbergisches, VIII, 329.
Fürstenberg, der Fürsten von, XII, 9. schlecht angebrachte Kunst, 10.
Fulda, des Hochstifts, XIV, 241. VIII, 329. des ber. fürstlichen Abts Fürstenbergs, VIII, 329. des Abts Bernh. Gustavs, Markgrafs von Baden, I, 126.
Gallen, Abtey zu St., VI, 57. 64.
Gehmen, der Herrschaft, VII, 281.
Geldern und Zutphens, X, 113. 114. 121. 124.
Geldrisches herzogliches mit dem Jülichischen vereint, I, 369.
Geuderisches, II, 9.
Givry, des Cardinals, XI, 385.
Glarus, des Canton, III, 217. 223.
Glatz, der Graffschaft, II, 295. XII, 313. 315.
Gleichen, der Graffschaft, V, 105. X, 386. 442.
Gloeß, das ritterliche Wappen der Herren von, XII, 89 f.
Göttingen, der Stadt, VII, 209.
Gonzaga, des fürstl. Hauses, VIII, 363. XI, 393. 400.
Gothländisches, III, 297.
Gradnerisches, XIII, 169. 170.

Greifs

Greiffenfelds, des dänischen Großcanzlers, I, 105. 106.
Greifswald, der Stadt, IX, 353.
Grießenbeck, der Freyherren von, XVI, 57.
Gröningen, der Stadt, X, 177.
Gronsfeldisches, X, 1. 2.
Grosbritannisches, Königl., IX, 73. 74. XII, 225.
Grüningens, die Reichssturmfahne im herzoglich würtembergischen Wappen, XIII, 433 f. X, 337.
Gurk, des Bist. IV, 25. Bisch. Joh. von Schönberg, VI, 129.
Guttenberglsches, XIV, 353.
Gustkow, von, IX, 329.
Guzmann, des spanischen Hauses von, von der Linie von Medina de las Torres, XI, 97.
Habspurgisches W. IV, 66. der habspurgische Löw als Schildhalter, XXI, 161. 167.
Hadrians VI Pabsts, I, 113. 127.
Hag, der Grafsch., XV, 41.
Hals, der Grafschaft, I, 247.
Hamburg, der Reichsstadt, VIII, 1.
Hanau, der Grafschaft, IV, 273. XXII, 145. VI, 377. falsche Meinung von den, erst 1298 hineingekommen seyn sollenden gebrochenen Sparren, 384. conf. VII, 421 und 422. allwo vom Alter des Löwen im hanauischen Wappen gesagt; vom Verfasser aber weiter erkläret wird, daß er nicht den Löwen für irrig, sondern nur die Erzehlung von der Veränderung des Löwen mit dem Sparren für ungegründet halte. Besonderer Rautenschild Gr. Phil. Moritz beschrieben, XIV B. 18.
Hanau-Münzenbergisches, VII, 73. 74.
Hannover, der Stadt, XI, 33.
Harlem, der Stadt, VI, 81.
Haro, des vornehmen spanischen Hauses, W. beschrieben, XII, 298. besser als es Basnage hat.
Harrach, der Grafen von, IV, 121. 126. mit dem thannhausischen vereinigt, 127.
Hartstein, der Herren v., XVI, 249.
Haunspöckisches, XIII, 90.
Heiligenberg, der Grafschaft, XII, 9. 10.
Heidans, Abrah. Theol. Lugdun., Ehefrauen W. beschr. XV, 163.
Heldrungen, von, XIX, 25.
Helfenstein, der Herrschaft, XI, 17. 18.
Hennebergisches, II, 113. 120. V, 488. wie die Säule ins hennebergische W. gekommen, XV, 57.
Henriques, des span. Hauses, XIII, 18. beschr.
Hermanns, St. von, zu Kaufbeuern, XVII, 281. 287.
Hessisches, Landgräfl. I, 233 f. IV, 249. Hessischer Löwe, XII, 121. gründliche Untersuchung, woher derselbe seinen Ursprung bekommen, und wie viel, und was für Streifen derselbe habe, 123. 128.

Hildesheim, der Stadt, IX, 17..18.
Hildesheimischen Domcapitels, X, 417.
— — aller Domherren vom J. 1723, beysammen auf einer Münze, XI, 409. 410.
Holeinisches, VIII, 97.
Hohenembs, von, IV, 17.
Hohnstein, der Grafsch., VI, 337 f.
Hohenloisches, II, 392. X, 385. genaue und gründliche Beschreibung desselben, X, 438=440. 442= 452/1
— — Wolfg. Julius, Grafens von Hohenloh, Herrn zu Wilhermsdorf vermehrtes Wappen, II, 392.
Hoja, der Grafschaft, VII, 377. f. XI, 17 f.
Holland, der Grafen von, H. Wilhelms aus Bayern, IV, 49.
Holsteinisches, Herzogl. VII, 217.
— — Nesselblat, ib.
Holstein Plönisches, XII, 97.
Holstein Schauenburgisches, VII, 282.
Holzschuherisches, XVII, 177.
Homburgischer Löw, der Grafschaft, VII, 377.
Homburg, der Herrschaft, VI, 387 f.
Hoorn, der Stadt, II, 385.
Horn, der Grafen von, IV, 153.
Hopfins, Henn. Probsts zu St. Maria zu Erfurt, XII, 185.
Huga de Assindia, Abts zu Werden, XIII, 193 f.
Hunnyads, Johanns, Statthal-

ters in Ungarn, XVII, 185. wird vermehrt, 191.
Hutten, der Freyherren von, I, 209. 10.
Jägerndorf, des Fürstentums, XII, 57. 58.
Japonischen Kaiser, III, 113.
Jerusalem, des Königreichs von, VI, 313. XI, 89. XV, 290. XXII, 153.
Jevern (Ihevern), der Herrsch. IV, 418. X, 226.
In-Joffiisches, II, 10. 401.
Johanniter Heermeistertums, XII, 25.
Isny, der Reichsstadt, W. vermehrt Kais. Friedrich III, 1488. XXI B. 2.
Jülich, Cleve und Bergens, der 3 Herzogtümer, III, 361. wann diese Wappen ins sächsische mit sind gesetzt worden, V, 284. 288.
Julius II, Pabsts, V, 225 f.
Kärnthen, des Herzogtums, IV, 66. III, 289.
Kaiserliches altes, und Römisch=Königliches, K. Ferdinands I mit dem österreichischen und spanischen zusammen gesetzt, II, 1. 7. 8.
Kaiserliches, mit dem ungarischen und böhmischen zusammen gesetzt, II, 58.
Kaiserlich Griechischer zweyköpfigter goldner Adler, XI, 393. 400.

Kai=

Kaiserin, Maria Theresia, XVIII, 289.
Kaufbeuern, der Reichs-Stadt beschr., XXI. B. 3.
Kaichen (Kaichen) der Grafsch., VI, 25. 419. XIX, 1 f.
Kellerberg, der ausgestorbenen Familie von, XX, 169 f.
Kempten, der Abtey, Abt Ruprechts von Bodmann, IV, 97.
—— der Stadt, von Kais. Friedrich III vermehrtes, X, 171 f. die Stadt muß auf Kais. Maximil. Verordnung österreichische sonderlich das tyrolische Wappen, nebst des Pr. Carls von Sp. Bild und Nahmen auf Münzen setzen. Warum? XXI B. 5. 6.
Kevenhüller, der Grafen von, XX, 169.
Keutschach, der Herren von, I, 217.
Khuenburg, von, IV, 193. 194.
Kirchberg, VI, 65.
Kniphausischer Löw, X, 226.
Knörringen, der Freyherren von, XX, 118. artige Erklärung desselben in einer Grabschrift, 114 f.
Köhlers, Heinrich Ludw. Lübeckischen Bürgerm. XIX, 137.
Königstein, von, V, 42. XXI, 137.
Kranigfeld, der Herrschaft, IX, 129.
Kunigl, der Grafen von, V, 361.
Landesberg, der Mark oder edlen Herrschaft, V, 285.

Langenburg, der Herrschaft, X, 355. 386. genauere Nachricht davon, 439 f.
Langisches von Wellenburg, IV, 251.
Langmantels und Weissens zu zu Augspurg Wappen, V, 1 f.
Lapiz, der abgestorbenen Familie von, XIV, 178.
Lauenburgisches, sächsisches herzogliches; Streit mit Chursachsen wegen der Churschwester, X, 281 = 288. VIII, 321.
Lausitz, der Ober- und Nieder-, XIV, 345 f.
Lauterburg, der Grafschaft, VI, 337 f.
Lauterburgischer Löw, VII, 377 f.
Leiningen Dachsburg, der Gr. von, XIII, 337.
Leiningen Westerburg, der Gr. von, VII, 121.
Lemmermanns, Joach. XVII, 306.
Lengerke, Peters von, XVII, 306.
Leuchtenbergisches, Landgr. I, 247.
Lichtenberg, der Herrschaft, VI, 377.
Lichtenstein, der Fürsten von, XII, 57.
Lichtenstein von Carneit, der Grafen von, XIV, 105. 106.
Liegnitz, des Herzogtums, XI, 249. 250.

Cc 2   Lim-

Limburgischer, Herzogl., Löwe, XVII, 425.
Limpurg, der Grafschaft an der Lohn, XI, 17. 18.
Limpurgischer Erbschenken Becher, wird allein statt des ganzen Siegels und Wappens gebraucht. Der Becher wird öfters falsch von den Heraldicis angezeigt im limpurgischen W. Dessen ächte Beschreibung, XVIII, 207.
Lingen, der Grafschaft, XI, 17. 18.
Lippe, der Grafen von der, VIII, 121.
Litthauen, von, IV, 409.
Löwen, der 4 Pädagogien daselbst Wappen, davon sie ihre Namen füren, XV, 269.
Löwensteinisches, fürstlich und gräflich, V, 338. VIII, 289.
Logau, der Herren von, III, 354.
Lohr, und Klettenberg, von, VI, 337. 338.
Lombardischer Löw, VIII, 363.
Lothringisches herzogliches, H. Carls II, V, 193.
— — Carls von Remoncourt, H. Carls III natürlichen Sohns, mit dem Verminderungszeichen, XV, 33.
Lucern, der Stadt und Cant. III, 217. 221.
Lüneburg, der Stadt, XIV, 305. 337.
Lüneburgischer, Herzogl., Löw im Felde mit Herzen, VII, 377.

Luis, Joh. Herm. XVII, 308.
Luitkens, Pet., XVII, 307.
Lusignan, XI, 89.
Luxenburg, des Herzogt. XVII, 425 f. von dessen Ursprung, XIX, 193. 194.
Mähren, der Marggrafschaft, XVIII, 217.
Magdeburg, der Stadt, XVII, 249.
Magdeburgischen Erzstiftes, des Erzb. Albrechts von Brandenb., V, 137.
— — des Administrators Christ. Wilhelms mit dem brandenb. und andern zusammen gesetzt, II, 215. 226.
Magdeburgischen Burggrafl., V, 285.
Malaga, der Stadt in Spanien, XVI, 177.
Malatesta, des Hauses, I, 15. 16.
Malteser Ordenskreuh, XVI, 81.
Maming, von, V, 129.
Manderscheid, der Gr. von, X, 273.
Manfredi, des Hauses, I, 63.
Manoel de Vilhena, einer portugiesischen Familie, XVI, 81. 82. 84.
Mansfeldisches, XIX, 25.
Mantua, der Herz. von, XI, 97.
Mark, der Grafsch., V, 286.
— — derer von, XXI, 137 f.
Maria von Medices, Königin in Frankreich, III, 393.
Masserano, Fürstens von, IX, 113.

Mar-

III. Wappenregister.

Matfelds, Bernh., XVII, 307.
Maximilians I Kaiſ. Wappen, ſo er als Erzherzog noch geführet, IV, 66.
Marländiſches, I, 273. 280.
Maynz, des Erzſtifts, Churf. Gerlachs von Naſſau, I, 409.
Maynziſches Rad, woher es entſtanden, IV, 327. 340.
— — Churfürſten Albrechts von Brandenburg, V, 137.
— — Churfürſten Wolfg. von Dalberg, X, 57.
Mecheln, der Herrſchaft, XVII, 425 f.
Mecklenburgiſches, Herzogl. VI, 249. XI, 121.
— — Herzog Chriſtian Ludwigs, mit dem franzöſiſchen Ordensband umhänget, V, 185. mit einer königl. Krone bedeckt, 186. vom Urſprung des mecklenburgiſchen Büffelkopfes, XVII, 97. 104.
Mecklenburg-Stollbergiſches, beyſammen, XXI, 273.
Medenblick, der Stadt, I, 385.
Mediceiſcher Schild, XV, 9.
Meißen, des Marggrafſ. V, 288.
— — des Burggrafſ., XV, 361.
Mendoza, XIII, 19. beſchr.
Metternich, S. Wolf.
Metz, der Stadt, IX, 121.
Milano, der Fürſten von, XVI, 377.
Minden, des Biſt., XI, 25. 26.
Modeneſiſchen Wappens Veränderungen vom Kaiſ. Friedr. III, XVIII, 43 f.
Mönikedam, der Stadt, I, 385.
Mömpelgardiſches, X, 337. 353.
Mohr, der uralten Pündtiſchen Familie, XIII, 65.
Molani, Abts des Kloſter Lockums, IX, 49.
Moldauiſchen Despotens, Joh. Heraclides W., XVIII, 33.
Mollers, Hier. Hartm. XVII, 306.
Monaco, Fürſtens von, XI, 241.
Montferrat, XI, 89. 90.
Montmorency, des herzogl. Hauſes, IV, 153.
Mühlhauſen, der Stadt, XXI B. 16.
Mühlingiſcher Adler, X, 226.
Münſter, des Hochſtifts, vom B. v. Plettenberg, V, 73.
Münſterbergiſches, II, 294.
Münzenberg, V, 41. VII, 73. 74. XIV, 73. 74.
Muſchingers, Vincenz, auf Gumpendorf, VII, 345. 423.
Namuriſcher Löwe, XVII, 425 f.
Naſſau, der gefürſteten Grafſch., IV, 273.
Neapolitaniſches, mit dem königl. ungariſchen zuſammen geſetztes, I, 7.
Nericien, der Provinz, III, 297.
Neuburg, (Nyburg) der Herrſch., XIV, 177 f.
Nevers, von, XI, 400.
Neufchatel, des Fürſtent., VIII, 401.
Neuß, des Fürſtentums, III, 353.
Nidda, der Grafſch., IV, 249.

Niederländischen, der vereinigten sieben Provinzen W., IX, 377 f.
Niederländische Wappen haben mehrentheils Löwen im Schilde, XV, 271 f. deren Ursprung in den W., 272.
Nogaret, der gasconischen Familie, woraus der Duc d'Epernon entsprossen, XIX, 146.
Nördlingen, der Reichsstadt, VII, 184.
Norwegischer Löwe, VII, 257. XVII, 1.
Nostitz, der Grafen von, VI, 265. 272.
Nürnberg-Burggräfliches, V, 138. XVIII, 73.
Nürnbergische 3 Stadtwappen, V, 49.
— — 2 zusammengeknüpfte, II, 10.
Ober-Yssel, der Provinz, X, 433 f.
Occo, Adolph, VIII, 369. 376.
Ochsenstein, der Herrschaft, VI, 377.
Oelsnisch Münsterbergisches, II, 294.
Oelsnisch Würtenbergisches, X, 337. 353.
Oeningen, VII, 153. 154.
Oesterreichisches neues Wappen, mit dem habspurgischen Löwen als Schildhalter, XXI, 161. von dessen Ursprung, vom H. Friedrich dem streitbaren her, dem letzten des babenbergischen Stammes, 166 f. das Alte war ein Adler, 167. vom österreichischen Helmkleinode dem Pfauenstutz, 168.
Oesterreichisches Wappen, in besonderer disposition von 14 Feldern, II, 87. 427.
— — Erzherzog Leopolds, III, 281. IV, 65. 66.
— — mit dem spanischen zusammengesetztes, VIII, 393. 394.
Oettingisches, Fürstl. XII, 65. 66. Ob es vom Kais. Otto I ertheilet seye worden? 67. 71. Oettingisches W. beschr. und von Oettingens Streit mit Zollern wegen des zu führenden Brackenkopfs, XXII, 39.
Oldenburgisches, des letzten Grafens Anton Ulrichs, IV, 417. 424. rothe Querbalken, VII, 258. XX, 257.
Orange, des Fürstentums, X, 115.
Oranien, des Prinzen von, V, 25.
Orguillen, von, XI, 185. 191.
Orlamünde, der Grafschaft, V, 288.
Orleans, des Herzogs von, XIV, 9.
Orsbeckisches, XIII, 129. 130.
Ortenburg, der Grafen von, IV, 105.
— — der Graffsch. in Kärnthen, vom Kais. Carl V vermehrtes, IV, 105 f. XIX, 316.
Osse, derer von, XV, 193.
Osnabrück, des Bisch., XI, 25. 26. des Domcapitels, XIX, 17.
Osterwitz, von, IV, 96.
Ostfrieslandisches, VI, 361. 368. XVI, 233.

Ost-

III. Wappenregister.

Ostfrießländisches, als des Gemals, in das Hessendarmstättische, als der Gemalin; ungewöhnlich als ein Mittelschild gesetztes Wappen, XVII, 233. 238. läßt sich vertheidigen, 239. Unschicklichkeit der Cordeliéres an diesem W. einer verwittibten evangelischen Prinzeßin, 239 f.

Ostfrießländische Stände, maßen sich eines beym Kais. erschlichenen, und ihnen nicht gebührenden, Wappens an, 1678; welches zu Streitigkeiten mit der regierenden Fürstin Anlaß giebt, XIII, 326. 327.

Ottoboni, des Hauses zu Venedig, XX, 337.

Oxenstiernisches, III, 137. X, 41. 42.

Paderborn, des Hochstifts, VIII, 329.

— — Bischof Herm. Werners, darinnen ein unbekanntes Feld befindlich, XVII, 273 f.

Paderbornischer Domherren W. auf einer während Vacanz geschlagenen Münze vom Jahr 1719 beysammen, XI, 329. 330.

Pallant, der Herrsch., V, 105.

Pappenheim, der Reichserbmarschalle von, XI, 153.

Paßauisches, des Bisch. Raim. Ferd. von Rabatta, III, 105. XIV, 369.

Paßaun, der Grafsch., XI, 169.

Paulsens, Paul, XVII, 307.

Pfalzgrafen bey Rhein, der, IV, 281. 313.

— — von Neuburg, XXI, 353.

— — von Zweybrücken, IX, 89.

Pfälzisch Churfürstliches, von Jahr 1547, mit dem Reichsapfel vermehrt, IV, 321. 325. Churfürst Ludwig V. führt ihn auch schon A. 1525. Churfürst Friedrich II bekommt ihn förmlich vom Kais. Carl V 1544. XX, 367 f.

— — vom Jahr 1657. mit dem leeren Regalien-Schild statt des Reichs-Apfels, II, 89. conf. IV, 325. Churpfalz nimmt den Reichs-Apfel A. 1708 wieder, XX, 361.

— — von 1751. XXII, 137.

Pfälzisches Reichsvicariats-Wappen von 1612. II, 65. 66.

Pfalz Sachsens, V, 284.

Pfalz Thüringen, V, 288.

Pflug, des B. Julii von Naumburg, IV, 137.

Pignatelli, der Fürsten von, XVIII, 257.

Pius II Pabsts, XVIII, 385.

Plauen, der Herren von, XV, 361. 362.

Pleißner Landes, V, 287.

Plei-

Plettenberg, von, V, 74.
Pömerisches, II, 10.
Polnisches ächtes W. I, 176. IV, 409.
— — K. Sigism. I. mit andern zusammen gesetztes, II, 265. mit dem schwedischen zusammen gesetztes, VI, 289.
Pommerisches, Herzogl. V, 137. IX, 329.
Portugiesisches, Königl. VII, 33. von desselben Ursprung und Veränderungen, 36 – 40.
Promnizisches, Gräfl., II, 305. XI, 201. 202.
Prüm, der Abtey, XIII, 129 f.
Purmerant, der Stadt, I, 386.
Purmont, der Grafsch., V, 105. XVII, 274.
Quedlinburg, des Hochstifts, VIII, 9. von dessen Ursprung und Credenz-Messer 14. 15.
— — der Stadt, ib. 14.
Querfurt, von, XIX, 25.
Quernhameln, der Stadt, XXI, 145.
Rabatta, Gr. von, III, 105.
Rackersburg, der Herrschaft, X, 73 f.
Ramschwag, der Herren von, XI, 281.
Ranzow, der Grafen von, X, 233.
Ravensberg, der Grafsch., V, 286.

Ravensburg, der Stadt, und der Rathsherren daselbst von 1624, III, 337. VIII, 73.
Ratzeburgisches, V, 185.
Reckheimisches, Freyherrl. und neuers Gräfl. W. XVI, 17. 19. 20.
Regalien-Schild oder Blutschild, XV, 361. 362.
Regenspurg, des Bist. XI, 25 f.
Regenstein, der Herrsch., VII, 377 f.
Reichenau, der Abtey, VII, 153.
Reifferscheid, der Grafsch., XIII, 209.
Reineck, der Grafsch., IV, 273.
Reinstein, der Grfsch., XX, 153. 154.
Renty, von, XI, 185. 191.
Reschen, der ausgestorbenen, von Diechtenberg in Steyermark, XX, 154.
Reußen der, Grafen zu Plauen, IX, 129.
Rheda, der Herrsch. XI, 17. 18.
Rhetel, von, XI, 400.
Rieterisches, Freyh. II, 10.
Riga, der Stadt, V, 97.
Rinkisches, XVII, 217.
Rineck oder Reineck, der Grafen, VI, 266.
Rittberg, der Grafsch., XV, 49.
Rixingen, der Grafsch., VII, 121.
Ros

III. Wappenregister.

Rochefort, der Grafschaft im Herzogtum Luxenburg, V, 338.

Rode, Freyherrn von, VII, 153 f.

Rogendorf, Freyherrns von, XVIII, 113 f.

Rosenberg, der böhmischen Herren, Fürsten und Grafen von, XX, 145.

Rospigliosi, des Hauses, XIV, 361.

Rostock, der Stadt, XX, 289. ist nicht allezeit einerley, 290.

Rostockischer Büffelskopf, V, 185.

Rothschild, der Probst zu, bekomt von K. Christian 1508 einen Elephanten ins Wappen, warum? X, 134.

Roucy, der Graffsch., X, 273 f.

Rovere, einer Familie zu Turin, XVI, 291.

Rulands, Rütger, XVII, 308 f.

Rußischen Reichs, V, 369. XIII, 361.

Rutschefort, der Grafen von, XXI, 137 f.

Ruzé, siehe Coëffier.

Sabioneda, H. Nicolaus von, und Stigliano, XI, 97 f. 101 f.

Sachsen, des Herzogtums von, ob das Haubt-Insigne ein Rauten-Cranz, oder ein mit Blumenwerk besetzter Schrägbalken in diesem W. seye? V, 281. 283 f.

Sächsisch Churfürstliches von 18 Feldern, II, 73. warum 2 Schwerdter im Churwappen, und nicht eines, darinnen stehen? V, 282. 283. vom Jahr 1386 findet man am ersten die 2 Schwerdter in einem Siegel Churf. Wenzels v. S. XX, 367.

Sächsisch Weimarisches von 12 Feldern, II, 177.

Salburg, der Grafen von, XIII, 89. 90.

Salm, der Graffsch., IX, 273. 274.

Salmisches, VII, 121.

Salzburg, des Erzstifts zu, IV, 25.

— — Erzb. Marx Sittichs von Hohenembs, IV, 17.

— — Erzb. Leonhards von Keutschach, I, 217.

— — Erzb. Max. Sand. Gr. v. Khüenburg, II, 369 f.

Savoyisches, Herzogl., V, 353. 377. 401. welcher Herzog das herzoglich sächsische in ersten ins savoyische W. gesetzt, und warum? 378. 379. XI, 89. das alte W. von Savoyen, oder von der Grafschaft Maurienne, XI, 90.

Sayn, der Gr. v., VI, 337 f.

Schafhausens, Joh. Dietr. XVII, 106.
Schaffhausen, der Stadt, III, 217. 224.
Scharfeneck, der Herrsch. in der Pfalz, V, 388.
Schauenbergisches, Gräfl. so jetzt die Grafen von Stahrenberg führen dörfen, beschr. XXI, 189.
Schauenburg, der Grafsch. s. Holstein.
Schellenberg, der Herrsch. XII, 57. 58.
Schlesien, des Herzogtums, IV, 369. verschiedene Meinungen vom schlesischen Adler ꝛc. 375. 376.
Schleßwigische Löwen, VII, 257.
Schlick, Gr. Joh. Albin von, und Passaun, XI, 169 f. ein Fehler im schlickischen W. XVI, 50. 54.
Schküsselfeldersches, II, 9.
Schönburgisches, Gräfl., XII, 33. 34. 36.
Schönenburg, der Freyherren von, XVIII, 81.
Schottländische Distel, XX, 385.
Schrattembachisches, IV, 266. mit dem obrischen vermischt, 268.
Schröders, Gerh. XVII, 307.
Schrofenstein, der Herrsch. VI, 193.
Schulte, Joh. XVII, 305.

Schwäbischen Craises ausschreibender Fürsten, beysammen, VII, 153.
Schwalenberg, der Grafsch. VIII, 121 f.
Schwarzenbergisches, Fürstl., XII, 41.
Schwedisches, Königl., XVII, 297.
— — zusammengesetzt mit dem polnischen, IV, 409.
— — wobey der Streit zwischen Schweden und Dännemark wegen der 3 Kronen abgehandelt ist, X, 217. 218.
Schwedischer Provinzen, um das königliche herum, III, 513 - 515.
Schweizerischer 3 Waldstädte W. beschr., III, 65.
Schwerinischer Greif, V, 185.
Schwerin, der Grafsch., V, 185.
Schwyz, des Cantons, III, 65. 217. 222.
Seinsheim, der Herrsch. XII, 41.
Sicilien, Königreichs, XI, 97. 98.
Siebenbürgisches, mit dem ungarischen zusammengesetztes, XV, 249.
Sillems, Garlieb, XVII, 308.
Sinzendorf, Gr. von, Reichs-Erb-Schatzmeisters, XIV, 177 f.
Sitten, des Bistums, XV, 25.
Sixt IV, Pabsts, XVIII, 377.

Sö-

Sternen, deren von, IV, 33. f.
Solmsisches, Gräflich, I, 129.
Solms Laubachisches, XIV, 73.
Solothurn, der Stadt, III, 217. 224.
Sonnenwalde, der Herrschaft, XIV, 73 f.
Spanisches, Kais. Carls V, III, 57.
Speyer, des Bistums, XVI, 249. des Bisch. Marq. von Hattstein.
Sprechenstein, der Herrsch., VI, 193.
Sprinzenstein, der Grafen von, V, 33.
Stade, der Stadt, VIII, 273.
Stahrenbergisches, gräfl. altes ursprüngliches, und dem Gr. Ernst Rüdiger von Kais. Leopold vermehrtes W. beschr., XXI, 191.
Stargard, der Herrschaft, V, 185.
Steinford, (Steinfurt) der Grafschaft, XI, 17 f.
Steinfurt, Conr. Löw von, Burggr. zu Friedberg, VI, 25. 419.
Sternberg, der Grafsch. VII, 287.
Stettin, von, IX, 329.
Steyersberg, von, IV, 194.
Steyermärkisches, IV, 66.
Stockfleths, Dan., XVII, 308.
Stollbergisches, V, 4.
Stormaren, von, VII, 258.

Stralsund, der Stadt, IV, 233. ob dieses Stadtwappens Zeichen ein Strahl oder Fischer-Stachel sey? IX, 420 f.
Straßburg, des Bistums von, XII, 73. Bisch. Wilh. III von Hohnstein.
— — der Stadt, II, 273.
Stuarts, Herzog Johann, von Albanien, XXI, 33. 40.
Stühlingen, der Landgrafsch., XI, 153.
Sturmisches, XIX, 241.
Sulzbachisches, Herzogl., XIV, 185.
Surlands Jul., XVII, 306.
Tättenbachisches altes Stamm Wappen, IX, 153. wie es mit dem trembachischen vermehret ist, 155.
Taß, Hermanns, XIII, 161.
Teckisches, Herzogl., X, 353.
Tecklenburg, der Grafsch., XI, 17.
Teufel, der Freyherren von, gundersdorfischer Linie, XII, 353. ist unterschieden von dem alten Stamm-Wappen und dem Wappen der noch blühenden
— — von Pirkensee, in der Oberpfalz, 354. 355.
Teutsch-Ordens, VIII, 377. des Hochmeisters, Joh. Eustach. Freyherrn von Westernach, II, 377. IX, 57. des Teutschmeisters

sters und Administrator Creut-
bergs, III, 25. 26.
Chann, der Stadt, XVI, 17.
Thüringen, der Landgrafsch., V,
488.
— — des alten Königr.
Tragaunerisches W., XIII, 169.
Trautsonisch, fürstliches, VI, 193.
das Stamm-Wappen, 194.
Traytorrens, Franc. de, schwedischen
Gener. Quartiermeisters, X, 41.
42.
Trennbach, oder der Herren von
Trenbeck in Bayern, XX, 153 f.
XIV, 369.
Trient, des Bisthums, XII, 89.
Trierisches, churfürstlich, Conons
von Falkenstein, II, 145.
— — C. Caspars v. der Leyen,
II, 153.
— — Phil. Christophs von Sö-
tern, IV, 33. 34.
Troppau, der Fürstent., XII,
57. f.
Ueberlingen, der Stadt, VIII, 73.
vermehrtes vom Kaif. Carl V,
80.

Veldenz, IX, 89.
Venetianischer St. Marcus Löw,
XIV, 153.
Verden, des Bisthums, XI, 25. 26.
Vianden, der Grafsch. IV, 274.

Vicariats-Wappen, Chursächsi-
sches mit dem doppelten Adler,
XIII, 37. 79.
— —, Churbayerisches, II, 97.
— — gemeinschäftlich Bayerisch-
Pfälzisches, XIII, 177.
Vinstingen, der Grafsch., IX, 205.
274.
Virneburg, der Grafsch., V, 338.
Ulm, der Reichsstadt, VIII, 72.
Ungarisches, II, 209. I, 7. XIV,
345.
Unterwalten, des Cantons, III,
217. 223.
Ury, von, III, 217. 221.
Utrichter, bischöfliches, XI, 113.
von der Provinz Utrecht verschie-
dene Wappen, XIV, 289. 292.
Waldburg, Truchseß von, I, 197.
Waldeck, von, V, 105. 109.
Waldersee, der Hertsch., X, 226.
Waldstein, Herren und Gr. von,
VI, 1. 2. Ursprung, 7. 8.
Wallensteins, Albr., III, 17. 434.
Walther-Nienburg, der Herrsch.,
X, 226.
Wampolde von Umstadt, derer,
XII, 193.
Warmesdorfisches, X, 226.
Wasa, des königl. schwedischen
Hauses, III, 305.

Wein-

III. Wappenregister.

Weingarten, des Klosters, XVI, 153.
Weinsperg, von, IV, 353. 59. 60.
Weisenburg, der Probstey, XIII, 130.
Weisenkirchen, der Graffsch., X, 169.
Weisenhorn, VI, 65.
Wendischer Greif, V, 138. 185.
Werden, des Reichsstifts, und 4 dortiger Aebte Wappen, XIII, 193 f. 201. 202.
Werdenberg, der Graffsch., XII, 9. 10.
Wermeland, von, III, 298. 315.
Wernigerode, von, V, 42.
Werth, der Herrschaft, V, 105.
Wertheim, der Grafsch. V, 338.
Westerburg, der Grafsch., VII, 121.
W. ferstetten, von, VIII, 305.
Westfriesländisches Wappen, I, 385.
Wevelinghofen, XI, 17. 18.
Wied, Grafen von, IV, 57.
Wiedmann, derer von, IV, 10. 11.
Wiesens, Heinr. Dietr., XVII, 308.
Wignancourt, Großmeister von Malta, XXI, 233.
Wildenfelsisches, XI, 169. 170. 176. XIV, 73 f.

Wildgrafschaft Dhaun, IX, 273 f.
—— —— Kyrburg, ib.
Wild- und Rheingräfliches W. IX, 275. 278. 287.
Wilhelms, K. und Gr. von Holland, I, 199.
Wilthauß, von, XVIII, 113 f.
Winkel, Hans Ge. aus dem, X, 41 f.
Windischgräz, Gr. von, XIII, 169.
Witgenstein, der Grafsch. VI, 337.
Witmund, der Herrschaft, XV, 49. 50.
Wittem, der Herrsch., V, 105.
Wittekind, der große Fürst in Engern und Westphalen soll nach seiner Taufe sein schwarzes Roß im Wappen in ein weises verwandelt haben, XIX, 387.
Wizendorfisches, XV, 185.
Wolfs, genannt Metternich, Freyherrn zur Gracht, XVII, 273 f.
Wolfsthal, von, XIII, 169.
Worms, des Hochstifts, B. Gr. von Schönenburg, XVIII, 81. wie der Stadt ältestes Siegel ausgesehen, 88.
Würtenbergisch-Herzogl. III, 321. mit dem anspachischen zusammengesetzt, VI, 17. mit dem culmbachischen, XXI, 201.
Würzburgisches, B. Freyherrn v. Hutten, I, 209 f. Bisch. von

Ehrenberg, V, 209 f. würzburgisch und bambergisches zusammen gesetzt unterm B. Fr. Carl Gr. von Schönborn XVIII, 281. B. Jul. Echters von Mespelbrunn, XIX, 401.

Wurmbergerischer Güter W., XXI, 189. beschr.

Wurmbrand von Stuppach, derer, XIII, 153. das neuere vom Kais. Friederich III vermehrter beschrieben, 160.

Ysenburgisches, VII, 151.

Zapolya, Johanns v., oder Grafens von Zips Stamm-Wappen, VI, 9. I, 421.

Zebingen, der Herren von, XIII, 160. beschr.

Ziegenhayn, der Graffsch., IV, 249.

Zobel von Guttenberg, derer, XV, 17.

Zollern, der Grafen zu, V, 138. XXII, 33. Burggraf Friedrich erkauft von dem Freyherrn von Regensperg ein Kleinod, das Brackenhebt, Brackenkopf, genannt, 1317, zum zollerischen Stamm-Wappen, dessen will sich der Gr. von Oettingen auch anmassen, XVIII, 73. 79. 80. XXII, 39. ob der Brackenkopf eigentlich für den zollerischen Wappenschild, oder für den nürnbergischen burggräflichen gekauft ist worden? das erste ist am wahrscheinlichsten, XXII, 38. von den 2 ins Schrägcreutz gesetzten goldnen Reichszeptern, 39. Unterschied zwischen diesen zweyen und dem einfachen Zepter im W. des Churfürstens von Brandenburg, als Reichs-Erz-Cämmerers, 39. 40.

Zürcher Wappen, III, 217. 220.

Zug, der Stadt, XIII, 249.

Zweybrücken, der Graffschaft, VI, 377.

IV. Real

IV. Realregister;

Oder Verzeichnis der in dem ganzen Werke vorkommenden merkwürdigsten Personen und Sachen nach dem A. B. C. zusammen getragen.

A.

Aachen, die Reichsstadt, hat den Titel eines königlichen Stuls, und prätendirt daher grose Vorzüge und Freyheiten vor ihres gleichen; steift sich auf den ihr von Kaiser Carl dem Grosen ertheilten Gnadenbrief, VII, 90. an dessen Authenticität aber viele zweifeln, ib. Gewisheit, daß Kais. Carl das Münster unsrer lieben Frauen zu Aachen prächtig aufgeführet und A. 796 den Grund dazu geleget, 91 f. er hat daselbst zwar seinen königlichen Thron aufgeführet; es schweigen aber die Coaevi, daß er in der Kirche seinen Stul gesetzt, und befolen, daß alle künftige Kaiser dort sollten gecrönet und inthronisiret werden, 92 f. die normannischen Verwüstungen haben das carolingische Gebäude nicht ganz zernichtet, 93. K. Heinrich I bringt Aachen mit Lothringen wieder ans T. Reich, und die, aus Staatsklugheit dorten vorgenommene Krönung Kais. Otto I, bringt den Aachner Königsstul in solches Ansehen, daß es zur Notwendigkeit für die folgenden Kais. wird, davon Besitz zu nehmen und sich daselbst krönen zu lassen, 93. wie jetzt dieser königliche Stul aussieht, 94 f. Aachen hatte zu Zeiten Kais. Adolphs das Münzrecht noch nicht, deswegen alle Münzen, die des Kaisers Bild und Titel füren, für Krönungsmünzen zu achten, XIX, 160.

Abel,

Abel, ein Sohn K. Waldemars II von Dännemark und der Berengaria, K. Sanctius in Portugall Tochter, erhält in der vom Vater angestellten Theilung unter den 4 Söhnen, das Herzogtum Schleßwig oder Süd-Jütland, IX, 394. vermält sich A. 1237 mit Graf Adolphs von Holstein T. Mechthild; nimmt sich seiner Schwäger, der iungen Grafen Johanns und Gerhards gegen seinen Br. K. Erich von Dänn. A. 1238 an. Herzog Albrecht von Sachsen, und H. Otto von Lüneburg stiften Frieden. Abel weigert sich A. 44 Schleßwig von seinem Bruder zu Lehen zu nehmen, ib. es kommt darüber zum Krieg mit K. Erich, gegen welchen Abel einen starken Anhang von Bischöfen findet. Der K. ist siegreich, restituirt aber im Frieden A. 48 Abeln und Canuten, 395. Abel läßt sich vom Lago Gudemund verhetzen, seinen Br. den K., als er ihn A. 1250 besuchte, zu Schleßwig gefangen nehmen und durch denselben ermorden zu lassen, den 9 Aug., 396 f. Abel wird von den dänischen Bischöfen, ohnerachtet dieses Bruder- und Königmords, doch den 1 Nov. als König angenommen. Er will den Brudermord von sich ablehnen, 397. 399. will seines Br. Erichs Schätze erheben, findet aber nichts, als eine Mönchskutte und Zett.l vom K. daß man ihn in diesem Habit begraben solle, 398. er wird dadurch so betroffen, daß er ins Kloster will, ib. ruft seinen Sohn Waldemar von Paris, A. 51, nach Hause, der aber zu Cöln an- und bis nach des Vaters Tod aufgehalten wird, ib. Abel wird im Kriege mit den unbändigen Strandfriesen und Ditmarsen A. 1252 auf der Flucht erschlagen, 398. wird in die Domkirche zu Schleßwig begraben, geht aber schröcklich um, 400. und wird in den Pölwald gebannt, ib.

Abendmal, wie es die fremden Protestanten in London nach einer vom Lasco verfaßten Kirchenordnung gehalten, IX, 270 f. Lasco führt es auch unter den Protestanten in Polen ein, 272.

Abensperg, Babo Gr. zu, erzeuget mit zwo Gemalinnen 32 Söhne und 8 Töchter, VI, 3. präsentirt die Söhne wol ausgeziert dem Kais. Heinrich II auf der Jagd. Der dieses Geschenk wol aufnimmt und sie gnädig versorget, ib. Bedenklichkeiten bey dieser Erzehlung, 4.

Aberglauben, wunderlicher, des Bauern-Volks in Crain, IV, 199.

Ablaßbriefe gelten nichts gegen Leibsstrafen in Schottland, I, 66.

Aca-

IV. Realregister.

Academien oder Geselschaften gelehrter Leute. Welschland weis sich gros damit, daß es mit denselben ganz angefüllt ist, XVII, 41 f. wo starke Verzeichniße davon und die abentheuerlichen Namen derselben anzutreffen sind, 42. es ist nicht alles Gold, was gleißet, ib.

Academie der Auffschriften und Gedächtnismünzen in Frankreich, IX, 361 f. Colbert macht 1663 den Anfang darzu, 362. ihre ersten Verrichtungen und Mitglieder, ib. die Zusammenkünfte werden selten, 363. Louvois erneuert sie, ib. mehrere Mitglieder, 365. ihre Beschäftigung, 364. Pontchartrain gibt ihr diesen Namen, und läßt die Medaillen von der Historie des Königs eifrig fortsetzen, ib. ordentliche und beständige Verfassung derselben, in 49 Puncten, 365 f. erster Präsident derselben, 367. ihr wird ein Zimmer im Louvre angewiesen, ib. die Academie wird 1713 von neuem bestättiget, ib. neue Einrichtung unter dem Herzog von Orleans, und Benennung der königlichen Academie des inscriptions et belles lettres, 367. sechzehn gedruckte Theile von der Historie dieser Academie, 368. Crutique über ihre Erfindungen, ib. das daraus entstandene recht königliche Werk, Medailles sur les principaux evenemens &c. XIV, 386 f.

Academie Françoise, oder königliche Academie der französischen Sprache zu Paris, bestimmt eine Schaumünze zum Preis der Vortreflichkeit in der Dichtkunst, 1687, XIII, 393. diese Academie wird vom Cardinal Richelieu errichtet, 395. Anfang derselben durch Privatzusammenkünfte einiger Gelehrten, die sie sehr geheim halten, 295 f. die Sache kommt doch aus, und sie müssen mehrere aufnehmen, 396. Boisrobert gibt dem Cardinal davon Nachricht, 397. dieser läßt ihnen antragen, sich in eine recht ordentliche und durch höheres Ansehen bekräftigte Versammlung zusammen zu setzen, ib. dieser Antrag wird von den Mitgliedern nicht gleichsinnig aufgenommen, 398. Beurtheilung dieses Vorhabens des Cardinals, 398 f. Berathschlagung wegen ihres Namens, 400. königlicher Gnadenbrief der Academie, ib. das Parlement hält mit seiner Einschreibung und Bewährung lange zurücke, ib. und warum? 403. Entwurf von der Beschaffenheit und den Gesetzen der Academie, 402 f. ihre Statuten bestehen aus 50 Artickeln, 403 f. ihr Siegel, 403 f. von ihrem Directore, Canzler, Secretaire und Wahl der Mitglieder, 404 f. die Academie

demie hat in den erſten 10 Jahren ihren Aufenthalt oft verändern müſſen, 405. der Cardinal wolte ihr ein eigenes Haus widmen, der Tod übereilt ihn aber, 406. der König nimmt ſie als Prot. Acteur in ſein Louvre auf, ib. Vermächtniſſe darzu, 406 f. erſte Beſchäftigung der Mitglieder, 407. ſie ſollen an einem Wörterbuche arbeiten, 407 f.

Academiſche Ehren ſind dem adelichen Stande nicht unanſtändig, XV, 235.

Acciajoli, ein ſehr angeſehenes altes Haus zu Florenz. Rainerius Acciaj. ein groſer Kriegsheld hilft zu Ende des XIV Saec. das griechiſche Kaiſertum bekriegen; erobert das Fürſtentum Athen, IX, 119. verheyratet ſeine eine Tochter mit des Kaiſer Emanuels Bruder, und gibt ihr Corinth zur Mitgift; die andere an Carl Tocco, der er Aetolien giebt, ib. ſein Sohn Anton ſchreibt ſich Fürſt von Attica und Boeotien, 119. macht ſeinen Vetter Nerius zu ſeinem Erben. Die Acciajoli werden von ihrem Fürſtentum Athen 1455 von den Türken verjagt, 119. die Acciajoli thun ſich auch anderwärts hervor, 119. 120. conf. Ferrers.

Accurſius, Mariangelus, ein berühmter Criticus, hat den Ammianus Marcellinus mit 5 Büchern ergänzt, und viele Verbeſſerungen alter Schriftſteller geliefert, XXI, 380.

Adalhard, Kaiſ. Carls des Gr. Vaters Bruders Sohn, ärgert ſich über die Eheſcheidung Carls von der Deſiderata und deſſen Vermälung mit der Hildegard dermaſſen, daß er ins Kloſter gehet und die Abtey Corvey ſtiftet, IV, 101.

Adel, das Wort, iſt gothiſchen Urſprungs und kommt von Atta, Vater, herr; ſagt eigentlich Adel ſo viel als väterlich oder dem Vater gleich, adelich, XVI, 214. ungemeiner Ruhm und Vorzug des teutſchen Adels, vor allen andern Völkern, an Alter, Menge, Reinigkeit; welches auch neidiſche ausländiſche Schriftſteller nicht in Abrede ſeyn können, 212. 214. Billigkeit des Adels, 215.

Adel wird in Teutſchlands Hoch-Stiftern erfordert. Beweiſe aus den alten Capitularien der fränkiſch carolingiſchen Herren, III, 372. Beſchaffenheit der Domherren, 374. wo man die beſten Nachrichten von den reichsadelichen Geſchlechtern, die in den Erz- und Hochſtiftern teutſchen Landes aufgeſchworen, findet, 375. der Adel hat vor Alters ſeine Geſchlechtsnamen nicht von den beſeſſenen Gütern geführet, XI, 287. Adeliche führten zuweilen den Namen gräflicher und herrlicher Häu-

Häuser, bey welchen sie Ministerialen waren, XII, 277. Adeliche nehmen das Burgerrecht zu ihrem grosen Vortheil öfters in den alten Zeiten an, XVI, 236. Französischer Adel ist nicht so häkel, als der teutsche und spanische, in ungleichen und unanständigen Vermälungen, XII, 300. ächter Adel muß auf seine Ahnen sehen, ib. eine adeliche Gemalin eines Reichsgrafen darf sich des Grafenstandes nicht anmassen, VII, 167.

Venetianischer Adel hält den Ehestand in schlechten Ehren, XVIII, 136. ein Nobile hält sich für berechtigt, eine Concubin zu halten, ib. Arme halten öfters 2 oder 3 zusammen eine gemeinschäftl. ib. Angesehener Bürger Tochter können sie ohne Nachtheil heyraten, aber keine vom Pöbel, dann sonst verlieren die Kinder den Adel, 136.

Adelheid, Kaiserin, die Wittwe König Lothars, wird wegen ausgeschlagener Liebe des Adelberts sehr von dessen Vatter K. Berenger II mishandelt, I, 101. sie sucht Hülfe beym Kais. Otto I. der kommt und vermält sich mit ihr, 102.

Adler s. Reichs-Adler, Adler-Orden s. Ritter-Orden.

Adlzreiter, dem berühmten bayerischen Minister und Geschichtschr. wird Schuld gegeben, als ob der Jesuit Ferveaux die Fust zu jesierliche Feder in seinen Annalibus geführet, XII, 324.

Adolf, Kais., Gr. von Nassau, wird A. 1292 den 5 May zum Kaiser zu Frankfurt erwählt und zwar von allen Churfürsten; doch waren Chur-Maynz und Cöln seine Hauptbeförderer, XIX, 157 f. es gedachten zwar die Churfürsten anfangs, H. Albrecht von Oesterreich zu erwählen und wurd er von den Churfürsten zum Wahl-Tag beschieden, 158. die Schwaben wünschten sich sonderl. denselben zum Kaiser, ib. aber der Erzbisch. und Churf. zu Maynz Gebhard von Eppstein, ein Vetter Graf Adolfs, wuste auf eine listige Weise alle Churfürsten dahin zu bringen, daß sie ihme ihre Stimme überliessen, 155-157. was K. Wenzel vorher mit Churfachsen und Brandenburg zu Zittau für einen Verein wegen der Wahl getroffen, 154. was der neue Kais. dem Erzb. von Maynz den 1 Jul. zu Aachen und den 28sten weiter zu Bonn eidlich für Vortheile zur Erkenntlichkeit hat versprechen müssen, 159. Churtrier geht auch nicht unbelohnt aus, 159 f. der K. von Böhmen wird noch vor der Crönung den 10 May abwesend, belehnet, und wird ihm das Pleißner Land und Eger für 10000 M. Silbers, die der K. seiner Tochter, des Kaisers Sohnes Ruprechts Braut voraus zu bezalen verwilligt, verschrieben, 160. die Krönung wird an St. Johannis-Tag vollzogen zu Aachen, wobey Maynz und Trier des Kaisers Pracht weit übertroffen, ib.

Adolph, Churfürst zu Maynz und Bisch. zu Speyer, ein geb. Graf von Nassau, stirbt 1390, IV, 341. conf. 447. XV, 346.

Adolph II Churf. und Erzb. zu Maynz, ein Gr. von Nassau, geb. 1426, macht es dem Beyspiel seiner 3 Vorfaren aus seinem Hause im Erzstifte nach, sich diesem Erzstifte aufzudringen, XV, 346. A. 1459 wird Dietherr Gr. von Isenburg, von 7 beliebten Kiesern erwählet, und zwar endlich einstimmig, 347. dieser Erzbisch. Dietherr ziehet sich durch seinen patriotischen Eifer den päbstlichen Bann auf den Hals 1461, ib. der Pabst läßt durch seinen heimlichen Emissarius den Abt Flachsland von Bäsel am Capitel arbeiten, dem Erzb. Dietherren einen Gegner zu stellen. Da sich dann Adolph gar bereit finden läßt, und zu seinen Absichten mächtige Gehülfen findet, 347. f. worauf der Pabst mit der Absetzung Dietherins losbricht in einem Consistorio von 5 Cardinaelen zu Tivoli; dabey es an Schmähung gegen den abgesetzten Erzb. und Lobserhebungen Adolphs nicht fehlte, wodurch auch Kais. Friedrich einzustimmen bewogen wird, 348. Gr. Adolph wird von 5 Domherren und der Pfafheit angenommen, auch ihm von der Landschaft die Huldigung geleistet, 349. Dietherr widersetzt sich Anfangs, läßt sich aber in einen Vergleich ein, da er, gegen die zu verschaffende Absolution und einen Gehalt dem Adolph das Erzstift überläßt, ib. Pfalzgraf Friederich bey Rhein macht ihm wieder Muth, verspricht ihm gegen die zu versetzende Bergstraße stattliche Hülfe, besiegt und fängt des Gr. Adolphs Gehülfen Margr. Carl von Baden, den B. von Metz und Graf Ulrich von Würtenberg; und Dietherr wird zu Maynz wieder angenommen, 349. Dietherr ist zu sicher und Adolph übertumpelt Maynz A. 62 den 27. Oct. durch Verräterey. Dietherr entrinnt mit harter Noth, und in der eroberten Stadt geht es grausam zu, ib. Dietherr muß sich wieder A. 63 vergleichen, und legt das churfürstl. Schwerd vor dem päbstl. Gesandten nieder. Adolph vergleicht sich gerne, um den so sehr im trüben fischenden Pfalzgrafen Friedrich aus dem Spiel zu bringen, 350. groser Aufwand und Schaden, in welche diese Besitznehmung Adolphen und das Erzstift gesetzt, ib. Adolph sucht dem Land durch Förderung des

des Handels und Abschaffung der vielen Feyertäge aufzuhelfen, 350 f. Erfurt bedient sich des Geldmangels des Erzstiftes und erkauft sich manche Freyheiten, über deren Erstreckung die Meinungen verschieden, 351. er ist eifrig auf Herstellung der so sehr verdorbenen clösterlichen Zucht erpicht, ib. er wird erst A. 67 zum Erzbisch. geweyht und vom Kaiſ. A. 70 belehnt, 352. er begleitet den Kaiſ. A. 75 im Zug zum Entsatz von Neuß, wird aber krank und stirbt zu Eschweiler den 6. Sept. ib.

Adolph, Herzog in Geldern, begegnet seinem Vater H. Arnold sehr unanständig, bringt sich aber dadurch um die Nachfolge im väterlichen Herzogtume, kommt um A. 1477. II, 442.

Adolph, Graf von Holstein, wird A. 1238 ein Mönch und seine 2 Söhne kommen zur Regierung, IX, 394. welche ihr Schwager H. Abel von Schleswig gegen K. Erich von Dänn. unterstützt, ib.

Adolph Friedrich, Herzog und Stamm-Vater aller noch lebenden Herzoge von Mecklenburg, ein Sohn H. Johanns von Mecklenb. Schwerin geb. 1588, XII, 348. wird vaterlos A. 92. Seine Vormünder ib. nach seinen geendigten Studien und Reisen tritt ihm und seinem Br. H. Hans Albrecht, H. Carl von Güstrow, den schwerinischen Antheil ab; behält die Regierung nach einem Vertrag alleine, und befriedigt seinen Herrn Bruder mit einigen Aemtern, ib. doch sollte dieses nur währen bis auf H. Carls Tod, da dann eine völlige Theilung der mecklenburgischen Fürstentümer durchs Loos geschehen sollte, 348. Adolph Friedr. dinget sich aber doch dabey seine Primogeniturrechte aus, 349. Herz. Carl zu Güstrow stirbt 1610, und die Theilung geht vor sich. Was zum schwerinischen, als des H. Ad. Friedrichs Antheil, und was zum güstrowischen geschlagen, ist worden, 349. Zwistigkeiten und Vergleiche; sonderlich der A. 21. errichtete und vom Kaiser bestättigte, daß die mecklenburgische Lande nicht in mehr als 2 Theile sollten getheilet werden, ib. hat Verdruß wegen der Religion mit seinem Bruder, und leidet viel im 30jährigen Krieg, 349. 350. Er Hans Albrecht, er erzeuget mit zwo Gemalinnen 19 Kinder; davon sonderlich 6 Söhne erwachsen, 350. er macht ein heilsame testamentl. Verordn. für seine Kinder, 350. 352. Christian Ludwig Primogenitus bekommt den schwerinischen Antheil. Der 2te S. Carl das Fürstentum Ratzeburg, und der dritte, H. Joh. Georg, das Fürstentum Schwerin, im westphälischen Frieden erst erhaltene Lande; wogegen sich H. Christ. Lud=

Ludwig hernach regte, 350. der H. stirbt 1658 den 27 Febr. 352.

Adolph Johann, Pfalzgraf zu Zweybrücken, K. Carl Gustavs v. Schw. Bruder IV, 178. geht nach K. Carls Tod nach Schweden, 179.

Adolph Johann, des vorhergehenden Sohn, geht in schwedische Kriegsdienste; verliert A. 1701 sein Leben in Liefland, IV, 178 f.

Aelmer, ein wegen der Religions-Verfolgungen flüchtiger Engländer und Lehrer zu Jena, setzt dem H. Joh. Friedr. dem Mittlern 1559 die Gedanken in den Kopf, genaue Verbindung und die Vermählung der Königin Elisabeth mit seinem Br. Joh. Wilhelm zu suchen, XII, 167 f.

Aemona, dahin setzt der Patriarch von Aquileja den S. Maximus I A. 240 als Bischof; vergeht durch die Verheerungen von fremden Völkern, XIII, 69.

Aerzte, wären die zahlreichste Profession zu Ferrara, sagt und beweißt der Spaßmacher Gonella, XVIII, 48.

Aesopeia, die Gemalin des Bischofs Paschalis II von Chur, eine Gräfin von alta Rhaetia im 7den Jahrh. Sie wird in Diplomatibus Episcopia, Frau Bischöfin betitelt, XIII, 69.

Aethelfreda, K. Alfreds Tochter, Graf Aethelreds von Mercia Gemalin, eine Prinzeßin von außerordentlichem männlichen Gemüte und Geist, I, 30.

Agnes, Tochter Kaif. Heinrichs IV, Gemalin Kaif. Friedrichs I in Schwaben; nachher A. 1106 Marggraf Leopolds von Oesterreich, ist eine Mutter von 22 Kindern gewesen, VII, 363.

Ahnen-Probe, was es heiße? VI, 220. Etymologie des Worts Anen oder Ahnen, ib. Unsinn des Glossators des Landrechts ꝛc. der es vom lateinischen Anus herleitet, ib. ob es eine Nachahmung der Römer sey, die mit den Bildern ihrer Voreltern, die Magistrats-Personen gewesen, Staat machten? 221. ob die Turniere Anlaß dazu gegeben? 222. Gundlings warscheinliche Meinung, daß der Ahnen-Beweiß aufgekommen, als die Päbste Ausländer in die teutschen Stifter schieben wollten, 222. kommt aber am warscheinlichsten von den alten Franken her; da ein ächter freygeborner Franke beweisen muste, daß seine Großväter von Vater und Mutter her freygelassene gewesen, VI, 222. 223. Nutzen der Ahnen-Proben, XVI, 216. was Bodinus dagegen einwendet, 213.

Ahnen-Tafeln, die in dem Werke vorkommen. Der

Amalia, Gräfin von Solms Braunfels, Gem. Pr. Friedr.

Heinrichs von Oranien, XIV, 144.
Baden, Bernhard Gust. Marggraf von B. Dürlach, Abts von Fuld und Kempten, I, 232.
— — Bernhard und Ernst Marggr. von Baden, I, 368.
Beichlingen, Wolf. Dietrich, Gr. von, Chursächsischen Minist. O. Canzlers und Ritter des Danebr. O., XII, 280.
Blarers, Joh. Jac. Pr. zu Elwangen, IV, 224.
Brahe, Peters, Reichsdrotzets in Schweden, VII, 344.
Brandenburg Onolzbach, Mrgr. Wilh. Friedr., IV, 216.
Braunschweig Grubenhagen, H. Philipps II von, I, 272.
— — Wolfenbüttel, H. Ferdin. Albr. von, VII, 384.
Caysteins, Rabans von, churbrandenburgischen geh. Raths rc. XIII, 64.
Carl Ferdinands, Bisch. zu Breßlau H. zu Oppeln und Ratibor, IV, 416.
Christinen, geb. H. v. Mecklenburg, Gräfin von Stollberg-Gedern, XXI, 267.
Collalto, Anton Ramboldo Gr. von, XIII, 288.
Croy, H. Ernst Bogislas, postulirten Bischofs von Camin, XI, 192.
Dalberg, Wolfg. von, Erzbisch. zu Maynz, X, 64.

Desmiers, Eleon. Gem. H. Gr. Wilhelms v. Braunschw. Lüneb. und Celle, XXI, 76.
Diede zum Fürstenstein, Hans Eitels, Burggr. zu Friedberg, XIX, 7. und seiner Gemalin Euphrosinen Susann. Freyin von Degenfeld, ib. 8.
Diepholt, Anna Margareta, letzte Gräfin von, Gemalin Landgr. Philipps von Hessen zu Butzbach, XIII, 56.
Ehrenberg, Phil. Adolphs von, Bisch. zu Würzburg, V, 216.
Eiden, Maria von, Gemalin Margr. Eduard Fortunats von Baden, XVI, 119.
Elisabeth, Erb-Pr. von Oels und letzte des podiebradischen Stammes in Schlesien, VI, 408.
Fürstenberg, German Egons gefürsteten Landgrafens von, XII, 16.
Guzman, Nicol. Maria de, Herzogs von Medina de la Torres, Souverains von Sabioneda, XI, 104.
Hag, Ladislas des letzten Grafens von, XV, 48.
Hanau, Phil. Ludwigs Gr. von, VII, 88.
Harrach, Fürst Franz Antons von, Erzbisch. zu Salzburg, IV, 128.
Henneberg, Wilhelms gefürsteten Grafens zu, V, 352.
— — Johanns, Abts zu Fulda, XIX, 336.

Hessen,

Hessen, Hermanns Landgr. von, Erzbisch. von Cöln, IV. 255.
—— Darmstadt, Friedrichs Landgr. von, Card. und Bisch. zu Breßlau, XII, 32.
—— —— Josephs, B. v. Augspurg, XIX, 376.
Hohen Embs, Marr Sittichs Gr. von, Erzbisch. von Saltzburg, IV, 24.
—— —— Card. und Bisch. von Costnitz, XI, 272.
Hohenloh, Graf Friedr. Eberhards von, und Gleichen, Herr zu Langenb. und Cranichfeld, X, 392.
Hohnstein, Wilhelms Gr. von, Bisch. von Strasburg, XII, 80.
Hoya, Johann Gr. von, Bisch. zu Münster, Oßnabr. und Paderborn, XI, 360.
Hutten, Christoph Franz von, Bisch. von Würzburg, I, 216.
Im Hoffs, Gust. Wilhelms, General-Gouverneur der Ost-Indianischen Compagnie, XV, 224.
Isenburg, Gr. Salentin von, gewesenen Erzbisch. von Cöln, IV, 190.
Knöringen, Heinr. Freyh. von, Bisch. von Augspurg, XX, 120.
Kettlers, Gotthard, des letzten Heermeist. von Liefland und ersten Herzogs von Curland ꝛc. IV, 392.

Lichtenstein, Carls Herzogs von Troppau und Jägerndorf, XIX, 280.
Lamberg, Joh. Philipps, Card. II, 416.
Liebenstein, Jacobs von, Erzbischofs und Churf. von Maynz, VII, 144.
Leuchtenberg, Georg Landgrafens von, I, 248.
Liegnitz, H. Joach. Friedrichs von, Brieg und Wolau, IV, 384.
Löwenstein Wertheim, Fürst Maximil. Carls von, V, 312. der Vater hieß Ferd. Carl Errig.
Lothringen, Card. Carls von, III, 104.
—— —— Carl Josephs, Churf. und Erzb. von Trier, XIII, 136.
—— —— H. Renatus II, von, XV, 295.
Magdalena Augusta, Pr. von Anhalt Zerbst, Gemalin H. Friedrich II, von S. Gotha, XV, 120.
Mansfeld, Joh. Ge. III Grafens von, des letzten der evangelischen Linie zu Eisleben, V, 304.
Maria Amalia, Landgräfin von Hessen-Cassel, Prinz. von Curland, XI, 8.
Medices, Catharina von, Königin in Frankreich, III, 264.
Monterey, Gr. Joh. Domin. v. Haro und Guzman ꝛc. XII, 299.

Mün-

Münsterberg und Oels, H. Carls II von, II, 296.
Naſſau Oranien, Catharine von, Gräfin von Hanau, IV, 280.
Oettingen, des erſten Fürſtens Albrecht Ernſts von, XII, 72.
Orsbeck, Joh. Hugo von, Churf. von Trier, XIII, 135.
Orleans, Mademoiſ. d', *Anne Mar. Louiſe,* Herzogin von *Montpenſier,* XIV, 40.
Oſtfrießland, Carl Edzards, des letzten Fürſten von, XIX, 424.
Pfalzgrafens, Franz Ludwigs, Churf. zu Maynz, Hochmeiſters, Biſch. zu Breßlau und Worms, Pr. zu Elwangen, IV, 312.
Pommern, Herz. Philipps II von, IV, 248.
Puchaim, Joh. Chriſtoph III Gr. v. VII, 120.
Rabatta, Gr. Raymund Ferdinands, Biſch. zu Paſſau, III, 112.
Ramſchwag, Ulrichs von, Ritters ꝛc. und Comthurs zu Würzburg, XI, 288.
Reußen, Heinrichs XXIV des jüngern und älteſten, Grafens und Herrns zu Plauen, XX, 144.
Salburg, Gotth. Heinrichs Gr. von, XIII, 95.
Savoyen, H. Carls I von, V, 360.
— — der Prinzeßin Henrietta Adelheid, Churfürſtin von Bayern, VI, 96.

Schönborn, Gr. von, Biſch. v. Bamberg und Würzburg, XVIII, 288.
Schrattenbach, Wolfg. Cardin. von, IV, 272.
Sfortia, Blanca Maria, Kaiſ. Maximil. I Gemalin, IV, 80.
Sinzendorf, Georg Ludwig Gr. von, Erb-Schatzmeiſters, XIV, 184.
Solms, Gr. Friedr. Magnus, zu Laubach, XIV, 80.
Stahrenberg, Gr. Ernſt Rüdigers von, XXI, 192.
Theodo, des bayeriſchen Prinzens, VI, 224.
Tilly, Gr. Werner Tſerclas von, VII, 136.
Waldburg, Gebhard Erbtruchſ. von, Churf. und Erzbiſch. von Cöln, I, 304.
Wambolds von Umbſtadt, Erzbiſch. und Churf. von Maynz, Anſhelm Caſimir, XII, 200.
Weſterſtetten, Joh. Chriſtoph v., B. zu Eichſtätt, VIII, 312.
Windiſchgrätz, Gr. Leop. Joh. Victorins, XIII, 176.
Wolfſtein, Graf Chriſtian Albrechts von, XII, 216.
Würtenberg, H. Joh. Friedrichs von, III, 328.
Würtenberg, Chriſtiana Charlotta geb. H. von, verwittibte Marggr. Regentin von Anſpach, VI, 24.

Ff. Zollern,

Zollern, Graf Eitel Friedrichs zu, ersten Cammerrichters, XXII, 35.

Zwerbrücken, Gustav Sam. Pfalzgrafens bey Rhein zu, IV, 184.

Alba, Ferdin. Alvarez von Toledo, Herzog von, kommt A. 1567, mit einer Armee nach den Niederlanden, wo er gewaltig wütet, III, 279. er errichtet das berühmte Conseil des Troubles, oder sogenannten Blutrath; lockt den Graf Horn und Grafen von Egmont zu sich, und läßt ihnen die Köpfe abschlagen, IV, 158. conf. Horn ꝛc. - - Als A. 1568 Graf Ludwig von Nassau in Frießland eingebrochen und Gröningen wegnehmen wollte, gieng ihm der Herzog mit 15000 Mann entgegen, VIII, 234. lustiger Irrtum seiner Kundschafter, die eine Bauernhochzeit für die feindliche Armee gehalten, ib. er macht bey Gröningen 300 Mann nieder und zwingt den Grafen zur Retirade gegen Emden; lagert sich bey Gemmingen, 235. des Grafen Leute sind wegen Mangel am Solde schwürig und wollen nicht fechten, ib. daher es leicht war, sie übern Haufen zu werfen; wobey das Fußvolk sehr litte; 20 Fahnen, 16 Stücke, alle Bagage und Silber des Grafen werden erbeutet, 236. die Spanier halten den Sieg für ein Wunder, und schreiben ihn dem Seegen des P. Pius V zu, ib. Excessen des sardinischen Regiments, die Alba hart strafet, ib. von den erbeuteten Stücken läßt der Herzog eine Statue giesen und in neuen Castell zu Antwerpen aufrichten. Beschreibung derselben, und Auffschrift Auslegung von den zu Füßen liegenden Personen, 236-238. diese Statue erweckt dem Alba viele Mißgunst und spöttische Auslegungen, Epigrammata, 238. 239. der Herzog muß das Ansehen haben, als ob er sich seinen König nachsetzte: solches resutirt er durch eine Medaille, 240. des Herzogs Nachfolger in den Niederlanden, hat diese Statue abbrechen und wieder zu Stücken giesen lassen, 240. Alba verfährt grausam mit Zütphen; läßt durch seinen Sohn Don Friderico Harlem A. 1572 belagern, VI, 82 f. S. Harlem. Ausgeübte Grausamk. nach der Uebergab, 88. A. 73 läßt er Alkmar belagern, welches Unternehmen fehl schlägt. Die von ihm abgeschickte Flotte unterm Bossu wird geschlagen, XI, 178 f.

Alban, der Heilige. Raban Maurus hat die beste Nachricht von ihm gegeben, VIII, 298. er war aus der Insel Mansia oder Marus im Archipelagus gebürtig, hat zu Mayland, in Gallien, zu Aosta und endlich zu Maynz gelehret;

IV. Realregister.

lehret; allwo er warscheinlich A. 451 den Märtyrer, Tod von den Hunnen erlitten, 298. 299. Papebroch begehet einen Irrtum in Ansehung der Verse unter Albans Bilde an dessen Capelle zu Maynz, 299 f. Wunder mit seinem in Händen getragenen Kopfe nach seiner Enthauptung, bis an seine Begräbnisstelle, 301. auf dem Martins-Berge vor Maynz, 302. weil viel Wunder bey besagtem Grabe geschehen, so wird daselbst eine Capelle gebaut, und der Grund zum St. Albansstifte gelegt, ib. Erzb. Richolf bauet eine Kirche dahin, die A. 805 eingeweyht wird. Er fügt bald ein Benedictiner-Kloster hinzu, 302. dieses wird durch die Schule, dort gehaltene Kirchenversammlungen und Begräbnisse berühmt. Carls des Gr. dritte Gemalin Fastrada liegt dort, ib. Unglück, so es betroffen durch Erdbeben, und das gegen die Geistlichkeit zu Maynz tumultuisende Volk, 302. A. 1254 macht das Kloster eine Brüderschaft mit dem Domcapitel, 303. das Kloster wird 1419 durch Geld in ein Collegiatstift verwandelt, weil sich der Abt Hermann vor der Reformation seines Ordens, so zu Costnitz beschlossen ist worden, fürchte, 303. die päbstlichen Commissarien theilen die Güter in 20 Vicareyen. Der erste Probst wird Philipp

Flach von Schwarzenberg, 303. dem Erzbisch. Johann von Maynz tritt der Abt Hermann für seine Dienste beym Pabst, die Probstey zu Höchst, mit einigem Vorbehalt, ab, worüber der Abt Trithemius bittre Klagen füret, 303. 304. der Procurator der Benediktiner in der mayn-zischen Diöces regt sich 1423, diese Probstey wieder zu seinem Orden zu bringen; läßt sich aber mit Geld befriedigen, 304. Margr. Albrecht von Brandenburg hat das Stift abgebrennt A. 1552, und haben die Canonici seitdem keine eigne Stiftskirche mehr. Zahl und Beschaffenheit der Canonicorum, 304.

Albanien, H. v., s. Joh. Steuart.

Albericus, römischer Bürgerm. wird aus der Stadt gejagt; nennt sich einen Marggrafen von Orta, III, 330. ruft die Ungarn ins Land, wird A. 925 erschlagen, ib.

Albericus, des vorhergehenden unehlicher Sohn von der Marozia, III, 330. Baronii Irrtum, als wenn Albericus von Tuscien, der A. 917 gestorben, sein Vater gewesen, 331. Alber. wird von seinem Stief-Vater Hugo durch eine Maulschelle beleidigt; erregt einen Tumult zu Rom wider denselben; Hugo weicht aus der Engelsburg und geht heim, und Albericus wird zum Herrn von Rom aufgeworfen, 335. ſetzt ſeine Mutter und Halbbruder Pabſt Johann XI ins Gefängnis, ib. vergleicht ſich mit ſeinem Stiefvater und nimmt deſſen Tochter Alda zur Gemalin, 336. aber die Feindſchaft hört nicht auf, ib. er herrſcht von A. 936 bis 954 zu Rom, da er ſtirbt, ib. ſchreibt ſich nicht Patricius, ſondern Princeps atque omnium Romanorum Senator. er übte die Oberherrſchaft über die Päbſte aus, 336.

Alberti, Leo Bapt., ein berümter Baumeiſter und Schriftſteller, I, 15.

Albrecht, K. in Schw., ſ. Margareth, die däniſche Semiramis.

Albrecht, Churf. und Erzbiſch. zu Maynz und Magdeburg, Adminiſtr. zu Halberſtadt, Margr. zu Brandenburg, Churf. Johanns Sohn, geboren 1490, V, 138. wird 1513 ſchon Erzb. zu Magdeburg und Adminiſtr. zu Halberſtadt, ib. der Pabſt Leo X konnte fürs Geld dem Abgang der Jahre leicht abhelfen, ib. ſeine Vorzüge verſchaffen ihm auch 1514 den 9. Merz die Chur- und erzbiſchöfliche Würde von Maynz, ib. die auch der Pabſt willig beſtättigt, 139. er war einer der erſten, der den päbſtlichen Ablaß in ſeinem Kirchenſprengel kund machte, um dem Pabſt gefällig zu ſeyn, ib. dieſes bringt ihm A. 1518 den Cardinals-Hut zu wege, 140. er braucht ſich bey der Kaiſerwahl gegen den päbſtl. Geſandten, der ſich Carls V Wahl widerſetzte, und fördert die Wahl dieſes Herrn, ib. was von ſeiner Rede beym Sleidan zu halten? ib. Kaiſ. Carls Schreiben an ihn, 141. Albrecht hilft auch zur Wahl Kaiſ. Ferdinands, ib. ſeine ſchlaue Conduite bey den Religions-Spaltungen; iſt Anfangs nicht gut gegen die Proteſtanten: er tritt A. 38 zu Nürnberg dem Bund der catholiſchen Fürſten gegen den ſchmalcaldiſchen bey. Gegen das Ende ſeines Lebens iſt er gelinder, fürs Geld, gegen ſeine evangeliſche Unterthanen, 142; iſt ſehr gütig und freygebig gegen die Gelehrten, 142. 143. wird der Verſchwendung und Wolluſt beſchuldigt, 143. ungerechtes Verfaren mit Hans Schenit, der ihm in ſeinen Geldnöthen hat helfen müſſen, und den Strick zum Lohn erhalten, 143. 144. nimmt die Jeſuiten zu erſt zu Maynz auf 1542, ſtirbt 1545, 144.

Albrecht, Erzherzog von Oeſterreich. Nachdem ſeine Verlobung mit der ſpaniſchen Infantin Iſabella Cl. Eug. und die Ceſion der Niederſande an ſie beide vom K. Phil. II richtig und kund wurde im May 1598, VIII, 396 f.

so hielt er eine Staaten-Versammlung zu Brüssel den 14 Aug. Auf seinen Vertrag antwortet im Namen der Stände Phil. Matius: sie wollten ihm und der Infantin gerne huldigen, wenn sie eidlich versprechen wollten, sie bey ihren Rechten und alten Freyheiten zu schützen, 398. er thut schriftlich und freundliche Versuche bey den vereinigten Niederlanden und dem Pr. Moritz von Oranien, um sie zum Frieden und Unterwerfung, nach dem Beyspiel der Flandrer und Brabanter zu bewegen. Es erfolgt aber keine Antwort, 399. Albrecht ernennt ad interim den Cardinal Andreas zum Statthalter in den Niederlanden; legt seine geistliche erzbischöfliche Würde und den Cardinals-Hut ab, den 13 Sept. und geht über Tyrol nach Italien, ib. ihm wird zu Ferrara vom P. Clemens VIII den 13 Nov. die Erzherzogin Margaretha, als Gevollmächtigtem des K. Philipps III, und ihme selbst die Isabella angetrauet, 399. geht nach Spanien und vollzieht die Vermählung, wie der König, zu Valentia den 18 Apr. 1599, kehrt im Junius zurück und kommet glücklich mit seiner Gemalin zu Brüssel an, 400. - - Er erleidet 1600 im Julius eine Niederlag, s. Schlacht bey Nienport, - - Er schließt 1609 den 12jährigen Stillestand - - Stirbt zu Ende dessen 1621 den 12 Jul. unter grosen Kriegsrüstungen, alt 62 Jahr, 400.

Albrecht, H. von Bayern, Kaif. Ludwigs und Margarethens Gräfin von Holland ꝛc. Sohn, erbet A. 1377 von seinem Bruder H. Wilhelm die Grafschaften Holl-See- und Friesland und Henuegau, IV, 55.

Albrecht IV H. in Bayern, der Weise, der dritte Sohn H. Albrechts III unter fünften, bekommt die Regierung, nach des ältesten H. Johanns Tod und des zweyten H. Sigmunds Abdankung, A. 1465, IV, 362. schließt seinen nachfolgenden Br. H. Christoph von der, vom Vater verordneten, Mitregentenschaft aus, ib. im darüber entstandenen Streit spricht H. Ludwig von Landshut als Schiedsrichter für H. Albrechten, darüber schwürige Edelleute aus dem Lande gejagt werden, 363. er reist mit H. Christoph nach Rom zu ihrem Freunde P. Paul II; nach der Ruckkunft fängt Christoph neue Unruhe an und wird gefangen gesetzt, 364. H. Wolfgang der jüngere Br. entweicht und sucht beym Reiche vergeblich seinen Brles zu machen, ib. wird aber doch endlich auf vieler Fürsten Garantie losgelassen, und bekommt Landsberg u. a. auf 10 Jahre, welches ihm aber Albrecht wegen übler Haushaltung bald wieder abnimmt, ib. neue Gewaltthätigkeiten und Vergleich, welchen der H., ohne kaiſerl. Commiſſarien oder andere ſich einmiſchen zu laſſen, trift, 365. Regenſpurg ergiebt ſich ihm als künftigen Herrn und huldigt ihm 1486, worüber Kaiſ. Friedrich III zornig wird, 366. ſucht den Kaiſer durch ſeine Vermälung mit deſſen Prinzeßin Kunigunda, der Ehg. Sigmund Tyrol zum Heyrathsgut verſpricht, zu verſöhnen, ib. der Kaiſer will ihn aber nicht als Tochtermann erkennen, ſondern bietet die ſchwäbiſchen Bundsgenoſſen gegen ihn auf. Dieſe Macht beweget den Herzog, Regenſpurg A. 1492 wieder dem Reich unmittelbar zu überlaſſen, 366. verſöhnt ſich durch K. Maximilians Vermittelung völlig mit dem Kaiſ., ib. ſein groſer Streit wegen der Verlaſſenſchaft H. Georgs des reichen von Landshut, der aus Haß gegen ihn ein nachtheiliges Teſtament gemacht, und ſeine Lande auf ſeinen Tochtermann Pfalzgraf Ruprecht vererben wollte. H. Albrecht rüſtet ſich deßwegen, und wird vom Kaiſer 1503 mit Niederbayern belehnt, 366. 367. er findet ſtarken Beyſtand. Das Reich, Cammergericht und der Kaiſer ſprechen ihm auf dem Reichstage recht, 1504, 367: es kommt zum Krieg. H. Albr. muß das neuerrichtete Herzogtum Neuburg den Prinzen Ruprechts abgeben, und an ſeine Bundsgenoſſen viele Orte und Herrſchaften abtretten, ib. errichtet mit ſeinem Br. H. Wolfg. den Erbvertrag: daß künftig nur der älteſte Prinz eines Vaters die völlige Landesregierung, mit Ausſchlieſung aller iüngern Söhne haben ſollte; 367. ſtirbt 1508, 368.

Albrecht V, Herz. in Bayern, ein Sohn H. Wilhelms IV, geb. 1525, ſuccedirt 1550, XII, 322. er fördert den Paſſauer Vertrag, und iſt zu Augſpurg A. 55 bey Errichtung des Religionsfriedens, ib. XXI, 349. er eröfnet A. 56 den Reichstag zu Regenſpurg im Namen K. Ferdinands; ſo ſtund er A. 67 im Namen Kaiſ. Maximil. II zu Regenſpurg demſelben auch vor, XII, 323. ſorgt für die Erhaltung der catholiſchen Religion in ſeinem Lande; wohin er die Jeſuiten ruft, die Ingolſtadt in Aufnam bringen, wo ein Collegium für ſie erbauet wird; ſie breiten ſich auch weiter in Bayern durch ſeine Gnade aus, 323. 324. er erlaubt A. 87 den Layen den Kelch, wowider aber die Biſchöfe ſich ſetzen, 326. Läßt auf dem Concilio zu Trient die Zulaſſung des Kelchs und der

Prie-

Priester-Ehe, um dem Verderben der Geistlichkeit abzuhelfen, urgiren, ib. sein Gesandter hat dorten einen Rangstreit mit dem venetianischen Nic. Pontanus, und glaubt nicht, daß so ein uraltes deutsches Herzogl. Haus, einem, dem Reiche abtrünnigen Freystaat nachgesetzt sollte werden, kan ausserm Protestiren, nichts erhalten, XXI, 350. der H. ist ungehalten, daß Kaif. Maximil. II den evangelischen Ständen die Religionsübung nach der Augsp. Confeff. in ihren Schlössern und Häusern erlaubt; darüber die ingolstättische theologische Facultæt scharf raisonniret, 350 f. dem Graf Joachim von Ortenburg läßt er seine Güter wegen unternommener Religionsveränderung einziehen; der Kaif. und Churfürst August v. S. aber bewürken dessen restitution auf dem Reichstag zu Augspurg A. 66; doch mus er die Religionsübung sehr einschränken, und eine Abbitte beym Herzoge thun, 351. um die Zulassung des verzögerten Kelchs zu erzwingen, verbinden und rüsten sich viele Adeliche im Lande, ib. Churf. August v. S. entdeckt ihm die Gefahr, der H. kommt bevor, verfährt aber doch gnädig mit dem schwürigen Adel, XII, 327. hat schlechten Dank für seinen Religionseifer beym Pabst, ib. hingegen ist der Kaif. sehr geneigt gegen ihn; läßt ihm die Grsch. Hag einziehen; giebt ihm die Anwartschaft auf die Reichslehen von Wolfstein, 327; liebt und lohnt die Wissenschaften und Gelehrte, 328. er vermälte sich mit seines verstorb. Br. Pr. Theodonis Braut, Kaif. Ferdinands I zwoten Prinzeßin Anna, 1546 den 4 Jul. zu Regensburg, im Beysenyn Kaif. Carls V, XXI, 346. 349. Ehegatten, worinnen merkwürdig, daß zwar Anna Verzicht auf alle väterliche und mütterliche Erbschaft gethan; doch, so der männliche Stamm des österreichischen Hauses gänzlich abgehen würde, und die Erbschaft an die Töchter käme, daß sodann sie und ihre Erben in Ungarn und den österreichischen Fürstentümern zum Erben zugelassen sollten werden, 348. aber des Königreichs und Zugehörden, so ihr Herr Vater und Mutter ietzt besäßen, sollte sie sich nur gegen des Vaters und der Söhne männliche Nachkommen der Erbgerechtigkeit begeben; in deren Ermanglung sollte dieser Verzicht ungeschehen heissen, ib. aus dieser gemachten Erbfolge führte Churbayern A. 1741 seine Beweise bey seinen Ansprüchen auf Ungarn, Böhmen und Oesterreich her, 348. H. Albrecht V starb 1579 den 24 Oct. und seine Gemalin den 4 Oct. a. sq.

seine

seine Kinder 252. er läßt des Suriü Leben der Heiligen überſetzen und den Aventinum publiciren, 351. er hatte gar einen zamen Löwen bey ſich liegen, der einſt durch ſein Aufſtehen einen Geſandten völlig aus dem Concepte bringt, ib.

Albrecht, Marggraf, Graf Ottens von Ballenſtätt und der billungiſchen Eilike Sohn, VIII, 169. ſeine Gefangenſchaft im böhmiſchen Krieg, A. 1123 als Marggr. in Sachſen. Seine verſchiedene Nahmen als Marggrafens von Sachſen, Soltwedel, Slaviae orientalis, 170. er hat 3 Marggrafſchaften inne gehabt. Die Laußnitz 1124, die ihm Kaiſ. Lothar A. 31 wieder abnimmt, ib. der nemliche Kaiſ. gab ihm aber A. 34 die Marggraffſchaft Soltwedel, ib. Kaiſ. Conrad III ſpricht ihm das Herzogtum Sachſen, worauf er von ſeiner Mutter her Anſpruch machte, zu, und H. Heinrichen von Bayern ab, dieſer iagt ihn aber wieder aus dem genommenen Beſitze, 171. er kan auch nach H. Heinrichs Tod nichts richten A. 1139, ſondern mus dem iungen H. Heinrich weichen, und A. 1142 mit ſeiner reſtitution in der nordſächſiſchen Marggrafſchaft zu frieden ſeyn. ib. er wird vom K. Pribeylaus der Wenden, der die Burg Brandenburg bewohnt, A. 42 zum Erben ſeiner wendiſchen Lande eingeſetzt, und nimmt den Titel als Marggraf von Brandenburg an, 172. wird in ſeiner Würde den Herzogen zu Bayern und Sachſen gleich gemacht, ib. er bevölkert das Brandenburgiſche, nachdem er die ſclaviſchen Völker und das Caſtell Brandenburg überwältiget, 172. 173. Beweiſe, daß ihm der Kaiſer den Titel eines Marggrafen von Brandenburg verliehen, 173. unerhebliche Einwendung dagegen, 174.

Albrecht Marggr. zu Brandenb. Hochmeiſter des Teutſchordens in Preuſen, wird vom K. Sigismund und Polen, wegen des beſtändig verweigerten Leheneids von A. 1519‒21 bekrieget, II, 270. nach einem 4iährigen Stilleſtand ſieht ſich der Hochmeiſter gezwungen, des Königs Anerbieten anzunehmen, und den vom Orden noch beſeſſenen Theil von Preuſen als ein weltliches Herzogtum 1525 den 10 Apr. zu Cracau durch öffentliche Beleh-uung anzunehmen, ib. er wird beym Kaiſer deswegen verklagt, und ſeines Hochmeiſteramts für unwürdig erkennt; auch A. 30 wird auf dem Reichstag zu Augſpurg der Vertrag Albrechts mit K. Sigism. für nichtig erkläret, III, 27 f. der neue Herzog hat nicht Luſt auf des Kaiſers Gebot Preuſ-

Preußen dem neuerwehlten Administrator Cromberg abzutretten; Er kümmert sich nichts um des Cammergerichts Vorladungen, und wird als ungehorsam in die Acht erkläret A. 1532, 28. H. Albrecht begibt sich in den schmalcaldischen Bund. Der Kaiser gedenket an die Achtexecution, scheuet aber doch Polen, 29. er wird vom polnischen Orator Stanisl. Lasco A. 48 brav vertheidigt, 29.

Albrecht der iüngere, Marggraf zu Brandenburg-Culmbach - - Ursache, warum er die Stadt Nürnberg im May 1552, sonderlich auf Grumbachs Anhetzen überzogen. Seine Erklärung gegen die Stadt und Antwort derselben, III, 413. Belagerung und Verwüstungen im Lande. Churfürst Moritz von S. ist nicht damit zu frieden, ib. harte vorgeschlagene Vergleichspuncte des Marggrafen, ib. nach 7wöchiger Belagerung wird Vergleich gestiftet. Puncte, 414. Würzburg und Bamberg wird eben so von ihm gehalten. Der Kaiser caßiret die mit ihm getroffenen Verträge, ib. befielt den fränkischen Ständen, sich gegen ihn zu verbinden, auch den übrigen angränzenden Craisen giebt er Befehl, die bedrängten fränkischen Stände zu retten, 414. - - Nach dem Passauer Vertrag A. 52, 108 er mit seinem Corps nach Frankreich, allwo er, bey Metz sonderlich, die Franzosen durch seine zweydeutige Aufführung in grose Verlegenheit setzet, IX, 123. die Annäherung der kaiserl. und der französischen Armee bringen ihn zum Entschluß, wieder nach Teutschland zu kehren, oder vielmehr auf kaiserliche Seite zu tretten. Solches geschieht, nachdem seine Truppen grose Excessen ausgeübt, und er den H. von Aumale geschlagen, und nebst andern Herren gefangen hatte, 124. er deckt endlich den kaiserl. Abzug von Metz, 126. - - der Marggraf setzt A. 53 gegen Bamberg, Würzburg und Nürnberg, nachdem er von Metz zurück gekommen, seine Feindseligkeit fort, brandschatzet Altdorf und andere nürnbergische Städtlein, die er doch grausam anzünden läßt, III, 414. er wird vom Cammergerichte geächtet, ib. K. Ferdinand, Churf. Moritz und H. Heinrich von Braunschweig verbinden sich wider ihn. Er eilt durch Thüringen ins Braunschweigische, wo es den 9 Jul. zur Schlacht bey Siwershausen kommt, in welcher er den Sieg verlieret, aber auch Churf. Moritz den Tod holt; dessen Bruder August Friede mit ihm einseitig schließt, 415. es wird den 12 Sept. seine Reuterey ohnweit Braunschweig nochmals geschlager,

G g

gen, und im Fränkischen geht viel für ihn verloren, 415. doch versteht er sich nicht zu gütlichen Unterhandlungen. Daher der Kaiser Befehl gibt den 4 May 1554, daß die Execution der von der Cammer wider ihn gesprochenen Reichsacht sollte vorgenommen werden, 415. unterdessen hatte der Marggr. A. 53 den 2ten Pfingsttag Schweinfurt listig eingenommen und besetzt, IX, 252 und 255. daselbst läßt er Notmünzen aus der Bürger Gold und Silber, schlagen 249 und 257. kommt vor Weyhnachten noch dahin, nachdem er die Niederlagen in Niedersachsen erlitten. Ist daselbst lustig und spöttet Wein der Reichsacht und seiner vielen Feinde, 258. er geht nach Weyhnachten wieder nach Sachsen; verliert ein Regiment zu Bareuth, welches H. Philipp von Braunschw. aufhebt und dessen Obristen Hans von Cöln aufhenken läßt, 259. die vereinigten Stände erneuern A. 54 die Belagerung Schweinfurts heftig, 259, 261. der Marggraf wirft sich mit einigen zu Ilmenau, mit des Herzogs von Aumale Ranzionsgelde zusammen gebrachten Truppen wieder in Schweinfurt den 10 Jun. nimmt aber theils aus Mangel am Proviant, theils Schweinfurt nicht ganz zu ruiniren, den 12ten mit seinem Volke des Nachts Abschied. Er sagte beym Abschiede vom Rathe zu den Seinigen: es seyn gute Herren, reuen mich, 261. es ist falsch, wann Sleidan meldet, er habe Schweinf. vor seinem Abmarsch geplündert; man nahm nur mit, 264. er wird den 13ten Jun. auf seiner Retiråde von den Alliirten ereilet und beym Kloster Schwarzach geschlagen, so daß er nur mit 18 Pferden entrinnen kan. Die Plassenburg wird bald darauf eingenommen und ruinirt, III, 415. er kan sich nicht mehr erholen; wird flüchtig, sucht beym Reiche sichers Geleit, stirbt aber zu Pforzheim den 8 Jan. 1557 auf der Herausreise aus Frankreich, 416. Würzburg, Bamberg und Nürnberg müssen auf Kais. Ferdinands Vermittelung seinen Erben doch noch eine grose Summe Gelds um künftiger guter Nachbarschaft und der ruinirten Plassenburg willen zalen, ib. dieser Fürst haßte die Geschichtschreiber seiner Zeit, III, 410 f. die Geldnoth hat den Marggrafen nach Grumbachs Ausspruch zu seinen Gewaltthätigkeiten in Franken verleitet, 416. Churf. Joachim II zu Brandenburg war nicht mit seinen Unternehmungen zufrieden, ib.

Albrecht, H. von Münsterb. und Oels, geb. 1468, ein S. H. Heinrichs des Aeltern, XVII, 106.

ver-

vermält sich A. 88 mit Salome, H. Hanß v. Sagan und Großglogau Tochter, 109. die gute Gesinnung des Schwiegervaters bringt ihm und den Tochtermännern Unglück, weil die Bürger von Großglogau sich nicht unter die münsterbergische Herrschaft wollen bringen lassen, sondern mit Hülfe K. Matthias den H. Hans verjagen, 109. er kommt mit seinen Brüdern Georg und Carl zur Regierung A. 98. Sie sorgen für die Aufnahm des Landes und der Stadt Münsterberg, 110. A. 1500 verkaufen sie die Grafschaft Glatz an ihren nachherigen Schwager, den Gr. von Hardeck. Begnadigen Frankenstein. Verschaffen dem Abt von Camenz die Insel, ib. H. Georg stirbt A. 1502 und Albrecht A. 1511, 110. er hinterläßt nur eine Tochter Ursula geb. 1498. Sie wird eine Nonne zu Freyberg, entweicht aber A. 1528 und entschuldigt ihre Flucht nachdrücklich bey H. Georg und Heinrich zu Sachsen, 111. wird hernach die Gemalin Heinrichs von Schwichau eines reichen böhmischen Herrn, ib.

Albrecht, Herzog von Oesterreich, bleibt vor Znaim in Mähren A. 1406 den 13 Jul. XVIII, 223.

Albrecht, Herzog zu Sachsen, der Stammvater der albertinischen oder jetzigen Churlinie, III, 37. geb. 1443 zu Grimma. Seine Eltern, ib. wird vom Cunz geraubt, und wunderbar befreyet. Empfängt mit seinem Br. H. Ernst A. 1465 die Lehen vom Kais. Friedrich III. Sie regieren gemeinschäftlich bis 1485, 37. er nimmt sich K. Georgs von Böhmen an. Hat Hofnung zur Crone von Böhmen A. 71; geräth in Gefahr. Hilft einen Vergleich zwischen K. Matthias von Ungarn und K. Uladislaus v. Böhmen stiften, 38. Führt im Heerszug gegen Herzog Carln von Burgund das Reichspannier A. 1475. Thut über Venedig und Rom eine Wallfart zum heiligen Grab, ib. trennt sich von seinem Bruder A. 80 und residirt zu Torgau, ib. nach der weimarischen Erbschaft 1482 unternehmen beide Brüder die Landestheilung A. 85, 38. 39. er dient dem Hause Oesterreich im Kriege gegen K. Matthias v. Ungarn, 39; noch mehr aber wider die unbändigen Niederländer von A. 1483 bis 1500, da er bey der Belagerung Gröningens erkrankt und zu Emden stirbt. Vom Sterbetage, ib. sein Begräbnis und Denkmal zu Emden, 40. er wird für einen grosen Helden geachtet, ib.; erhält vom Kais. A. 1483 die Anwartschaft auf Jülich und Bergen. Noch mehr Belohnungen,

gen, vom Erzhaus Oesterreich, ibid.

Albuquerque, Alfonsus H. von, Königs Dionysius von Portugal Enkel, Hofmeister K. Peters des grausamen in Castilien, verdient und kriegt schlechten Lohn, VI, 51. 53. 54.

Alchimie, Alchimisten, s. Goldmacher.

Alciatus, Andreas, ein grosser Rechtslehrer in Frankreich und Italien, XVI, 217 f. der beredteste unter den rechtsverständigen, und der rechtsverständigste unter den beredtesten, 218. dessen Herkunft, adeliches Geschlecht und Wappen, ib. ist 1492 ohne Schmerzen seiner Mutter gebohren worden, ib. sein erster und vornehmster Lehrmeister in humanioribus, Janus Parrhasius hat ihm einen alten geschriebenen Iuuenalem behalten, 218. die Rechtsgelehrsamkeit hört er zu Padua und wird daselbst Doctor, 219. er aduocirt in seiner Geburtsstadt Mayland, und macht sich durch einen Hexenproceß berühmt, ib. verwirft die Tortur der Hexen, ib. wird A. 1518 öffentlicher Rechtslehrer zu Avignon, ib. übrige Beförderungen; stirbt 1550 zu Pavia. Warum er einen herumfahrenden Rechtslehrer abgegeben, 219 f. 223. wird Comes Palatinus, von wem? und wie? 220. sein Sinnbild, ib.

er hat zur römischen Rechtsgelehrsamkeit einen ganz andern und unfehlbaren Weg gebahnet, 221. seine Rechtsgelehrsamkeit und Beredsamkeit haben ihm auch was rechtes eingetragen, 221 f. dabey war er aber ein Erzgrossprecher, 224.

Alkmaer, eine Stadt in Westfriesland, Ursprung und Name, I, 386. hatte unter der spanischen Regierung die Freyheit, ihre Stadtobrigkeit selbst zu besetzen. Fällt von Spanien ab 1572, ib.

Alderbach, ein Kloster in Bayern, wird aus Canonicis regularibus ein Cistercienser Kloster, A. 1147.

Alethophilorum societas zu Berlin, XII, 369 f. bey welcher Veranlassung sie entstanden, 370. besteht aus Verehrern der wolfischen Weltweisheit, und setzt sich vor, die Warheit aufrichtig zu suchen, ib. Hexalogus Alethophilorum oder ihre Regeln, ib. Stifter derselben ist der Graf von Manteufel, 369. 390. Beurtheilung, 386 f. 410 f. 434 f. XIII, 410 f.

Alexander IV Pabst, sucht K. Heinrich III von England zu bereden, sein Sohn Edmund nach Sicilien als König zu schicken, III, 1406.

Alexander VI Pabst, dessen Herkunft, XVIII, 394. dessen Angst, als Carl VIII K. in Frankreich bey seinem italienischen Feldzug A. 1494

A. 1494 ihm auf den Hals gekommen, ib. wie greulich diesen Pabst seine eignen Glaubensgenossen beschreiben, ib. er theilt A. 1493 wegen der neuentdeckten Welt, die ganze Weltkugel durch eine imaginirte Linie durch beide Polos, um die Theilung der entdeckten und zu entdeckenden Lande zwischen Spanien und Portugal darnach einzurichten und seine Verschenkung zu bestimmen, VII, 36. solches thut er Auctoritate omnipotentis Dei sibi in B. Petro concessa, ac uicariatus Iesu Christi &c. ib. es wird an seine Absetzung gedacht. Unruhen, die sein Tod zu Rom A. 1503 wegen der Wahl verursachet, X, 101 f.

Alexander VIII Pabst. Sinnbild aus seinem Geschlechtswappen genommen, XX, 339 f. wie es Pasquino erklärt, 340. sein Nepotismus, ib. wie er sich deswegen entschuldigt, ib.

Alexander Farnese, Herzog von Parma, Gouverneur der spanischen Niederlande, belagert und erobert Neuß A. 1586 mit Sturm, VII, 68–70. Excessen dabey; läßt des Commendantens Eheweib und Schwester unbeschädigt fort, und wird darüber mit Scipio und Alexander verglichen, 71.

Alexander Sigismund, Pfalzgr. bey Rhein, B. von Augspurg, geb. 1663, ein Sohn Churf. Phil. Wilh. und Elisab. Amalien, XII, 50 f. wird geistl. 1670, liest seine erste Messe in Gegenwart Kais. Leopolds zu Neuburg. Bekommt A. 90 die bischöfliche Regierung und Weyh A. 94, 52. leidet im bayerischen Kriege; sollt indemnisirt werden, 53. bekommt einen schweren Inquisitions-Proceß wider die Gebrüder, seine gewesene Hofräthe, Lottiche, Lot genannt, 53–56. verfällt A. 1708 in eine Gemütsschwachheit, daß sich endlich das Capitel gezwungen sieht, einen Coadiutor am B. von Constanz zu wählen, der die Regierung versieht. Er erholt sich und lebt bis 1737, 56.

Alfgiva oder Albina K. Canut des Grosen rechte Gemalin, I, 53.

Alfonsus oder Alphonsus V, K. in Arragonien, der I in Neapel, ein S. K. Ferdin. des Gerechten in Arrag., geb. 1394. wird K. in Arrag. A. 1416; stirbt zu Neapel A. 58, XVII, 130. seine Gestalt, ib. auf ihn schickt sich der Name Diuinus, 130 f. Raynald beschuldigt ihn einer zu grosen Ruhmsucht, weil er nicht eben dem Pabst allemal parirte, 131. Anton von Palermo entschuldigt ihn, ib. des Alphonsus Eifer im Gottesdienst, 132. durch Neapels Behauptung verdient er den Namen Triumphator, ib. er besaß Sicilien gleich mit Arragonien,

nien, als ihn die Königin Johanna von Neapel um Hülf anspricht gegen H. Ludwig III von Anjou. Um ihn zu bewegen, adoptirt sie ihn mit Einwilligung der Reichsstände A. 1420 unter der Versicherung der Nachfolge im Reiche, 132. Johanna läßt sich verleiten, versöhnt sich mit Ludwig, und Alph. muß A. 24 das Reich verlassen, 133. Joh. hätte sich gerne wieder mit Alph. versöhnt; sie starb aber darein A. 35, ib. Alph. fäßt Hofnung, H. Renatum zu verdrängen und durch Beystand seiner Freunde Neapel zu behaupten. Der Anfang ist schlecht; denn vor Gaeta wird er geschlagen und gefangen nebst 2 Brüdern Joh. und Heinrich, ib. er wird dem H. von Mayland Phil. Maria von den Genuesern eingehändigt; der ihn aber als einen Freund und künftigen Beystand gegen Frankreichs Begierde nach Italien, aufs liebreichste aufnimmt und A. 36, ein Bund mit ihm schließt, frey nebst allen läßet, 133. Alphonsi Leute erobern Gaeta unterdessen. Er kommt selbst und tritt den Kampf mit den vom Pabste unterstützten Anjouisten an. Belagert Renatum in Neapel A. 39 vergebl. A. 42 aber erobert er dasselbe und lagt Renatum heim, ib. er hält A. 43 einen triumphirenden Einzug zu Neapel, und wird als der

rechtmäßige Beherrscher des untern Italiens angesehen, 134. er verträgt sich mit dem Pabst, der ihn pro legitimo Rege erkennet und Alph. die Vererbung des Reichs auf seinen unehlichen Sohn zugestehet, gegen den gewöhnlichen Tribut an die päbstliche Cammer, 135. er versöhnt sich auch mit Genua. Der Friede währt aber nur 4 Jahr, weil in den mayländischen Händeln der K. und Genua verschiedene Partey ergriffen, ib. Kais. Friedrich III besucht ihn A. 52 zu Neapel und ermahnt ihn Frieden zu schaffen, welches ihm auch A. 54 gelingt, 135. er ist wegen seiner Freygebig- und Mildigkeit gegen seine Unterthanen hochgerühmt, 136.

Alfonsus VI K. in Portugal. Seine wahre Beschaffenheit ist nicht leicht in ein gewisses Licht zu setzen; da die Parteylichkeit der Schriftsteller, wenigstens die Unachtsamkeit, in Ansehung des Vorgängers, derer, die von ihm geschrieben, durch seine Verkleinerung nur des Bruders Peters Verfaren zu beschönigen suchet, XIV, 217 = 219. er war ein Sohn K. Johanns IV, geb. 1643. Eine Krankheit im dritten Jahr seines Lebens thut ihm wehe, 219. er steigt auf den Thron A. 56, stehet unter der Vormundschaft seiner Mutter Louise v. Guzmann bis A. 1662, da sie genötigt

tigt wird die Regierung aufzugeben, 219. die Mutter wird ihm darüber feind und sucht das Reich dem iungen Sohn zuzuschanzen, 220. es sind seine Gebrechen und Ausschweifungen der Jugend mit seinen 2 Lieblingen, dem Anton und Conti, nicht zu läugnen; nicht aber eine Vernunftlosigkeit und unverbesserliches Wesen, ihme zuzuschreiben, ib. er war fähig genug von dem Grafen von Castelmelhor guten Rath anzunehmen, so lang ihm derselbe an der Seite war, 221. so würd er sich auch von der Mutter leicht haben lenken lassen, wenn man nicht mit Fleis ihn hätte den Lastern nachhängen lassen, um ihn untüchtig zur Regierung zu erhalten, ib. seine Gemalin, Maria Franc. Elis. von Savoyen, Herzogin von Nemours und Aumale förderte sein Unglück; die ihm Castelmelhor aus guter Meinung gegeben hatte. Ihre Eltern und Heyratgut, 221. vor dieser Heyrat wurde dem Alfonsus viele unerwartete Fähigkeit zur Regierung zugeschrieben, und auch der Prinzeßin zum Trost versichert, daß er seine Tüchtigkeit zum Ehestand deutlich legitimiret, 222. 223. Aber nach vollzogener Vermählung bekennt die Prinzeßin dem Pater de Ville, daß es sich nicht anlasse, daß sie eine fröliche Kindermutter werden könnte, 223.

der redliche Pater seufzte, ib. Don Pedro gefällt ihr besser. Und unter dem Vorwand, die Brüder zu vertragen, hält sie öfters mit demselben Zusammenkünfte; da dann des Castelmelhors und des de Sousa, und dadurch des Königs, Sturz beschlossen wird, ib. Ersteres wird ausgeführt. Die Königin weicht A. 67 darauf in ein Kloster und kündigt dem K. den Kauf auf, 224. Alfonsus will sie mit Gewalt heraus holen, wird aber vom Pedro daran gehindert, ib. die Königin thut ihre Gesinnung den Staatsräthen kund, und sucht beym Domcapitel zu Lissabon die Ehescheidung, ib. der König wird den 23 Nov. früh vom Marquis de Cascaës aufgeweckt und ihm angezeigt, Er müsse das Reich wegen schlechter Verwaltung seinem Bruder abtretten, 224. er muß die Abtretungs-Acte unterschreiben, und wird dermassen verlassen, daß er sich seinen Hundswärter zur Gnade zur Gesellschaft ausbittet; worüber Peter selbst Thränen verlieret, 224. die Prinzeßin d' Aumale blieb gerne auf Zureden der Stände im Reich, und nahm den Don Pedro zum Gemal. Was man für Beschuldigungen gegen Alfonsus und Ursachen beym Pabst angebracht, die Ehescheidung auszuwirken, 224. welche auch erfolgt, 218.

Al-

Alfonſus K. von Neapel, tritt, nach kurzer Regierung, aus Deſperation das Reich ſeinem Sohne ab 1495 im Monat Jan. und entflieht, VI, 318.

Alfred, der ſechſte, K. in England, Ethelwolfs vierter Sohn, wird im fünften Jahr nach Rom geſchickt, und vom Pabſt Leo IV ſehr geliebt. Ob er ihn auch zum König geſalbet? I, 26. kommt nach Abſterben ſeiner 3 Brüder auf den Thron, 27. führt ſchwere Kriege mit den Dänen; ſchlägt ſie A. 878 aufs Haupt und zwingt ihren K. Godrus ein Chriſt zu werden, dem er ein Stück Landes einräumt, 28. er erobert London und bringts in Aufnehmen. Stirbt A. 900; iſt zu Wincheſter begraben; ſeine Gebeine werden beunruhigt, 28. ihm war Schottland unterwürfig. Er theilt das Reich in Shires oder Comitatus ein, läßt ein Saalbuch vom ganzen Lande machen: gibt gelinde Geſetze, ſorgt für Künſte und Gelehrſamkeit; richtet die hohe Schule zu Oxford 886 wieder auf, 29. Ueberſetzt ſelbſt gute Bücher in die ſächſiſche Sprache, 30. er war ein Poet, und man hat noch von ihm Schriften, 30. ſeine Kinder, 31.

Algarbien. Wie die beiden Algarbien an Portugal und in den königlichen Titel gekommen. Lage und Bedeutung des Namens VII, 34. 35.

Alraunen, ſind die vom gothiſchen König Filimer weggejagten Weiber genennet worden, die ſich hernach mit Waldteufeln ſollen vermiſcht und die Hunnen ausgeheckt haben, II, 316. es waren aber nicht lauter alte Hexen, ſondern nur überflüßiges Weibsvolk, ib.

Altenburg, war ehedem eine Reichsund des pleißner Landes Hauptſtadt, und hatte kaiſerliche Burggrafen, XII, 262. V, 286. wird Marggr. Heinrich dem Erleuchten in Meiſen verpfändet, XII, 262. kommt völlig an die Marggrafen von Meiſen, 263. Wappen der alten Burggrafen zu Altenburg; ietziges Siegel der Stadt, ib. ſoll von ihrem Landesfürſten die Hand zum Kennzeichen ihrer belobten Treue gegen ihn erhalten haben, ib.

Altenburg kommt an H. Johann von Weimar 1593; er vertauſcht es nach ſeines Br. Friedrich Wilhelms Tod an deſſen Sohn gegen den weimariſchen Theil, II, 183.

Amadaeus VIII, Herz. von Savoyen, wird vom Baſeler Concilio unter dem Namen Felix V, zum Pabſt gewählt, VI, 388.

Amadaeus IX, H. von Sav. ein Sohn H. Ludwigs und Anna von Luſignan, königl. Prinzeßin von

von Cypern, geb. 1439, vermält sich mit K. Carls VIII in Frankr. Tochter 1452 zu Feurs en forest, welches ihm der Vater abtrat, und wo er meist in Einsamkeit lebte, V, 386. 387. tritt 1465 die Regierung an, die der Franciscaner Bonzon und seine Gemalin versehen, ib. ist auf K. Ludwigs XI Seite wider den Herz. von Bourbon und die Ligue du bien public, 387. sucht den Frieden und vergleicht sich mit Mayland und Montferrat ohne Vortheil zu Agar, 388. reist A. 67 nach Paris, kommt aber an Leib und Seel so schwach wieder, daß seine Gemalin alleine regieret. Dieses verursachet Misvergnügen bey des Herzogs Brüdern, Ludwigen Gr. von Geneve, Jacob Graf von Romont und Philipp Graf von Bresse, ib. diese ergreiffen die Waffen gegen die Herzogin und ihre Favoriten, wollen in ihren Herrschaften souverain seyn, und jagen die Fürstin nach Grenoble, 389. der K. Ludwig XI nimmt sich seiner Schwester mit Gewalt an, aber die Schweizer vermitteln einen Vergleich 1471, da die Brüder Antheil an der Regierung bekommen, ib. der Herzog stirbt zu Vercelli 1472. In der Kirche S. Eusebii ist seine Grabschrift zu lesen, 389. seine guten und frommen Eigenschaften, 390. ist freygebig gegen Klöster und Spitäler, ib. verkündigt seinen Sterbtag vorher. Wunder bey seinem Grabe, ib. seine Gemalin Jolantha macht den Fluß Doria schiffbar, und bekommt die Herrschaft Monterapel zum Lohn, 391.

Amalia, Gr. Joh. Albr. von Solms Braunfels Tochter, lebte als Hofdame im Haag bey der Churfürstin Elisabeth von der Pfalz, als sie Gr. Friedrich Heinrich 1625 heyrathete, und gleich darauf der völlige Erbe seines Bruders Pr. Moritzens von Oranien wurde, auch seine Würden und Statthalterschaften in den Niederlanden erhielt, XIV, 138. sie bekommt von den Staaten jährlich 25000 fl. Leibrenten ib. hatte viel bey ihrem Gemal zu sagen, und ward ihr beym münsterischen Friedensgeschäfte von Frankr. und Spanien sehr flattiret, da sie auf die letztere Seite geneigt war. Sie bekommt dafür Zevanbergen und Turnhout zur Belohnung im spanischen Tractat mit ihrem Gemal, 139. sie verliert A. 47 ihren Gemal. Ihr Pr. Wilhelm II stellet sich nicht mit ihr, und bleibet feindseelig, bis er A. 1650 den 10 Nov. verstirbt; da er seine Gemalin Maria, K. Carls I T. schwanger hinterläßt, 140. die den 13 Nov. mit einem Prinzen niederkommt, ib. Amalia und Maria harmoniren nicht, da sonderlich

Hh diese

diese, jene für gering, als eine Gräfin schätzte, die doch einen Kaiser in ihrem Geschlechte nennen konnte. Sie streiten auch wegen des Namens des neugebohrnen Prinzens, der nach der Grosm. Willen Wilhelm genennet wird, 140. nun gab es vielen Streit wegen der Vormundschaft, dazu sich 7 Competenten angaben, 140 f. der Justizhof von Holland thut A. 51 den Ausspruch: daß die Mutter Hauptvormünderin, der Churfürst Friedrich Wilhelm von Brandenburg aber Mitvormund seyn, die Grosm. Amalia aber sollte die Oberaufsicht haben, 142. diese ist nicht zufrieden, und der grose Rath spricht A. 52. daß die Mutter zwar Vormünderin, aber von väterlicher Seite Amalia, Churfürst Friedrich Wilh. und der Pfalzgraf von Landsberg Mitvormünder seyn und gemeinschäftlich regieren sollten, 142. wie über die Uneinigkeiten der beiden Prinzeßinnen das Fürstentum Oranien in französische Hände gerathen, da sich Maria selbst hinter den König gesteckt, 142. 143. was Amalia auf ihr Beschweren für eine Antwort vom König bekommen, 143. sie hat das Misvergnügen, die Acte van Seclusie zu erleben, aber auch die Freude, solche A. 1672 aufgehoben, und ihren Enkel als Statthalter zu sehen, 143. sie war

klug und Staatsverständig; prächtig und doch haushälterisch; ließ sich gerne beschenken, ib. sie starb 1675 und hinterließ ihrem Enkel eine reiche Erbschaft, und wärend seiner Minderigkeit ihm ersparte Schätze, ib. Amboise, Cardinal von, ist derienige Cardinalminister, der von allen seinesgleichen am wenigsten dem Tadel ausgesetzt ist, X, 98. ist der iüngste von 9 wolgerathenen Söhnen, Peters von Amboise, Herrn von Chaumont, geb. 1460. wird sehr iung Doctor J. Can. und im 14den Jahr, durch seines Bruders Carls, K. Ludwigs XI Favoritens, Vorschub, Bischof von Montauban, ib. mischt sich in die Händel der Madame Beaujeu, des Königs Schwester mit dem Hertzog von Orleans, dem er anhieng; kommt darüber in zweiiährigen Arrest 1487, 99. nach des Herz. von Orleans erlangten Freyheit und Gunst des Königs A. 1491, kommt Amboise auch wieder an den Hof, und wird beym K. in Gunst gebracht, 99. wird Erzbischof von Narbonne und weiter Erzbischof zu Rouen 1493, ib. begleitet den Hertzog auf der italienischen expedition 1494, beide verlieren durch den schlechten Fortgang des Königs Gnade; zu beider Glück stirbt der König A. 1498, 100. der H. von Orleans wird König und Amboise sein vorderster und

ge-

geheimster Rath, ib. er sucht dem K. und Volke zu gefallen, und macht trefliche Anstalten zur Erleichterung der Bürden des Volks. Herstellung der Ordnung und Handhabung der Gerechtigkeit, 100 f. führt große Dinge aus, 101. P. Alexander VI sucht seine und dadurch seines Königs Gewogenheit, und macht ihn zum Cardinal gleich A. 98, und zum Legato a latere im ganzen Reiche, 101. besonderer Glückwunsch eines Parlamentspräsidenten bey dieser Gelegenheit an ihn; dem er rühmlich folgt, und weder der französischen Kirchenfreyheit, noch auch dem päbstlichen Ansehen etwas vergiebt, 101. dann er gieng mit der Pabstwürde schwanger, und hätte den gottlosen Alexander gerne durch ein Concilium gestürzt, ib. Alexander VI stirbt 1503, dessen Sohn Caesar Borgia, H. von Valentinois, dem Cardinal zur dreyfachen Crone behülflich seyn will, 102. er hat eine starke faction; aber die Wahl fällt aus guten Ursachen auf den Card. Piccolomini; der als Pius III den Thron 26 Tage besitzt; worauf Iulius II dem Cardinal abermals vorgezogen wird, 102. Varillas spöttelt über seinen großen Appetit nach der Pabstswürde, 102 f. Amboise stirbt 1510 den 25 May, 103. verschiedene Urtheile von seiner Fähigkeit zu Staatsgeschäften, 103 f.

die Aufschrift auf seinem Grabmal zu Rouen, 104.

America. Gründe, womit die Spanier ihre Herrschaft über die neue Welt behaupten wollen, X, 164. 1) sie hätten diesen Welttheil am ersten entdeckt, folglich Fug und Macht, solchen in Besitz zu nehmen. Und doch hatten die americanischen Lande ihre Einwohner und Beherrscher von undenklichen Zeiten, ib. 2) durch die Bulle P. Alexanders VI von 1493, worinnen er die erfundenen und künftig zu erfindenden Lande der Königin von Spanien Isabella geschenket; und zwar aus lauter Freygebigkeit, motu proprio et auctorit. Apostol. Beleuchtung dieser Erstreckung der apostolischen Gewalt, weltliche Reiche zu verschenken, 164. 165. 3) weil man justo bello die Westindianer sich unterworfen; und zwar, bello punitiuo, 165 f. Barthol. de las Casas, Bischof von Chiapa, ein redlicher Spanier, hat die Ungerechtigkeit dieses Kriegs gründlich dargethan; und gewiesen, daß die spanischen Grausamkeiten die Ausbreitung der christlichen Religion nur gehindert, 165-168. die ausgeübten Grausamkeiten der Spanier gegen die Americaner sind wider die Intention und Vorschrift ihrer Königin Isabella, und ohne Gewaltsbriefe von den Königen dazu vorgenommen worden, 168.

Amsdorf, Nicol. von, Superintendent zu Magdeburg, wird zum Bistum Naumburg berufen, IV, 142. muß aber dem Julius Pflug wieder weichen, 143. er erfindet verschiedene Spott und Schimpfmünzen auf den Pabst und Cardinäle, die einem evangelischen Bischofe nicht anständig waren. Eine mit der Aufschrift Effigies Cardinum mundi &c. ist von Monstranz und Kirchenornat geschlagen worden, XXII, 62.

Amsterdam, Ueberschriften auf dasigen Stadthause vom Jrost van Veadel gemacht, XIV, 198.

Anacletus, ein Gegenpabst, bestätigt dem Rogerius die Königswürde von Sicilien, und ertheilt ihm grose Vorrechte in geistlichen Dingen, I, 85. 86.

Andersons, Johann, Burgermeisters in Hamburg, Lebenslauf, XVII, 343.

Andreas, Sanct, steht auf braunschweigischen Thalern, I, 269.

Andreas von Oesterreich, ein Sohn Erzherzog Ferdinands und Philipp Welserin, geb. 1558, wird geistlich, Bisch. zu Constanz, Brixen, A. 98. Gouverneur in den spanischen Niederlanden, Abt und Administrator von den fürstlichen Stiftern Murbach und Luders, III, 16. er war vielfältig zu Rom, schon im 17ten Jahr seines Alters bekam er vom P. Greggrius XIII den Cardinalshut und das Protectorat des Reichs; wird Legatus in Teutschland, die Händel des Erzb. Gebhards von Cöln beyzulegen, XV, 146 f. drängt sich A. 1585 ins Conclave; muß sich legitimiren; hilft 3 Päbste wählen, 147. in den Niederlanden regiert er rühmlich, 148 f. sein Lob und Monument, so ihm sein Br. Carl aufrichten lassen, 151.

Andreas, K. Charoberts in Ungarn Sohn, vermält sich mit der Königin Johanna von Neapel 1343; macht sich durch seine Herrschsucht so verhaßt bey seiner Gemalin, daß sie ihn hinrichten läßt, VI, 146 f.

Angelo, Mich., hält des Mitmörders des Cäsars, des Brutus, Bild für unwürdig, es auszubreiten, XVIII, 72.

Anghiera, eine Graffsch. im Mayländischen, deren Besitzer vorhin die Ehre hatten, den Königen von Italien die Krone aufzusetzen, oder dem Erzbischof von Mayland bey der Aufsetzung der Krone zu helfen. Die Visconti wollten von den Herren von Anghiera abstammen, I, 279.

Anhalt. Die ältesten Stammväter dieses Hauses sollen die alten Bäringer gewesen seyn, und wird der Anfang mit Bernwald oder Bernhowald, einem Sohne Hadugats gemacht, welcher im VI Sæc. als Fürst oder König der Sachsen, dem fränkischen K. Die

Dietrich den thüringischen König Hermanfried überwinden helfen, XIX, 283. von dessen Nachkommen, ib. darunter auch Bathildis die Gemalin K. Chlodowigs II in Neustrien und Burgund gewesen seyn soll, 284. man glaubet mit mehr Warscheinlichkeit, das Altertum des Fürstlich=Anhaltischen Hauses vom Esick, Grafen zu Ballenstätt, der von A. 984 90 floriret, herzuleiten, 285. die Fürsten von Anhalt haben sich zum ersten Grafen von Ballenstätt geschrieben, bis Otto A. 1110 das Schloß Ballenstätt in ein Benedictinerkloster verwandelt, und seine Nachkommen sich vom neuerbaueten Schlosse Anhalt geschrieben, I, 203. wie ihre Titel sich weiter geändert und vermehrt, ib. den Titel als Herzoge zu Sachsen, Engern und Westphalen hat dieses fürstliche Haus erst 1689 mit seinen Ansprüchen auf die lauenburgische Erbschaft angenommen, 203. * * Joachim Ernst Fürst zu Anhalt bringt 1570. das ganze Fürstentum zusammen, VI, 178. und stammen von seinen Söhnen die 4 noch blühenden Linien ab, ib. seine Söhne, die zur Regierung kommen, waren 1). Johann Georg geb. 1567 von der ersten Gemalin Agnes, Gräfin von Barby, VI, 178. liebt seinen Lehrmeister Gottschalk, ib. ihn muntert Fürst Georg, Dompropst zu Magdeburg, zu den Wissenschaften auf; tritt die Regierung 1586 gemeinschäftlich mit den Vormündern seiner Brüder an; vermält sich A. 88 mit Dorothea Gr. von Mansfeld, und A. 95 mit Dorothea, einer Pfalzgräfin, 179. theilt A. 1606 mit seinen Brüdern die Lande in vollkommener Einigkeit: Er erhält Dessau ꝛc. 179. geräth e. a. mit Churfürst Christian in Sachsen, in Streitigkeiten wegen seiner, des Meuchelmords gegen den Churfürsten angeklagten Bedienten, des Canzler Biedermanns und Oberlieutenants von Dünau, die er zu Schmälerung seiner landesherrlichen Iurisdiction nicht extradiren wollte. Groser Herren Vermittelung hebt den Streit, 179 so regiert löblich 180. schaft den Exorcismum bey der Taufe ab, und führt a. 96 die reformirte Religion völlig ein, ib. stirbt 1618, welches Jahr er angemerkt, 180. zween seiner Söhne Joh. Casimir und Georg Aribert pflanzen die dessauische Linie fort, ib. 2) Christian I, geb. 1568, Stifter der bernburgischen Linie, führt 23000 Mann A. 1591 K. Heinrich IV. in Frankreich zu, die aber wegen des Geldmangels meist davon laufen, VI, 181. dient dem Mgr. Johann Georg von Brandenburg bey der zwistigen Bischofswahl.

wahl, und siegt über die Lothringer, ib. wird A. 1609 von der Union zum General ernennt, vertreibt Erzherzog Leopold aus Jülich, 181. er wird General der böhmischen Stände, als Churfürst Friedrichs von der Pfalz Statthalter in der Oberpfalz, ib. commandirt bey der Schlacht auf dem weisen Berg bey Prag; wird geächtet, 181. wird auf sein Bitten und durch grose Fürbitten dem Kaiser ausgesöhnt, sein Sohn freygelassen, und er empfängt A. 1624 persönlich die Lehen vom Kaiß. zu Wien, ib. lebt ruhig zu Bernburg bis A. 30. Er erzeugte 16 Kinder, 181. 3) August, ein Sohn zwoter Ehe, Eleonorens Pr. von Würtenberg, geb. 1575. läßt sich mit Geld in der Landestheilung abfinden. Ist ein groser Alchimist. Heißt in der fruchtbringenden Gesellschaft der Sieghafte; bekommt das Amt Plötzke 1611, vermält sich mit Sibylla, einer Gräfin von Solms, stirbt 1653, VI, 182. sein Sohn Lebrecht bekommt 1665 den köthenschen Antheil, ib. 4) Rudolph geb. 1576, Stifter der zerbstischen Linie, hat erstlich Doroth. Hedwig, Pr. von Braunschw. Lüneburg, und dann Magdalena, eine Gräfin von Oldenburg, zu Gemalinnen, stirbt 1621, VI, 182. 5) Ludwig, geb. 1579, bekommt in dem von ihm selbst aufgesetzten Erbvergleich Köthen u. a.; hilft 1617 die fruchtbringende Gesellschaft stiften; führt den Namen des Nährenden, übersetzt gerne aus fremden Sprachen; thut grose Reisen, die er selbst in Versen beschrieben; ist eine Weile schwedischer Statthalter zu Magdeburg, VI, 182. 183. hatte eine Gräfin von Bentheim, und eine von der Lippe, zu Gemalinnen, 183. mit seinem Sohne Wilh. Ludwig geht seine Linie schon aus, ib. – – von diesen 5 fürstlichen Brüdern wird A. 1603 zu Dessau bey der beschlossenen, A. 6 erfüllten, Erbtheilung, das Seniorat in der Familie beliebet, und demselben einige Vorzüge bestimmet; darunter der Besitz der Stiftsvogtey, und des Stifts Gernroda, samt der Probstey Alsleben u. a. war, XIX, 286. wegen wichtiger Ursachen aber überläßt Fürst Joh. Georg Senior denselben seinem Bruder F. Christian von Bernburg gegen einem jährlichen Geldabtrag, 287. das fürstliche Haus bestättiget, in der A. 1635 geschlossenen abermaligen Erbvereinigung zu Bernburg, das bisherige Seniorat, als eine Fundamentalverfassung des fürstl. Hauses, und errichtet mit Gutachten der Landesstände eine Verfassung der Obliegenheit und Vorrechte des Seniorats. Inhalt, 287 f. einige Veränderung, so A. 1669 in Ansehung des Genusses

IV. Realregister.

nusses der Senioratsgüter vorgenommen sind worden, 288.

Anhaltische Kirchenreformation, XIV, 261 f. wie es 3 fürstlichen Brüdern Hans, Georg und Joachim, wegen des schmalcaldischen Bunds ergangen, 263 f. sie empfelen D. Luthers teutsche Bibel allen ihren Pfarrern und Unterthanen, 264. im Fürstentum Anhalt ist vor Alters stark Erz gebauet worden, 298. eine 1538 kundgemachte 20jährige Bergfreyheit, 298 f. wird 1561 erneuert und vermehrt, 299. dadurch kommt der Bergbau wieder sehr auf, 299 f. Ursachen, warum er wieder in Verfall gerathen, 300 f. letzter Versuch, 1691, das Bergwerk bey Harzgerode wieder in guten Stand zu bringen, 301 f. Kirchmeiers dahin zielende Disput. recensirt, 303 f.

Anholt, die Herrschaft kommt an das Haus Bronchorst Saec. XIV, X, 2. Aenderungen mit dieser Herrschaft, 3. 4.

Anna, Johannowna, verwittibte Herzogin von Curland, besteiget ihren Erbthron des rußischen Kaisertums 1730 den 4ten Febr. nach Czaar Peters II Tod, VIII, 258. sie macht ihr Krönungsfest durch Ausschreiben auf den 28 April bekannt. Beschreibung der Ceremonie und aller Feyerlichkeiten des ganzen Krönungsfestes, 259-264. ist alles nach der europäischen Höfe Manier und Gebrauchen angestellt gewesen, dergleichen die Rußen noch nicht bey sich gesehen hatten, ib. - - Unter dieser Kaiserin führt Rußland die glücklichsten Kriege, sonderlich A. 39 gegen die Türken, XIII, 378. der General Münnich tritt den Marsch mit 75000 Mann bey Kiow im Junius an; paßirt mit Beschwerlichkeit den Dnieper im August, 379. beschwerlicher Marsch gegen die, bey Chozim auf einem Berg, sich verschanzten Türken, 379 f. den 7 Sept. ersicht die rußische Armee einen vollkommenen Sieg über die Türken, theils durch List, theils durch Tapferkeit; das veste Lager der Türken wird des Abends eingenommen, 380. 381. Chozim mus sich und die Garnison gefangen ergeben, 381 f. Siegszeichen werden an die Kaiserin geschickt, 382. die Armee geht nach dem Pruth und der Moldau. Diese unterwirft sich dem rußischen Schutz, 383. Münnich ruckt gegen Bender, bekommt aber Nachricht vom unvermuteten Frieden, worauf Chozim und Jassy unbesetzt verlassen werden, und die Armee über die Dnieper zurück geht, ib. Kundmachung des Friedens in einem kaiserlichen Ausschreiben, 383 f.

Anna, Königin von England, K. Jacobs II Tochter, vermält sich 1683 mit Pr. Georg von Dännemark. Von 13 erzeugten Kindern

dern bleibt keines am Leben, XV, 406. -- sie bringt A. 1707 die Vereinigung Englands und Schottlands zu Stande, IX, 73-80.

Anna, Königin von Frankreich, Herzogin von Bretagne, verspricht bey Schliesung ihrer ersten Ehe mit König Carl VIII von Frankreich nach seinem Tod niemand, als den König, oder nächsten Cronerben von Frankreich zu heyrathen, VI, 186. schlechter Anschein, daß sie ie wieder würde vermälet werden, ib. K. Ludwig XII kriegt Lust, die hart betrübte Wittwe Carls, der A. 1498 im Apr. verstorben, zu trösten, 187. sie läßt sich geschwinde von ihm gewinnen, ib. der Pabst favorisirt K. Ludwigen und ertheilt zur Heyrat mit der Anna die nötige dispensation wegen geist- und leiblicher Verwandschaft; und die Vermählung wird 1499 im Jan. vollzogen, 191. Heyrathspacten, darinnen K. Ludwig dem Herzogtum Bretagne mehr verspricht, als sein Vorfarer K. Carl versprochen hatte, ib. sie hatte 2 Gemale also, die sich um ihretwillen geschieden; und sie war auch vorher Kaiser Maximil. angetraute Gemalin, dem sie entrissen ist worden, 192. sie bringt 2 Prinzen, die sie nicht überlebt, und 2 Prinzeßinnen zur Welt, stirbt 1514 den 9 Jan. alt 36 Jahre. Artige Grabschrift. Sie hatte,

war aber übrigens sehr schön, ib.

Anna, Prinzeßin K. Uladislaus von Böhmen und Ungarn, wird 1515 den 22 Jul. vom Kaiser Maximilian mit einer Krone beehrt, und ihme für einen seiner Enkel angetrauet, IV, 86. 87. die Vermalung wird mit dem Infant Ferdinand den 21 May 1521 vollzogen, ib.

Anna, Königin in Polen, K. Sigismunds Tochter, wird als 60jährig A. 1575 von den Polacken den 14 Dec. zur Königin, und Stephan Bathory zu ihrem Gemal und König ausgeruffen, VIII, 290.

Anne;e Gennara, ein Schwerdfeger, wird nach des Masaniello Tod, Generalissimus des schwürigen Volks zu Neapel. Sein Bezeigen gegen den Herzog von Guise VIII, 60-62. wird samt dem Luigi delle Ferra und 40 andern hingerichtet, 67. man findet in seinem Hause 227000 Kronen an geraubter Baarschaft, ib.

Ansgar, Erzbischof von Hamburg und Bremen, war ein Mönch des Closters Corvey, predigt das Evangelium in Dännemark, und wird auf Verlangen K. Biörns vom Kais. Ludwig A. 829 auch nach Schweden geschickt, XVIII, 245. gelangt daselbst nach überstandener groser Gefahr endlich beym K. zu Byrkoe an, der ihn freundlich aufnimmt, ib. der königl. Rath, Herigar, läßt sich am am erſten taufen, und bekommt viele Nachfolger, 246. geht nach befreyeten vielen Chriſtenſclaven nach 1½ Jahr wieder nach Teutſchland, und bekommt das Erzbistum Hamburg zum Lohn, ib. er wird päbſtlicher Legatus in allen Nordländern, und ihm die weitere Ausbreitung des Chriſtentums anbefolen, ib. er ſchickt Gautberten als Biſchofen nach Schweden, A. 836, den Biörn auch freundlich aufnimmt, 246. ſein Gehülfe Nithard predigt zu ſcharf gegen den Götzendienſt, wird vom Volke erſchlagen, und Gautbert muß aus dem Reiche, ib. indeſſen kommt Ansgar ſamt Hamburg durch die Normannen in mißliche Umſtände, darüber Schweden einige Jahre ohne chriſtliche Prieſter iſt, ib. K. Ludwig der Teutſche ſucht Ansgarn unter die Arme zu greiffen, und vereinigt, mit des Pabſts Einwilligung, die beide Hochſtifter Hamburg und Bremen, A. 860. Ansgar geht wieder nach Schweden A. 61 als Geſandter des K. Ludwigs an K. Olaf II, 247. er findet den Zuſtand des Chriſtentums ſeit dem Tod K. Biörns, A. 840 ſehr verändert. Ein Götzenpfaffe nimmt den König Olaf durch ſeine vorgegebene göttliche Offenbarungen dergeſtalt ein, daß derſelbe dem Ansgar wiſſen läßt, ſeine Geſchenke nur zu überliefern, und ſich eiligſt wieder fortzumachen, 247. endlich erlangt er doch, daß Olaf auf ein Gaſtmal zu ihm kommt, den er durch die Geſchenke u. ſein einnehmendes Weſen gewinnt, daß er ſein Geſuch endlich auf einem angeſtellten Landtag zur Entſcheidung bringt, ib. daſelbſt dann ein angeſehener Herr der Chriſten GOtt dermaſſen anpreißt, und deſſen mächtige Hülfe rühmt, daß alles einſtimmet, Ansgars Lehren von Chriſto Gehör zu geben, 248. Ansgars Gefährte Erimbert wird zurückgelaſſen, die Leute ferner zu unterrichten, und Ansgar geht zurück nach Teutſchland, da er A. 869 den 3 Febr. zu Bremen ſtirbt, 248.

Anshelm Caſimir, Erzbiſch. von Maynz, ein 1582 gebornerWambold von Umſtädt, XII, 194, 200. ſein hochverdientes Lob, 194. wird A. 1607 Statthalter des Churfürſten von Maynz, A. 1629 aber Churfürſt, 194 f. ſucht vergeblich eine Verminderung des Taxes fürs Pallium, 195. bezeigt eine kluge und friedfertige Aufführung im 30jährigen Krieg, und hätte gerne in Anſehung des Reſtitutionsedicts Milderung geſchaft, ib. räth dem Kaiſer, den Churf. von Sachſen zu menagiren, 196. Maynz kommt A. 31 in ſchwediſche Gewalt bis A. 1636. Er bewürket den Prager Frieden mit Churſachſen. Was er für einer Meinung, dabey war, 196 f. er veranstaltet Kaiſ. Ferdinands III. Wahl und ſoll deswegen 60000. Thaler von Spanien bekommen haben, 197. was ſein Geſandter bey den Plackereyen der bayeriſchen Truppen im maynziſchen auf dem Deputationstag A. 44 geſagt? ib. er mus A. 44 Maynz dem Duc d' Enguien auf Bedingniſſe übergeben, 197. ſtirbt zu Frankfurt, A. 47. Kaiſ. Ferdinand giebt ihm den Titel: Hochwürdig und Euer Liebden, 198. er widerſetzt ſich, daß die Bergſtraſſe beym weſtphäliſchen Frieden nicht zur pfälziſchen Reſtitutionsſache ſollte gezogen werden, 198 f.

Anſpach, ſ. Gumprecht.

Anton, Herzog von Lothringen, ein Sohn H. Renats II. und Philippinen, Herzogin von Geldern, geb. 1489, VIII, 34. bekommt den Titel: Herzog von Calabrien, ib. wird fromm erzogen, ib. der K. Ludwig XII. nimmt ihn aus gefaßter Liebe an ſeinen Hof und führt ihn zum Krieg an, ib. kommt A. 1509 zur Regierung, oberachtet ihn der Vater noch nicht für volljährig erkennet, 35. wohnt dem Sieg bey Aignadel über die Venetianer c. a. und K. Franciſcus Krönung zu Rheims, wie auch der Schlacht bey Marignano, mit den Schweizern, bey, 35. behauptet ſein Recht mit Gewalt wegen der Bergwerke im Lieberthal am Vogelberg A. 1516 gegen Franz von Sickingen und den Graf v. Gerolseck, 35. Trifft einen Vergleich mit Kaiſ. Carl V zu Brüſſel A. 22, 36. er dämpft die aufrühriſchen Bauern, die ſich am Oberrhein rottirten und in Lothringen A. 25. einzufallen vorhatten, ib. er bringt dazu eine Armee von mehr als 20000. Mann zuſammen; viele benachbarte Reichsſtände ſtellten ſich bey ihm in Perſon oder durch Geſandten ein, XVIII, 4. die rebelliſchen Bauern ziehen ſich bey ſeiner Annäherung bis Elſaßzabern zurück, allwo ſie unter ihrem Hauptmann Erasmus Gerber 30000 ſtark ſtehen. Etliche 1000 beſetzen Lupſtein auf dem Weg nach Straßburg und verſchanzen ſich; der Graf von Vaudemont und der Pr. von Guiſe greifen ſie an und erlegen gegen 6000. Mann, ſ. Gerber wird mit ſeinen Cameraden zu Bergzabern ſchüchtern, verſpricht ſich und alle, gegen zugeſtandenen Pardon, zu ergeben und 100 Geiſeln zu überlaſſen; ieder ſollte ruhig heimgehen, 5. 6. es entdeckt ſich Gerbers betrügeriſche Abſicht aus einem Brief, 6. ein Soldat greift einem Bauern vor der Stadt nach dem Beutel, worüber ein ſchröcklichs Blutbad vor und in Bergzabern vorfällt, bis

bis der Herzog mit seinen Obristen in die Stadt kommt und daßelbe endigt, 6. zu Lupstein und Bergzabern sollen den 16 und 17 May über 18000 Bauern erschlagen worden seyn, ib. Gerbert wird gefangen und aufgehenkt, 6. der Herzog gedenkt auf den Rückzug; erfährt aber, daß 24000 Bauern bey Scheerweiler stünden, ib. diese werden den 20 May, da der Tag sich schon neigte, auf Anrathen eines teutschen Hauptmanns angegriffen, und nach hartem Widerstand aufs Haupt geschlagen. Der Graf von Vaudemont war in groser Gefahr, wird aber von seinem Lieutenant de la Marche errettet, 6. 7. er bleibt auf Bitten des Marggr. von Baden 3 Tage auf dem Schlachtfelde stehen, 8. kommt nach beschwerlichem Marsch glücklich nach Nancy und hält seinen triumphirenden Einzug, 8. weil er bey Scheerweiler 16 Stunden lang zu Pferd gesessen, so stiftet er eine besondere Messe in der Niclaskirche, 8. die teutschen Schriftsteller machen nicht so viel Rühmens von der Lothringer Thaten bey diesem Feldzug, als die Lothringischen, sagen aber wol, daß sie mit dem Frauensvolk schändlich umgegangen, ib. es hat keine Warscheinlichkeit, daß die Aufrürer lauter Lutheraner gewesen, 8. der Herzog bleibt

in den kaiserlich- und französischen Kriegen neutral. Stößt K. Franz vor den Kopf durch die Vermählung seines Sohns Franzens mit des Kaisers Schwester Tochter Christina, Wittwe des H. Franz. Sfortia 1541, VIII, 36. sucht dadurch seinen Anspruch auf Geldern von seiner Mutter her, gültig zu machen; kriegt Versprechungen wegen seiner Belehnung vom Kaiser ohne Würkung, 36 f. wird vom K. in Frankreich wegen seiner Souverainete im Herzogtum Barr, und in mehrern Gerechtsamen angefochten, 37. er bringt seine Klagen wegen des Eingriffs des Reichs und des Cammergerichts in seine Hoheit, als Herzogs von Lothringen, wiederholter, und endlich A. 42 auf dem Reichstag zu Nürnberg so glücklich beym K. Ferdin. und den Reichsständen an, daß ein Vergleich den 26 Aug. verfasset wird, in welchem das Herzogtum Lothringen als ein freyes und unheimfälliges Herzogtum erkennet wird. Hingegen sollte der H., was er vom Reich und Kaiser zu Lehen habe, auch künftig dafür erkennen, 37. 38. wozu sich der Herzog weiter anheischig gemacht, 38. Benennung der Stücke, welche hernach die Herzoge vom Kais. und Reich zu Lehen getragen, 38. 39. Anmerkungen von den zu bezalenden

Ji 2

Cam-

Cammerzielern, und doch dabey ausgemachten Exemtion von dessen Iurisdiction, und vom Stillschweigen im Vergleich von Sitz und Stimme auf den Reichstägen, 39. ob sich und seinen Nachkommen der Herzog dadurch gerathen, daß er sein Herzogtum von der Verbindlichkeit mit dem Reiche losgemacht? 39. es starb dieser Herzog A. 44 den 14 Jun. Sein treflicher Character brachte ihm den Zunamen des Gütigen zuwege, 40. seine Gemalin Renata von Bourbon und seine Kinder, 40. theilt mit seinem Bruder Claudius ab, ib.

Anton Ulrich Herzog zu Braunschweig, Lüneburg u. Wolfenbüttel, der 2te Sohn H. Augusts und Dorotheen, Pr. von Anhalt Zerbst, geb. 1633, VIII, 26. hat Schottelium zum Lehrmeister; wird Coadiutor zu Halberstatt 1643, und nach dem westphälischen Frieden Canonicus dafür zu Strasburg, ib. verrichtet A. 50 zu Helmstädt das Amt eines Procancellarii. Seine Reisen und Vermälung mit Elisab. Juliana, Pr. von Holstein Nordburg A. 56. Seine Appanage A. 66 nach des Vatters Tod. Sein Herr Bruder Rudolph August macht ihn A. 67 erstlich zum Statthalter und A. 85 gar zum Mitregenten aus besonderer Liebe, 26. ihre einträchtige Regierung bewundert der Sultan, und wünscht sich diese 2 Brüder zu sehen, ib. sie waren beide kluge Fürsten und grose Beförderer der Gelehrsamkeit, XVI, 324. beide Herrn Brüder sahen es ungern, daß das Haus Hannover die Churwürde erhalten, und Celle und Hannover combiniret werden sollten, sie suchten solches auf alle Weise zu hindern, steckten sich hinter Frankreich, fanden beym Könige bey damaligen Coniuncturen gar leichte Gehör und monatliche Subsidien, 327. die beiden Herzoge machen in einer Convention vom 27 Oct. 1701 kund, was sie veranlasset, ihre Truppen auf 12000 Mann, zu Handhabung des westphäl. und ryswickischen Friedens, mit französischen Gelde zu vermehren, VIII, 27. darüber der erzürnte Kaiser H. Anton U. befiehlt, die Mitregierung niederzulegen, ib. H. Anton verantwortet sich gegen den Kaiser, macht seine Entschuldigung theils seiner unschuldigen Absichten, theils, warum er jetzt nicht folgen könnte, 28. der Kaiser braucht Ernst, und weil H. Rudolph seinen Bruder beybehält, so müssen die zellischen und hannöverischen Truppen einrucken, und die wolfenbüttelischen aufheben, 29. ein Vergleich wird getroffen, den aber Anton U. anfangs nicht annehmen will, sondern

dern lieber aus dem Lande weicht; doch endlich annimmt, 29. die braunschweigischen Minister hatten endlich das Mittel gefunden, dieses vestverreinte Brüderband zu trennen, XVI, 329. H. Anton U. drücket dieses durch ein Sinnbild sehr scharfsinnig aus, 329 f. er kommt A. 1704 durch seines Herrn Bruders Tod den 24 Januar. alleine zur Regierung. Verliert seine 48 Jahre gehabte Gemalin, den 4 Febr. VIII, 29. stellt A. 6 die Freundschaft mit dem Churhause Braunschweig-Lüneburg wieder her, errichtet einen Vergleich wegen der Senioratsrechte; erhält wegen Lauenburg einige Aemter. Des Cantzlers von Wendhausen, Förderers dieses Vereinigungwerks, Chronost. und Epigr. darauf, ib. erlebt A. 1707 seiner Enkelin Vermählung mit K. Carl III von Spanien, und wird A. 10 catholisch zu grosem Frolocken des Pabsts Clemens XI, 30. das von dem H. verfertigte Lied vom heiligen Abendmal: HErr, der du mich nebst andern auserschen ꝛc. 30-32. Giebt wegen seines Uebergangs zur römischen Kirche seinen Unterthanen eine Versicherung, nichts wider den westphälischen Frieden und die Gewissensfreyheit vorzunehmen, 32. stirbt A. 14, alt 81 Jahre, ib. seine sinnreiche Schaumünzen

vom Cantzler Ludwig erklärt, mit Anmerkungen, XVI, 324 f.

Anton von Padua, A. 1190 zu Lissabon geboren, ergiebt sich der Theologie zu Coimbra, wird ein Franciscaner und bekommt Lust ein Märtyrer in Africa zu werden, XVII, 276 f. eine Krankheit hält ihn ab, den Saracenen das Evangelium zu predigen. Er kommt nach Italien, und wird in der Provinz Romandiola ein Einsiedler, 277. er war ein guter Prediger und daher ungemein berühmt und beliebt; findet gros Gefallen an Padua, und findet daselbst so grosen Zulauf, daß er auf freyem Felde predigen mus, 277. die grosen Strappazen bringen ihn schon A. 1231 um; wird in die Marienkirche zu Padua begraben. Wegen der Wunder bey seinem Grabe hat ihn P. Gregor. IX schon A. 1233 unter die Heiligen gesetzt, ib. wunderbares Gesicht, so ein Burger von ihm gehabt in einer gewissen Stadt; daher Anton mit dem JEsuskindlein auf den Armen vorgestellet wird, 278. neuntägige Andacht zum heil. Anton. Gebet dabey, 278 f.

Antonii Panormitani Buch, de factis et dictis Alfonsi R. ist keine untergeschobene Frucht, XVII, 131 f. Meuschen thut dem Chytraeus Unrecht, ib.

Apollo Palatinus, XIII, 432. 434 f.
Appenzell, der Ort, dessen Lag und Eintheilung, III, 224. hat 6 catholische und 19 reformirte Gemeinden, ib. gehörte dem Abt von S. Gallen; begibt sich wegen Bedrückungen in den Schutz 1432, und wird in den Bund der Eidgenossenschaft aufgenommen, 1513. Einrichtung des Regiments, ib.

Aquila, die Hauptstadt der Provinz Abruzzo in Neapel, ist aus den Ruinen der Städte Amiterna und Forcone entstanden, und hat vom Kaif. Friedrich II Stadtrecht erhalten, XXI, 378. K. Carl I hat sie besser gebauet und bevestigt, ib. sie gelangt zu starkem Handel und Ansehen, 379. sie soll vormals viele Leute, 99 Collegia, 99 Brunnen, so viel Märkte und Thürme gehabt haben; hatte einen zalreichen Adel und viele berühmte Männer, 379. Kaif. Friedrich giebt ihr Namen, und Kennzeichen einer kaiserlichen Stadt, 380. sie wird ein Eigentum des Gr. Ludwigs von Montorio, den Pr. Alfonsus gefangen nimmt, ib. darüber die Stadt sich gegen König Ferdin. I empöret und den P. Innocent. VIII A. 1485, mit Vorbehalt ihrer Freyheiten zum Herrn annimmt, 381. Er besetzt es. Der K. läßt den Gr. Montorio frey, aber der Pabst behält die Stadt doch, ib. A. 86 kam ein Friede zu Stande, in welchem der Stadt frey stunde, sich dem P. oder K. zum Herrn anzunehmen, 382. der mit dem K. ausgesöhnte Montorio macht, daß sich die Stadt demselben völlig wieder unterwirft, 383. der P. wird vom K. hinters Licht geführt, da er nichts von den versprochenen Friedenspuncten, bey weichender Gefahr vor den Franzosen, erfüllet, 383.

Aquileia wird von Attila, der Hunnen König, A. 452 nach einer langen Belagerung erobert und zerstöret. Besonderer Umstand mit den Störchen, II, 320.

Aquino, D. Thom. von, wird nach Neapel vom K. Carl I berufen, aber auch aus Argwohn mit Gift hingerichtet, da er A. 1274 nach Lion aufs Concilium reisen wollte, XXII, 157.

Aquitanien, die Landschaft zwischen der Garonne und dem pyrenäischen Gebürge, hat Augustus erweitert. Es hat seinen Namen von den vielen Wassern, die es durchströmen, XX, 401. die Aquitanier hiessen auch Aquenses. Wie der französische Name Guienne entstanden, 402. Aquitanien gilt zu Zeiten der Römer für den dritten Theil Galliens. Doch waren die Einwohner keine Gallier, denn sie waren an Gestalt, und noch im V Jahrhundert in der Sprache von den Galliern unterterſchieden, 402 f. Hannibal hat die freyen Aquitanier am erſten bezwungen, Caſar durch den Craſſus, 403. Auguſtus machte eine Prouinciam praeſidialem daraus, und behielt ſie für ſich, ib. Kaiſ. Honorius muß Aquit. den Weſtgothen überlaſſen, 403. der fränkiſche K. Chlodovich bringt es nach beſiegtem K. Alarich unter ſeine Herrſchaft, ib. bey dem Verfall der Majeſtät der fränkiſchen Könige wählen ſich die Aquitanier den Lupus zu ihrem eignen Herzog, 670. 404. ein gleiches geſchicht mit dem Eudo, A. 714, der A. 724 vom Carl Martell überwunden ward. Ob er die Saracenen zum Einfall in Frankreich aufgehetzt? Ungewiſſe Nachricht von ſeinem Falle A. 732. Da andere ſagen, er ſey A. 728 geſtorben, worauf ſich Carl ganz Aquitaniens bemächtigt hätte, 404. Carl giebt es dem Eudo, der ſich nach Carls Tod A. 741 empöret, aber von deſſen Söhnen gebändigt wird. Sein Nachfolger Vaifar wird von Pipins Leuten A. 761 erſchlagen, ib. in der Theilung der Söhne K. Pipins bekommt K. Carl Aquit. muß mit Fürſt Hunold darum kämpfen, der endlich zu den Longobarden entflieht, und K. Deſiderius aufhetzet, aber A. 71 von den Longobarden geſteinigt wird, 404. Carl der Groſſe ernennet

ſeinen Sohn Ludwig zum K. v. Aquit. A. 81, ruft ihn A. 89 ab, und läſſt es durch Grafen und Marggrafen regieren, 405. Kaiſ. Ludwig giebt es ſeinem mittlern Sohn Pipin, ib. f. Pipin. Schlechte Sitten der Aquitanier, 407.

Arbiter maris Baltici. Streit über dieſen Titel, IX, 84-88.

Arcadiſche Academie zu Rom, deren Urſprung, XVII, 42 f. Stifter derſelben, 43. Creſcimbeni iſt erſter Cuſtos derſelben, ib. wen ſie einnehmen, und wie viel ſie jährlich Hauptverſammlungen, und wo ſie ſelbige halten wollten, ib. andere Einrichtungen, 44. ſie rechnen die Jahre nach den Olympiaden, ib. Geſetze derſelben, nach der Schreibart der römiſchen Geſetze in den 12 Tafeln, 44 f. ihre Sommerverſammlungen, 45. der K. von Portugall Johann V, läſſt ihr 1725 ein Theatrum aufführen und einräumen, ib. 3 Eigenſchaften derer, die in dieſe Geſellſchaft treten wollen, ib. die Aufnahm geſchieht auf fünferley Art, 45 f. ihr Kennzeichen und Sinnbild, 46. des Cuſtodis Siegel, ib. ihre Colonien, deren 40 angeführet werden, 46 f. ihre ſtarke Ausbreitung und Schriften davon, 48. ſie hat mit dem Tode des Creſcimbeni vieles von ihrer groſſen Achtung verloren, XXI, 76 f. wozu zweyer Cuſtodum üble

üble Aufführung vieles beygetragen, 77 f.

Arcembold, Angelus, kommt 1518 nach Schweden als päbstlicher Ablaskrämer; soll K. Christians Absichten befördern, schlägt sich aber auf die Seite des Statthalters Sture, XI, 294. eilt nach Rom, um dem Pabste wahren Bericht von der Beschaffenheit der Händel Gustavs Trolle abzustatten, 295. wird unterwegs vom erzürnten K. Christian um all seine zusammengebrachten Ablaßschätze gebracht; und muß froh seyn mit dem Leben davon gekommen zu seyn, ib.

Archidiaconus in der römischen Kirche, was er sonst zu besorgen gehabt, X, 50. wird abgeschafft, ib.

Archidux, Erzherzog, s. Oesterreich.

Arelat, wird auch das burgundische Reich genennt. Aus was für Landen selbiges bestanden? XIII, 131.

Aremberg, die Herzoge von, haben ihren Namen von der freyen Herrschaft Arburg oder Aremberg in der Eifel. Margareth, Gr. Roberts II von der Mark Tochter, bringt es Johann von Ligne, Herrn von Barbanson zu, XI B. 2. dieser Johann wird Reichsfürst u. s. Aremberg dem niederrheinischen Craiß einverleibt vom Kais. Max. II, ib. er bleibt bey Winschotten, 1568, ib. von seinen Nachkommen wird Philipp Franz von Kais. Ferdin. III in die herzogliche Würde gesetzt, 3.

Arensberg, die Grafschaft, wird von dem unbeerbten Graf Gottfried, einem Hauptfeind des Erzstifts Cöln, auf Zureden des Churf. und Administrators Conons, noch bey Lebzeiten demselben abgetretten, II, 150.

Aretinus, Petrus, aus dem florentinischen, ein unkeuscher und satyrischer Schriftsteller, III, 74. weil er niemand schonte, ward er Il Flagello de Principi genennet. Grose Herren stopften ihm das Maul durch Geschenke; darüber er scherzet, ib. Gianiacasto hielt ihn für nöthiger damals, als die Prediger, 75. Torncelli macht ihn fürchterlicher mit seiner Feder, als alle Helden, ib. muß nicht wahr seyn, weil ihn beleidigte Fürsten derb abprügeln lassen, 76. fürchtet sich vor des Pietro Strozzi Drohungen, daß er nach Venedig flieht, sich dort verbirgt und stirbt 1557, ib. XVI, 199. 200. Erdichtete Grabschrift, ib. wird fälschlich als der Verfasser des Buchs de tribus impostoribus angegeben, 77. von seinen unkeuschen Schriften, ib. seine Freude über Unflätereyen haben ihm den plötzlichen Tod gebracht, 78. untersteht sich geistliche

IV. Realregister.

ſche Schriften zu verfertigen, ib. Freher und Moreri, die geſagt, daß ihn die empfangenen Prügel hinter die Bußpſalmen getrieben, haben geirrt, 78. wie ſich der Titel *Diuus*, der ihm auf Schriften und Medaillen gegeben wird, auf ihn ſchicke? 79. iV, 429. die gröſten Maler haben ſich mit ſeiner Abbildung beſchäftigt, XVI, 194. er ſah ſich gern auf Schauſtücken, dergleichen er ſelbſt verfertigen laſſen, und ſo gar den Barbaroſſa mit beſchenket, ib. auch auf ſeine Bulerin, 195. er war nicht vermält, ſondern behalf ſich mit Huren, deren er einige in ſeinen Briefen nennt, ib. Catharina Sandella bracht ihm eine Tochter, der er ein Heyratgut erbettelt, ſie aber übel anbringt, 196. er war 1492 geb. lernte wenig, und hatte alles ſeinen eignen Einfällen zu danken, 196 f. ſin Aufenthalt zu Rom, da ihm P. Leo und Clemens VII Unterhalt gaben, 198. er muſs weichen, kommt aber durch des Giov. de Medices Recommendation wieder dahin; zieht ſich die Rache einer Köchin durch ein Sonnet auf den Hals, daß ſie ihm 5 Stiche mit einem Dolche verſetzt und eine Hand lähmt, 198. ſein letzter Aufenthalt war ſein Paradies Benedig, wo er in der S. Lucas-Kirche liegt, 199 f.

Arias Montanus, Benedict, geb. 1527, XI, 218. warum er ſich Montanum genennet, ib. warum zuweilen Hiſpalenſem, ib. wird von adelichen, aber armen Eltern erzeuget, und vom Stadtmagiſtrat zu Sevilien unterhalten; ſtudiert die Theologie auf der Univerſität Alcala, ib. legt ſich ſtark auf die Sprachen, 218 f. wird Doctor Theologiae, kommt in den Orden von St. Jacob als ein geiſtlicher Ritter, und läſt ſich zum Prieſter weyhen, 219. kommt aufs Concilium zu Trient, ib. K. Philipp ſchickt ihn nach Flandern, über die Ausgabe der antwerpiſchen Polyglotte die Aufſicht zu haben, ib. ſeine Mitarbeiter, 219 f. Einigkeit und unermüdeter Fleis ſo vieler erfahrner Männer hierinnen, 220. Beſchreibung dieſer Polyglotte, ib. er übergiebt zu Rom das Buch dem P. Gregorio XIII, der ſeinen Fleis lobt, ib. etwas aus ſeiner Anrede an den Pabſt, 210 f. der König weiſet ihm bey ſeiner Zurückkunft ein järliches Gnadengeld von 2000 Ducaten, über ſein anderes Einkommen an, 221. legt ihm den Titel ſeines Capellans bey, ib. er ziehet ſich durch den wegen des Bibelwerks erlangten Ruhm vielen Neid zu, ib. Beſchuldigungen gegen ihn, 221 f. er vertheidigt ſich in einer noch ungedruckten Schrift, 222. muſs ſich deswegen zu Rom ſtellen, ten, seine Unschuld wird aber erkannt, ib. sein Character, ib. seine Schriften, 223. sein Commentarius in Iesaiam kommt in den Indicem der verbotenen Bücher, 224. sein Todesjahr ist streitig; seine Grabschrift, ib.

Ariosto, Ludwig, ein Stern der ersten Gröse unter den welschen Dichtern, XVII, 33. seine adeliche Herkunft, 34. er solte ein Jurist werden, ib. will sich in der lateinischen Poesie an Pabst Leonis X Hofe zeigen, ib. legt sich zu Ferrara auf die Dichtkunst in seiner Muttersprache, ib. Veränderung des Hofglücks bey ihm, ib. Distichon auf sein kleines Häusgen, 35. ist sehr eifertig, woraus seine letzte Krankheit entstunde, daran er 1534 verstorben, ib. macht sich selbst eine scherzhafte Grabschrift, ib. sein Character und Gesichtsbildung, 36. Kaiser Carl V krönt ihn 1532 zu Mantua mit eigner Hand zum Poeten, ib. sein Heldengedicht Orlando furioso und dessen Verfassung, Ausgaben und Uebersetzungen werden beschrieben, 36 f. wird gelobt und getadelt, 38 f. und vertheidigt, 39 f. seine Satyren, 40. Sinnbild, seine Comödien, andere Grabschriften auf ihn, ib. siehe auch XVIII, 433.

Aristoteles, es soll eine Statue mit seinem Bildnisse ausgegraben worden seyn, XII, 282 f.

Arkel, Johann von, Bischof zu Utrecht, wird vom H. Wilhelm Gr. von Holland aus Neid angefallen, 1355; weiß aber Widerstand zu thun, IV, 53.

Armenische Kirche vereinigt sich mit der römischen, I, 77.

Arminianer und Gomaristen streiten in Holland über die bedingte ewige Gnadenwahl, V, 154. Grotii und anderer gewechselte Schriften, ib die ganze Stadt Amsterdam ist gomaristisch gesinnet, und Grotius kan nichts bey ihr ausrichten, 154 f. Pr. Moriz von Nassau wirft sich zum Haupt der Gomaristen auf, 155. die höchste obrigkeitliche Gewalt in Kirchensachen kommt hierbey auch in Streit, 155. die Arminianer wollen solche den Staaten zueignen, die Gomaristen aber schwächen oder gar vernichtigen, ib. der K. von Grosbritannien Jacob ist wider die Arminianer, aus Haß gegen den Oldenbarneveld, 155. dieser nebst Grotio und dem Syndico zu Leyden, Hoperbets, werden in Verhaft genommen, 155. s. Grotius und Oldenbarneveld.

Arnheim, die Hauptstadt in der Velau, deren Bevestigung vernachläßiget worden, muß sich an die Franzosen 1672 ergeben, X, 31.

Arnstein, eine Herrsch. an den halberstättischen Gränzen, hatte vor Alters

Alters ihren unmittelbaren Herren. Wird sächsisches Lehen 1442, kommt an Mansfeld und weiter an die Freyherren von Kniggen, 1678, V, 302.
Arskott, Philipp von Croy, H. von, läßt eine Schaumünze prägen, welche die spanische Hofpartey zum Gegenzeichen wider die Cucusen an die Hutschnur hängt, VIII, 112.
Artern, die Herrsch., drey Meilen von Eisleben, wie sie an die Grafen von Mansfeld gekommen, V, 302.
Aschaffenburg, daselbst hat Erzbischof Gerlach von Maynz in der Mitte des 14ten Saec. durch Johann v. Westmale eine Münzstätte angelegt, I, 415.
Atlas wird die Weltkugel zu tragen müde, und giebt sie dem Hercules auf die Schultern. Was unter dieser Fabel verstecket, sagt Diod. Sic. l. IV. c. 63, XXII, 370. wird auf Kaif. Carl V und seinen Sohn applicirt, 369.
Attila, der Hunnen König, wird lächerlich mit Bocksbörnern, und übrigens greßlich, falsch vorgestellet auf einer Münze, II, 313. dieses trift gar nicht mit dem Iornandes zu, der ihn zwar doch nicht zum schönsten beschreibt, 314 f. die Fabel, daß die Hunnen von den Alraunen und Waldteufeln abstammeten, mag den italienischen Erfinder zu dieser Abbildung des Attila verführet haben, 316. des Attila gute Eigenschaften werden gezeigt, 317 f. selbst Jornandes, ein Gothe, lobt ihn in manchen Stücken, 318. Attila verweißt dem Kaif. Theodosius II seine Untreue gegen ihn auf eine merkwürdige und empfindliche Weise, ib. sein Aberglauben für ein gefundenes Schwerd wird als ein Zeichen, daß er einen Kriegsgott verehret, und also eine Religion gehabt, angegeben, 319. läßt das Gedicht des Marcellus verbrennen, weil ihm derselbe göttlichen Ursprung zugeschrieben, ib. er respectirte christliche Bischöfe; ließ sich durch des heiligen Lupi und P. Leonis M. Zureden von weitern Verwüstungen in Frankreich und Italien abhalten, ib. belagert und zerstöret Aquileia im J. 452, 320. die lateinische Sprache war an seinem Hofe üblich, 317. erobert Metz 450, X, 11. was mit den Mauern und dem H. Autor dorten vorgegangen, ib.

Avalos f. Vasto.

Aventinus, Johann. Seine bayerische Jahrbücher kommen durch die Erlaubnis H. Albrechts V in Bayern A. 1554 zum Vorschein. Der Eifer dieses Schriftstellers wider die Unkeuschheit der Clerisey, und seine Unparteylichkeit und die rühmliche Freyheit seiner Feder wird an ihm 1529 durch Gefängnis zu Regenspurg belohnet, XXI, 251. f.

Auersperg, die Fürsten von, nehmen ihren Anfang mit Johann Weichard A. 1653. Er starb 1677, XI B. 3. wird im Fürstenrath introducirt, 4.

Augspurg, das Bistum zu, hat seit dem Sozimus, dem ersten Bischof im VII Saec. unter 47 Bischöfen nur 4 aus fürstlichen Häusern entsprossene Herren gehabt, XIX, 370 f. Reihe der dasigen Bischöfe vom Anfang des XVI. Saec. bis auf ietzige Zeit, IV B. §. 9.

Augspurg, die Stadt, ist iederzeit eine Mutter aller Künste und Wissenschaften gewesen, V, 2 f. die Gold- und Silberarbeiter haben ihren Ruhm vor allen andern erhöhet, 3. das schöne Rathhaus daselbst ist ein groses Meisterstück ihrer Kunst, 4. das alte ist 1449 erbauet worden; der Grund zum ietzigen ist 1615 geleget worden, 4. binnen 5 Jahren ward der ganze so grose Bau vollendet, 4. Beschreibung desselben, 4. 5. etwas von der innerlichen Verfassung desselben, 5 f. woleingerichtetes Stadtregiment daselbst, 7 f. wie heutiges Tages das Stadtregiment besetzet werde, durch den Rath, das Gericht und den grosen Rath, 8. Unterschied der Religion in dem Stadtregimente, 8. ihr Stadtzeichen

schreibt sich von den Römern her, XV, 226. sie war eine von dem röm. Kaiser Augustus angerichtete Pflanzstadt in Vindelicien, ib. man hat da einen Gränzstein wie eine Zirbelnuß gefunden, 228. vermutl. die Ursache dieser Bildung, ib. die Zirbelnuß ist das Symbolum der röm. Pflanzstadt Augusta Vindelicorum gewesen, 229. das Wort Stadtpyr wird von Pyramus hergeleitet, welches einen runden und spitzigen Gränzstein bedeutet, 230. dieses uralte Stadtzeichen hat Augspurg zu seinem Wappen angenommen, 230. ehmalige Gestalt dieses Wappens, 230 - - einige Nachricht, was dorten auf dem Reichstag 1530, nach verlesener A. Confession vorgegangen. S. Joachim I. Churf. v. Brand. - - Die Stadt muß A. 1632 bey Annäherung des König Gustav Adolphs starke bayerische Besatzung im Februar einnehmen, die gar hart wirthschaftete, X, 43. der König macht den 8 u. f. April Anstalt zur Belagerung, verlangt vom Rath die Ausschaffung der Besatzung. Antwort des Raths, d. r. die Ausschaffung für eine Sache, die über ihr Vermögen wäre, angiebt, ib. Aufforderung des bayerischen Commendantens Gr. Fuggers, 44. Wiederholtes Verlangen des Königs, und Bitte des Raths,
der

IV. Realregister.

der Garnison sichern Abzug zu gönnen. Am 10ten Apr. zieht die Garnison aus, und dagegen schwedische ein, ib. der König hört die Abgeordneten des Raths, der ganz catholisch war, mit ihren Bitten; verlangt aber auch einige Deputirte der Evangelischen; hört beide gnädig an, 45. läßt sich in keinen förmlichen Vergleich ein mit der Stadt, sondern läßt den 11 April an die, nach dem Restitutionsedict von 1631, abgesetzten 15 evangelische Rathspersonen ein Schreiben ergehen, darinn er sie sogleich zu ihren Aemtern zurück berufet und Schutz verspricht; da sie dann der Bürgerschaft des Königs Gesinnung vortragen sollten, 45 f. der König kommt den 22ten in die Stadt mit vielen Fürsten, nachdem er vorher den Graf Friedrich von Hohenloh als Statthalter hat vorstellen lassen, 46. läßt sich huldigen. Setzt wider die Bitten der Evangelischen einen ganz evangelischen Rath ein; befiehlt den Rath und Gerichte künftig nach der carolinischen Wahlordnung zu besetzen, 46. die Wahl geht den 19ten April vor sich. Mit welchen Männern die vornemsten Aemter besetzt worden, 46. 47. gnädige und eigenhändige vom König unterschriebene Versicherungsacte der Freyheiten, Schutzes, Wohls und Aufnahme der Stadt, 47. hier war den Evangelischen von ihrer Bedrückung geholfen, aber der grosen Noth der Stadt nicht abgeholfen, 47 f. die Stadt muß sich A. 35 dem kaiserlichen General Gallas unterwerfen, da sie wieder in den betrübten Zustand von A. 1631 versetzet wird, 48. die evangelische Bürgerschaft muste in Jahr und Tagen 1200000 fl. erlegen, ib. Langenmantel beschuldigt ohne allen Grund die evangelische Bürgerschaft, als ob sie den König von Schweden berufen, ib. - - Augspurg ist glücklich, daß 4 vortrefliche Männer ihre sehr merkwürdige Stadtgeschichte ausgearbeitet haben, XV, 231.

Augusta, Gemahin H. Johann Adolphs von Holstein-Gottorp, war eine Tochter K. Friedrichs II von Dännem. und Sophien von Mecklenburg, geb. 1580, vermält A. 96. Solennitäten, XX, 107. ihre 8 Kinder, 108. sie ist sonderlich besorgt, ihre Kinder in der Glaubenslehre der A. C. vest zu setzen, gab ihnen den Joh. Pincier zum Lehrmeister, den ihr Hofpr. M. Jac. Fabricius sehr lobt, 108 f. sie lebt nach ihres Gemals Tod zu Husum in Frömmigkeit bis 1699, da sie den 5 Febr. stirbt, 110 f. sie gieng, als sie vom Schloßgottesdienst, wegen des reformirten Hofpr. Cäsars, ausgeschlossen war, öfters,

ters, auch zu Fuſe, im Regenwetter von Gottorp nach dem Dom zu Schleßwig in die Kirche, ib.

Auguſtus, Octauius, läßt ſich zu Apollonia nebſt dem Agrippa vom Theogenes die Nativität ſtellen; die ſo glücklich ausfällt, daß Theogenes vor dem Auguſt auf die Knie niederfällt; der 18jährige Römer aber ſo ſehr zuverſichtlich auf ſein beſtimmtes Schickſal wird, daß er ſein Geſtirn kund machet, und eine Medaille mit dem Steinbock ſchlagen läßt, XI, 226. Meinung der Gelehrten davon, und ſonderlich Harduins Auslegung vom Steinbock auf Auguſtens Münze, 227.

Auguſt, Fürſt von Anhalt, ſ. Anhalt.

Auguſtus, Herzog zu Braunſchweig Lüneburg, wolfenbüttelliſcher Linie, erbt durch die Gütigkeit ſeines Herrn Bruders, H. Julius Ernſt zu Danneberg, das Fürſtentum Wolfenbüttel vom letzten Herzog ſeiner Linie Friedrich Ullrich A. 1635, I, 140. vorher hieß er H. zu Hitzacker, XV, 81. er läßt A. 1645 die 7 Glockenthaler ſchlagen, I, 137. die Gelegenheit dazu war die ſo ſchwer gemachte Evacuation der Veſtung Wolfenbüttel von den Kaiſerlichen, 140. conf. 134. ihre Bedeutung hat gegeben D. Joh. Valentin Andreä in einem poetiſchen Glückwunſche, 141 f. ſ. Glockenthaler. -- Dieſes preiswürdigſten Fürſtens letzte Hauptbeſchäftigung in ſeinem 7 und 8sten Jahre war die Beſorgung einer recht genauen und teutſchen Ueberſetzung der Bibel aus den Grundſprachen, XIV, 162. trägt ſolches dem Prof. der morgenländiſchen Sprachen zu Helmſtätt, Johann Saubert, auf, der es nach langer Weigerung annimmt, 162. der Herzog ſiehet alle einzelne Bogen, auch die Correcturbogen an, und ziehet andere Gottesgelehrte zu Rathe, 163. Beſchr. derſelben, u. Probe daraus, 163 f. 166. den Druck hat das 1666 erfolgte Abſterben des Herzogs unterbrochen, 165; alsdann bat Saubert, ihn damit zu verſchonen, ib. die gute Meinung des Herzogs wird ſehr getadelt, ib. was man an Saubert tadelte, 165 f. andere Erinnerungen, 167 f. dieſer H. Auguſt war A. 1579 geboren u. ſchrieb ſich den Jüngern, weil H. Auguſt ſeines Vater Heinrichs Bruders Sohn von der lüneburgiſchen Linie, der A. 68 geboren war, lebte, XV, 84. und ſich den Aeltern ſchrieb, ib. Wahlſpruch und Sinnbilder deſſelben, 82. 83.

Auguſt der Aeltere, H. zu Br. Lüneb. Biſchof zu Ratzeburg, war H. Wilhelms des jüngern zu Br. L. und der däniſchen Prinzeßin Dorotheen A. 1568 geb. Sohn. Studirt zu Wittenberg, Leipzig und

und Strasburg, reiset, dient dem K. Heinrich IV und Kaif. Rudolphen, auch den Hanseestätten als Obrister, XVIII, 212. er wird A. 1596 Coadiutor zu Ratzeburg, 211. ihm widersetzt sich H. Joh. Albrecht von Mecklenb. als er A. 1611 nach H. Carls H. v. Mecklenb. Tod Besitz vom Stifte nehmen will, 211. wie diese Händel beygelegt worden, ib. auch H. Franz von Sachsenlauenburg beschwert sich, daß er unrechtmäßig bey der Wahl wäre übergangen worden, und thut alhand Anforderung, 212. ihm fällt die lüneburgische Regierung nach seines ältern Bruders Christians Tod zu, A. 31, (33) und auch ein Stück vom Calenbergischen; nach Abgang der wolfenbüttelischen Linie überläßt ers aber seinem Br. H. Georg A. 1636, 212. tritt die Regierung seinem andern Bruder H. Friedrich ab, und stirbt e. a. den 1 Oct. 213. seine Wahlsprüche, ib. conf. XV, 84. wo L. ult. die Jahrzahl falsch ist.

August, H. von Sachsen, wird 1625 zum Coadiutor und A. 28 zum Administrator vom Erzstifte Magdeburg erwählt; womit der Kaiser nicht zufrieden ist, und seinen Sohn Leopold Wilh. zum Erzbisch. ernennt, II, 227.

August Friedrich, Pr. v. Braunschweig bleibt vor Philipsburg, 1688, VII, 402.

Avignon, die Grafschaft kommt 1266 an Carln von Anjou K. von Sicilien, XX, 319. Von seinen Nachkommen verkauft sie die Königin Johanna I A. 1348 dem P. Clemens VI für 80000 Goldgulden. Kaiser Carl IV consentiret nicht nur in diese Verauserung, sondern macht die Grafschaft zum freyen Eigentum des Pabstes, 320. VII, 150.

Austrasien. Nach K. Siegeberts III von Austrasien Tod, wird Dagobert, sein Sohn, vom Major Domus Grimoald verjagt, und sein S. Childebert zum K. von Austr. aufgeworfen, A. 656. IX, 35. die Herrlichkeit währt 7 Monate, da K. Chlodowig II v. Neustrien und Burgund sie hinrichten läßt, und K. wird, 36. stirbt aber auch noch e. a. ib. Bathilde seine Gemalin und der Mai. Dom. Erchinoald regieren über die 3 Reiche als Vormünder bis Childerich II die Regierung A. 660 antritt, ib. Childerich wird wegen harter Regierung in Neustrien ermordet, 37. und Dagobert II wird aus seinem Exilio A. 674 als K. von Austr. zurück beruffen u. erschlagen, A. 678, 38.

Auswerfen gewisser Sachen bey grosen Freudensbezeugungen und Ehrentagen ist ein alter römischer Gebrauch, VII, 394. was man sonst

sonst auszuwerfen pflegte, 394 f. die Kaiser waren noch verschwenderischer, 395 f. Kaif. Justinians Verordnung deswegen, 396. bey den teutschen Kaisern hat man das Auswerfen der Krönungsmünzen den griechischen neugekrönten Kaisern nachgethan, 396 f. älteste Nachricht vom königlichen Geldauswerfen bey Festivitäten unter den Franken, 397 f. bey der kaiserlichen Krönung zu Rom ist es auch gewöhnlich gewesen, 399 f.

Autor, der heilige, Erzbischof zu Trier, war aus fürstlichem Geschlechte in Griechenland gebürtig, X, 10. will nicht, wie sein Vater Litius mit dem Degen für die christliche Religion fechten, sondern sich der geistlichen Waffen gebrauchen, ib. verläßt sein Erbe, und geht in die Welt den christlichen Glauben auszubreiten, ib. wird Bischof zu Metz, nachdem er den göttlichen Ruf aus einem Mirakel erkennet, 11. Attila kommt A. 450 vor Metz, wo die Mauern einfallen, und alles in Flammen geräth, bis auf die St. Stephanskirche, die ein Schutzengel bewaret, 11. Autor wird gefangen, aber auch wieder mit seinem Volke losgelassen, ib. wird nach Trier als Erzbischof berufen, wohin der Attila auch kommt, aber durch ein Mirakel gehindert wird, der Stadt etwas zu Leide zu thun, 12. er war 49 Jahre Erzbischof, ruhte bis A. 875 im Kloster St. Maximins, da er vor den Normannen versteckt wird, ib. läßt seine Stimme im Grabe hören, erscheinet einer frommen Person, und verkündigt seine Versetzung nach Sachsen, 12. er erscheint auch der Marggräfin Gertrud, Eiberts, Marggrafens in Sachsen, Schwester und Erbin, und ermanet, seine Gebeine von Trier, wo sie nicht geachtet würden, in den Ort zu bringen, wo sie ein Kloster zu errichten gedächte, 12. 13. Gertraud kommt nach Trier, entführt diese heil. Gebeine aus dem Kloster St. Maximins, dessen Mönche sie nicht einholen können, ib. A. 1113 kommt sie mit ihm vor Braunschweig an den Kopfberg, da der Wagen nicht mehr gieng: daher sie dort den Grund des Egidienklosters legte. Reinhard, Bischof von Halberstadt weyhet es 1115 ein, und Autors Gebeine werden auf den Hochaltar gesetzt, 13. 14. er wird als der Schutzheilige zu Braunschweig verehret, 14. was er daselbst für Wunder gethan, und was ihm für Ehre wiederfaren, 14. 15. auf welcher Stätte ietzund diese Gebeine seit 1710 ruhen, 16. es wird manches an der Glaubwürdigkeit der Erzehlung desideriret, 15. 16.

Azow,

IV. Realregister.

Azow, die Vestung am Ausfluß des Dons in den zabachischen See, der Schlüssel zu Constantinopel von Norden her, zur Handlung treflich gelegen, von den bosphoranischen Griechen erbauet, XIX, 258. Mithridates hatte sie in seiner Gewalt, ib. zu Kais. Augusts Zeiten hat sie Polemon K. von Pontus zerstöret, ib. kommt unter verschiedener Nationen Joch. Der Czaar Wlodomir I hat sie Saec. X zum erstenmal unter rußische Gewalt gebracht, 258. A. 1237 bemächtigten sich dessen die Genueser, da hieß es Tama. Es sollen noch Nachkömmlinge vom Hause Spinola dorten leben, ib. Sultan Machmed II nimmt es ein, ib. die Cosacken erobern es A. 1637. A. 41 die Türken wieder, 259. A. 1672 wolten es die Russen weg nehmen; welches endlich dem grosen Czaar Peter I 1696 glücket, da seine Armee den 19ten Jul. den siegreichen Einzug hält, 259 - 263.

B.

Baar, die Landgrafschaft kommt an das Haus Fürstenberg zu Zeiten Kais. Rudolphs I, XIX, 124.

Baden, das marggräfliche Haus von, theilet sich in die Baden-Badenische und Durlachische Linie durch die Söhne Christophs, Bernhard und Ernsts I, 363.
- - verschiedene geistliche Herren aus demselben, I, 226. 230. 363. worunter Bernhard III, 1480 vom P. Sixtus unter die Heiligen gesetzt worden, 230 f. von diesem Hause ist noch kein vollständiger Geschichtschreiber vorhanden, I, 368. - - Streitigkeiten zwischen dem Marggraf Ernst Friedrich von Durlach, und dem bösen Eduard Marggraf von Baden und ihren Söhnen; da des letztern, mit der Barbara von Riviere erzeugte Söhne, Wilhelm und Hermann, nicht für lehensfähige Fürsten, von Durlach wollten angesehen, sondern von der Succession ausgeschlossen werden. Kais. Ferdinand spricht für Eduards Söhne, 1622, und stiftet einen völligen Vergleich wegen der Nutznießung zwischen Marggraf Friedrich von Durlach und Wilhelm von Baden, VIII, 318 - 320. wobey auch wegen der Präcedenz und des Wappens die Entscheidung getroffen wird, 320.

Baier, Johann Wilhelm, der ältere, erster Prorector zu Halle, wird gegen Ludewigs Schmähungen vertheidigt, VII, 174 f.

Baldericus, ein König in Thüringen um 550, XIV, 372 f. Nachricht von ihm und seinen zweyen Brü-

Brüdern, und der Gemalin des einen, Amelberga, ib.

Baleman, Heinrich, Bürgermeister zu Lübeck, XXII, 54 f. stammt aus den vornemsten Geschlechtern daselbst her, 54. 56. sein Lebenslauf, 54 f.

Baltasar, B. v. Breßlau, s. Promniz.

Baltasar, H. von Mecklenburg, geb. 1442, H. Heinrichs des Feisten Sohn, XVII, 99. wird als jüngster Prinz geistlich, und A. 71 Bisch. zu Hildesheim; da ihm aber von einer stärkern Partey der Dechant von Hausen entgegen gesetzt wird, 104. er wird Bischof zu Schwerin, und läße den Streit um Hildesheim fahren A. 1474. ib. giebt auch dieses Stift auf und vermält sich A. 79, stirbt ohne Erben 1507, lebt in größter Einigkeit mit seinem Bruder H. Magnus, dem er die Regierung ganz überläßt, 104.

Balzac, will lieber eine Frau mit einem Barte, als eine Gelehrte, haben, IX, 72.

Bamberg. Folge der dasigen Bischöffe vom Anfang des XVIten Saec. bis auf unsre Zeiten, IV B. S. 10. der B. von Bamberg füret die kaiserliche Krone über seinem Wappen, wegen der grosen Vorrechte und Privilegien, womit das Hochstift, Kais. Heinrich II begabet, V B. 13.

Banner, Johann, schwedischer Feldmarschall, aus einem uralt-adelichen Geschlecht entsprossen. Sein Vater Gust. Banner wurde nebst seinem Bruder A. 1600 enthauptet; seine Mutter war aus dem Hause Sture, IV, 346. sein gefährlicher Fall und omineuse Einbildung in seiner Jugend, ib. er war dem Soldatenstande von Jugend auf ergeben; kommt A. 1630 schon als General der Infanterie nach Teutschland. A. 31 warf er in der Schlacht bey Leipzig den linken kaiserlichen Flügel übern Haufen, 347. A. 34 eroberte er mit 14000 Mann Frankfurt an der Oder, ib. Arnheim ist ihm hinderlich in seinen Unternehmungen; er steht in Böhmen bis nach der nördlinger Schlacht, dann geht er nach Thüringen, 347. man sucht ihm seine Armee schwürig zu machen. Als nach dem Prager Frieden A. 35 die Sachsen die Schweden feindlich angriffen, schlug er ihren General Baudis bey Dömiz; und das folgende Jahr die Kaiserlichen unterm Hazfeld, und die Sachsen bey Witstock aufs Haupt, 348. A. 1639 m. Apr. schlug er die Kaiserlichen und Sachsen wieder bey Chemniz, und den 9 May in Böhmen den General Hofkirchen bey Brandeiß, ib. muß dem zu starken Piccolomini weichen 1640; coniungirt sich

sich mit den weimarischen, französischen und heßischen Truppen; kan wegen Uneinigkeit nichts rechtes thun, ib. hält eine Zusammenkunft mit H. Georg zu Braunschweig und andern, wobey sich manche Generale zuschanden getrunken, 348 f. sein merkwürdiges Unternehmen auf Regensburg im J. 1641 macht das Thauwetter und der Feinde Annäherung zu nichte; er retirirt sich mit groser Klugheit durch Böhmen nach Meisen; findet zu Halberstadt den 10 May sein Ende, 349. sein völliger Character aus dem Gualdo, 349 f.

Barbarigo, Augustin, Herzog von Venedig, Franzens jüngster Sohn, geb. 1419, XIX, 42. er lebt mit seinem Bruder Marcus in gröster Einigkeit; folgt ihm in der Procurators-bey St. Marcus, und 1486 in der Würde eines Doge nach, ib. sein Br. Marcus hat groses Lob verdient, 42 f. er aber wird vom Sabellicus über die Massen heraus gestrichen und gerühmt: daß Recht und Billigkeit nie zu Venedig mehr, als unter ihm geblühet, 43 f. seine Grab- und Unterschrift unter seinem Bilde auf dem Rathsaal türen seine Thaten summarisch an, als: die Endigung des rhetischen Kriegs; die Wiedereroberung der Insel Cypern und der Stadt Cremona; K. Ferdinands restitution; das den Türken abgenommene Cephalonia, 44 f. P. Alexander legt ihm in einem Schreiben, bey Uebersendung der geweyhten goldnen Rose, ungemeine Lobsprüche bey, 45. hingegen findet man beym Foresto de Bergamo ein anderes Lied, der da sagt: Augustin und sein Bruder wären unterschieden gewesen, wie Titus und Domitianus. Seine grosen Kriegsthaten verlieren ihr gutes Ansehen durch seine Ehr- und Herschsucht, Unbarmherzigkeit ɾc. 46. da er die Gewalt seiner Vorfaren überschritten, veranlasset er ein neues Gesetz, so des Doge Gewalt einschränkte, 47. nach dem Tode dieses Herzogs sind am ersten 3 Inquisitores ernennet worden, welche sein Thun und Lassen untersuchen musten, ib. Bembus darf in der Fortsetzung der Venetianischen Geschichte seiner Verdienste auf Befehl der X Männer nicht erwähnen, 47. prächtiges Ehrendenkmal der berümten Familie der Barbarigo, 47 f. Arigus Muiae herus entsetzt A. 880, mit Hülfe seiner 2 Brüder, Rodophredo und Valdriano, das, von den Saracenen belagerte, Trieste; läßt den Gefangenen die langen Barte abschneiden, und sich eine Halskette davon machen, die er beym Triumph zu Trieste umhatte. Die Leute riefen ihm lauchzend zu: Jo! Barbae Arrighi. Dieses gab Anlaß zum Namen und Wappen der Barbarigo, 48.

Barberini, Anton, Cardinal Cämmerling; dessen Lebenslauf, X, 54 f. bringt den Titel des Cardinals Padrone auf, 55. würkt beym Pabst auch den Titel Eminenz für die Cardinäle aus, 56. recht greuliche Auslegung der 3 Bienen im barberinischen Wappen, 56. sie führten Anfangs Schweismücken oder Fliegen im W. ib. Pasquinaden darauf, ib.

Barmstede, die reichsfreye Herrschaft, was sie für alte Herren gehabt, und wie sie an die von Ranzow gekommen, X, 235 f.

Baro. Verschiedene, theils lächerliche etymologien von diesem Worte oder Titel, XVIII, 203-205. er mag vom alten teutschen Wort Bar herkommen; welches in den alten Gesetzen der Salier, Allemannen rc. einen in Würden stehenden Mann, der freye Güter besessen, bedeutet, 205. findet sich eher in Historicis, als in Diplomatibus, 206.

Baronii, Cardinals, Urtheil vom Hurenregimente zu Rom Saec. X, III, 336.

Barr, das Herzogtum, will A. 1552 als eine französische Provinz angesehen und dessen Souverainität angefochten werden; dergleichen auch vorher K. Fran-

ciscus I schon gethan, VIII, 37. Vergleich deswegen, A. 1570, und genaue Erklärung der Souverainität, V, 196.

Bartholomäus, H. Victorins von Troppau Sohn, ein Soldat, plagt Breßlau A. 1502 und 12, commandirt die Kaiserl. Armee gegen die Venetianer, ersauft, VI, 404 f.

Basel, die Stadt, ist im vierten Jahrhundert, wie aus Ammiano Marcellino zu ersehen, bekannt gewesen, wobey die Römer die Burg Robur erbauet, VIII, 226. war es aber zu Zeiten des Ptolemäus, also 140 J. post Christ. Nat., noch nicht unter diesem Namen; sondern mag Augusta noua in terra Rauracorum geheisen haben, dahin Ciceronis Freund Munatius Plancus die römische Colonie gefüret, 226. 227. woher der Name Basel entstanden seyn soll? 228. die Stadt gehörte in spätern Zeiten zum Königr. Burgund; deren sich Kaif. Conrad bemächtigt, um Burgund desto leichter für das Reich zu erhalten, wie es Kaif. Heinrich II verheisen war, ib. dieser Kaiser bauete daselbst die 1019 eingeweyhete neue Domkirche, 229. die er reichlich beschenket, und den Bischof daselbst Adalbero mit dem Wildbann im Elsasse belehen, ib. es ist nicht ausgemacht, wann das Bistum von der zerstörten Stadt Raurich oder Augst nach

nach Basel verlegt ist worden, 230. Basel stund unter der Herrschaft der Bischöfe noch A. 1410. Beweise vom Stadtzeichen hergenommen, 130. die Bedrängnisse bewegen die Stadt, in die Eidgenossenschaft der Schweizer zu tretten, 1501. Unterhandlung und beym Schlusse vorgegangene Feyerlichkeiten und Verbindlichkeiten. Freyburg und Solothurn geben der Stadt Basel den Vorsitz, 231 f. von den 7 Vogteyen der Stadt, 232. die Stadt Basel wird wegen des Reuterdienstes, den sie mit den Eidgenossen dem Pabst A. 1512 mit 20000 Mann gegen Frankreich erwiesen, von demselben belohnet. Auser der überflüßig ertheilten Münzgerechtigkeit, erlaubt der Pabst, daß allezeit 6 Basler Stadtsöhne, trotz des Capitels Satzung, wenn sie Doctores wären und Erspectanzen zu Rom geholt, Domherren werden könnten ꝛc. XVI, 301 f. — die Regierungsform ist eine, mit der Aristocratie vermischte, Democratie. Der kleine Rath besteht aus 2 Bürgermeistern, 2 Obr. Zunftmeistern und 60 Rathspersonen aus den 15 Zünften, XIX, 211. weitere Eintheilung desselben, ib. der grose Rath bestehet, aufer den 64 des kleinern, noch aus 180 Mann, die die Sechser heisen, ib. grose in-

erliche Unruhe 1691 zu Basel. Es beschweren sich einige des grösern Raths A. 90 schon, daß sie bey Berathschlagungen, das gemeine Beste betreffend, ausgeschlossen würden, und über Unordnung in der Regierung. Es vermehrt sich die Unzufriedenheit nach dem Tod des Burgermeisters Burkhards, über die erfolgte Unrichtigkeit in Besetzung der Aemter, 212. D. Petri ein Mitglied des grösern Raths, ein Jurist, D. Fazio, ein Mediciner e. d. und Johann Müller ein Weißgerber, formiren mit ihren Anhängern einen Ausschuß der Bürgerschaft von 144 Personen. Ihr Begehren am Rath, und Ernennung des D. Petri zum Generalprocurator und Syndicus. Der aber dieser Würde bald verlustig wird, da er die Stadtschreibersstelle ambiren will. Fazio kommt an seine Stelle, ib. vergebliche Ermahnung der übrigen Cantons zur Vereinigung, 213. der Ausschuß dringt vielmehr noch auf die Absetzung der 29 Glieder des kl. und gr. Raths, darunter auch Petri gemeinet war, ib. Erfolg. Die Eidgenossen suchen wieder Friede zu stiften, aber ihre Gesandten gehen wieder wegen Halsstarrigkeit des Ausschusses hinweg. Es wird wegen Einrichtung der Justitz und Policey, und über den bürgerlichen Jahr-

Eid, zwischen den kl. und gr. Rath gestritten, 213. viele wenden sich zu der Eidgenossen Gesandschaft nach Baden und suchen Vermittelung. Den Lärmen vermehret die Erklärung vieler Wolgesinnter, die Obrigkeit und Mediation mit aller Macht zu vertheidigen, 214. Gewaltthätigkeiten des Ausschusses. Versuch der Gesandten in der Kirche, die durchgängige Annehmung der Mediation zu erhalten, 214. wie endlich durch eine Deputation, mit Beyrath der eidgenossischen Gesandten ein förmliches Pacifications-Instrument verfertiget worden, worinnen alle, die Policey, Oeconomie und Justizwesen betreffende Puncte abgethan waren, welches vom Facio und vielen des Ausschusses unterschrieben, ein Versöhnungseid geschworen, Gehorsam gelobet, und die Ruhe hergestellet wird, 214. 215. die Gesandten gehen den 11 Sept. wieder heim. Aber Facio wird von einigen Bürgern angeklaget und arretiret. Die Ausschüsser erregen zu seiner Befreyung einen Tumult. Moses sein Schwager läßt die Trommel rüren, und muntert die Bürger auf, die Waffen zu ergreifen, 215 f. sie finden zu starken Widerstand, schleichen sich aus einander; viele werden eingezogen. Facio wird peinlich befraget, und

nebst seinem Schwager Moses und dem Müller als Aufrürer enthauptet. Die eingedrungenen Ausschüsser werden wieder aus dem Rath gestossen; der entwichene Petri wird geächtet, wegen einer Schrift im Bildnisse gehenkt, und 400 Thaler auf seinen Kopf gesetzt, 216. - Eine schöne Auslegung des baselischen Gluckhennenthalers, XIX, 427.

Basel. Folge der Bischöfe vom Anfang des XVI Sacc. bis auf die neuern Zeiten, IV B. §. 11.

Bassenius, von Parma, Sigismunds von Malatesta Hofpoet, I, 13.

Bassi, Laura Maria Catharina, öffentliche Lehrerin der Philosophie zu Bononien, ein Wunder ihrer Zeit, IX, 66. Lämmermanns anagramma aus ihrem Namen, 66 f. ihr höfliches Dankschreiben deswegen, 67. des Nic. Ciangulo Sonnet auf sie, 67 f. sie lehnet es bescheiden ab, Nachricht von ihr zu geben, 68. Eust. Manfredi Nachricht von ihr, 69 f. sie ist 1711 zu Bologna geboren, 70. ihr Geschlecht, ib. ihre Anweisung und schneller Fortgang, 70 f. sie läßt sich vor etlichen Professoren hören, und wird dadurch bekannt, 71. und fleissig besucht, ib. disputirt öffentlich, ib. wird Doctor der Philosophie, und bekommt die Lectur derselben auf der Universität, ib. bekommt eine ansehnliche Besoldung, ohne die

die Lectionen halten zu dürfen, 71 f. Beschreibung ihrer Person, 72. sie setzet die häussliche Arbeit nicht bey Seite, ib. ein lateinisches Schreiben von ihr, worinnen sie wegen des Medaillons auf sie, und ihres in Chalcedon geschnittenen Bildnisses danket, 421 f.

Bassianus, Alexander, zween dieses Namens zu Padua, XVII, 100. der ältere ist ein Advocat, 101. der jüngere wird als ein Antiquarius gerümt, ib. hat viele lateinische Inscriptiones in seinem Hause aufgestellet, ib.

Bastarde oder natürliche Kinder groser Herren schwebten Saec. XV, vornemlich in Italien empor, IV, 79.

Bastard Hammersteter, ein Ritter in Liefland, der sich für einen Sohn eines H. von Braunschweig ausgegeben, hat besondere Händel mit dem, mit dem Tode ringenden Fähndrich Schwarze, der ihm die Fahne nicht anvertrauen will, V, 93. er geht zu den Russen, ferner zu den Dänen, zum K. Gustav, und endlich wieder zu den Russen über, 94.

Barenburg, hatte Grafen aus dem Hause Bronckhorst, kommt endlich an die Gräfin von Bentheim Isabella Justina, eine Enkelin des letzten Grafs Wilhelm Friedr. 1694, X, 2 f 4. conf. XIV, 4 f.

Bathilde, K. Chlodewichs II von Neustrien und Austrasien Wittwe, regiert während der Minderjährigkeit ihrer 3 Söhne, Chlotar. III, Childerichs II und Dietrichs III von A. 656 bis 60. alleine die fränkischen Reiche rühmlich, da sie Austrasien Childerichen überlassen. Sie geht aus Verdruß ins Closter, 665. IX, 36.

Battyan, Battiani, Christoph, Statthalter in Dalmatien, Croatien rc. springt von der Partey K. Johanns in Ungarn ab und leistet dem K. Ferdinand I grose Dienste, VI, 14. 15.

Bauern. Derselben gefährlicher Aufstand in Ungarn, den Johannes von Zapolia 1513 stillet und den Hauptanführer Georg Szekhely grausamst bestrafet, VI, 10. 11.

Bauern Auffstand in Elsaß A. 1525, worüber sie der H. von Lothringen bey Bergzabern und Scheerweiler aufs Haupt schlägt, s. H. Anton. — Bauern rotten sich im Sundgau wider die Schweden zusammen; thun wild; werden aber sonderlich im Dorfe Blotzheim scharf gezüchtigt, I, 291. wobey ein Bauer seinen Gevatersmann sehr freundschaftlich aufhenkt, ib. Marggr. Casimir von Brandenb. straft 85 Bauern ihrem Verbrechen gemäß und läßt ihnen die Augen ausstechen, V, 247.

Bauer, ein reicher, zu Niclaswalda in Nehrung, tractiret den Hochmeimeiſter Conrad von Jungingen, und ſetzt die 12 Gäſte ſtatt der Stäle auf 11 Tonnen Geldes, die 12te hatte er nicht gar voll, deswegen ſie ihm der Hochmeiſter gar füllen läßt. Iſt geizig dabey, kommt herunter, daß er bi ein muß, VI, 282 f. XI, 58.

Bauer, ein pommeriſcher, zu Lauzke, Hans Lange, nimmt ſich ſeines iungen Landesherrn H. Bogislafs X rechtſchaffen an, und hilft ihm zur Regierung, IX, 330 f. dient ihm als ein treuer Rath, und heißt ihn allezeit, als ſeinen Pflegſohn, Du! Iſt ſo uneigennützig, daß er ſich ſeine redlichen Dienſte nicht anderſt, als durch eine gute Aufwartung bey Hofe, wann er hinkam, und ſonderlich durch einen guten Trunk belohnen läßt, 332.

Bayard, ein franzöſiſcher Ritter, hält die Spanier auf einer Brücke übern Garigliano als ein anderer Horatius Cocles auf, XIII, 22. läßt die Gendarmes bey Padua nicht abſitzen, um mit den teutſchen Landsknechten zu ſtürmen. Warum? 8.

Bayern. Ob dieſelben von den alten Boyen abſtammen? IV, 358. Theodo I aus dem edelſten Geſchlechte der Agilolfinger, führt A. 508 die Boyen aus der Nariſker Land, mit Einwilligung K. Dietrichs des Oſtgothen, über die Donau in Vindelicien, und legt ein neues Herzogtum an, VI, 219 f. verläßt es A. 538 ſeinen zween Söhnen Utilo und Theodo, die unter fränkiſche Botmäſſigkeit geraten, ib. -- H. Theodo III läßt ſich taufen, 616. und legt den Grund zum Erzſtifte Salzburg, 220. H. Theodo IV baut das Emmeraner Kloſter zu Regenſpurg, ib. H. Theodo V iſt devot, ib. H. Theodo, Thaſſilonis Sohn, muß mit dem Vater ins Kloſter, 220. Bayern, das Herzogtum, kommt A. 1071 an Welfen von Eſte, den Beſitzer der Güter des welfiſchen Grafen von Altorf, dem Kaiſer Heinrich IV daſſelbe ertheilet, VIII, 167. dieſes Herzogtum wird nach H. Heinrichs des Löwen Achtserklärung A. 1180 an Gr. Otto von Wittelsbach in kleiner Geſtalt übergeben, XV, 42. wie es zu ſeiner Gröſe wieder gediehen? Otto vergröſſert es mit der Pflege Dachau und den Gütern des Gr. von Raning und Rotenburg, 42. H. Ludwig durch das Abſterben der Grafen von Sulzbach und Rietenburg A. 1185 und der Grafen von Dohburg A. 1210, da ihme Cham, Oeyer und Neumark zufällt, ib. Kaiſer Otto IV ſpricht ihm des Kaiſermörders Otto von Wittelſp. Güter und anderes mehr zu. Die Grafſch. Kirchberg fällt ihm A. 1224 heim, 43.

ſein

sein Sohn H. Otto acquiriret die Graffch. Phaley, die Herrschaft Liebenau, die Güter des Grafen von Bogen, die Grafschaft Grünbach, Wasserburg und Hall. Viel von den meranischen Gütern, 43. H. Ludwig bekommt falkensteinische und hocheburgische Lehen und einen grosen Theil von Herzog Conradins in Schwaben Hinterlassenschaft, ib. der abgestorbenen Grafen von Marburg Lehen, und verschiedener Adelicher heimfallende Güter, 43. Kais. Ludwig erbt vom letzten Grafen von Hirschberg, Kregling und Dolnstein. Mehrere Herrschaften, ib. Marggr. Ludwig von Brandenburg, zieht Vilanders Güter in Tyrol ein, ib. H. Albrecht IV. bekommt die gräflich abenspergischen Güter, 1593, 44. Albrecht V erhält die Expectanz auf die wolfsteinischen Reichslehen, 1562, ib. conf. XII, 327. wird bestätiget 1658, 213. bekommt die Graffchaft Hag 1567 nach Graf Ladislas Tod, XV, 46. - - Erbvertrag der Herzoge von Bayern, Albrechts und Wolfgangs, daß dem Primogenito die völlige Landsregierung mit Ausschliessung der jüngern Prinzen bleiben solle, IV, 367. - - Erbvereinigung mit Pfalz vom J. 1524, IV, 324. 325. die Herzoge von Bayern setzen den pfälzischen Löwen den bayerischen Wecken vor, bis sie die Chur erhalten, IV, 368. VI B. 12. 13. Ursprung der bayerischen Wecken, lautet unwarscheinlich, ib. - - Bayern kommt 1623 endlich durch die Verdienste H. Maximilians um den Kais. Ferdinand II zum Besitz der ihme von Alters her zukommenden Churwürde, XII, 18. worum es mit Pfalz lange gestritten. Bayern und Pfalz kommen 1215 unter H. Ludwig unter einen Herrn, 18. theilen sich 1294 unter Rudolph und Ludwig wieder in 2 Häuser, welche an der Churwürde Theil behalten, 19. es entsteht die Frage: Ob die Chur vom Herzogtum B. oder der Rheinpfalz ursprünglich herrüre? 19. es behauptet ersteres Bayern von dem uralt gehabten Erbtruchsessen-Amte, wovon auch desselben Erbtruchsessen-Amt beym Hochstifte Bamberg dependiret, 20. durch Beyspiele, daß die Herzoge bey allen alten Königswahlen gewesen, oder wenn sie ausgeschlossen worden, einer solchen Wahl widersprochen, 20. 21. Als sich Ludwig und Heinrich A. 1255 theilten und Ludwig die Rheinpfalz und Oberbayern und Heinrich Niederbayern bekommen, sey die Churstimme gemeinschaftlich geblieben, 21. da K. Ottocar von Böh-

Böhmen, des H. Heinrichs Stimme anficht, beſtätigt Kaiſ. Rudolph 1275 Pfalzgr. Ludw. und H. Heinrich, ihre gemeinſchaftliche Stimme wegen des Herzogtums B. 21. 22. getroffene Vereinigung zwiſchen beiden Häuſern, wegen Verwaltung der Chur, ſonderlich die beliebte Umwechslung im J. 1329 zu Pavia, 23. was ſich Pfalzgraf Rudolph II für Griffe bedienet, das herzogl. Haus B. um die Chur zu bringen, und wie Kaiſ. Carl IV 1356 dem Pfalzgrafen ſelbige völlig zu, und Bayern abgeſprochen, 23 f. Bayern hat ſich zwar ſchläfrig in Behauptung ſeines Churrechtes eine Weile bezeiget, 19. aber doch daſſelbe nicht ganz verſchlaffen, ſondern ſich zum E. 1524 in der erneuerten Erbvereinigung zwiſchen Pf. und B. den päpiſchen Vergleich beſtättigen laſſen, 24.

Bayle, Peter, ein weltberümter Gelehrter, X, 305 f. ſeine Geburt, Eltern und groſſe Fähigkeit, 306. ſtudiert ſich zweymal krank, ib. wird catholiſch, ib. es reuet ihn aber, und er wendet ſich nach 18 Monaten wieder zur reformirten Religion, 307. legt ſich auf die carteſianiſche Philoſophie, und wird verſchiedener junger Herren Gouverneur, ib. wird Profeſſor der Philoſophie zu Sedan, ib. die Univerſität daſelbſt wird aufgehoben, ib. er wird nach Roterdam beruffen als Profeſſor der Philoſophie und Hiſtorie an der neuen ſchola illuſtri, 307 f. ſein Schreiben von den Cometen, 308. ſeine Widerlegung von Maimbourgs Hiſtorie des Calviniſmi, ib. dreyfache Auflage, ib. koſtet ſeinem ältern Bruder das Leben, ib. er ſchreibt die nouvelles de la republique des lettres, ib. wird darüber in heftige Streitigkeiten bis an ſein Lebensende verwickelt, ib. die empfindlichſten Streitigkeiten mit ſeinem Collegen, Peter Jurieu, 308 f. es wird ihm ſeine Profeſſorſtelle und Beſoldung genommen, 309. er erträget dieſes Unglück, als ein chriſtlicher Weltweiſer, 310. ſchreibt an ſeinem dictionnaire hiſtorique et critique, ib. Geſchichte deſſelben, ib. mehrere Schriften von ihm, 310 f. man will ihn zu einem Staatsverbrecher machen, 311. er ſtirbt 1706, ib. Begräbnis und Vermächtnis, ib. ſein Character, 312. S. Evremonds Urtheil von ihm, ib.

Bearn, Lage und Beſchaffenheit dieſer Landſchaft VI, 371 f. von deſſen älteſten Herren, und wie es an das Haus Albret und endlich an Bearbon gekommen, 372. wann und wie die calviniſche Lehre dorten eingewurzelt, 372 f. wie es um ſeine alte Freyheit

heit und Religion gekommen und Frankreich einverleibet ist worden, 273. der König Ludwig XIII beweiset gegen die Vorstellungen der Bearner seine Gerechtsame dazu schriftlich, und führt sie A. 1620 unvermutet persönlich aus, 373 f. läßt eine Verordnung wegen der Restitution der catholischen Religion und Incorporation ergehen, und schaft die Hauptleute des Landausschusses ab, 375.

Beccelers, Ludwigs, Burgerm. in Hamburg, Lebenslauf, XVII, 328.

Becher, Joh. Joach., Lebenslauf vom D. Urban Gottfr. Bucher beschrieben, XIV, 147 f. seine Herkunft und Studieren, 148 f. seine Reisen, 149. wird catholisch, ib. Medicinae D. und Prof. zu Maynz und des Churfürsten Leibmedicus; der Graf von Fürstenberg zieht ihn nach München, ib. wird als kaiserlicher Commercien-Rath nach Wien beruffen, muß aber des Gr. von Sinzendorf Verfolgung wegen nach Holland fliehen, ib. was er in Holland angegeben und weiter in England gethan, 149. stirbt 1682 zu London, ib. Beurtheilung seiner Unternemungen, 150. will eine psychosophische Gesellschaft errichten, davon weitläufig Nachricht stehet, 150-152.

Begeri, Laurent., übles Urtheil von der lutherischen Geistlichkeit, XIII, 258.

Beichlingen, Wolfg. Dietr. Graf von, chursächsischer Minister, w rd in Reichsgrafenstand erhoben, XII, 277. fällt A. 1703 plötzlich in des Königs Ungnade und wird auf den Königstein gesetzt, XII, 274. Ursachen seiner Ungnade aus dem chursächsischen Patente, 274 f. ist den necromantischen Künsten ergeben, 274. unterschlägt dem Könige Briefe, 275. misbraucht Blanquete, ib. geht betrügerisch mit der königl. Cassa um, ib. setzt seinen Namen und Ordenszeichen hin, wo des Königs hingehöret, 275 f. setzt den Fürstenhut über sein gräflichs Wappen, 276. läßt eine Genealogie verfertigen, wo sein Geschlecht vom grosen sächsischen K. Wittekind hergeleitet wird. Falschheit derselben, 276 f. eine andere Ableitung des sächsischen Historiogr. Tenzels von seinem Geschlechte, der die Grafen von Beichlingen, vom Siegfried, Gr. von Bomeneburg und Nordheim herleitet, welchem Schurzfleisch schmeichelnd beystimmet, 277 f. lässet schlechte Sechser schlagen, 278. habe theils Jura und Lande veräussert, theils noch grose Veräusserungen vorgehabt, 278 f. habe verderblichen Künsten, köstlichem Leben, und der Begierde reich zu werden, nachgehangen; ums Geld die Justiz verkauft, 279. andere Maluersationes, ib.

ob eine Verwandschaft zwischen den Grafen von Beichlingen und den adelichen dieses Namens zu erweisen? 277.

Bekker, Balthasar, der weltberühmte Teufelsbanner, VIII, 345 f. seine Herkunft, Geburt 1634, und Studieren zu Franecker und Gröningen, 347. er legt sich eifrig auf die cartesianische Philosophie, 347. wird im 21 Jahre seines Alters ein Dorfpfarrer, und nach 10 Jahren Doctor Theologiae zu Franecker und Prediger daselbst, ib. wird in die Streitigkeiten wegen der cartesianischen Philosophie verwickelt, ib. bekommt Anfechtung über eine Erläuterung des pfälzischen Catechismi, 347 f. dieses Buch wird endlich durch ein öffentliches Decret der Staaten gänzlich verworfen und verboten, 349. er nimmt darauf eine Dorfpfarre an, und kommt ferner nach Weesp, ib. erbietet sich zur schärfsten Prüfung und wird Pastor in Amsterdam, ib. er spricht den Cometen alle fürchterliche Bedeutung und Wirkung ab, ib. den grösten Lermen macht seine bezauberte Welt, 350. Nachricht von diesem Buche und den darüber entstandenen Händeln, 350 f. er wird darüber abgesetzt, und vom heil. Abendmal gänzlich ausgeschlossen, 351. stirbt 6 Jahre darauf, 1698, ohne zu wieder-ruffen, ib. Widerlegungen, Vertheidigungen, Uebersetzungen und Auflagen dieses Buchs, 351 f. Beurtheilung Bekkers in diesem Puncte, 352. allerhand Münzen und Verse auf ihn, 365 f.

Bel, Carl Andr. M. und Prof. zu Leipzig, Controvers mit dem wolsel. Herrn Verfasser der Münzbelustigung, S. Maria K. v. Ungarn.

Bela IV, K. in Ungarn, folgt seinem Vater K. Andreas auf dem Thron 1235. Zu seiner Zeit fallen die mangalischen Tartarn in die europäischen Länder ein, XVIII, 140. er nimmt 40000 Cumaner mit ihrem K. Cuten auf. Wird darüber verdächtig bey den Ungarn. Die glauben, die Cumaner hätten die Tartarn zum Einfall gereizt, und erschlagen viele mit dem K. Cuten, ib. die Tartarn iagen ihn nach Dalmatien und ravagiren 3 Jahre in Ungarn, 141. nachdem die Tartarn vom Hals, rächet er sich an H. Friedr. II von Oesterreich, und erlegt ihn A. 1246 vor Neustadt, ib. er bringt seinem Sohn Stephan das Herzogtum Steyermark zu wegen, vergleicht sich desnegen mit Primisl. III, Ottocar von Böhmen, ib. Stephanus wird wegen harter Regierung A. 58 von den Steyermärkern verjagt, die Ottocarn als Herrn annemen, 142. im entstandenen Krieg darüber, mit Böhmen, wird K. Bela bey Chreſſenbrun aufs Haupt geſchlagen, und mus auf Steyermark Verzicht thun, ib. daraus entſteht Feindſchaft zwiſchen Vater und Sohn. Die Königin Maria verhindert die bevorſtehende Schlacht, 142. es wird der Friede A. 62 zu Presburg beſtätigt, 143. Stephan führt den Titel als K. von Ungarn und bekommt einen Theil des Reichs. Wozu er ſich anheiſchig gemacht? ib. wie er ſeine Ehrerbietigkeit gegen den Vater erwieſen? Sie herrſchen in Einigkeit bis an Bela Tod A. 1270, den 31 Jan. 144. K. Steph. hatte ſeinen beſondern Canzler und Palatinum Comitem, ib. Stephanus ſtirbt A. 72. u. ſein Sohn Ladislaus wird gecrönt e. a.

Bembo, Petr., Cardinal. Wer ſein Leben beſchrieben, III, 234. Altertum ſeines Geſchlechts zu Venedig, ib. ſein Vater war Bernardo ein groſer ICtus, 234 f. ſein Geburtsjahr 1475, 235. Erfüllung ſeines Wunſches in ſeiner Jugend, 235. und des Traumes ſeiner Mutter, ib. ſtudirt zu Meſſina, ſchreibt A. 95 ſein erſtes Buch de Aetna, tritt in geiſtlichen Stand, weil es ihm in bürgerlichen Dienſten hinderlich geht, 236. ſchr. A. 96 zu Ferrara gli Aſolani, Liebesgeſpräche,

die ſehr geachtet wurden, 237. geht A. 1506 an den Hof des H. Guido von Urbino. Dortige Bekanntſchaften. Schreibt dem H. und ſeiner Gemalin zu Ehren ein Buch ad Nicolaum Teupolum, ib. kommt nach Rom mit Giuliano de Medices, deſſen Br. P. Leo X. ihn A 1513 zum Secretarius macht. Schreibt Epp. nomine Leonis, 238. wird als Nuncius A. 14 nach Venedig geſchickt. Lebt von A. 1519 zu Padua, und vergnügt ſich an ſeiner Bibliothek, Antiquitäten und Botanik; beſitzt einen Schatz von Codicibus, 238. 239. ſchreibt Regeln der italieniſchen Sprache, 239. ſammlet die italieniſchen Poeten. Schreibt, auf Verlangen der Republik Venedig, derſelben Hiſtorie von da an, wo Sabellicus aufgehöret. Urtheil von dieſem Werke. Er ſchreibt ziemlich frey und unparteyiſch, 239 f. wird vom P. Paul III zum Cardinal 1539 gemacht; wird erſt Biſchof zu Ogolbio und dann zu Bergamo, 240. liebt und zeugt Kinder, ib. ſoll ſchlecht von den Briefen des h. Ap. Pauli und von der Unſterblichkeit der Seele und Auferſtehung ſentiret haben, ib. ſündigt in ſeinen Schriften als Poete. Stirbt 1547, ib.

Benedict III wird von der Geiſtlichkeit und den Vorſtehern des römi-

römischen Volks zum Pabst erwählt, und der Wahlbrief an Kaiſ. Lothar und Ludwigen zur Beſtätigung geſchickt, XX, 307. die Geſandten erhalten die Confirmation; ſind aber ſo boshaft, den Pabſt bey den kaiſerlichen Geſandten ſo anzuſchwärzen, daß ihn dieſe gefangen ſetzen, 308. er wird am dritten Tag aus der Verhaft befreyt, 308 f. iſt des P. Leo IV unmittelbarer Nachfolger, 310. wodurch das Mährlein von der Päbſtin Johanna gänzlich wegfällt, ib.

Benedict XIII, Pabſt, aus dem Hauß Orſini, geb. 1649, III, 186. ſeine Eltern, Erziehung, Liebe zum Dominicaner-Habit, ib. Tritt wider ſeiner Eltern Willen in dieſen Orden, davon ihn auch P. Clemens IX nicht abbringen kan, 187. P. Clemens X macht ihn 1672 zum Cardinal, welche Würde er nicht annehmen wolte, weil er ſich dabey vor der Hölle fürchtet, ib. ſeine weitern Würden und Aemter, ib. ſeine groſe Lebensgefahr zu Benevent, da der erzbiſchöfliche Palaſt durch ein Erdbeben über ihn einſtürzet, 188. wird das Haupt der Zelanten, die ſich engagirten, bey der Pabſtwahl blos das beſte des röm. Stuls zu bedenken, ib. wird A. 1724 nach einer ſehr zwiſtigen Wahl den 29 May durch 44 Stimmen erwählt, 189. ſuchet dieſe höchſte Würde fußfällig zu verbitten; Cardinal Pipia beſtelt ihm ſolche anzunehmen, ib. behält ſich die Erfüllung ſeiner Ordenspflichten bevor, ib. ſein guter Vorſatz bey ſeiner Krönung, 189. macht auch gute Anſtalten durch eine Congregation die Cleriſey zu reformiren, ſonderlich der Geiſtlichen Pracht abzuſtellen, 190. erhält vom Kaiſer Comachio. Celebriret nach der Preyh.zeyhung des Don Fabio Carraccioli ein Jubiläum, ib. hält A. 25 ein Concilium prouinc. lateranenſe XIII dictum zur Verbeſſerung des Kirchenweſens; darinnen die Bulla Unigenitus als eine Glaubens-Richtſchnur angenommen wird, 191. ſein Character, kurz: er war ein guter Prieſter und frommer Mann; aber ein ſchlechter Regent, Pabſt und Haushalter; wenig geliebt und weniger gefürchtet, 191 f. ſeine Streitigkeiten, ib. macht 28 Cardinäle, ſtirbt 1730, 2. Febr. 192. Artige Auslegung der auf ihn treffenden Worte in den Symbolis Malachiae: Miles in bello. Satyriſche Grabſchrift, daraus ſein Haß gegen die Peruken erhellet, ib.

Benedict XIV, der hochgelehrte Pabſt, giebt dennoch vor, die Lutheraner hätten das Mährlein von

von der Päbstin Johanna aufgebracht, XX, 310.

Benedictiner, dörfen ihren Ordenshabit nicht ablegen, wenn sie auch Bischöfe werden, XIII, 207.

Benoît, ein gewesener reformirter Geistlicher zu Alençon, der entronnen, und zu Delft seiner Kirche gedienet, ist der Verfasser der Histoire de l'Edit de Nantes &c. VII, 355.

Berenger I, H. v. Friaul, K. von Italien, 888, I, 97. wird 916 vom P. Johann X zum röm. Kaiser gekrönt; vom Flambert A. 924 erstochen, 98. III, 380.

Berenger II, letzter König in Italien, muß mit dem erstern, wie einige gethan, nicht confundiret werden, I, 97. war des vorhergehenden Enkel, Marggraf Adelberts von Iurea Sohn, 98. König Hugo in Italien giebt ihm seines Br. Bosonis Tochter Willa zur Gemalin, seinem Bruder Amscarn das Marggrafthum Camerin. und Spolato, ib. sie stellen sich nicht mit Hugo. Berenger entweicht nach Teutschland; kehrt bald zurück, kriegt starken Anhang, 99. bemächtigt sich der königl. Gewalt in Italien, obgleich Hugo und sein Sohn Lothar Könige heissen; Berenger belohnt seine Anhänger, 99 f. Hugo verläßt sein Reich aus Verdruß, und geht nach Vienne; und Berenger regiert mit Lotharen gemeinschaftlich, doch ohne Einigkeit, zum Nachtheil der Lombardie, 100. bis K. Lothar endlich stirbt, 950. Berenger wird nebst seinem Sohne Adalbert zum K. ausgerufen und gecrönt, 101. zerfällt sich mit Lothars Wittwe Adelheid, die seinen Sohn Adalberten nicht nehmen will. Diese ruft Kais. Otto I zu Hülfe, welcher nach langem Streit Berengern überwältiget, der sich ergeben muß, und zu Bamberg im exilio stirbt, 966, 101 = 104. Schicksal seiner Familie, 103 f. was Berenger für ein Landsmann gewesen? 104. dieser K. imitirte die fränkischen Könige, und setzet das Creutz auf seine Müntzen, 104.

Berg, die alten Herren von Berg in den Niederlanden hatten ihren Ursprung A. 1107 von Heinrich einem Sohn des Grafen Otto von Nassau oder Geldern und Zutphen, IV, 130. dessen männliche Nachkommen sterben mit Friedrich III aus, 1416, 130 f. er hinterläßt eine Erbtochter Sophia. Diese vermält sich mit Otto von der Leck aus dem Hause Wasenaer, ihre Fortpflanzung der mittlern Herrn von Berg bis auf Oswalden 1712, 131. das neue Geschlecht der Grafen von Berg fängt mit dessen Schwester Maria Clara, Fürstin von Hohenzollern Sigmaringen, Sohne, Franz Wilhelm Nicolaus an, 131. Oßwald I wird

wird in Grafenstand erhoben, 1486, vermehret seine Lande, ib. seine Nachkommen; davon Gr. Wilhelm IV 16 Kinder erzeuget, 132. der ist einer der vornemsten aufgestandenen Landesherren in den Niederlanden 1566 gegen Spanien. Er macht im Kriege Eroberungen, ib. wird von den Staaten zum Statthalter in Geldern gemacht, 133. er nimmt aber erst heimlich, nach seiner Loslassung aber öffentlich, wieder spanische Partey, ib. es war die Eifersucht, über seines Schwagers des Pr. von Oranien Ansehen, Ursache daran. Stirbt 1586, 134.

Bergamo macht sich Malatesta unterwürfig, I, 10.

Berge, Paul von, anhaltischer Canzler, stirbt aus Unvorsichtigkeit eines Apothekers, zweymal, und wird zweymal begraben, XIV, 259.

Bergstrasse, wie Churmaynz wieder zum Besitz derselben gekommen Saec. XVII, XII, 198 f.

Bergwerke, wann dieselben in Teutschland am ersten entdecket sind worden, II, 165. gegründete Zeugnisse aus dem Tacitus, 105 f. aus dem Capitulari Kais. Carls des Gr., aus K. Ludwig des Frommen Theilung unter seine Söhne, beym Baluzio, aus Ottfrieden zu Zeiten Ludwig des Frommen; daß schon Berge vor Kais. Ottonis Zeiten gebauet sind worden, 167 f. Wittekind und Dietmars Stellen von den zu Zeiten Kais. Otto des I in Sachsen erfundenen Bergwerken sind vom Harze zu verstehen, II, 163 f. merkwürdige Bergwerke; darmstättisch hessisches, Röther Gottesgabe genannt, II, 159. - - Fichtelberg ist nicht goldleer, XVIII, 78. - - Freybergisches, wird nach der Helfte des XII Saec. entdeckt X, 403. durch einen Salz-Fuhrmann von Halle, 406. Otto, der reiche Marggr. von Meissen hilft demselben durch Begnadigungen auf, wird reich dadurch, X, 406. gasteinisches im salzburgischen, I, 120. gladebachisches in Hessen, II, 158. Goldcronach im culmbachischen hat seinen Namen von der dabey gelegenen, ehemals ergiebigen, Goldgrube, XVIII, 78. - - harzische, St. Andreasberg, in welchem zuweilen weichfliessendes Silber gefunden ist worden, I, 269. St. Jacobs Zeche zum Lautenthale und andere, II, 156. 162. 163. rammelsbergisches; soll König Heinrichs des Finklers Pferd, Namens Rammel, entdeckt haben, da es glänzende Steine an einem Berge aus der Erde gescharret, davon dem Berge der Name geworden, II, 164. andere sagen, der Rammel war ein Jä-

Jägerpursch gewesen, 165. der Rammelsberg heißt der untere Harz, 191. was zum obern Harz gehöret, ib. wie sich die durchläuchtigen chur- und herzogl. braunschweigischen Häuser in die Hatzbergwerke getheilet, 163. wo eine unrichtige Eintheilung des Harzes in den Obern und Untern aus der Stelle p. 191 zu verbessern. Auf dem Obernharze wird die Entdeckung des Bergwerkes, H. Egberten II zu Braunschweig aufs Jahr 1070 zugeschrieben. Doch soll der Wildemann schon 1045 gebauet worden seyn, auf welchen erst Zellerfeld A. 1070 gefolget, 165. dieses wird widersprochen, XVII, 431 f. und die Aufkunft dieser Bergwerke erst auf die Mitte des XIII Jahrhunderts gesetzt. - - reiche Silbergrube bey Clausthalen, II, 191. H. Julius befördert das Bergwerk auf dem Harze 1570 treflich durch 3 geführte Hauptstollen, I, 396. - - harzgerodisches im anhältischen, II, 159. XIV, 298. 303. ilmenauische Sieben, im sächsischen, II, 154 f. - - Kinzinger Thal, II, 169. ein altes Document vom Alterthume der Bergwerke in den schwäbischen Gegenden, 170. - - magdeburgisches, II, 159 - - mansfeldische Bergwerke waren sonst gar erheblich, XIX, 26 f. Schieferbergwerke in denselben Landen, XVI B. 1. - - norwegische. Der Seegen GOttes genannt, II, 160. in Tilemark, XVII, 4. - - von Königsberg, und wann in den neuern Zeiten die Bergwerke angefangen worden sind gebauet zu werden, XII, 148. reichensteinisches, im frankensteinischen in Schlesien. Die Goldgrube war eigentlich auf dem Eselsberge, XVII, 112. XX, 146 f. reichmannsdorfisches, bey Reichmannsdorf, so den Namen und Anbau vom Reichtum des Bergw. erhalten, im saalfeldischen, eine sehr reiche Goldgrube, dann die Bauern wurden davon so reich, daß sie an ihrer Kirchweyh an Pfingsten mit goldnen Kugeln kegelten. Hört auf ergiebig zu seyn, durch Verwünschung oder Verzäuberung einer alten Frau, deren Sohn Goldkörner fressen, und ihr auf eine natürliche Art wieder geben muste, darüber er gehenkt wurde, III, 34 f. Rheinpfalz, in derselben fanden sich im medio aevo auch ergiebige Gold- und Silbergruben, III, 203. sonderl. bey Heidelberg, Sacc. XIII, ib. saalfeldische, II, 192. schlesisches, der goldne Esel, s. oben Reichenstein, und IX, 214. schneebergische reiche Silbergruben, III B. §. 19. wie viel die

282   IV. Realregister.

Herzoge von Sachsen in 30 Jahren nur am Zehenden davon gezogen, ib. schwarzburgisches im Goldsthal ohnweit dem Dorfe Kolitsch, XVI, 274. - - Schottland hatte zu K. Jacobs des IV u. Vten Zeiten beträchtliche Goldgruben in der Provinz Clydsdale zu Crawford-Moor, XX, 387. - - stollbergisches, II, 192. - - im Sundgau ohnweit Urbiß waren vor Alters im St. Amarinen-Thal reiche Silber- und Kupfergruben, XVI, 19 - - villmarisches im Trierischen, II, 154. ungarische Bergwerke, wo man gute Nachricht von denselben antrift, XX, 18. ysenburgische zu Huttenberg und Heyler, VII, 165.

Bergwerks-Gerechtigkeit, ertheilet Kaif. Friedrich II, also lange vor der goldnen Bulle Kaif. Carls IV, dem Pfalzgraf Ludwig 1219, III, 203 f. - - daher genommener Beweiß gegen des Canzler Ludwigs Meinung, daß die Landesherren vermög ihrer Landeshoheit, und nicht ex privilegiis Imperatorum, die Bergwerke in ihren Landen gehabt hätten, 204. Ludwigs Ausflucht, daß der Ober- und Niederrhein, wo die Pfalzgrafschaft gelegen, keinen Herzog gehabt, folglich dem Kaiser die Landeshoheit darinnen zugekommen, ib. wird noch auf eine andere Art gehoben: nemlich daß Kaif. Friedrich II dem Pfalzgr. Ludwig dieses Privilegium nicht sowol als Pfalzgrafen, sondern als Herzogen von Bayern ertheilet, 205, 107. Kaif. Friedr. II ertheilt dergleichen dem Bischof Berthold von Brixen, 1238, V, 367. - - Kaif. Carl IV dem Burggr. Friedrich V, 1363, da im Hulde-Brief steht: non obstante lege imperiali - quod nulli liceat montanorum uel minerae- habere dominium, nisi principibus Electoribus, XVIII, 77. - - Kaif. Friedr. II, A. 1215, Kaif. Ludwig 1323, Kaif. Carl IV und Kaif. Sigismund belehnen die Grafen von Mansfeld mit der Bergwerkgerechtigkeit, XVI B. 1. müssen dieselben nach einem Vergleich v. 1484 vom Churfürsten zu Sachsen zu Lehen empfangen, ib.

Berlin. Daselbst wird die königlich preußische Societät der Wissenschaften vom ersten K. in Pr. Friedrich errichtet, und der Stiftungsbrief 1700 unterzeichnet, XV, 387. Extract der darinnen enthaltenen Verordnungen, ib. die Verbesserung der teutschen Sprache wird noch besonders mit eingerückt, ib. der K. wird ihr Protector, und seine Residenz Berlin ihr Hauptsitz, ib. Einkünfte derselben, 388. Leibnitz wird

wird das erste Oberhaupt derselben, 388. es wird ein Haus mit einem Observatorio für sie zu erbauen angefangen, ib. Hindernisse dieses Unternehmens, ib, erster Tomus Miscellaneorum derselben, ib. neue königliche Verordnung 1710 zu ihrer beständigen Einrichtung und Verfassung, 388 f. vier Classen der zu Berlin anwesenden Glieder, 390. erste Directores einer ieden derselben, ib. solenne Einführung der Societät, 1711, ib. Siegel, Gedichte bey dieser Gelegenheit, 390 f. Bern, im Uchtlande in der Schweiz, hat H. Berthold V von Zähringen 1191 erbauet, I, 377. bekommt seinen Namen von einem Bären, der beym Holzfüllen aufgesprungen, 378. Kaif. Heinrich giebt ihr das Stadtrecht und H. Berthold vereinigt sie auf ewig mit Freyburg, ib. kommt ans Reich 1218. Kaif. Friedrich II vermehrt ihr ihre Freyheiten; giebt ihr Gr. Otto von Ravensburg zum Reichsvogt, und entledigt sie der Landvögte, 1223, 378. sie darf ihre Gerichte und Aemter selbst besetzen. Walther Wädischwyl wird ihr erster Schultheiß, ib. der Kaiser vereinigte hernach die Reichsvogtey mit dem Schultheissenamte, XXI, 253. Bern nimmt bey den Händeln und Brückenstreitigkeit mit Gr. Werner von Kyburg, Graf Peter von Savoyen zum Schutzherrn an; kommt von dieser Verbindlichkeit durch einen Reuterdienst gegen Burgund wieder los und ans Reich, I, 378 f. XXI, 253. A. 1288 ward Kaif. Rudolph wegen Austreibung der Juden bös auf die Stadt, belagert sie zweymal, und sein Sohn das drittemal im folgenden Jahre. Die Aussöhnung geschieht A. 90. XXI, 254. die Stadt macht wegen Oesterreich A. 95 einen Bund mit Amadaeo IV von Savoyen auf 10 Jahre; schlägt Gr. Ludwig, dessen Bruder, den Freyburg aufgehetzet, ib. sie vergrössert ihr Gebiet, ib. weil sie Kaif. Ludwig wegen des päbstlichen Bannes nicht erkennen will, so frischet derselbe ihre Widerwärtigen A. 1336 zu einem Bund an, dieselbe mit Gewalt zu zwingen; Laupen und Thun heraus, und dem Kaif. 300 Mark Silbers Strafe zu geben, auch niemanden weiter Schutz und Burgerrecht angedeyhen zu lassen, 254. die Alliirten bringen ein Heer von 30000 Mann unterm Gr. von Nidau zusammen; belagern Laupen, worinnen 600 Berner unter tapferer Männer Anfürung sagen, ib. die Stadt bringt mit Hülfe Solothurns, Ury, Schwiz und Unterwaldens 3000 Mann zusammen, die der Gr. von Erlach commandirte,

Nn 2   255.

255. dieſer eilt gegen den Feind, ſchlägt deſſen Fußvolk, kommt den Hülfsvölkern der Wahlſtätte, die mit den Reißigen kämpften, zu Hülfe, entſetzt Laupen glücklich, und erlegt 4000 Feinde, dabey er nur 22 Mann verliert. Unter den erſchlagenen war der Graf von Nidau, von Savoyen und Valendiß, 255. dieſer Sieg giebt zu einem Sprüchlein Anlaß, 248. mit der Stadt Freyburg wird durch Vermittelung Agnes, Kaiſ. Albrechts T. und verwittibten Königin von Ungarn 1341, wie auch mit dem jungen Grafen von Nidau, Friede. Bern vereinigt ſich auch mit Solothurn und der Stadt Biel, 255. die Stadt kommt mit Unterwalden, wegen des, den Probſten von Interluchen, und Rinkenberg, geleiſteten Beyſtandes in Händel. Die gute Entſcheidung für Bern der Eidgenoſſen, giebt Anlaß, daß die Stadt A. 1353 in die Eidgenoſſenſchaft tritt. Bedingniſſe dabey, 255 und 256. Sie erhält die zwote Stelle gleich nach Zürch unter den damals verbundenen 8 ſogenannten alten Orten, 256. - - Verzeichnis von 32 Landvogteyen, Aemtern, Caſtellaneyen, Vogteyen, Städten und Oertern des Canton Berns nach Anleitung der auf dem Thaler, XXI, 241. befindlichen Wäpplein, nebſt anhängten hiſtoriſchen Umſtänden, wie ſie an die Stadt gekommen, 242 - 248. die Namen ſind: Wangen, Aarwangen, 242. Erlach, Signau, ein unbenanntes Ort, Murten, 243. Granſon, Orben, 244. Coſtelen, Landshut, Schenkenberg, Trachſelwald, Burgdorf, Wiedlisbach, 245. Zofingen, Arau, Brügg, Lenzburg, Eſche, wieder ein unbenanntes, Aarberg, 246. Büren, Huttwyl, Arburg, Interlapen, Unterſeen, 247. Nidau, Haßli, nieder und ober Simmenthal, Frutingen, Laupen oder Loupen 248. Auſſer dieſen 32 findet man noch 32 andere Wäpplein von berniſchen Appertinentien angeführet, 252 f. wie Scheuchzer in ſeinere alpino das Berner Gebirte auf eine andere Art beſchreibet, 250-252. - - A. 1528 geht die Religions-Veränderung dorten vor, I, 379 - - Einrichtung des Stadtregiments, 379 - 382. Eintheilung der Bürgerſchaft, des Gebietes, und wie die Landvogteyen vergeben werden, I, 382. 383. - - der ſogenannte äuſere Stand zu Bern iſt die Pflanzſchule, in welcher junge anſehnliche Leute zur Kriegs- und Regierungskunſt rechtſchaffen angewieſen werden, IX, 194 f. iſt alten Urſprungs und ſchon A. 1556 in groſem Anſehen geweſen, 195. H. Berthold

hold V von Zähringen soll selbst der Stifter gewesen seyn, 196. doch andere setzen den Ursprung in die Zeiten H. Carls des kühnen von Burg. Da es so gefährlich mit den Cantons ausgesehen, 196 f. bis aufs Jahr 1684 war der Bedacht des äusern Standes mehr auf das militare; von der Zeit an aber mehr auf die Erlernung der Regierungskunst gerichtet, 197. weitere Beschreibung der Einrichtung, des Hauptes, des Wachsthums, der Aufzüge, Aemter, Beschäftigungen und Finanzen, und dessen Verfalls bis aufs Jahr 1684, 197=200. bey Ergänzung des grösern Raths merken die Herren von Bern, daß es an tüchtigen jungen Leuten fehle, und sie keine Begriffe von Regierungssachen hätten, IX, 206. dieses aber wird dem nicht besuchten äusern Stande zugeschrieben, ib. daher suchte man d. Anno demselben wieder aufzuhelfen, und denen, die ihn besuchen würden, Vortheile zu gönnen, ib. es wird A. 87 durch die Sorge des damaligen Schultheisen von Grosenried ein neues Gesetzbuch verfertiget, das rothe Buch genannt, 206. die Haupteintheilung der Versammlung des äusern Standes ist in den Rath, Räthe und Bürger. Weitere Erläuterung davon, 207. 208. 216.

Bernhard, ein S. Marggraf Christophs und Ottilien von Catzenellenbogen, geb. 1474, der Stammvatter des Marggräflich Badenbadenischen Hauses, lebt sehr einträchtig mit seinem Bruder Marggr. Ernst, welches die Müntze I, 361 anzeiget. Er war Statthalter in Luxenburg, I, 363. ein guter Haushalter, eifrig Evangelisch, stirbt 1537, 364. vermält sich erst im 61sten Jahr seines Alters mit Francisca Gr. von Luxenburg, erzeugt 2 Söhne, 364.

Bernhard, Herzog von Sachsen, führt den Titel eines Grafen von Anhalt bis aufs Jahr 1180, da Kais. Friedrich II, H. Heinrich den Löwen geächtet und jenem das Herzogtum Sachsen zugesprochen hat, da er gleich den herzoglichen Titel angenommen, X, 205. Untersuchung: Ob Bernhard das ganze Herzogtum Sachsen, oder nur einen Theil davon bekommen habe? da das letztere mit guten Gründen behauptet wird, 205. 206. wie also sein angenommener Titel von Sachsen zu verstehen? 207. was Bernhard wirklich vom Herzogtum S. besessen, ist Angaria, dazu auch Bremen gehöret, gewesen, 207 f. woselbst er noch A. 1211 den Erzbischof Waldemar eingewiesen, 208. nicht das nachher sogenannte Herzogtum Lauen-

Lauenburg, und eben so wenig der jetzt sogenannte sächsische Chur-Creis, den Bernhard unter einem andern Titel bekommen, war unter seinem Herzogtum begriffen, womit ihn der Kaiſ. belehnet, 208.

Bernhard, der Groſe, H. von Weimar, bekommt A. 1633 auf Befehl der Königin Chriſtina v. Schw. das aus den Biſtümern Würzburg und Bamberg zuſammen geſchlagene neuerrichtete Herzogtum Franken, IV, 330. wird auch im Julius vom ſchwediſchen Geſandten Gr. Chriſtoph Carl von Brandenſtein in der Stadt Würzburg ſolenniter in ſein Herzogtum eingewieſen, 331. ob der Herzog ſolches abgetrotzet? ib. in dem dabey geſchloſſenen Bündniſſe, wird ihm verſprochen: daß ihn die Crone Schweden dabey ſchützen und im Frieden ſicher ſtellen, auch nach dem Kriege ihm im Fall der Noth mit 5000 Mann beyſtehen wolle, 331. hingegen ſollte der Herzog von Schweden dependiren und dieſer Krone gegen alle Feinde, nur das teutſche Reich ausgenommen, mit Truppen beyſtehen, ib. ſeine Erben ſollen binnen Jahr und Tagen dieſen Bund erneuern, ib. verliert dieſes neue Herzogtum durch die nördlinger Schlacht, 332. Puſendorf iſt ſparſam mit dem Lobe dieſes Fürſtens; aber der Italiener Galeazzo Gualdo erhebt ihn als ein Ausländer, deſto mehr, und unparteyiſcher, 333 f. ſeine zu hitzige Lebhaftigkeit wird nur an ihm getadelt, 336. er eroberte, nach andern Thaten, Breyſach A. 1638, ſ. Breyſach; ſchlägt die angetragene Heyrath mit des Card. Richelieu Verwandtin, der Herzogin von Eguillon aus, weil ſie dem edlen ſächſiſchen Blute nicht gemäß wäre; welches den Cardinal ſehr verdroſſen, X. B. 5. er lebte nur 36 Jahre, IV, 336.

Bernhard Chriſtoph von Galen, Biſchof zu Münſter, baut zu Edsfeld ein veſtes Schloß, Ludgersburg, zum Verdruß der Bürger, 1655, V, 219. ehrt das dortige Creutz, und giebt eine nöthige Anweiſung bey Verehrung der Bilder, 220 f. ſucht vergeblich Sitz und Stimme, wegen des Burggrafthums Stromberg, auf dem Reichstage, 221 f. bemächtigt ſich zweymal der Herrſchaft Borkelo, muß ſie aber A. 66 u. 74 wieder herausgegeben, 222. ſeine Grabſchrift, ſo den Hauptinhalt ſeines Lebens begreift, 223 f. ein Utrechter will ihn zum Antichriſt machen aus Apocal. XIII, v. 18, 224. er läßt ſich in Bündniß mit Frankreich wider die vereinigte Niederlande ein. Vorwand zu ſeinem Bruch mit der Republik, X, 260.

X, 260. Einbruch mit den vereinigten Churcölnischen Truppen in die Provinzen, 261. er erwirbt sich wenig Ruhm in der Belagerung von Gröningen, X, 179-184. mehrere Kriegsmerkwürdigkeiten von diesem Bischof im niederländischen Kriege, 195 f. er will A. 78 sich mit Gewalt zum Abt von Fulda machen. Pabst und Kaiser befehlen ihm, seine Reuter heimzuführen, XIV, 242. er rühmte sich 10000 Mann ins Feld füren zu können. Der Beichtvater sagte darauf: wie viel Seelen in Himmel? XI, 120.

Bernhard Gustav, Marggr. zu Baden Durlach, Abt zu Fulda, geboren 1631. hatte K. Gustav Adolph zum Taufpathen; dient in verschiedenen Kriegen, I, 226. wird catholisch und publicirt seine Glaubensmotiven; lobt das Klosterleben, 227 f. wird Abt zu Fulda und Kempten, A. 1673; das Jahr vorher auf Kais. Leopolds Ernennung vom P. Innocent. XI zum Cardinal gemacht, 228. sein Tod und seine Bußgedanken, 229.

Bernhardinus von Siena, Stifter des Ordens der mindern Brüder, stiftet alleine in Italien 300 Klöster, die auf 5000 anwachsen; stirbt 1443. ist zu Aquila begraben, und 1450 zum Heiligen erkläret worden, XXI, 380.

Bernini, Johann Lorenz, Ritter, Baumeister und Bildhauer in Rom, IX, 289 f. seine Geburt, Erziehung und erste Kunstwerke, 290. was er für Pabst Vrbanum VIII gearbeitet, 291 f. er errichtet diesem Pabste ein prächtiges Grabmal, 294. was er für den Pabst Innocentium XI gearbeitet, 294. und unter Pabst Alexandro VII, 294 f. was er nach England und Frankreich geliefert, 296. eines seiner grösten Kunststücke, ib. er ist neidisch gegen andere Künstler, ib. und wird einmal bey solcher Gelegenheit abgeführt, ib. der Pabst setzet ihn in den Ritterstand, er lebt in vieler Hochachtung, wird reich und stirbt 1680 zu Rom, ib.

Bernold, B. zu Utrecht, soll A. 1040 Gröningen vom Kais. Heinrich III geschenkt bekommen haben. Wie weit sich diese Donatio erstrecket, XXII, 122 f.

Berthold, Erzbischof und Churf. zu Maynz, Georgs I, Graf von Henneberg römhildischer Linie, Sohn, geb. 1442, XV, 58. wird A. 84 wegen seines untadelhaften Wandels zum Erzbischof erwählt, 59. empfängt A. 86 zu Frankfurt die Belehnung vom Kaiser, wo er die röm. Königswahl Maximiliani förderte, und den neuen K. nach Aachen und Rensee begleitete, 59. der verwirrte Zustand

Teutsch-

Teutſchlands hindert manchen guten Anſchlag und Bemühungen dieſes treflichen Fürſten, ib. zieht ſich Kaiſ. Maximil. I Ungnade auf den Hals, da er manche Zuſammenkunſt der Churfürſten, zu Beſorgung der Reichs-Wolfart, veranſtaltet, da ihm Max. Schuld gab, er hindere, daß nichts erwünſchtes auf den Reichstägen zu Stande käme, 60. er weiß ſich zu rechtfertigen, widerräth den bayeriſchen Krieg, und nimmt keinen Antheil daran, ib. die Beſchwerden der teutſchen Nation wider den röm. Hof giengen ihm nahe. Er fördert das beſte ſeines Erzſtifts und erhält ein Dipl. 1486 von Kaiſ. Max., die Unterwürfigkeit der Stadt Maynz anlangend, 60. Lobsprüche von ihm, 61. er ſtirbt 1504 an den Franzoſen, ib. welche Krankheit damal als eine Seuche graſſirte, und die ſich der Erzbiſchof nicht durch Ausſchweifung zugezogen, 62. 64.

Berthold, Marggr. von Hochberg, demüthigt ſich, als Vormund des jungen K. Conrads von Sicilien, gegen den P. Innocent. IV, III, 404.

Bethlen Gabor, ſ. Gabriel Bethlen.

Bethlen, Graf Wolfgangs von, ſiebenbürgiſchen Hofcanzlers, Libri X hiſtoriarum Pannonico-Dacicarum, von der Schlacht bey Mohats 1526 bis an den Schluß des Jahrhunderts. Fata dieſes vortreflichen Buchs; wann und wie es zum Vorſchein gekommen, IX, 116.

Betrügerin, eine ſehr verwegene, giebt ſich für die verſtoſſene Gemalin K. Heinrichs VIII von Engl., die Anna von Cleve, aus; nimmt H. Joh. Friedr. von Gotha ein, daß er ihren Verſprechungen und Lügen glaubt, XII, 164 f. Nach allerhand Vorgeben entdeckt ſichs, daß ſie dieſer Königin Gürtelmagd geweſen, die ihr Siegel und andere Kleinode nach ihrem Tode entwendet, 166. gelinde Strafe, 167. ob dieſer Betrug den ſonſt accuraten Thuanus zu einer falſchen Erzehlung verleitet? 163. 167.

Beuningen, von, holländiſcher Staatsminiſter und Geſandter in Frankreich, ſoll eine ſatyriſche Münze wider Frankreich erſunden haben, IX, 380.

Biben, eine Stadt und Bistum in Crain, von ſchlechter Wichtigkeit. Die Geiſtlichen ſind dort ſo arm, daß ſie Nachmittags durch Handarbeit ihr Brod verdienen müſſen. Der Wein ſoll aber dorten ſehr gut ſeyn, weil die Geiſtlichen ſelbſt eigentlich im Weinberg arbeiten, IV, 198. das Präſentationsrecht der Biſchöfe hat das Erzhaus dem Für-

IV. Realregister.

Fürsten von Auersberg überlassen, ib.

Bibliotheken, Stiftung der, bringt grossen Herren Ehre und der Welt Nutzen, X, 356 f.

Bildhausen, ein Kloster Cistercienser-Ordens an der Saale in Francken wird 1156 angelegt, VIII, 100.

Bildsäulen, so die Römer ihren vortreflichen Juristen aufgerichtet, XVII, 410 f. XXII, 50 f. und andern verdienten Männern, XXII, 51. darinnen ahmeten sie den Griechen nach, ib. Absicht davon, 51 f. in der freyen Republick kam es auf Erkenntnis des Raths an, ob einem eine Statue aufgerichtet werden solte, 52 f. unter den Kaisern wars eine kaiserliche Gnadenbezeugung, 53. Caligula und Claudius verboten sie, ib. bescheidene und demütige Leute sahen die Eitelkeit und Vergänglichkeit derselben ein, ib.

Bingen war vormals eine maynzische Münzstätte, I, 409. 415.

Biörn, K. in Schweden fördert die Pflanzung des Christentums in seinem Reiche, s. Ansgar.

Bisanz, eine gewesene Reichsstadt, wird zur Befriedigung Spaniens vom Kaiser dieser Krone abgetreten, um die Räumung Frankenthals zu bewürken, 1651, XV, 339. des Kaisers Uebergabsbrief und der Churfürsten Einwilligung, ib. das Reich schwälft zwar darüber, läßt sichs aber doch gefallen, weil die Stadt selbst nicht entgegen war, Spaniens Herrschaft zu erkennen, 340. doch wird dem Erzbischof von Bisanz seine freye Reichsstandschaft, und der Stadt, so viel als mit des Königs Oberherrschaft bestehend war, von Rechten und alten Freyheiten vorbehalten, ib. Erklärung des reichsstädtischen Collegii darüber, und Einwilligung des ganzen Reichs, 1654, 341. vermutlich hat der K. von Spanien dieser Stadt wegen gutwilliger Trennung vom Reiche, den Titel einer Reichsstadt fortgelassen, daher sie sich 1660 noch Ciuitatem Imp. auf einem Thaler 337 genennet, 341. vor Alters hielt Bisanz steif und veste beym Reiche, und ließ sich weder durch Lockung noch Gewalt abreissen, worüber sie von manchem Kaiser Lobsprüche erhalten, 341 f. Ihr Ansehen bey den alten Kaisern, 342. Kais. Carl IV läßt untersuchen, was für Vorrechte den römischen Königen, und was für Gerechtsame der Stadt zukämen, 343. das schwarze Thor zu Bisanz soll vormals ein Triumphbogen Kaiser Aurelians gewesen seyn, wegen seines Siegs über die Zenobia, 344.

Bischöfe sollen nicht kriegerisch seyn. Die teutschen Bischöfe füren das Schwerd, nebst dem Hirtenstabe,

Oo wegen

wegen der landesherrlichen Hoheit, die sie von den Kaisern erlanget, XI, 119. misbrauchen es oft, ib. - - ein Bischof soll nur ein Bistum unter diesem Namen regieren. Der päbstliche Stul geht davon ab, und maßt sich mehr, als ihm dießfalls in den Concordatis zukommt, an. Das erste Exempel in Teutschland soll gewesen seyn, daß der Pabst Erichen von Braunschw. Lüneb. A. 1508 und 9 in 2 Bistümern als Bischofen bestätiget, XVII, 11. 12. Bischöfe, so nicht fürstlicher Geburt sind, haben weder das Prädicat Durchlaucht, noch füren sie den Fürstenhut über ihren Wappen, V B. 12 - - sie haben nicht Ursache, ihre Insel mit dem Fürstenhute zu vertauschen, weil ihnen dieselbe den Rang vor den weltlichen Fürsten giebt, ib. - - Kais. Friedrich I macht den Bischof von Chur A. 1170 zu einem Fürsten, XIII, 71. ob ein Bischof das Reichs-Vice-Canzler-Amt begleiten könne? wird behauptet, XVIII, 283 f. - - Frau Bischöfin, Episcopia, findet man in Urkunden des VIIden Saec., XIII, 69.

Bischofszell, das Benedictiner-Kloster stiftet B. Salomo von Constanz Saec. IX, XI, 284.

Blanca, Gemalin K. Peters des Grausamen in Castilien, hat ein unglückliches Schicksal, VI, 51. 52. 55.

Blanca Maria, wird Kais. Maximilians Gemalin 1494 den 16 Merz, IV, 75. ihre Eltern, 74. sie wird schon A. 74 an Herz. Philibert von Savoyen versprochen, der A. 82 als Bräutigam stirbt, ib. wird dem Johann Corvinus, K. Matthias in Ungarn natürlichen Sohn, versprochen, aber weil er nicht König wird, ihme nicht gegeben, ib. K. Jacob IV in Schottland kriegt von ihr einen Korb, ib. H. Ludwig Maria v. Mayland bietet sie dem Kais. Maximil. mit einer grosen Mitgift an, ib. ihre Lobsprüche und Vorzüge, 75. 76. von der Ungleichheit ihres Stammes mit Maximilians, die viel Aufsehens machte, 77. 79. sie stirbt 1510, den 10 Dec. Ihre Begräbnisrede, 79. 80.

Blarer, von Wartensee, eine uralt adeliche Familie in Schwaben IV, 218. Egolph Blarer, Abt und Fürst zu St. Gallen 1425, ib. Diethelm Blarer e. d. Abt 1539, ib. Ludwig Blarer Abt zu Einsiedel 1526, ib. Gerwich Blarer Abt zu Weingarten 1520, und Reichs-Prälat zu Ochsenhausen 1557, ib. Joh. Jac. Blarer, wird Probst zu Elwangen 1621, IV, 218. die Schweden machen ihm den Sitz unruhig, 219. er bauet die St.
Lo-

Loretten-Capelle bey Elwangen. War einer der ersten in Teutschland, der das Fest der immaculatae Concept. B. V. 1630 eingeführt, ib. stirbt 1654. - - Die Blaarer von Giersperg sind vermutlich von einer anderen Familie, XVI, 160.

Blaurer (Blarer), Ambrosius, ein berühmter Gottesgelehrter, XXI, 81 f. wird aus einer ansehnlichen Familie zu Constanz 1495 geb. 82. der Rath will ihn vom Klosterleben abhalten, 82 f. er geht aber doch ins würtembergische Benedictiner-Kloster Alberspach, 83. muß bald wider seinen Willen Prior werden, ib. läßt sich dieses mühsame Amt bald wieder abnehmen, ib. kommt wegen der lutherischen Lehre in Verdruß und gehet 1522 ohne Abschied aus dem Kloster in seine Heimath, ib. der Abt fordert ihn zurück, er aber giebt eine Schutzschrift ein, 83 f. Correspondenz darüber mit Oecolampadio, 84 f. er wird 1525 Prediger in Constanz, 85. seine Streitigkeit mit dem Prediger Mönche Pirata, ib. D. Eck will Blaurers und aller constanzischen Prediger Künste in einer Morgensuppe fressen, 86. nach verschiedenen Versuchen eines Gespräches mit den Gegnern wird 1527 eine Unterredung zwischen den Constanzer und bischöflichen Geistlichen angeordnet, 86. warum nichts zu Stande gekommen, 87. Blaurer wohnt der Disputation zu Bern bey, und wird sonst zur Einrichtung des Kirchenwesens gebraucht, 87. was ihm bey solcher Gelegenheit in Stutgard begegnet, 87 f. er kommt nach Augspurg, muß aber von dar weichen, und geht in seine Vaterstadt, wo er bis 1548 bleibt, da sie um ihre Freyheit kam, 88. seine übrigen Bedienungen und 1564 zu Winterthur erfolgter Tod, ib.

Blitz, oder Wetterstral. Beyspiele von dessen wunderbaren Würkungen, XIV, 117 f.

Blumberg, Barbara von, von Regensburg, Kais. Carls V Maitresse, II, 364.

Blumeneg, die Herrschaft, was sie für Herren nach Abgang der Herren von Blumeneg gehabt, bis sie das Kloster Weingarten an sich gekauft, XVI, 157.

Bobenhausen, Heinrich von, Hochmeister des Teutschordens, wird 1572 nach dem Tod Hunds von Wenkheim zu Neckarsulm zum Administr. des Hochmeistertums in Preußen erwählt; empfängt die Kaiserl. Belehnung 1578, IX, 59. sein Vorfarer thut schon auf dem Reichstag zu Worms A. 70 allerhand Vorschläge, und suchte Beystand, dem Orden sein verlornes Preußen wieder zu schaffen, ib. die teutsche Ritterschaft zeigte Luſt, dem Orden, der zum Beſten deſſelben doch war, einen Reuterdienſt unter kaiſerl. Begünſtigung, und Gewalt zu verſuchen. Reich und Kaiſer wollten aber lieber die Güte bey Polen nochmals verſuchen, 60. gütliche Tractaten werden alſo mit Polen beliebt, aber durch des Kaiſers Tod unterbrochen, ib. der blödſinnige H. Albrecht von Preuſen, und der als Curator ihme zugegebene Marggraf von Brandenburg-Anſpach, deſſen Mitbelehnung vom K. von Polen befürchtet wurde, machten den Bobenhauſen aufmerkſamer, daß er die Sache und die Reichshülfe A. 73 ernſtlicher wieder ſuchte. Schlechte Umſtände für den Orden im Reiche, 60. weil der Orden Luſt zum kriegen bezeigte, und mit Polen doch nicht anzubinden war, ſo brachte der Kaiſ. A. 76 und 77 in Vorſchlag, den Orden auf die ungariſchen Gränzen zu ſetzen, um ſich gegen die Türken zu brauchen, ib. der Orden findet es nicht für thunlich, und macht ſeine Ausflüchte, 61. weiſet, daß er durch ſeine Reutersdienſte beym Kaiſer und Reich hart zu Schaden gekommen, und nicht indemniſiret worden, ib. will ſich in Anſehung der Dienſte gegen die Türken zu nichts weiter, als andere Reichsſtände, verbindlich achten laſſen, 62. dieſer Hochmeiſter iſt angeſehen beym kaiſerlichen Hofe, und tritt Erzherzogen Maximil. von Oeſterreich A. 85 die Adminiſtration des Hochmeiſtertums, die Regalien aber erſt A. 90, ab, ib. lebt zu Cromweiſenburg, wo er A. 1595 verſtorben, 62.

Boden, Bodinus, Heinrich, ein JCtus zu Halle, was ihm Ludewig nachſchreibt, VII, 174.

Bodman, Joh. von, der ſogenannte Landſtörzer, giebt Anlaß zu Verbindungen, VIII, 77.

Böhmen. Dieſes Reichs goldne Zeiten unter Kaiſer Carls IV Regierung, XVIII, 49 ſ. die königliche böhmiſche Krone hat Kaiſ. Carl IV verneuern und verherrlichen laſſen. Beſchreibung derſelben: es iſt falſch, daß ſie oben nicht geſchloſſen wäre, weil einem Lehenskönig nur eine ofne gebüre, XVI, 69. wo ſie ſonſt in Verwahrung geweſen, davon ſind die Meinungen verſchieden. Sie ſoll auf dem Haupt des heil. Wenceslaus zu Prag zu ſehen ſeyn, und bey den Krönungen gebraucht werden, 70. vor Alters gebührte die böhmiſche Krönung dem Erzbiſchof von Maynz als Metropolitanen. Kaiſ. Friedrichs I Privilegium von 1157, giebt den Biſchöfen von Prag und Olmütz nur das Recht, den Herzogen von Böhmen, das vom Kaiſer verliehene goldne

goldne Stirnband aufzusetzen, 70. 71. K. Ottachar bestätiget der Erzbischöfe von Maynz ihr Recht, die Könige in B. zu krönen, 1262, was der Erzbischof dafür aufzuheben hatte, 71. in Abwesenheit des Erzbisch. von Maynz, oder bey Vacanzen des erzbischöflichen Stuls, verrichtete dieselbe der Bischof von Eichstätt, als Archicancellarius sedis Mogunt., 71. - - zu Carls Zeiten hat das Geschlecht der Rosenberge das erste Maiorat und Erstgeburtsvorrecht 1360 in Böhmen eingeführet, XX, 149 - - was es mit der Wahlgerechtigkeit der böhmischen Stände für eine Beschaffenheit habe? XVII, 258 f. die Böhmen steifen sich diesfalls auf ihr Privileg. vom Kaif. Friedrich II, v. 1212: wann ihrer einer von den Nachkommen gewählet, 259. Kaif. Carl IV erkläret es in der Confirmation vom Jahr 1348 dahin: daß, wann keine legitime Nachkommen eines Königs mehr vorhanden, alsdann das Wahlrecht erst bestehe, ib. solches haben die Böhmen nicht widersprochen, sondern 1548 auf einem Landtage bestätiget, ib. daher auch Kaif. Ferdinand I, seine älteste Tochter im Codicill zum Erben von Böhmen und Ungarn eingesetzet, 259. es streitet die Wahlgerechtigkeit der Böhmen auch gegen die goldne Bulle, welche die Erbfolge in den Churfürstentümern bestimmet, 259. Kaif. Matthias weiß den Böhmen in Ansehung ihrer vermeinten Rechte zu schmeicheln, als er sich 1608 um die böhmische Krone bewirbt, 260 f. darüber hernach bey der Achtserklärung Churf. Friedrichs V von der Pfalz, dem Erzhause Oesterreich scharfe Vorwürfe sind gemacht worden, 262. - - böhmischer Stände Vergleich v. J. 1526 mit K. Ferdinand I, daß sie bey seinem Leben keinen Erben von ihm zu krönen verbunden seyn sollten, XVI, 66. XVII, 259. König Ferdinand II hält nach überwundenen Böhmen gar nichts davon, sondern läßt seinen Sohn Ferdinand A. 1627 krönen, und K. Ferd. III ahmt ihm mit seinem Prinzen K. Ferdin. IV 1646 nach, XVI, 66. dieser wird den 5. Aug. gekrönt. Beschreibung des Aufzugs und der Ceremonien, 67 f. es wird nach alter Weise Geld ausgeworfen, doch diesesmal grobe Münzen, 68. bis auf Ferdinand III wurden bey der böhmischen Krönung Haselnüsse ausgeworfen, die an einer Staude wuchsen, die K. Primislas I eigenhändig gepflanzet. Wo diese Staude steht, und wem sie Kaif. Carl IV zu unterhalten und fortzupflanzen, aufgetragen, 68. was die-

dieser Gebrauch bedeuten sollte, 69. Premislas hölzerne und von ihm selbst gemachte Schuhe wurden sonst auch den Königen auf einer goldnen Schüssel vorgetragen. Warum? ib. durch die Hußiten gehen diese Schuhe verloren, 69.

Böhmische Unruhen. Die Stände und Unterthanen theilen sich nach entstandenem Hußitenwesen, in die sub una und sub utraque. Erklärung von beiden, I, 305. 306. - - die von beiden Theilen nicht gehaltene Concordata Pragensia hebt der gütige Kais. Maximil. II auf, und giebt denen sub utraque 1575 Erlaubnis, völlig nach der augspurgischen Confeßion zu leben. Diese vom Erzbischof zu Prag gekränkte Freyheit bestätiget Kais. Rudolph wieder 1609 durch den berühmten Majestätsbrief. Dessen Hauptpuncte, 306 f. auch diesen bestätigt Kais. Matthias; hindert aber schröckliche Empörungen und Uneinigkeiten unter beiderley Ständen nicht, 307. diese entstehen durch den gestörten Kirchenbau zu Braunau und Kloster-Grab, 307. die Defensores halten über ihr vermeintes Recht; der Kaiser verbietet, warnet und drohet, 307 f. man fürchtet Gefahr auf Seiten der Utraquisten vor denen sub una, 308. die erstern sammeln sich, gehen den 23 May 1618 auf die böhmische Canzley, und werfen, nach vorgebrachten Klagen, nach vielen andern Vergehungen, den Martinitz, Slavata und Fabricius zum Fenster hinaus, die doch unbeschädigt davon kommen, 308. 309. XVII, 26. die Empörer suchen sich zu rechtfertigen, und wollten nicht für Empörer gegen den Kaiser angesehen seyn, ib. ihr Bezeigen weist ein ganz anderes. Sie kehren die Regierung um; suchen die übrigen österreichischen Staaten zur Empörung zu reitzen; affektiren in ihren Titeln eine völlige Unabhängigkeit rc. I, 309 f. Kaiser Matthias braucht allen Glimpf vergeblich zur Besänftigung. Graf Thurn fällt in Oesterreich ein, streift bis 6 Meilen von Wien, 310. darüber stirbt der Kaiser den 20 Merz 1619, ib. Erzherzog Ferdinand will als schon gekrönter König von Böhmen unter grosen Versprechungen und Bestätigung der Privilegien Besitz vom Reiche nehmen, 310. aber die Defensores Regni verschlagen die königlichen Schreiben. Graf Thurn agirte feindlich fort und nahm Wiens Vorstädte ein, 311. die Stände suchen Ferdinanden bey der Kaiserwahl mit seiner Stimme zu verdrängen, ib. die Empörer suchten indessen sich durch ein vestes Bündnis, mit den,

der

der Crone Böhmen einverleibten, Ländern zu verstärken; daher die Directores mit der Ober- und Niederschlesischen Stände Abgeordneten A. 1619 den 22 Apr., XVII, 27 f. mit der Oberlausitz den 15 May, 28. mit der Niederlausitz den 28 May, ib. mit den Mährischen den 5 Jul. einen besondern Vergleich, durch Abthuung bisher vorgewalteten streitigen Dinge, oder deren suspension, Mittheilung der Vorrechte aus dem Majestätsbrief u. d. errichtet, 28. worauf eine allgemeine Versammlung den 23 Jul. ausgeschrieben, und den 31 Jul. die Vereinigung der 5 Länder in 100 Artikeln ausgestellet ist worden. Deren Häuptinhalt: 29. 32. Dieser Bund wird auf einer Schaumünze pia et religiosa orthodoxorum Liga genennet; mit was für Recht? 32. dergleichen Bund wird geschlossen mit dem Lande ob und unter der Ens den 16 Aug. und mit Ungarn den 2 Jan. 1620, 32. Ursachen, warum K. Ferdinand des Reichs für unfähig erkläret; und wie unter verschiedenen vorgeschlagenen Subiectis Churf. Friedrich V den 26 und 27 Aug. zum Könige erwählet ist worden, I, 311. 312. der Utraquisten Rechtfertigung kan bey Klugen keinen Beyfall finden, 312. XVII, 32. die rebellischen Böhmen enthalten sich des Münzregals. Was dann aber von den böhmischen Münzen, vom J. 1619 und 1620 zu halten? 312. 434.

Böhmer, Just. Christoph, Abt zu Lockum, XI, 65 f. geb. zu Hannover, 1670, gestorben 1732, 66. seine Eltern verliert er bald, ib. seine Erziehung, ib. studiert zu Jena und Helmstädt, 66 f. seiner Mutter Bruder Molanus, Abt zu Lockum, nimmt ihn zu sich, 67. er wird 1698 Professor der Politik zu Helmstädt, wozu noch 3 andere Profeßionen und die Doctorwürde in der Theologie kamen, ib. er wird 1722 Abt zu Lokum, ib. auch vorderster Land- und Schatzrath im Herzogtum Calenberg, ib. seine kränklichen Umstände, 68. seine Grabschrift, 69. XIV, 466. sein Testament, XI, 69. seine vielen Schriften, 70 f. gute Urtheile hoher Häupter und Gelehrter von ihm, 72.

Boëmond, Erzbisch. von Trier, der als Metziger Erzcanzler die goldne Bulle hat aufsetzen müssen, II, 146. ruft wegen seiner gefährlichen Nachbarn den Conon von Falkenstein zu sich, macht ihn zum Coadiutor A. 1361, überläßt ihm die völlige Regierung A. 62, stirbt nach 5 Jahren zu Saarburg, II, 148.

Bogislaus, Bugislaf X, Herzog in Pommern, ein Sohn H. Erichs II und

und der bösen geitzigen Sophia, geb. 1454, IX, 330. diese trennt sich von ihrem Gemal, und nimmt Casimirn und Bogislaus, die jüngsten Söhne zu sich, haßt sie aber beide; schaft Casimirn nach des Vaters Tod aus der Welt, und will Bogislaf auch vergeben, dem der Hofnarr das Leben rettet, ib. seine elende Erziehung. Ein Bauer Hans Lange nimmt sich des armen Prinzen an; kleidet und rüstet ihn aus; präsentirt ihn dem Adel, der ihn als Landsherrn annimmt. Worauf ihn H. Wartislaf zu Barth, in den wolgastischen Landesantheil einsetzt, 331. ist wahrscheinlich 1472 vorgegangen, ib. seine Fehde mit Churfürst Albrecht von Brandenburg wegen der Lehenserneuerung, dazu sich der Herzog nicht verstehen will. Braucht seinen gewönlichen Fluch dabey. Durch die Herzoge von Mecklenburg gestifteter Vergleich zu Brenzlau, da dem Churfürsten sein Anfallsrecht bestättigt wird, 331. Bogislaf heyrathet Churf. Friedrichs II Tochter, ib. erbt den Herzog Wartislaf, A. 79, und trift einen neuen Vergleich mit dem Churfürsten, ib. Werner von Schulenburg und Ge. Kleist waren seine nützliche und getreuen Räthe, 332. dergleichen war der redliche Bauer Lange, ib. A. 1480 hätte ihn der Pöbel von Cößlin bald in einem Aufruhr erschlagen. Bodewills rettet ihn, 333. er wird gefangen fortgeschleppt, aber vom Rath zu Cößlin befreyet. Bestrafung der Stadt, ib. Hilft A. 1486 seinem Schwager H. Heinrich von Braunschweig die Bundsstädte Braunschweig, Lüneburg, u. a. bekriegen, 333. Mishelligkeiten mit dem H. von Mecklenburg wegen des von Maltzan, ib. Geht A. 96 nach dem heil. Grab; macht dem Kais. und Pabst seine Aufwartung, ib. Geht über Venedig; wird von einem türkischen Raubschiff angegriffen, erlegt einen grosen Türken mit einem Bratspieß, daran Hüner stacken; erwehrt sich der Gefahr, 334. wird vom Hans von Preußen beym heil. Grab zum Ritter geschlagen, ib. der P. Alexander beehret ihn auf der Rückreise mit dem geweyhten Hut und Schwerd. Verleiht ihm die päbstlichen Gerechtsame in Verlehnung der Prälatur im Hochstift Camin, ib. der Kaiser verehrt ihn mit einem Tanz zu Inspruck mit seiner Gemalin, die ihm einen goldnen Cranz und Kette schenkt; erhält Münz und andere Privilegien, 334. seine Leibs- und Gemütsbeschaffenheit, 334 f. Pabst Alexander bewundert seine Gestalt, sagt aber: pulcra esset bestia, si loqui posset, 335. er liebt grose und starke Leute,

Leute, 336. wird von einem Hirschen tödlich verwundet, aber doch curirt, ib. sein Bekenntniß gegen D. Luthern zu Wittenberg, 336. stirbt 1523 nach 50jähriger Regierung, ib.

Bogislaus XIV, der letzte H. in Pommern, H. Bogislaus XIII, und Clara Pr. von Lüneb. Gishorn dritter Sohn, geb. 1580, erhält nach zurückgelegten Reisen A. 1607 von seinen Br. Philipp II die Gerichtbarkeit im Amte Rügenwalde, und einen willkürlichen Zuschuß, wenn er in Krieg gehen würde, XX, 99. vermält sich 1615 mit Elisabeth, einer Pr. von Holstein-Sonderburg, ib, bekommt A. 20 nach H. Franzens Tod die Regierung des Fürstentums Stettin, überläßt seinem Bruder H. Ulrich das Stift Camin, Rügenwalde ꝛc. nach dessen Tod A. 22 wird er durch einen Vergleich mit dem wolgastischen Vetter zu diesem Stifte erwählt, 100. ist 2mal in diesem Jahr in Lebensgefahr. Bringt A. 25 ganz Pommern, so seit 1323 getheilt gewesen, nach H. Phil. Jul. zu Wolgast Absterben, zusammen, 100. unter seiner Regierung leidet Pommern vom Jahr 27 an, erschröcklich durch die Einquartierung und Unternemung der Kaiserlichen auf Stralsund: so, daß über 10 Millionen in 3 Jahren vom Lande erpresset wurden, ib. der Schweden Einbruch A. 30 setzt ihn in grose Noth. Der H. sieht sich durch die Macht, Drohungen und Versprechungen des K. Gust. Ad. gezwungen, ein Vertheidigungs-Bündnis mit demselben einzugehen; doch sollte des Herzogs Verwandnis mit dem Reiche und dem Obersächsischen Craise nicht aufgehoben seyn. Alle von Schweden besetzte oder künftig zu eroberude P. Lande sollten dem H. ohne Kosten wieder eingeräumt, Camin bey seiner freyen Wahl geschützt werden, 101. auf den Todesfall des H. wurde Schweden der Besitz des Landes bis zur Berichtigung der Erbfolge und Ersetzung der Kosten an Schweden bedungen. Die Kriegsverfassung sollte dem König, die landesfürstliche Regierung dem H. verbleiben, 101. was wegen Unterhaltung des Kriegsvolkes ausgemacht ist worden, wobey Pommern hart gehalten wird, ib. Carl Banner wird dem H. als Gevollmächtiger an die Seite gesetzt, der einen Mitregenten vorstellet. Die Landstände und der H. schicken A. 32 an den König, und bitten im Lager vor Nürnberg um Erleichterung; wozu sich der K. versteht, 101 f. nach des Königs Tod bleibt der H. zwar in Verbindung mit Schweden, aber Oxenstierna muß ihm in Ansehung

sehung der Quartiersgelder nachgeben, 102. als sich Orenst. auf der Versammlung der evangelischen Stände A. 34 vernemen lassen, daß Schweden Pommern zur Vergeltung verlange; Churbrandenburg aber seinen Ernst sehen läßt, Pommern sich dereinst nicht entziehen zu lassen: so wurde der H. wegen der reformirten Religion unter künftiger Herrschaft besorgt, und erneuerte den Landesabschied von 1623, kraft dessen keine von der augspurgischen Confeßion abweichende Religion eingeführet, oder ein anderer Religionsverwandter zu einem öffentlichen Amte kommen sollte. Er verordnete 3 Bürgermeister von Stettin, Stargard und Stolpe, die als 3 Landräthe den Landesversammlungen beywohnen sollten, 102. der Schweden Niederlage bey Nördlingen mehret wieder Pommerns Drangsale, ib. wozu der Prager Friede kommt. Dem H. wird durch ein kais. Patent anbefohlen, sich des Friedens wegen binnen 10 Tagen zu erklären. Der Churf. von Brandenburg vertritt ihn aber beym Kaiser durch Vorstellung der Noth und Gefahr Pommerns, 103. H. Bogislaus sorget bey seinem annahenden Ende für seines des Wolfart, Religion und Privilegien; veranstaltet ein gemeines Directorium, worinnen der Freyherr Volkmar Wolf auf Putbuß zum Statthalter bestellt wird, 103. als die Kaiserl. und Sachsen die Schweden in Pommern getrieben, und dieselben ganz aus Teutschland zu jagen hofften, stirbt der Herzog den 10 Merz 1637, ib. die entstandenen Zwistigkeiten über die Regierung zwischen Schweden und Brandenburg verursachten, daß des Herzogs Leichnam so lange in einem Gewölbe des Schlosses zu Stettin beygesetzt wird, bis nach beygelegtem Streit im W. Frieden und im stettinischen Vergleich A. 54, selbiger durch die schwedischen und churfürstlichen Abgesandten den 20 May zur fürstlichen Erdbestattung gebracht ist worden, 104. das Majestäts-Siegel wird entzwey geschnitten, und Schweden und Brandenburg bekommen jedes eine Helfte, ib.

Boisrobert, François le Metel de, ein loser Vogel; Nachricht von ihm, XIII, 196 f.

Boleslaus I Chrobry, H. in Polen, sucht beym Kaiser Otto III vergeblich die königliche Würde und Krone, die ihm auch der Pabst versagt; setzt sich solche A. 1025 zu Zeiten Kais. Conrads II eigenmächtig, zu Trotz seines Lehenherrn, auf, XIII, 316.

Boleslaus Crispus, verjagt seinen Br. Wlatislaw II, und wird Herr von Polen 1146, VI, 333.

Verfa=

Verfaren gegen dessen Söhne. Ob er so grosses Lob verdienet? 334 f.

Boleslaus Altus, ein Sohn des verjagten polnischen, oder schlesischen ersten piastischen Herzogs Wladislaws II zeigt seine Tapferkeit vor Mayland in einem Duell mit einem riesenmäsigen Mayländer, VI, 333 f. Kaiſ. Friedrich befiehlt den polnischen Herzogen die restitution Boleslaws und seiner Brüder. Sie müssen aber doch nur mit Schlesien sich abspeisen lassen, 334. wie sich die 3 Brüder in Schlesien getheilet, 335. werden vom polnischen Boleslaw bey H. Heinrichs Tod vom Erbe ausgeschlossen, ib. Boleslaw masset sich nach Conrads Tod Nieder-Schlesiens alleine an; wird darüber vom Br. Mieceslaw bekriegt, 335. Casimir II von Polen besänftigt durch Abtrettung einiger Herrschaften im cracauischen den Mieceslaw, ib. hilft dem Kloster Leubus recht auf, 1178; baut Schlesien wol an; stirbt 1201. seine Grabschr. 336. er hatte 2 Gemalinnen Wenceslava und Adelheid, Gr. Berengers von Sulzbach Tochter. Seine Kinder, ib.

Bomben werden zu Venlo im niederländischen Krieg erfunden. Gr. Peter Ernst von Mansfeld braucht dieselben am ersten 1588 bey Eroberung der Vestung Wachtendonk. Des Generals Ranzau schönes Epigr. auf die Bomben, XIII, 10. 11. eine Bombe 8000 Pf. schwer, kostete 80000 Pf. zu fällen; wird aber für unbrauchbar befunden, 14.

Bomeneburg bey Nordheim, das Residenzschloß der alten Grafen von Nordheim, IX, 168 - - Siegfried Gr. von Bomeneburg, ein Sohn H. Otto von Bayern und Gr. von Nordheim, und sein Sohn Siegfried Stifter oder Erneuerer des Closters St. Blasii zu Nordheim, IX, 164 f.

Bonauitus oder *Benauidius*, Marcus Mantua, ein berümter JCtus zu Padua, XVIII, 98 f. woher er den Beynamen Mantua füret, 98. seine Geburt und Eltern, ib. dienet zuerst als Advocat, vornemlich den Armen und Waisen, ib. seine Geschicklichkeit im aduociren, ib. ist über 60 Jahr Professor Iuris zu Padua, zu grosen Nutzen der studierenden Jugend 98 f. schlägt aus Liebe zu seiner Vaterstadt angebottene grose Würden und Vortheile aus, 99. sein Lobspruch, ib. wird Prof. supraordinarius, und dreymal mit dem Adelstande und Würde eines Comitis sacri palatii beehrt, ib. sein dadurch erworbener Ruhm, 99 f. läßt sich 36 Jahre vor seinem Tod ein Grab-

Grabmal machen, und stirbt 92 J. alt, 1582, 100.

Bonifacius, der Heilige, und der Teutschen vornemster Apostel, den die unglaubigen Friesen ermordet A. 755, XIII, 204. wird nicht oft auf Münzen gefunden, XXI, 146. er hat seine Canonisation nicht einem Pabste, sondern den Teutschen, und sonderlich den Engländern, und dem Erzbischof Cuthbert von Canterbury zu danken, der ihm auf einer Synode A. 756 in der englischen Kirche den 5 Junius zur Feyer bestimmt, 146. wie sein Cultus gestiegen, 147. doch hat er die bischöfliche Würde, die er eben nicht gesucht, dem P. Gregor. II zu danken, der ihn 723 nach Rom berufen, zum Bischof geweyhet, und dabey ihm an statt seines vorigen Namens Wunfried, den Namen Bonifacius beygelegt, 148. ihm ist Anfangs kein gewisser Sitz in Teutschland angewiesen worden, bis er endlich 745 das Erzstift Maynz zu verwalten bekommen, ib. Bey seiner Ermordung hatte er das Evangelien-Buch in Händen, womit er sich das Haupt bedeckte. Es wollte ihn aber nicht retten. Doch ist das zersetzte Buch an keinem Buchstaben verletzt worden, 148. er legte aber dieses Buch nicht sowol zur Vertheidigung, als vielmehr seine Glaubensbekenntnis zu bezeugen, auf den Kopf, 149. es wird zu Fulda ein Buch in klein Folio von ihm als ein Heiligtum aufbehalten, welches 14 kleine Schriften enthält. Dessen Beschaffenheit, 149. eben daselbst ist auch ein Evangelien-Buch von 63 Pergamentblättern. Beide können nicht dasjenige seyn, so er bey seiner Ermordung in Händen gehabt, ib. ob dasselbe Evangelien-Buch zu Regenspurg oder Hameln aufbewahret werde? 149 f. ob er zu Hameln ein Kloster angelegt? 150. Erzbischof Gerlach zu Maynz läßt ein steinernes Grabmal über seine in der St. Johanniskirche beygesetzte Eingeweide aufführen. Aufschrift, I, 414.

Bonifacius III, römischer Pabst, verordnet A. 607, daß die Wahl eines neuen Pabstes den dritten Tag nach der Beerdigung seines Vorfaren geschehen sollte, XX, 307.

Borkelohe, eine Herrschaft in Westphalen, alte Herren derselben. Wird ein Lehen vom H. Stifte Münster 1406. Rechtliche und gewaltsame Streitigkeiten der Bischöfe um den Besitz derselben, sonderlich Bischof Bernhards von Galen, V, 222 f. conf. X, 3.

Borgia, Don Franc., entsetzt sich über den verstellten Leichnam der Kaiserin Isabella Kais. Carls V

Gemalin dermaſſen, daß er der Welt entſagt, und ein Jeſuit wird, II, 364.

Boris Ködorwitz Gudenow, hat des Czaar Iwan Baſilowitz II Tochter Irena zur Gemalin; wird Vormund über den Czaar Ködor 1584; läßt deſſen Bruder Demetrius hinrichten, weil er ſich den Weg zum Throne auf allerley Art zu bahnen bedacht war, V, 371 f. vergiftet den Czaar 1597 und läßt ſich den 1 Sept. zum Czaar crönen, 373. wird vom Demetrius, der in Polen aufgeſtanden, in die Enge getrieben, und ſtirbt am Gift 1605, 374.

Bornſtätt, ein Bergſchloß, gehört von uralten Zeiten den Grafen von Mansfeld; wird veräuſſert und wieder acquiriret. Die noch blühende fürſtliche Linie ſtammt von dem dortigen Stifter der catholiſchen Linie Philipp II her, V, 301. XIX, 27.

Borſius von Eſte, erſter H. von Modena, der 2te natürliche Sohn Nicol. III Marggr. v. Eſte, Ferrara, Modena ꝛc. dient dem Fr. Sfortia erſtlich im Krieg, XVIII, 41. hernach dem H. Philipp Maria von Mayland, der ihn A. 1441 adoptirt und Novara, Crema und Tortona vermacht, 42. ſein älterer Bruder Lionell ernennt Ihn mit Uebergehung ſeines Sohns zum Nachfolger, A. 1450, welches P. Nic. V. wegen Ferrara gut heißt. ib. A. 52 bewirthet er Kaiſ. Fried. III. Im Rückweg nach Teutſchland ertheilte ihm der Kaiſer die herzogliche Würde von Modena auf dem Markt zu Ferrara mit groſſen Feyerlichkeiten, 42 f. verändert ihm ſein Wappen, 43. Aeneas Sylvius war ſein Beförderer, der dem Kaiſer ſeine Scrupel wegen dieſer zu ertheilenden herzoglichen Würde benimmt, 44. Borſius verſteht ſich dagegen, jährlich 4000 Ducaten an den Kaiſer zu entrichten, ib. kan von dem Aeneas aber hernach dieſe Würde wegen Ferrara, da dieſer Pabſt geworden, nicht erlangen; wol aber endlich beym P. Paul II A. 71 zu Rom, mit groſem Pracht, unter Fortdauer des jährlichen Cenſus von 5000 Ducaten, 44. 45. ſtirbt A. 71 den 20 Aug. 45. Grabſchriften und ſein verdientes Lob, 45 f. er war ein Kriegsmann, wuſte aber auf eine ſehr kluge Weiſe, bey den groſen Unruhen in Italien, Friede in ſeinem Lande zu erhalten, 46. er wird vielfältig als Schiedsrichter gebraucht. Bekommt den rühmlichen Titel Pacificator Italiae, ib. die gröſten Monarchen, chriſtliche und andere, beehren ihn mit Geſandſchaften, und befragen ihn um Rath, 47. er ſchukte aber auch allenthalben Geſand-

Pp 3 ſchaf-

schaften hin. Seine Gerechtigkeit und Beförderung des Flors seines Landes wird durch eine Bildsäule nachher beehret mit der Schrift: Non è piu il tempo de Duca di Borso, ib. sein Reichthum und Pracht, 47. er liebt sinnreiche Personen und Scherzreden, 48. seine Leibesgestalt, 48. er vermälte sich nicht, weil er die verdrängten legitimen Prinzen nicht um die Succeſſion bringen wollte, 48.

Boſo, K. in Niederburgund und Provence oder Arelat, war Gr. Buvins von Ardenne Sohn, und hat sein Glück seiner Schwester Richild, Kaiſ. Carls des kahlen Maitreſſe, und endlich A. 870 Gemalin, zu danken. Der Kaiſer macht ihn zum Herzog und Statthalter in Italien, 876, IX, 185. 186. ja er war sein Miniſtriſſimus, ib. er macht sich Freunde in der Lombardie, und Berenger hilft ihm zu seiner Vermälung mit Irmengard Kaiſ. Ludwigs II Tochter. Wie es damit zugegangen, 187. begeht am Kaiſer groſſen Undank, 188. Macht K. Ludwig Carls Sohn auch den Antritt seiner Regierung schwer, ib. seine Statthalterschaft nimmt durch K. Carlomanns von Bayern Macht in der Lombardie ein Ende, ib. Pabſt Johann VIII, den er sich verbindlich gemacht, gedenket ihme das Königreich Italien zuzuſchanzen, 188. 189. nach K. Ludwig des Stammlers Tod, und angegangenen Verwirrungen in Frankreich, bringt er es dahin, daß sein Tochtermann Carlmann nebſt seinem Br. Ludwig zu Königen gecrönet werden, 190. seine ehrgeizige Gemalin Irmengard, wollte schlechterdings auch eine Königin ſeyn, und meinte, bey der Zertrümmerung des carolingischen Reichs, als eine Prinzeßin dieſes Stammes, billig ihren Antheil suchen zu können, ib. sie macht sich eine Partey in Burgund und Provence; 23. Erz- und Biſchöffe dieser Lande kommen, unter dem Schein einer Kirchenverſammlung, zu Mande A. 79 zuſammen, und erwählen Boſo zu ihrem Könige, 190. er nimmt die angetragene Krone mit vieler Demut, Andacht und Verheiſſungen der trefflichſten Regierung an, 191. auch die weltlichen Stände ſtimmen in dieſe Wahl, ib. Inbegriff dieses neuen Reichs, so bald Arelat, bald Burgund, bald Provence genennet wird, ib. er wird ordentlich gekrönet, ib. die Könige von Frankreich Ludwig und Carlmann gehen ihm in Verbindung K. Carls des Dicken zu Leibe, 880. Carl und Ludwig müſſen zwar von ihm ablaſſen; doch gewinnt der zurückgelaſſene franzöſiſche Feldherr Richard, des

Boſo

BofoBruder, Vienne, und bekommt dessen Gemalin und Tochter gefangen, 191. der Pabst Johann der VIII kan zu seinem Behuf nichts beym Kaiser Carl richten, 192. doch erhält sich Boso in der Provence; söhnt sich endlich mit dem Kais. auf dem Reichstag zu Worms A. 85 aus, durch das Versprechen, ein Vasall desselben zu seyn, 192. Boso war beliebt bey den seinigen, ib. stirbt A. 87, liegt zu Vienne begraben, wo seine Grabschrift bey der Moritz-Kirche, in der Capelle S. Apollonii zu lesen, ib.

Boshouwer, ein Holländer, Prinz von Migomme 2c. in Ceylon, beredet K. Christian IV in Dänemark, einen Versuch auf Ceylon und Ostindien thun zu lassen, XIII, 306 f. sein Tod macht die Absicht auf Ceylon vergeblich, ib.

Bostels, Lucas von, Burgermeisters in Hamburg, Lebenslauf, XVII, 321 f.

Bothe, Cord, oder Botho, ein Burger zu Braunschweig. Ob derselbe nach Leibnitzens Meinung der Verfasser des Chronici picturati Brunsuic. dial. Saxon. conscr. seye? XXII, 32.

Bothwell, Graf, der Königin Maria in Schottland Liebling, und Mörder K. Heinrichs ihres Gemals 1567, V, 335 f.

Bouillon, das Schluß, hat der 55ste Bischof von Lüttich Obertus A. 1092 von Gottfried H. von Lothringen um 3000 M. Golds und 1300 M. Silbers Bedingnisweise erkauft, XVII, 63 f. das Hochstift hatte manchen Verdruß über den Besitz desselben in alten und neuern Zeiten auszustehen, 64.

Bouillon, Henry de la Tour, H. v., geb. 1555, ein Sohn Franc. III de la Tour, und einer Pr. v. Montmorency, VI, 202. steht bey K. Heinrich in grosem Credit, ib. seine ersten Kriegsdienste, Gefangenschaft bey Cambray 2c. und theure Ranzion, 203. wird A. 84 Obercämmerer beym K. Heinrich von Navarra; begleitet ihn zu einer Unterredung mit der K. Catharina von Medices und besorgt die Sicherheit, 203. seine herzhafte Reden gegen die Königin, ib. hilft A. 87 bey Coutras einen Sieg über die überlegenen königl. Trouppen erfechten. K. Heinrich IV macht ihn nach erhaltener französischer Krone zum Marechal de France, 1592, 204. er entsetzt Beaumont, ib. dient dem König in den Niederlanden und als Gesandter in England, ib. wird 1602 verdächtig, als ob er mit dem Biron halte, 204. entweicht auch, ihm wird vieles Schuld gegeben. Nimmt des Königs Vorschlag zur Gnade lange nicht an, bis seine Vestung Sedan 1606 sollte weggenommen werden, da er Gnade sucht, und nach

nach gethanenem Geſtändnis erhält, 205. ſo der K. im Reiche kund thun läßt, 206. er diente nach des Königs Tod der Königin redlich. Hilft den Ancre ſtürzen. Uebernimmt A. 21 das Commando, ſo ihm die Reformirten zu Rochelle auftrugen, auf kurze Zeit. Stirbt zu Sedan 1623, 206. er heyrathete durch Vorſchub K. Heinrichs IV A. 91 Charlotte, Gr. v. der Mark, Roberts H. von Bouillon Tochter; bekommt mit ihr Sedan ꝛc. und den Anſpruch auf das Herzogtum Bouillon. Sie ſetzt ihn zum Erben ein, daher er den Titel Herzog von Bouillon annimmt, 206. ſeine zwote Gemalin war Eliſabeth, Pr. Wilhelm von Oranien Tochter. Kinder mit ihr, 207. kommt 2mal in Todesgefahr, und wird für tod gehalten, ſonderlich im Duell mit Roſano zu Agen, 207 f. Grammonds Urtheil von ihm, daß er mit ſeiner Religion auch die Treue geändert, 208. er trieb ſonderlich Churfürſt Friedrich V an, die böhmiſche Krone zu ambiren, ib.

Bourbon, ein von Alters her, wegen ſeiner Geſundheitsquelle, berühmter Ort in Frankreich an der Loire. &c. XVI, 226. hatte ſeine eignen Herren, davon Lidemar A. 921 das Cluniacenſer Kloſter zu Souvigny geſtiftet, ib.

deſſen Enkelin Mathild, bringt Bourbon an Guido von Dampierre; deſſen Sohn Archambald VIII nimmt den Titel von Bourbon an. Sein Sohn Archambald IX erheyrathet mit Jolanda von Chatillon groſe Güter, 226. ſeine iüngere Tochter Agnes hat, und führt den Titel von B. und bringt ihrem Gemal, Johannni v. Burgund, die Beatrix, Gemalin Roberts, K. Ludwigs IX ſechſten Sohnes, Grafens von Clermont 1272 zur Welt, 227. dieſer iſt der Stifter der dritten bourboniſchen Linie. Warum die vom königlichen Geblüte abſtammende Grafen von Clermont ihren Geſchlechtsnamen mit dem von Bourbon vertauſchet? 232. Ludwig I Roberts Sohn, erhält vom K. Carl IV die Würde eines Herzogtums und Pairie für die Herrſchaft Bourbon, 227. H. Peter ſein Sohn und Nachfolger bleibt in der Schlacht bey Poitiers. Deſſen Sohn Ludwig II, der zu London als 19jähriger Kriegsgefangener 1433 ſtirbt, pflanzt durch ſeinen Sohn Carl die Linie von Bourbon, und durch den iüngern Ludwig III die Linie der Grafen von Montpenſier, ib. H. Peter, geb. 1439, der vierte Sohn H. Carls, bekommt erſtlich nur die Grafſchaft Beaujolois, 228. kommt in groſe Gna-

Gnade bey König Ludwig XI, der ihm seine Tochter Anna, wol ausgesteuert, zur Gemalin giebt, und ihm die wichtigsten Dienste anvertrauet, 230. 228. beschenkt ihn mit der Grafschaft Marche &c. ib. empfielt ihm seinen Sohn K. Carl VIII vor seinem Ende. H. Peter, oder vielmehr seine Gemalin, dringt dem Cardinal Carl v. B. das Herzogtum dieses Namens ab, nach Johanns des ältern Bruders Absterben, 229. er gikt auch viel beym K. Carl VIII, der ihn beym neopolitanischen Zug zum Statthalter im Reich ernannte, ib. seine Erb-Tochter Susanna vermält sich an Carln III von Bourbon, Gr. von Montpensier. Peter stirbt 1503, 229. seine Gemalin Anna 1522, ihre 2 Kinder vor ihnen. Er trug den Ritterorden St. Michaels, 231 f.

Bourdelot, s. K. Christina.
Bouthillier, s. Trappe.
Brabant, das Herzogtum, hat grose und alte Privilegien und Urkunden, III, 275. Eintheilung von desselben Landesständen, ib. werden vom K. Philipp II gedrückt, durch die einzuführende Inquisition und Errichtung neuer Erz- und Bistümer, 276. s. Niederl. Unruhen. Der H. von Alençon Franc. wird zum Herzog von Brabant 1582 erkläret, III, 280.

Brahe, das Haus, ist eines der ältesten und edelsten in Schweden, von königlicher Abkunft, VII, 337. die Geschlechtsbeschreibung fängt sich an mit Andreas Mohammer in der Mitte des XII Jahrhunderts, 338. dessen Sohn war Andreas Lagmann in Upland, ib. merkwürdige Vorfaren der Brahe waren: Birger Petri (Peterson), der wird Reichs-Gouverneur v. 1150-60. war der Vater der heiligen Brigitta, und Israels Birgeri, der König werden sollte, 338. Israels Töchter und Sohn, Peter, Reichsrath, der mit K. Magnus Schmeek ins Elend zieht, 339. Peters 2 Söhne waren Peter, der die Brigitta zu Rom canonisiren läßt, ib. und Lorenz, der Stammhalter. Sein Sohn Magnus nahm die Johanna, eine Tochter Torchills Brahe, 339. ihr Sohn Peter Magni nimmt den Namen Brahe am ersten vom Gros-Vater an, ib. wird von den Bauern in Upland verbrennt, ib. sein Sohn Joachim Brahe, den K. Christian hinrichten ließ, war K. Gustavs Wase Schwager, dessen Schwester Margareth den Grafen von Hoya hernach heyrathet, ib. sein Sohn Peter, der nach Dännemark A. 1520 geführt wurde, wird von seinem Stiefvater erzogen, steigt zu den höchsten Würden

den unter den Königen Gustav, Erich und Johann durch seine Verdienste, stirbt 1590. Sein Epitaph. ju Ry, 339 f. er war unter den 3 ersten Grafen, die König Erich XIV in Schweden creirt, und bekam den Namen eines Grafens von Wisingsburg, ib. seine Gemalin, eine Steenbock, 339. und Kinder 340. 341. darunter Abraham Brahe, Gr. v Wisingsburg auch zu hohen Würden steigt, 341. und unter andern Kindern den Peter Brahe erzeugt, der 1602 geboren ist, und auf der Medaille p. 337 steht, der als Reichsdrotset, Präsident des höchsten königl. Gerichts und Lagmann ꝛc. gestanden, 341 f. Herleitung dieses Geschlechts vom Kais. Carl dem Grosen, 342 f.

Brandenburg. Ursprung des Marggraftums Brandenburg vom Jahr 1142. Dessen erster Marggraf und vorzügliche Würde desselben, VIII, 172 f. conf. Albrecht. Die vollständige Errichtung soll 1144 geschehen seyn, III, 215.

Brandenburgisches Statutum familiae vom Jahr 1473 Alberti Achillis, von der Untheilbarkeit der Märkischen und Churlande, und Besetzung der fränkischen Lande mit 2 regierenden Herren, bestätigen die Söhne Churfürst Johann Georgs A. 1599 den 29 April zu Magdeburg; daher gelangen A. 1603 Marggraf Christian zum Fürstentum Culmbach, und Joachim Ernst zum Marggraftum Onolzbach, II, 139-141. XX, 255 f.

Brandenburgische fränkische neue Linie der Marggrafen zu Anspach hat das Schicksal, daß von Marggr. Joachim Ernst 1625 an, bis 1723 die regierende Väter unmündige Prinzen als Nachfolger hinterlassen, VI, 17. 18 f. Parallele mit dem Hause Bourbon, ib. XXII, 219 f. Marggr. Carl Wilh. Friedrich hat das seltne Glück, endlich in diesem durchlauchtigen Hause seines einzigen Erbprinzens Friedrich Carl Christ. Alex. Vermälung mit Friederica Carol. herzogl. coburgischen Prinzeßin A. 1754 den 22 Nov. zu erleben, XXII, 217 f. - - welche Fürsten, in der ältern Linie der Herren Marggrafen von Brandenb. in Franken vom Burggr. Friedrich VI, ersten Churfürsten des brandenburgischen Hauses, 1398, an, Vermählungen ihrer Prinzen gesehen oder nicht, 221 f. aus den noch ältern Zeiten, vom Burggr. Friedrich III 1246 an, 222. - - Vermählungen, welche die durchlauchtigen Häuser der Chur- und Fürsten zu Sachsen, und der Burggrafen zu Nürnberg und Marggrafen zu Brandenburg, fränki-

scher

IV. Realregister.

scher Linie, von den ältesten Zeiten her verknüpfet haben, 222 f. Stammtafeln des iüngstvermälten durchlauchtigen Paares, 224.
- - brandenburg- und würtenbergische Häuser haben sich seit 1393 bis 1748 zehnmal durch Vermälungen miteinander verbunden, XXI, 202 - 204. - -
Brandenburgischer beider Häuser in Franken langwieriger, A. 1654 entstandener Streit, wegen des Ausschreibamtes im fränkischen Craiß, und von Culmbach beständig prätendirten Rangs und Präcedenz auf Reichs- und Craißtagen, wird A. 1712 zu Gunzenhausen verglichen, XI, 132 - 134. wegen culmbachischer Tergiuersation aber von neuem A. 1719 vorgenommen und standhafter entschieden, 134 f. der Kaiser bestättigt den Receß A. 1720, 135. Marggr. Ge. Friedr. Carl von Culmbach bestättigt solchen bey Antritt seiner Regierung, als selbst von ihm geschlossen, A. 1723; da dann die Alternatio des Craißausschreibamts und damit des Ranges zugleich vest blieb, 135 f.

Brander, oder Brandschiffe, wann man sich derselben am heftigsten bedient, und wie sie beschaffen waren? man nennte sie Höllenmaschinen, XIII, 10 u. f.

Braubach, ein Kloster, wird dem Kl. Eberach unterworfen, 1573, VIII, 100.

Braunschweig - Lüneburgischen herzoglichen Hauses Abstammung vom alten Haus Este in der Lombardie, VIII, 163 - 167, f. Este. - - das Herzogtum Braunschweig-Lüneburg soll nach Kais. Friedrichs II Lehenbrief von 1235 beständig ungetheilt bleiben, XII, 361. es geschieht aber die erste Theilung dennoch schon 1269 zwischen den 2 Brüdern, H. Albrecht und H. Johann, davon der erste Braunschweig und Göttingen, der andere Lüneburg und Celle erhält, ib. Albrechts 3 Söhne theilen so gar wieder. Heinrich bekommt das grubenhagenische, Albrecht das göttingische, und Wilhelm das braunschweigische Fürstentum, 362. Albrechts Sohn H. Magnus theilt mit seinem Bruder Ernst, das vom Wilhelm ererbte Fürstentum Braunschweig, ib. sucht bey der Hoffnung seines Sohns Ludwigs auf dem Anfall Lüneburgs, von seinem Schwiegervater, H. Wilhelm, weitere Theilungen im Lande abzustellen, 1355, 362 f. seine 4 Enkel vom Magnus mit der Kette, Friedrich, Bernhard, Otto und Heinrich vergleichen sich 1374, daß der älteste die Herrschaft alleine haben sollte, 263. nachdem diese Brüder

der die lüneburgischen Lande an sich gebracht, überlassen Bernhard und Heinrich dem Friedrich Braunschweig, und sie behalten Lüneburg und Hannover, 363. treffen aber A. 1394 einen merkwürdigen Verein, 363 f. nach Friedrichs Tod theilen Bernhard und Heinrich doch 1409 die Lande. Heinrich wählt das Lüneburgische; die Hauptstädte Braunschweig und Lüneburg bleiben gemeinschäftlich, 364. Bernhard bekommt in einer neuen Theilung durch List das lüneburgische, und Heinrichs Söhne das braunschweigische Land, ib. von Bernhards Nachkommen, bis auf die Brüder Otto und Ernsten, die von A. 1521 bis 24 gemeinschaftlich regieren; davon H. Otto eine Fräulen von Campen heyrathet, und sich mit der Stadt Haarburg und dem Amt Mörsburg abfinden läßt, 364 f. Franz, der dritte Bruder, bekommt Giffhorn; dadurch die 3 lüneburgischen Linien von Haarburg, Celle und Giffhorn entstehen, 365. A. 1634 stirbt die braunschweigwolfenbüttelische heinrichische Linie mit Herzog Friedrich Ulrich aus; darüber zwischen den 3 bernhardinischen oder lüneburgcellischen Linien, der haarburgischen, danneburgischen und zellischen sich ein Erbstreit erhoben, 367. besondere Umstände dieser 3 Linien, in welchen die jüngste den übrigen an Vorzügen vorgekommen, ib. was sonderlich Danneberg und Celle für Gründe des Vorrechts erkennt und angegeben, und wie endlich der Streit durch eine Theilung ist verglichen worden, 367. 368. ‒ ‒ Erbvertrag und Statutum gentilitium im Hause Braunschw. Wolfenbüttel vom J. 1532, und Erneuerung desselben im Testamente H. Julius 1582, worinnen das Primogeniturrecht und Untheilbarkeit der Fürstentümer, auch der anfallenden Lande, vestgesetzet wird, XVI, 396 f. ‒ ‒ Optionsrecht des ältesten Sohnes im Hause Braunschw. Lüneburg, s. Georg H. von Braunschw. Lüneb. ‒ ‒ Fünf Herzoge aus dem Braunschw. Lüneburgischen Hause haben einen ziemlichen Anspruch auf 5 Erz- oder Hochstifter, X, 330. daher sie beym westphälischen Friedenswerk, als ihre Hofnung dazu verschwinden sollte, ein aequivalent suchen, durch Einräumung der 3 Hochstifter Hildesheim, Minden und Oßnabrück, 131. die Kaiserlichen schütteln den Kopf, und wissen Einwendungen, ib. Schweden hingegen erzwinget endlich die ewige Alternativ eines evangelischen Prinzen aus dem herzogl. lüneburgischen Hause mit einem

einem catholischen Bischof im Bistum Oßnabrück, 332 f. was dabey ausgemacht ist worden, beide Religionen sicher zu stellen, 333 f. es wird eine immerwährende Capitulation endlich A. 50 zu Stande gebracht. Hauptinhalt derselben, 334 f. Gedanken eines Publicisten, welche dieses erhaltene Recht des herzogl. braunschweigischen Hauses erläutern, 335 f. - - sieben braunschw. lüneburgische Brüder und Söhne H. Wilhelms des jüngern leben in so grosser Eintracht miteinander, und sind so berühmt darüber, daß sich der Großsultan diese Brüder zu kennen wünschet, IX, 171. eine solche Eintracht sucht H. Georg von Braunschw. Lüneb. auch unter seinen 4 Söhnen durch sein merkwürdiges Testament 1641, u. die darinnen enthaltene Successions- u. a. Verordnungen zu stiften, IX, 172-176. es war aber die so sehr eingeschärfte Einigkeit A. 1665 nach H. Christians Ludwigs von Celle, des ältesten Bruders, Tod, ohne Vermittelung Frankreichs, Schwedens, Brandenburgs, ꝛc. da Herzog Joh. Friedr., dem H. Georg Wilh. sein nach dem Testament Georgs ihm zuständiges Optionsrecht nicht einräumen wollte, bald zum gefährlichen Bruche gekommen, 176.

Braunschweig, die Stadt, hat in den mittlern Zeiten gar viel ihrem Schutz-Heiligen, dem St. Auror an ihrer Erhaltung zu danken, X, 14 f. die Stadt will sich ihres Wappens, so von dem herzoglichen unterschieden, als eines Beweises ihrer Unmittelbarkeit bedienen, XVI, 410 f. ist sehr ungelehrig gegen ihren Fürsten, 411. sie tritt, nachdem sie meistens evangelisch geworden, 1531 in den schmalcaldischen Bund. Ihre Erklärung gegen den Bund, 411. bey den dabey wachsenden Anlagen bedienet sich die Stadt der Kirchenkleinodien zum Geld, der Glocken zu Büchsen, ib. es wird A. 38 ein Fürstentag des schmalcaldischen Bunds daselbst gehalten. Sie reformirt gewaltig, 411 f. H. Heinrich widersetzt sich, straft die Häupter mit dem Exilio, klagt über den Landgr. von Hessen, als wolt er ihm die Stadt entziehen; beschwehrt sich beym Kaiser, der der Stadt scharf inhibirt, 412. die Stadt ist ferner ungehorsam, ib. der H. muß der andringenden Macht weichen, und die Stadt wird heftiger, ib. es werden alle Canonici und Geistliche aus der Stadt gejagt, u. der Stadt Truppen üben unter den Bürgern. Damm die schwersten Excesse aus, dabey der fürstlichen Gräber nicht verschonet wird, 413.

sie

sie helfen Wolfenbüttel einnehmen, füren die schriftlichen Urkunden ꝛc. mit fort. Die Stadt feyert ein Dankfest. Auch zu Wolfenbüttel geht es über die fürstl. Gräber, ib. A. 45 kam der veriagte H. wieder ins Land mit Volk, muß aber des Landgrafen Gefangener werden, 413. es wird wider der catholischen Canonicorum Häuser von der Stadt gewütet. Die evangelischen Canonici werden in die Stiftskirche gewiesen, 414. die Creutzklosterkirche wird niedergerissen, und die Stadt triumphirt über ihren todvermeinten Herzog, ib. und doch rühmt sie sich des Evangelii, 415. aber der todgeachtete Herzog Heinrich wird nach der mühlberger Schlacht frey und restituirt, ib. und die Stadt giebt gute Worte; erlangt durch Entsagung des schmalcaldischen Bunds, und Ueberlieferung von 20 Canonen und 50000 fl. kaiserl. Gnade A. 48, 415. sie bezeigt sich auch demütig gegen den Herzog in Worten; doch kommt es A. 1550 wieder zum Krieg und 2maliger Belagerung der Stadt, ib. endlich vermitteln der Kaiser, einige Bischöfe und Städte, einen Vergleich. Die Stadt muste abbitten, künftigen Gehorsam versprechen, alles abgenommene dem H. restituiren, und 80000 Thaler zalen. Dagegen hörten die Processe am Cammergerichte gegen sie auf, 416. -- die Stadt wird vom H. Friedrich Ulrich 1613, wegen der alten herzoglichen Ansprüche, da innerliche Uneinigkeiten in der Stadt auch vorwalteten, und sie in der Reichsacht stunde, aber doch einen Rückenhalter, durch ihren Bund mit den Niederlanden und Hanseestädten, hatte, angesprochen, und 1615 endlich belagert, II, 189. durch Vermittelung des Kaisers, Dänemarks, und anderer, kommt es zum Vergleich, da der Stadt ihre Privilegien bleiben, sie aber die Erbhuldigung abstatten muß, 1616, ib. f.

Brederode, ist eines von den 4 ältesten und größten Häusern des holländischen höhern Adels, und hatte den Zunamen: des Edelsten. Es stammet vom Graf Adolph III von Holland, und seiner Gemalin Luidgard, der Gemalin Kais. Otto des II Theophanieus Schwester; ab, von deren Sohn Siegfried die Brederode herkommen, XV, 248.

Brederode, Heinrich von, führt das Wort bey den, vom verbundenen Adel, gethanenen Vorstellungen bey der Regentin, gegen die einzufürende Inquisition in die Niederlande ꝛc. 1566 den 5 Apr. VIII, 109. 110. giebt Anlaß bey einem Schmause, daß
die

IV. Realregister.

die Mißvergnügten den beygelegten Spottnamen, Geusen, als einen Ehrennamen annehmen, und eine Betteltasche anhängen, 111.
Bremen, das gewesene Erzſtift. Kaiſ. Carl der Groſe ſchenkt der Domkirche zu Bremen herrliche kaiſerl. Inſignien, XV, 319 f. - - wie es mit dem Erzſtifte von Bremen, nach des Adminiſtrator H. Joh. Friedrichs von Holſtein A. 1634 erfolgtem Tode ergangen, bis es endlich nebſt Verden an die Krone Schweden im W. Frieden, nach vielen Widerſprüchen, von Kaiſer und Reich iſt überlaſſen, und als ein Herzogtum und weltliches Reichslehen übergeben worden, XIII, 274 - 280. niemand widerſetzte ſich mehr, als Prinz Friedrich von Dännemark, der ſchon A. 21 Coadiutor im Erzſt. Bremen geworden. Es hatte zwar ſein Herr Vater K. Chriſtian IV im Lübecker Frieden A. 29 darauf entſaget. Doch nahm Friedrich A. 34 Beſitz davon, und Schweden muß es damals geſchehen laſſen, 274. 275. im ausgebrochenen Kriege mit Dännemark macht ſich der ſchwediſche General Gr. Königsmark Meiſter von Bremen und Verden, 276. was Pr. Friedrich gegen die Ceßion an Schweden eingewendet, und was ihm geantwortet iſt worden, 279 f. - - A. 1692 läßt der K. in Schweden die Stände und Unterthanen der Herzogtümer Bremen und Verden, an ſeine Bevollmächtigten zu Stade ſich die Huldigung leiſten, XXI, 130 f. die königl. Commiſſarien ſind bevollmächtigt, die von den Landſtänden angebrachte klägliche Beſchwerden zu unterſuchen, 131. was in Anſehung der von der Huldigung abhängenden Confirmation der Privilegien vorgegangen, ib. es wird das Kirchenweſen mit neuen Verordnungen verſehen, 132 f. was in Anſehung der Juſtitz und des übrigen weltlichen Zuſtandes, der Vertheidigung des Landes, der Contributionen, Einquartierungen, der adelichen Güter, Zölle, Frohnen u. d. verordnet iſt worden, 133 - 136. welche Verordnungen mit den Landsreceſſen, und mit den General- und Specialprivilegien von 1651 und 63 verglichen, 136. leicht erkennen laſſen, daß die Brem- und Verdeniſche Ritterſchaft dabey ziemlichen Abbruch gelitten, 136.
Bremen, die Stadt, hat groſe Streitigkeiten wegen der landesfürſtlichen erzbiſchöflichen Hoch- und Gerechtigkeit über dieſe Stadt, mit Erzbiſchof Friedrich, H. v. Holſt. und Schleßwig, die A. 1639 und 41 recht angehen, VIII, 244 f. von Seiten des Erzbiſchofs geſchiehet der Angrif ihrer un-

unmittelbaren Reichsfreyheit in der Aſſertione Iurium Archiepiſcopalium et ſuperior. &c. welcher Schrift die Stadt 1641 im Prodromo &c. von der Beruffung der Stadt und *Seſſion* A. 40 u. f. auf dem Reichstag ꝛc. antwortet, X, 147. wobey doch anzumerken: daß Dännemark, als es einen favorablen Zeitpunct, A. 43 erſehen, litteras caſſatorias gegen die Vocatorias v. A. 40 ad comitia, beym kaiſerlichen Hofe ausgewürket, XV, 307. darinnen die Stadt ihre vom Urſprung an erhaltene Freyheit, ſonderlich auch auf die noch ſtehende Rolandsſäule, I, 135. als das öfters vorkommende Freyheitszeichen, ſteifet, 148. was von der Rolandsſäule und davon herrührenden Freyheitsfolfolge weiter diſputiret iſt worden, 149 f. es wird wider die Stadt auch ihr Wappen als ein Zeichen der alten Unterthänigkeit gegen die Erzbiſchöfe urgirt, weil es derſelben aus dem erzbiſchöflichen ſeye gegeben worden, VIII, 247. Antwort: es wäre ungewiß, ob die Erzbiſchöfe das Wappen von der Stadt, oder die Stadt von ihnen, ſo wie das Erzſtift auch den Namen von der ältern Stadt, augenommen, 248. Bremen nennet ſich *Rempublicam*, ſo ihr verarget wird; es weiß ſich aber durch Caeſaream conceſſionem

zu rechtfertigen, ib. ſeit 1714 hat die Stadt angefangen, ſich des Worts, *libera Respubl.* auf Münzen zu gebrauchen, XIX, 289. 296. es wird der Stadt auch die Authenticität ihres gerühmten Privilegii vom Kaiſ. Heinrich V, von 1111 angefochten, X, 151 f. Bremen hat die letztern Einwürfe nicht refutiret, 152. unterdeſſen iſt Bremen im weſtphäliſchen Frieden ſeine Reichsſtandſchaft, und damals gehabte Freyheit ꝛc. vorbehalten worden, 145 f. Art. X, §. 10. conf. XV, 306, 308. die ſchwediſche Geſandſchaft brauchte aber alle Behutſamkeit im Friedensinſtrumente reſpectu Bremens generaliora uerba zu gebrauchen; und interpretirte die Beſchaffenheit des ſtatus praeſentis der Stadt nach der Caſſation vom J. 1643, da die Stadt als im ſtatu mediato angeſehen war, 308. Schweden widerſetzte ſich daher der Beſchickung des Reichstags von der Stadt A. 1653. Dieſer aber wird auf dem Reichstage Recht geſprochen, und der Sitz behauptet. A. 54 greift Schweden die Stadt mit Gewalt an; zwingt ihr zwar etwas, aber nicht die Reichsimmediatät, ab, im ſtadiſchen Vergleich, 309. beym, A. 1662 ausgeſchriebenen Reichstag geht der Streit wieder an. Schweden greift A. 66 abermals zu den

Waf

IV. Realregister.

Waffen; aber durch Vermittelung Chur- und anderer Fürsten, kommt ein Vergleich zu Habenhausen zu Stande, da die Unmittelbarkeit zwar blieb, doch sollte die Stadt sich der Beschickung künftiger Reichstäge bis aufs Jahr 1700 enthalten, 309.
- - gründliche Anmerkungen, daß die beyden Verträge von 1654 und 66 zwischen Schweden und der Stadt Bremen von verschiedenen grosen Publicisten und Geschichtskundigen, theils nicht richtig angeführet, theils unrecht verstanden sind worden, XIX, 290 f. das letztere ist sonderlich vom Habenhausischen Vergleich zu verstehen, 291. da aus der Verbindlichkeit der Stadt: sich der Beschickung künftiger Reichstäge zu enthalten, 292. gefolgert und fälschlich angegeben wird, als ob die Stadt würklich den Reichstag zu beschicken, weder befugt, noch ihr solches zugelassen wäre worden. Allein der Irrtum rühret daher, weil der Satz: nach geendigtem diesen noch währenden Reichstag, ausser Acht von den meisten gelassen wird, 293. 294. denn die Stadt begab sich ihrer Possessionis uel quasi auf dem damaligen schon 4 Jare daurenden Reichstag keinesweggs, sondern nur nach dessen Schluß, auf künftigen Reichstägen bis 1700, 292.

da nun dieser Reichstag nicht aufgehöret hat, so ist auch die Stadt nicht aus ihrer Befugnis gesetzet worden, sondern hat würklich ihr Recht durch Beschickungen fortgeübet, 292. 293. Beyspiele von Gesandten der Stadt Bremen, welche seit 1662 bis aufs Jahr 1742 auf dem Reichstage sich eingefunden, 295 f. - - nach dem Friedensbruch Schwedens A. 1675 mit dem Reich, blieb die Sache im Suspenso, und die Stadt in ihrem Wesen, XV, 310. wie sich endlich, nachdem A. 1719 die Herzogtümer Bremen und Verden an Churbraunschweig-Lüneburg gekommen, die langen Sorgen und Zweifel der Stadt durch Vergleiche von 1731 und 41 gehoben, und der Stadt ihre Immedietät mit allen Rechten eingestanden ist worden, 310. 311. es hat aber auch der König von Dännemark, Friedrich III, der letzte Innhaber des Erzstifts, der so viel mit der Stadt gestritten, A. 1657 schon derselben Reichsfreyheit erkennet, 310. es war die Gefälligkeit Churhannovers gegen die Stadt zu vermuten, da das Haus Braunschweig beym westphälischen Frieden den statum immedietatis derselben portiret, 312. - - A. 1652 hatte Bremen das Unglück, in die Reichsacht zu verfallen, da sie sich dem, von Graf Anton Günther

ther von Oldenburg, errichteten, ihr beschwerlichen Weserzoll widersetzt; und muste zur Versöhnung brav in die Büchse blasen, IV, 421. - - des Tobias Andreas wahrer Lobspruch von dieser Stadt, XV, 2. sie ist unter den niedersächsischen Städten 1522, die erste, so sich zum Evangelio bekennet, ib. Reformationsgeschichte derselben, 3. im Catharinenkloster wird eine lateinische Schule angeleget, ib. geringer Anfang derselben, 4. der Zustand bessert sich nach 50 Jahren gar merklich, ib. aus der obersten Classe wird 1584 ein Gymnasium illustre, ib. die ersten Professores und Rektor, 5. die folgengenden Rectores, 5 f. das Gymnasium geräth etwas in Verfall, 6. Matthias Martinius hilft ihm wieder auf, ib. Veränderung im Rectorate, 1699, 7. Ruhm deßselben, 7. 8. Bibliotheck und eigne Buchdruckerey, 8. viele gelehrte Leute kommen aus diesem Gymnasio, ib. Jubelfest, 1684, ib.

Brene, die Grafschaft, wie sie an Sachsen gekommen, V, 286.

Brenneisen wird der Parteylichkeit in seiner ostfrießländischen Historie beschuldigt, XVI, 238.

Brescia macht sich Malatesta unterwürfig im XVI Saec., I, 10.

Breßlau bekommt H. Heinrich III als besondern Herzog A. 1143.

es fällt nach H. Heinrichs VI Tod 1335 an den König von Böhmen Johannes, III, 43. - - der Bischof von Breslau hatte iährlich über 150000 Thaler Revenüen, XII, 29. - - der Stadt Breslau giebt Kais. Carl V, auf Ansuchen seines Bruders K. Ferdinands, weil sie des Reichs Gränzstadt und Schutzwehr seye, ein ungemeines Privilegium 1530 zu Augsburg; worinnen nicht nur alle alte Privilegien bestättigt und hergestellt, sondern auch viele neue Freyheiten und Vorrechte ertheilet sind worden, XVII, 90. verbessert derselben altes Wappen, 91. Henelii und anderer falsche Beschreibung desselben, 91 f. Untersuchung von dessen Ursprung, 92 f 94. - - Streit der Bürgerschaft mit der Geistlichkeit im XVten Saec., den Pabst Martin V, 1420 für die Geistlichen entscheidet, 94 f. groses Ansehen und guter Ruhm wegen guter Münze dieser Handelsstadt, und Lob, so ihr Kaiser Sigismund gegeben, 95.

Bretagne. Wie dieses Herzogtum an die Könige von Frankreich, durch ihre Herzogin Anna gekommen, und diesem Königreiche, ohnerachtet der Vorsicht seiner Stände, incorporirt ist worden, VI, 186. 191. 192.

Breysach wird 1633 von den Schweden unter Anführung des
Rhein-

Rheingrafens Otto Ludw. belagert, I, 293. Nachricht von einigen vorhergegangenen Kriegsoperationen zwischen den Kaiserlichen und Schweden, welche Gelegenheit zu dieser Belagerung gaben, 290-293. wird wegen Annäherung des mit spanisch und italienischen Völkern ankommenden Herzogs von Feria den 16 Oct., nicht den 11ten, aufgehoben, 432. Die Noth in der Stadt verursachte die 289 vorgestellte Nothklippe, nebst mehrern dergleichen, 432. A. 1634 geschieht wieder ein Versuch auf Breysach. A. 38 machte sich H. Bernhard von Weimar davor, nachdem sich der Commendant Reinach aus Geiz von Lebensmitteln entblöset und den Vorrath verkaufet, 294. die Stadt geht, nach verschiedenen vergeblich, vom General Götz, Gen. Major Horst, dem H. von Lothringen, und wieder vom Götz, versuchten Entsatzen und grosem Verlust der Kaiserlichen, nach entsetzlicher Hungersnoth den 9. 19ten Dec. über, 295 f.

Briconet, Robert, Erzbischof zu Rheims, und königl. französischer Cantzler, aus einer adelichen Familie in Touraine entsprossen, hatte einen verdienten Vater am Johann Briconet, Herrn von Varenne &c. XVI, 283. er hatte noch 5 Brüder, die angesehene Männer geworden, 283 f. Robert wird erstlich Parlamentsrath zu Paris, hernach Canonicus &c. Abt zu Vedast, und 1494 Erzbischof zu Rheims, 284. bekommt das grose Siegel und die Cantzlerwürde von Frankreich A. 95. Stirbt 97, ib. sein Bruder Briconet, Wilhelm, Cardinal von St. Malo, war K. Carls VIII Liebling. Er hatte erst eine Frau, mit der er 4 Söhne erzeugt, die groß geworden, XVI, 284. er wird nach seiner Gemalin Tod geistlich, Bischof zu Nimes, St. Malo, und nach seines Bruders Tod Erzbischof zu Rheims. Krönet K. Ludwig XII, vertauscht Rheims mit Narbonne, ib. erhält den Cardinalshut vom P. Alexander VI, A. 96. er veranlasset das Concilium Pisanum, darüber ihn P. Julius II aller seiner Würden entsetzt, die ihm P. Leo X, A. 1514 wieder giebt. Stirbt, 285. - - Wilhelm sein Sohn war Abt zu S. Germain des Prez, Bischof zu Lodeve, und stirbt als Bischof zu Meaux 1533, 286.

Brief wird von den Geusen erobert A. 1872, IV, 257.

Brigitta, die Heilige, aus Schweden gebürtig, Peters von Morhamer Tochter, (s. Brahe) stirbt 1373 zu Rom. Ihr Bruder Peter läßt sie 1390 daselbst vom Pabst Bonif. IX canonisiren, VII,

338 f. Kosten dabey. Das Gastmal, so dem Pabst gegeben wird, kostet 47 fl. ib.

Brixen. Ungewisheit des Ursprungs dieses Bistums. Die gemeine Tradition macht den Märtyrer St. Caßian zum Stifter, den, Fortunatus, Patriarch von Aquileia, A. 350 zum Bischof zu Seben geweyhet haben soll, V, 362. 364. die Hunnen verheerten Seben, und findet man keinen Bischof bis auf den heil. Ingenvinus, Genawein, der vor A. 590 Bischof gewesen seyn muß, nachdem Theodo III, H. von Bayern, Seben wieder erbauet, und Elias, Patr. von Aquileia das Bistum erneuert, 364. was vom heil. Lucanus, Bischofen von Brixen, A. 424 dazwischen zu halten? 365. älteste Nachricht von den Bischöfen zu Seben, ib. Seben gehörte zum lombardischen Reiche Saec. VIII, und Thassilo III, H. von Bayern hat es wahrscheinlich von seinem Schwieger-Vater K. Desiderius an sich gebracht, ib. wann das Bistum von Seben nach Brixen verlegt ist worden? muß schon Saec. VIII auch geschehen seyn, weil P. Leo III in einer Bulle von 798, Alim ecclesiæ Sabionensis, qui nunc *Brixiensis* &c. geschrieben, 366. das Bistum Brixen erhält die Reichsimmedietät vom K. Ludwig dem Kinde, 909. vom Kaif. Ludwig, K. Ludwig dem T. und vom Kaif. Arnolph auch schon Freyheiten, ib. vom Kaif. Heinrich II das Gut Seldes. Anmerkung von dessen Diplomate, ib. Kaif. Conrad II schenkt Bischof Hartwigen eine Grafschaft, 367. und dem Bischof Poppo die Jagd 1048, den er selbiges J. zum Pabst, unter dem Namen Damasus II, zu Rom machte, ib. Kaif. Friedrich II giebt B. Bertholden die Bergwerksgerechtigkeit, 1218. Kaif. Maximil. ein Privil. de non appellando, ib. Reihe der Bischöfe daselbst vom Anfang des XVI Sacc. bis auf ietzige Zeit, IV B. §. 12.

Brömse. Nachricht von dieser altadelichen Familie, XVIII, 148. woher dieser Zuname Brömse kommt, ib. Nicolaus von Brömse, Burgermeister von Lübeck, XVIII, 147 f. ist 1514 daselbst in den Rath gekohren worden, 148. hat den nachmaligen grosen König in Schweden von dem Geschlechte Wasa, Gustav Ericson, aus den Händen seines Feindes, K. Christian II, gerettet, 149. damals, 1519, soll er schon Burgermeister gewesen seyn, ib. er ziehet sich einen grossen Unwillen von der Bürgerschaft zu, weil er der römischcatholischen Religion eifrigst zugethan gewesen, und die evangelische Lehre gehin-

gehindert, 150 f. Reimer Kocks Erzehlung davon, ib. eine neue Begebenheit macht die Bürger sehr aufstößig, 151 f. er und der Burgermeister Hermann Plönnies gehen 1531 aus der Stadt und zum Kaiser nach Brüssel, 152. darüber entstehet eine ungemeine Bewegung in der Stadt, 153 f. die Hauptaufrührer, 154. Schriftenwechsel deswegen, 154 f. er wird von dem Kaiser in den Ritterstand gesetzet, davon der Gnadenbrief völlig beygebracht wird, 156 f. kaiserliche Mandate an die Stadt, 157. der Kaiser gebietet, bey unausbleiblicher Execution zum letztenmal, alles in den vorigen Stand zu setzen, ib. Erfolg davon, 157 f. Bromse kommt, wie im Triumph, wieder, 159. dessen Unterhandlung mit dem heimlich angekommenen Erzbischof zu Lunden, Johann von Wesel, 159 f. er stirbt 1543 catholisch, 160. übler Nachklang in einer lübeckischen Chronick, ib. Grabschrift, 161. von seinem Bruder Heinrich, 161 f. seine Kinder, 162. Untersuchung seiner Aufführung, 162 f. ob die Bromse auf gewissen Lübecker Thalern sein Wappen- oder Namenszeichen, und der kniende geharnischte Mann sein Bildnis sey, 165 f. die Bromse scheinet vielmehr ein Kennzeichen des Münzwardeins zu seyn, 168 f.

Bronchorst, ein Städtgen in der Grafschaft Zütphen, X, 2. von dessen alten Grafen und Herren, ib. f. conf. Gronsfeld.

Brüder, drey, Herzoge von Münsterberg und Oels, heyraten auf einem Tag drey Schwestern, Töchter Herzog Hansens von Sagan und Großglogau. Unglücklicher Erfolg, welcher von der guten Gesinnung des H. Hansen gegen seine Tochtermänner hergekommen, XVII, 109.

Brüderliche Eintracht. s. Braunschweig.

Brüderschaft der leibeigenen Dienerinnen Mariä, stiftet Henrietta Adelheid, Churfürstin von Bayern, für adeliche Frauenspersonen, VI, 94. ist die erste Priorin, ib.

Brüssel. Daselbst ist die Zahl 7 beliebt. Besonderes Vorrecht 7 adelicher schöpfenbarer Familien, das patricialische Prärogativ aus deren Familien durch Heyraten mitzutheilen, XIX, 170.

Bruno, Bischof zu Augspurg, war Kais. Heinrichs II Bruder, und Sohn H. Hezels II von Bayern und der burgundischen Gisela, XIX, 370. wird von seinem Bruder aufgebracht, weil er das Herzogtum Bayern nicht ihme, sondern Heinrichen von Luxenburg, seiner Gemalin Bruder A. 1004 gegeben, ib. hängt sich an H. Hezel in Franken, der auch um Bayern

Bayern buhlte, und an andere Feinde des Kaisers, ib. wird doch begnadigt und erst darauf A. 1007 Bischof. 170 f. er hätte aus beybehaltenem Neid gegen seinen Herrn Bruder, beym Kais. Conrad II es gerne dahin gebracht, das Stift Bamberg wieder aufzuheben, 371. es ist ihm aber Kais. Heinrich mit halbausgerauftem Bart erschienen, und hat ihn gewarnet, wie vorhin der heil. Emmeran auch g'thun, A. 1018, da er Anspruch auf Eintenhofen gemacht, XXI, 47. A. 1025 hat ihn Graf Welf II in Schwaben in die Zucht genommen, 48. er half Kais. Conrad II wählen, der ihm auch A. 26, da er nach Italien ziehen wollte, seinen Sohn Heinrich anvertrauet, ib. er wohnte der bischöflichen Versammlung 1023 zu Seeligenstadt bey, was er sonst in Kirchensachen gethan, ib. stirbt 1029. sein Begräbnis und veränderte Grabschriften, ●. XIX, 371.

Bucer, Mart. ein evangelischer Theologus, verfertigt dem Churfürst von Cöln Hermann, nebst dem Melanchthon ein Bedenken von der vorzunehmenden Reformation im Erzstifte, IV, 61. findet grosen Widerspruch, 62.

Buch, ein Kloster bey Leipzig, stiftet Maraggr. Dedo 1175. X, 407.

Bucretius, ein breßlauischer Bürger, muß seinen Dieb in der polnischen Stadt Ploczko selbst henken: kümmert sich tod darüber, VI, 404. üble Folgen davon für Breßlau, ib.

Buddens, damals Prof. zu Halle; was ihm Ludewig nachschreibt, VII, 174.

Burgmilchling, Heinrich Hermann Freyherr von, der letze seiner Linie, war bey der Inauguration der Universität Altdorf 1613 als kaiserlicher Gesandter gegenwärtig, I, 153. läßt einen schönen Thaler schlagen 1608, ib. übt das vom Kaiser erhaltene Münzrecht nach der kaiserlichen Vorschrift aus, 157. hat dieses Regale mit der Churfürsten Einwilligung erhalten, 160. von seinem Geschlechte, s. Schutzspeer.

Burgund, das Herzogtum, war ein französisches Lehen, darinnen das Recht der weiblichen Erben, nach Abgang der männlichen, galt, XXII, 330. und wird A. 1467 im peronischen Tractat für souverain vom K. Ludwig XI erkennet; dem ungeachtet von demselben der rechtmäßigen Erbin Maria, nach ihres Vaters unglücklichem Tod, gewaltsam entrissen, 391.

Burgundischer Lehen, (des alten Königreichs) Beschaffenheit, da die weibliche Erbfolge in den Lehen gilt, VIII, 402. X, 94.

Burgundus, Nic., hat den Stoff zu seinem Ludouico Bauaro, dem gelehrten Jesuiten und bayerischen Historiographo Brunnero zu dancken, wie aus dessen Schreiben an Ehingern, Rector zu Regensburg, zu ersehen, XII, 325.

Bursfeldische Societaet Benedictiner-Ordens hat ihre Einrichtung und Privilegia dem Erzbischof Dietrich von Mayntz von 1449 zu dancken, VI, 392.

C.

CABAL., nennte man in England den geheimen Cabinetsrath K. Carls II, den er zu Ausführung seiner geheimen und gefährlichen Anschläge A. 1670 angerichtet, XI, 340. es fasset das Wort Cabal die 5 Anfangsbuchstaben der Lords, die denselben ausmachten, ib. wie sie sich verhalten, 340. 341.

Cabinet d' ignorance, bey der Naturaliencammer zu Dreßden, XX, 93.

Caën, die Einwohner dieser französischen Stadt sind fast alle geborne Pickelheringe, XIII, 396.

Cäsar, D. Phil., ein reformirter Theolog, wird Hofprediger bey H. Joh. Adolph zu Holstein Gottorp 1645; sucht die reformirte Religion durch Schriften auszubreiten, VII, 261 f. wird nach des Herzogs Tod mit seinem Anhange aus dem Lande geschafft, und zu Cöln catholisch, XX, 110.

Caffee, wird als ein rechtes Hausübel beschrieben, X, 295.

Calenderstreitsache, darein D. Ge. Mylius zu Augspurg sehr verwickelt worden, XX, 195 f.

Calvinus, Johann, wie fertig und aufrichtig er sich im Werke des Herrn gezeigt, vornemlich bey der durch ihn 1553 zu Genf ausgewirckten Verbrennung Mich. Serveti, XIII, 259 f. 429 f. 431 f. XIV, 463 f.

Cambray, oder Cammerich, die Bischöfe daselbst sind A. 1599 zu Erzbischöfen gemacht worden, IV B. §. 5.

Camin, das Stifft, begreifft 5 ansehnliche Städte unter sich, IX, 244. kommt im westphälischen Frieden an Churbrandenburg, ib. unter was für Bedingnissen? XI, 188. der Bischof von Camin war kein unmittelbarer freyer Reichsstand, sondern der vornemste Landsstand des Herzogtums Pommern, IX, 350, 352. wie die Herzoge ihr Ius patronatus et uasallagii mit aller Superioritaet behauptet haben, ib.

Cammergericht, das kaiserl., hat zum ersten Cammerrichter Graf Eitel Friedrich zu Zollern 1495, XXII, 34. läßt mandata de non offendendo an Marggr. Albrecht den jüngern von Brandendenburg, und endlich gar die Reichsacht gegen ihn, ergehen, III, 414 f. welche der Kaiser zu exequiren befiehlt, 415. - - dasselbe will kein Reichsvicariat über sich 1612 erkennen, und das verglichene Vicariatssiegel nicht gebrauchen; muß sich aber fügen, II, 76-78. weigert sich aber doch hernach, einen von den Reichsvicariis präsentirten Präsidenten anzunemen, 78 f.

Cammerzieler, verstehet sich der Herzog von Lothringen zu geben, ob er sich und seine Unterthanen von der Gerichtsbarkeit des Cammergerichts gleich exemt gemachet A. 1542 und 43, VIII, 37-39.

Cammer des Pabsts, was sie heiße? X, 50. worüber sie die Gerichtbarkeit habe, 51. das Haupt derselben ist der Cardinal Cämmerling, ib.

Campegius, päbstlicher Legatus, bezeigt sich stolz und hart zu Augspurg auf dem Reichstage A. 1530, XV, 372 f.

Campen, eine der 3 Hauptstädte in Ober-Yssel; deren Beschaffenheit und Alter; hat ihren Namen warscheinlich von den alten Chamauis, X, 257 f. war vorhin eine Reichsstadt, mit Zwoll und Deventer genau verbunden; eine Hanseestadt, 258. ist merkwürdig, daß sie sich doch noch auf Thalern eine Reichsstadt genennet, ob sie gleich längst von dieser Würde abgekommen, X, 433 f. 438. ist A. 1578 noch von teutschen guten Völkern besetzt, die in spanischen Sold stunden; wird vom Statthalter von Frießland und Grönningen Gr. von Renneberg eingenommen. Die Stadt muß die Union annemen, 259. - - wird A. 1672 vom Bischof zu Münster aufgefordert und den 13 Jul. eingenommen, 261; bekommt französische Besatzung wider allen Accord, und wird sehr ums Geld gepresset, so daß alles Silbergeschmeid in Nothgeld verwandelt werden muste, ib. die Stadt entschuldigt ihre schleunige Uebergab bey den Generalstaaten durch ein Schreiben, und zeigt, wie schlecht für sie gesorgt seye worden, 261-264. der französische Commendant Magalotti führt sich A. 73 beym Abzug noch gar hart durch Gelderpressungen und Demolirung auf, 264.

Campobasso, Nic. Graf von, stammt aus der Familie von Montfort aus der Provence. Seine Vorfahren bekommen vom Hause Anjou die Grafschaft Campobasso in Apulien für ihre Dienste, XXI, 409*. er leidet durch das Unglück des Hauses Anjou in Neapel A. 1461 und verliert seine Grafschaft, 410*. er nimmt seine Zuflucht zu H. Carl von Burgund, der ihn gerne als einen wolverſuchten Soldaten aufnimmt. Er wirbt italieniſche Truppen für den Herzog und ſteht mit vor Neuß 1474. Er bezeigt ſich falſch gegen den Herzog, da er die Belagerung von Nancy, als ein alter Freund des lothringiſchen Hauſes, verzögert, 411* f. auch ſoll er in der Schlacht bey Granſon A. 76 durch verrätheriſche Flucht am Verluſt des Herzogs ſchuld geweſen ſeyn, als ein ſchändlicher Miethling, 412*. er erbietet ſich, den Herzog von Burgund, an den K. von Frankreich, tod oder lebendig zu liefern, gegen eine Obriſtenſtelle, eine Grafſchaft in Frankreich, und 25000 Ducaten, 413*. der König entdeckt es dem Herzog, der ihm aber keinen Glauben beymißt, ſondern glaubt, man wolle ihm nur dieſen braven Mann verdächtig machen, ib. die dißfallige Redlichkeit K. Ludwigs XI ſcheinet auch verdächtig, 413. Als H. Carl nach der Niederlage bey Murten, Nancy zum zweytenmal belagert, verſpricht Campobaſſo dem H Renatus von Lothringen, nicht nur die Belagerung fruchtlos, ſondern dem Herzog den Garaus völlig zu machen. Dafür verheißt ihm Renatus die Grafſchaft Vaudemont und alle Vortheile beym König zu verſchaffen, 413 f. umſtändlicher Bericht, wie er durch viele Schelmenſtücke würklich endlich den Herzog, ſonderlich durch ſeinen Uebergang beym Anfang des Treffens zum H. von Lothringen, völlig mit ſeiner Armee zu Grunde gerichtet, 413 = 416*. als er mit ſeinen Leuten übergangen, wollten die tapfern Teutſchen, ſo unterm Renatus ſtunden, nicht neben dieſem Verräter fechten, ſondern wieſen ihn mit Schimpf von ſich; wodurch er Anlaß bekommt, die flüchtigen Burgunder in einem Hinterhalt zu überfallen und viele zu fangen, 416. er wird an ſtatt des Lohns für ſeine abſcheuliche Verräterey ein Scheuſal bey allen redlichgeſinnten, und muß flüchtig und unſtät werden, ib.

Canäle zu führen und Verbeſſerungen der Flüſſe zur Communication und Aufnahm der Schiffart und Handlung, die Meere zu vereinigen, gehöret unter die rühmlichſten Unternehmungen groſer Herren, IX, 10. Beyſpiele. In Egypten war der Königsgraben, der das mittelländiſche und rothe Meer vereinigen ſollte, 62000 Schritte lang und 100 Fuß breit. Seſoſtris der Gröſte fängt ihn an zu führen, und König Ptolemäus II bringt ihn endlich zu Stande, und verſieht ihn mit einer wunderwürdigen Schleuſſe, 10. 11. von den durch Kunſt

Kunst gemachten Ausflüssen des Nils, 11. von der Zusammenleitung des Euphrats und Tygris durch die ältesten babylonischen Könige, und mehrern Canälen derselben, 11. - - des Römers Marius Canal an der Rhone gegen Aigues-mortes, ib. des Drusus Canal vom Rhein in die Süder-See, 12. - - vergeblicher Versuch K. Demetrius in Macedonien, des Jul. Cäsars, Kais. Neros den corinthischen Istmus zu durchgraben, ib. - - Kais. Carls des Gr. Unternemung, die Donau mit dem Rhein zu vereinigen, 12. K. Ludwigs XIV angelegter Canal in Languedoc zur Vereinigung des aquitanischen und mittelländischen Meers, 13. - - Churfürst Friedrich Wilh. von Brandenb. vereiniget durch den Canal bey Mühlrosa die Oder und Spree, ib. Cz. Peter I macht den Anfang, durch zusammen geleitete Flüsse die Communication zu Wasser von Petersburg über den Ladoga See bis nach Constantinopel zu Stande zu bringen, 13. - - K. Georg von England und Churf. von Hannover, läßt bey Hameln zur Sicherheit und zum Besten der so gefährlich gewesenen Weserschiffart die Schleusse bey Hameln von 1731-34 bauen. Beschreibung des Baues, und der Schleussen Beschaffenheit, 13-16. Denkmal zu Ehren des grosen Erbauers, 16.

Candidus, Pantaleon, Superint. zu Zweybrücken, unterzeichnet die Formulam concordiae; neigt sich zur reformirten Lehre; bekömmt Widerspruch, XII, 310. copuliret Churf. Gebhard, Truchseß von Waldburg, von Cöln, mit der Gräfin von Mansfeld, 312.

Canstein. Dieses altadeliche Geschlecht hat erstlich Raben geheissen, und hat von seinem Lehengut Canstein, womit es lange vorher belehnt gewesen, den Namen angenommen, XIII, 58.

Canstein, Raban v., Churbrandenburgischer geh. Rath, Ober-Hof-Marschall, Cammerpräsident, geb. 1617, seine Eltern ꝛc. XIII, 58. 64. verliert seinen Vater im 5ten Jahr; wer ihn erzogen, 58. will die Theologie, muß aber die Rechte und Historie studiren; seine Reisen, 59. macht sich in seinen ersten wolfenbüttelischen Diensten, bey Verschickung am churbrandenburgischen Hofe beliebt, ib. der Churf. fängt A. 50 an, sich seiner Dienste zu gebrauchen; macht ihn A. 53 zum Cammerpräs. 59. wird A. 57 als 2tes Gesandter zur Kaiserwahl geschickt, 60. vom Kaiser Leopold in Freyherren Stand erhoben, ib. seine vielen wichtigen Dienste und dabey ausgestandene Widerwärtigkeiten, ib. sucht und erhält endlich

endlich die Entlaſſung ſeiner Dienſte. Er erzeugt mit ſeiner 2ten Gemalin von Kracht 6 Kinder, ſtirbt 1680. Hat viele theologiſche Schriften im Mſct. hinterlaſſen, 61. ſein iüngſter Sohn Philipp Ludwig bleibt bey Oudenarde 1708, ib. ſein mittlerer Sohn Carl Hildebrand, geb. 1667, ergiebt ſich den Studien und der Gottſeeligkeit. Thut ſchöne Reiſen, mag keine Dienſte, 61. ſeine Bekanntſchaft mit D. Spenern und den hälliſchen Theologen; giebt Stipendia, fördert die hebräiſche Bibel des D. Michaelis, 61. 62. es war ſein Vorſchlag, A. 1710 die heilige Schrift aus dem Weiſenhauſe zu Halle accurat und recht wolfeil zu liefern, 62. wie glücklich und unter welchem Beyſtand dieſer ſeelige Anſchlag zu Stande gekommen? 62 f. wie viele Exemplare gedruckt worden, conf. XIV, 462. er verfertiget die Harmonie und Auslegung der vier Evangeliſten, binnen 7 Jahren; ſtirbt 1719 ohne Kinder, 63.

Canterbury. Die erzbiſchöfliche Kirche erhält vom K. Canut das Vorrecht, daß ſie ſeyn ſoll Regni angligeni mater et Domina I, 46. - - die Erzbiſchöfe von York machen dem Erzbiſchof von Canterbury den Primat lange ſtreitig, bis Alexander II, Pabſt ſolchen A. 1072 zu des letztern Vortheil entſcheidet, XI, 367.

Canzler, demſelben kan in Frankreich ſeine Würde nicht genommen werden, wenn er nicht förmlich einer Uebelthat überzeuget wird, VI, 213. ſein groſes Anſehen, und wie er gelernet hat, dem Könige gefällig zu ſeyn, XVI, 287 f.

Canus, Melchior, Prediger-Ordens, Biſchof der cameriſchen Inſeln, hält nicht viel von neuen Offenbarungen, und daher rürenden Anſtalten der Andacht, XVII, 279. wodurch er ſich der Jeſuiten Ungunſt zugezogen? 280. ſein Urtheil von den Lebensbeſchreibungen der Heiligen, 248.

Canut, der groſe König in England, Dännemark und Norwegen, wird auch Cnut und Cnuto geſchrieben, I, 41. Herleitung des Namens Cnut, ib. er weicht nach ſeines Vaters Tod A. 1014 aus England; ſchickt die Geiſeln verſtümmelt zurück; verdrängt ſeinen Bruder Harald in Dännemark; kehrt nach England mit groſer Macht zurücke, 42. treibt den K. Ethelred in die Enge; ficht unglücklich gegen deſſen Sohn K. Edmund, 43. ſiegt endlich über denſelben, nimmt London ein; läßt ſich in einen Zweykampf mit Edmunden ein. Sie vergleichen ſich und theilen das Reich, 44 f. Canut zieht das ganze Reich an ſich,

sich, und läßt sich zu Canterbury crönen; ist großmütig gegen Edmunds Kinder, 45. läßt den Verräter Edrich samt Edmunds Mördern hinrichten; heyrathet Ethelreds Wittwe, 46. thut viel an den Kirchen; baut das Kloster Edmundsburg; schickt seine dänische Flotte reich beladen heim, 46 f. macht Ansprüche auf Norwegen, und führt Krieg mit dessen König Olaf II, den er verjagt und erlegt 1026. Er macht seinen Sohn Hacken zum König, 50 f. sein Schwager Ulffo will ihn um den dänischen Thron bringen, ib. er thut A. 27 mit seiner Gemalin Emma eine Wallfart nach Rom; wohnt Kaif. Conrads II Krönung bey, 51. erlangt Vortheile für seine Unterthanen, und verspricht des KaisersPr. Heinrich seine Tochter Gunild. Verspricht Lebensbesserung und gerechtere Regierung, 52. Beweggrund zu dieser Wallfart, ib. er demütiget K. Malcolm von Schottland, 53. sein letzter Krieg mit Richarden in der Normandie. Von seiner Gemalin Alfgira und Kindern mit ihr; stirbt den 12ten Nov. 1035, 53. Ihm wird viel böses nicht ohne Grund von den schwedischen Schriftstellern Schuld gegeben, 54. seine Demut gegen GOtt, 55. warum Canuts Bildnis ohne Krone auf Münzen stehet? ib. Canut heiset auf Münzen öfters nur Rex Anglorum; in Diplomatibus aber R. Angl. Danorum et Norweg. auch nennet er sich in einem Privilegio Imperatorem, 48.

Carafa, ein vornemes Haus in Neapel, aus welchem viele geist- und weltliche Fürsten und Herren entsprossen, I, 161. verschiedene Meinungen vom Ursprung und Namen desselben, 162. darunter die am besten bewiesene ist: daß sie vom sigismundischen Geschlechte zu Pisa entsprossen; da Stephanus von seiner Mutter Cara, Carae filium sich stets geschrieben, daher der Name, 162 f. er stirbt als K. v. Sardinien 1040, 163. sein Sohn Ricares dus muß den Saracenen weichen, und kommt nach Neapel. Dessen Sohn *Sergius* wird der Vte H. dieses Namens zu Neapel, ib. von seiner Nachkommen Schicksal und Bartholomaeo II, dessen 2 Söhne Andreas und Thomas die 2 Linien della *Spina* et della *Stadera* stiften, 163. Andreas Carafa, von dem die Medaille p. 161 ist, verdient sich beym K. Friedrich die Landschaft Severino, wird Vice-Re in Neapel, stirbt 1526, 163. baut vor Neapel ein Lusthaus mit einer feinen Inscript. und setzt seinen Eltern ein schönes Epitaph., 164. Joh. Peter Carafa besteigt

steigt den päbſtl. Thron unterm Namen Pauls IV, macht ſich und ſein Haus ſehr verhaßt, 166 f. ſeine Nepoten groß; die aber für ihre Bosheit geſtraft werden, 165. Johann H. von Palliano wird enthauptet. Der Cardinal Carl erwürgt, ib. der Strick reißt einmal entzwey, muß aber doch daran. Epigr. darauf, ib. ob er dieſen ſchmählichen Tod verdient, 167. dieſes Geſchlecht hat viele Gelehrte hervor gebracht, 168.

Caravello, Andr., ob er den erſten K. in Sicilien gekrönet, und daher das Hauß Caravello zu Palermo das beſtändige Recht die ſicilianiſchen Könige zu crönen erhalten, I, 85.

Cardinäle, errichten nach P. Pius II Tod eine Capitulation, worinnen ſie einem künftigen Pabſte allerhand vorſchreiben, und ſich vorbehalten, jährlich a Zuſammenkünfte ohne den Pabſt zu halten, und über deſſen Conduite zu urtheilen, II, 207. ihr Anſehen und Pracht wächſt, durch erhabnere Sitze und Purpurkleider, durch P. Pauls II Vergünſtigung, 208.

Cardinal Cämmerlings Verrichtungen bey Erledigung des päbſtlichen Stuls, X, 50. wovon er den Namen führe, ib. hatte ſonſt auch die weltliche Regierung der Stadt Rom zu beſorgen, ib. iſt das Haupt der päbſtlichen Cammer, 51. wer unter ihm ſtehe, ib. was er zu beſorgen habe, und wie er bey den Verſammlungen der Cammer gekleidet ſey, ib. ſeine groſe und weitläufige Gewalt; ſeine Würde iſt die andere nach dem Pabſte zu Rom, ib. ſie endigt ſich nicht mit dem Tode des Pabſts, 52. was er noch für Rechte habe, ib. er darf während der Erledigung des päbſtlichen Stuls Geld mit ſeinem angebotnen Wappen ausmünzen, ib. verſchiedene ſolche Cardinalcämmerlinge und ihre Münzen, werden angeführt, 52 f. Cardinal Padrone, der Titel, und Eminens, wann ſie aufgekommen? 55. 56.

Cardinalitiae maieſtatis Triangulum, nennte man 3 Cardinäle aus dem Hauſe Barberini, die zu gleicher Zeit den Hut trugen, X, 56.

Carl, Carolus, kommt nicht von charus, ſondern von Carl, vocabulo ſeptentrionali, uirum ſignificante, her, V, 295.

Carl der Groſe, Kaiſer, muß auf Anſtiften ſeiner Mutter eine Staatsheyrath mit K. Deſiderius Tochter Deſiderata treffen, womit der Pabſt nicht zu frieden, IV, 99. verſtößt ſie unter dem Vorwand der Unfruchtbarkeit; iſt hart zu entſchuldigen, 99 f. er nimmt dagegen Hildegarden, 98. 101. Kaiſ. Carl erlangt, behauptet, und übet über Rom und den

den Pabst die Oberherrschaft nachdrücklich aus, XIX, 356-360. conf. Rom. Er macht Aachen zum Solio Imperatoris, und bauet unsrer Frauen Münster daselbst, VII, 30 f. - - sucht A. 793 die Donau mit dem Rhein zu vereinigen, davon bey Weisenburg im Nordgau noch Ueberbleibsel der schweren Arbeit zu sehen, IX, 12. - - gar verschiedene Meinungen sind davon, wie viel Kaiſ. Carl Bistümer gestiftet habe. Einige geben vor: Er habe so viel gestiftet, als Buchstaben im Alphabeth wären, und hätte mit A, Aachen, den Anfang gemacht, und mit Zürch das Ende, XI, 330 f. andere geben 10 an, 331. Ditmar von Merseburg sagt nur von 8, und diese hab. er in einem Tage A. 800 gestiftet, ib. andere vermindern die Zahl auf 7 oder 4, 332. endlich verfällt Gryphiander auf die Meinung, Carl habe gar kein Bistum in Sachsen gestiftet. Denn Carl habe dazu keine Zeit gehabt, und Eginhardo Stilleschweigen gäb es zu verstehen, 332. A silentio Eginhardi ist der Beweis unkräftig, weil er auch andere wichtige Dinge vom Kaiſ. Carl ausgelaſſen, davon, wie von seinen Stiftungen, Testes fide digni loquentes vorhanden sind, 333 f. Das verborgn. Stiftung ist demselben unmöglich abzusprechen, 334 f. conf. Hildesheim.

Carl der Kahle, König in Frankreich, der von 840-78 regiert, hat sich sonderlich angelegen seyn laſſen, das Münzweſen aufrecht zu erhalten, V, 289. Extract einer uralten Münzordnung von ihm, 290-293. sie scheinet aber nicht lange gedauert zu haben, 294. deſſen Monogramma auf den Münzen, 294. sie haben meist ein K statt des C, ib. er wird als ein listiger, falscher, eigennütziger und gewaltthätiger König beschrieben, 295. - - er heyrathet, nach seiner Gemalin Hermentrudens Tod, seine Maitresse Richild A. 870, deren Bruder Boso er zu den höchsten Ehren erhebt, IX, 186. wird von demselben A. 77 beym andern italienischen Feldzug, wie auch von andern Vaſallen, hülflos gelaſſen; daher Carl eiligst dem K. Carlmann von Bayern weichen muß. Er stirbt auf dem Rückweg den 6 Oct. an Gift, 188.

Carl der Dicke, Kaiser, geht nebst K. Ludwig und Carlmann von Frankreich dem neuen K. Boso heftig zu Leibe A. 880, IX, 191. Boso erkennet sich als seinen Vaſall, 885, 192.

Carl IV, Kaiser, wie es mit seiner Wahl zugegangen, die ihm den Titel eines Pfaffen-Kaisers zugezogen, I, 410. - - von seiner Regierung in Böhmen rühmen die Böhmen goldne Zeiten aus verschiedenen Gründen, XVIII, 49-53. seine vielen Schuldverschreibungen, Veräuserungen u. d. wollen grossen Zweifel daran übrig lassen, 53. - - er versetzt, unter andern, die Reichsstadt Friedberg an Gr. Günther von Schwarzburg. Wie es mit dieser Pfandschaft folgends ergangen, VI, 32. man beschuldigt diesen Kaiser groser Zaghaftigkeit aus seinem Bezeigen gegen Graf Günthern v. Schw., den er nicht das Herz hatte bey Frankfurt anzugreifen, nachdem er ihm als Kaiser entgegen gesetzt ward, XVIII, 238. ferner gegen die Päbste; da ihn Innocent. VI keine Nacht nach seiner Krönung zu Rom ließ, ib. er sacrificirt Urban dem V, oder vielmehr Gregor. XI, den Barnabas Visconti, so viel an ihm war, auf, 239. gesteht demselben, nach seines Sohns Wenzels Wahl, die der Pabst mcht gleich billigte, das Einwilligungsrecht, wider der Churfürsten Verein zu Rense von 1339, mit demütigen Ausdrücken, u, 239. läßt den Delphinat vom K. Philipp VI A. 49. und die Grafschaft Avignon vom Pabst wegnehmen, ohne sich zu rüren, ib. seine Habsucht und Eifer, alles an sich und sein Königreich Böhmen zu ziehen; die Vernachläßigung der kaiserlichen Hoheit, Verkürzung der teutschen Stände, erweisen seine Thaten, und das, was Kais. Maximil. I von ihm geurtheilet, 239. 240. - - Beweis, daß er öfters in seinen Privilegien auf Bitten und Vorstellen der Ansuchenden eine Sache für älter angegeben, als sie war, I, 230. - - er hat zu erst angefangen, in seinen Siegeln Wappen zu füren, III, 213.

Carl V, röm Kaiser, ward fünfmal an verschiedene Prinzeßinnen aus Staatsabsichten in seiner Jugend versprochen, II, 362. heyrathet endlich Isabella, K. Emanuels von Portugal Tochter, auf Anrathen seiner Schwester Eleonora, ihrer Stiefmutter, 363. der Pabst dispensiret wegen der Verwandschaft, ib. Beylager zu Sevilien den 3 Merz 1526. Heyratgut von 800000 Ducaten, ib. mit ihr erzeugte Kinder, 364. mag sich nach ihrem Tod A. 39 nicht mehr heyrathen, sondern pflegt der Liebe, unter andern, mit der Blumbergin, aber mit vieler Behutsamkeit, um kein Aergernis zu geben, 364 f. - - K. Ferdinand der Cathol. ordnet in seinem Testamente, daß Carl zwar Erbe in seinen Reichen seyn, aber den königlichen Titel nicht vor seiner Mutter, der Königin Johanna,

Tod

Tod annehmen sollte, XIII, 123.
Chievres, Carls Hofmeister, kommt es bedenklich vor, weil der Bruder Ferdinand bey den Spaniern, als ein eingeborner Prinz, beliebter war, als Carl, dem K. Ferdinand die Erbfolge misgönnte, ib. er denkt also darauf, ebgeb. Carln den Titel eines Königs von Spanien zu schaffen; addressiret sich an Kaiser Maximil. den, Grosvater, daß er nun die kaiserliche Macht, christlichen Prinzen Titel beyzulegen, nützlich anwenden sollte, 124 f. Kaif. Maximil. giebt Beyfall, und schreibt eigenhändig an Carln, als König, 125. die Spanier sind 1516 nach Ferdinands Tod unwillig, daß Carln in den Niederlanden der Titel eines Königs von Spanien sollte gegeben werden, 125 f. aber Chievres weiß den Regenten in Sp. Car d. Ximenez, durch des Kaisers und Pabsts Beyspiel zu bewegen, daß er sich angelegen seyn läßt, ihm auch den Königstitel in Spanien, ungeachtet geschehener Einwendungen, auszuwürken; welches durch solenne Ausrufung in Castillen geschiehet, 126 f. in Arragonien war die Widersetzlichkeit hartnäckigter, 127. 128. — — weil K. Franz I von Frankr. den Madriter Frieden nicht erfüllt, und nach angezetteltem heiligen Bund P. Clemens VII denselben vor seinem Ende lossspricht, 1526, den 23 Jun. hebt der Kaiser alle päbstliche Gewalt in Spanien auf, und ein neuer Krieg mit Frankreich und den Verbundenen bricht aus, II, 251. IX, 157. der Pabst wird nach Eroberung Roms im May 1527 gefangen; kommt durch Tractaten los, IX, 155=159. was Kaif. Carl von Roms Eroberung und des Pabsts Schickfal an den König von England geschrieben, 160. — im barcellonischen Frieden, 1529 verspricht der Kaiser, dem Pabste seine aus Florenz vertriebene Familie zu restituiren; welches dann A. 30 auch mit Gewalt ausgeführt, und die unbändige Stadt belagert wurde, XVIII, 57 f. er giebt ihr zum Oberhaupt Alexandern von Medices, dem er seine natürliche Tochter Margaretha verlobet, hatte, 58. der Kaiser schickt seinen Commissarium Mussetola dahin, und läßt die Regirung einrichten, dabey übrigens die Stadt bey ihrem Wesen bleiben sollte, 58 f. — der Kaiser wird während des A. 26 angegangenen Kriegs vom K. in Frankreich, und dem K. von England, auf einen Zweykampf herausgefordert, so gros war die Erbitterung, II, 251. der schlechte Fortgang der Waffen des heiligen Bunds, sonderlich der französischen in Neapel, des Doria Ueber-

Uebergang zum Kaiser bringt K. Franzen wieder Friedensgedanken bey, 251 f. der Friede wird zu Cambray behandelt und geschloſſen 1529, 30. den des Antons von Leva Sieg bey Landriano befördert, und wird la Paix des Dames genennet, 252-255 - - der Kaiſer kommt A. 30 nach Italien, und läßt ſich die lombardiſche und röm. kaiſerl. Krone zu Bononien aufſetzen, wo nur der einzige teutſche Fürſt Pfalzgraf Phylipp beywohnete, IV. 285. conf. XI, 93. - - im Jahr 1537 brannte das Kriegsfeuer zwiſchen dem Kaiſer und Frankreich von Seiten der Niederlande und in Italien ſchon wieder, XXII, 244. es kommt in den Niederlanden im Julius zum Stillſtand auf 10 Monate, und dann zu Monzon, noch auf 3 Monate, 246. der Pabſt Paul III ſucht eifrig Frieden zu ſtiften, und bewegt den Kaiſer durch die Königin Maria von Ungarn, und den K. Franciſcus durch die Königin Eleonora, ſich nebſt ihm zu Nizza perſönlich 1538 einzufinden, um durch ſeine Vermittelung den Frieden auszuwürken. Beide Monarchen ſind vom Pabſt doch nicht zu einer mündlichen Unterredung zu bewegen, weil neue Vorfälle zur Verbitterung vorkommen, 246 f. 15 Unterhandlungen ſind vergeblich; man kan weder wegen Maylands, welches K. Franz hartnäckig haben, der Kaiſer aber ihme, auf unanſtändige Bedingniſſe, geben wollte, noch in andern Dingen einig werden, 247. endlich bringt der Pabſt mit groſer Mühe unter dem: uti poſſidetis, einen 10jährigen Stillſtand zu wege, ib. der König geht, ohne den Kaiſer zu ſprechen, nach Marſeille, 248. der Kaiſer aber und Pabſt vergnügten ſich noch zu Genua miteinander. Dieſer Pabſt Paul III gibt Carln den Beynamen Maximus, 248. - - Unterſuchung: ob Kaiſ. Carl oder K. Franciſcus an den oft mit einander getroffenen, und eben ſo oft gebrochenen Friedenstractaten mehr Schuld gehabt? II, 255 f. Kaiſ. Carls Händel mit dem Herzog von Jülich, Cleve und Bergen, Wilhelm, von 1539-43. wegen des Herzogtums Geldern, und endlicher Vergleich 363-367. giebt dieſem Herzoge die Freyheit, ſeine Lande auf ſeine weibliche Nachkommen auch zu vererben, 368. - - des Kaiſers Conduite gegen den H. Carl II von Savoyen, den er bald mit Gnade überhäufet, bald aber drückt und im Stiche läßt, XI, 92-95. - - er ſchließt A. 1544 zu Speyer mit K. Chriſtian III von Dänemark einen Erbvertrag wegen der Schiffart auf der Oſt-See, XI, 48. - - des

Tt Kaiſers

Kaisers gütliches, ernstliches, sonderlich auf dem Reichstage zu Regenspurg im Junius 1546 geäusertes, und endlich kriegerisches und herzhaftes Bezeigen, und siegreicher Fortgang seiner Waffen, gegen die schmalcaldischen Häupter und Bundsgenossen in den Jahren 1546 u. 47, vor der Expedition in Sachsen, III, 58-64. des Kaisers vorher gefälletes Urtheil von der grosen Macht der Verbundenen, 64. conf. schmalcaldischer Bund. - - Untersuchung: Ob der schmalcaldische Krieg vom Kaif. Carl seye als ein Religionskrieg geführet worden? welche Frage mit Nein, aus ziemlichen Gründen beantwortet wird, XVI, 131-134. 136. indessen sind viele der Meinung, der Kaiser habe nur deswegen die Religionsirrungen nicht beylegen wollen, damit er bey fernerer Trennung der Reichsstände, dieselben sich desto leichter unterwürfig, und sich über Teutschland souverain machen könnte, 134. 135. - - ob der Kaiser durch eine verfälschte Capitulation Philippen Landgrafen von Hessen in die Falle nach Halle gelocket; da er schriftlich versprochen ohne einige Gefängnis ꝛc. und hernach das Wort einig in ewig listiger Weise habe verziehen lassen? wird gründlich widerlegt, I, 235 f. wird öfters beschuldigt, als ob er mit zweydeutigen Reden gerne gespielet, und selbige zu seinem Vortheil ausgelegt, II, 255 f. - - was Carl gegen den Marggr. Albrecht von Brandenburg, der Franken so sehr A. 1552 u. f. beunruhiget, gethan, III, 414. 415. - - der Kaiser unternimmt A. 1552 zu später Jahreszeit die Belagerung von Metz, welches K. Heinrich II von Frankreich vermöge des Bundes mit Churfürst Moritz von Sachsen gegen den Kaiser, eingenommen, vergeblich, XXII, 349. IX, 122. 126. Guise vertheidigt es so tapfer und listig, und die Witterung ist so beschwerlich, daß der Kaiser die Belagerung den 6 Dec. mit grosem Verlust aufheben muß, ib. man sagte: des Kaisers Gegenwart habe bey diesem Fehlstreich seiner Generale Ehr gerettet, 127. ist deswegen vielen Spöttereyen der Franzosen ausgesetzt, die sich sonderlich mit des Kaisers Devise, Plus ultra! divertirten, ib. der König von Frankreich sucht den Kaiser verächtlich beym Reiche zu machen, 128. - - Kaiser Carls Bemühung, seinen Herrn Bruder K. Ferdinand zur Abtrettung der röm. Königswürde, für seinen Prinzen Philipp, zu bewegen, II, 60. - - - von des Kaisers scharfen Verboten in den Niederlanden wider die sich ausbreitende evangelische Lehre und Widertäutäufer, die vielen Tausenden das Leben kosteten, VIII, 107. -- der Kaiser wird der schweren Regierungslast, die er von A. 1516 an, 39 Jahre getragen, müde, und entschließt sich 1555, alle seine Reiche ꝛc. seinem Sohn K. Philipp, dem er schon, um die Engländer zu gewinnen, A. 54 Sicilien abgetretten hatte, zu überlaßen, XXII, 370 f. ob ihn des Sohns ungestümmes Anhalten dazu bewogen, den schon lang gefaßten Entschluß frühzeitiger zu vollziehen, ist ungewiß, 371 f. der Kaiser beruft seinen Sohn im Sept. nach Brüßel, und unterrichtet ihn 2 Monate lang klüglich zu regieren; hält eine Versammlung der niederländischen Stände den 26 Oct. und erkläret ihn Vormittags zum Großmeister des goldnen Vließordens, 372. Nachmittags hält der Kaiser eine Rede in Gegenwart vieler hoher Standespersonen und des päbstlichen Nuncii an die Stände; giebt die Ursachen seiner Abdankung an, empfielt ihnen seinen Sohn zum gnädigen Herrn, und entläßt sie der ihme geleisteten Pflichten, 372 f. nach dem steht der Kaiser auf; stützt sich auf den Pr. von Oranien, und erzehlt was er für das Beste seiner Staaten unternommen und ausgestanden; wie er ihr Wohl und Religion zum Zweck gehabt;

und wenn er iemand aus menschlicher Schwachheit beleidiget, so bäte er um Vergebung, 373. wie liebreich er sich gegen seinen Sohn bezeigt, 374. K. Philipp kniet vor ihm nieder, und küßt ihm die Hand: verspricht, seinen Vermanungen nachzukommen. Der Kaiſ. giebt ihm den Seegen, ib. K. Philipp entschuldigt sich hierauf gegen die Stände, daß er der Sprache nicht so mächtig wäre, selbst seine Lieb und Gnade ihnen zu verstehen zu geben. Perrenot führt statt seiner das Wort, ib. was der Syndicus von Antwerpen Jacob Maes im Namen der Stände darauf geantwortet, 375. dann steht die Königin Maria auf, und dankt für die ihr 25 Jahre lange aufgetragene Statthalterschaft in den Niederlanden. Ihr danket Maes demütigst für ihre höchstpreisliche Regierung, ib. K. Philipp besteigt den Thron und nimmt die Huldigung ein. Die kaiserlichen Siegel werden zerbrochen und die Privilegien mit Philipps besiegelt, 375 f. am 6 Jan. 1556 überreicht der Kaiser seine Renunciationsacte auf Spanien und alle dazu gehörige Reiche und empfiehlt seinem Sohn, seinen Secretarius Franc. Eraso mit einem ungemeinen Lobspruch, 376. -- ob die Abdankung den Kaiser gereuet? Wenigstens hat es sein Sohn auf eine

eine undankbare Weise gesagt, ib. vorzügliches Lob, so D. Luther dem Kaiser Carl V beygeleget, II, 3 - - was der Kaiser sagte, als er einen teutschen iungen Prinzen auf dem ersten Reichstag zu Worms heftig fluchen hörte, I, 114. er beklaget, daß er in seiner Jugend das lateinische verabsäumet, ib. - - verschiedene Beschreibungen der vorzüglichen Leibsgestalt dieses grosen Kaisers, IV, 202-205. welche mit seiner Abbildung auf der Medaille p. 201 zutreffen sollen, 205. A. 1529 hat er angefangen kurze Haare zu tragen, ib. er liebte die Malerey und den Künstler Titian, ib. seine Morgenverrichtungen, mäßiges Essen und Trinken. Seine Diact in den Liebeswerken, 206. er betete früh und Abends kniend. Seine baldige Entkräftung, 207. Seine Reisen, ib. sein Leichnam ist nach 96 Jahren unverweset gefunden, und ins Escurial gebracht worden, ib.

Carl VII, R. Kaiser. - - Es werden dem Kaiser auf sein an das Reich erlassenes Commissionsdecret vom 28 May 1742, wegen der seiner Maiestät obliegenden schweren Last und Bedürfnis zur Bestreitung des kaiserlichen Aufwandes, vom Reiche 50 Römermonate verwilliget, welche eine Summe von 4, 198, 100 Reichsthalern ausmachen, XIX, 298 f.

diese rare Bereitwilligkeit erfreuet den Kaiser, und setzt ihn in den Stand, München und fast ganz Bayern von den Feinden zu befreyen, und A. 43 im April sich von Frankfurt nach seiner Residenz zu begeben, 300. sieht sich aber durch den andringenden Pr. Carl und Kevenhüller gezwungen, im Junius wieder nach Frankfurt zu gehen, ib. vergebliche Unterhandlungen des Feldmarschalls von Seckendorf, den 27 Jun. im Kloster Schönfeld, mit dem Pr. Carl und Kevenhüller, die Neutralität für Bayern, bis auf den Frieden, betreffend, worunter auch Broglio die französischen Völker begriffen haben wollte, der mit der Armee Bayern verlassen, und nur Straubingen und Ingolstädt besetzt gelassen hat, 300. die Königin von Ungarn erkläret sich darauf: dem Reichsoberhaupt nicht, aber dem Churfürsten von Bayern und seinem Kriegsvolke allenthalben feindlich zu begegnen, 301. was der Kaiser bekannt machen lassen, ib. empfindlich fällt demselben, daß die Königin von Ungarn eine ordentliche Amtsverwaltung im eroberten Bayern anrichten, und den 16 Sept. 1743 zu München ꝛc. von den Landsständen den Eid der Treue und des Gehorsams ablegen ließ, 301. doch mäßigte sich die Königin in Ansehung der Huldi-

Huldigung. Die kaiserlichen Ab-
mahnungen an seine Unterthanen,
und Protestationen, sind vergeblich gegen die Gewalt, 301. das
Reich ist indessen bedacht, mit Zu-
ziehung der Seemächte die Mediation zu übernehmen, um Frieden zu stiften, und die Frage
Quomodo? vorzunehmen, 303.
welches der Kaiser wol aufnimmt,
und weiter dazu anmahnet, ib.
die Seemächte werden auch den
8 Jul. schriftlich dazu von der
Reichsversammlung ersucht, ib.
bey Pr. Wilhelm von Hessen-
Cassel handelte auch mit dem K.
von Großbritanien zu Aschaffenburg wegen des Friedens, da
sichs wol anließ. Doch wollte
des englischen Parlaments Ein-
stimmung, die vorausgesetzt war,
nicht nach Wunsch erfolgen;
sondern es wollte haben, daß
alles gemeinschäftlich mit der Königin von Ungarn abgehandelt
werde, 304. die zur Reichs-Di-
ctatur den 23 Sept. gebrachte
Verwahrungs-Urkunde der Königin, macht das Kriegsfeuer wieder heftiger, ib. 14 und
Carl VII. König in Frankreich, ist
nach den fast gänzlich vertriebenen Engländern aus Frankreich
bedacht, das Kriegsheer auf einen
bessern Fuß zu setzen, XLI, 6.
die erste Sorge 1445 war, bey
der Abdankung vieler Truppen
dem Zusammenrottiren der Beab-

schiedten vorzukommen, 7. und
daß die Städte und Dörfer die
Bezalung derselben selbst auf sich
nehmen sollten, ib. der Anfang
wird mit Verbesserung der Gen-
darmerie gemacht, und 15 Com-
pagnies d'Ordonnance auf immer errichtet, dazu die besten Leute
ausgesucht wurden... Deren Einrichtung und Stärke, die sich
auf 9000 Reuter belaufen, 7.
alle Gendarmes waren Edelleute. Wie sie fochten. Ihre angestellte Musterungen. Ihr Sold,
8. A. 48 geschah die Einrichtung
des Fußvolks und Errichtung der
Francs-Archers. Dieser waren
16000 Mann. Dauer dieser An-
ordnungen, ib. K. Carl verdient
am dieser Kriegsanstalten willen,
den ihm auf der Medaille ad p.
1. beygelegten Ruhm.
Carl VIII. K. in Frankreich wird
von H. Ludwig Sforzia am ersten auf die Gedanken gebracht,
des Hauses *Anjou* Ansprüche auf
Neapel auszuführen, VI, 314.
gute Gelegenheit dazu, ib. es
wird ihm widerrathen. Carl
schließt einen Bund mit dem Sfortia, 315. Venedig und der Pabst
lassen sich nicht recht heraus, ib.
P. Alexander VI. belehnt des
verstorbenen K. Ferdinands Sohn
Alfonsen zu Carls Befrendung,
316. der K. bleibt auf seinem
Vorsatz, macht den H. von
Bourbon zum Regenten, und tritt

Tt 3 den

den Zug mit einer Armee im Julius A. 1494 nach Italien an; wird zu Turin wol empfangen; bekommt die Blattern, ib. der Pabst will nicht an seine Belehnung, 317. der König geht durchs Toscanische, und erhält von Florenz, was er verlanget; kommt nach Lucca und Pisa als ein Erlöser, ib. päbstliche Gesandten bieten Friedenshandlungen zu Siena an, ib. der König geht nach Rom zu, und besetzt viele Plätze. Der Pabst mus die alfonsischen Truppen aus Rom schaffen, und den K. einlassen, 317. er ehrt den Pabst, und dient ihm bey der Messe. Nähert sich im Januar 1495 Neapel, und findet schlechten Widerstand; iagt den iungen K. Ferdinand nach der Insel Ischia; hält seinen Einzug zu Neapel am 22 Febr. Die Schlösser ergeben sich den 3 Merz, 318. er bietet dem K. Ferdinand Pension in Frankreich an, ib. die Grosen huldigen dem K. und er hält den 12 Merz den solennen Einzug als K. von Neapel, 318. Ueber Carls unvermuteten glücklichen Fortgang treffen der Kaiser, der Pabst, Spanien, Mayland und Venedig, einen Bund zur Behauptung der Freyheit Italiens, 2c. 319. der K. eilt auf diese Nachricht aus Italien, läßt Truppen in Neapel, geht mit 9000 Mann zurück, und der P. weicht ihm zu Rom aus, 319. Carl verweilt sich zu Pisa und Siena, ib. die Alliirten versammlen eine Armee und passen ihm bey Fornove auf, ib. der König schlägt sich aber mit seinen 7000M. glücklich durch, und ersicht einen glorreichen Sieg mit wenig Verlust, 320. kommt glücklich heim, ib. er hat bey seiner geringen Macht und grosem Geldmangel doch grose Absichten, sich auch in die türkischen Händel zu mischen. Seine Königswürde von Neapel währte nur 3 Monate, 320. er stirbt 1498 den 7 Apr. X, 100.

Carl I, K. in Grosbritannien, kan wegen allerhand Umstände, und sonderlich wegen seiner Misheligkeiten mit dem englischen Parlamente, erst nach 8 Jahren A. 1633 zu Edinburg die schottische Krönung an sich vollziehen lassen am 18den Junius, XX, 385 f. bey dieser Krönung wird die erste und letzte schottische Krönungsmünze geprägt, 386. bey seiner Rückkunft beehrt ihn London mit einer Medaille, und dem ungewöhnlichen Titel darauf: Car. augustiss, et invictiss. M. Brit. Fr. et Hib. Monarch, 390. Carls 2 Absichten bey dieser Crönung: 1) Geld vom schottischen Parlamente zu erhalten, so ihm glücket, und 2) die Gleichförmigkeit des englischen und schottischen Kirchen

chen-Regiments, ib. Schwürigkeiten und Misvergnügen der Presbyterianer darüber, ib. sonderlich machen die Acten von des Königs Gewalt, den Geistlichen die Kleidungen vorzuschreiben, und von der Bekräftigung der vormaligen Verordnungen K. Jacobs I von 1606 und 9, viel Lärmens, ib. die der König doch trotz der entgegen stehenden Mehrheit der Stimmen und des Gr. Rothes Einwendungen paßirend machet, 391. er stiftet zu Edimburg ein neues Bistum und macht Will. Forbes zum Bischof, ib. geht misvergnügt aus Schottland, 391. – – nachdem der K. dem 1630 berufenem Parlamente in allem nachgegeben, in die Enthauptung Straffords und die Gefangenschaft des Erzbischofs von Canterbury, Lauder, und in die, ohne Bewilligung der Cammern nicht aufzuhebende Fortsetzung des Parlaments gewilliget; so wird das, meist aus Puritanern und Presbyterianern bestehende Unterhaus noch muthiger, dem K. alle Gewalt zu entreissen, II, 330. die Bischöfe und catholischen Lords sind für den K.; werden auf Anstiften des Pym, eines Glieds aus dem Unterhause, vom Pöbel insultirt, wann sie in die Versammlung giengen, 331. Klagen beym König, und Protestiren gegen alle Billen die im Parlamente in ihrer erzwungenen Abwesenheit gemacht würden, ib. die Protestation sieht das Unterhaus für ein Verbrechen an, und läßt mit Einwilligung einiger Lords 10 Bischöfe in Tovvr setzen, und 2 alte Herren zum Reichsprofosen, 331. das Unterhaus verlangt wegen der notwendigen Gewaltthätigkeit des Obr. Landsfort gegen den tobenden Pöbel eine Garde unterm Gr. Essex zu seiner Sicherheit; welches der K. abschlägt und sonst Sicherheit verheißt, ib. der König will sich auf Anrathen des Lord Digby; derer, ihm am meisten widrigen, Parlamentsglieder, Hollis, Haslerig, Pym, Strade und Hambdens, und des Lords Klmprons, seines Feindes im Oberhause, bemächtigen; stellet eine Klage gegen sie, als Störer der Grundgesetze und Aufwiegler gegen die königl. Majestät von 6 Artikeln A. 41 den 3. Jan. an, 332. das Parlament empört sich, und erlaubt die Nothwehr, wann ein Parlamentsglied sollte weiter wollen angehalten werden, ib. der erzürnte K. kommt den 4ten ins Parlament, fragte nach den 5 Gliedern, und declarirte: er wolle zwar die Rechte der Parlamentsglieder handhaben; aber wider den Hochverrath schütze kein Privilegium; mithin wolle er mit denselben nach, und mit Recht ver-

verfahren, II, 333. nach Abtritt des Königs schreyt das Parlament: Freyheit! und beschließt, wegen der Gefahr für den König sich nicht mehr ohne Garde zu versammlen, ib. des Königs Anklage wird als eine Parlamentsverletzende Scarteque angesehen; und dem K. wird die Auslieferung der 5 Glieder vom Lord Maire versagt, 333. des Königs Unternemen war würklich dießfalls gegen die Grundgesetze, die den Arrest eines Gliedes während der Parlamentssitzung nicht gestatten, ib. der König weicht nach Windsor, und hebt den Proceß gegen die 5 Glieder als gesetzwidrig auf, 334. verliert dadurch alle Autorität; soll die Angeber der Anklage anzeigen; den Tower und andere Vestungen, samt der Bestellung der Armee dem Parlament überlassen, ib. der K. kan nicht einwilligen, 334. das Parlament zieht den Kriegsstaat an sich. Der K. trauet nicht nach London, geht nach York, schickt seine Gemalin und Prinzeßin nach Holland, 335. wird den 23 Apr. vom Commendanten Hotham zu Hull nicht eingelassen, der ihm auf Befehl des Parlam. nur mit 12 Mann den Eintritt gönnen will. Der König zieht lieber ab, 335. verlangt vom Parl. Hulls Auslieferung des Zeughauses, und Hothans Bestrafung ꝛc. und

drohet, sein Recht nun mit GOtt und seinen treuen Unterthanen zu behaupten, 336. das Parl. hält des Königs Forderung für neue Eingriffe in seine Freyheit. Billigt Hothans Verfaren, und erkläret: das Parlament wäre ohne König in seinem Wesen, und könne gegen den König keine Majestätsverletzung begangen werden, wenn er nicht nach seiner Vorschrift regiere, ib. das Parlament maßt sich aller Gewalt über den König an, um denselben ohne Vergehung widerstehen zu können, 336. Kriegsrüstungen und Avocatorien auf beiden Seiten. Des Königs Declaration bey Ergreifung der Waffen, ib. böses Omen mit seiner Hauptstandarte zu Nottingham 1642. 336. K. Carl flüchtet A. 45 nach der Niederlag bey Naseby nach Wallis, sucht sich zu verstärken, VIII, 178. ruckt mit 3000 Mann wieder vor, nimmt Huntington ein, macht Beute, verstärkt sich zu Oxford, setzt sich bey Camden, ib. nach verschiedenen Operationen von beiden Seiten, wird der K. bey Chester geschlagen und nach Wallis getrieben; kommt nach Oxford, und sucht vergeblich Vergleich mit dem Parlament, 178. A. 1646 schickt Frankreich den Montreuil nach England, um Carln mit den Schotten auszusöhnen. Man räth

IV. Realregister.

räth ihm, sich zu den Presbyterianern zu schlagen, der K. will aber dieses Rettungsmittel nicht, ib. Montreuil arbeitet indeß mit den schottischen Commissarien zu Londen mit guter Hofnung, und geht nach der schottischen Armee vor Newark, 179. die diesen Ort für Geld vom englischen Parlament lange belagert, 178. Fairfax der Parlam. General macht Anstalt, den K. in Oxford anzugreifen, der entflieht, 179. Montreuils Versicherungen von der Schotten guten Gesinnung, bestimmen den König, den 27 Apr. heimlich von Oxford mit dem Hudson und Ashburnham wegzugehen; er kommt den 4 May vor Newark ins schottische Lager, 179. das Parlament schickt an die Armee, man sollte den König nach Warwich setzen. Der General Leven kommt indessen beym Parlamente an, notificirt die unvermutete Ankunft des Königs, und daß man sich in keine Capitulation mit ihm eingelassen, sondern die Schotten würden treulich beym Verbündnis mit dem Parlament halten, 180. von der Schotten und des Montreuil Verhalten, der vermutlich zu viel getraut, den König in die Falle gebracht, aber auch seines Königs Gnade verliert, 180. Der K. ist im Lager ohne Mistrauen, b. wird unterm Schein der Höflichkeit scharf bewacht, und ihm zugemutet, dem Lord Bellasis, der Newark 6 Monate vertheidigt, die Uebergab den 6 May anzubefehlen. Der König geht es ein. Bedingnisse, 181. die Schotten bringen den König nach Newcastle, und er läst sich bewegen, seinen Commendanten verschiedener Vestungen die Uebergab auf den 10 Junius ans Parlament anzubefehlen, 181. Orford geht schon vor angelangtem Befehl über, wo das Parlament das königl. Siegel zerbrechen läßt, wovon die 2 Sprecher die Trümmer kriegen, und also war der K. um Armee und Vestungen gekommen, und ein Gefangener, 181. trotzige Forderung bey den Friedensvorschlägen des Parlaments: ihme auf 20 Jahr alle Gewalt im Kriegswesen in Schott- und England zu überlassen. Der König will zwar vieles zum Besten des Reichs, aber nicht dieses zu gänzlicher Unterdrückung der königl. Maiestät, eingehen, 182. der schottische Canzler Lowdon setzt hart in den König und sagt: nun läge an seiner Antwort der Verlust oder die Erhaltung des Reichs. Der König verlangt eine mündliche Unterhandlung, nach gegebner Sicherheit für seine Person, mit dem Parlament, hofft dadurch Gelegenheit, nach Frankreich zu entrinnen, 182.

Uu   Zank

IV. Realregister.

Zank der Engländer und Schotten: wer das gröbste Recht am König habe? Gründe von beiden Seiten, VIII, 183. die Schotten suchen bey gemachter Schwürigkeit den K. desto theurer den Engländern zu verkaufen, ib. der König verlangt nochmals mit dem Parlament, aber eine freye, Unterhandlung: dann ohne Freyheit könne er sich zu gültigem Versprechen nicht anheischig machen: frey aber wolle er dem Reich und seinem Gewissen genug thun, 184. es wird beschlossen, den 5 Jenner 1647, den K. nach Holmby zu liefern und ihn wol bedienen zu lassen, da sollte nach Abzug der Schotten aus England von den vereinigten Parlamentern gesucht werden, den K. zur Unterzeichnung der Vergleichspunkte zu bewegen, 184. verstünde sich der K. nicht dazu, so sollte doch nichts zur Trennung der Reiche geschehen, ib. die Engländer zahlen den Schotten 400000 Pf. Sterling für die Auslieferung ihres Königs. Die Schotten wollen nicht Worts haben, ihren K. so schändlich verkauft, sondern für Kriegskosten die Summe zu fordern gehabt zu haben, 184. nach abgeschlossenem Handel kommen den 23 Jan. die englischen Commissarien, den K. in Empfang zu nehmen. Der Gr. von Pembrock misfällt dem König am meisten darunter, ib. den 30sten räumen die Schotten Newcastle und der K. wird mit 900 Pferden nach Holmby gebracht. Was er für Bedienung findet, 184. - - als sich das Parlament mit der Armee zerfallen, wird von der letztern der K. nach Newmarket und Hamptoncourt gebracht und wol gehalten, auch seine Freunde dürfen ihn sprechen, I, 343. nachdem die Armee London und das Parlament in seiner Gewalt hatte, wird der K. härter gehalten, daher er auf seine Flucht mit Hülfe des Ashburnham den 11 Nov. denkt, von Hamptoncourt entweicht, und sich dem Gouverneur der Insel Wight, dem Obr. Hammond anvertrauet, ib. der dem K. aber nichts versprechen will. Ashburnham will ihn niederstoßen, der K. verwehrt es, 343. Hammond führt ihn gefangen nach Carisbroock, 344. nun sucht das Haupt der Independenten und sein Hauptfeind Cromwel, Gener. Lieut. der Parl. Armee, ihn um Kron und Leben zu bringen, I, 338. Parlamentsschluß den 3 Jan. 1648: keine Addresse mehr dem K. zu praesentiren, und keine Botschaft von ihm anzunehmen, weil er treulos, und mit den Schotten in Verständnis, wäre, neuen Krieg zu entzünden, ib. Reue der Schotten. Sie wollen ihren König mit Ge-

IV. Realregister.

Gewalt befreyen, welches Argyle, Cromwels Freund, nicht hindern kan. Hamilton bekommt das Commando, 338. einige Engländer rüsten sich auch zur Empörung für ihren König, 339. in Wallis regt sich eine starke Partey unterm Poyer und Byron, ib. in Kent unterm Hales, zu dem sich der Graf von Norwich und Gen. Waller gesellen, 339. Fairfax schlägt sie bey Maidston. Norwich entrinnt mit 600 Mann, und vereinigt sich mit Lucas und Lord Capel in Hartford, ib. die königl. Partey erobert Berwick und Carlisle, worauf der Zulauf der Wolgesinnten gröser wird, 340. 8 Kriegsschiffe empören sich auch in den Dünen, seegeln nach Briel, und ergeben sich dem H. von York. Der Pr. von Wallis thut einen vergeblichen Versuch auf Yarmouth, ib. die Königl. erobern Pomfret in York, 340. der Graf von Holland und der H. von Buckingham ꝛc. suchen die Stadt London aufzubringen, nach dem Convenant einen Vergleich mit dem K. zu treffen; werden geschlagen, und der Graf gefangen, 340 f. Hamilton bricht mit 17000 Mann in England ein, und zieht den Langdale mit 5000 Engländern an sich, 341. Cromwel schickt den Lambert voraus entgegen, kommt eiligst mit der Hauptarmee nach,

und geht auf Preston zu, wo Hamilton mehr Verstärkung erwartet, ib. Langdale wird mit seinem Vortrupp geschlagen und nach Preston verfolgt, wo Cromwell auch die schottischen Truppen in Unordnung bringt, und den 18 Aug. den H. v. Hamilton zu Uxeter fängt, 141. Cromwell ersicht den Sieg mit 8600 Mann über 20000 und fängt 9000, ib. diese Niederlag, aus Hamiltons Versehen, nimmt den Königl. allen Muth. Cromwell bringt in Schottland ein bis nach Edinburg, und bringt die Schotten zur Abdankung der Armee ꝛc. und Errichtung eines neuen Staatsregiments, 141. nun kan Cromwell den König wegen Unterdrückung der englischen Freyheit ꝛc. vor Gericht stellen, 342. Pomfret, so noch für den K. hält, wird erobert den 6 Apr. A. 48, 342. bis A. 1648 im Sept. bleibt der K. zu Carisbroock, da die Tractaten mit dem Parlament angiengen. Der K. kommt dann nach Newport, unter Parole, nicht zu entweichen, während der Unterhandlung, 344. wird nach angezetteltem Proceß nach Windsor gebracht. Sein Freund Lord Newbourgh hoft, ihm unterwegs durch das schnellste Pferd durchzuhelfen; es wird aber die Nacht vorher, ehe der König ankommt, lahm, 344. - - Cromwell bestellt eine Gerichtscammer von 80 Personen auf dem grosen Saal zu Westmünster, und läßt ankündigen: es solle sich melden, wer etwas gegen den K. anzubringen habe, XXII, 317. Präsident war ein verdorbener Advocat J. Bratshaw; des Königs Ankläger Joh. Cook, Harrison ein Fleischer, und Hugo Peter ein Puritaner, ib. Carl, wie man ihn nur anredete, wird den 20 Jan. zum erstenmal vorgeführt. Ihm wird Anmassung unumschränkter Gewalt, Unterdrückung der Freyheit, Einführung des Pabsttums, der Angriff des Parlaments, Schuld gegeben, 317. der König behauptet in 3 Gerichtstägen, daß er vermög seiner unverlöschlichen Maiestät nicht gehalten seyn könnte, dieses Gericht zu erkennen, ib. ihm wird deswegen als einem Halsstarrigen und Tyrannen der Kopf abgesprochen, 318. Cromwell hintertreibet, daß ihm nicht gar die Strafe des Hochverraths aufgeleget wird, ib. die Hinrichtung geschieht den 30 Jannuar. 318. Will. Juxon, Bischof von Londen, der Obr. Thomlinson und Haker, füren den König an den zu niedrigen Block, ib. der König legt die Schuld seiner Hinrichtung in seiner Anrede ans Volk nur auf wenige Uebelgesinnte, und nicht auf die Nation.

Der Obr. Harrison war wahrscheinlich sein Scharfrichter, 319. Cromwell sicht gelassen zu. Der Erzb. Usser wird ohnmächtig beym Streich. Jac. Stuart, H. von Lenox, des K. Vetter, kauft das blutige Hemd um 500 Kronen. Cromwell hätt ihn noch gerne nach seinem Tod beschimpfet, ib. was diesem mehr unglücklichen, als bösen Könige die Sortes Virgilianae zu Oxford prophezepht, 320. Untersuchung, ob diese greuliche That dem englischen Volke beyzumessen?. XXII, 315 f. selbst K. Carl II spricht das Parlament und Volk davon frey, und legt die Schuld auf eine Rotte Uebelthäter, 316.

Carl II K. in Großbritannien kommt an seinem Geburtstag den 29 May 1660 auf seines Vaters Thron, IV, 394. seine Crönung gieng den 23 Apr. 1661 mit ausserordentlichem Pracht vor sich, XX, 394. den Staat zu vermehren, werden den 25 Merz 13 zu Rittern des blauen Hosenbandordens geschlagen. Beym Einzug des Königs vom Towr in die Stadt bleiben die Bischöfe zurück, weil sie den königl. Richtern nachgehen sollten, ib. von den aufgerichteten Ehrenpforten mit ihren Aufschriften, 394-396. die Reichskleinodien, so vom Towr nach Westmünster gebracht worden, bestunden in Maiestätszichen

zichen und Krönungskleidern, 396. Beschreibung der erstern, ib. f. darunter die St. Eduards-krone seyn sollte, welche aber in den Kriegsläuften Carls I. war geraubet worden; daher muste der K. eine neue von Golde machen lassen; dergleichen auch mit der Staatskrone geschehen: deren Gebrauch, 396 f. Beschreibung der Krönungskleider, 397 f. Vortragung der Majestätszeichen beym Krönungszug, 397. 11 Handlungen giengen bey dem Krönungsactu vor. 1) Recognition. 2) Opferung, 398. 3) Litaney angestimmt. 4) Predigt. 5) des Königs eidliche Angelobung, das englische Volk bey seinen geist- und weltlichen Rechten zu lassen. 6) die Salbung. Welche Geistliche die Hand angelegt. 7) die Ankleidung. 8) die Krönung durch den Erzbischof v. Canterbury, dabey der Reichsapfel überreicht wird. 9) die Investitura per baculum et annulum. 10) die 2te Oblation und Benediction. 11) die Inthronisation und Huldigung; zuletzt empfängt der K. das H. Abendmal, 399. hierauf folgt die Umkleidung des Königs in der Eduardscapelle; das Krönungsmahl, wobey des Königs Tafel 6 Stuffen höher steht, 400. man versprach sich goldne Zeiten von diesem K. ib. Carl hält nicht sonderlich viel vom VIten Gebote; das zeugen seine Maitressen und 7 natürliche Söhne, IV, 394. 216. VI, 241. er war ein heimlicher Papist, welches erst nach seinem Tod kund geworden, IV, 394. (oder besser, er war, was man wollte, 398.) er sucht eine catholische Prinzeßin, und ein Jud kuppelt ihme die Catharina, Infantin von Portugal; dessen König Carls Freundschaft sucht und gute Heyrathspuncte verspricht, 395. der K. v. Spanien sucht ihm eine andere Gemalin einzureden; auch der Pabst sucht diese Verbindung zu hindern, dem die verheissene Freyheit der reformirten Religion in Portugal bey dieser Verbindung Furcht einjaget, 396. Carl trägt seine Heyrath dem Parlament vor, welches seinen Beyfall giebt, 1651 M. May. Was der Canzler Hyde dabey gethan, 397. der K. läßt die Braut durch den Admiral Montagu auf seiner Flotte abholen, 1662, und den 21 May gieng die Trauung, obgleich Catharina das Fieber hatte, durch den Bischof Gilbert von London, vor sich, 398. die Trauung wiederholt ein catholischer Priester heimlich, ib. der König liebt Anfangs seine Gemalin, kan sich aber nicht lange zähmen, sondern schweift gewal-

gewaltig aus, und die Königin bleibt unfruchtbar, und muste harte Verfolgungen deswegen ausstehen, 199. - - Der König läßt sich von Frankreich verleiten, nach der Souverainete und Unterdruckung des Kirchenwesens in England zu trachten, XI, 340. Carl richtet zu seiner Absicht einen geheimen Cabinetsrath an, den man mit dem Namen Cabal belegte, ib. der A. 1672 mit Holland angefangene Krieg sollte Mittel und Gelegenheit zur Ausfürung geben, ib. findet Widersetzlichkeit beym Parlamente, 340 f. wobey ihm Clifford und Shaftsbury schlechte Dienste leisten, die vom K. und seinem Bruder schlechte Elogia kriegen, 341.
- - er giebt A. 77 seines Bruders H. von York Prinzeßin, Maria, auf Anrathen des Lords Danby, ohne Vorwissen der französischen und catholischen Partey, dem Pr. Wilhelm von Oranien zur Gemalin VI, 245 man arbeitet an der Ausschließung sacte des catholischen Herzogs von York im Cabinete und beym Parlamente. Gründe für und dagegen, 243 f. A. 80 wird die Sache scharf getrieben, da man des Königs Maitresse, die Herzogin von Portsmouth, ziemlich auf die Seite gebracht hatte, und ihr Hofnung machen wollte, ihren Sohn vom Könige,

den Lenos H. von Richmond zur Thronfolge zu bringen, 244. der K. hält aber lange, seinen Brüdern die Succession zu erhalten, IV, 226. Shaftsbury ist demselben, als das Haupt der Whiggs förderfamst entgegen, und suchet dem H. von Monmouth dazu zu verhelfen, ib. zween Anhänger des Shaftsbury, Rumsey und Ferguson, nebst andern, errichten das Ryc Complot zur Ermordung des Königs und seines Bruders, welches sie das Beschneiden nennten, 228. es wird entdeckt den 12 Jun. 1683 von einem Wiedertäufer, Joh. Keeling; die erwischten Schuldigen hingerichtet, 229. der H. von Monmouth wird als Mitschuldiger angegeben, vom Vater begnadigt, weicht aber doch nach Holland, s. Monmouth. - - Der K. läßt sich von der Portsmouth bereden, einen Entwurf einer neuen Regierung zu machen, darinnen Monmouth dem H. von York vorgezogen und das Parlament befriedigt werden sollte, VI, 246. der König geht darüber plötzlich durch Gift aus der Welt 1685 den 16 Febr. 247. XIV, 169. stirbt catholisch, 172.

Carl I, K. von Neapel oder Sicilien, aus dem Hause Anjou, war der VI Pr. K. Ludwig VIII, geb. 1220. XXII, 154. Vom Vater bekam er Anjou und Maine, und mit
seiner

seiner Gemalin Beatrix, Gr. Raimund Beringers Tochter, die Provence, ib. P. Urban IV bietet ihm A. 1263 das Königreich Sicilien als ein Erblehen an, welches er nicht anderst, als wie es die Hohenstaufer besessen, annehmen will. Der P. Clemens IV williget A. 65 darein, doch unter 25 für den päbstl. Hof vortheilhaften Bedingnissen. Er bekommt Sicilien ultra et citra Pharum, nur Benevent und Zubehörden ausgenommen, als ein feudum ligium. Die Söhne sollen nach der Erstgeburt und die Töchter erst nach Abgang der männlichen Erben folgen; nach völligem Abgang aber, das Reich an den römischen Stul heimfallen, 154. der Vereinigung Siciliens und des röm. teutschen Reichs wird vorgebeugt auf alle Fälle, 154 f. zu jährlicher Lehenserkenntlichkeit sollten 3000 Unzen Golds, und alle 6 Monate 5000 Mark Silbers an die P. Kammer gezalt worden. Bey Besetzung der Stifter sollt er nichts drein sprechen, 155. Carl kommt im May mit starkem Gefolge glücklich zu Rom an, 1265. Wird von 5 Cardinälen belehnet, und am 6 Jenner 1266 mit seiner Gemalin gekrönt. Diese trieb, aus Ehrgeiz und Neid gegen ihre gecrönte 3 Schwestern, Carln sonderl. zur Annehmung der Krone an, 155. Manfredus, Kaif. Friedrichs natürlicher Sohn, besaß seit 1258 eigenmächtig das Königreich. Den erlegt er 1266 den 26 Febr. bey Benevent; wird durchgehends als K. angenommen. Läßt seinen Prinzen Carl zum Pr. von Salerno erklären, 156. er belegt die Unterthanen mit unerschwinglichen Auflagen, und setzt alle Beamten ab. Daher alles nach dem kaiserl. Pr. Conradin seufzte, und ihn ersuchte, sein väterliches Reich einzunehmen. Dieser kommt A. 68 mit einer Armee über die Alpen, wird aber den 4 Aug. bey Palenza am furinischen See geschlagen, gefangen, und den 5 Nov. zu Neapel ohne Barmherzigkeit enthauptet, 157. Carl stiftet der Mutter GOttes zu Ehren eine Kirche und Benedictiner-Kloster an dem Ort des Siegs. Er glaubt durch gute Werke seine schrecklichen Grausamkeiten zu versöhnen, ib. er erwählt Neapel zur Residenz, wozu die gewesene Residenz-Stadt Palermo scheel sahe. Dadurch nimmt Neapel an Gebäuden zu, und kommt in grose Aufnahm, da Palermo abnahm, 156. er bauet das Schloß Capua nach französischer Bevestigungs-Art neu auf, ib. er stellt die verfallene Universität wieder her, ertheilt Freyheiten, Vorrechte, und zieht die

gelehr-

gelehrtesten Männer hin, worunter auch Thomas von *Aquino* war, der jährlich 12 Unzen Golds bekam; läßt ihn aber A. 1274 durch Gift hinrichten, 157. er verleitet seinen Bruder K. Ludwig IX zum Zug auf Tunis. Der K. stirbt auf dieser Expedition, Carl kommt mit der Hülfe zu spät, erzwingt aber doch von den Saracenen einen jährlichen Tribut von 20000 Ducaten, 158. er erkauft auf Anpreisung des Pabsts und aus natürlichem Ehrgeitz den Titel eines Königs von Jerusalem von der vertriebenen Prinzeßin Maria von Antiochien A. 1277, und wird vom P. unter Gewährleistung der Würde, zum K. von Jerusalem gecrönet. Hierdurch ist dieser Titel den Königen von Sicilien erneuert, und von denselben fortgeführet worden, 158. er hat Lust, einen Versuch auf das griechische Kaisertum zu thun. Aber die berühmten sicilianischen Vespern kamen A. 1282 den 31 Merz dazwischen, wodurch Peter III K. von Arrag. Gemal der Constantia K. Manfreds Tochter, in Besitz der Insel Sicilien kam, 158. er fordert den König Peter auf ein Duel nach Bourdeaur heraus, welches aber nicht vor sich geht, 159. er büsset zur See gewaltig ein; da nicht nur der sicilianische Admiral Roger von Loria den apulischen Carnuto schlug, sondern auch vor Neapel dessen Sohn Pr. Carln von Salerno mit seiner Flotte schlägt und fängt, 159. K. Carl will seinen Sohn durch einen Anfall Siciliens retten, er starb aber unter den heftigsten Zurüstungen A. 84 den 5 Jenner, ib. er soll sich aus Kleinmuth gehenkt haben. Er wird Nerone neronior genennt, 159.

Carl, Herzog von Durazzo, erhält das Königreich Neapel vom P. Urban VI, schlägt den Herzog Otto, Gemahl der Königin Johanna von Neapel, fängt und läßt dieselbe hinrichten A. 1382, VI, 151. er wird zum K. von Ungarn aufgeworfen und gekrönt, I, 2 f. schlechte Omina bey seiner Krönung, 4. ihm wird zwischen der Königin Maria und Elisabeth ihrer Mutter A. 1386 von einem Forgatsch der Kopf gespalten, 4 f.

Carl IX König in Schweden, ein Sohn K. Gustavs Wasa, geb. 1550. seine Mutter und Geschwistrigte, III, 298 f. H, 350. der Vater hinterläßt ihme im Testament Südermannland, Nericien und Wermeland, als Herzogen mit Einschränkung, 299. er wird von seinem Br. K. Erich sehr verkürzt, 301. der ihn hernach lieb gewinnt, und von den Ständen zum Nachfolger erklären

ren laſſen will, 1565, ib. - - er ſtehet ſeinem Br. Johann gegen K. Erich bey, der ihm den Tod beſtimmt, 302. wird aber ſchlecht belohnt, ib. A. 68 räumt Johann endlich dem Carl die vom Vater beſtimmte Landſchaften ein; behält ſich aber alle Oberherrſchaft bevor. Sie kommen wegen der Religion in Uneinigkeit, da Johann die catholiſche wieder einfüren will, ib. A. 79 vermählt ſich Carl mit Anna, Churf. Ludwigs von der Pfalz, Prinzeßin, und verbindet ſich mit etlichen evangeliſchen Königen und Fürſten zu Behauptung der evangeliſchen Religion in Schweden, ib. er wird von ſeinem Bruder auf dem Reichstag nach Wadſtena A. 87 beſchieden, um Rechenſchaft wegen ſeiner Unternehmungen zu geben; verläßt ſich auf den Beyſtand der Reichsarmee und erſcheinet, 303. muß zwar um Verzeihung beym K. bitten, erklärt ſich aber doch, bey der augſpurgiſchen Confeßion zu halten; wie dann auch die Geiſtlichkeit die aufzudringende Liturgie verwirft, ib. Carl willigt nicht in der Polen Anforderung, Eſthland an ſie abzutretten, als ſie K. Johanns Sohn Sigmund zu ihrem König wählten. Hilft, daß Sigmund dem Reichsrath eine Verſicherung aushändigen muß, ib. K. Johann geht des Herzogs Prieſterſchaft heftig zu Leibe; er verheißt ihr Schutz, 303. wird beym König verläumdet, aber bald verſöhnt und zum Reichsgehülfen angenommen, 304. vermählt ſich wieder, ib. verwaltet nach K. Johanns Tod, 1592 das Reich, bis Sigmund aus Polen kommen würde; gewinnt der Groſen Gunſt; wird vom K. beſtätigt 1593 M. Jan. 304. als K. Sigmund anlanget und als ein unumſchränkter Herr, nach dem Rath der polniſchen Geiſtlichen herrſchen will, werden die Zwiſtigkeiten mit den Ständen rege, III, 306. Carl empfieng zwar den K. gieng aber nach Nyköping, ib. die Stände erbitten ihn zum Mittelsmann; er thut ſchriftliche Vorſtellungen im Jenner 1594 und bittet den König die Rechte ꝛc. und Religionsfreyheit zu beſtätigen, ib. beide Herren kommen nach Upſal, ib. der K. weigert ſich den Ständen ihre Privilegia zu beſtätigen, weil ſie die Ausbreitung der catholiſchen Religion nicht leiden wollten, 307. Die Stände haben Luſt Carln oder Sigmunds Bruder als König auszurufen, ib. Carl kommt in heftigen Wertwechſel mit dem K. verbindet ſich mit den Ständen zur Behauptung der Religions-Freyheit, ib. der K. verſpricht viel und wird gekrönt.

Carl

Carl huldigt ihm am erſten, 307.
K. Sigm. geht im Jul. nach
Polen, nachdem er ſich mit Carln
wegen der Reichsverwaltung verſtanden, 308. ſchickt ihm den 23
ejusd. aber eine ganz anderſt lau-
tende Regierungsform zu, ib.
dieſe mag weder Carl noch der
Reichs-Rath annehmen, 308 f.
Carl erlangt vom Reichs-Rath,
was er verlangte, bey ſeiner Adminiſtration, 309. ſchließt mit den
Ruſſen 1595 einen Frieden, ib.
hält einen Reichstag zu Süder-
köping, deſſen Schlüſſe K. Sigmund zum Voraus für nichtig
erkläret. Die evangeliſche Religion wird auf ewig dorten beſtätigt und die catholiſche abge-
ſchaft, ib. Carln werden alle
Reichsgeſchäfte anempfohlen,
doch will man man dem K. gehorſam bleiben, wenn er ſeinen
Krönungs-Eid halten würde, 309.
310. Sigmund ſucht die Gemü-
ter der Schweden wieder zu gewinnen; ſchickt Geſandte, ib.
Mishelligkeiten zwiſchen Carl und
dem Reichs-Rath wachſen, und
dieſer fällt dem K. zu, ib. Sigmund entſetzt Carln der Reichs-
verweſung 1597 im Febr. 310.
viele Stände beſtätigen aber
Carln zu Arboga im May im
Regimente, ohne jemand an der
Seite zu haben, 310 f. die wi-
derſprechenden Reichs-Räthe gehen aus dem Reich bis auf 3, 311.
Carl bemächtigt ſich ihrer
Schlöſſer, ib. K. Sigmund
kommt A. 98 im Jul. mit 6000
Mann nach Schweden, und Calmar öfnet ihm die Thore, ib.
verſchiedene Geſandten wollen Frieden ſtiften, ib. der
K. erkläret Carln in einem Ma-
nifeſte als Feind des Vaterlands;
viele fallen ihm zu, und Stockholm ergiebt ſich, ib. des Königs Sieg bey Stegeburg, der
aus Grosmuth des Sigmunds
nicht vollkommen wird, 311.
312. vergeblich geſuchter Vergleich, und weitere Kriegsunter-
nemungen zu Carls Vortheil, 312.
endlich kommt doch ein Vertrag
zu Linköping den 28 Sept. 1598
zu Stande, ib. und Sigmund
geht im Oct. ſchnell nach Polen.
Die Bedingniſſe des Vertrags,
III, 315 f. an deren Erfüllung
Sigmund nicht denket, ſondern
Carln anklagt, als hab er als ein
Rebelle ihm denſelben abgezwun-
gen, 317. er verſtärkt die Beſa-
zung von Calmar, ib. der Herzog reibt ſich an des K. Clienten,
ſonderlich den Erzbiſchof Abraham von Upſal. Hält einen
Reichsconvent im Merz 1599;
Entſchlüſſe deſſelben, 317. Carl
erobert Calmar, und läßt die
dort gefangenen vornehmen
Schweden hinrichten, ib. auf
dem Stockholmer Reichs-Tag
im Jul. wird dem K. der Gehorſam aufgeſagt, und ſeinem
Sohn Uladislaw die Krone vor-
behal-

behalten, wenn er binnen Jahres-
frist nach Schweden kommen und
evangelisch werden würde, 317.
318. Carl wird als Regent bestätigt; macht Progressen und
brauchet grosen Ernst, 318. A.
1600 im Febr. wird ein Reichstag zu Linköping gehalten und
manchem vornehmen Schweden
der Kopf abgesprochen, 318. der
K. wird nochmals des Reichs
verlustig erkläret, ib. Carln wird
die Regierung nochmals bestätigt, und seinem Sohne die
Nachfolge verheisen, 319. Krieg
in Liefland mit wechselndem Glü-
cke, ib. man verlängert 1602
auf dem Reichstage zu Stockholm dem Uladislaw seinen Ter-
min. Sigmunds Stilleschweigen, ib. Posse, ein flüchtiger
Schwede, räth ihm, den falschen
Demetrius gegen Schweden auf-
zuhetzen, ib. auf dem Reichstag
zu Norköping im Febr. 1604
wird dem Johannes, K. Sigmunds Halbbruder, die schon
öfter zugedachte Krone angeboten;
er verbittet dieselbe, 319. worauf
den 22 Merz Carl zum König
ernennet wird. Seinen Söhnen
wird die Nachfolge verheissen;
und nach Abgang der männlichen
Nachkommen K. Gustavs sollte
Carls älteste Tochter im Reiche
folgen, doch sich an einen evangelischen Fürsten vermälen. Ein
schwedischer Erb-Prinz, der schon
ein auswärtigs Reich besitze,
sollte nicht K. in Schweden werden können, 319. 320. Carl führt
den Titel eines ernennten Königs bis 1607, 320. kriegt 1605
in Liefland, wird geschlagen;
muß viel Blut der Anhänger K.
Sigmunds vergiessen, ib. die
wankelmütigen Geistlichen müssen dabey auch Haare lassen, 320.
Carl X Gustav, K. in Schweden, ein Sohn Pfalzgr. Joh.
Casimirs von Zweybrücken und
Catharinen, K. Carls IX Prinzeßin, geb. 1622, hat von Jugend auf Hofnung und Absicht
auf die Hand der Königin Christina und die Krone Schweden,
VIII, 18. die Königin bezeigt sich
nach angetretener Regierung ungeneigt zur Vermälung mit ihm,
ib. doch verspricht sie ihm beym
Abschied A. 48, als er als Ge-
neralißimus nach Teutschland
gieng, niemand, als ihn zu heyraten; oder doch wenigstens ihm
die Nachfolge im Reich zu verschaffen zu trachten, 19. ihre weitere Unterredung, ib. die Königin
verlangt A. 49, als ihr die Reichsstände anliegen zu heyraten, den
Pfalzgrafen zum Erb-Prinzen
und Reichsnachfolger in Schweden zu erklären. Es geschieht
solches nach vielen Bedenklichkeiten und Einwendungen des
Reichsraths am 10ten Merz
durch einen Reichsschluß, 20. die
Kö-

Königin declariret A. 50, ſich nie zu verheyraten, und erlangt auch die Kronfolge für Carl Guſtavs männliche Nachkommen von Linie zu Linie unter gewiſſen Bedingniſſen, 21. welcher Vorgang die Magnaten verdroſſen, ib. Carl Guſt. kommt nach dem Executions-Convent zu Nürnberg, dem er beygewohnt, nach Schweden, wohnt der Krönung der Königin bey in einem merkwürdigen Aufzug, 22. ſeine behutſame und kluge Aufführung gegen die Königin, ib. er läſſt ſich eine Begräbniß-Capelle bauen, darüber ihn die Königin auslachet, 22. Carl G. erhält einen merkwürdigen Brief, in welchem er vor dem de la Gardie und Reichs-Canzler Oxenſtierna gewarnt, und zur Rache angefriſchet wird, worüber die Meſſenii die Köpfe verlieren, 22. die Königin dankt, aus Verdruß über die Unzufriedenheit mit ihrer Regierung, ab, 23. Oxenſtierna ſucht es vergeblich zu hindern, wird darüber von der Königin ausgeputzt, und endlich durch die Drohungen und herzhaften Anſchläge Carls intimidiret, 24. Carl G. kommt den 16ten May nach Upſal und die ſolenne Abdankung der Königin und ſeine Krönung, gehen den 16ten Jun. vor ſich, ib. Carl G. bekennet durch öffentliche Denkmale, daß er GOtt und der Königin, und nicht den Reichsſtänden die Krone zu danken habe, 24. -- der König will den Kriegs-Ruhm der Schweden wieder herſtellen. Er hat Vorwand, mit Polen zu brechen, und mit 30000 Zeugen darzuthun, daß er rechtmäßiger König in Schw. ſey, I, 178. ſein General Wittenberg bricht 1655 ein, der König folgt bald nach, macht groſe Progreſſen. Die Quartianer und polniſche Kronarmee gehen zum K. über und K. Joh. Caſimir flieht aus ſeinem Reich. Litthauen wird gewonnen, auch ganz Preuſſen, bis auf Danzig, unterwirft ſich dem K. Brandenburg nimmt ſein Preuſſen zu Lehen u. ficht für Carln, 178. 179. Carl Guſtav verſcherzt die polniſche Krone, da er ſie blos dem Degen, und keiner Wahl weiter zu danken haben will, 179. die Polen ruffen ihren König zurück; ganz Europa wird über die ſchnellen Conqueten eiferſüchtig. Rußland bricht mit Schweden. Aber Ragoczy verbindet ſich mit dem König gegen groſe Verſprechungen, 180. Brandenburg ſpringt ab. Kaiſer Leopold unterſtützt die Polen. Dännemark bricht auch A. 57, ib. Carl Guſtav eilt aus Polen, und gehet auf die Dänen los, macht in Schleßwig und Jütland groſe Progreſſen, 180 f. m Anfang des Jahrs 1658 gehet

IV. Realregister.

er über den gefrornen Belt, und kommt bis auf 3 Meilen von Coppenhagen den 14ten Februarii, 181. zwingt den König von Dännemark den 18ten schon zu einem nachtheiligen Frieden, 181. die ganze Expedition und den gefährlichen Zug über die grosen Eißbrücken, über den klein und grosen Belt, findet man umständlich III, 162 u. f. es encouragirte den König der von Dännemark übergegangene Gr. Ulefeld zum Uebergang übers Eiß, 165. seine bösen Absichten gegen seinen gewesenen Herrn, 166. bey den vorgenommenen Tractaten zu Rudköping müssen die Dänen zu ihrem grosen Verdruß mit dem Ulefeld handeln. Harte, von den Schweden vorgeschlagene Bedingnisse, 167. die aber doch ziemlich gemäßiget werden, 168. schönes Epigr. auf diesen Marsch übers Eiß, ib. wobey die Losung war: JEsu hilf! ib. es kommt aber bald wieder zum Bruch des rothschildischen Friedens zwischen Schw. und Dännemark, da die schwedischen Forderungen vermehret wurden, und Dännemark nicht nachgeben konnte, I, 181. 402. die mündliche Unterredung K. Carl G. mit K. Friedrich III zu Friedrichsburg war von schlechter Frucht. Carl landet in Seeland den 6 Aug. 1658, mit einer mäßigen Armee; man muthet im ersten Schrecken den Dänen zu, Carln als Herrn zu erkennen, 402 f. Cronenburg wird unterdessen erobert, als der K. mit der Belagerung Coppenhagens beschäftigt war, derselben Verlauf, 403 f. conf. Coppenhagen. K. Friedrich fordert ihn auf einen Zweykampf heraus, 405. K. Carl kommt auf der Insel Amack in Lebensgefahr und wird repoussirt, 405 f. eine holländische Flotte, unterm Obdam, kommt nach hartem Gefechte mit dem Admiral Wrangel zu Coppenhagen an, 181 f. beiderseitiger Verlust, ib. 406. der Churfürst von Brandenburg geht mit 24000 Mann alliirter Truppen den Schweden in Schleßwig und Jütland stark zu Leibe, 182. eine neue holländische und englische Flotte kommt in den Sund Frieden zu stiften, vergeblich. Die englische kehrt heim, die holländische agiret, und bringt Truppen nach Fühnen. Diese schlagen die Schweden unterm Gr. Steinbock und Pfalzgr. Philipp von Sulzbach im Angesicht des Königs bey Nyburg den 14. Nov. 1659, 182. harte Rede des Königs gegen die flüchtigen Generals, ib. das weitere Unglück seiner Waffen zieht ihm ein hitzig Fieber zu, daran er 1660 den 12. Febr. stirbt, 182. er vertrug sich noch vor seinem Ende

Ende mit den Holländern, 183. seine unmäßige Absichten bey angefangenem Krieg. Harte Reden in Ansehung der königl. dänischen Familie, 183. 408. er thut seinem Reich und Leib durch diesen Krieg wehe, 183 f.

Carl XI K. in Schweden, ein Sohn K. Carl Gust. und der gottorpischen Prinzeßin Hedwig Eleonoren, geb. den 24 Nov. 1655, II, 352. wird seiner 6 geerbten Feinde durch Friedensschlüsse los, ib. läst sich von Frankreich gegen den Churf. von Brandenburg aufhetzen zu seinem grosen Schaden, s. Friedrich Wilh. - - Guldenstiern, Erich Lindenschild u. a. bringen dem König die Gedanken bey, nach der unumschränkten königlichen Gewalt zu streben; wozu A. 1680 der Anfang gemacht, und A. 82 ein Reichstag nach Stockholm berufen wird, XIV, 50. der König wirft die Gewalt des Reichsraths nieder, durch die Frage: woher sie den Titel Reichs-Räthe hätten? Sie bitten sich den Titel Königliche aus, 51. die Priester kriegen dadurch einen Abscheu vor dem Worte Reichs, daß sie in den Kirchgebeten an statt Reichs, königliche Stände sagen, ib. den Ständen werden etliche Fragen, die höchste königliche Gewalt betreffend, zu beantworten, vorgeleget, 51. die Beantwortung folgte sehr demütig und nach des Königs Wunsch, 52. 53. dann kam die Frage: Wie weit der König in Vergebung der Lehen, und wie weit er, im Nothstande des Reichs und zum Nutzen desselben, in Einziehung derselben ohne der Stände sammt oder sondere Einwilligung gehen könne? da dann dem Könige volle Gewalt eingestanden wird, 54. er verlangt ferner von den Ständen zu vernehmen: ob diejenigen, welche Carl Gustavs Testament und seine Treue unverantwortlich angegriffen, für Patrioten zu achten wären? da dann auch die Antwort nach Verlangen war, 54 f. merkwürdiger Reichstagsschluß vom 6 Jenner 1683, der auch die Erblichkeit der weiblichen Nachkommen bestättiget, 55 f. was nach der verneuerten und bestätigten königl. Verordnung unter die veräuserten und wieder einzuziehenden Krongüter gerechnet ist worden, dadurch viele begüterte Leute um das ihrige bey der Erfüllung kommen, 56. der König stirbt den 5 Apr. 1697, II, 352.

Carl XII, Kön. in Schweden, ist keinem Maler iemals gesessen, XIV, 210. seine Schwester schickt den Kön. Hofmaler Kraft 1717 nach Lunden, ihn abzumalen, der König aber befielt ihm, eines seiner Pferde zu malen, ib. und da er doch aus seiner Einbildungskraft den König malt, so zerschneidet der König das Gemälde, welches Kraft wieder zusammen setzet, ib. poetische Gedanken über diese Begebenheit, 211 f. 215. wer dieses Bild besitze, 212. es gilt für das einzige Originalgemälde des Königs, und wird oft abcopirt, ib. seine Gesichtsbildung und Lebensart, 212 f. wo man genaue Umstände von seinem Tode finde, 214. das einzige Denkmal, das Schweden dem entleibten Könige gegönnet hat, 215. der König schickt einen verreckten grosen Hund, Pompeius, zum Einscharren nach Schweden, 215. eine Pyramide vor Friederichshall aufgerichtet, 215 f. Anagrammata und Prophezeyhungen, 216. eigener Wunsch, wie K. Gustav Adolph zu sterben, ib. den er sich Muster vorgesetzet, ib. dessen unversöhnliche Rachbegierde, ib.

Carl, Martell, ist nicht König in Ungarn gewesen, sondern seine Nachkommen, II, 210.

Carl, Churfürst von der Pfalz, Churf. Carl Ludwigs Sohn, soll eine liegnitzische, und will eine würtenbergische Prinzeßin zur Gemalin haben, XII, 83. geht 1671 nach Dännemark, verlobt sich mit Wilhelmina Ernest. L. Friede. W hintert. Prinzeßin, hält zu Heidelberg Beylager, 84. die Ehe wird wegen Unfruchtbarkeit misvergnügt. Der Churfürst hat dabey böse Rathgeber und Verfürer; wird fränklich A. 84; schreibt seine Maladie der Enthaltung von der Gemalin zu, 85. nimmt auf Zureden einiger Mediciner die Rudin von Collenberg zur Beyschläferin an, doch ohne Besserung, 85 f. er stirbt 1685 den 16ten May, 85. des Churfürsten böse Rathgeber, der Hofprediger Langhauß und Leib-Medicus Winkler werden nach dessen Tod eingezogen, und wegen der Beleidigungen der churfürstl. Wittwe scharf gestraft, 86. dieser Churfürst ist der Verfasser der Symbolorum Christianorum, die unter dem Namen des Philotheo zum Vorschein gekommen, IV, 5. macht eine schöne Inscript. auf die Medaille, die in den Grundstein der von ihm zu Manheim aufgefürten Kirche für die Franzosen geleget worden, 1684, 115.

Carl Borromeo, Cardinal und Erzbischof von Mayland, wird zu seinem Lob mit den grösten alten Kirchen-Vätern, und am besten mit dem S. Ambrosio zu Mayland verglichen, XII, 378. er hält die Demut für die gröste Tugend, 379. er war ein Sohn Giberts Borromeo, Grafens von Aroña, geb. 1538, 380.

seine

ſeine Studia, erſte Würden, Milde gegen die Armen, ib. wird
von ſeinem Vetter P. Pius IV,
A. 61 im 22 Jahr zum Proto-
notario apoſt. und Card. Diac.
gemacht, 380. iſt, bey vielen
Staats- und Kirchengeſchäften,
den Wiſſenſchaften ergeben, und
ſtellet noctes uaticanas an, ib.
er mag nach ſeines Br. H. Friedrichs von Camerino Tod 1563
nicht weltlich werden, 381. vielmehr zieht er ſeinen Staat ein,
läſt ſich mehr in der Theologie
unterrichten, und fängt an zu predigen, ib. das verfallene Kirchenweſen zu Mayland ruft ihn dahin, an deſſen Verbeſſerung zu
arbeiten A. 65, muß aber bald
wieder zu ſeinem ſterbenden Vetter, dem Pabſte, 381. geht nach
des P. Pius V Wahl wieder
nach Mayland, fängt ein ſtren-
ges Leben an, der Geiſtlichkeit
ein Exempel zu geben, 382. wie
auch zu reformiren, ohne Anſehen der Perſon, ib. die Canonici der Kirchen zu Scala wider-
ſetzen ſich ihm mit gewafneter
Hand. Er ſtraft ſie mit dem
Bann. Die Humiliaten, zuge-
ſtutzte Benedictiner, beſtellen
Meuchelmörder auf ihn, und
Farina ſchießt in ſeiner Hausca-
pelle, da er vor dem Altar kniet,
nach ihm; fehlt, 382. die Ur-
heber werden beſtrafet. Wie
Thuanus dieſe Sache erzehlt, und
Ciaconius falſch auslegt, 383.
er hat auch Streit mit der weltlichen Obrigkeit, die ihn der
Schmälerung der königl. Gewalt anſchuldigt, 384. bezeigt ſich
ſehr ſorgfältig und mildthätig bey
der A. 78 graßirenden Peſt, mer-
gelt ſeinen Körper durch zu vieles Caſteyen ſo ſehr ab, daß er
ſchon A. 84 ſtirbt, ib. ſeine
Grabſchrift in der Domkirche.
P. Clemens VIII ſetzt ihn 1604
unter die Seeligen und P. Paul
V 1610 unter die Heiligen, 384.
Carl, Cardinal von Bourbon, vermeinter K. Carl X in Frankr.
Seine Geburt und Geſchlecht, I,
330. bekleidet verſchiedene Bistümer, wird Cardinal und Legatus zu Avignon, ib. er war ein-
fältig. Der Abt von Caſtres
dirigirt ihn wol, daß er nicht
von der guiſiſchen Parthey eingenommen wird; nach deſſen Tod
1580 läſt er ſich durch den Ku-
lembré umwenden, 330. war
nendes Gemälde, ib. man fieng
an, um Heinrichen K. von Navarra vom franzöſiſchen Thron
zu verdrängen, Zuſammenkünfte
zu halten, und Spanien wurde
mit dazu gezogen: Carl von
Bourbon ſollte König werden.
Die catholiſche Religion wird
der Deckmantel, unter welchem
Heinrich H. von Guiſe ſeine Intriguen ſpielet, 331. er ſucht
den Pabſt zu gewinnen; der heimlich

sich alles billiget, aber öffentlich den K. von Navarra nicht für der Krone unfähig erklären will, 332. Guise sucht die Gunst der K. Catharina von Medices zu behalten, und schmeichelt ihrer Hofnung, ihrer Tochter Kindern zur Krone zu verhelfen; doch sollte Carl als ein alter Herr an die Spitze gestellet werden. Der H. suchte durch ihn sich aber selbst den Weg zum Thron zu bahnen, 332. Carl läßt sich durch den Glanz der Krone und die Liebe für die Montpensier blenden, aufs Eis zu gehen, 333. seine Declaration zu Peronne 1585, da er K. Heinrich von Navarra, als einem Ketzer, die französische Krone abspricht, und sich dieselbe auf den Fall des Todes K. Heinrichs III zueignet, 333. darüber entstehen Bewegungen. Der K. Heinrich III sucht den von Navarra durch den Espernon zur catholischen Religion zu überreden, vergeblich, ib. darüber wird der König bey den Ligisten verhaßter, und Guise greift nach den Waffen, 334. man zwingt den K. durch seiner Mutter Vermittelung zu einem Tractat, vermög dessen die Calviniſten zu allen Aemtern für unfähig erkläret und ausgeschaft werden sollten. Die Ligisten bekamen viele Städte zu ihrer Sicherheit. Ihr Unternehmen sollte durchaus vom König genehm gehalten werden. Kurz: die königl. Gewalt schien begraben zu seyn, 334. Pabst Sixt V misbilligt und verdammt die Unternehmungen der Liga: doch sorgt er für die catholische Nachfolge im Reich, und excommunicirt den K. von Navarra, 334 f. die Ligisten nehmen daher Gelegenheit, von neuem die Hugenotten zu bekriegen. Sie lagen den ihnen verdächtigen K. aus Paris 1588, der darauf, unter andern, Carln von Bourbon, als nächsten Cron-Erben erklären muß. Er ermannet sich aber, läßt die beiden Guisen hinrichten, und Carln von Bourbon gefangen setzen, 335. nach K. Heinrichs Ermordung läßt ihn der H. von Mayenne den 21 Nov. A. 89 zu Paris zum König ausruffen und Münzen auf ihn schlagen. K. Heinrich IV läßt ihn enger gefangen setzen, worauf er bald stirbt, 336. er nennet den K. Heinrich le Roi schlechthin, nicht von Navarra; ein Zeichen, daß er wenig mehr auf seine Königswürde gebauet, ib.

Carl, Cardinal von Lothringen, ein Sohn Claudii von Lothringen, geb. 1524, III, 98. Ahnen, 104. ist beliebt beym K. Franz I, der ihm das Erzstift Rheims giebt, 1539, erhält das Bistum Metz 1550 und besitzt 8 Abteyen, 98. wird vom K. Heinrich II nach
Rom

Rom geschickt, 1548. der Pabst giebt ihm die Legation in den 3 Bistümern Metz, Toul u. Verdun. Er wohnt dem berühmten Religionsgespräch mit den Reformirten zu Poiſſy bey, ib. P. Paul IV macht ihn zum Cardinal. Er wird 1562 aufs tridentinische Concilium geschickt. Stiftet die Vermählung K. Carls IX mit Kaiſ. May. II Prinzeßin Eliſabeth; krönt ſie 1571, auch 3 Könige von Frankreich, 99. ſeine Eigenſchaften und Wandel 99 f. ſtrebt nach höhern Dingen, wozu ihn die Schwägerſchaft mit K. Franz II reitzt, 101. er hatte Luſt zur Kirchenreformation. Man hielt ihn für einen Gönner der augſpurgiſchen Confeſſion, ib. bietet den Reformirten beym Geſpräch zu Poiſſy an: Sie ſollten die augſpurgiſche Confeſſion unterſchreiben, ſo ſollten ſie gedultet werden. Finte, ſo dahinter ſteckte, ib. das Geſpräch wird fruchtlos wegen des Beza harten Ausdrücke, und Carl haßt hernach die Hugenotten äuſſerſt, 102. ſeine widerſprechende Auffürung auf dem Concilio zu Trient. Hält eine merkwürdige Rede von der Kirchen-Gewalt, ib. da es nicht ordentlich zu Trient zugehet: droht er mit einem National-Concilio, da man wenig auf dem Pabſt achten würde; darüber ruft ihn der ſchüchterne Pabſt nach Rom 1563, kommt von dar nach Trient zurück, und hilft das Concilium endigen, 103. auf ſein Einrathen wird keine beſondere Beyrennung einer Perſon in die Bannflüche der Decreten geſetzt, ib. Vorwürfe, als habe er den Freyheiten der franzöſiſchen Kirche praejudiciret, ib. räth der Königin Catharina, die Kirchen-Güter zum Hugenotten-Krieg anzuwenden; wird darüber ſehr verhaßt, und von der Geiſtlichkeit mit harten Vorwürfen geplaget, die ihm das Leben abfreſſen, 103. von andern Urſachen ſeines Tods, ib. 104.

Carl, Cardinal und Biſchof zu Straßburg und Metz, ein Sohn H. Carls II von Lothringen, geb. 1567, bekommt ſchon im ſechſten Jahr ſeines Alters vom P. Gregor. XIII die Verheiſung auf das Bistum Metz, XXII, 11. wird Domherr zu Trier, Strasburg, Cöln und Maynz. A. 78 Biſch. zu Metz, nach ſeines Vettern des Card. von Guiſe Tod. Hat verſchiedene Abteyen, ib. bekommt den Cardinalshut A. 86 von P. Sixt V; Gregor. XIV macht ihn A. 91 zu Rom zum Card. Prieſter der Kirche S. Agathae, auch zum Legato apoſt. in den 3 Bistümern Metz, Tull und Verdun; wo er eine Reformation der Benedictiner und Auguſtiner vornimmt, 11 f. ſeine
Stra-

Strasburger Bischofswürde erlangt er durch vieles Blutvergießen, 12. es herrschte von A. 83 an, da die Händel des Churfürstens und Erzbisch. von Cöln Gebhards heftig waren, ein grosser Zwiespalt im Domcapitel zu Strasburg; da man die evangelischen Domherren aus dem Capitel stoßen wollte, die sich ihrer Haut aber wehrten, ib. diese Händel mehrt der Tod des Bischof Johanns von Strasburg A. 92, da die evangelischen Domherrn zu Strasburg, die catholischen aber zu Zabern, wegen ihrer Sicherheit die neue Wahl anstellen wollten, wobey den letztern Kaiß. Rudolph seinen Schutz verspricht, 13. die evangelischen fahren mit ihrer Wahl den 28 May zu, und ernennen Marggr. Joh. Georg von Brandenburg, einen Herrn von 15 Jahren, der nicht einmal im Capitel war, sondern nur zu Strasburg studirte, zum postulirten Administrator, 13. die Catholischen zu Zabern erwählen den Card. Carl, ib. Nahmen der auf beiden Seiten wählenden Domherren. Der evangelischen waren 14, der catholischen 7, 14. es kommt von Schriften zu Thätlichkeiten. Die Stadt Strasburg sucht sich durch Besetzung des Schloßes Kochersberg bey Zeiten in Sicherheit zu setzen.

Der Cardinal läßt 10000 Mann ins Land rucken, wodurch ein verderblicher Krieg entsteht, ib. endlich werden 6 Schiedsrichter, 3 catholische und 3 evangelische Reichsfürsten erkieset, den Streit beyzulegen, die A. 93 den 27 Febr. eine einstweilige Theilung des Stifts, bis der Kaiser den Ausspruch in der Hauptsache thun würde, für zuträglich befinden, 14 f. weil sich die schädliche Trennung des Stifts verzog, so kam endlich durch H. Friedrichs von Würtenberg Bemühung 1604 zu Hagenau, nach einem getroffenen Anstand von 15 Jahren, ein Vergleich zu Stande, nach welchem sich Marggraf Joh. Georg alles Anspruchs des Bistums begiebt, und den Bischofshof, u. a. räumet; die Domherren aber ihre Streitigkeiten auseinander setzen, 15 f. der Cardinal verspricht der Stadt ihre Freyheit, und sie im ruhigen Genuße der, vom Marggr. Joh. Georg versetzten Stiftsgüter und Gerechtigkeiten, bis zur Einlösung, zu laßen rc. 16. dagegen die Stadt sich der Union mit den evangelischen Domherren entlediget, und dem Carb. Bischof die schuldige Achtung als ächtem Oberhaupte des Stiftes erweiset, ib. Marggr. Joh. Ge. bekommt 130000 Goldgulden vom Cardinal; der Mittelsmann H. Friedrich aber für

für 30000 Goldgulden Schulden, das Amt Oberkirchen auf 30 Jahr pfandweise, und jährlich 9000 Goldgulden, 16. Carl besitzt Strasb. nicht lange ruhig, sondern stirbt 1607 den 23 Nov. ib.

Carl von Lichtenstein, Bischof zu Olmütz, kan das Bistum Breßlau wegen kaiserl. Widerspruchs nicht behaupten, sondern muß es Pfaltzgr. Wolfgangen bey wenigen Stimmen überlaßen 1683, IV, 306 f.

Carl, H. von Burgund, wird vom Erzbisch. zu Cöln als Schirmvogt angenommen, dagegen sich das Erzstift setzt, IV, 252. da ihn auch Kais. Friedrich durch die versagte königliche Würde beleidigt, so zieht er mit einer Armee von 60000 Mann vor Neuß, welches er A. 1474, 64 Wochen lang belagert. Sein hartnäckigter Vorsatz, 253. muß doch, nach einem Verlust von 15000 M., und nach getroffenem Vergleich abziehen, ib. f. Serm. Erzbisch. v. C. Der Herzog zieht an dem Campobasso sich eine Schlange in Busen; der ihn vielfältig verräth, und sonderlich zu seinem gänzlichen Untergang, bey dem lothringischen Entsatz der Stadt Nancy, die Carl belagert, den 6 Jan. 1477 zu Anfang der Schlacht mit seinen Leuten zum Feind übergeht, und die verrätherischen Anstalten zu des Herzogs Niedermachung gemacht hat, XXI, 410-415*.

Carl, Herzog von Geldern und Jülich, des bösen Adolphs Sohn, I, 369. kommt als ein Kind in burgundische Gefangenschaft, weil sein Grosvater Arnold den Vater enterbet, und sein Herzogtum an H. Carl verkauft, 370. er sucht sein Herzogtum zu behaupten, dahin er A. 1492 gekommen, und von den Gelderern gerne aufgenommen wurde. Es wird ihm von 4 Churfürsten, als Schiedsrichtern, aus verschiedenen Gründen abgesprochen, ib. Carl füret dennoch von 1493-1538, 7 Kriege, sich zu behaupten. Er bleibt endlich im unangefochtenen Besitz, da er verspricht: nach seinem Tod sollte Geldern und Zutphen an Oesterreich fallen; vermacht aber doch solches dem H. v. Cleve, und räumt ihm noch bey Lebzeiten Geldern ein, 374. conf. X, 125 f. er war 1534 gesonnen, seine Lande dem K. von Frankreich per donat. inter uiuos zuzuschanzen. Darwider setzen sich die Stände, und wollen lieber H. Wilhelm von Jülich zum Herrn bekommen, 126. was er in faveur Jülichs that, geschahe nicht mit seinem guten Willen, ib. er führte noch verschiedene Kriege. Verfolgte die Reformirten grausam. Stirbt, 1538, ist zu

Ken-

Arnheim begraben. Grabschrift, I, 374 f. er wird dem Mithridates verglichen. Pontanus entschuldigt ihn wegen des Vorwurfs: daß er beständig unruhig, und von keiner Treu und Glauben gewesen. Allein er habe wegen seiner mächtigen Feinde nicht anderst seyn können, X, 126 f. er hinterläßt bey seinen vielen Kriegen doch große Schätze, ib. erzeugte mit seiner Gemalin Elisabeth, H. Heinrichs des Mittlern von Lüneb. Tochter, keine, aber mit einer adelichen Dame 5 natürliche, Kinder, 127.

Carl, Landgraf zu Hessen-Cassel, ist nicht nur wegen seiner 53 Jahre langen Regierung, sondern vornehmlich wegen deren Vortreflichkeit, und seiner Sorgfalt für das Wohl seiner Unterthanen und des ganzen teutschen Reichs Sicherheit, hochberühmt und belobet, XXII, 386. seine Eltern waren Landgr. Wilhelm VI und Hedwig Sophia, Churf. Ge. Wilhelms von Brandenb. Prinzeßin; die ihn den 3 Aug. 1654 zur Welt gebracht, ib. er verliert A. 63 seinen Herrn Vater; wird aber durch die Sorgfalt seiner Fr. Mutter, und durch vortrefliche Hof- und Lehrmeister wol unterrichtet und erzogen, 386. er bekommt A. 67 den Elephanten-Orden vom K. Friedr. III und nimmt den Wahlspruch Candide et constanter an; reist mit seiner Frau Mutter nach Dännemark, und auf dem Rückweg verlobt er sich mit seines verstorbenen Bruders, Wilhelms, Braut, der Curländischen Prinzeßin Maria Amalia; vollzieht das Beylager A. 73 und erzeuget mit derselben 10 Prinzen und 4 Prinzeßinnen, 387. dieser A. 1711 verstorbenen Fürstin vorzüglicher Charakter, 387 f. der Landgraf tritt aus Ehrerbietung gegen seine Fr. Mutter erst A. 77 die Regierung an, ob er gleich A. 72 schon die Maiorennität erlanget, 388. bis hieher conf. XVI, 338-340. er wird Director eines Schirmbundes zwischen den Fürsten von Nassau und den wetterauischen Grafen A. 79; 340. veranlasset einen Bund der Oberrheinischen und westerwäldischen Craiß-Stände mit dem fränkischen Craiß 1682, dem der Kaiser beytritt, und der Grund vom augspurgischen Bund gegen Frankreich wird, 341. er eist Wien A. 83 zu Hülfe, kommt aber für seine Person 2 Tage zu spät zum Entsatz, widersetzt sich A. 88 den eindringenden Franzosen herzhaft, ib. veranlasset die Belagerung des von den Franzosen besetzten Maynzes, und hilft es tapfer erobern A. 89, 342. wie auch den Boufleur von der Belagerung Lüttichs A. 91 abtreiben,

treiben, ib. er erobert das von den Franzosen bey Worms bevestigte Capuziner-Kloster A. 91, treibt den Marech. de Lorge zurück, ihm glückt es aber nicht mit Ebernburg, ib. seine wichtigen weitern Thaten, von A. 92 an, gegen die Franzosen, und Händel wegen Rheinfelß und dessen Besatzungs-Recht, s. Rheinfelß. Er hat im spanischen Successionskrieg als ein grosmütiger Vertheidiger der allgemeinen Freyheit von Europa sich hervorgethan, und dabey 3 seiner Prinzen eingebüßt, XXII, 388. Pr. Carln 1702, Pr. Leopold 1704, Pr. Ludwig 1706, 389. seinem Land half er ungemein, durch Beförderung der Künste und Wissenschaften, auf. Er läßt die häufig noch vom 30iährigen Kriege her öden Stellen wieder anbauen, fruchtbar machen, und erweitert und bevölkert viele Städte und Dörfer, durch Aufnahme der französischen Flüchtlinge, denen er sonderlich die Neustadt vor Cassel angelegt, 389. Marpurg und Rinteln nehmen unter ihm zu; wozu das neugestiftete Collegium illustre zu Cassel, und das Gymnas. Carolinum zu Hirschfeld kamen, ib. seine Residenz ward ein Sammelplatz groser Künstler und sonderlich in mathematischen Wissenschaften erfahrner Männer, 390. dabey spahrt er keine Kosten; legt ein Kunsthaus an, so er mit tecflichen Stücken, die er auf seiner italienischen Reise A. 99 acquiriret, auszieret, ib. seiner Neigung zur Baukunst hat man den wunderwürdigen Carlsberg bey Cassel zu danken. Beschreibung dieser unvergleichlichen Bau- und Wasserwerke, 390 f. andere Denk- und Ehrenmahle seines Kunstgeschmacks, 391 f. er war in seiner Jugend sehr schwächlich, aber seine Gesundheit wuchs mit den Jahren, so daß er das 76ste erreichet A. 1730, da er den 13 Merz starb. Sein treflicher Leibs- und Seelen-Charakter, 392. es ließ dieser Landgraf A. 1720 fünferley Ducaten prägen, darüber ein, den Evangelischen gehäßiger, Jesuit seine üblen Gedanken in Versen vorträgt, XVI, 106 f. ein Poet auf der Universität Marpurg giebt ihm die Abfertigung, 108 f.

Carl II, Herz. von Lothringen, geb. 1543, ein S. H. Franzens, der schon A. 45 starb, und Christinen, einer königl. dänischen Prinzeßin, muß während seiner Minderiährigkeit viel von Frankreich ausstehen; doch geht seiner Erziehung nichts ab, V, 194. seine unvergleichlich schöne Gestalt, 195. seine Restitution wird im Frieden zu Cercamp 1559 verheißen; er heyrathet die Pr. Claudia,

dia, lehrt von Paris in sein Herzogtum; belohnt seinen Onkel Niclas ib. Macht vortrefliche Anstalten in geist- und weltlichen Dingen zur Aufnahm seiner Lande, 195. Läßt A. 1580 seine Verordnung und ein Gesetzbuch sammlen; errichtet ein Parlement oder höchstes Gericht zu St. Michel, befiehlt das Jahr mit dem 1 Jenner anzufangen, 196. ihm wird die Souverainität im Herzogtum Barr von Frankreich angefochten. Der Streit dauert von 1552 bis 70 und 71 darüber; da ein Vergleich errichtet, und die königliche Bestimmung des Wortes: Souveraineté erfolget, 196. Seine vorsichtige, kluge und friedliche Conduite, bey dem schweren Religions-Kriegen in Frankreich und den Niederlanden, 197. er legt die Universität zu Pont a Mousson an; des Pabsts Gregor. XIII Bewilligung dazu, ib. Sucht, ruft und fördert gelehrte Leute, 199. von seiner klugen Staatskunst und Haushaltung, wie er seine Lande vermehrt, 198. leihet dem K. Carl IX Geld, und K. Heinrich III seine Juwelen zum verpfänden, ohne Zins, ib. Erneuert mit den Schweizern die alten Bündniße, und nimmt am ersten eine Schweizergarde an. Seine Entfernung vom Stolz. Seine Religion, ib. Sucht ein neues Bistum zu Nancy zu errichten, kan aber nicht mehr, als endlich eine Primatial-Kirche vom P. Clemens VIII in der Neustadt 1603 zu errichten, erlangen, 198. f. XV, 39 f. Seine Gleichgültigkeit und Gedult, stirbt 1608, 199. warum er den Titel: Herzog von Calabrien geführt? 199 f. Lothringens Anspruch auf Geldern, 200. Seine Kinder; trefliche Ermahnung an seinen Prinzen und Nachfolger Heinrich, 200.

Carl von Lothringen, H. Carls II (III) natürlicher Sohn, führt den Nahmen de Remoncourt eigentlich, XV, 34. wird Abt zu Görz 1607, zu Luneville, Prior zu Flavigny, und Grand Prevot de St. Dieu, 35. Er erhält die Primatie von Nancy 1636. Verfällt in Ungnade beym König in Frankreich 1643, und muß entweichen; begiebt sich zur Herzogin von Orleans nach Brüßel, und nach ihrer Ausßöhnung, mit ihr nach Paris: überträgt die Coadjutorie von seinen Abteyen dem Pr. Carl, um sie demselben zu versichern. st. 1648. 35.

Carl I, Herzog von Münsterberg und Oels, H. Heinrichs des ältern Sohn, geb. 1476 nicht 71, XVII, 114. folgt seinem Br. Albrecht allein in der Regierung 1511, mit dem er seit des Vaters Tod 1498, nebst Georgen, der 1502 starb, gemeinschaftlich regiert, ib. der, seinem Schwiegervater H. Hans von Glogau, geleistete Beystand gegen die Bürger von Großglogau bringt ihn und seine Brüder zu Veräußerungen, 114. Er iagt die Juden aus Frankenstein, bekommt von K. Ludwig 1522 die Freyheit, seine Lande zu veräußern, und zu geben, wem er wolle, 115. wird Landvoigt in der Oberlausitz, Oberhauptmann in Böhmen und Hauptmann des Fürstentums Großglogau, ib. diese Würden unterdrücken seine Neigung zur evangelischen Lehre. Sein eigenhändiges Schreiben an D. Luthern vom 19 Jun. 1522, 115. 117. Man ersieht daraus, daß sich das Hußitenblut in ihm gereget, und daß ihn die Excommunication seines Großvaters K. Georgs noch verdroßen. Was den Herzog aber besonders bewogen, an Luthern zu schreiben, 117 f. Luthers Antwort ist nicht übrig, doch ist aus dem Schreiben desselben an die Stadt Prag von 1524 deutlich, daß er auf des Herzogs Schreiben geachtet, wenn er die Unkräftigkeit des ungerechten päbstlichen Bannfluchs am Hause Münsterberg erwähnet, und denselben zur Ehre K. Georgs rechnet, 119. Es wird dem H. von der Geistlichkeit zu Prag so nah geleget, daß er A. 25 sich öffentlich zur catholischen Religion bekennet, und zum Zeichen, die Widertäufer aus seinem Lande iagt, ib. Er wird vom K. Ferdinand zum Oberhauptmann in Schlesien gemacht; bringt Ferdinanden eine schöne Türkenhülfe von den Ständen zu wege A. 29, 119. Er bauet das Schloß und seine Gruft zu Frankenstein; stirbt 1536 den 21 May, 120. Von seiner Gemalin Anna, Prinzeßin, von Sagan und mit ihr erzeugten Kindern, VI, 405. 406.

Carl II, H. zu Münsterberg und Oels aus dem Podiebradischen Geschlecht. Seine Geburt, Eltern, Erziehung, II, 289 f. Erbt nebst seinem Bruder Heinrich seines Vaters Bruders Carl Christophs Lande 1569, aber auch große Schulden, die sie durch Verkaufung ihrer münsterbergischen Lehen und Cammer-Güter an die Stände desselben Fürstentums abzahlen, 290. Erbt auch seinen Bruder, der zu Bernstatt residiret 1587, steht in großem Ansehen beym Kf. Rudolph, der ihn mit Ehrenstellen versehen, 291. Sein Tod und Inscription auf seinem Sarge, 291 f. Er war nicht gelehrt, aber förderte doch Kunst und Wißenschaften, 293. Seine Gemalin und Kinder, 293 f. woher er er den Titel eines Reichsfürstens geführt? 295, hilft der Schlesier Majestätsbrief beim Kf. Rud. 1609 befördern, VI, 406. sein Sohn Carl Friedrich wird der letzte Herzog vom Podiebradischen Mannsstamme; stirbt 1647 mit Hinterlaßung einer Prinzeßin Elisabetha Maria, Gemalin H. Sylv. Nimrods v. Würtenberg, VI, 406 und 407.

Carl Herzog von Nevers, S. Mantua und Gonzaga.

Carl von Oesterr. Marggr. zu Burgau ꝛc. ein Sohn Erzh. Ferdinands und der Philipp. Welserin, III, 16. thut sich in Spanischen und Ungarischen Kriegen hervor. Kan lange nicht, bis 1609, in den Besitz seines Marggrafthums kommen. Nimmt seine Residenz zu Günsburg, vermählt sich mit einer Jülichischen Prinzeßin, 1601; st. 1618, ib.

Carl I, Herzog von Savoyen, geb. 1468, V, 353. Ahnen, 360. folgt seinem Br. Philibert A. 82 in der Regierung. K. Ludwig XI nimmt sich als Mutter Bruder der Vormundschaft an und setzt Ludwig von Savoyen, Bischoff von Geneve, zum Gouverneur. Unruhen des Gr. von Bresse, 354. Carl tritt A. 83 die Regierung selbst an, folgt dem Miolans und entsetzt Claudium von Savoyen, Herrn v. Raconis seines Marschallamts, ib. der H. behauptet sein Ernennungsrecht eines Bischofs von Geneve nach B. Joh. Ludwigs Tod, und setzt Franz von Savoyen trotz des Pabstes Widerstreben mit Gewalt A. 84 ein. 355. Er war kriegerisch, läßt sich aber doch nicht, in K. Ferdinands von Neapel mit seinen Ständen und dem Pabst, Händel, ein, 355 f. der Marggraf von Saluzzo und andere verbinden sich, den Herzog zu bewegen, seine Favoriten, den Miolans und andere wegzuschaffen, und den Raconis wieder in seine Würden und Güter zu setzen, 356. es kommt zum Krieg, der Marggraf wird von Land und Leuten gejagt, der seine Zuflucht zu K. Carl VIII in Frankreich nimmt; da gestritten wurde: ob die Oberherrschaft über Saluzzo Frankreich oder dem Herzog gebühre? 357. des H. Entrevue mit dem König zu Lion, und artiges Compliment beider Herren, ib. weitere Händel mit dem Marggraf, und des Herzogs abermaliger Besuch beym König 1489, 358. Er wird von der Erbkönigin von Cypern Charlotte A. 85 zum Erben eingesetzt, nimmt A. 87 Titel und Wappen eines Königes von Cypern an, und schreibt an den Sultan von Babylon, der die Antwort vergißt, 358 f. Er stirbt 1490. Seine Gemallin war Blan-

IV. Realregister.

Blanca von Montserrat, 159. Sein Sohn hieß Carl Johann Amadeus, und wird nicht recht als der IIte unter den Herzogen Carln gezählet, 159. conf. XI, 96. Seine Tochter Jolantha ward H. Phil. II. Gem. ib.

Carl II H. von Savoyen, der Gute, ein Sohn H. Philipps von Savoyen, geb. 1486, kriegt einen schlechten Hofmeister am Janus von Duyn; wird regierender Herr 1504; hat viel beschwerliche Wittumsgelder auszuzahlen XI, 90. gewinnet nichts an den Waldensern. 91. Thut K. Ludwig XII Vorschub bey seinem italienischen Zug, 1507. erhält Vortheile dafür, ib. tritt in den Cambrayer Bund wider die Venetianer, ib. muß den Schweizern eine alte Schuld zahlen, und errichtet einen Bund mit ihnen, 91. vermittelt zwischen K. Franz I. und den Schweizern 2 Vergleiche wegen Mayland, und macht den Pabst Leo dem König zum Freund, 91 f. K. Franz ist undankbar, und macht Forderungen wegen seiner Mutter Louise von Savoyen an verschiedene Lande; entsagt aber denselben A. 23 und weißt dem Herzog Einkünfte im Mayländischen an, 92. Er arbeitet nachdrücklich an K. Franzens Befreyung aus der Madriter Gefangenschaft; bleibt so behutsam hernach bey Kf. Carls und K. Franzens Streitigkeiten, daß ihn der Kaiser aus Affection zu seiner Krönung nach Bononien einladet, da er bey der Ceremonie die Kaiserliche Krone vorträgt, und selbst eine Krone auf dem Haupt hat, auch ihm die Grafschaft Asti und die Reichsrechte über Ceve schenket, 92, 93 K. Franz wird über die Freundschaft des Herzogs mit dem Kaiser böse und macht allerhand alte Anforderungen und Beschuldigungen rege, bekriegt ihn und erobert Turin A. 36, 93 f. der Kf. kommt zwar zu Hülfe, die aber nicht anschlägt, sondern dem Herzog von Freund und Feinden Bedrängniße zuzieht, 94. der Herzog geht A. 41 auf den Reichstag nach Regenspurg und sucht Hülfe. Findet Verheißungen 95. der Krieg währt A. 42 in seinen Landen fort: der Friede zu Crespy A. 44 verheißt ihm seine Restitution, ohne Frucht, durch des Herzogs von Orleans Tod. ib. Er bleibt im Gedränge bis an sein Ende 1662, 95. Carl war ein gütiger Landesvater, sein Charakter zeigt von großen Tugenden, die ihm rühmlich, aber nicht vortheilhaft waren, 95, 96. Er lieset gern in der Bibel. Die Venetianer zahlen ihm seinen Anspruch auf Cypern mit einem

bib-

IV. Realregister.

biblischen Spruch, 96. warum er Carl II und nicht III heiße, ib. Er hatte mit den Schweizern auch Händel wegen Lausanne und Genf, welche Städte dieselben in ihr Bürgerrecht aufnahmen, 92 f.

Carl H. zu Troppau S. Lichtenstein.

Carl H. von Würtenberg vermählt sich 1748 den 26 Sept. mit Pr. Elisabetha Sophia Friderika Wilhelmina von Brandenburg Culmbach, XXI, 204. Stammtafel von beider durchlauchtigsten Personen Abstammung von Eberhard VII regierenden Grafen von Würtemberg, der 1393 gestorben, 205.

Carl Alexander H. von Würt. geb. 1684, ein Sohn H. Friedrich Carls und Eleonora Juliana Marggräfin von Anspach, wird 1712 catholisch, XV, 298. Ursachen seiner Religionsveränderung, die er in seinem Testament angegeben, 299 f. nach H. Eberhard Ludwigs Tod A. 1733 kommt die Erbfolge auf ihn. Er war Kayserlicher Statthalter in Servien zu Belgrad damals, läßt Besitz vorläufig durch den Hofrath Neyse nehmen, kommt und nimmt die Huldigung zu Stuttgard und Tübingen A. 34 ein, 301. wie er sich gegen die Landstände, das Corpus Evangelicorum, und den Schwäbischen Creiß in Ansehung der Religion verpflichtet, 301. 2. Nimmt große Veränderungen am Hof in allen Collegiis vor, und stürzt die Graveniꜩische Familie: verschiedene werden arretirt. Läßt aus Haß gegen dieses Haus aus des Imhoffs Notit. Procerum den Comitatum Graveniz vertilgen, 302, welchen Abgang der Cottaischen Edition der seelige Herr Koeler etwas ersetzt. ib. Merkwürdiges Ausschreiben, worinn er sein Misfallen über die vorige Regimentsverwaltung an den Tag leget, 303. Allerhand Aeuserungen des Herzogs, woraus man eine glückseelige und kluge Regierung abnehmen sollte. Er enthält sich in Ansehung der catholischen Religion aller Eingriffe, hält mit dem ihm gerne vergönnten Hofcapellen-Bau zurück, und declarirt, selbst Bischoff in seinem Lande zu seyn, um dem Bitchoff in Costniꜩ, als ordinario, bey etwannigen Anmuthungen vorzubeugen, 304, der Freyherr von Förstner war sein Geheimer Rathspräsident, der die rühmlichen Absichten des Herzogs ausfüren sollte, ib. der Herzog stirbt aber A. 1737 den 12 Merz an einem Steckfluß. Kurz vor seinem Ende ließ er den Jud Süß, seinen geheimen Finanzrath

rath, ein Legitimations-Decret ausfertigen, und sprach ihn von aller Verantwortung frey, 304.

Carl Emanuel I Herzog von Savoyen, stiftet gerne Denkmahle seiner Thaten und Absichten durch wol ausgesonnene Medaillen, V, 394 f. Er suchet seinen alten Rang vor dem neuen Großherzog von Toscana zu behaupten; wendet sich an die Churfürsten, die ihn 1582 durch schriftliche Vorstellungen beym Kaiser dabey zu erhalten suchen, XXII, 10 f. Er ist zwischen Spanien und Frankreich, die ihn beide gerne kleiner gemacht hätten, in der Mitte muß daher, immer vorsichtig den Mantel nach dem Winde hängen, 12. A. 89 hetzte ihm K. Heinrich III Bern und Genf auf den Hals und gab Truppen her, weil er sich der Grafschaft Saluzzo während der ligistischen Unruhen bemächtigt, und mit Lausanne u. a. m. dergleichen vorhatte, 12 der Krieg, in welchem ihm Spanien schlecht hilft, läuft auch schlecht ab, bis A. 98. der Vervinische Friede denselben endigt und iedem das seine wieder giebt, 13. K. Heinrich IV, nachdem Er sich vest gesetzt, wollte Saluzza wieder haben, es läßt sich zum Krieg an. Vorschläge des Pabsts, die Grafschaft so lang zu besitzen, bis der Streit entschieden, 13. der Herzog will nicht; geht selbst, wider Abrathen seiner Räthe, zum König 1599, wird freundlich empfangen, aber alle Vorschläge waren vergeblich, 14. Er reist misvergnügt fort, und der König greift ihn mit 2 Armeen an. Der Herzog ist zu schwach, Spanien hilft nicht, und er muß zu Lion 1601 einen Frieden unterzeichnen; behält zwar die Grafschaft Saluzzo, tritt aber dem König gar viel dafür ab, 14. Man sagte von diesem Frieden: der König habe wie ein Kaufmann, und der Herzog als ein Prinz gehandelt, ib. Nach H. Franciscus III Tod zu Mantua 1612 wollte Spanien dem Herzog, seine alten Ansprüche auf Montferrat auszuführen, nicht gönnen. Der Spanische Herzog von Lermon begegnet dem Herzoge so unhöflich bey dieser Sache, daß derselbe das goldne Vließ an Spanien zurück schickt, 15. es kommt A. 15 und 16 zum Krieg, A. 17 zum 2ten Frieden, da dem Herzog frey bleibt, seine Ansprüche rechtlich beym kaiserlichen Hof auszuführen, 15. Er verbindet sich 1619 noch genauer mit Frankreich, ib. Bekomm Krieg mit Genua wegen der Marggrafschaft Zuccatello 1625, da Frankreich ihm kräftig durch den Lesdiguieres beystehet, und

und faſt das ganze Genueſiſche Gebiet eingenommen wird, ib. auf einmal vergleicht ſich Spanien, ſo den Genueſern beyſtunde, wegen des Valtelins mit Frankreich A. 26, wodurch zum großen Schaden des Herzogs auch Genua aus dem Gedränge kommt, 16. dieſes war Urſache, daß er ſich im Mantuaniſchen Krieg A. 28 nicht auf Franzöſiſche Seite locken ließ, er trat lieber auf Spaniſche Seite, da man ihm ganz Montferrat, bis auf Caſal, verhieß, V. 395. Er macht Progreßen in Montferrat und ſchlägt den Marquis d'Uxelles zurück, 396. Bald aber kommt der Kaiſer mit einer Armee und verlangt den Durchzug gegen Trino und 15000 Thaler jährliche Renten aus Montferrat, ib. die Franzoſen forciren den Durchmarſch und erobern Suza, wo der Herzog A. 29, einen Vergleich trift. Die Spanier müßen darüber die Belagerung Caſals aufheben, 396. Bey fortwährendem Krieg ſollte der Herzog ſeine Völker zu den Franzoſen ſtoßen laßen. Er macht aber größere Forderungen und giebt dem Richelieu endlich zur Antwort: Er wär ein Vaſall vom Kaiſer und Reich, und könnte ſich nicht feindlich gegen dieſe erklären, 397. Richelieu ſucht den Herzog aufzuheben, es wird ihm geſteckt; die Franzoſen erobern aber Pignerol, ib. da die Kaiſerlichen und Spanier ſich vor Caſal aufhalten, breiten ſich die Franzoſen in ſeinem Lande aus, 398. und da ſein Land mit 4 Armeen überſchwemmt wurde, kümmerte er ſich, daß ihn der Schlag 1630 den 26 Jul. tödtete, ib. Der Aſtrologen Weißagungen von ſeinem Tode, die würklich, nur nicht nach des Herzogs Meinung, eintrafen, ib. Er legte zu Turin eine Bibliothek an, übt und liebt die Studia. Von ſeiner Freygebigkeit und ſeinen Antworten, 399. Er war nach des Richelieus Ausſage der feinſte Staatsmann, 400. ein großer Soldat, ib. Läßt zwiſchen Sorges und Nizza einen wunderbaren Weg über Felſen machen. Epigr. darauf, 400. Seine Fehler, ib.

Carl Ferdinand Biſchof von Breßlau, ein Sohn K. Sigismunds III, wird 1623 vom Erzherzog Carl von Oeſterreich Biſchof zu Breßlau, zum Coadjutor angenommen, IV, 410. Findet aber nach deſſen Tod, A. 24, große Schwürigkeit bey ſeiner Wahl; ib. die Stände und das Capitel wollen ihm nach dem Colloweratiſchen Vertrag, als einen Fremden ausſchließen, ib. Man wunderte am Kaiſerlichen Hof, daß er, als ein Prinz von einer

einer österreichischen Prinzeßin dafür sollte angesehen werden, 413. man befürchtete auch, Carl als ein Polnischer Prinz möchte Breßlau dem Erzstifte Gnesen wieder unterwerfen, 413. f. Reversalien vom K. Sigmund, 414. helfen ihm endlich durchdringen; aber auch annahende Cosacken, ib. er wird auch Bischof zu Ploczko und erbt von seinem Bruder K. Uladislaws die an denselben verpfändtete Fürstentümer Oppeln und Ratibor, 414. Warum er Titel und Wappen eines Prinzen von Schweden geführt 415. stirbt 1655, verdient Lob von den Jesuiten, ib.

Carl Leopold H. von Lothringen, macht sich Hofnung zur Krone Polen. Weder seine Anhänger, die sein Jagellonisch Blut vorschützen, II, 395. noch des K.S. Vorwort 397 noch seine Versprechungen, wollten helfen, 400. erficht 1683 einen herrlichen Sieg bey Barsean, und wetzt der Polaken Scharte aus, IV, 44 ‒ 46. erobert Gran und Novigrad, 26 ‒ 48.

Carl Ludwig Churfürst von der Pfalz, wird A. 20 mit seinem Herrn Vater Chf. Friedrich V im dritten Jahr seines Alters ein Flüchtling und A. 32 Vaterlos. Niemand nimmt sich seiner mit Nachdruck an, und die Nördlinger Schlacht ruinirt seine aufgehende Hofnung, die väterliche Lande zu erhalten. Nimmt A. 37 den churfürstlichen Titel an, und läßt ein Manifest ausgehen, darinnen er sein erlittenes Unrecht vorstellet, XII, 106 f. Er greift A. 38 nebst der Feder auch nach dem Degen, mit dem er aber nicht so gut, als mit den Wißenschaften umzugehen weiß, 107 f. Er sucht H. Bernhards v. Weimar Armee und Breysach an sich zu bringen, wird aber in Frankreich aufgefangen und muß bis A. 40 sitzen, 108, dann geht er nach Dännemark; deßen König arbeitet zu seinem Besten am Kaiserlichen Hof. Bayern macht aber alle Verheißungen fruchtlos, 109. Er findet beym Westphälischen Friedensgeschäfte wenig Unterstützung zu seiner Restitution, ib. und Oxenstierna bringt durch ernstliche Sprache es dahin, daß ihm die 8te Churwürde und die Untere Pfalz, nebst der Hofnung der gänzlichen Restitution nach Abgang der Bayerisch‒Wilhelminischen Linie, zugesprochen wurde 110. Bekommt an der zu bezahlenden Summe wegen Abdankung der Schwedischen Miliz von der Königin einen Nachlaß von 83067 fl. ib. nimmt endlich nach vielem Widerspruch und nach einigen Versprechungen das neue Erzamt eines Erzschatzmeisters an, an, und wird A. 52 zu Prag mit der Unterpfalz und dem neuen Titel belehnt 111. Er hat seiner Klugheit seine Restitution meist zu danken 112 - - Er sucht seinem Lande nach der Restitution wieder zu helfen, und es zu bevölkern, IV, 2. Baut Mannheim, die Friedrichsburg, sonderlich die Eintrachtskirche für alle 3 Religionen des Reichs, ib. Merkwürdige Einweyhung von 3 Geistlichen. Der Catholische vergleicht sie mit dem Tempel Salomonis, 3. Uneinigkeiten über diese Einigkeitskirche, 3 baut den lutherischen die Providenzkirche ib. Beschaffenheit des Evangelischen Wesens in der Pfalz, 4. von seiner Gelehrsamkeit ib. Er restituirt die Universität Heidelberg, beruft große Männer, auch den Spinoza, 4. wahrscheinliche Absicht bey seinem Bau der Einigkeitskirche, 6. - - Er trift eine unglückliche Ehe mit der Heßischen Pr. Charlotte, deren Neigung anderwärts hin gerichtet war II, 26, sie versagte ihrem Gemahl endlich alle eheliche Beywohnung, und nachdem er alles vergeblich angewendet, sie zu ihren Pflichten zu bewegen, legt er sich 1657 die Fräulein von Degenfeld als Maitresse bey; die die Churfürstin tob schießen will, aber dafür eine Maulschelle bekommet vom Churfürsten, nach diesem blieben sie getrennt, 28. 32. Vortheilhafter für die Churfürstin wird die Sache erzehlt, 28 f. erdichtete lateinische Correspondenz des Churfürsten mit der Degenfeldin, 30-32. woher sie entlehnet worden, 30. Dieser Churfürst sucht das Reichsvicariat gegen Churbayern 1658 schriftlich und thätlich zu behaupten, II, 90 und ff. übt im churfürstlichen Collegio eine heftige Thätlichkeit gegen den Churbayerischen Gesandten D. Oexel aus, erkläret sich aber darüber zur Befriedigung Churbayerns, II, 96. Er legitimiret während seines Reichsvicariats seinen natürlichen Sohn Ludwig von Rotenschild, und giebt ihm den Titel Liberi Domini de Saletione, ib. Er stirbt plötzlich 1680, IV, 6, wird Salomon genennet. Seine Arbeitsamkeit und Regierung, 7. 8.

Carl Wilhelm Friedrich, Markgraf zu Brandenburg Onolzbach erbt 1741 die Grafschaft Sayn von wegen seiner Frau Großmutter Eleonora Erdmuth Louise, Pr. von Eisenach, XIV, 280 f.

Carlos Don, K. Philipp II mit Maria erzeugter Sohn gebohren den 8 Jul. 1545, XVI, 74. Sein Charakter an Leib und Seel wird von den meisten Schrift-

Schriftstellern häßlich vorgestellt. Selbst sein Großvater Kf. Carl V bezeigt einen Abscheu vor ihm, als er nach Spanien kam. Er war ein Bogen, der sich nicht biegen laßen will, wie er selbst sagte, 74. Anzeigen seines wütigen Zorns in seiner Jugend, und des Duc d' Alba Prognosticon von ihm, 74 f. Der König hoft ihn durch Entfernung vom Hofe zu beßern, schickt ihn samt Juan d'A. und Alex. Farnese nach Alcala des Hennarez, wo er einem Gärtners=Mädgen nachlief, und einen tödtlichen Sturz that. Des Franciscaner Mönchs Diego Leichnam hat ihm das Leben erhalten, 75. Der Vater entfernt ihn aus vorgefaßtem Haß von allen Regierungsgeschäften, und erbittert ihn noch mehr, ib. am meisten aber, daß er ihm die Französische Isabella seine Braut hinweg nahm; der der Tausch selbst misfällt, 76. der K. sucht ihn vergeblich dadurch zu befriedigen, daß er ihn zu Toledo zum Erben aller seiner Reiche erklärt, ib. Er erbittert ihn aber, da er ihm auch andere Heyrathen hintertreibt, und die beschloßene Vermälung mit Kf. Max. II Tochter Anna so lang hinaus schiebt, bis der Prinz das Leben verliert, und der Vater auch diese Braut selbst nimmt, 76. Der Prinz haßt und bedroht des Königs Minister; widersetzt sich der Emförung der Inquisitionsgerichte in den Niederlanden, ib. räth zur Gelindigkeit, sucht das Gouvernement in den Niederlanden, 76. Ihm wird der H. von Alba vorgezogen, darüber Er den Herzog ermorden wollte beym Abschied, 77. Er läßt bedrohliche Reden gegen den Vater ergehen. Correspondirt mit dem Graf Egmond; will heimlich nach den Niederlanden gehen, 77. der Vater beschließt, ihn zu setzen. Heftige Beschuldigungen gegen den Prinzen. Bezeigen seines Beichtvaters, ib. der Prinz versah sich immer nichts gutes und verwahrte seine Thüren, durch nicht zu eröffnende Schlößer, und sich mit Gewehr. Der Kunstschloßer Foxi verräth ihn, und der König nimmt ihn in Gesellschaft einiger Minister den 18 Jan. 1568 in Arrest und seine Briefschaften, 78. der Prinz wird über seine enger gewordene Gefangenschaft so desperat, daß Er den Tod verlangt und sich ins Caminfeuer stürzt. Wird gerettet. Sucht sich aus zuhungern, ib. Endlich hat er sich in Speisen übernommen und ist darüber gestorben wie die Spanischen und Italiänischen Schriftsteller schreiben, 78. der König erholt sich Raths bey seinem Gewissensrath und einigen Theologis, deren Antwort veranlaßet ihn,

seinen

seinen Sohn dem Inquisitionsgericht zu übergeben. Der Pr. wird als ein Ketzer verdammt, 79. wie sich der K. bey Unterzeichnung des Bluturtheils erzeigt, 79. dem Pr. wird das Todesurtheil vorgelegt und ihm die Wahl der Todesart überlaßen, ib. da er keine Gnade findet, so sagt er: sie sollten ihn hinrichten, wie sie wollten. Er wollte nicht beichten in der bösen Welt, sondern Christo im Himmel, und das h. Sacrament dort empfangen, 80. Die Art des Todes wird endlich verschieden angegeben, ib. sein Tod erfolgte am 24 Jul. 1568, am höchsten Fest der Spanier, am St. Jacobs Tag, 80. der König sagte: Er wolte diesen grosen Heiligen zum Zeugen seiner Gerechtigkeit haben. ib.

Carr, Robert, ein schottischer iunger Edelmann, wird K. Jacobs Liebling, steigt zu den höchsten Würden und Aemtern. Wird Lord, Vicomte und endlich Graf von Sommerset. Seine guten und schlimmen Thaten und Fall, V, 207 f.

Carraria, eine ansehnliche Familie zu Padua, aus welcher grosse Männer entsproßen, V, 322. der Ursprung dieses Geschlechts ist ungewiß. Zu K. Berengers II Zeiten 950, soll Gombertus das Schloß Carrara ohnweit Padua beseßen haben, welches Villa del Bosco hieß, 323. und Kf. Heinrich V mit dem Blutbann und Gerichtbarkeit begabt haben soll. Wie sie nach Padua gekommen. ib. Jacob von Carraria verliert den Kopf zu Zeiten Kf. Friedrich II, weil er Ezelinen hinrichten wollte, ib. A. 1314 war Jacob der Große Stadtrichter zu Padua; kriegt unglücklich mit dem Scaliger von Verona, macht ihn aber in seiner Gefangenschaft zum Freund von Padua, 324. wodurch er die oberste Hauptmannschaft daselbst 1318 erlangt, ib. was zwischen ihm und dem Scaliger weiter vorgegangen. Seine Gemalin, des Doge Gradonici Tochter, bringt ihm den venetianischen Adel zuwege, 324. seines Bruders Sohn *Marsilius* will die Herrschaft der Carrarier fortführen und iagt die Teutschen aus Padua, 1328. Canis Scaliger bemächtigt sich aber derselben. Doch müßen sich die Scaligeri A. 37 von Padua lossagen, 325. Marsilius regiert hernach ruhig bis 45, ib. von des *Marsilii* und Jacobs des iüngern, der A. 48 K. Ludwig von Ungarn schlug Ermordung, ib. Franz I. kan sich mit dem Jacobin nicht stellen: Läßt sich gegen Venedig mit K. Ludwig von Ungarn ein, kommt aber dabey zu kurz, 325. Thut aber

aber hernach den Venetianern großen Tort, 316. Hetzt den Visconti Joh. Galeazzo gegen den Scaliger auf, ib. da er aber auch diesem untreu wird, bezwingt Galeazzo Padua und setzt Franzen nach Monza, wo er 1393 stirbt, ib. Sein flüchtiger Sohn Franciscus Nouellus findet Gelegenheit, durch den Bund der meisten lombardischen Stände gegen Galeazzo, Venedigs Gunst und Beystand zu gewinnen und A. 90 Padua wieder zu erobern, 316 f. die Churfürsten thun ihm A. 1400, als Vicario imperii zu Padua, Kf. Ruperts Wahl kund, 327. Lebt ruhig bis nach Joh. Galeazzo Tod, da er sich A. 1404 an Verona und Vincenza macht, aber Venedig darüber in die Haare kriegt, ib. wird in Padua belagert; wegen der großen Noth in der Sadt übergeben ihn die Bürger den Venetianern, 1405 im Nov. 328. Er wird mit seinen Söhnen nach Venedig gebracht, und nach gehabtem Verhör beym großen Rath und Doge, im Gefängnis erdroßelt, 1406, den 2 Jan. 328, so giengs seinem dritten Sohne Marsilio 1410, ib.

Cartesius will nicht, daß man seine Philosophie in die Theologie einflechten solle, XV, 166 f. wie er der Königin Christina bekannt geworden; was er ihr zu Gefallen geschrieben; wie er nach Schweden gekommen, ihr Lehrmeister geworden, und A. 1650, den 11 Febr. gestorben. Vossius arbeitete daran, ihn in Ungnade zu bringen, V, 148—150.

Carthagena in America erobert der französische Seeheld de Pointis A. 1697 mit Sturm, XIII, 356. macht große Beute. Der Spanier Schaden soll 12 Millionen Thaler betragen haben, 357. Er sprengt die Bollwerke und seegelt ab, ib. Du Casse, ein Freybeuter, der das meiste dabey gethan, wird wegen der ihm vorenthaltenen Beute unwillig; kehrt zurück nach Carthagena und erplündert noch 4 Millionen, 357. Vernon, der englische Admiral, belagert es 1741 vergeblich, obgleich die Engelländer schon auf deßen Eroberung eine Münze prägen laßen, 355, 353.

Casals Belagerung A. 1630. S. Mantua.

Casimir II, K. in Polen, frißt gelaßen eine Ohrfeigeein, so ihm ein Edelmann über dem Spiel gegeben, XIV, 319.

Casimir, ein Prinz K. Casimirs IV, wird 1521 vom Pabst zum Heiligen erkläret, II, 266.

Casimir, Marggraf zu Brandenburg in Franken, war ein Sohn Fried-

Friedrichs IV von Sophia K. Casimirs von Polen Prinzeßin, geb. 1481, V, 241 f. Legt sich auf den Krieg in seiner Jugend; macht seine erste Probe in einer hitzigen Action gegen die Nürnberger 1502, welche Händel über den Affalderbacher Kirchweyhschutz angiengen, 242 f. kommt nebst seinem Br. Marggraf Georg 1515 zur Regierung, weil Friedrich der Vater untüchtig wird, 244. was die Churfürsten von Maynz und Brandenburg zum besten des Marggr. Friedrichs gesuchet? ib. Casimir fängt die Reformation mit vieler Behutsamkeit in seinem Lande an, 245. weiß bey dem, sich widersprechenden, Reichsabschied und kaiserlichen Mandaten, das Ansehen des Gehorsams gegen den Kaiser zu erhalten, 245 f. braucht sich rechtschaffen zur Dämpfung des Bauern-Aufstandes: Läßt 85 Bauern die Augen ausstechen, die bey seiner angebotenen Gnade sagten: sie möchten ihn nicht ansehen; 70 köpfen, 247. der Kaiser und Pabst glaubt, er würde bey der alten Religion bleiben. Wurde kaiserlicher Commissarius mit, A. 26 auf dem speyerischen Reichstag; bringt es durch seine Vorstellungen dahin, daß die Vollziehung des Wormsischen Edicts bis auf den Schluß eines General-Concilii ausgesetzt wird, 248. ob Casimir für seine Person sich von der römischen Kirche getrennet? ib. er übernimmt auf K. Ferdinands Antrag das Commando in Ungarn 1527; stirbt zu Ofen an der Rur den 21 Sept. Gemalin und Kinder, 248.

Caspar Linde, Erzbischof von Riga. Es ist ungewiß ob er gemeiner oder adelicher Herkunft, von den Herren von Linden gewesen, XXII, 116 f. sein Geburthsort war Chamen in der Grafschaft Mark, 114. er wird an die Stelle des Erzbischof Hildebrands 1509 erwählt, und hat das Lob der Friedfertigkeit, 115 f. er stellt sich zum raren Exempel mit dem Heermeister in Liefland von Plettenberg so wol, daß sie sich zum Zeichen ihrer Eintracht auf einer Münze neben einander setzen lassen, 112. 113. Unter ihm gehen die Religions-Unruhen und Aenderung zu Riga und weiter in Liefland an, 115 f. er durchziehet jährl. seinen Kirchensprengel, läßt das Landvolk im Christentum prüfen; die, so wol bestanden, werden gespeißt; die Unwissenden mit Ruthen gestrichen, 117.

Caspar von Logau, Bischof zu Breßlau, nicht Lochau, geb. 1524, III, 354. wird Præceptor bey K. Ferdinands Pr. Erzherzog Carl, ib. auf des Kaisers

Empfehlung B. zu Br. 1562, und Oberhauptmann in O. und N. Schlesien. Schaft das sogenannte alte Kirchenrecht in seinem Bistum ab, 355. ist den evangelischen gram, ib. versündigt sich an den Medicis, und stirbt 1574, ib. ist zu Neuß begraben. Inscription, 255 f.

Caspar Ignatius, Graf von Kuntgl, Bischof zu Brixen, 1702. Seine Eltern und Geschwistrigte, V, 367 f.

Cassianus S. der erste Bischof zu Seben A. 350, soll zu Imola den Märtyrertod erlitten haben, V, 362. Zweifel in Ansehung der Zeit seiner Hinrichtung, und ob er der Caßian zu Imola gewesen? 363 f.

Cassii S. Probstey zu Bonn, ist mit dem Archidiaconat zu Cöln verknüpft, XI, 29. Helena, Kais. Constantins des Gr. Mutter, soll sie als ein Kloster gestiftet haben, ib. wird ein Collegium Canonicorum, 883. hat schöne Iurisdict. und auch adeliche Lehens-Erbstifts-Aemter, 30. büßt an Kirchen-Schätzen in den Truchseßischen Unruhen 60000 Thaler werth ein, ib.

Cassuben, das Herzogtum, wird vom H. Primislaus A. 1290 an Pölen überlassen, IX, 344. H. Georg in Pommern erhält davon Lauenburg und Bütow zu Lehen 1516. Polen zieht dieselben, nach ausgestorbenen Herzogen A. 1637 ein; giebt sie aber 1658 an Churf. Friedr. W. wieder, ib.

Catharina von Medices, Königin in Frankreich, geb. 1519. ihre Eltern und Voreltern, III, 258. 264. P. Clemens VII bringt ihre Vermälung mit dem H. Heinrich von Orleans, trotz aller Anstöße und Widersprüchs Kais. Carls V, zu Stande, und führt sie selbst nach Marseille 1533. Giebt ihr eine Aussteuer und Pension, 258 f. ihre Unfruchtbarkeit wird ihr gefährlich. Sie sucht dagegen Trost in der Bibel, den Psalmen, und bey dem Medicis, 259 f. Hippocrates hilft ihr zu 10 Kindern, 260. sie wird als Königin gekrönt, ib. ist eine gute Frau, behält daher ihres Gemahls Gunst, 261. sie sucht nach ihres Gemahls Tod das höchste Ansehen im Reich zu erhalten: ihre Kunstgriffe und Geschicklichkeit; nur fehlt ihr eine männliche Standhaftigkeit, ib. die Vormundschaft über K. Franz II zu behaupten, hält sie es mit den Guisen; schlägt sich auf die Seite des Coligny; veranlasset den Prinz von Condé zum Krieg mit dem Triumvirat, 361. regieret alles in der Minderjährigkeit Carls IX, 262. ihr Haß gegen die Kronbegierigen Guisen unter

Hein-

Heinrichs III Regierung, ib. die Hinrichtung der beiden Guisen soll ihr durch Schrecken und Kummer auch ihren Tod beschleunigt haben, stirbt am 5 oder 6 Januar. 1589, ib. sie hält viel von Wahrsagereyen, die in Ansehung ihres Todes sich wol erklären lassen, 262 f. 428. sie bleibt 20 Jahre unbeerdigt zu Blois stehen. Ihr Charakter, 263. ist wegen der Bluthochzeit zu Paris bey den Hugenotten verhaßt. Anagr. und Epigr. auf sie, ib.

Catharina, Königin in England, Infantin von Portugal, vermählt mit K. Carl II 1662, IV, 397 f. ist eine Creutzschwester in der Ehe. Man brachte, und sonderlich Buckingham, wegen ihrer Unfruchtbarkeit allerhand Mittel in Vorschlag, ihre Ehe für nichtig auszugeben oder zu trennen, 399. Sie sollte Nonne werden, wollte nicht. Oates beschuldigte sie fälschlich, als ob sie Theil an dem Complot wider des Königs Leben gehabt. Sie stirbt 1705, 400.

Catharina eine Bauerntochter, K. in Schweden, S. Erich XIV.

Catharina, Gemalin Bethlem Gabors von Siebenbürgen, eine Prinzeßin Churf. Joh. Sigsmund von Brandenburg, war geb. 1602, vermählt zu Caschau, 1626. Weil Bethlen Frieds mit dem Kaiser hatte, so ward diese Hochzeit vom Kaiser, Spanien, und Churbayern mit Gesandtschaften und Geschenken beehrt, XXI, 322 f. Sie wird nach ihres Gemals Tod 1629, wie bey dessen Leben die Landstände bewilliget, als Fürstin angenommen, 323. ist der Regierung der verwirrten und gefährdeten Staats nicht gewachsen; das Weiberregiment misfällt dem Adel, sonderlich ihrem Schwager Stephan Bethlen, Gubernator in Siebenbürgen, 324. das Misvergnügen bricht auf dem Landtag zu Clausenburg aus, und sie muß die Regierung, so sie kein Jahr geführet, aufgeben, 324. Da ihr, ihr Schwager vorher so zuwider war, so machte sie es bey der neuen Fürstenwahl wett; zog von dem schon ernannten Stephan viele vom Adel ab, und bewog durch den Vorgang ihrer Stimme, durch ihren Gesandten Joh. Kemeny, zu Scheßburg auf dem Landtag, alle Wähler zum Beyfall für den Fürst Georg Ragozy, der auch brav spendiret hatte, 325 f. Andere Berichte sagen: Die Fürstin Catharina habe sich in einen catholischen Herrn Cſaki verliebt, durch welchen sie die Oesterreicher und Catholischen hätte an sich ziehen, und dem sie zum Fürstentum habe helfen wollen, 326. 328. Erläuternde Umstände von dieser Fürstin und der Erhebung des Ragozy, aus dem Berichte des königlichen schwedischen Gesandtens, Pet. Strassburgs nach Constantinopel, 1632; von dem Oxenstierna vorgab, daß er zu dieser Fürstin geschickt würde, 327. Er that auch ernstliche Vorstellungen im Namen seines Königs beym Stephan und Ragozy wegen der Beleidigung, so sie der Catharina angethan, 328. Ragozy überredet sie, daß sie seinen Sohn Sigmund zum Sohn und Erben von Mongatsch erkläret, welcher es ihr aber doch mit Gewalt nimmt, ib. Sie kehrt A. 33 nach Teutschland und vermählt sich mit dem catholisch gewordenen Franz Carl H. von Lauenburg, den sie mit ihrem Gelde aus den Schulden reißt, 328. Sie stirbt A. 49 ohne Kinder, ib.

Catharina Belgica, Pr. Wilhelms von Oranien Tochter, wird Wittwe durch den Tod Philipp Ludwigs Gr. zu Hanau, 1612. Sie füret die vormundschaftliche Regierung bis 1630, stirbt 48. Unterschreibt den ReichsAbschied zu Regenspurg, 1613, ist die Mutter der berühmten Landgräfin Amalia von Heßen, IV, 278 f. ihre 5 Söhne, ib.

Catharina, Bgr. Friedr. V von Nürnberg Prinzeßin, geht A. 1376 ins Kloster, weil sie ihren Bräutigam Kf. Carls IV Prinzen, Sigismund nicht bekommt, XVIII, 79.

Catholicus, der Catholische, der Titel der spanischen Könige, wird K. Ferdinanden von Arragonien und seinen Nachfolgern im Reiche als ein Ehrentitel vom Pabst Alexander VI beygeleget, III, 52. welche Ehre auch seiner Gem. Isabella K. von Castilien wiederfuhr, ib. war eigentlich nur eine Erneuerung, weil schon alte Könige in Spanien mit diesem Titel beehret worden, 51. von der Vorzüglichkeit des Titels Catholisch vor Allerchristlichst: es leide keinen Superlativum, 55 f. ist aber doch in diesem Grad gebraucht worden, 56. Ferdinand hätte sich des Titels Christianissimus wol anmaßen können aus guten Gründen, 53 f.

Cauineus, Cauinius, Johann, ein künstlicher Eisen- und Stempelschneider, XVIII, 102 f. seine Grabschrift, ib. ein harter Stein mit einem starken eisernen Reife, worauf er seine Medaillen geprägt haben soll, ib. seine Abschilderung, ib. hat sich bemüht, das Kunststück der alten Griechen und Römer mit geschnittenen stählernen

lernen Stempeln, Medaillen zu prägen, wieder in Gang zu bringen, 103. schneidet daher die schönsten alten Medaillen nach, ib. wird aber aus Unwißenheit in neuern Zeiten für einen schändlichen Betrüger ausgeschrien; wird vertheidiget, 103 und f.

Cazaren werden zum Christentum bekehrt Saec. IX; wohnen an den Marotischen Pfützen und sind keine Slavische Nation, XIV, 110 f.

Cellarius, Christoph, Prof. zu Halle; was ihm Ludewig nachschriebe, VII, 174.

Celle, das Kloster an der Mulda, stiftet Mgr. Otto der reiche von Meißen, 1162, und dotiret es mit 800 Reichslehnbaren Hufen Landes, X, 406. Dieses Kloster kommt um einen Schatz von 300000 Mark Silber, so Otto Sicherheits wegen hingelegt, aber sein Sohn Mgr. Albrecht in Meißen nach des Vaters Tod wieder ablanget, 407.

Centum Cellae siehe Civita vecchia.

Chanut, ein französischer Minister, hat viel bey der Königin Christina von Schweden gegolten, die ihm am ersten ihre Absicht abzudanken vertrauet, XVI, 355-358. wer seine Memoiren ediret, 357.

Chatelet, ein altes Schloß im Herzogtum Lothringen, wenn es vor Alters gehöret, XVII, 228. davon hat den Namen das noch hochansehnliche Haus in Frankreich.

Chatelet. Es stammt vom Herzoglichen Hause Lothringen ab, XVII, 227. Friedrich Gr. von Bitsch, H. Matthäus des I Sohn, hatte unter 5 Söhnen Dietrichen, von der Hölle, wegen seiner Tapferkeit genannt, ib. der in des Grafen von Barr Gefangenschaft nebst seinem Br. H. Friedrich von Lothringen geräth, und A. 1225 noch gelebt, 327 f. Dieser Dietrich erzeugte mit Gertrud von Montmorency 3 Söhne, davon Friedrich sich am ersten von Chatelet geschrieben und das Geschlecht fortgepflanzet hat, 229. Er hatte zur Gem. Isabelle, eine Schwest. des Geschichtschreibers Joinville Senechal de Champagne K. Ludw. IX Sancti, ib. Er wird ein Vasall vom Theobald II, Gr. von Champagne und König von Navarra, 1256, 230. von seinem Sohn Erhard ib. der Hauptast ist mit Gr. Erhard V ausgegangen, 1545, 230. Nebenäste sind bekannt, der von Sorcy; fängt an mit Philibert Herrn von Chat. Sorcy, 1435. Seine 2 Söhne waren Reinhold, deßen Nachkommen Herren von Sorcy, A. 1587, mit Carln von Chat. ausgegangen, und Nicolas von Chatelet Souver. de Vauvillars, dessen Nebenast mit Nicolas II, Sey der 1562, bey Dreur wider die Hugenotten geblieben, verloschen. Dessen Bild und Grabschrift, 226. seine Wittwe Elisabeth von Haraucourt vermählt sich mit einem Baron von Montfort; seiner 2 Schwestern Söhne, Nic. von Vienne, und Nic. von Livron aber erben ihn, 227. von der Nebenlinien Pierrefitte, Bulgneville und Deuilly, 230. diese letztere blühet noch im Nebenzweig von Thons, deren Stifter Johann von Chateler, bey K. Heinrich III in großem Ansehen stund und 1590 starb, 231. von seinen Nachkommen ist Renat. Franc. Marqu. de Chatelet &c. Kaiserlicher Majestät Generalmajor, Cämmerer und Obrister über die Gardes, als H. von Lothringen und Großherzog von Florenz. Sein Sohn Luc René geb. 1716, 231. die Nebenlinie Trichateau-Bonnay stammt von Erhard VI, Johanns von Thon jüngern Sohn. Der stirbt als Marechal de Lorraine et Barrois, 1648, ib. Von seinen rühmlichen Nachkommen bekommt Florenz den Nahmen eines Grafen von Lomont, stirbt als Generallieutenant und Gouverneur zu Dünkirchen, 1732, ib. Sein Sohn Florent war, 1734 Mestre de Camp &c. 231. von der Nebenlinie Thons Clermont, ib.

Chemnitz, Martin, Cantzler des H. von Holstein-Gottorp stirbt 1626, XII, 222. Bogisl. Phil. sein Sohn, Schwedisch-pommerischer Cantzler, ist 1640, der Verfaßer des H. a Lapide. ib.

Chiemsee. Des Bistums Lage, Ursprung, Name, VI, 122 H. Thaßilo II, hat es als ein Benedictiner Kloster erbauet unter dem Namen Pfaffenwerd, oder Herrenwert, ib. Erzbisch. Conrad I von Salzburg baut es wieder und besetzt es A. 1541 mit regulirten Chorherren St. Augustini, ib. Kf. Arnulph hat damit schon den Erzbischof Drotmar beschenkt; Kf. Otto bestätigt, 969, Erzbischof Friedrichen, ib. Erzbischof Eberhard macht den Grafen von Naumburk zum Advocaten, unter Bedingnißen, 122 f. die Advocatie kommt als ein Lehen an Pfalzgraf Otto, H. in Bayern, 1244. damalige Güter dieser Probstey, 123. Erzbischof Eberhard II, legt 1215. das Bistum an, und macht die Kirche zu Herrenwert zur Domkirche, ib. der Pabst bestätigt es, Salzburg behält sich Wahl und Einsatz bevor. Dem Capitel und der Probstey bleiben ihre Rechte 123. der Bischof soll dem Erzbischof als Lehnherrn huldigen, 2c. 124. Rüdiger von Radeck, wird A. 1218. der erste Bischof. Seine Diöces: 124. Folge der Bi-

Bischöffe bis auf Bisch. Carl Joseph, 1723, 124-127. was es für eine Beschaffenheit mit der Reichsstandschaft des Bistums Chiemsee habe? 128.

Chievres, Kß. Carl V Hofmeister, s. Carl V, stirbt 1521, XIX. 308.

Chilperich, König in Frankreich, klaget, daß die Geistlichkeit alles an sich gezogen und dem königlichen Fiscus entzogen. wird darüber als ein Nero und Herodes vom Gregor. Turon. beschrieben, VIII, 311.

Chowansky, Präsident der Strelitzen-Canzley, sucht den Prinz Peter zu unterdrücken, und seinem Sohn den Weg zum rußischen Thron zu bahnen, XVIII, 315. kriegt seinen Lohn, 318.

Christian II, König in Dännemark. Von seinen Unternehmungen gegen Schweden im Jahr 1514, bis auf die Erlegung des schwedischen Statthalters s. Steen Sture. - - Nachdem er nach verlohrnen Reichen von A. 1523 an, 8 Jahre herum geschweifet und nirgends hinlängliche Hülfe gefunden, sich wieder auf den Thron zu schwingen, so wagt er einen Versuch auf Norwegen, XI, 41. Er schickt 1531 Trollen dahin voraus, der den Bischof zu Hammora und die übrigen Bischöffe in Norwegen, durch K. Christians vorgestellte gute Aenderung und Eifer für die catholische Religion einnimmt, daß sie sich vereinigen, ihn wieder als König anzunehmen, und viel Kirchengeschmeide, Schiffe und Leute nach Brabant zu ihm senden, 42. Es glückt dem König auch in Ostfriesland, und durch vom Kaiser erlaubte Werbungen, in Teutschland mit leichter Mühe und Kosten eine ziemliche Armee zusammen zu bringen, ib. führt sie in die Niederlande, wo sie durch ihren Geldmangel sehr beschwerlich worden; aber auch die Niederländer, um ihrer loß zu werden, veranlaßen, 30 Schiffe zur Ueberfahrt nach Norwegen, wie der Kaiser auch angerathen, beyzuschaffen, 42 f. Der König ist sehr froh darüber, verspricht den Niederländern allen Vortheil im Handel vor den Hanseestädten, und seegelt freudig den 26 Oct. ab, 43. er leidet durch Sturm; wird dadurch an der Landung auf Seeland gehindert, und langt den 5. Nov. zu Opslo in Norwegen an, wo sich die zerstreueten Schiffe auch einfanden, ib. sein Manifest, ib. der Erzbisch. von Drontheim Olaus Liungen und verschiedene Stände huldigen ihm, und ermahnen die Dänen schriftlich, vom K. Friedrich I abzusetzen, 43. K. Friedrichs und K. Gustavs Anstalten gegen ihn, 43 f.

da der Winter die Ueberkunft der dänischen Truppe hindert; so versucht K. Christian einen Einfall in Schweden; erobert auch Carlsburg und Lofa, obgleich nicht alles in Norwegen auf seine Seite getretten, 44. er begegnet den anruckenden Schweden bey Lofa, die durch den Eisbruch und Christians Geschütz leiden, 45. Er denkt auf die Belagerung des Schlüßels zu Norwegen, Aggerhuß. Der Commendant M. Güldenstern zieht ihn auf, bis er verstärkt wird von Helsingburg aus, wodurch er sich eine Weile halten kan, 45. Cnut Güldenstern Bisch. zu Ottensee bringt mit Lübeckischen Schiffen seinem Bruder zu Aggerhuß im Apr. A. 32 Leute, Mund- und Kriegsprovision zu, 46. K. Christian will die Belagerung doch fortsetzen, aber der Geldmangel, so seine Soldaten schwürig macht, und der Schweden Anzug, zwingen ihn zu einem Vergleich mit M. Güldenstern den 1 Julius, worinnen sich unter andern der K. einen freyen Abzug durch Dännemark nach Teutschland, um mündlich sein Heil beym K. Friedrich zu versuchen, ausdinget. Diesen Vergleich besiegeln auch die Gesandten der Hanseestädte, 46 f. Christian schreibt demütig an K. Friedrich, und bittet um eine Provinz zu seinem Unterhalt,

dabey er meldet, daß er von der evangelischen Lehre erleuchtet und nichts von ihm zu befürchten seye, 47. Er kommt den 19 Jul. mit Cnut Güldenstern nach Coppenhagen und wird beym K. gemeldet. K. Friedrich misbilligt aber den Vergleich samt den Reichsräthen zum höchsten. Es wird vielmehr beschloßen, Christianen als Reichsfeind gefangen zu setzen, welches auf das Schloß zu Sunderburg den 29 Julii, in ein vermauertes Gefängnis, geschieht, ib. der betrübte König erfährt seines einzigen Prinzen Tod, der zu Regenspurg, am Tag seiner Gefangensetzung, vielleicht an Gift verstorben, 47. seine harte Gefangenschaft dauert 17½ Jahr, da sich endlich K. Christian III vom Kf. und andern erbitten läßt, ihn auf das Schloß Callundborg in Seeland im Febr. 1549 bringen zu laßen, wo er unter Bedienung 4 iunger Edelleute, ein erträgliches und freyes Leben bis 1559, den 24 Januar, füret, und sich daßelbe manchmal durch einen Rausch in Malvasier verfüßt, 48. wie König Friedrich sein hartes Verfaren rechtfertigen wollen; welches nichts als ratio status aber rechtfertigen kan, ib. - Wie die Stadt Lübeck gesucht habe, ihm einst aus seiner Gefangenschaft loszuhelfen, S. Grafenfehde.

Chri-

Chriſtian III, K. von Dännemark, kan ſeinem Herrn Vater König Friedrich I, A. 33 nicht gleich auf dem Throne folgen, weil die Biſchöffe lieber ſeinen 8jährigen Br. Johann, den ſein Vater als König ſchon erzeugt, in Abſicht durch ihn das Pabſtum zu erhalten, erwählet hätten. Daher war der Reichstag den 24 Jun. uneinig, XIV, 330. - - und Chriſtian wurd erſt A. 34, den 17ten Aug. aus Noth von den Jütländern und Fühnen zum K. erwählt, 334. wie er die Lübecker und Gr. Chriſtoph von Oldenburg beſiegt, 335, f. - - - Er incorporirt Norwegen dem däniſchen Reiche völlig auf einem Reichstag zu Coppenhagen, 1536, XVII, 4. - - - Er ſchließt mit Kſ. Carl V zu Speyer, 1544, den niederländiſchen Erbvertrag wegen der Schiffart in der Oſtſee, XI, 48. Er iſt der erſte unter den däniſchen Königen, der die Zahl, der wie vielſte er ſeines Nahmens ſey, angezeiget, XVII, 2. Nutzen dieſer Anmerkung, ib. er ſtirbt zu Anfang des Jahrs 1559. Sein ſeeliges Abſterben und chriſtliche Vorbereitung dazu, wird von ſeinem Leibmedico D. Jac. Bording beſchrieben, XIV, 17 f. wie er ſeine Zeit rühmlich einzutheilen pflegte, 23. Reußner giebt ihm den Vorzug vor allen damals lebenden Königen, 24. war im Nahmen und in der That Chriſtianus, ib.

Chriſtian IV, K. in Dännemark, wird vom K. Philipp III in Spanien mit allem Rechte El Padre de los Reyes genennt, XII, 146. Seine Sorge für die Bergwerke in Norwegen, 146 f. wird A. 1625 zum Creißobriſten in Niederſachſen angenommen. Streit darüber mit dem Kaiſer, V, 128 ‒‒ 130. Iſt unglücklich gegen den Tilly, der ihm nachſetzet. Seine Anſtalten in Schleßwig und Holſtein zur Landesvertheidigung, XII, 219 ‒‒ 221.

Chriſtian V, K. in Dännemark, erneuert den Danebrogs Orden, 1671, XIX, 383 f. - - tritt, nach 1672 angegangenen franzöſiſchen Händeln in Holland, die ſich auszubreiten ſcheinen, mit dem Kaiſer, Churbrandenburg und Braunſchweig in einen Bund, der weitern Ausbreitung des Kriegs in Niederſachſen vorzukommen, XIV, 114. Zaudert aber doch, dem Churfürſt von Brandenburg, als die Schweden, 1674 demſelben ins Land gefallen, die verlangte Hülfe zu leiſten, XVII, 277. Greifenfeld und die königliche Frau Mutter, letztere wegen der in Vorſchlag gekommenen Heyrath ihrer Prinzeß in Ulrica Eleonora mit dem K. von Schweden, arbeiten dagegen;

gegen; dabey der schwedische Gesandte Brahe auch das seinige thut, ib. doch ist der König im Herzen zum Krieg geneigt, hörte den Gesandten eine Weile freundlich, um sich recht in Verfaßung zu setzen, ib. Berathschlagungen, wie und wo man Schweden angreifen wollte, 278. indeßen bringet der Graf Brahe doch die Versprechung mit der Prinzeßin zu Stande, ib. wie sich der König wegen dieser Verbindung seiner Schwester gegen Churbrandenburg heraus gelaßen, ib. Nach dem Fehrbelliner Sieg des Chrf. Friedrich Wilhelms, A. 75, thut doch Christian noch nichts weiter gegen Schweden, als daß er den H. von Holstein in die Falle lockt und den Rendsburgischen Vergleich abnöthigt, 278. der König will sich erst wegen der Insel Rügen und Wißmar, die ihm zu Theil werden sollten, versichern, ib. endlich läßt der König den 22 Aug. seine Flotte, wobey 8 holländische Kriegsschiffe waren, in die See gehen. Den 2 Sept. declariret er den Krieg, und geht mit seinem Kriegsheer ins Mecklenburgische, 279. was er für Maasregeln mit dem Churfürsten von Brandenburg zu Gadebusch, wo sie einander sprechen, nimmt. Man wollte dänischer Seits der Krone Schweden, Schonen, Holland, Bleckingen, Rügen, Wißmar &c. Brandenburgischer Seits ganz Pommern abzwingen, 279. Holland hat durch seinen Wankelmuth hernach dies Concept verruckt, ib. der König zieht zwar nach Pommern, läßt aber auf Wißmar sein Hauptaugenmerk gehen, ib. Den 6 Nov. geschieht der Angriff, 280. Graf Königsmark sucht vergeblich Entsatz hinein zu bringen. Am 24 Dec. geschieht die Uebergab &c. den 26 läßt sich der König huldigen, 280. geht nach Hause, ib. der König unternimmt nach dieser und andern Eroberungen und herrlichen Seesiegen (s. Juel) A. 76 eine Landung auf Schonen, erobert Helsingburg, XIV, p. 15. rückt vor Landscron, welches sich auch auf Accord ergeben muß, 116 f. - - König Christian hat auch Händel mit dem Hause Braunschweig-Lüneburg, A. 1693, derselben Beylegung. (s. Ratzeburg.) - - Dieser König wird auf einer Medaille vom Jahr 1686, Arbiter maris Baltici genannt, worüber Streit entstehet, und A. 1709, dieses als eine Arroganz von einem Schweden Vergeltungsweise den Dänen vorgeworfen wird, IX, 84=88.

Christian I, Churf. zu Sachsen, favorisirte den Reformirten, II, 178. stirbt 1591, den 25 Sept. ib.

Christian, ein Sohn Chrf. Johann Georgs von Brandenburg, kommt vermög des Magdeburgischen Vergleichs und Bestätigung der Verordnung Churfürsts Albrechts Achilles, von 1599, A. 1603 zum Besitz des Fürstentums Culmbach in Fr. II, 139 f.

Christian, Herzog von Braunschweig-Wolfenbüttel, postulirter Bischof von Halberstadt, ein Sohn Herzog Heinrich Julius, wird Bischof 1617, II, 194. liebt den Krieg, und läßt sich aus Liebe zur Pfalzgräfin Elisabeth in die böhmischen Händel mit großem Vorsatz ein, ib. seine Brüder, Mutter und Freunde suchen ihn mit Güte und endlich mit Gewalt 1621 abzuhalten. Er flüchtet mit seinen Truppen bis ins mayntzische, wo er das Schloß Amoeneburg durch List hinweg kriegt; wird vom Anholt im Bußecker Thal geklopfet, 195. er macht Eroberungen in Westphalen und haußt zu Paderborn sehr übel; läßt aus dem dort gefundenen goldenen H. Liborius Goldgülden, und aus dessen silbernen Sarge Thaler mit der Aufschrift: Gottes Freund, der Pfaffen Feind, schlagen, 196. conf. XIX, 113 und f. allwo diese Sache mit mehrerer Genauigkeit untersucht und gezeigt wird, daß aus dem Sarge wenige Thaler zu schlagen gewesen, 119 f. er macht zu Soest reiche Beute an Geld; geht aus Westphalen verstärkt an den Mayn, wird aber vom Tilly und Corduba aufs Haupt geschlagen, II, 196. vereint sich mit dem Reste, mit dem Graf von Mansfeld, und dringen hernach ins Elsaß ein, wo der Pfalzgraf Friedrich zu ihnen kommt, bald aber beide, durch falschen Rath und Verheißungen verführet, entläßt, 197. sie wollen darauf den Hugenotten in Frankreich, und Graf Moritzen zum Entsatz Bergens ob Zoom, helfen. Da das letztere ihr einziger Vorsatz wurde, so kommen sie bey Fleury 1622 den 19 Aug. mit dem spanischen General Corduba, der sich ihnen in den Weg gestellt, zu schlagen: schlugen ihn nach einem hitzigen Gefechte von 11 Stunden. H. Christian wird dabey durch die Hand geschoßen, und läßt wegen Entzündung den Arm sich im Angesicht der Armee abnehmen, 198. läßt dem Spinola wißen, den rechten Arm hab er noch sich zu rächen. Gedanken darüber, 199. er eilt mit großen Schaden zum Entsatz, den Spinola nicht erwartet, ib. A. 23 rückt er mit 16000 Mann an die Weser. Seine Freunde suchen Gnade für ihn beym Kaiser, der geneigt sich bezeigt; doch will

will er selbige nicht anderst annehmen, als mit Erstreckung auf alle seine Soldaten, 199. der Niedersächsische Craiß verbittet seinen Aufenthalt mit der Armee. Er zieht sich nach Westphalen; wird vom Tilly bey Stattloo geschlagen, verliert 9000 Gefangene u. 2000 Todte, 199 s. danckt ab und erhält kaiserlichen Pardon. Dient in Holland; geht nach England, erhält den Orden vom blauen Hosenband. Steht A. 1626 dem K. von Dännemark bey; darf Wolfenbüttel, mit seines Bruders H. Friedrichs Ulrichs Einwilligung besetzen, stirbt den 6 Jun. im 27 Jahr seines Alters, 200. sein wildes Ansehen, ib.

Christian, H. zu Braunschweig und Lüneburg, cellischer Linie, und Bischof zu Minden, verspricht seinen Vettern dannebergischer Linie, 1618 wegen ihres anererbten dritten Theils am Fürstentum Grubenhagen iärlich 20000 Thaler zu zahlen, XIII, 43. will von 1622 an wegen der Münzreduction und Kriegsschäden ferner nicht gehalten seyn, diese volle Summe abzutragen, ib. die dannebergischen Herzoge wirken vom Kaiser ernstliche Befehle wider ihn aus, ib. Herzog Friedrich Ulrich zu Wolfenbüttel hilft die Sache 1629 in der Güte gänzlich beylegen, 44. ausführliche Erzehlung dieses Vergleichs, 44 f. H. Christian erhält durch kaiserlichen Rechtsspruch 1616 das Fürstentum Grubenhagen, 45. siehe auch XV, 93 f.

Christian Albrecht, H. zu Holstein, s. Holstein-Gottorp. Dieser Herzog hat die Gottorfische Kunst- und Naturaliencammer wol unterhalten und versiegelen laßen, XX, 90.

Christian August, Pfalzgr. H. in Sulzbach, war der älteste Sohn Pfalzgr. Augusts, Stifters des Sulzbachischen Hauses; tritt die Regierung 1645 an, I, 323. ihme wird bey den westphälischen Friedenshandlungen die Wiedereinsetzung des Kirchenwesens im Sulzbachischen, wie es von 1615-27 gewesen, von den Catholischen und sonderlich Pfalz-Neuburg gar schwer gemachet, welches in seine Landesherrliche Rechte auch sonst weiter griffe, als er eingestand, XIV, 192. Der Pfalzgraf tritt aber A. 55. von der evangelisch-lutherischen zu der römisch-catholischen Religion über; erlangt vom Pfalzgr. Philipp Wilhelm zu Neuburg die Landesfürstliche Hoheit in polit. et ecclesiasticis &c. und man verspricht ihm Sitz und Stimme auf dem Reichstag zu verschaffen, I, 323. Ob er gleich die catholische Religion durchgehends in seinem Lande neben einge-

eingeführet, sorgt er doch für die Erhaltung der Gewißensfreyheit für seine evangelische Unterthanen, XIV, 187. seine deswegen gemachte testamentliche Vorsehung und rechtsgegründete Verordnung, 187=191. er wollte auch ihrem Ansuchen wegen Errichtung eines Consistorii Statt geben, 191. sein Sohn und Nachfolger, Pfalzgr. Theodor, thut ihm dagegen Vorstellungen, verspricht aber auch die Gewißensfreyheit, ib. dieser Fürst celebrirte das 50te Jahr seiner Regierung, und lud alle 70jährige und ältere von seinen Unterthanen zu einem Gastmahl den 20 Jul. 1695 ein, so auf dem Rathhaus angestellet wurde. Was dabey vorgegangen, 324=328. Münzen werden zum Angedenken ausgetheilt, auch unter die Kinder, 321. 328. sein Bild ist schön in iüngerer Gestalt, 433. besonders vorzüglich, ist an diesem Hrn. gewesen, daß er das Rabbinische und Hebräische wol verstanden: Beweiß davon, 435.

Christian Ernst Marggraf zu Brandenburg-Culmbach, wird 1664 beym Türkenkrieg und vom Reich zugestandener Hülfe zum Craißobristen zu Bamberg erwählet, V, 122. läßt zum Andenken dieser Würde Münzen schlagen, 123 f. und zu Plaßenburg eine hohe Bastey Christianin erbauen mit einer Inscription, 124.

Christian Ernst, der fromme, Herzog zu Sachsencoburgsalfeld, XX, 1 f. dessen schriftliche Verordnung wegen seiner Gedächtnispredigt, ꝛc. 3 f. er ist ein untadeliches Muster eines gottseligen Fürsten, 4. seine ausnemende Armut des Geistes und tiefe Beugung des Herzens vor Gott, ib. besondere Verherrlichung der Gnade Gottes und des allertheuersten Verdienstes Christi an ihm, 5 f. dessen ungemeine Hochachtung des göttlichen Wortes und der Sacramente, 6. sein brünstiges, demütiges, zuversichtliches und anhaltendes Gebet, ib. ernstliche Bestrebung zur völligen Gewisheit seines Heils zu kommen, 7. sehnliches Verlangen und Bitten um anderer Heil, ib. besondere Freude über die Ausbreitung des Reiches Christi, ib. Betrübnis über die im Schwang gehenden Sünden, ib. hat allen seinen Bedienten für ihre Treue herzlich gedankt, 7 f.

Christian Ludwig, Herzog zu Mecklenburg-Schwerin war unter 10 Brüdern der erstgebohrne Sohn Herzog Adolph Friedrichs 1623, V, 186. der Vater macht wider seine erste Intention eine Erbtheilung unter seine Söhne. Christian bekommt das Herzogtum

tum Mecklenburg Schwerinischen Antheils; Carl, Rageburg, Johann Georg das Fürstentum Schwerin, Büzow und Warin, mit Ausnahme, 186. die übrigen sollten vom ältesten Herrn ieder 3000 Reichsthlr. iährlich haben, 187. vortrefliche Ermahnungen in diesem Testamente, 187-189. der Älteste beschwert sich über dieses Testament auf dem Reichstage, und erfüllt es A. 58 nach des Vaters Tod nicht, sondern nöthigt die 2. Nachältern mit 6000 Thalern statt der Lande für Lieb zu nehmen, 189. hartes Verfaren gegen den Bürgermeister von Bützow und den Canzler Wiedmann, der ihn warnte, sich nicht an Frankreich zu hängen, 190. er vermählt sich 1650 mit Christina Margaretha H. Joh. Albrechts von Güstrow Prinzeßin, die ihm ungleich an Jahren und Religion war; kommt in Streit mit ihr, da er ihr die Verwaltung ihrer Paraphernal-Güter nicht laßen will. Die Sache kommt an den Kaiser, ib. der Herzog will aber den kaiserlichen Verordnungen zur Vereinigung nicht Gehör geben, sondern die Sache vor ein geistliches Gericht oder Consistorium bringen. Dawider protestirt die Herzogin und hat den Kaiser auf der Seite, 190 f. der Herzog bestellt ein Gericht von seinen eignen Leuten, das ihn von ihr lossprechen soll. Der Herzogin gründliche Einwendungen dagegen, 191. das Gericht führt mit der Ehescheidung zu, ib. der Herzog hält sich dabey aber nicht sicher, sondern geht A. 60 nach Paris, wird am 19 Sept. catholisch, und der päbstliche Commissarius Cardinal Barberini erkläret die Ehe für nichtig, weil sie Bruders Kinder wären, ib. vermählt sich im Nov. mit Mad. de Chatillon und würkt beym Kaiser die Erklärung aus: daß die Söhne dieser Ehe Successionsfähig in den Reichslehen seyn sollten, 192. darüber beschwehrt sich die Verstoßene, das sämtliche Haus Mecklenburg und das Corpus Evangelicorum und stellet die gefährlichen Folgen vor. ib. darauf kein weiterer kaiserlicher Schluß erfolgt, ib. der Herzog verstößt auch die Chatillon und nimmt sich die Montmorency Bouteville zur dritten lebenden Frau. Vergleichung seiner 3 Weiber u. ihrer Herkunft, 192. nimmt in seiner Firmung den Nahmen Ludwig erst an, und führt sich im Titel und Wappen als ein französischer Duc auf, ib. begiebt sich A. 63 in französischen Schutz, und weil er auf Befehl des Königs Doemiz nicht an Dännemark geben will, läßt ihn der König nach Vincennes gefan-

gefangen setzen, geht nach Holland und stirbt 1692, 192.

Christian Ulrich, H. zu Würtemberg und Oels, H. Sylv. Nimrods Sohn, geb. 1652, bekomint in der Theilung den Bernstättischen Antheil; und A. 97 den Oelsnischen, X, 354 f. ist kayserlicher Princ. Commissar. bey den allgemeinen Fürstentägen in Schlesien 10 Jahre lang, 355. er baut gern; sammelt und stiftet zu Oels eine schöne Bibliothek, 355 f. ist ein Liebhaber der Feuerwerker, 358. hat 4 Gemalinnen, und 15 Kinder erzeuget, 358 f. seine Lobsprüche an dem ihm aufgerichteten Trauergerüste, 360. warum er sich Herzog von Bernstatt auf einem Thaler genennt? ib.

Christian Wilhelm, Marggr. zu Brandenburg, Administrator des Erzstifts Magdeburg und Coadiutor zu Halberstadt, war ein Sohn Chrf. Joachim Friedrichs, und Catharinen von Brandenburg, geb. 1587, II, 226. er wird schon A. 98, als sein Herr Vater die Churlande bekommen, vom Capitel erwählt, und nimmt A. 1608 Besitz, nachdem er eine scharfe Capitulation beschworen, ib. er ist bedacht, das Ansehen des Capitels zu unterdrücken. Das Capitel wird schwürig, und macht Prinz August von Sachsen, A. 25 zum Coadjutor, 226 f. der Administrator geht von Magdeburg weg aus Verdruß; geräth über die dänisch-niedersächsischen Händel in die Reichsacht, 227. er behält eine starke Partey in der Stadt, deren Haupt der Obrist Schneidewind ist, dessen Anschlag, den Administrator in die Stadt zu bringen, A. 26 fehlschlägt, 227 f. doch wird das Regiment zu Magdeburg umgekehrt, 228. A. 30 aber kommt der Administrator heimlich in die Stadt, zeigt sich bald öffentlich, und thut kund, daß er sein Erzstift wieder einnehmen, und mit schwedischer Hülfe allen Widersachern widerstehen wolle, 229. er wirbt Truppen an; vertröstet die Stadt auf Geld und Schweden. Diese wird vom Tilly belagert, durch den schwedischen Obrist von Falckenborg und seine Versprechungen in der Widersetzlichkeit gestärket, A. 31 den 10 May erobert und zerstört, 230. der Administrator wird verwundt und gefangen, anfangs hart gehalten, tritt zu Wien 1632 zur catholischen Kirche. Diese Religionsänderung verursachet einen Federkrieg. Was der Administrator zu seiner Vertheidigung, und wer wider ihn, geschrieben, 230. er wird im westphälischen Frieden wol versorgt, 231. stirbt in Böhmen 1665. Er erzeuget mit 3 Gemahlinnen eine Toch-

Tochter Sophia Elisab., Gemahlin H. Friedrich Wilhelm von Sachsen-Altenburg, 131.
Christiana, verwittibte Herzogin von Savoyen, K. Heinrichs IV von Frankreich Tochter, tritt die vormundschafftliche Regierung über ihre 2 Söhne, Franz Hyacinth und Carl Emanuel 1637 an, V, 401 f. die Franzosen meynen es schlimm mit ihr. Sie soll ihres Gemals Brüder Prinz Thomas und den Cardinal Moriz aus dem Lande schaffen; muß mit Frankreich gegen Spanien in eine Allianz tretten 1638, 403. Dagegen ihr Leganez der spanische General zu Leibe geht, 404. Nach Prinz Fr. Hyacinths Tod maßen sich Thomas und Moriz der Mitvormundschaft listig an. Thomas schickt ihr ein kaiserliches Decret zu, die französische Partey zu verlaßen und die Bestätigung ihrer Vormundschaft zu Wien zu suchen. Andere Forderungen mehr, 404. Thomas und Leganez machen im Lande Progreßen, und der Kaiser entsetzt sie der Vormundschaft, ib. die Franzosen helfen ihr gegen Einräumung einiger Plätze, doch übertrumpelt Thomas Turin; die Regentin kan kaum entfliehen, 405. die Citadelle behaupten die Franzosen, weil Thomas und Leganez wegen der Besetzung uneinig sind, ib. die Herzogin besucht den König zu Suza. Hartes Zumuten des Richelieu an sie, und ihr Abschlag, ib. die Franzosen helfen doch wieder unterm Harcourt, welcher den Leganez vor Casal wegschlägt, den Pr. Thomas zu Turin belagert, und es mit Accord einnimmt, 406. Thomas wird verdrießlich, und läßt sich in Tractaten ein, vergeblich, ib. Richelieu läßt der Herzogin Premierminister gefangen nehmen, der bis A. 42 sitzen muß; in welchem Jahre die Prinzen mit der Herzogin Friede machen müßen. Sie bleibt Regentin. Vortheile der Prinzen, 407. der Cardinal legt den Purpur ab und heyrathet die Pr. Louisa Maria, ib. A. 1648 unter fortwärendem Krieg tritt die Mutter, H. Carl Emanuel, die Regierung ab. Ihr Lob, 408.

Christiana Charlotta, verwittibte Marggr. von Brandenburg-Onolzbach, war geb. 1694. Ihre Eltern und trefliche Erziehung, VI, 19 f. vermählt sich mit Marggr. Wilhelm Friedrich 1709, 20. Ihre Kinder, 21. verliert ihren Gemahl 1723, der sie zur Vormünderin-Regentin ernennet, 22. ihre rühmliche Verwaltung und Anstalten, 22 f. sie erlangt A. 25 ein Privilegium zu Errichtung einer Universität, 23. und legirt eine ziemliche Summe dazu, ib. übergiebt A. 29 ihrem Prinzen
die

die Regierung und stirbt am Chrifttag, 23. von ihren Vorzügen, 418 f.

Chriſtiana Friederica, vermählte Herzogin von Sachſen-Coburg und Saalfeld, XV, 377 f. Carl Heinrichs von Bogatzky Nachricht von ihren letzten Stunden, 378 f. ſie kommt zur Erkenntnis des rechtſchaffenen Weſens in Chriſto durch mündlich und ſchriftliche Anweiſung des Prof. Franks, 378. Gott befördert ſein Gnadenwerk in ihr durch die allerhäuferſte Angſt und Schwermut der Seele, und durch die heftigſten Leibesſchmerzen, ib. von ihren ſelbſt aufgeſetzten Gebeten, 379. was ſie zu ihrem beſondern Troſt angewandt, 379 f. ihre letzte Krankheit, worinnen ſie gar viel erbauliches geredet, 380 f. ihr liebſtes Krankenlied, 383. Fürſtliches Leichenbegängnis und Leichenpredigt, 384.

Chriſtianiſſimus. Dieſer Titel iſt vor Alters dem Gothiſchen König Recaredo, den ſpaniſchen und faſt allen chriſtlichen Potentaten beygeleget worden, III, 54. Johannes II, König von Caſtilien, bedient ſich deßelben ſelbſt in Staatshandlungen 1434 mit K. Carl VII in Frankreich ohne Widerſpruch, ib. Mit was für Grund und Recht, und wann die franzöſiſchen Könige dieſen Titel als ein beſonderes Prärogativ zu führen angefangen haben, 54 f. iſt nicht gewiß zu beſtimmen, 55.

Chriſtina, Königin von Schweden, K. Guſtav Adolphs einzige hinterlaßene Prinzeßin von der Maria Eleonora, Churf. Sigismund von Brandenburg Prinzeßin, war geb. den 8 Dec. 1626, II, 352. ſie erhält vermög des Stockholmiſchen Reichstagsſchlußes vom Jahr 1627, und älterer, das Erbrecht zur Krone nach ihres Vaters Tod, VI, 259 f. wird A. 33 als Erbkönigin erkläret; bekommt 5 Reichsräthe zu Vormündern und führt während ihrer Minderjährigkeit den Titel Deſignata Regina, ib. -- Beſchaffenheit mit dem ſchwediſchen Beſitz von Pommern vor dem weſtphäliſchen Frieden, und warum Pommeriſche Münzen mit der Königin Bildnis zum Vorſchein gekommen? 260-264. ſie tritt A. 44 die Regierung ſelbſt an; doch wird ſie erſt A. 50, aber mit außerordentlichem Pracht gekrönet den 17 Oct. II, 352. VIII, 22 f. Sie acquiriret der Crone Schweden durch den Bremſebroer Frieden mit Dännemark A. 45, und durch den weſtphäliſchen A. 48 herrliche Lande, 352. ſie hat viel Verſtand und ganz beſondere Gelehrſamkeit; ihre Regierung tauget aber

aber nichts, ib. von ihrer Neigung zu Pfalzgraf Carl Gustaven, ihrer Abdankung, dabey ge-
fundenem Widerstand ꝛc. s. Carl
Gustav oder VIII, 18 ⹀ 24. der
Königin Schreiben an den französischen Minister Chanut, darinnen sie die Ursachen ihrer Abdankung angiebt, nach dem Original ediret, XVI, 355 f. sie wollte sich der schweren Regierungslast, sagte sie, entledigen, 359.
diesem Minister hatte sie ihren
Vorsatz schon 5 Jahre vorher ge-
offenbaret, der sie um Frankreichs
Interesse willen davon abzuhalten
suchte; solches aber geheim hielt,
bis es die Königin nicht länger
verschwiegen wißen wollte, 358.
ihre Verschwendung würde vielleicht die Absetzung ihr noch zugezogen haben, wenn sie nicht auf
die Abdankung verfallen, 359 f.
— die Königin giebt durch ein
Sinnbild, die Sonne in ihrer
weitesten Entfernung von der Erde, mit der Umschrift: Non sit
eamen inde minor, auf einer Medaille zu verstehen, daß durch ihre Niederlegung der schwedischen
Krone den 16 Jun. 1654, ihrer
Hoheit und Ansehen nichts abge-
he, XXII, 377 f. sie sagt auch
in ihrer Abschiedsrede, daß sie nun
felix et beatior omnibus wäre,
378. die Urtheile fallen aber gar
verschieden aus. Einige glauben:
sie hätte nichts grosmütigers und
rühmlichers thun können. Andere glauben: sie habe dadurch viel
von ihrem Glanz verloren, 378
f. bey Zusammenhaltung der Urtheile findet sich das letztere ziemlich
wahrscheinl, 380. sie durfte ihrem
Titel einer Königl. den Namen von
Schweden nicht beysetzen. Menage schmeichelt ihr zwar, daß sie
nun das Musenreich beherrsche,
381. sie wird in Schweden nach
ihrer Abdankung schlecht geehrt,
vielmehr verachtet. Man wollte
sie nicht aus dem Reiche laßen,
um ihre Religionsänderung zu
hindern. Man versagt ihr A. 60
ihre freye Religionsübung, die
doch fremde Minister haben ꝛc.
381 f. Ihr Herumreisen bringt
ihr schlechten Ruf; man sagte, sie
habe die Thalestris nachgeahmet,
382. sie war ungewiß, wo sie ihren Sitz aufschlagen sollte: sie
irrete herum, ließ daher eine Medaille schlagen und darauf setzen:
Fata viam invenient, 383. sie
geräth in Armut, ib. — Unterdessen war es ein Wunder,
K. Gustav Adolphs Tochter A.
55 zu Rom zu sehen, allwo sie
den 19 Dec. eingeholet wird, und
dem Pabst Alexander VII die
Füße demütig küßt, XIII, 187.
der Pabst lächelte freundlich darüber, ib. den 23 war der prächtige öffentliche Einzug, und der
Empfang vom Pabst in öffentlichen

chen Consistorio, wo sie nach 3maligem Fußfall dem Pabst die Füße küste und sagte: daß sie die Ehre ihm zu gehorchen über ihre Krone schätze, 188. sie logirt im Vatican, und wird am Christtag gefirmelt, da sie den Nahmen Maria Christ. Alex. erhält. Die Pest treibt sie A. 56 nach Frankreich, wol nicht in der Absicht, christianissima zu werden, 189. der Pabst weist ihr nach ihrer Zurückkunft 12000 Scudi Pension an, und giebt ihr den Card. Azzolini zum Haushalter, ib. weil die Gelder aus Schweden ausbleiben, geht sie A. 60 nach Stockholm, und erzwingt 200000 Thaler, kommt A. 62 wieder nach Rom, 190. A. 66 geht sie aus Verdruß über den Gouverneur von Rom, abermals nach Schweden, man kündigt ihr aber zu Nyköping an, daß sie zu Stockholm nicht willkommen seyn würde, daher sie eiligst umkehret, ib. der neuerwählte P. Clemens XI. ihr Freund, lockt sie A. 68 zum drittenmal nach Rom, 190. wo es bis A. 70. bis 76 sehr wollüstig zugeht, 191. der Connetable Colonna beleidigt sie; sie bekommt bey angebrachter Klage bey den Nepoten des Pabsts schlechte Antwort, ib. der Pabst Innocent. XI. führt mit Gewalt Zucht und Ehrbarkeit zu Rom ein, und eifert wider die Blöße des Frauenzimmers, daher die Königin einen Habit Innocentiana genannt, erfand, 191. sie ist wegen der aufgehobenen Quartiers-Freyheit rc. mit diesem Pabste unzufrieden, giebt aber doch nach, ib. sie mißfällt aber dem Pabst doch, daß er ihre 12000 Scudi einzog. Darüber sie gegen den Azzolini spottete und groß sprach, 191. XXII, 283 f. Ihre Hofleute taugten gar nichts; daher Pasquin sagte: Qualis rex, talis grex, XIII, 192. sie mag den berühmten Vorgänger der Quietisten, den Molinos, wol leiden, der auch Gutes in ihrem Gemüte stiftet, II, 339. sie schmälte über das harte Procedere des Pabsts und seiner Congregation wider ihn. Der Pabst tröstet sich in 11 dem Worten: è donna. 141. Ihre Privatbeschäftigungen zu Rom bestunden in Versammlungen mit gelehrten Leuten in einer Academie, mit Münzen, Gemählden rc. sie kriegte auch Lust Gold, oder eine Lebens verlängernde Panacee herauszubringen, wird betrogen, XIII, 192. sie hat das neue Testament, die Bücher K. Antonini Philosophi und den Epictetum am liebsten gelesen, XXI, 371. setzet auch einen Spruch aus gedachtes Kaisers Büchern ad se ipsum auf eine

eine Münze, und giebt dadurch ihre Gesinnungen zu erkennen, ib: ihr Ouvrage de Loisir, ou Maximes, 371 f. ob sie dieses auch werkthätig erfüllt, 372. wie hart sie mit Rutgersio und Heinsio umgegangen, ib. sie berufte bey Antritt ihrer Regierung die größten Gelehrten, deren sie theils bald müde wird, und die theils mißvergnügt heimkehren, V, 147. wie sie dem Grotius begegnet, 147. Saumaise ehrt und liebt sie sehr; zwingt ihn zu sich, dimittirt ihn in Gnaden wegen seiner Kränklichkeit; schreibt ein freundliches doch beißendes Condolenzschreiben an deßen böse Wittwe, 148. wie Cartesius zu ihr gekommen, deßen Schriften und mündliche Lehren sie gebrauchet. Er räth ihr von der griechischen Sprache und den Humanioribus ab, kriegt den Voßius darüber zum Feind, 148-150. er soll am westphälischen Friedensfest mit der Königin ein Ballet tanzen; muß dafür Verse machen, 150. stirbt 1650, ib. Bourdelot, ein franzöischer Medicus, Ignorant, Spaßmacher und Religionsspötter, verleidet ihr die Gelehrten und Wißenschaften; vertreibt den Voßius und Bochart, 150 f. und macht, daß Meibom nach der Alten Music singen, und Gabr. Naudaeus alt-römisch und griechisch tanzen muß, 151. Meibom rächet sich durch Maulschellen, bekommt darüber seinen Abschied, ib. endlich wird Bourdelot, der sich zu viel heraus nimmt, in Gnaden reich beschenket, dimittiret, bald aber sein Gedächtnis von der Königin verabscheuet, ib. Menage und Patin mögen nicht zu ihr, 151. ihr Scherz mit Huetius und seine feine Antwort, ib. woher die Königin so wankelmütig gegen die Gelehrten gewesen? 151 f. Basnage macht ihre Religion, und sie gar des Atheismi verdächtig, 146.

Christina,) gebohrne Herzogin zu Mecklenburg, verwittibte Gräfin zu Stollberg-Gedern, XXI, 265 f. was sie verlanget, daß man statt einer Leichpredigt und Lebenslaufes zum Preise Gottes ihr nachrühmen solle, 266. ihre Geburt und Voreltern, 266 f. die Gottesfurcht war ihr angeerbt, 268. ihre christliche Erziehung, ib. vermählt sich im 20 Jahr mit Ludwig Christian, Gr. zu Stollberg-Gedern, und wird nach 17 Jahren Wittwe 1710, ib. wie eifrig sie die gute Erziehung ihrer Kinder besorget, 269. ihr thätiges Christentum im Ehe- und Witwenstande, ib. Letzte Krankheit und Vorbereitung zum Tode, 1749, 269 f. sie hinterläßt schriftliche Vermahnungen, 270 f. ist in ihrem 86sten Jahre eine Mut-

Mutter, Schwieger-Groß- und Urgroßmutter von 151 Perſonen, 274. Verzeichniß ihrer 24 Kinder, 274 f. ihrer Enkel, 276 f. ihrer Urenkel, 277 f. Reflexion über dieſe Vermehrung der Familie, 278 f. ſ. auch 433 f.

Chriſtina Charlotta, H. Eberh. III von Würtenberg Pr. geb. 1645, vermält ſich A. 62 mit Fürſt Georg Chriſtian von Oſtfrießland, wird A. 65 Wittwe und vormundſchaftliche Regentin, wobey ſie manchen Kampf auszuſtehen hat, bis ſie A. 1690 ihrem Pr. Chriſtian Eberhard die Regierung abtritt, XIII, 321. 328.

Chriſtus vincit &c. dieſen Spruch hat K. Ludwig der dicke oder VI, der in Frankreich 1108 - 37 regiert, zuerſt auf eine goldene Münze geſetzt, III, 216.

Chriſtoph, Erzbiſchof zu Bremen u. Biſch. zu Verden, geb. 1487, H. Heinrichs zu Wolfenbüttel Sohn, XV, 131. wird A. 99. ſchon Coadjutor zu Bremen; Sein Vater wärkt ihm durch Geld die Adminiſtration bey Verden 1502 aus gegen Bedingniſſe, die er nicht hielt, ib. wird nach Erzbiſchofs Johannes Rode Tod 1511 Erzbiſchof zu Bremen, 132. er bringt ſeinem Stifte wenig Nutzen. Hauſt ſonderlich mit den Stiftsgüttern Verdens übel, ib. und iſt in heftigen Streitigkeiten mit ſeinem Capitel, welches ſich vereinigt, nach Lüneburg zu ziehen, bis A. 1531 H. Heinrich ſein Bruder Vergleich ſtiftet, 133. die Einigkeit währt kaum 4 Jahre. Er überfällt das Capitul zu Verden A. 36 mit 2000 Männ, bekommt den Dompropſt und 2 andere Herren gefangen, die er nöthigen will, ihm ſeine Capitulation herauszugeben, ib. verfährt gewaltſam. Giebt nichts auf des Pabſts Abmahnen, und beſchuldigt das Capitel der gröſten Liederlichkeiten, welches an Gegenvorwürfen es nicht mangeln läßt, 133. 134. conf. XVIII, 250. ſ. Endlich gelangen die Klagen an den Kaiſer, der ihn zu Erſetzung alles dem Capitul weggenommen verurtheilt: ſo er ſchlecht befolget, XV, 134. er will doch einen Heiligen und Eiferer vorſtellen. Läßt gar viele Lutheraner hinrichten, 135. will Ordinem Columbarum ſtiften, den der Pabſt nicht beſtätigen mag, ib. viele Kriegsbeſchwerden, ſo er ſeinen Länden zugezogen. Macht ſich die benachbarten Fürſten und ſelbſt ſeinen Bruder zum Feind, der den Capiteln räth, ihn abzuſetzen und einzuſperren, 135. er befiehlt, alle Geiſtliche ſollten ſich die Bärte abſcheeren laßen, und mit langen Röcken zu Chore gehen, oder er wolle ſie ſcheren. Er geht nach Berlin A. 58 zum Chrf. Joachim hlm, und sucht seine Stiftslande gegen einen jährlichen Gehalt zu versetzen, um seine Schulden zu zalen; findet kein Gehör, und stirbt noch den 22 Jan. an der Bräune, 136.

Christoph II, Marggr. zu Baden, ein Sohn Marggr. Bernhards, geb. 1537, war gut evangelisch, dient den Schweden und heyratet K. Gustavs Tochter Cäcilia A. 64. Er erbt von Marggraf Philiberten seines Bruders Sohn die Ober-Marggrafschaft Baden, stirbt 1575, I, 364.

Christoph, H. von Würtemberg, ein Sohn H. Ulrichs und Sabina, Prinzeßin von Bayern, geb. 1515, XVI, 242. seines Vaters Unglück trift ihn mit. Kommt in kaiserliche Gefangenschaft, wird wol erzogen, Ks. Carls Cammerpage, reist viel mit demselben, und wohnt der Crönung zu Bononien bey, 143. als er mit nach Spanien sollte, entflieht er heimlich nach Landshut, A. 32. sucht seine Restitution, ib. nachdem die französische Hülfe seinem Vater wieder zum Herzogtum verholfen, geht er in französische Dienste. Er wohnt der Zusammenkunft des Pabsts, Ks. Carls und K. Franz I, bey, und weigert sich, dem Pabst die Füße zu Nizza zu küßen, 244. wird wegen der Religion darüber verdächtig in Frankreich, und verhaßt, weil ihm der König zu gewogen war; daher er mit großer Lebensgefahr A. 42 nach Teutschland kehret, ib. er bekommt Mömpelgard, und vermält sich mit Anna Maria Marggr. von Brandenburg-Anspach 1544. er tritt die Regierung, A. 1550 im Nov. nach seines Vaters Tod an, und hat einen harten Handel, die sogenannte Ferdinandische Rechtfertigung, abzuthun, 244. was darunter zu verstehen? 245. im Paßauischen Vertrag, erlangt die Sache ihre Endschaft, 1552, da der Herzog sich zur Bezalung 250000 fl. an K. Ferdinand und andere verstanden, ib. muß bey seiner Lehens-Empfängniß einen beschwerlichen Eid zu Regenspurg schwören, 245 f. er hat sich, A. 50 zu Mömpelgard öffentlich zur evangelischen Lehre bekennt, 246. schaft das Interim 51 ab, und notificirt dem Concilio zu Trient sein Glaubensbekäntnis, Reformirt gänzlich im Lande, beschickt die Religionsgespräche zu Worms und Poissy, Veranstaltet das Colloquium zu Maulbron, ib. wie er für die Aufrechthaltung der evangelischen Religion, für Kirchen und Schulen, sonderlich Tübingen, aufs künftige gesorgt, 247. seine Treue gegen den Kaiser und was er dadurch für Vertrauen bey demselben

ben erlangt. Er wird Oberhauptmann bey dem Bund K. Ferdinands und einiger Chur- und Fürsten A. 52. Visitirt das Cammergericht als kaiserlicher Commissarius A. 55, ib. Königin Catharina von Medices in Frankreich trägt ihm die Administration des Königreichs, während der Minderjährigkeit Carls des IX, an. Bringt das würtenbergische Landrecht zu Stande mit kaiserlicher Confirmation, 247 f. seine letzte Verordnung und Tod, den 28 Dec. 1568, 248.

Christoph Franz von Hutten zu Stolzenberg, Bischof zu Würzburg. Seine Geburt und ersten Würden, I, 210 f. läßt als Domdechant den schönen Tabernakel auf dem hohen Altar im Domchor errichten; entdeckt versteckt gewesene treffliche Manuscripten, worunter ein unvergleichlicher Codex Theodosianus war, 111. wird Bischof 1724, 212. seine rühmliche Regierung. Sucht den Münzgebrechen zu steuern, und prägt vielerley gutes und schönes Geld, 213. liebt die historischen Wissenschaften und Curiosa naturalia, 214. stirbt 1729. Seine rühmliche Vorbereitung und von ihm selbst verfertigte Grabschrift, 215. Ahnen-Tafel, 216.

S. **Christophs-Gesellschaft** wider das Fluchen und Vollsaufen, s. Dietrichstein.

Chrön, Thomas, Bischof zu Laybach, eines Rathsgliedes daselbst Sohn, geb. 1560, wird vom Erzherzog wegen seiner Vorzüge A. 97 zum Bischof gemacht, XIII, 106 f. thut bey seiner Bischofsweyh ein Gelübde, das Luthertum in Crain abzuschaffen, 107. wie es mit der evangelischen Lehre daselbst ausgesehen, 108-110. wie er mit Ausrottung derselben zu Werke gegangen, 110 f. ist übrigens eifrig in seinen bischöflichen Amtsgeschäften, wendet viel auf Kirchen; führt A. 29 das Fest immaculatae conceptionis B. V. ein, stirbt 1630, ib.

Chrysanthus ein Heiliger, s. Daria.

Chur, das Bistum, wird für das älteste im ganzen Schweizerlande ausgegeben, XIII, 66. S. Lucius soll mit seiner Schwester Emerita das Evangelium A. 194 in Rhätien ausgebreitet haben, 66, 68. der erste gewisse Bischof ist Asimo, der A. 451 beym Concilio Chalcedonensi unterschrieben, 68. A. 700 war ein Graf von Bregenz Bischof zu Chur Namens Paschalis, hatte zur Gemalin Aesopeiam. Sein Sohn war sein Nachfolger und Stifter eines Jungfernklosters Cazes, wo seine Schwester die erste Aebtißin ward, 69. Chur steht unter den Ostgothen, bis es König Theudebert 547 erobert und zu Alemannien schlägt, 70. Kaif. Carl der Gr. macht A. 785 Bisch. Constantin zum Landvogt von ganz Rhaetien. In der Theilung des fränkischen Reichs bekommt Ludwig K. der Teutschen Rhätien, ib. Victor und Verendarius waren Bischöfe zu Zeiten Kaiser Ludwigs des Frommen und des Teutschen, 70. Bischof Rotharius zu Zeiten Kaif. Carls des Dicken vertauschet einige Güter, ib. B. Dietholph macht Gränzmarchen aus, und ist der letzte Landvogt von Rhätien, 70. viele Schenkungen an das Stift vom K. Conrad bis auf Kaif. Heinrich III, der Bischof Dietmarn vieles gab, 70 f. die Bischöfe leiden hernach, weil sie es mit den Päbsten gegen Kaif. Heinrich IV halten, 71. B. Conrad, ein Gr. von Biberach, wird vom Kaiser Heinrich V wieder in ruhigem Besitz gelassen, ib. Kaif. Friedrich I erhebt den B. Egino Freyherrn von Ehrenfelß in Fürstenstand 1170, der des Kaisers Sohn H. Friedrich zum Schirmvogt annimmt, 71. B. Conrad erobert und baut Schlösser im Interregno, ib. wird 1275 vom Kaiser Rudolph mit den Regalien belehnt, ib. Kaiser Carl IV versetzt dem Bisch. Ulrich von Lenzenburg die Reichsvogtey in der Stadt Chur und ertheilt ihm allerhand Rechte, 71. 72. B. Peter bekommt 1360 das Münzrecht. B. Johann setzt das Stift in guten Stand, 72. Verbindung des Bischofs von Chur mit dem teutschen Reich. Er hat Sitz und Stimme auf Reichs- und schwäbischen Cratztägen, ib. ist frey von Römermonaten, 72. dessen Herrschaft und Gerichtsbarkeit im geist- und weltlichen, ib. Reihe der Bischöfe daselbst vom Anfang des XVI Saec. bis auf jetzige Zeit, IV B. §. 13.

Chur, die Hauptstadt des Gottshauses-Bunds, deren Lage, XIII, 290. soll das alte Ebrodunum des Ptolemäus seyn. Die Römer sollen die Bergvesten Spinolla und Marsoila, wo der Sitz des Bischofs, die Domkirche und Capitelhauß ist, gebaut haben, ib. die Stadt gehörte unter die Reichsstädte, und hat viele Privilegien von Kaisern dießfalls aufzuweisen, 291. ihre Streitigkeiten mit den Bischöfen, 292. das Religionsgespräch zu Jlanz hatte A. 1526 die Folgen, daß von den 3 Bünden die Religionsfreyheit verstattet wurde, so, daß das schweizerische Glaubensbekänntnis nebst dem catholischen alleine bestehen sollte, 293. 295. den Eingriffen der Bischöfe wird vorgebeugt, 295. - - wie das Stadtregiment eingerichtet ist, welches von 5 Zünften bestellet wird, 295 f. vorhin war der Bürgermeister das Haupt des Gottshau hausbundes, 295. der grose Bundstag gemeiner 3 Bünde wird zu Chur alle 3 Jahre gehalten, ib. der Stadt Beschaffenheit und Territorium, 296.

Churfürsten. Ob ein Churfürst zwey Churfürstentümer besitzen könne? IV, 310. 311. — die Churfürsten treffen A. 1438 und 39 zu Frankfurt Vergleiche, die Kirchenstreitigkeiten, so über den P. Eugen IV. entstanden, beyzulegen; oder sich doch nicht zu trennen, und bey der Spaltung es mit keinem Pabste zu halten, VI, 388. nöthigen den Pabst, die abgesetzten Erzbischöfe von Trier und Cöln wieder zu restituiren, und Abhelfung der Beschwerden der teutschen Nation zu schaffen, ib. — suchen den Reichsgebrechen auf einem Convente zu Nürnberg A. 1456 durch Aufmunterung des Kais. Friedrichs III. durch Bothschaften, abzuhelfen; widrigenfalls drohen sie ihme einen römischen König an die Seite zu setzen, und ihm nichts als den kaiserlichen Titel zu lassen, 391. — Churfürsten setzen des Kaisers Namen und den Reichsadler aus Respect für den Kaiser auf ihre Thaler, L, 157–159. und ist sonderlich Churf. Joachims II von Brandenb. von 1552 zu merken mit der Umschrift Caroli V — permissa fieri decreta, 158. womit, nebst andem P. von Ludewigs Meinung refutiret wird, als ob den Erzfürsten ihr Münzrecht lediglich aus ihrer Landshoheit zukomme, und sie des Kaisers und Reichs nicht dabey nöthig hätten, ib. — — Morgg. Albrecht von Brandenburg setzt in sein Kriegsmanifest wider Kaiser Carl V 1552 als eine Beschwerde an: daß den Chur- und andern Fürsten ihre Bildniß auf Münzen zu schlagen verbotten ꝛc. VII, 147. unter welchen Umständen es geschehen, ib. — — die Churfürsten admittiren des Königs Matthias von Böhmen Gesandten nicht auf dem Churfürsten-Tag zu Nürnberg 1611. aus welchen Gründen? XVII, 263 f. — — weisen nach K. Matthias Tod der böhmischen Stände Gesandten beym Wahlgeschäfte ab 1619, und erkennen K. Ferdinands Recht zur Krone von Böhmen und Churstimme, L, 311. — treffen einen Vergleich beym Wahlgeschäfte zu Augspurg 1653, wie es wegen des Sitzes und Vorgangs der anwesenden Churfürsten sowol als der abwesenden Gesandten auf verschiedene Fälle und Umstände sollte gehalten werden, XXII, 311.

Churwürde, wird als eine Folge, oder abhängendes Recht von den Reichs-Erz-Aemtern angesehen,

XII, 10 - - die erste königliche Wahl geschieht 1235, wo alleine die meisten von den Erzbeamten K. Conraden gewählt, XII, 21. Churwürde von Sachsen, wie die übrigen, kommen nicht vom Pabst Gregorio V her, wie P. Hadrian VI fälschlich gegen den Churfürsten von Sachsen behaupten wollen, J, 118. - - Churfürstliche Würde kommt an das Hauß Bayern mit großem Widerspruch Chur-Pfalz, s. Bayern. Wie vor Alters zu Zeiten Kais. Rudolphs die Herzoge in Bayern, und die Rhein-Pfalzgrafen zusammen eine Stimme bey der Kaiserwahl gehabt, XIX, 326 f. Pfalzgraf Ludwigs zween Söhne Rudolph bey Rhein und H. Ludwig von Bayern vergleichen sich wegen der Alternativ bey den Kaiserwahlen 1313, XIX, 327. welche A. 1329 zu Pavia im Vergleich mit Pfalzgrafen Rudolphs Söhnen Adolf, Rudolf und Ruprecht erneuert, und Pfalz das Recht am ersten auszuüben, zugestanden ist worden, 327 f.

Cincelle ist ein verdorbener Name von Centum Cellae, XIX, 188.

Cingmari, Marquis de, K. Ludwigs XIII Liebling, verliert durch seine Verrätherey den Kopf 1642, XXI, 320. XIV, 15 f.

Civita vecchia: Die Päbste haben vieles angewandt, diese Stadt und den Haven in guten Stand zu setzen, XIX, 185. der Ort lag vormals in der Landschaft Etruria, und hieß Centum Cellae, 186. P. Labat wird wegen des Ursprungs dieses Namens widerlegt, ib. Plinii Nachrichten, was Kais. Trajan daselbst unternommen, und wie ferne dieses Schriftstellers Hofnung eingetroffen, 186 f. Rutilii Nachricht von dieser Stadt, 187. Den Ostgothen ist im 6. Saec. vieles am Besitz dieses Havens gelegen, 187 f. P. Gregorius III läßt die Mauren wieder auffüren, 188. P. Leo IV läßt den Flüchtlingen einen neuen Wohnplatz in dieser Gegend anweisen, und thut allen Vorschub zu Erbauung einer Stadt, die von ihm Leopolihies, ib. Ioh. Blaeu wird gegen den P. Labat vertheidigt, ib. nach der Hand wird die wieder aufgefürte Stadt Civita vecchia genennt, 189. P. Sirt IV versiehet sie mit einem vesten Schlosse, ib. P. Iulius II legt zur neuen Bevestigung selbst den Grundstein, ib. P. Iulius III verbessert den Haven noch mehr, ib. P. Clemens VIII läßt den Damm ausbessern, 190. die letzte und stärkste Hand legt P. Vrbanus VIII an, ib. Ueberschrift über dem Eingang des Havens, 190 f. dieses Pabstes Wasserleitung, 191. Civita vecchia

fun

kan doch nicht gleiche Vortheile mit Livorno erhalten, und warum? ib. ist mehr zum Aufenthalt der pábstlichen Galeeren, als zu einem Wohnplatz der Seehandelschaft gewidmet, ib. Beschreibung der pábstl. Galeeren, 191 f. Beschreibung der Stadt Civita vecchia, 192. P. Labat sagt, man solte sie Processionopolis heißen, ib.

Clauß eine Bergveste an der steyermärkischen Gränze, XIII, 94.

Clauß, der fromme Bruder von Unterwalden, geb. 1417. Seine Eltern, Ehestand mit Doroth. Weißling, Kinder, II, 281. er dient 7 Jahr im Zürcher Krieg und rettet das Kloster St. Catharinenthal vom Verbrennt werden, XVII, 307. göttliche Offenbarungen hindern ihn, daß er kein Amt annimmt. Wird vom Teufel verfolgt, II, 282. wird ein Einsiedler im Melchthal am Ranft, verläßt Weib und Kinder mit ihrem Verwißen. Wie er sich dabey befunden und gelebet. Sein heiliges Thun, 183. XVII, 307 u. f. Ihm wird eine Capelle und neue Wohnung gebauet. Der Bischof von Constanz, Hermann, beschenkt die Capelle mit silbernen Leuchtern und Geld, die hernach zu einer Weide und Priester-Pfründ verwendet wurden, 309. der P. Paul II begabt die Capelle mit einem Ablaß, ib. - - Clauß warnt die Eidgenoßen für fremder Herren Bündnißen und Jahrgeldern; ermahnet zur Freyheit und Frömmigkeit, II, 284. sein Charakter und Gestalt; Sterbe-Jahr und Grabschrift, ib. wunderbares Gesicht, so er gesehen und Erklärung deßelben, 285 f. was von seiner 20jährigen gänzlichen Enthaltung von Speiß und Trank zu halten? ob ihn blos die Genießung des heil. Abendmals alle 4 Wochen erhalten? 286 f. hat schwerlich mystische Bücher geschrieben, weil er weder schreiben noch lesen konnte, 287. seine Aufnahm unter die Heiligen ist unterblieben, weil die Cantons die Kosten nicht zalen wollten. Sein Grab ist 1600 eröfnet worden; es wurden dabey Meßen gehalten, aber bald verboten, 288. hat verschiedene Lebensbeschreiber, ib. conf. 423. IV, 434. - - A. 1473 bekam er einen Mitgesellen, den Bc. Ulrich von München, einen Roßhändler, dem es nicht gelingen will, ohne Speiße, wie Claus zu leben, XVI, 309 f. er hat Freyburg und Solothurn zu der Eidgenoßenschaft gebracht, nachdem er Einigkeit unter den Eidgenoßen gestiftet, 310. seine Lehren, so er den Eidgenoßen gegeben, und seine geistliche Unterweisungen, 311 f.

Cleen, Dietrich von, war des Teutschen Ordens Meister in teutsch- und welschen Landen, als

Marggraf Albrecht von Brandenburg, Hochmeister, Preußen A. 1525 als ein Herzogtum zu Lehen nahm von Polen, III, 26. er entschuldigt sich wegen dieses Vorgangs und bringt gegen Marggr. Albrechten auf dem Reichstag zu Speyer 1526 seine Klagen an. Dagegen vertheidigt sich H. Albrecht, 26. 27. Cleen giebt Alters halber auf einem Convent zu Mergentheim sein Teutschmeistertum auf, 27.

Clemens IV Pabst, überredet Carln von Anjou zur Annehmung und Eroberung des Königreichs Sicilien, III, 406.

Clemens V, vorher Bertrand de Chot, Erzbisch. zu Bourdeaux, kommt durch die List des Card. de Prato, und gethanene große Versprechen, sonderlich das Gedächtnis Bonifacii VIII auszurotten, gegen den K. Philipp den Schönen in Frankreich, zur päbstlichen Krone, 1305 M. Jun., VI, 413) f. dieser Pabst hat eigentlich den päbstlichen Stul nach Frankreich transferirt, doch nicht beständig zu Avignon residiret, stirbt 1314, 415.

Clemens VI, war ein Franzose, hieß Pierre Roger, geb. 1292. studirt zu Paris, wird Abt zu Fescan, Bischof zu Arrat, zu Senoy und endlich Erzbischof zu Rouen, XX, 316. sein lustiger humeur macht ihn beym K. Philipp VI sehr beliebt. Wer ihn A. 1338 zur Cardinalswürde verholfen, ib. er geht nach Avignon, wo er sich durch seine Leutseeligkeit aller Gunst erwirbt, und nach Benedict XII. Tod den 7 May A. 42 erwählt wird, ib. er nimmt den Nahmen Clemens an unter dem Vorwand, weil er iedermann gutes thun wolle. Man hielt für ein gutes Omen, daß er Peter vorher hieß, 317. seine erste Verrichtung war, daß er X Cardinäle creirte, worunter sein Bruder war. Ueberhaupts erhebt und bereichert er die Seinigen, welches ihm vorgeworfen wird. Artige Verse auf ihn, die ihn vorwärts loben, und hinterwärts schänden, 317. den Römern, die über der Päbste Abwesenheit so verdrießlich waren, etwas zu Gefallen zu thun, verkürzt er die 100jährige Jubelfeyer auf 50 Jahre. Dieses 50jährige Jubiläum verordnet er in 2 Bullen, die sehr anstößig sind; darinn er seine Gewalt über den Himmel erstreckt und den Engeln befiehlt, 318. Es wird zwar von einigen großen catholischen Gelehrten an der Aechtigkeit dieser Bullen gezweifelt, aber ohne überzeugenden Grund, 318. dieser Pabst hat dem Kais. Ludwig A. 46 durch seinen Bann den letzten Stoß gegeben, 319. er nahm sich der

Königin Johanna von Neapel
an, und acquirirte dafür, und
gegen eine Summe Gelds,
Avignon 1351, VI, 151. XX,
320.

Clemens VII. stiftet die Heyrath seiner
Baasen Catharina von Medices
mit H. Heinr. von Orleans 1533,
III, 258 f. — er bringet durch
K. Francisci I Loszehlung vom
Madriter Eid; durch Schließung
des heil. Bunds, und intendirte
Abnehmung des Königreichs
Neapels, Kaiser Carln V sehr
auf, IX, 154. in ganz Spanien
wird des Pabsts Gewalt abge-
schaft, und A. 1527 Rom im
May mit Sturm vom Pr. von
Oranien eingenommen, ib. beym
Einbruch der Kaiserlichen in
Rom las der P. Messe, und konnte kaum in die Engelsburg entrinnen, 155. er hoft durch seine
Alliirten entsetzt zu werden. Geringer Versuch, und schlechter
Ernst dazu, ib. er sieht sich gezwungen, mit dem Pr. von Oranien und Launoi zu capituliren,
400000 Ducaten der Armee zu
zahlen, und sich zu vielen nachtheiligen Puncten zu verstehen, 156.
der Pabst kommt in Verwahrung des Capitains Alarrone, der
so gewissenhaft ist, denselben nicht
aus der Welt zu schaffen, wie
der Cardinal Colonna es will,
ib. die Erfüllung der päbstlichen
Versprechen geht langsam, welches zu allerhand Gewaltthätigkeiten gegen die Geistlichen, und
päbstlichen Plätze Anlaß giebt,
157. Frankreich und England
schließen zu des Pabsts Befreyung ein genauers Bündnis, und
Lautrec führt Verstärkung nach
Italien, ib. dieses veranlasset
den Kaiser, mit dem Pabste geschwinde schließen zu lassen, und
mit einer Summe Gelds und
Entsagung des Bündnisses gegen
den Kais. zufrieden zu seyn, 157.
welchen guten Kauf des Pabsts
des Launoi Tod hindert, ib. am
31 Oct. kommt doch ein neuer
Vergleich zu Stande, 158. der P.
braucht allerhand Mittel Geld
aufzubringen, ib. nach gescheh-
ner Bezalung, geht Clemens
heimlich von der Engelsburg,
weil er dem Moncada nicht
trauet, nach Orviedo; doch hat
er solches dem Kaiserl. General
Gonzaga eröffnet, der ihn begleiten läßt, 159. auf diese Ent-
weichung ist ein Giulio gepräget, der den Kaiser mit dem Herodes,
und den Pabst mit dem heiligen
Peter, vergleichet, ib. der bar-
cellonische Friede A. 29 mit dem
Kaiser tröstet ihn, XVIII, 57 f.

Clemens VIII, röm. Pabst, ziehet
Ferrara als ein heimgefallenes
Kirchenlehen 1597 wieder an sich,
XIX, 202. s. Ferrara.

Clemens IX, röm. P. offenbahret sein
gutthätiges Herz gegen seine Un-
tertha-

terthanen auf einer Medaille, XX, 161.
Clemens X, wird 1670 Pabſt, VII, 239. kurzgefaßte Geſchichte deſſelben, 239 f.
Clemens XI, rom. Pabſt, deſſen im Jahr 1705 am Weyhnachtfeſte in der größten Marienkirche zu Rom bey der Meße gehaltene Predigt, lateiniſch und teutſch abgedruckt, XIII, 98 ⸗ 101. ſeit dem Leo I und Gregorius I geiſtliche Reden gehalten haben, hat man über 1000 Jahre von keinem ihrer Nachfolger dergleichen gehöret, 101. dieſe Predigt Clementis XI lautet ganz anders, als ſeiner Vorfaren in den düſtern Zeiten, 101 f. er hat ſich von 1701 ⸗ 4 dreyzehnmal an hohen Feſttägen in ſeinen Predigten hören laſſen, 103. man bekam ſie allemal gleich in den Zeitungen zu leſen, ib. man hat eine Sammlung zweymal davon gedruckt, ib. Petri Francii Lobſpruch auf dieſe Sammlung, ib. Beurtheilung der Predigt v. 1705, ib. er läßt ſich das Aufnehmen der Mahleracademie zu Rom angelegen ſeyn, und beſtimmt eine Medaille zum Preiß, XX, 410.
Clemens XII, röm. P. hat eine große Baubegierde geäußert, und Rom mit 14 Kirchen und Gebäuden, ſo er theils neu aufgeführet, theils erneuert, verherrlichet, XVII, 354. wer eine eigne Beſchreibung davon herausgegeben, und welche ſie geweſen? ib. beſonders hat er der Kirche St. Johannis im Lateran das prächtigſte äußerliche Anſehen, durch die neu aufgeführte vordere Hauptſeite gegeben, 356 f. er läßt die florentiniſche Nationalkirche des heil. Johannis des Täufers zu Rom mit einer neuen facciata bezieren, 358. den Triumphbogen Kaiſ. Conſtant. M. ausbeſſern, 358 f. war ein großer Kenner und Liebhaber von den Altertümern, 359. ſchenket ſie alle aufs Capitolium: Beſchreibung des deswegen aufgeführten eignen Hauſes, 359 f. läßt 200 uralte etruſciſche Gefäße in der vaticaniſchen Bibliothek aufſtellen, 360.
Cleriſey, lebt ungeiſtlich in der Schweiz, XI, 259. laſterhaft zu Oßnabrück, XI, 28. ärgerlich in Bayern Saec. XVI, XII, 326.
Clev, das herzogliche Haus in Frankreich, XI, 397.
Cloſter, ſ. Jemgumer⸗Cloſter.
Codde, Peter, ein heimlicher Anhänger der Lehren Janſenii, X, 394 f. ſeine Herkunft, Studieren und Reiſen, 395. wird Provicarius zu Utrecht, ib. und päbſtlicher Generalvicarius in den vereinigten Niederlanden, auch Erzbiſchof zu Sebaſte, 395 f. löbliche Amtsführung, 396. wie er es bey den Jeſuiten, und andern

dern Mißionarien aus den Mönchsorden, versehen, ib. darüber wird er zu Rom als ein Jansenist angegossen, ib. wird unter dem Schein sonderbarer Freundschaft, nach Rom 1699 zum Jubiläo eingeladen, 397. hier wird er nun zur Rechenschaft über gewisse Puncte gefordert, ib. er verantwortet sich, ib. man hält ihn dieser Anklage wegen bis 1702 zu Rom auf, ib. seine Freinde wünschen seine ewige Gefangenschaft, ib. wird von dem Amte eines päbstlichen Generalvicarii suspendirt, 398. mehr als 300 Priester unterschreiben ein Zeugnis seiner Unschuld und reinen Lehre, so sie nach Rom schicken, aber dadurch nur Oel ins Feuer giessen, ib. er wird endlich gänzlich entsetzet, ib. Händel wegen eines neuen Generalvicarii, ib. die Generalstaaten erwählen einen andern Generalvicarium, als der Pabst gewählet hatte, welcher es so geschehen lassen muß, ib. Coddé war sehr geduldig dabey, ib. erkläret sich noch auf dem Todbette 1710 wegen des Jansenismi, 399. seine rümliche Grabschrift, ib.

Cöln. Der Erzb. von Cöln Philippus bekommt vom Kais. Friedrich I A. 1180 auf dem Reichstage zu Gelnhausen das Herzogtum Westphalen und Engern,

X, 206. - - Cöln hatte 3 Erzbischöfe, die ihre geistliche Würde mit dem Ehestande vertauschten, IV, 186. - - was vom cölnischen Concilio A. 1346. zu halten? XVI, 251.

Cösfeld, eine kleine Stadt im Stift Münster, haben die Hessen besetzt bis 1652. A. 1655 bauet B. Bernhard von Galen ein vestes Schloß Ludgersburg zum großen Verdruß der Bürger dahin. Wunderthätiges Bild daselbst, V, 218 f. diesem Ort wurde sein Schicksal prophezeyht, 221.

Cörvorden, wird vom gröningischen General Rabenhaupt, auf Angeben des, von dort entwichenen Kirchners van Thyen, der ein Ingenieur war, im Dec. 1672 überrumpelt und dem Bischof von Münster entrissen, X, 196 f.

Collalto. Der Stammbaum dieses gräfl. Haußes fängt sich mit Rambald I an, der vom K. Berenger 959 ein ansehnliches Lehen in der Tarvisermark erhalten, XIII, 285. Rambald II wird von verschiedenen Kaisern beschenkt; soll Berengers Tochter Gisla zur Gemalin gehabt haben, 285 f. - - Schinella I wird A. 1155 vom Kais. Friedr. I mit der ganzen Tarviser Mark und den Regalien belehnet, 286 - - Rambald VIII wird vom Pabst

P. Bened. XI. 1304 zum Marggrafen von Ancona gemacht, ib. und kommt mit seinen Nachkommen ins venetianische Patriciat. Wird vom Kaiser Heinrich VII mit Collalto &c. belehnt, 287. Rambald XI ward kaiserl. General, arretiret den Carb. Clesel, erobert Mantua, 287. stirbt in kaiserl. Ungnade 1630 zu Chur. Sein Enkel und letzter Nachkomme wird 1707 von einem Gr. von Sinzendorf erstochen, 288. sein Erb ward *Vincigverra*, Gr. von Collalto, seines Grosvatters Bruders Sohn; dessen Sohn Anton Rambald, geb. 1681, in kaiserl. Diensten sich hervorgethan und um die Wissenschaften und seine Genealogie verdient gemacht hat, 283. was die Poeten zu s inem Lobe gesagt, 283. 285. seine Gemalin und Kinder, 284. bringt die Stammgüter wieder zusammen, und mehrt sie, 284 f.

Colonel General de France, Beschaffenheit und Gewalt dieses hohen Amtes, XIX, 147.

Colonia, was es bey den Römern geheißen, XV, 226. Abmessung der um eine solche Pflanzstadt liegenden Landschaft, 227. womit die Grenzen bemerket worden, 228. wie dergleichen Gränzsteine ausgesehen, ib. ein dergleichen vermuthlicher Gränzstein von Augspurg, ib.

Concilium Tridentinum und dessen Schlüße, werden nicht von allen römischcatholischen angesehenen Lehrern mit gleichen Augen angesehen. Sonderlich urtheilet die französische Clerisey und Fra Paolo sehr aufrichtig und nachtheilig davon, XI, 357 = 359. von der Aufführung Carls, Cardinals von Lothringen auf diesem Concil. s. Carl ꝛc.

Concini, der Königin Maria in Frankreich Liebling, regiert unter ihrem Nahmen, III, 394 f. wird Marquis d'Ancre; zieht die besten Gouvernements an sich; wird Marechal de France, 396. auf des Königs Befehl 1617 niedergemacht, 397.

Concordata nationis Germ. kommen zu schlechtem Vortheil des Reichs A. 1448 den 17 Febr. zu Stande. Wer dieselben vornehmlich ausgewürket? VI, 389 = 391. conf. IV, 292.

Concordien=Buch kommt 1577 im Kl. Bergen zu Stande, XII, 309.

Concordien=Kirche in Friedrichsburg, bauet Carl Ludwig, Churfürst von der Pfalz, IV, 2 u. f. 429 = 432.

Condé, Ludwig I, Pr. v., wird in der Schlacht bey Jarnac ermordet den 13 Merz 1569, IX, 99. -- Heinrich I, Pr. v. Condé, sucht und findet, als Haupt der Hugenotten, Hülfe bey Churpfalz und H. Wolfgang von Zweybrücken, IX, 99. dieselbe wird aber durch den Tod H. Wolfgangs

gangs kraftlos, 104. Heinrich II, Pr. v. Condé, hat Ursache, sich über die Regierung, die in den Händen der Königin Maria und des d'Ancre war, zu beschweren und nach den Waffen zu greifen, VIII, 43. III, 395 f. vergleicht sich; wird aber bald darauf in die Bastille gesetzt 1616, 396. nach Vincennes auf des Luines Anstiften gebracht, 397. und wieder frey, 398 - - Ludwig II, Pr. v. Condé, einer der größten Staats- und Kriegsmänner, wie Richelieu schon in seinem 20sten Jahr von ihm zum Voraus geurtheilt hat, XI, 298. er war Pr. Heinrichs II Sohn, von der Montmorancy 1621 geb. und hieß Anfangs Duc d' Enghien, 299. seine Hauptneigung war zum Krieg; thut im 19ten Jahr seines Alters seinen ersten Feldzug vor Arras. Beleidigt und versöhnt den Richelieu artig, ib. commandiret schon A. 43 eine Armee und schlägt die Spanier vor Rocroy; erobert darauf Thionville; wagt bey Belagerungen lieber etwas, als daß er zögert, 300. bestürmt das bayerische Lager bey Freyburg mit Verlust: erobert aber Philippsburg und Maynz A. 44. schlägt A. 45 den General Mercy bey Nördlingen; steht A. 46 unterm Herzog von Orleans in den Niederlanden; wird vor Mardyk

bleßirt; wird Gouverneur in Bourgogne und A. 47 Vice-König in Catalonien, belagert Lerida vergebens, wobey er und der Commendant einander mit blutigen Musiken complimentiret, 300. er commandiret A. 48 in Flandern, steht dem Hof wider das Parlament bey, belagert Paris A. 49 und bringt den Card. Mazarin dahin zurück, 301. Mazarin wird aber doch eifersüchtig über diesen Wolthäter, weil er sich niemanden übern Kopf wollte wachsen lassen; stellt sich bey aller Falschheit als des Prinzen Freund, läßt ihn aber plötzlich A. 50 samt seinem Bruder und andern arretiren, ib. der Prinz bezeigt sich lustig in seinem Arrest, 301. Mazarin wird durch die heftigen Bewegungen der Großen gezwungen, den Pr. A. 51 frey zu lassen, und kündigt ihme seine Freyheit selbst zu Havre de Grace an, ib. er bezeigt sich nach seiner Loslassung erst sträflich; hängt sich an Spanien und erregt innerlichen Krieg: weicht A. 52 in die Niederlande, 302. commandirt A. 53 die spanische Armee wider Frankreich, und wird darüber auf Befehl des Königs als ein Feind des Vaterlandes und Laesor Maiestatis erkläret, ib: ficht sich mit dem Turenne herum, und wird nebst dem Don Juan d'Austria von demselben A. 58 geschlagen, 302. Don Haro würkt ihm im Pyrenäischen Frieden nach hartem Kampf endlich durch eine erdichtete Cession dreyer vester Plätze in Flandern, seine Restitution und Gnade des Königs aus, 302 f. Unterwirft sich dem K. A. 60 zu Aix; lebte hernach sehr demütig und bescheiden gegen den König, 503. er mochte nicht König in Neapel A. 1651, und durft es nicht in Polen werden, (conf. II, 394 f.) Sinngedicht darauf, 303. wie auf seine Siege von einem Gascogner, 298. A. 68 dient er dem K. wieder im Felde; erobert Burgund, wird A. 72 in den Niederlanden blessirt, und des Turenne Rath dem seinigen vorgezogen, ib. er commandirt A. 74 im Treffen bey Senef, s. Schlacht bey Senef. Kan nichts gegen den Montecuculi A. 75 am Rhein ausrichten, 304. bekommt kein Commando nachher mehr, sondern lebt zu Chantilli. Stirbt A. 86 sehr gelassen. Sein Schreiben an den K. auf dem Todtbette, 312. er muste sich wider Inclination vermählen. Hinterläßt doch einen Sohn Heinrich Julius, 304. dem die Königin Maria Gonzaga, Joh. Casimirs, K. von Polen Gemalin, auf den polnischen Thron gern geholfen hätte, II, 394. Pr. Ludwig scherzte artig, XI, 304. war sehr streng in seirem Commando, 308. 311. 312.

Conon von Falkenstein, Erzb. und Churf. von Trier, war aus dem alten und vornehmen Geschlechte der Falkenstein, die sich auch Herren von Münzenberg geschrieben, II, 146. wie seine Eltern vermuthlich geheißen. Er wurde bey den Streitigkeiten zwischen den Erzbischöfen Heinrich und Gerlach Provisor des Erzstifts Maynz 1346, 147. Er blieb ein treuer Beystand des, vom Pabst verfolgten, Heinrichs von Virneburg, bis an dessen Ende, 1353, 148. vergleicht sich hernach mit Gerlachen von Nassau vortheilhaftig, I, 412. Boemund, Erzbisch. von Trier, ruft ihn in seinen schwürigen Umständen zu sich, und macht ihn mit des Pabsts Einwilligung zum Coadiutor. Conon dient dem Erzstifte tapfer gegen den Grafen von Isenburg und Montfort; demütigt den widerspänstigen Stiftsadel. Boemund dankt A. 62 ab, und überläßt Conon die Regierung gänzlich, 148. er hat Streit mit der Stadt Trier; ficht ihre Freyheit an, und erlangt 1365 durch einen kaiserl. Spruch das Dominium utile et directum über dieselbe; doch ohne Würkung, weil der Herz. von Lothringen die Stadt in Schutz nimmt,

nimmt, 149. ſein Ruhm macht, daß ihn 1367 der Churf. Engelbert zu Cöln auch zum Coadiutor annimmt und ihm die Regierung abtritt, ib. nach Engelberts Tod A. 68 will ihn auch das Capitel zu Cöln zum Erzbiſchof haben; er ſchlägt dieſes Erzſtift zwar aus, bleibt aber doch, mit des Pabſts Einwilligung, Adminiſtrator bis 1370, da ſeiner Schweſter Sohn gewählt wird. Er hilft auch dieſem Erzſtifte auf; züchtigt die Stadt und den cölniſchen Adel, 150. A. 71 wird ihm auch vom Mainzercapitel die Erzbiſchöfliche Würde angetragen, die es aus Liebe zu Trier ausſchlägt, 150. er vereinigt die Abtey Prüm mit ſeinem Erzſtifte; kauft für daſſelbe Güter und Schlöſſer, ib. überläßt ſein Erzſtift, mit des Pabſts und Capitels Willen, ſeinem Vetter, Wernern von Königſtein und ſtirbt 1388, 151. ſeine trefliche Eigenſchaften. Pracht und Reichtümer, ib. noch als Domherrn, tauſchte ihm ſeine prächtigere Mütze Kaiſ. Carl IV ab, 151. er ſoll durchs Goldmachen ſo reich geworden ſeyn und Ducaten davon haben ſchlagen laſſen, ib. Streit über ſeine verlaſſenen Schätze, ib. von ſeinem Erzcanzlers-Titel, 152.

Conrad II Kaiſ. hält eine Zuſammenkunft mit K. Rudolph III von Burgund, nachdem er vorher Baſel beſetzt, um, das Kaiſ. Heinrich II verſprochene Königreich Burgund, zum Reich zu bringen, VIII, 228 f.

Conrad IV Kaiſ., wird zu Wien von den meiſten Erzbeamten des Reichs zum röm. König erwählt, XII, 21. giebt dem Biſchof von Minden ein Privilegium, 1342, 2 Städte mit dem Weichbilds-Rechte in ſeinem Stifte anzubauen, XIII, 52.

Conrad II Erzbiſch. und Churf. von Maynz, ein Sohn Engelhards von Weinsperg und der Richſa, Crafts Gr. von Hohenlohe, Tochter, IV, 357. wird 1390 zum Adminiſtrator nur vom Capitel erwählet, weil es beſorgte, der Pabſt möchte proviſionaliter einen andern ernennen. Er bekommt aber durch Geld zu Rom bald das Pallium heraus, ib. wird A. 91 zu Prag vom Kaiſ. mit dem Zepter belehnt; ſchließt Bündniße mit verſchiedenen Fürſten und Geſellſchaften zur Sicherheit gegen die Gewaltthätigkeiten, die ſo ſehr im Reich im Schwange giengen, 358. verfolgt die Waldenſer und läßt 36 zu Bingen verbrennen; mag die Bettelmönchs-Orden nicht dulten; ſtirbt im hohen Alter 1396. Er ſagte von ſich: Er wär in der eilften Stunde in Weinberg berufen, 359. Grabschr. und Lob, ib.

Conrad I und II, Bischöfe von Minden, Grafen von Diepholt, XIII, 52. 53.

Conrad Bischof von Trieste, erhält 1223, eine kaiserliche Confirmation aller seiner Kirchen und Hochstifte ertheilten Privilegien; soll 1230 gestorben seyn, ist freygebig gegen sein Capitel, II, 219 f.

Conrad, Marggr. von Meißen, stiftet das Kloster Montis sereni, X, 404. und macht aus seiner Gemalin Lucarden geerbten Schloße Elchingen ein Benedictiner-Kloster, und empfiehlts dem Pabste, 405. geht in das von ihm gestiftete Kloster Lauterberg, und stirbt 1156, hatte 5 Söhne, 404. die alle Theile von seinen Landen kriegen, 406.

Conradinus, Kaiser Conrads IV Sohn. Seine Enthauptung, XXII, 157.

Consistorium. Was es überhaubts heiße, und woher dieß Wort komme? II, 203. verschiedene Significate, 204. worinnen das päbstl. Consistorium bestehe, 204. dessen Eintheilung in publicum et secretum oder ordinarium, ib. das Consistorium beschäftigt sich mit lauter Gnadensachen, ib. dem Consistorio geht congregatio consistorialis vorher, welche die im Consistorio vorzubringende Dinge vorbereitet, 304. das etwas verfallene Ansehen des päbstl. Consist. wird vom P. Paulus II wieder hergestellet, und dabey der Cardinäle Vorzüge und Pracht vermehrt, 208.

Constantia, Gemalin Kais. Heinrichs VI eine Tochter K. Rogers II in Sicilien; ihr wahres Alter wird gezeigt, VII, 372 f.

Constantia, Erzherzogin von Oesterreich, vermählt sich mit ihrem Schwager K. Sigismund III in Polen 1605, XII, 245. wird eine Mutter von 5. Kindern, 246. bezeigt einen grausamen Religions-Eifer, 247. stirbt 1631 plötzlich, ist zu Cracau begraben. Grabschrift, 248. ihr Gemahl beklagt und rühmt sie nach ihrem Tod, ib.

Constantin, Kaiser in Aethiopien, schickt eine Gesandschaft an P. Eugenius IV, die Vereinigung der iacobitischen Christen mit der röm. Kirche zu suchen; erhält ein Decretum unionis, I, 78.

Constantin von Thessalonich, predigt das Evangelium bey barbarischen Völkern, sonderlich auch den Mähren mit glücklichem Fortgange, XIV, 110. hat große Geschicklichkeit in Sprachen, 111.

Coppenhagen, wird vom König Carl Gustav in Schw. 1658 belagert, von seinem König Friedrich III aber in der großen Noth nicht

nicht verlaſſen, ſondern herzhaft vertheidigt, I, 402 f. was während der Belagerung vorgegangen, 404=406. die Schweden leiden den 11 Febr. 1659, bey unternommenem Hauptſturme großen Einbuß, 407. worüber die Hofnung, die Stadt zu erobern, verloren gieng. König Friedrich verewigt das Angedenken dieſer glücklichen Befreyung durch gold= und ſilberne Münzen, 408.
Corbach, die Hauptſtadt der Grafſchaft Waldeck, rühmte ſich, zu Zeiten Kaiſer Heinrichs IV, als eine freye Stadt entſtanden zu ſeyn, allwo das Stadtregiment meiſt bey hinzugezogenem Adel geſtanden ſey, IX, 146. Heinrich der Eiſerne, Graf von Waldeck, habe ſie 1366 überwältigt, ib. Uiigrund: Graf Adolph hat ſchon 1256 ſeinen Richter dorten gehabt, und ſeine Söhne haben den Bürgern ihre Privilegien beſtättigt, 146. ihre 3 angebliche Gründe, eine Reichsſtadt zu ſeyn, von der Präſumtion, ſo ſie, wie andere Reichsſtädte, für ſich hätte; von der *Matricul* von 1471 und vom Kaiſ. Maximil. geforderten Jubiläums=Geld unter Bedrohung des Verluſts ihrer Freyheit, werden widerlegt, 147 f. die Münzgerechtigkeit hatte ſie nur pachtsweiſe von den Grafen, 148. wegen ein und anderer Freyheiten, ſo Corbach gehabt, bezeigte ſich daſſelbe gar widerſpänſtig und frevelhaft zu widerhohlten mahlen, ſonderlich in den erſtern Jahren des 17ten Jahrhunderts, gegen ihre Landesherren; ſieht ſich aber endlich gezwungen, einen Vergleich von dem Grafen zu erbitten 1620, worinnen ſie ſonderlich ihrer Reichsfreyheit, als einem Gedichte entſagen, und unterthänigen Gehorſam und ſubmiſſion gegen die Grafen erkennen muſte, 148=152. die Stadt lehnt ſich zwar nachher wieder mit vielen Klagen auf, und will nicht an dieſen Vergleich gehalten ſeyn; wird aber durch kaiſerliche Authoritä gezwungen, 152.

Corduba, Gonſalvo Fernandez de, ein großer Held. Warum dieſer ſogenannte Gran Capitano, Agidarius auf einer Münze heißet? XIII, 18 f. er macht in dem Streit bey der Theilung des von Frankreich und Spanien eroberten Neapels, über Capitanata kurze Arbeit, und greift nach dem Degen 1503; kommt aber Anfangs wegen der Ueberlegenheit der Franzoſen in Nöth, und wird in Barletta eingeſchloſſen, 19. er erhält von Venedig Pulver und 2000 Teutſche, Verſtärkung, 20. bricht heraus, um Cerignola zu belägern und den H. von Nemours zu einer Schlacht zu bringen. Die Franzoſen werden indeſſen

deſſen vom Andrada den 21 Apr. geſchlagen, ib. des Corduba beſchwerlicher Marſch. Nemours attaquirt ihn in ſeinem Lager den 28 Apr. bleibt aber ſelbſt nebſt 3000 Franzoſen auf dem Platze, 20 f. die ausgemergelten Spanier erobern das franzöſiſche Lager und erholen ſich an der reichen Beute; ganz Apulien und Capitanata muß ſich an ſie ergeben, 21. Corduba hält ſeinen Einzug den 14 May zu Neapel, 22. weitere Conqueten; Gaeta wird belagert, ib. die Franzoſen wollen es unter Anführung des Fr. Gonzaga, Marggraf von Mantua retten. Gonzaga attaquiret mit großem Maul den Corduba am Fluße Guarillano, wird aber mit Verluſt von 1400 Mann zurück getrieben, 22. dankt ab, ib. das ſpäte campiren thut den Franzoſen wehe, und macht des Corduba Soldaten ſchwürig, der ſie zu befriedigen weiß, 23. es kommt nach gemachten klugen Anſtalten, am Garigliano den 28 Dec. zur Action, da die Franzoſen unterm Marggr. von Saluzzo abermals einbüßen, 32 Canonen und 1100 Pferde verlieren, 23. Gaeta ergiebt ſich den 1 Jan. 1504. Hiemit war ganz Neapel für Frankreich verloren, 24.

Corduba ein ſpaniſcher General belagert Frankenthal A. 1621 vergeblich, X, 140. hilft dem Tilly einen herrlichen Sieg, den 10 Jun. 1622 bey Höchſt über Chriſtian H. von Br. Admin. von Halberſt. erfechten, II, 196. wird bey Fleury den 18 Aug. vom H. Chriſtian und dem Mansfelder geſchlagen, 198.

Cork, die Hauptſtadt der Grafſchaft dieſes Nahmens im Königreich Irrland, XV, 170. dieſe Grafſchaft ſoll ehemals den Nahmen eines Königreichs geführet haben, ib. mehrere Nachricht von der Grafſchaft und der Stadt, 170 f. dieſelbe wird im irrländiſchen Kriege 1690 verſtärkt, 171. die Engländer ſuchen ſich ihrer zu bemächtigen, 172. Marlborough nimmt ſie ein, 172 f. dieſe Eroberung war von großer Wichtigkeit, 173.

Correggio, Camillus, Gr. v. ein Sohn Gr. Manfreds III, Mayländiſchen Generals und der Lucret. von Eſte. Seine Hof- und Kriegsdienſte. Hält ſich ſonderlich wol wider die Türken in der Seeſchlacht bey Lepanto, XVII, 202. ſeine Gemalin war Maria Collalto. Seine Maitreſſe Franc. Mellini, mit der er A. 1590 den Syrus erzeugt. Vermält ſich mit ihr A. 91. Setzt den Sohn zum Erben ein, und ſtirbt 1600, ib. Syrus ſpahrt und kauft ſich einen Fürſten-Brief, 202. macht ſchlechtes Geld,

Geld, wird um 700000 fl. vom Kaiser gestraft. Weil er nicht zahlen kan, zahlt Spanien die Summa und nimmt Correggio in Besitz, welches der H. von Modena A. 35 erhandelt, und damit belehnt wird, 203. Syrus stirbt A. 45 in kummerhaften Umständen, ib. sein Sohn Mauritius genießt einige Landgüter ruhig. Aber der Enkel Gibert sucht das Fürstenthum, weil es ein Fideicommiß sey, beym Reichshofrath wieder vergeblich, ib. dieses Haus führte, aus besonderer Gnade der österreichischen Kaiser, den Nahmen von Oesterreich, 203. Kaiser Max. I soll den ersten Grafen Joh. Franz auf einem Reichstag zu Cöln als seinen L. Vasallen und Verwandten erkläret haben. Tröstliches Mährlein vom Ursprung des corregischen Wappens, so einerley mit dem österreichischen seyn soll, 204. wird gründlich widerlegt, 201. 208. die Herren von Correggio sind unterdessen schon im XII Saec. in Ansehen gestanden. Kaiser Heinrich hat sie A. 1311 zur lombardischen Crönung eingeladen, 208. Kaiser Friedrich macht sie zu Reichsgrafen, und giebt ihnen Erlaubniß das Majorat in der Familie einzuführen, ib.

Cosmus s. Medices.

Costniz. Der Bischof von Costnitz hat eine der weitläuftigsten Dioecesen unter sich, XI, 271. ob es daher wahrscheinlich sey, wenn der Bischof Georg von Hallweil A. 1601 die Gefälle seines Bistums sehr gering und für unzulänglich, dem Pabste vorstellet? 269. weitere ähnliche Klagen, 270. Reihe der Bischöfe daselbst vom Anfang des 16ten Jahrhunderts bis auf ietzige Zeiten, IV B. §. 14.

Crain. Die Landschaft dieses Herzogtums besteht aus 4 Ständen, 1) dem Geistlichen, 2) dem Herrenstand, der aus neuen Fürsten, Grafen und Herren besteht, 3) dem Ritter- und Adelstande, oder sogenannten Lands-Leuten, 4) den Städten, deren 25 sind, worunter Laibach die vornehmste ist, XXI, 181. die Landschaft setzt die Landsverordnete. Diese werden aus den 3 erstern Ständen genommen. Den Landshauptmann, Landverweser, Verwalter, Vizdom und Landräthe, samt den Erblandbeamten, setzt der Landesfürst, ib. Ceremonie bey der Landshuldigung Kaiser Leopolds A. 1660, 182. auch bey Huldigungen, die von Bevollmächtigten eingenommen werden, müssen die Erbbeamten aufwarten, ib. Gerechtigkeiten, Freyheiten und Privilegien der Landschaft vom H. Albrecht I 1338 ꝛc. und

Fff von

Kaiser Friedrich III vermehrt und verneuert, 182 f. Crains Præcedenzstreit mit der Landschaft Kärnthen und Steyer, 183. Schicksal der Evangelischen in diesem Lande. Kaiser Ferdinand II achtet alle des römischen Reichs General- und Special-Pacificationes in Absicht der Religion für unverbindlich gegen seinen Eifer für die catholische Religion, und macht der evangelischen in Crain mit Gewalt ein Ende, 184.

Craiße des teutschen Reichs. Warum von Craißsachen unzulängliche und viele irrige Nachrichten vorhanden? VII, 154, 156. doch ietzt finden sich Schriften, die die Lehre vom Ausschreibamte und Directorio des schwäbischen Craißes in ein schönes Licht setzen, 157 f. - - ausschreibende Fürsten im schwäbischen Craiße, sind Costnitz und Würtemberg, VII, 156. diese haben gemeinschaftliche, nach einem Vergleich von 1662, zwischen Bischof Franz Johann und Herzog Eberhard eingestandene Verrichtungen, 156 f. hingegen stehen Würtenberg einige Verrichtungen vorzüglich alleine zu, 157. aus welchen Würtenberg ein Direct. priuat. und Directorial-Præminenz, vor Costnitz, herleitet. Angegebene Gründe, 157 f. was Costnitz zur Behauptung seiner Gerechtsame geantwortet, 158=160, des Bischofs Declaration vom J. 1707, die der Herzog genehm gehalten, ib. - - die Reichs-Craisausschreibämter sind nicht zugleich mit der Errichtung der Craiße aufgekommen, sondern, der Kaiser berief die Stände in den Craisen selbst zusammen, XI, 130. - - die erste Spur davon findet sich in dem Reichsabschied, in einem Brief des Kaiser Carls V vom Jahr 1522, ib. A. 1530 heißt es im Reichsabschiede: die Obern eines ieden Craißes sollen die Stände zusammen fordern, 130. die großen Chur- und andere Fürsten lassen sich solches nicht lange heißen, sondern massen sich dieses Vorrechts in den Craißen an, 131. A. 1555 im Reichsabschied werden sie benennet, ib. billig ist in iedem Craiße ein geistlicher und ein weltlicher ausschreiber der Fürst, nach dem ersten Auftrag vom Kaiser; A. 1522, 131. damals gieng das kaiserl. Schreiben an den Bischof von Bamberg und den Marggraf Casimir von Brandenburg, ib. Vergleich zwischen Brandenburg und Bamberg, wegen entstandener Irrungen, wegen des Ausschreibens im fränkischen Craiß, 1559, 131 f. wegen dieses Amts entstandene langwürige Streitigkeiten zwischen den beiden marggräflich

lich brandenburgischen Häußern in Franken und endlich getroffenen Vergleichen, die die 3jährige Alternatiu beſtimmet, 132, 136 - - Craiß-Obriſten, hießen vorher Craiß - Hauptleute, V, 125. ſind nicht gleich bey Errichtung der Craiße, ſondern erſt. A. 1512 auf dem Reichstag zu Trier angeordnet worden, ib. worinnen die Pflichten und Verrichtungen eines Craißobriſten beſtehen, 125 f. die Stände wählen ihn nach Gefallen, II, 179. ſo kan der Gewählte auch reſigniren, doch nicht unter einem Jahre, V, 126. es kan dieſes Amt ein ausſchreibender Fürſt, oder andrer Stand bekleiden. Wie ſich fürſtliche Perſonen dabey verpflichten? 127. ob auch Geiſtliche dieſes Amt verwalten können? wird geſtritten, 127. ob auswärtigen Fürſten dieſes Amt aufgetragen werden könne? Gründe, warum der Kaiſer Ferdinand II ſolches widerſprochen, und durch welche K. Chriſtian IV von Dännemark das Gegentheil für ſich behauptet, 128. ein Craißobriſter verſieht ſein Amt gratis. Von ihren Zugeordneten, ib.

Cranmer, Erzbiſchof von Canterbury, fühlt den Haß der Königin Maria in England wegen ihrer Mutter und der Religion, VII, 6. und wird nebſt 85 andern Proteſtanten verbrennet, 8.

Crell, Nicolaus, Churſächſiſcher Hof-Cantzler. Ob dieſer Mann bey ſeiner intendirten Ausbreitung der calviniſchen Lehre, ſo blutdürſtige Anſchläge geheget, als ihm D. Schmuck Schuld gegeben, II, 181. Diſcurs: ob dieſer Mann mit Recht unter die Miſſethäter gerechnet werde? VII, 195 f. was der Kaiſer und ſein Reichs-Hofrath bey ſeiner Verurtheilung gethan? und wie ſich das Cammergericht des Crells angenommen, damit den Rechten gemäß mit ihm möchte verfaren werden, 197. wahre Urſache ſeiner Verfolgung und Hinrichtung, und Gründe zu ſeiner Entſchuldigung, 198 f. Crells Angedenken gehöret in die Claße unglückſeeliger Staatsmänner und Gelehrter, 200. Denkmahl, ſo an dem Orte ſeiner Enthauptung iſt errichtet worden, XII, 431.

Crequy, Marechal de, bezeigt ſich als ein Freund der Herzogin von Savoyen Chriſtiand, Tochter K. Heinrichs IV. Bleibt vor Breme 1638, V, 403 f.

Crequy, wird 1675 bey Trier aufs Haupt geſchlagen und gefangen, XIX, 109.

Creutz. Das erſte und gewöhnliche Zeichen auf Münzen chriſtlicher Völker, I, 48. daher die Engländer die andere Seite der Münzen Kroßide nennen, ib. Endzweck des Creutzes auf alten
engli-

englischen Münzen, ib. conf. 104. - - das Creutz wird für das eigentliche Wappen des teutschen Reichs gehalten, XII, 263. ein wunderthätiges Creutz zu Edsfeld, soll Carl der Große hingesetzt haben, V, 219. Wunderzeichen mit rothen Creutzen, welche sich auf Kopfschleyern, Chorröcken, Altartüchern A. 1100 zeigten, und nicht ausgewaschen werden konnten, sonderlich im Ertzstifte Cöln, XVII, 151 f.

Creutz-Bulle giebt 1455 P. Calixtus III K. Alfonsen V In Portugal, deren Endzweck und Kraft, VII, 34.

Creutzfahnen und Creutzzeichen, XIX, 381.

Creutzküssung, ist eine Gewohnheit aus der alten griechischen Kirche, wodurch die Eide recht feyerlich wurden, XXII, 419.

Cromwell, Olivar, (conf. K. Carl I) wird krank 1658 im Jul.; durch den Tod seiner Tochter Elisabeth den 6 Aug. dergestalt gerühret, daß er an Leib und Seele von der Zeit an immer mehr abnimmt, VIII, 218. es werden Fast- und Bußtäge angestellet, seine Genesung von GOtt zu erbitten, 219. sein merkwürdiges Gebeth, als er seines Tods versichert war, 219 f. am 3ten Sept. wird er ersucht, das Haupt der errichteten republicanischen Regierung, nach seinem Tode, zu ernennen, 221. Ungewißheit, wie er sich erkläret; doch ergiebt der Erfolg, daß er seinen Sohn Richard mochte zum Protectorat bestimmet haben, 221 f. er kümmert sich um die Versorgung der Seinigen wenig und stirbt, 222. Von der Besorgung seiner Seele wird nichts gedacht. Er zeigte äusserlich in seinem Leben, nach den Lehrsätzen der Independenten, Religion und viel Andacht; führte ein untadelhaftes und lasterfreyes Leben, 222. er hat wahrscheinlich in seinem Gewissen die Empörung des Reichs, und Hinrichtung des Königs, bey der Emporbringung des Reichs, für einen GOtt geleisteten Dienst geachtet, ib. Daher seine letzten Worte gewesen: Mein GOtt nimm deinen Diener auf! 223. seine Kinder waren Richard, sein Nachfolger im Protectorate, der ihm gantz ungleich an Eigenschaften war; Heinrich, Statthalter in Irrland, der mehr Verstand hatte; und Maria, die verdient hätte, dem Vater in der Würde als Regentin zu folgen, ib. Cromwell hat an seinem Sterbetag den 3 Sept. 2 Siege, bey Dumbar A. 1650, und bey Worchester A. 52, erfochten, 224.

Cronberg, Walther von, wird zu Mergentheim den 18 Januar. 1526 zum Teutschmeister erwählt, III, 27. seine Eltern, ib. wird auf

IV. Realregister.

auf seine, beym Kaiser angebrachte, Klage im Nahmen des Ordens gegen Marggr. Albrechten, in der Administration des Hochmeistertums, wozu ihn der Orden ernennet, bestätigt und feyerlich belehnet, 28. 422. sucht vergeblich, dem Orden Preußen wieder zu verschaffen; macht zu dessen Conservation verschiedene Verordnungen, 28 f behauptet Sitz und Stimm auf den Reichstägen, wie seine Vorfarer; stirbt 1543, 29. „wahrhaftig Anzeygnung, wie die Belehnung dem Administrator des Hochmeisteramts geschehen 1530„ 29 u. f.

Cronenburg erobern die Schweden unterm Admiral Wrangel, I, 404.

Crossen. Die Söhne Herzog Carls I von Münsterberg überlassen ihr Recht auf dieses Herzogtum dem Churfürsten Joachim von Brandenburg, VI, 405.

Croy, Philipp Graf von, wird vom Kais. Leopold in Reichsfürstenstand erhoben; kan aber die Einfürung in Fürstenrath nicht wegen seiner freyen Reichsherrschaft Müllendonk erlangen, XI B. 4. sein Sohn Fürst Carl Eugen verkauft Müllendonk; stirbt als rußischer Feldmarschall 1702, ib.

Culemburg, die Grafsch. in der Provinz Geldern, gehörte in den ältesten Zeiten den alten Grafen zu Clev und Theiderland, von denen die Herren von Bösickem, Herren von Culemburg abstammten, V, 108. nach Abgang der männlichen Bösickem kommt es an die Palant 1504. Florentius wird vom Kaiser Carl zum ersten Grafen gemacht 1555, 109. wie Culemburg an Waldeck kommt? 107 f.

Curland. Die Herrlichkeit des Heermeisters und Teutschordens höret in Liefland auf, und Curland wird ein weltliches Herzogtum und polnisches Lehen, IV, 390 f. muß 1658 u. f. viel von den Schweden ausstehen, da dessen Herzog Jacob, mit seiner Familie, in harte Gefangenschaft kommt, weil er sich dem K. Carl Gustav nicht unterwerfen will, XI, 3.

Cutberth, ein frommer Priester und endlich Bischof zu Lindesfarn A. 684, wird lange in England als ein Schutzheiliger verehret, I, 31. 32.

Cyprianus D. schreibt auf seines Herzogs Befehl trefliche Werke, VII, 102. seine Verdienste um die gothaische Bibliothek, 109.

D.

Dacier, Anna, gebohrne Faberin, die zehende Muse Frankreichs, IX, 385 f. ihre Geburt und Eltern, 386. ihre Nativität, ib. Veranlaßung ihrer Anweisung zum studiren, ib. ihr geschwindes Zunehmen im lateinischen, 387. sie verliebt sich in die griechischen Annehmlichkeiten, ib. lernt auch italienisch; giebt den Callimachum und Florum heraus, ib. die K. Christina in Schweden schreibt an sie, ib. was sie weiter heraus gegeben, 387 f. sie soll sich an einen Buchhändler zu Saumur, Joh. Lesnier, verheyrathet haben, aber bald wieder nach ihres Vaters Haus gegangen seyn, 388. sie hat sich mit Andr. Dacier, nachmaligem königlichen Bibliothecario verheyrathet, 388. was man im Scherz von dieser Heyrath gesagt, ib. mehrere Schriften, ib. sie wird beredet, zur catholischen Religion überzugehen, 388 f. bekommt sowol, als ihr Mann, vom Könige ein Jahrgeld, 389. mehrere Ausgaben alter Schriftsteller von ihr, ib. sie übersetzt 4 Comödien des Terenz ins französische, 389 f. und mit ihrem Manne gemeinschaftlich des Kaif. M. Antonini reflexions, 390. hilft auch ihrem Manne am Plutarchus übersetzen, ib. übersetzt den Homer, ib. geräth darüber in einen heftigen Federkrieg, 390 f. sie hat 3 Kinder, 392. stirbt 1720, ib. sie schreibt aus dem Sophocle in ein Stammbuch: Stilleschweigen sey eine Zierde des Frauenzimmers, ib. sie will nichts zur Erklärung der heil. Schrift schreiben, ib. ihre Grabschrift. Sie wird in ein paar gelehrte Gesellschaften aufgenommen, ib.

Dännemark. Harald Klack K. in Dännemark läßt sich vom Ansgar A. 827 taufen, da dann das Christentum anfieng sich dorten auszubreiten, XVIII, 245. – Könige von Dännemark schreiben sich Reges Vandalorum Gothorumque, welchen Titel K. Christian III am ersten gefüret haben soll, XVII, 4. 5. R. Vandalorum, wird verteutscht: König der Wenden. Ob diese Uebersetzung recht seye? 5. was die Könige unter dem Worte Vandalorum eigentlich verstanden? 6. vorher findet man an statt Vandalorum, Rex Slavorum, auch noch vom König Christian III, ib. Ursprung dieses Titels. Meursius will ihn vom Jahr 222, und der Uberwindung des Strunico, Herzogs der Wandalen vom K. Frocho III herleiten, 6. auch sucht man den Ursprung in der Königswürde, welche Kaif. Lotharius dem Canut über die Oboriten gegen eine Summe Gelds zugestanden, 7. Zweifel gegen diese Meinung, 7. 8. die wahrscheinlichste Herleitung ist aus den Zeiten und Geschichten Maldemars

demars II, aus einer Stelle des Arnolds von Lübeck ad A. 1103 und einem Diplom. Kaiser Friedrichs II, 8. - - Unruhen in Dännemark nach Königs Friedrich I Tod A. 1533, und Erwählung K. Christians III, A. 34. der sein Reich von der Lübecker Bedrängnißen befreyt und die Wiedereinsetzung Christian II hintertreibt, XIV, 330. 336. - - die Seemacht dieses Königreichs fängt mit den oldenburgischen Königen an, sich hervor zu thun. Christian IV hat sie in vollkommenen Stand gebracht, XI, 88. Unter Christian V ersicht sie die herrlichsten Siege wider die Schweden, XI, 75. 77. 84=86. K. Christian V machte auf Juels, seines großen Admirals, Angeben eine Verordnung, wie es mit der zu Wasser zu machenden Beute sollte gehalten werden; damit die See-Officiers und Gemeinen desto williger im Dienste würden, 88. - - die Dänen errichten mit K. Christians IV Erlaubnis eine ostindianische Gesellschaft A. 1616. Boshouwer, ein disgoustirter, in Ceylon gewesener, Holländer, kommt A. 17 nach Dännemark und beredet den König, daß er vom Kaif in Ceylon befehligt seye, einen Handlungstraetat mit einer europäischen Macht zu schließen, XIII, 306. der Traetat wird geschloßen, 307. fünf Kriegsschiffe seegeln unter Ave Giedde und dem Holländer ab, gelangen an Ceylon, ib. der dazwischen gekommene Todesfall des Prinz Migomme, wie sich Boshouwer nennte, machte die Hofnung auf Ceylon zu nichte, 308. hingegen findet Giedde geneigtes Gehör beym K. von Tanjur auf der Küste von Coromandel; erhandelt Tranquebar und bauet Dansburg. Kommt A. 22 glücklich nach Coppenhagen zurück, 308. die Dänen, um sich den Weg nach Ostindien zu erleichtern, setzen sich auch auf der Küste von Guinea im Lande Acara, 309. die Schweden hatten Carlsburg am Capo corso erbauet, um den Dänen Tort zu thun. Ein Vorsteher der schwedischen Handlungs= Compagnie, Carlot, kommt nach Dännemark, bekommt ein Schif und bemächtigt sich Carlsburgs und anderer Orte der Schweden auf Guinea; darüber der K. von Schweden desto mehr zum Friedensbruch mit Dännemark gereitzt ist worden, 309 f. im Frieden zu Coppenhagen A. 60 bleibt Carlsburg den Dänen, die es aber doch A. 63 wieder verlieren, 310. A. 59 bauten sie Friedrichsburg am Capo Corso, behaupten es gegen die Holländer; verlieren es durch Hans Lykke A. 85, der es den Engländern versetzt, 311. Christian Cornelison bringt Christians=

stlansburg zu Stande, und ist sehr angesehen beym König von Acara. Nach allerhand Abwechslungen behaupten die Dänen diesen Platz 1694 bis nun, ib. die Compagnie, so dahin handelt, heißt die guineische und westindische; sie besitzt die ihnen von den Engländern 1672 überlassene Thomas-Insel. Einige Umstände von dem Handel und Einrichtung der Gesellschaft, 311. 312. - - dänischer Prinzen und Prinzeßinnen Vermählung mit engländischen und braunschweigischen Prinzen und Prinzeßinnen, XV, 403. 408.

Dagobertus II, ein S. K. Siegeberts III in Austrasien und Innichilds, war ohngefehr 1 oldhrig A. 656 als s. Vater starb, wird vom M. D. Grimoald, dem verordneten Reichsverweser, nach abgeschnittenen Haaren nach Irrland geschickt, der seinen vom K. Sigebert, vor der Geburt Dagoberts adoptirten Sohn Childebert zum König macht, IX, 35. nach vielen Verwirrungen in den fränkischen Reichen, hält Innichild für ein guts Tempo, ihren, in England beym Bisch. Wilfried zu York im Elend lebenden Sohn, auf den väterlichen Thron zu bringen, IX, 37. Dagobert kommt A. 674, vom Bisch. Wilfrid wol ausgestattet, nach Austrasien, und wird mit Freuden als König angenommen, 38. K. Dietrich von Neustrien oder vielmehr s. M. D. Ebroin fällt ihn A. 677 an. Es kommt zum Treffen und Frieden, ib. aber Ebroin weiß es hernach so zu spielen, daß Dagobert A. 78 auf der Jagd ermordet wird, 38 f. man findet in den alten fränkischen Schriftstellern nichts von Dagoberts Rückkunft; sondern Henschenius hat 1623 in seiner Diatr. de tribus Dagobertis aus dem Leben des Bisch. S. Wilfridi, der vom K. Egfried in Nordhumberland vertrieben war worden, und seine Zuflucht nun umgekehrt zum Dagobert genommen, der ihm das Bistum Strasburg verhieß, solche entdeckt, 38. 39. Hadrianus Valesius will dem Henschenio diese Entdeckung strittig machen, 40.

Dachsburg, die Grafschaft im untern Elsaß, wie sie an die Grafen von Leiningen gekommen, XIII, 144.

Dalberg, die Cämmerer von Worms genannt von, sind aus zwo Familien zusammen gewachsen. Fabelhafter und wahrer Ursprung dieser uralten reichsadelichen Familie. Sie haben ihren Nahmen von der Cämmerer Würde des Stiftes Worms und damit verknüpft gewesenen Praesidio des heimburger Gerichts be-

bekommen?, X, 61. Dieses Geschlecht bekam das einträgliche Judengericht zu Worms, ib. mehrere Freyheiten desselben aus einem Brief von 1406, 62. die Dalberge waren von der rheinischen Ritterschaft. Johann C. von Worms erlangt die Mitbelehnschaft eines Theils von Dalberg 1315, ib. sein dritter Sohn Gerhard erheyrathet mit Gertha von Dalberg, der letzten ihres Geschlechts, ihren Antheil, 62. sein Sohn Heinrich vererbt Dalberg an seines Vaters Bruders Sohn Johann, der sich zu erst von Dalberg nennet, 62. die Dalberge werden bey kaiserlichen Crönungen vor allen andern zu Rittern geschlagen, 62 f. Johann von Dalberg, churpfälzischer Canzler und Bischof zu Worms von A. 1482-1503 fördert vorzüglich die in Teutschland aufwachende Künste und Gelehrsamkeit, 63.

Dairi: Kurze Nachricht von diesem Götzen Kaiser der Japoneser, III, 119, 136.

Damen-Orden der Sklavinnen der Tugend stiftet Eleonora, Kais. Ferdinands III. A. 1651 angetraute Gemahl, eine Prinzeßin von Mantua, geb. 1630, XXI, 169, 171. ihre Kinder. Davon Eleonora Maria nach S. Michaelis in Polen Tod. H. Carl Leopold von Lothringen zum 2ten Gemahl nimmt und die Großmutter unsers glorreichsten Kaisers Franz Stephans wird, 171. die Kaiserin wird A. 57 Wittwe, und stirbt 1686, ib. sie war der Gottesfurcht und Tugend ergeben, welche sie vornehmen Damen durch Stiftung dieses Ordens 1662 einzupflanzen suchte, ib. die Einrichtung und schriftliche Verfassung ist aus den wunderlichen Begebnissen des sogenannten Wunderlichen, H. Ferd. Albrechts von Braunschweig Bevern genommen. Es wird in den Satzungen gehandelt 1) vom Grund und Ursache der Stiftung, 2) vom Nahmen, 171. 3) vom Absehen des Ordens, 4) vom Sinnbilde und Ordenszeichen, 5) von der Anzahl und Beschaffenheit der aufzunehmenden Damen, 172. 6) von der Art eine Dame dem Orden einzuverleiben, und derselben Pflichten, 7) worinnen die Tugendsclaverey bestehe, 173. aus welchen Personen der Orden von A. 1662 bis 75 bestanden, 174-76. diese Kaiserin stiftet auch den Sterncreuzorden 1668, den allezeit den 3 May und 14 Sept. die römische Kaiserin, oder eine durchlauchtigste Frau des Erzhauses, nur an katholische Damen vergiebt, welcher die Tugendsclavinnen verdränget, 176. Anmerkung zum Spruch

Spruch auf dem Ordenszeichen, der Sonne: *Sola ubique triumphat.* Sola soll nicht die Sonne heißen, sondern beziehet sich auf die Tugend, ib.

Dankelmann, ein altes adeliches Geschlecht in Westphalen, hatte berühmte Männer hervor gebracht, III, 82. Sylvester von Dankelmann, churfürstlich brandenburgischer Rath ꝛc. verfertigt 1640 ein Project zum Generalfrieden in Teutschland und den Niederlanden, so der Kaiser gnädig aufnimmt. Barlaei Lobsprüche auf ihn, 83. erzeugt mit seiner Gemalin Beata von Derenthal 7 Söhne, die alle zu hohen Würden bey dem Churfürsten von Brandenburg gelanget, ib. durch eigne Würdigkeit, 88. der mittelste Eberhard ist der berühmteste, und geboren 1643. disputirt im 12ten Jahre zu Utrecht, 83. wird im 20sten Hofmeister beym Prinz Friedrich; ist dabey verfolgt. Bleibt auch bey ihm als Churprinzen, 84. rettet ihm das Leben A. 87. A. 88 will ihm der gewordene Churfürst gleich das Staatsruder in die Hände geben; er begnügt sich aber mit der geheimen Rathswürde, 85. sein Ministerium würket für den Kaiser die starke Hülfe des Churhaußes Brandenburg gegen Frankreich und die Türken aus, 85. er befördert der brandenburgischen Lande Flor, und macht trefliche Finanz-Anstalten, 85 f. er räth seinem Herrn nach der Wahrheit ohne Schmeicheley, 86. legt durch seine Bemühungen am kaiserl. Hof den Grund zur preußischen Königswürde, ib. fördert und ehrt die Gelehrten. Wird von ihnen gepriesen, 86 f. nimmt erst A. 95 auf Befehl des Churfürsten, die Stelle eines Premier-Ministers an; verbittet beym Kaiser den Reichsgrafen-Stand, und bleibt Freyherr, 87. wird reichlich vom Churfürsten beschenkt, ib. erfährt aber doch A. 97 den Unbestand des Hofglückes; wird beschuldigt, abgesetzt und seiner Güter beraubt. Sitzt im Arreste bis 1717 oder 13, stirbt 1722, ib. kurze Nachricht von seinen Herren Brüdern, 87. 88. IV, 435 f.

Dandulo, Andreas, Doge von Venedig, geb. 1306, war der erste venetianische Patricius, der Doktor Juris geworden, XIV, 153. wird il Cortese genennt, und A. 43 schon Doge, 154. schließt mit dem Kaiſ. zu Constantinopel, dem Babst und den Rhodisern einen Bund wider die Türken. Smyrna wird erobert und verloren, ib. er nimmt A. 45 das abgefallene Zara in Dalmatien dem K. Ludwig in Ungarn wieder ab, ib. eine gefährliche Pest grassiret allenthalben, dennoch führt Genua

nua gegen Venedig einen heftigen Krieg, 155. die Republik schließt mit K. Peter von Arragonien einen Bund, und ihre vereinigte Flotte schlägt die genuesische aus der See, und schwächt Genua, daß sichs unter den Schutz des Erzbischofs von Mayland Johanns Visconti begiebt, 155. Venedig klagt darüber beym Kaiſ. Carl IV, der Geld nimmt, nicht aber der Republik Verlangen nachkommt, ib. dieser Doge restituirt der Republik die Investitur der Prälaten ihres Gebietes. Wie es damit gehalten wird, 155 f. Dandulo stirbt 1354: ist der letzte Herzog, der in die Marcus-Kirche begraben worden. Seine Grabschrift, ib. sein Lob und Charakter, 157. er ehrt die Gelehrten; führt genaue Correspondenz mit dem Petrarcha, 157 f. der einen schönen Lobspruch auf ihn gemacht, 159. Er ist der Verfaſſer einer lateinischen Chronik vom Anfang der Welt, davon die letzten Bücher die Historie von Venedig bis 1341 begreifen, 159.

Danebrogs Ritterorden. Die erste Stiftung dieses Ordens wird auf die Zeiten K. Waldemars II zurückgesetzt, der denselben 1219 zur Belohnung der bezeigten Tapferkeit seiner Kriegsleute, die in einem zweifelhaften Treffen, bey Gelegenheit einer vom Himmel gefallenen Fahne, den Sieg endlich über die Liefländer erfochten, gestiftet haben soll, XIX, 378. der erſten Ritter sollen 35 geweſen ſeyn, die am Lorenz-Tag creiret worden, ib. großes Ansehen dieses Ordens bis ins XV Jahrhundert, da er in Vergessenheit gerathen, ib. Bartholini Bericht von besagter liefländischen Schlacht und Wunderfahne, 378 f. die alten und coaeui Scriptores wiſſen von dieser Creutzfahne nichts, machen also die Erzehlung verdächtig, 379 f. wo aber doch die allgemeine Sage davon, und die für ein Heiligtum geachtete Danebroga ihren Ursprung her bekommen? 380 f. Wahrscheinlichkeit, daß K. Waldemar eine Creutzfahne vom Pabst erhalten, die gute Dienste im Treffen gethan, 381. daß würklich die Dänen eine berühmte Creutzfahne noch lange hernach gehabt, ist gewiß; weil sie K. Johann A. 1500 wider die Ditmarsen als das Hauptpannier geführet, und bey Meldorf verloren, welche K. Friedrich II 1559 wieder ausgeliefert bekommen, 382. dannoch sind die Zweifel, an der Stiftung dieses Ordens vom Waldemar, gegründet; und Greiffenfeld, wohin Peter Schuhmacher, war wol der wahre Erfinder und Rathgeber zu diesem Ritterorden, 382 f. A. 1671 gieng indessen die vorgegebene Erneuerung vor, und Greiffenfeld war unter den 19 Rittern, 384. die vom König diese Begnadigung mit dem Danebrogs-Orden erhalten, 382. Ungewisheit vom Stiftungs-Tage, 383. wann die Ordens-Statuten kund gemacht worden und wo sie zu finden sind, 384.

Danes Blood, rothe Beeren; woher dieser Nahme in England entstanden? I, 46.

Daniel Eremita, ein schmähsüchtiger Schriftsteller gegen die teutschen Fürsten, VI, 184.

Danzig. Die Stadt hält es bey der zwistigen Königswahl A. 1575, wie das übrige Preußen, mit dem Kaiser Maximilian II gegen Stephan Bathory, VI, 306 f. tritt der Unterwerfung Preußens zu Thorn an den K. Stephan nicht bey 1576; sondern will vorher die Abschaffung aller Beschwerden, und mehr Versicherung ihrer Freyheit haben, 308. Die Stadt wird den 24 Sept. in die Acht gethan, ib. vergebliche Unterhandlung und Anerbieten der Stadt, 308 f. die Danziger setzen sich in Verfassung, kriegen Stöße. Ihre Belagerung wird den 13ten Jun. 1577 angefangen, 309. was dabey vorgegangen, ib. 310. ein dänisches Kriegsschiff und 4 Galeeren kommen der Stadt zu Hülfe. Die Belagerung wird den 6ten Sept. aufgehoben, 310. verschiedener teutscher Fürsten Gesandten arbeiten an der Aussöhnung der Stadt. Sie thut zu Marienburg Abbitte, wird der Acht entlassen, und der Vergleich kommt zu Stande. Bedingniße, 311. Um Geld aufzutreiben, die Kriegskosten zu bestreiten, und mit goldenen Kugeln auf die polnischen Magnaten zu schiessen, werden die silbernen Heiligen und überflüßige Kirchen-Geschirre vermünzet, 311 f. wahre Ursache der Belagerung gegen einige ungegründete Vorgeben, 312. — die Stadt hat aus Treue gegen den K. von Polen im Jahr 1655 und folgenden viel Drangsal von Schweden auszustehen, VI, 288. die Danziger erobern die Vestung Haupt auf der Nahrung, 285 f.

Danziger, Dantiscus, Johann, berümter ermeländischer Bischof in Polnischpreußen, XXII, 185. war eines Flachsbinders Sohn in Danzig, 187. denen von Adel, die ihn deswegen spotten wolten, antwortete er, er wolte beweisen, daß er ein Ritter sey. Denn er habe schon 8mal die Franzosen gehabt, und es ausgestanden, ib. diese scharfe Ritterprobe mag er abgelegt haben, da er noch ein fleischlicher Advocat gewesen, ib.

seine

ſeine elegia amatoria, ib. ſagt in einem epigrammate der Liebe ab, ib. er nennet ſich ſeines Vatters wegen Linodesmona, ib. heißt auch Ioh. a Curiis, ib. macht ſeiner Vatterſtadt, wegen eines Proceſſes, vielen Verdruß, und geräth wegen der Reformation gegen ſie in ſtarken Religionseifer, ib. er beſtraft und bedrohet ſie als ein begeiſterter Jonas in einer Elegie, 188. hatte ein witziges und leichtes Naturell zur lateiniſchen Poeſie, worzu ihn zu Cracau Paul von Cröſſen wohl angefürt hat, ib. ſchon im 24 Jahr iſt er K. Sigmunds I in Polen Secretarius, der ihn mit nach Wien zur Zuſammenkunft der 3 Könige nimmt, und in vielen wichtigen Geſandſchaften braucht, ib. er hilft 1517 zwiſchen Kaiſer Maximilian I und der Republ. Venedig Friede ſtiften, ib. wird 1520 zu Bologna Doctor Iuris, ib. ſeine übrigen Staatsverrichtungen, ib. Phil. Camerarii unrichtige Nachricht von ihm, ib. der K. in Polen hilft ihm zum Biſtum Culm, 1531, und 1537 zum ermeldndiſchen Biſtum, welches mit der fürſtlichen Würde des heil. röm. Reichs verſehen iſt, 189. er beſchwert ſich über die Ungunſt der Königin Bona Sforzia, ib. ſtirbt zu Braunsberg 1548, ib. ſein doppeltes Schwanengeſang, ib.

er hat ſein Wappen vom Kaiſer bekommen, 190. Erasmus Roterod. dedicirt ihm ein Buch, ib. die gröſten Poeten ſeiner Zeit halten ihn für ihren Apollo, ib. mit Ge. Sabino in Königsberg lebt er in recht vertraulicher Freundſchaft, und begrüſſen ſie einander mit den zierlichſten hendecaſyllabis, ib. Sabinus beſucht ihn nebſt ſeiner Frau und Iſndero 1546 um Pfingſten, ib. ſeine Gäſte bekümmern ſich, daß unterdeſſen die Peſt die Gegend zwiſchen Königsberg und Heilsberg angeſteckt hatte, 191. Dantiſcus gibt Sabino ein bewährtes Alexipharmacum, das iſt, eine groſſe und ſchwere Arzneybüchſe voller Joachimsthaler, ib. ſeine Bekanntſchaft mit Hel. Eob. Heſſo zu Cracau, die er mit ihm noch als Biſchof zu Culm fortſetzet, ib. Iohannes Secundus preiſet die Dichtkunſt Dantiſci, und ſchickt ihm die ſelbſt verfertigten Bildniße Kaiſ. Carls V und ſeiner ſchönen Iuliae, ib. Dantiſci Wettſtreit mit Rich. Bartholino und Caſp. Urſino in ſchönen Gedichten, ib. der polniſche Cron-Gros-Referendarius, Graf Zaluſki, will alle Schriften Dantiſci zuſammen drucken laſſen, 192. er geräth in den Verdacht, als wenn er ein heimlicher Lutheraner wäre, ib. was ihn davon gänzlich freyſpreche, ib.

Daria, die Heilige, eine Römerin, wird von ihrem Manne Chrysanthus zum Christentum gebracht; leiden beide große Verfolgungen, und werden A. 284 lebendig begraben, II, 371 f. Erzbischof Adelwin kriegt ihre Leichname vom P. Nicolaus, A. 859 geschenkt, und bringt sie nach Salzburg, ib.

David II K. in Schottland, besteigt A. 1329 minderjährig den Thron, und stehet unter der klugen Vormundschaft des Gr. v. Murray, I, 66. nach dessen Tod ihm Eduard Balliol die väterliche Krone nehmen will. Durch Eduards III K. von England Hülfe werden die Schotten 1333 geschlagen, und David muß nach Frankreich entfliehen, 67. 69. die Schotten erinnern sich, ib. David kehrt A. 42 wieder in sein Reich; trift mit England einen Stillestand, bricht aber Frankreich zu gefallen denselben und wird 1345 aufs Haupt geschlagen, 70 f. wird verwundet und gefangen; A. 57 gegen 100000 M. Silbers, in 10 Jahren zu bezalen, losgelaßen, 71. macht vergebliche Verordnung wegen der Nachfolge, und verlangt von den Ständen, daß sie den K. von England oder dessen Sohn zum Nachfolger erklären sollen, 71. vermuthliche Ursachen dazu, 72. sein Tod und Gemalinnen,

ib. sein Nachfolger wurde Robert Stuart, ib.

Davids, des Proph. und Königs, Hirten-Stab, erkaust B. Johann Anton von Eichstädt in Spanien, XVIII, 88.

Defensor fidei. Das Parlament in England verordnet 1544, daß der König in England diesen Titel beständig füren solle, XX, 234. die Königin Maria lässet ihn einmal aus, worüber großer Streit entstehet, ib. K. Georg I braucht ihn zu erst auf Münzen, ib.

Degenfeldin. Louisa, eine Tochter des Freyherren Christoph Mart. v. Degenfeld, wird vom Churfürst Carl Ludwig in der Pfalz, 1657 als Maitreße angenommen. Man nennte sie: eheförmlich beygelegte Frau. Sie wird vom Kaiser zur Raugräfin gemacht; welchen Nahmen ihre Kinder, derer sie 14 zur Welt gebracht, füren, II, 32. stirbt 1677. Der Churfürst läßt eine Medaille in Frankr. auf sie prägen, ib. p. 25. weitere Nachrichten von ihr, IV, 426.

Demetrius, geb. 1582, ein Sohn des großen Czaars Ivan Basilowiz, wird von seinem regiersüchtigen Schwager Boris auf die Seite 1585 geschaft, V, 371. dieß veranlaßte sein Vormund Bogdat Bielsky, der den untüchtigen Foedor absetzen und den

IV. Realregister.

den Demetrius auf den Thron zu setzen suchte, 372. sein Spiel mit den Schneemännern beschleunigte seine Hinrichtung. Wie es damit zugegangen? ib. Boris rächet dessen Tod, um von sich die Schuld abzulehnen; wird nach Foedors Tod Czaar 1597, 373. - - nach einigen Jahren entstandener Ruf in Polen: Demetrius wäre nicht tod, sondern lebe zu Kiow beym Weywod Wiesniowiky, ib. Boris sucht durch große Versprechungen die Auslieferung des vorgegebenen Demetrius von Wiesniowiky zu erhalten, oder durch Meuchelmord ihn aus der Welt zu schaffen, ib. dadurch mehrt sich die Meinung in Polen, Demetrius müße der ächte seyn. Er findet Beystand in Polen, sonderlich des Woywods von Sandomir, der ihm seine Tochter Marina verlobet, 374. Demetrius geht mit Truppen nach Rußland, findet Beyfall; Boris aber stirbt an Gift 1605 im Apr. ib. sein Sohn Födor Basulowitz wird Czaar, aber mit samt seiner Familie von den Empörten den 1 Jul. hingerichtet, ib. Demetrius hält seinen Einzug zu Moscau den 29 Jul. unter bösen Anzeigen, ib. läßt die in weitem Exilio lebende Czaarin, seine Mutter nach Moscau kommen; erweißt ihr alle Ehre, und sie versicherte, die gewißen Wahrzeichen ihres Sohnes an ihm zu finden, 375. Demetrius macht sich durch fremde Leibwache, Nachläßigkeit in den rußischen religiösen Ceremonien, und Wollust verhaßt, ib. läßt seine Braut aus Polen kommen, und hält 1606 den 1 May Beylager, wobey sich der Vater und viele geist- und weltliche polnische Herren einfinden, ib. Iwan Zusky, der rußische Feldherr, macht des Demetrius Geburt, und der Polaken Absichten verdächtig; findet Anhang, 375. und es wird ein gefährliches Complot gemacht, welches den 17ten May ausbricht, 376. alles Volk empöret sich. Des Demetrius Liebling, Peter Boßmannow, wird ermordet. Demetrius sucht zu entspringen, wird aufgefangen, und nachdem die Czarin verneinet, daß er ihr Sohn seye, von einem Kaufmann erschossen, und sein Körper sehr mishandelt, 376. man hielt ihn in Polen gewis für den wahren Demetrius. Ihme und nicht andern Pseudodemetrius ist die Münze, p. 369. zuzuschreiben, ib.

Demetrius, ein zweyter, findet sich, der von vielen Rußen und einigen polnischen Magnaten unterstützet wird, gegen den Usurpator Zusky, XII, 332. es wird bey der Wahl nach des Zusky Ver-

Verstoßung auf ihn von einigen gestimmet, 333. wird verjagt und ermordet 334. - - noch ein Demetrius kommt zu Plescow zum Vorschein, XII, 336.

Derflinger, Georg Freyherr von, eines Schneiders Sohn, 1606 geb., III, 122. ist A. 36 schon Oberlieutenant in schwedischen Diensten; hält sich wol in Sachsen, wird bald Obrist, und trägt viel zur Conservation der, wegen Geldmangels, schwürigen schwedischen Truppen, bey, 123. negociret im Nahmen der Krone Schweden mit dem Ragotzi, 124. geht in brandenburgische Dienste 1654 als Generalmajor; hält sich tapfer im polnischen Kriege, und wird A. 58 Generallieutenant, A. 70 General-Feldmarschall, ib. negociret mit Holland; zieht mit seinem Churfürsten am Rhein wider die Franzosen; ersicht Vortheile über den Feind, kan aber den kaiserl. General Bournonville nicht zum Schlagen bewegen; wodurch Turenne sicher entwischet, 125. auf seinen Rath werden die Schweden plötzlich A. 75 überfallen, und er hat grosen Antheil am fehrbellinischen Sieg, 126. seine weitern tapfern Thaten im pommerischen Krieg, 126 f. hilft den Schweden in Preußen tapfern Einhalt thun; wird vom Churfürsten belohnt, 127. vom Kaiser zum Freyherrn gemacht, 128. ist ohne Stolz. Weiß als ein Soldat zu antworten, wenn ihm seine schlechte Herkunft vorgerücket wird, ib. stirbt A. 95 alt 89 Jahr, 128.

Dettingen, Clara von, ein adeliches Frauenzimmer, ist eine rechtmäßige Gemalin Churfürst Friedrichs des Sieghaften von der Pfalz, V, 307 und f. s. Löwenstein.

Deventer, in der Provinz Ober-Yssel gelegen, war vorhin eine Stadt des Reichs, davon man noch Kennzeichen über dem Stadtthore Brinkpoort stehet. Vom Ursprung ihres Nahmens: Ob er vor den Ansibariis, Attuariis oder Tenchterern hergekommen? XXI, 210 f. der dritte Bischof von Utrecht Gregorius läßt durch den Libuin Saec. VI, das Evangelium zu Deventer predigen, dadurch kam es unter den utrechtischen Kirchensprengel, 212. K. Zwentibold von Lothringen räumt dem Bisch. Odilbald A. 890 schon grose Vortheile zu Deventer ein, und Kaiser Heinrich III giebt dem Bischof Bernulph A. 1046, was er noch für Nutzen und Einkünfte dort hatte. Der Bischof setzt 20 Chorherren in die von ihm dem S. Libuin erbaute Stiftskirche, 212. die Stadt hat unter den Bischöfen von Utrecht viel von den Grafen

in

in Geldern auszustehen, die einen ihr beschwerlichen Rheinzoll anlegen, den Kaiſ. Friedrich II verbletet A. 1225. Dadurch wuchs der Tuchhandel, und kam die Lakenkapers Gilde zu Stande 1300; was dabey verordnet worden, 213. A. 1360 tritt die Stadt in den hanſeatiſchen Bund; leidet aber vom Herzog von Burgund großen Eintrag im Handel, ib. aus dem Stadtregimente werden, wegen Misbrauch des weſtphäliſchen Gerichts, die Vehmſchepener geſchaft, und die Zahl der Güldenmeiſter auf 8 geſetzt 1422, 213. Streitigkeiten der Stadt mit dem Biſchof David, des H. Philipps von Burgund, Sohn 1456 u. f. 214. Kaiſer Maximil. I macht Deventer nebſt Campen A. 1495 zu Reichsſtädten auf dem Reichstag zu Worms, 214. nachdem die weltliche Herrſchaft des Stifts Utrecht an Kaiſer Carl V A. 1527 gekommen, 215. ſieht ſich Deventer nebſt der Landſchaft Ober-Yſſel gezwungen, auch des Kaiſers Oberherrſchaft zu erkennen, und ihm als Erbherrn von Burgund und Holland zu huldigen, nachdem er ihnen alle ihre Freyheiten zu laſſen verſprochen; die aber nicht unangetaſtet blieben, 215. die Stadt leidet auch vieles in den niederländiſchen Unruhen, bis ſie dem Spaniſchen Joche ſich 1609 gänz-

lich entzogen, ib. dieſe Stadt hat die Muſen von Alters her geheget. Schöne Stiftungen für die ſtudierende Jugend. Es wird A. 1630 ein Gymnaſ. illuſtre angelegt, wo gelehrte Leute ſind gezogen worden, 215. 216. Deventer wird 1672 vom Churf. zu Cöln und dem Biſch. Bernhard von Münſter belagert. Der verrätheriſche Bürgermeiſter Nieuland verurſachet die Uebergabe auf der Feinde Anerbieten, daß die Stadt wieder an das römiſche Reich kommen ſollte. 4500 Mann werden dabey Kriegsgefangene, X, 32.

Diana, Marggräfin von Havre und Reichsfürſtin, IX, 201. ihre Abſtammung und Nachkommen, 204. ſie vermählte ſich mit Marggr. Carl Philippen von Havre in Hennegau, aus dem Hauße Croy, den Kaiſ. Rudolph II 1598 in Reichsfürſtenſtand erhoben; daher ſie den Titel als Reichsfürſtin auf der Münze führet, die ſie wegen ihres Antheils an Vinſtingen und daher habenden Münzrechtes, ſchlagen laſſen, 203. 205.

Diana de Poitiers, K. Heinrichs II in Frankreich Maitreße. Sie erbittet ihrem, zum Tod verdammten Vater Jean &c. Comte de St. Vallier, als er ſchon auf der Blutbühne war, durch einen Fußfall beym K. Franc. I das Leben

Leben 1524, VI, 210. sie hatte vorher schon 1514 einen Mann, den Grand Senechall der Normandie, und muß also älter gewesen seyn, als Mezeray sagt, als sich K. Franz von ihr hat blenden lassen, 210 f. sie wird Wittwe A. 31, und hatte 2 Töchter, als sich der junge Dauphin Heinrich in sie verliebt. Sie hat gewisser durch ihre anhaltende Schönheit, als durch Zauberey den Dauphin gefesselt, 211 f. wozu ihr großer Verstand kam, wodurch sie Heinrichen Zeitlebens regierte, 212. sie kehrt, als Heinrich König geworden, den Hof- und Kriegsstaat um; nimmt dem berühmten Canzler Franc. Olivier das Siegel, und entfernt ihn vom Hofe, da sie ihm seine Canzler-Würde nicht nehmen kan, 213. sie wird zur Herzogin von Valentinois gemacht, und erlangt großes Geld. Das Volk verdrießt auf sie, daß sie nebst dem Montmorancy die Guises gehoben. Epigr. darauf, 214. Schriftsteller, so sie weiß zu brennen suchen, und sonderlich ihre Blutschande, als eine Erdichtung der Hugenotten angeben wollen, 214 f. Laboureur entschuldigt sie zu noch schlechterer Ehre K. Franzens, 215. ob Diana durch Münzen, Sinnbilder und gute Werke sich wegen der übeln Nachreden habe retten können? 215. 216. sie tarf nicht beym Sterbebette des Königs erscheinen. Man fordert ihr die Juwelen und Kleinodien der Krone ab, ib. doch stirbt sie unter dem Schutz der königlichen Mutter 1566 ruhig, 216.

Diana. Ob die alten Teutschen diese Göttin verehret? V, 213.

Diepholt, eine Grafschaft in Westphalen. Nahmens Ursprung, Beschaffenheit und Merkwürdigkeiten von derselben, XIII, 51. der Ursprung der Grafen von Diepholt wird verschieden und fabelhaft angegeben. Am wahrscheinlichsten lautet es, daß sie eingebohrne Adelingen und Gau-Richter der Sachsen gewesen, 51. 52. ein Graf von Diepholt, Wilhelm, wird vom Jahr 989 aus den Turnier-Büchern hergeholet; wie Otto und Georg, 52. A. 1112 war Gottschalk ein Gr. von Diepholt Bischof zu Oßnabrück; seine Grabschr., ib. ein Graf Conrad war 1219 Bisch. zu Minden; ein Epigr. erzehlt seine Thaten, 52. dergleichen war Gr. Johann 1242. Dieser erhält ein Privilegium vom Kaiser Conrad IV, zwo Städte in seinem Stifte mit Weichbildsrecht zu bauen, 52 u. f. erkauft halb Wunstorp. Epigr. auf seinen Wahlspruch: Sursum, 53. ferner war Gr. Conrad II Bischof zu Minden, hatte ihm

Wahlspruch wegen seiner unruhigen Stiftsverwaltung, post fletum laetum. Epigr. darüber, ib. merkwürdig ist Rudolph Gr. v. Diepholt, der des verjagten K. Waldemars von Schweden Tochter Marina (Maria) zur Gemalin nahm, die Goldmünzen unters Volk bey ihrer Ankunft geworfen, daher der Ort Goldstädt seinen Nahmen bekommen, 53.55. Gr. Rudolph war B. zu Utrecht, s. Rudolph. Johann und Conrad waren im XVI Saec. Bischöfe zu Oßnabrück, 55. Gr. Otto nimmt eine Gräfin von Bronchorst zur Gemalin, daher nahmen die Grafen von Diepholt das Wappen von Bronchorst und Borkelo 1553 an, 55. unter dessen Enkel Gr. Friedrich wird die evangelische Lehre in der Grafschaft eingeführt. Patroclus Borlegon ein Franciscaner predigt sie am ersten, ib. dieser Graf trägt seine frey eigne Grafschaft A. 1521 dem H. Heinrich von Lüneburg zu Lehen auf, daher dieselbe A. 1585 den Herzogen von Braunschw. Lüneburg heimgefallen, 56. Anna Margaretha war die Tochter des letzten Gr. Friedrichs und wird 1610 die Gemalin Landgr. Philipps von Hessen zu Butzbach. Sie wurde wegen ihrer Milde gegen die Armen, die andere heilige Elisabeth genennet. Mehrere Lebens-Umstände, XIII, 50. 56.

Dietherr, Graf von Isenburg, Erzbischof von Maynz, s. Adolph II, Churf. v. Maynz.

Dietrich, Schenk und Herr zu Erpach, Churf. und Erzbischof zu Maynz. Seine ersten geistlichen Würden, VI, 386. er wird Erzbischof 1434. Wählt Kaiser Albrecht und Kaiser Friedrich mit; wird vom letztern zu Frankfurt A. 42 belehnt, und giebt seinen Willebrief zur Erneuerung und Bestätigung der österreichischen Privilegien, ib. wird als ein weltlich gesinnter Fürst beschrieben und als ein Feind der Geschäfte, weil er die Besorgung des Erzcanzler-Amts dem Erzbischof von Trier 1441 überlaßen, 387. beßeres Zeugniß von ihm, ib. er verbindet sich mit den andern Churfürsten zu Frankfurt 1438, beysammen zu halten, und Einigkeit in der Kirche zu stiften zu trachten, 388. Bestätigung A. 39 und Entschluß nach Absetzung Pabst Eugenius IV, es mit keinem zu halten. Verabfaßung der Beschwerungen der Teutschen Geistlichkeit gegen den römischen Stul A. 40 unter seiner Direction zu Maynz, ib. er nöthigt mit Beyhülfe der weltlichen Churfürsten den Pabst Eugen, die 1445 abgesetzte Erzbischöfe von Cöln und Trier zu restituistituiren und zu versprechen, den Beschwerden der Geistlichkeit abzuhelfen, 388 f. läßt sich vom P. Nicolaus V nicht einschläfern, sondern veranlaßet eine Versammlung nach Aschaffenburg A. 47, um dem zu erkennenden Pabste erst Bedingniße vorzuschreiben, 389. dennoch kommen die Concordata nationis German. A. 1448 daselbst zu Stande. Durch wessen schlaue Bemühung? 389-391. was er für Sorgfalt angewandt, und für Churvereinigungen weiter veranstaltet, den schläfrigen Kais. Friedrich III zu mehrerem Eifer in der Regierung zu bewegen, oder ihm einen röm. König an die Seite zu setzen, um den Gebrechen im Reich abzuhelfen, und das Ansehen des Churfürstlichen Collegii zu erheben, 391. er hindert, daß Paderborn sich nicht vom Erzstifte Maynz losreißt, ib. privilegirt die Burssfeldische Societaet, Benedictiner-Ordens, als Metropolitan, 392. seine Grabschrift sagt seine Sterbezeit, ib.

Dietrich von Fürstenberg, Bischof zu Paderborn 1585, ist geb. 1546. Seine Eltern, Ahnen, VIII, 330. sein ernsthaftes Ansehen und vorzügliche Eigenschaften, 330 f. seine Grabschr., 372. er starb 1618. Seine kluge Haußhaltung hilft dem verfallenen Stifte wieder auf, 334. bringt Arensberg von den Herren von Büren völlig wieder ans Hochstift 1589 und baut ein schönes Schloß, ib. stiftet eine Academie und Jesuiter-Collegium zu Paderborn, dem Mängel an gelehrten Geistlichen im Stifte abzuhelfen, 334. Inscription über das den Jesuiten übergebene Collegium academicum, 335. beflecket seinen Ruhm durch sein falsches und grausames Verfaren gegen die evangelischen Bürger zu Paderborn, sonderlich an dem hingerichteten Libor. Wichart 1604, 336.

Dietrichstein, Sigism. von, Kaiser Maximil. I liebster und geheimster Rath, wird von diesem in Freyherrn-Stand erhöben 1514, und seine Herrschaften Finkenstein und Hollenburg u. a. werden frey gemacht, auch ihm Bergwerks- und andere hohe Rechte eingestanden, IV, 90. sein Hochzeitfest mit Barbara von Rothal wird den 23. Jul. 1515 durch die Gegenwart des Kais. Maximilians, K. Sigismunds v. Polen und Uladislaus von Ungarn, und dessen Pr. Ludwig, verherrlicht. Feyerlichkeiten dabey, 91. 92. unter seinen Kindern wird Sigism. Georg der Stifter der hollenburgischen Linie, 92. Adam aber, der heutigen fürstlichen Linie des Hauses Dietrichstein, 93. er errichtet

die

die St. Christophs-Geſellſchaft zu Abſchaffung des gemeingewordenen Fluchens u. Vollſaufens 1517. Geſetze derſelben, 93 f. dieſe Geſellſchaft wird ſtark, 94. — er hilft den Bauern-Aufſtand im Steyeriſchen dämpfen. Dafür Kaiſer Max. in ſeinem letzten Willen verordnet: daß er zu ſeinen Füßen in der Georgen-Capelle zu Neuſtadt ſolte begraben, und bey den Meßen für die Erzherzoge auch für Dietrichſteins und der ſeinigen Seelen gebetet werden, 94. Grabſchrift, 95. Adam ſein Sohn hat gleiche Ehre vom Kaiſer Rudolph II genoßen. Grabſchrift deſſelben, 96. — — das Hauß Dietrichſtein hat die reichsfürſtliche Würde dem Card. und Biſch. zu Olmütz zu danken, der ſie vom Kaiſ. Ferdinand II erhalten 1622, und auf ſeine Vettern vererbt, XI B. 6. Fürſten aus dieſem Hauſſe, ib.

Dilherr, Johann Michael, berümter nürnbergiſcher Theologe, wird zu Themar, 1604 geboren, VII, 220. empfängt von ſeiner Mutter den Segen, 220. geräth zu Schleuſingen in die Hände eines grauſamen Orbils, ib. der Conrector aber tröſtet ihn, ib. er ſtudiert in Leipzig, wo er ſich Anfangs kümmerlich fortbringen muß, 220 f. in Wittenberg, Altdorf und Jena, 221. wird am letzten Orte Prof. eloquentiae, hiſtoriarum und theol. extraordinarius nacheinander, 221. predigt zuweilen, ib. ſchlägt anſehnliche Vocationes und den gradum Doctoris Theologiae aus, ib. bekommt, da er eben nach Italien reiſen wolte, bey ſeiner Durchreiſe durch Nürnberg daſelbſt einen Beruf als Prof. Theol. philoſophiae et ling. orient. und director gymnaſii, auch Inſpector aller Schulen und Stipendiaten allda, 221 f. wird 1646 vorderſter Prediger zu St. Sebald und Bibliothecarius in Nürnberg, 222. ſchlägt abermal anſehnliche vocationes aus, ib. ſeine Verheyrathung, ib. ſtirbt 1663, 223. ſein Lob und viele Schriften, ib. Anrede auf der Bibliothek zu Nürnberg an den Kaiſer Leopold in lateiniſchen Verſen, ib. Ueberſchrift über ſeiner Stubenthüre, 223 f. ſein Sinnbild und Denkſpruch, 224. er vertheidigt das Univerſitätsſtädtlein Remda tapfer, 224.

Dilherriſches Geſchlecht, VII, 218.

Diogenis Cynici Fuß, IV, 150. Heumann läugnet, daß er ſich eines Faßes zur Wohnung bedienet, 150 f. Einwendungen gegen ſeine Gründe, und Beweisgründe des Gegentheils, 150-152.

Diplomata der carolingiſchen Könige und Kaiſer will man nicht für ächt acht halten, wann darinnen der Nahme Carl nicht mit einem C geschrieben ist, V, 294 f.

Dobrilug, ein Kloster in der Lausitz, erbauet Marggr. Dietrich 1184, X, 407.

Doctorstitel wird von einigen so gar hoch gehalten, daß sie ihn dem Ritterstitel vorgesetzet haben, XXI, 18. beobachteter Unterschied darinnen, ib. Doctorswürde, wird von Siegm. Freyherrn von Herberstein, der baccalaureus artium gewesen, sehr hoch geachtet, 19. des mit dem Adel verknüpften Ritter- und Doctorstandes Ehrenzeichen, ib. dem Sebast. von Hirnheim, D. und kaiserl. Cammergerichtsbeysitzer, wird sein roth scharlachenes Doctorhütlein mit ins Grab gegeben, und nach einiger Zeit unversehrt gefunden, ib.

Doesburg war 1672 bey dem französischen Angriff wol versehen; ergiebt sich aber doch nach schlechter Vertheidigung wegen innerlicher Uneinigkeiten am 21 Jun. an den K. von Frankreich. Die Garnison von 3500 Mann wird gefangen, X, 31. Scherz der Franzosen über ihren geringen Verlust, einer Schwalbe, Ratte und Würmleins, ib.

Doge, oder Herzog von Venedig, ist der Republik angenehmer, wenn er unvermählt ist, und werden gerne alte, unvermählte Herren gewählet, XVIII, 135. Indessen sind doch verschiedene Gemalinnen derselben mit großen Feyerlichkeiten gekrönet worden. Das letzte Beyspiel davon ist von 1694, 133 f.

Dohna, Fabian Burggraf von, führt 25000 Mann evangelischer Hülfstruppen aus Teutschland nach Frankreich, für Heinrichen K. v. Navarra, II, 134.

Dohna, Abraham Landgr. geb. 1561, VI, 346. seine Verdienste, Würden und Geschicklichkeit, ib. 347. er wird Landvogt in der Oberlausitz, und bringt diese Würde auf seinen Sohn Carl Hannibal, 348. erkauft die Herrschaft Wartenberg 1592, 346. kriegt darüber ein Privil. vom Kais. Rudolph, 348. und errichtet ein fidei Commiss, und primogenitur-Verordnung A. 1600 unter kaiserl. Bestätigung, 349 f. weitere Erklärung dieser Verordnung, 350 f. macht in seinem Testamente wieder einige Abänderung, und sorgt auch für die weiblichen Erben, 351. mag sich der A. 1600 erhaltenen fürstlichen Würde nicht bedienen. Führt das Maiorat auch ein, und stirbt 1613. er war Ritter des goldnen Vließes, 352. seine Nachkommen gehen mit seinem Enkel Carl Emanuel ab 1711, und es wird der von der preußischen Linie abstammende königl. preußi‑
sche

sche General-Feldmarschall Alexander Burggr. von Dohna zur Succession im Fideicommiß berufen, und kommt nach glücklichem Proceß zum Besitz der Herrschaft Wartenberg, 352.
Dombes, eine kleine Landschaft in Frankreich. Deren Lage, Eintheilung, Revenuen und Don gratuits an den König, XIV, 34. es hat dieses Ländgen die Souverainete; hatte schon zu Zeiten Kaif. Conrads II, als das burgundische Reich an Teutschland kam, als wozu es gehörte, eigne Herren an denen von Villars, ib. kommt an Herzog Ludwig von Bourbon 1400. Bleibt beym Hauße Bourbon, bis es Louise von Savoyen dem Connetable Carl von Bourbon auf eine ungerechte Weise abdringt, und K. Franz I Dombes und Beaujeu der Krone einverleibt, 34 f. kommt wieder an das Hauß Bourbon Montpensier 1561 mit aller Souveraineté, 35. diese hat ihren Ursprung von den Gnadenertheilungen der teutschen Kaiser. Die Könige konnten diesem kleinen Lande, ohne Gefahr, dieses Vorrecht lassen, ib. hiervon rührte das Münzrecht der Herzoge von Bourbon, 35.
Domherren, evangelische, in catholischen Hoch- und Erzstiftern: Wolf Ernst Graf von Ysenburg zu Straßburg, und Ludwig von Ysenburg zu Mayntz und Cölln, VII, 168.
Dominicus ein berühmter Mahler und Medailleur Saec. XVI zu Venedig, I, 176. 169.
Donellus, Hugo, berümter Jureconsultus, VII, 385 f. wird 1527 von vornemen Eltern zu Chalons an der Saone geboren, 386. ein mürrischer Präceptor benimmt ihm alle Lust zum studieren, ib. sein Vatter stellt sich, als wolte er ihn einem Sautreiber übergeben, und macht ihm dadurch wieder Lust zum Studieren, 386 f. er studiert zu Toulouse und Bourges, 387. wird am letzten Orte Doctor und Professor, ib. der Cantzler l'Hôpital ist ihm sehr gewogen, ib. gibt ihm aber auch eine sehr gute Lection, 388. Donellus ist Cuiacio seinem Collegen abhold, ib. Giphanii übels Urtheil von Donello, 389. er entweicht kümmerlich dem sanct bartholomäischen Blutbade, ib. gehet nach Heidelberg, ib. nach dem Tode des Churfürsten hat er allerley Unruhe und Verfolgung, 350. folgt dem Ruffe nach Leyden, wo er sich aber ohne Noth in die leicestrische Staatsunruhe gemischt, und 1587 zum Lande hinaus gewiesen worden, 390. man nimmt ihn auf der neuen Academie Altdorf mit Freuden auf, wo er in großen Ehren und Ansehen die röm. Rech-

te lehrt, und die Comm. iuris ciuil. zu schreiben anfängt, und 1591 stirbt, 391. die Herren Curatores der Univerſität laſſen ihm ein ſchönes aus Metall gegoſſenes Grabmal in der Kirche ſetzen, 391. ſeine Verheurathung, 392. wo von ſeinen Schriften Nachricht anzutreffen, ib. er tritt von der catholiſchen Religion zu der reformirten, ib.

Doria, Andreas, der berühmte Kaiſerl. Admiral, iſt geb. 1468. Ort und Eltern, III, 250. ſeine frühe Neigung zum Seeweſen. Geht in Krieg und dient K. Alfonſen in Neapel, ib. thut eine Wallfarth nach Jeruſalem, ib. zeigt ſeine Tapferkeit im Schloße Rocca di Guñelmo; macht ſich beym P. Julius II verhaßt, und geht nach Genua, 251. dämpft die Corſen; wird Capitain über die Galeeren der Stadt; tritt bey den Verwirrungen in Genua in franzöſiſche Dienſte mit 6 eignen Galeeren; diſtinguiret ſich durch Zerſtreuung einer kaiſerlichen Flotte bey Nizza, 252. fängt den Prinz Philipp von Oranien; entſetzt Varragio, verſieht Marſeille, und will den gefangenen K. Franz auf der See befreyen, ib. wird päbſtlicher Admiral 1526 mit 35000 Ducaten Gehalt, ib. P. Clemens überläßt ihn dem K. von Frankreich. Doria macht ihm Genua unterwürfig; wird Admiral und Ritter vom Michaels-Orden, 253. lauft mit 36 Galeeren aus, kan aber nichts vornehmen; geht nach Genua. Seine Galeeren unterm Phil. Doria erhalten einen Sieg; erlegen und fangen einige kaiſerliche Generals, 253 f. Urſachen, warum Doria zum Kaiſer überzutretten ſich entſchloſſen, 254. der König will ſich ſeiner Perſon verſichern; er entwiſcht, ſchickt den Orden zurück und kommt mit 12 Galeeren nach Gaëta, und braucht ſich, ib. K. Franzens Verdruß über dieſes Mannes Verluſt, ib. Doria erobert A. 1528 Genua ohne Verluſt; nimmt aber vom Kaiſer die Würde eines Herzogs von Genua nicht an; läßt die Republik in ihrer Freyheit; richtet deren gemeines Weſen ein, wie es noch iſt; wird dafür als Vater und Befreyer des Vaterlands vom neuen Rath hochgeehrt, 254 f. was er im Dienſte des Kaiſers gethan vom Jahr 1529 bis auf den Frieden zu Creſpy, 255. Lud. Fliſco und Jul. Cibo ſuchen ihn vergeblich A. 1549 hinzurichten, ib. er verwehrt, daß Spanien kein Citadell zu Genua angelegt; jagt A. 54 die Franzoſen aus Corſica und unterwirft es der Republik wieder, 56. überläßt ſeinem Vetter Joh. Andr. Doria das See-

Seecommando, ſtirbt 1569, nachdem er ſich überlebt, 256. ſein vorzüglicher Charakter, ib. wird der Rachbegierde und heimlichen Verſtändniſſes mit dem Barbaroſſa beſchuldigt, ib.

Dorſch, Chriſtoph, ein großer Künſtler im Steinſchneiden, XVII, 66. Gottfr. Thomaſii epigramma auf ihn, ib. Nachricht von ſeinen Kunſtwerken, ib. ein Antiquitätenhändler verkauft eine Menge ſeiner vortreflich geſchnittenen Steine für warhaftige Altertümer, 70. deſſen geſchickte Tochter, ſiehe Pretolerin.

Dortmund. Der Nahme dieſer Stadt iſt nach manchen Veränderungen aus der Villa Trutmanni, woſelbſt Kaiſer Carl der Gr. A. 789 einen Mallum publicum angeordnet hat, entſtanden, XIX B. 2.

Drake, Franz, der große engliſche Seeheld zu Zeiten der Königin Eliſabeth, geht den ſpaniſchen Etabliſſements in America A. 1585 und 86 zu Leibe, XIII, 357. 358.

Dreyfaltigkeit, ſiehe GOtt.

Duglas, Archambald, Graf von Argus, heyratet K. Jacobs IV in Schottland Wittwe Margaretha 1514, XXI, 36 f. wird ihr verhaßt, daß ſie auf die Eheſcheidung dringt, und ihn A. 21 nach Frankreich jaget, 38.

Dumbshirn, (Thomshirn) Wilhelm, ein ſächſiſcher tapfrer Obriſter, hilft H. Wilhelm von Jüſich, Cleve und Bergen den Sieg bey Sittard den 24 Merz 1543 erfechten, XIX, 426. A 47 den 24 May ſchlägt er mit Beyhülfe des Gr. Albrechts von Mansfeld, den H. Erich den jüngern von Braunſchweig Lüneburg bey Drackenburg, XIX, 252 f. Victor. Strigelii Grabſchrift auf dieſen Helden, 256.

Dürer, Albrecht, ein hochberümter Künſtler in Nürnberg, XXI, 303. deſſen Bild ſtehet mit der Pfalzgräfin Suſanna ihrem auf einer Schaumünze, ib. Doppelmair irret, wenn er meldet, daß Dürer auch eine große Geſchicklichkeit im Eiſenſchneiden gezeigt habe, ib. ſeine Schauſtücke ſind nur nach der von ihm gemachten Poſierung der Bilder abgeformte und gegoßene Goldſchmidsarbeit, ib. er hat dieſe Kunſt von ſeinem Vater, der ein Goldſchmid war, erlernet, ib. er trug ſonſt ſehr lange Haare, ib. Adami Abbildung ſeiner Leibsgeſtalt, 304. hat ſeine Lebensjahre nicht völlig auf 57 Jahre gebracht, ib. daran war ſein unholdes und geldgeitziges Eheweib Schuld, ib. er hat ſie doch gar ſchön neben ſich abgemahlt, ib. ſie hätte verdient, als eine Harpye abgemählt zu werden, ib. Wilibald

libald Pirkheimers Klage, über seinen frühzeitigen Tod, ib. Eob. Hessi Elegie auf ihn, 304.

Dux, hieß in den mittlern Zeiten ein Landvogt, der von seinem Könige oder Oberherrn über ein ganzes Land zur Obsicht und Regierung gesetzet war, XII, 148. dergleichen es in Italien verschiedene gegeben, ib.

E.

Ebner, Hier. Wilh. v. Eschenbach, wirklicher kaiserl. Rath, Verwarer der kaiserl. Crone und Reichskleinodien, und anderer Losung rc. in Nürnberg, XXII, 97 f. Joh. Paul Röders wohlgeschriebene memoria Ebneriana, 99. sein Sinnbild zeygt von seiner edlen, richtigen und standhaften Gesinnung, ib. sein Leichentext, ib. unter seine mütterlichen Ahnen werden Wilh. Pirkheimer und Hier. Paumgärtner gezehlt, 101. seine Eltern, Geburt, Erziehung und Studieren, ib. seine wohl vollbrachten Reisen, ib. seine stuffenweise erlangte Ehrenämter, 101 f. er hat diese obrigkeitlichen Aemter über 50 Jahre löblich verwaltet, ib. liesse sich das nosse rempublicam vor allem angelegen seyn, um die Rechte und Vorzüge der Republik zu bestärken, ib. aus welcher Absicht er zu manchen öffentlichen Schriften dieser Art großen Vorschub gethan, ib. hilft den unbefugten Anspruch auf die Verwarung der Reichsinsignien aufs gründlichste widerlegen, ib. läßt selbst eine Schrift de globo imperiali ans Licht treten, und hinterläßet einen noch vollständigern Aufsatz davon, ib. befördert recht zunehmend das Wohlseyn des gemeinen Stadt- und und besonders des Kirchen- und Schulwesens, ib. sonderlich durch Kirchen- und Schulvisitationen und scharfe Prüfung der Candidaten, 103. andere löbliche Veranstaltungen, ib. der blühende Wohlstand der Universität Altdorf liegt ihm gar sehr am Herzen, ib. er widmet seine zahlreiche Bibliotheck zum öfentlichen Gebrauche der Gelehrten, ib. seine weise und glückliche Besorgung der Stadtgeschäfte, als Abgeordneter der Republik, ib. wird bey der kaiserl. Crönung zu Frankfurt 1742 zum Reichsritter geschlagen, ib. seine dreymalige Vermählung und Kinder, ib. er opfert seine Leibs- und Gemütskräfte bey den Regimentsgeschäften auf, und stirbt 1752, 103 f. seine grosmütige Gelassenheit gegen Neid und Misgunst, 104. er wird mit Wilh. Pirkheimern verglichen, ib.

Ebnerische Familie in Nürnberg, hat

hat von uralter Zeit unter den adelichen und rathsfähigen Geschlechtern daselbst geblühet, XXII, 100. Bigenot Ebner und dessen Sohn und Enkel werden im Jahr 1200 als Milites angeführt, 101. vom Eberhard, Friederich, Albrecht, Hieronymus und Erasmus Ebner, ib. Albrecht war beym Kaiser Ruprecht in besondern Gnaden, der ihn nebst dem Schenken von Limpurg in seinem Nahmen A. 1401 auf eine Zusammenkunft wegen des Münzwesens nach Mayntz geschicket, VII, 198.

Ebrach, ein Cistercienser Kloster auf dem Steigerwald in Franken, hat 2 Brüder Berno und Richwin Grafen von Ebraw, und ihre Schwester Berthild 1126 zu Stiftern, VIII, 99. B. Adamus, aus dem Kloster Morimund, kommt nebst 12 Brüdern dahin: sie legen ihren Sitz vom Bergschloße in ein Thal, bauen daselbst ein Kloster, so Embrico Bisch. von Würzburg 1134 eingeweyhet, 100. Berno geht selbst ins Kloster, ib. Ebrach wird eine fruchtbare Mutter von verschiedenen Klöstern, ib. Kais. Conrad III dotiret es am reichlichsten, 100. ist durch viele Privilegien von aller geist- und weltlichen Jurisdiktion eximiret, und dem Kaiser und Pabst unmittelbar untergeben, daher die Präminenz des Abts in Fran-

ken kommt, 100. Stiftskirche, ib. die Bischöfe von Würzburg ließen aus Hochachtung für dieses Stift ihre Herzen dahin begraben, 101. Bischof Siegfried hat A. 1150 den Anfang gemacht, ib. wie es damit weiter gehalten ist worden, und wo die Behältniße der Herzen und die Monumenten in der neuen Stiftskirche zu sehen, 102. diese Gewohnheit hat A. 1617 aufgehört, 102 f. viele große Herren sind daselbst begraben, 104. das Sprichwort: Es liege der Teufel und seine Mutter zu Ebrach begraben, erkläret, 104. Nachricht vom 23sten Abt Hieronymus Hölein, einem sehr vorzüglichen Mann, der von A. 1591 bis 1615 dem Stifte vorgestanden. Aufschrift auf sein Grabmahl, VIII, 98 f.

Edam, eine Stadt in Westfriesland, I, 388. 390.

Edelgesteine, s. Steinschneiderkunst.

Edgar Etheling, König Edmunds Ironside Enkel, rechtmäßiger Erbe der Krone von England, wird vom Wilhelm dem Eroberer verdrängt, XI, 362. entflieht nach Schottland, bekommt Hülfe vom K. Malcolm und den Dänen, muß sich aber doch demselben A. 1074 unterwerfen, 365. 366. genießt ein Jahrgeld ruhig, und erläßt auch dieses dem König für ein schönes Pferd; unternimmt A. 85 einen Creutzzug, 367.

Edgar, K. in England bestätigt den Peters-Groschen, I, 18.

Edict von Nantes wird gegeben, verletzt und aufgehoben, VII, 256 f.

Edmund K. von England folgt seinem Vater Ethelred auf dem Throne; kämpft mit K. Canut darum; besiegt ihn zweymal, I, 43. wird im dritten Treffen durch Edrichs Verräterey geschlagen; läßt sich auf der Insel Alney mit K. Canut in Zweykampf ein; aber auch bald überreden, das Reich mit seinem Gegner zu theilen: wird ermordet, 44 f.

Eduard, Confessor, K. in England, bestätiget den Peter-Groschen, I, 18.

Eduard III König von England, nimmt sich Balliols in Schottland an; der ihm als K. von Schottland huldiget. Belagert Barwich die Gränzvestung, I, 68. schlägt die Schotten, verjagt den K. David, und läßt Schottland in seinem und Balliols Nahmen regieren, 69. verliert Schottland wieder 1342, 70. die Engländer fangen den K. David bey Durham 1345. Eduard läßt ihn gegen eine schwere Ranzion los; hofft von diesem freygelassenen König Schottland zu erben; wowider sich aber die Schotten setzen, 71. 72. er nimmt 1339 den Titel und Wappen eines Königs von Frankreich an, VI, 323. welches auf Antrieb des flandrischen Hauptrebellen, eines Bierbrauers zu Gent, Jacobs Artavella, geschieht, ib. in dem 1360 zu Bretigny geschloßenen Frieden entsagt er zwar seinem Rechte und Titel auf Frankreich, braucht ihn aber 1369 aufs neue, dabey auch seine Nachfolger bleiben, welche die Könige von Frankreich gar nicht einmal Könige nennen wollten, ib.

Eduard Balliol, K. in Schottland, K. Johanns Sohn, siegt und wird gekrönet, I, 67. vom K. Eduard in England unterstützt gegen den K. David, und huldigt demselben, 68. kan sich nicht behaupten, 69 f.

Eduard Prinz von Wallis, der Schwarze, ein Sohn König Eduards III und Philippä Gräfin von Hennegau, geb. 1330, VII, 27. wird Graf von Chester A. 37; Herzog von Cornwall, A. 43; Prinz von Wallis mit Uebergebung einer Kron und Ringes, ib. er hat sich jederzeit: Primogenitus Regis Angliae, genennet, 420. er ersicht als ein Prinz von 16 Jahren den herrlichen Sieg bey Crecy über den K. Philipp von Frankreich, wobey K. Johann von Böhmen geblieben, A. 46, 27 f. seines Vaters

ters Bezeigen dabey, 28. schlägt A. 56 mit 12000 Mann den 60000 starken K. Johann von Frankreich bey Poitiers, fängt den König selbst samt seinem 4ten S. Philipp. Unter vielen Großen blieb der Herzog von Bourbon und über 6000 Franzosen auf dem Platze, 29. des Prinzen grosmütiges und höfliches Bezeigen gegen den gefangenen König. Er bringt ihn nach London, wo der K. prächtigst einreutet, und der siegreiche Prinz, ihm auf einem schlechten Pferde, als ein Ueberwundener nachfolgt, 30. er schließt den Frieden zu Bretigny, ib. der Vater belohnt ihn mit dem Herzogtum Guienne 1362, und nennt ihn Fürsten von Aquitanien, ib. residiret zu Bourdeaux. Er schlägt den Graf Heinrich von Transtamara, und setzt K. Peter den Grausamen wieder auf den castilianischen Thron A. 66, 30. conf. VI, 55. wird schlecht belohnt, ib. dankt Truppen ab, die Frankr. belästigen; will des K. Carls V Klagen darüber abhelfen; belegt die Unterthanen mit dem Schorstein-Geld, und macht die gasconischen Edelleute schwürig, 31. die Klagen beym K. Carl; der fordert Eduarden, als ob er sein Vasall wäre, zur Rechenschaft, 31. Eduard verspricht mit 60000 Mann zu erscheinen. Der Krieg bricht A. 69 wieder aus, der England fatal wird, ib. der Prinz kam schon kränklich aus Spanien, bekam die Wassersucht, gieng nach England, wo er A. 76 den 8 Jul. starb. Sein allgemeines Lob und Vorzüge, 31. Ursprung des Beynahmens, Schwarze, ib. seine Gemalin war Johanna Gräfin von Kent, ib. falsches Vorgeben, daß sie Johanna von Salisbury gewesen, der zu Ehren der Orden des blauen Hosenbands gestiftet ist worden, 32. seine Kinder, ib.

Eduardus Fortunatus, ein Muster eines bösen Fürsten, Marggraf zu Baden Baaden, geb. 1575, ein Sohn Marggr. Christophs III zu Rodemacher, und der Cäcilia, der Tochter K. Gustavs I, VIII, 314. erbt A. 88 vom Marggr. Philipp den obern Theil der Marggraffschaft Baaden; überkommt aber auch viele Schulden, die er nicht zu mindern, sondern zu mehren, arbeitet, 315. er übt, um Geld zu bekommen, in eigner Person Strasenraub aufs schändlichste aus, 315 f. läßt durch den Franc. Muscatello von Schio falsches Geld münzen, 316. stellt dem Marggr. Ernst Friedr. von Durlach, der ihn von seinem bösen Verfaren abmahnte, mehr als einmal, und so gar durch Zauberey, nach dem Leben, 316 f. die

Feindschaft vermehrte, daß Marggr. Ernst Fr. den obern Theil der Marggrafschaft Baaden A. 94 eingenommen, um dessen Veräußerung zu verhindern; sich auch deswegen beym Kaiser entschuldigte, 317 f. Eduard entweicht darüber in die Niederlande, vermält sich mit der Freyin Maria von Riviere, und bricht zu Brüßel den Hals die Treppe herunter, da er einem Mädgen aus Geilheit nacheilt, 318. Baaden Durlach will dessen Söhne Wilhelm und Hermann Fortunat nicht für Lehenfähig erkennen, verliert aber durch den Spruch Kais. Ferdinands II, 1621, ib. Restitution der Söhne, und endlich vom Kaiser zu Wien veranstalteter und getroffener Vergleich daselbst A. 1627 und zu Ettlingen A. 29, zwischen Wilhelm v. B. u. Friedrich V von Durlach, 318=320. conf. XVI, 119 = 123. nichtsdestoweniger wird dieser Handel beym westphälischen Friedensgeschäfte stark betrieben. Marggr. Friedrich von Durlach beschwehrt sich über den Kaiserlichen Spruch, und in den Kriegstrublen ihm abgenötigten Vergleich. Was in dieser Sache Art. IV §. 26 im Friedensinstrument zu Stande gekommen, 123 f. womit Friedrich durch Schwedens Zureden sich zufrieden stellt; ib.

Edwig, König in England, K. Edmunds I und der heil. Elgiva Sohn geb. 941, wird A. 48 als unmündig übergangen, und nach K. Edreds, seines Vaters Bruders Tod A. 55 erst auf den Thron gesetzt, VIII, 194. fordert den Abt zu Glaston, Dunstan, gewesenen Minister des K. Edreds zur Rechenschaft, wegen der versplitterten Schätze; der sich dießfalls zu verantworten weiß, 195. die Mönche waren damals durch die dänischen Verheerungen in großer Noth und Dürftigkeit, 195. Dunstan sucht ihnen wieder aufzuhelfen, und solche Pfründen zuzuwenden, die der Clerus secularis gehabt. Dieser wird nach K. Edreds Tod rege, und fordert beym K. seine Pfründen wieder, darüber das Kloster Malmesbery zu Schaden kam, welches den K. und seine Räthe verketzerte, ib. die Mönche werden darüber verjagt, und das Kloster mit Weltgeistlichen besetzt; Dunstan aber wird als Anstifter der Lästerungen aus dem Reiche verbannt, 196. die geschwächten Mönche werden des Königs gefährliche Feinde, werfen dessen Bruder Edgar zum Oberhaupt auf, und Edwig sieht sich gezwungen, das Reich seinem Bruder bis auf Wessex zu überlassen, ib. wurden also A. 950 2 Königreiche in England, das

von

von Weſtſer und Mercien, 196. er ſtirbt bald darauf, ib. grauſame Läſterungen der Mönche gegen dieſen König. Seine Ehrenrettung, 197 f.

d'Effiat et de Longjumeau, Marquis Antoine Ruzé, Ober-Aufſeher der Finanzen in Frankreich, eine Creatur des Carb. Richel. war eines Ritters in Touraine, Gilbert Coeffier, Herren von Effiat Sohn. Seine Mutter Charlotté Gauttier war Erbin von Vignes und Mesnil Molé, XXI, 315 f. ſeiner Großmutter Bruder Martin Ruzé Herr von Beaulieu, Schatzmeiſter der königl. Orden ꝛc. ſetzt ihn A. 1603 zum Erben aller ſeiner Güter, ſonderlich der caſtellaniſchen von Chaitty und Longjumeau ein, unter der Bedingniß, Nahmen und Wappen v. Ruzé u. Longjumeau zu führen, 316. er wird erſtlich Vorſteher aller Bergwerke und Erzgruben, 1614, dann königl. Stallmeiſter. Der Carb. Richelieu erkennt ſeine Geſchicklichkeit, ſchickt ihn als Geſandten nach England zur Vermälung des Pr. Carls von Wallis mit der K. Schweſter Henriette. Bekommt A. 1625 den heil. Geiſt Orden, 316. wie er bey dieſer Gelegenheit, da er eine Ahnen-Probe zu leiſten hatte, ſein Geſchlecht von Wilhelm Coeffier von 1387 her abgeleitet, 317. bald nach ſeiner Zurückkunft trägt ihm Richel. die Oberaufſicht über die Reichseinkünfte auf, wozu er deſſen vorzüglichen Charakter, Arbeitſamkeit, Sorgfalt, Sparſamkeit, und Uneigennützigkeit für ſehr geſchickt hält. Er declarirt ſich, nach den Grundſätzen K. Heinrichs, die verfallenen und verſplitterten Finanzen wieder herzuſtellen, und ſonderlich die übertriebenen Gnadengelder einzuziehen, 318. 319. A. 1630 als der Herzog von Montmerency das Commando in Piemont bekam, ward ihm d'Effiat unter gutem Vorwand, aber ſchlimmen Abſichten, zugegeben, 319. der Herzog von Montmorency attaquiret wider d'Effiats Willen mit 9000 M. die noch ſo ſtarke ſavoyiſche Armee bey Avillano, und es ward ſonderlich durch des Effiats Tapferkeit der Sieg erfochten, davon man aber dem Montmorenci den Ruhm allein zuſchrieb, welches auch nachher bey dem erfochtenen Sieg bey Carignano geſchieht, darüber Effiat ſehr jaloux wird, ſonderlich da Montmorenci Marſchall wurde, 319. er geht darüber vom Hof auf ſein Luſthaus, wird aber A. 1631 durch die Marſchallswürde u. Gouverneurs-Stelle in Anjou wieder gut gemacht, ib. doch dem Montmorenci bleibt er feind, und bracht ihn um 100000 Livres,

vres, die er in seinem Gouvernement in Languedoc als ein Don gratuit sonst zu genießen hatte. Worüber Montmorenci sich sonderlich empört, und den Kopf verliert. Dieses erlebt d'Effiat nicht gar, sondern stirbt den 30 Oct. 1632, da er mit 24000 Mann dem Churfürsten von Trier zu Hülfe zieht, 320. was Richelieu zu seinem Tod sagte, ib. seine Gemalin und Kinder, darunter der berühmte Marq. de Cinqmars, K. Ludwigs XIII Liebling, der 2te Sohn war, der dem Card. Richelieu nach dem Leben gestanden, aber den Kopf darüber 1642 eingebüßet hat, 320.

Eger, liegt eigentlich auf teutschem Grund und Boden; gehörte vor Alters zur Marggrafschaft Vohburg, kommt an Kais. Friedrich I, und fällt nach Abgang der Hohenstaufer ans Reich. Was zu der Stadt gehöret, XV, 410 f. Kais. Rudolph überläßt sie K. Wenzeln 1285; welches nicht zur Erfüllung gekommen seyn muß, weil die Kaiser Adolph, Albrecht und Ludwig, weiter Eger an Böhmen versetzet, 411 f. die Stadt hat nach diesen Verpfändungen noch etliche Reichstage beschickt, und ist in der Reichsmatrikul geblieben, 413. sie ist von den böhmischen Landrechten frey, und es wird bey ihr und ihren Sachen nach kaiserl. und teutschen oder Stadtrechten gesprochen, ib. Clausul bey ihrer Huldigung, ib. vom Kaiser haben Bürger und Rath noch das Prädicat: Unsere und des Reichs liebe getreue, ib. sie contribuirt gegen königl. Reversalien, 414. und hat noch viele Vorrechte, ib. 1564 hat die evangelische Lehre sich dorten ausgebreitet. 1624 war nur ein Burgermeister und 10 Bürger catholisch. Die Evangelischen hatten sich das Jus Patronatus von der Niclas-Kirche erhandelt, 414. ob die Stadt gleich keinen Antheil an den böhmischen Unruhen hatte, so ward ihr doch A. 27 die Niclas-Kirche genommen, und den Jesuiten gegeben, und 500, die nicht catholisch werden wollten, wurden ausgeschaffet, 414. die Schweden suchten zu Osnabrück die Restitution in sacris et politicis für diese Stadt; dergleichen regten sich die evangelischen Stände, und ward die Sache noch A. 49 beym Executions-Convent betrieben, 415. der Schweden und kaiserlichen Disputation darüber, 415 f. das Ende war: daß Eger unter den kaiserlichen Erblanden begriffen blieb, und die Würkung des Friedens nicht, gleich andern Reichsständen, genießen, 416. dieser Stadt Bedrängnisse im österreichischen Successions-Krieg 1742 x. 409 f.

Eg-

Eggenberg, Johann Ulrich Freyherr von, erster Fürst dieses Nahmens, Ungewisheit, wer seine Eltern gewesen, X. 74. er geht anfangs in spanische Kriegsdienste, darin findet er sein Glück bey Erzh. Ferdinand zu Grätz in Civildiensten vollkommen, 75. begleitet hernach Ferdinanden, als K. von Ungarn und Böhmen zur Kaiserwahl A. 1619. Wird Ritter des goldnen Vließes und des geheimen Raths-Director, geht als Bevollmächtigter A. 22 nach Mantua, die Vermählung des Kaisers mit Eleonora Prinzeßin von Mantua zu schließen, ib. er besorgt alle Reichs- österreichische, und auswärtige Staats-Angelegenheiten, und wird vom Kaiser oft vor dem Bette consuliret, ib. sein trefflicher Character, 75. der Kaiser belohnt ihn mit den Herrschaften in Böhmen, Crumau und Crumlau mit angehäniger herzoglicher Würde, 76. macht ihn A. 23 zum Reichsfürsten, und giebt ihm verschiedne Oberst-Erb- ämter in seinen Staaten, ib. Wallensteins, als seines so grossen Freundes, Ungnade, bewegt ihn sich dem Hofe zu entziehen, und er stirbt bald nach, zu Grain 1634 zu Laibach, ib. hinterläßt einen Sohn, Fürst Johann Anton und 3 Töchter, 76. Gespräch im Reich der Todten zwi-

schen ihm und dem Wallenstein, 77. u. f.

Egkh, Leonh. von, herzogl. bayerischer Rath, XV. 233 f. stammt aus einem adelichen Geschlechte in Bayern her, 234. seine Geburt und Unterweisung, ib. er studiert in Ingolstadt, wird Magister, und legt sich auf die Rechtsgelehrsamkeit, ib. sollte schon in der Jugend wichtige Aemter annehmen, ib. studiert noch 10 Jahre in Siena, und wird daselbst beider Rechten Doctor, 235. wird Rath bey Marggr. Georg von Brandenburg, ib. und herzoglich bayerischer Rath, ib. wie es damals in Bayern ausgesehen, 235 f. er setzt sich bey H. Wilhelm in grossem Vertrauen und Ansehen, 236. seine Hauptsorge war, die römisch-catholische Religion in Bayern aufrecht zu erhalten, 236. hilft den Evangelischen durch den höchstnachtheiligen Reichsschluß v. 1529 einen gefährlichen Streich versetzen, ib. ist ein zweyfarber Ulysses in den damaligen Religions-Irrungen, ib. führt sich wegen der röm. Königswahl Ferdinands recht zweyzüngig auf, 237. sucht den Protestanten bey aller Gelegenheit den Kaiser recht schwarz zu machen, 237 f. doch mißbilligt er am meisten, was der Kaiser und K. Ferdinand, die Protestanten zu begütigen,

tigen, thaten, 238. stellet sich wieder gegen die Protestanten treuherzig an, 239. setzet sich aber in Mistrauen, ib. verlangt für Kaiser Ludwigs IV Nachkommen die Churwürde, 240. wird im ganzen Reich für das grbste Staatsorakel gehalten, ib. Verheyrathungen, und Kinder, ib. stirbt 1550, nachdem er auf dem Todbette einen grossen Eifer für die catholische Religion erwiesen, ib.

Egidien=Kloster bey Braunschweig stiftet die Marggräfin Gertrud von Sachsen A. 1115, dahin sie die zu Trier entwendete Gebeine des heil. Autors gebracht 1113, X, 13 f.

Eginhard, Kaiser Carls des Gr. geheimer Secretarius. Ob er dessen Tochtermann und Stamm-Vater der Grafen von Erpach gewesen? VII, 63 f. Eginhards Stilleschweigen von einigen factis Caroli M., ist kein Beweiß, daß selbige nicht geschehen, wenn andere glaubwürdige Zeugen davon vorhanden sind, XI, 333.

Egmond, Graf von, wird enthauptet, IV, 159 f.

Ehestand. Aeneas Sylvius preißt ihn bey Gelegenheit der Vermählung Kais. Friedrichs mit Aleonora von Portugal, I, 94. ist zur Erhaltung des menschlichen Geschlechts nothwendig, und auch unter den wildesten Völkern gewöhnlich, XII, 82. wird an den Geistlichen zu Strasburg gemisbilliget, und für grössere Sünde an denselben geachtet, als die Hurerey, 76. 77.

Ehescheidung, ob selbige im neuen Testamente erlaubt? XII, 87 f.

Ehrenberg, eine alte fränkische ritterliche Familie, aus welcher Gerhard sehr iung A. 1337 zum Bischof von Speyer erwählt ist worden, hat das Dorf Udenheim mit Kais. Ludwigs Erlaubnis mit Mauern und Graben umgeben; stirbt 1363, V, 211. - - Philipp Adolph wird Bisch. zu Würzburg 1623, stirbt 1631, ib.

Ehrenfels, ein Schloß, Markt und Herrschaft in der obern Pfalz, gehörte vor Alters einem adelichen Geschlechte, so mit dem Hohenfels eines gewesen, XI, 138. Conrad und Heinrich waren Saec. XIII und XIV Spruchmänner bey Verträgen zwischen den Herzogen von Bayern, ib. Dietrich war der letzte dieses Geschlechts, ib. Ehrenfels kommt an die Staufer von Staufenberg. Dietrich mag es A. 1336 schon besessen haben, 139. kurze Nachrichten von seinen Nachkommen und ihren acquisitionen, 139 f. Hanns von Stauf, Herr von Ehrenfels, wird in Freyherrn Stand erhoben 1465, 140. seine Söhne, Bernhardin und Hierony=

ronymus, Ritter, waren unter den Vornehmsten des Lebler- oder Löwen-Bunds 1489, wider H. Albrecht IV von Bayern; kommen aber dabey zu kurz, 141. doch auch bald wieder in Gnaden bey den Herzogen, ib. Hieron. von Stauf muß die Schuld wegen der Uneinigkeiten zwischen den Brüdern H. Wilhelm und Ludwig, als des letztern Liebling tragen, und wird zu Ingolstadt 1516 enthauptet, 141 f. sein Sohn Ruprecht kommt herunter, und Ruprechts einziger Sohn Bernhard verkauft Ehrenfels an Pfalzgraf Wolfgang zu Neuburg, stirbt 1598, und soll der letzte dieses Stammes und Namens gewesen seyn, 142 f. doch findet sich Thomas Freyherr von Ehrenfels, der Thaler A. 1621 hat schlagen lassen, 137. der folglich noch eine Reichsstandschaft muß gehabt haben 143. aus dem Geschlechte der Staufen von Ehrenfels war Argula von Stauf zu Ehrenfels, welche am ersten die evangelische Lehre in Bayern angenommen, und D. Eccen zu einem Religionsgespräch aufgefordert hat, 144. sie heyratete Friedrich von Grumbach und starb 1554, ib.

Eichstädt. Enge Gränzen dieses Hochstiftes im 9ten Saec. VIII, 310. Kaiser Arnolph giebt dem Bisch. Erchambold die Abtey Hasenried 888, und A. 89 den Ort Seßi u. a. Eben dieser Bischof erhält vom K. Ludwig dem Kinde das Recht, eine Stadt, Markt und Münze zu Eichstädt anzulegen, ib. diese geringen Güter mehren sich durch die Mildthätigkeit der Kaiser und Könige. und die Sorgfalt der Bischöfe, so, daß Eichstädt ietzt XI Oberämter oder Pflegen besetzt. Nahmen derselben, und wie sie an das Stift gekommen, 308-310. Streit des Hochstifts mit der Stadt Weißenburg, um die Reichspflege der königlichen Dörfer auf dem Rupertsberge 1629, wobey die Stadt im westphälischen Frieden Recht behält und restituiret wird, 307 f. A. 1680 aber doch Kahldorf ꝛc. gegen den Pfandschilling abtretten muß, 309. — — der Bischof von Eichstädt ist Archicancellarius des Erzstiftes Maynz, und hatte vor Alters das Prärogativ sede Moguntiacante oder absente Archi-Episcopo, den König von Böhmen zu krönen, XVI, 71. Pabst Innocent. hat von diesem Rechte A. 1254 nichts gewust, 72. — — Folge der dasigen Bischöfe vom Anfang des XVI Saec. bis auf unsre Zeiten, IV B. S. 15.

Einbeck, die Hauptstadt im Fürstentum Grubenhagen, XI, 145. hat ihre Erbauung dem heiligen Alexander, einem von den 7 Märtyrertyrer-Söhnen der Felicitas zu danken, dessen Leichnam P. Leo IV A. 848. dem Graf Walbert geschenket, der im Kloster Wildeshausen aufbewahret wurde, 146. Gesa Gräfin von Catelnburg gelobt ihm für seine Hülfe ein Stift, so ihr Sohn Gr. Dietrich an dem Ort, wo jetzt Einbeck steht, anfängt zu bauen, und Gertrud, Heinrichs von Northeim Wittwe, 1108 zu Stande bringt, ib.) Gesa, die Stifterin, verschafft Gnadenbriefe, Heiligthümer und die Gebeine des heil. Alexanders, welche viele Pilgrime herzogen, für welche Herbergen angelegt wurden. Das gute Bräuwesen mehrte den Anbau, 146 f. Kais. Lothars Wittwe Richsa legt 1140 das Frauenstift an, wodurch die Neustadt entstund, 147. auch wird ein Jungfernkloster angelegt, wo sich ein künstlich schwitzendes Marienbild befand, ib. die Stadt kommt von den Grafen von Catelnburg an die Grafen von Dässel, die derselben Aufnahm fördern, und mit einer Landwehr von viertehalb Meilen versehen, 148. A. 1272 empört sich die gedruckte Bürgerschaft wider Graf Bernharden, und unterwirft sich dem H. Albrecht von Braunschweig, ib. bekommt von H. Heinrich zu Grubenhagen der Stadt Braunschweig Rechte und Gewohnheiten, wovon sie ein Buch verfertiget, 148 f. die Einbecker begeben sich 1460 in den hanseatischen Bund, darüber sie mit den Herzogen zu Braunschweig, wolfenbüttelscher und göttingischer Linie, in manchen Streit gerathen, und oft recht blutige Köpfe davon tragen, 150. A. 1471. bekommen die Bürger von Einbeck von den Hessen, bey dem Streite um das Bistum Hildesheim, derbe Schläge, IV, 25 f. Einbeck hatte vorhin seine größte Nahrung vom vortreflichen Bier. Gewohnheiten, und wegen des Bräuens A. 1573 gemachte Policey-Ordnung, XI, 158 f. leider A. 1540 und 49 erschröckliche Feuersbrünste durch Unglück und Bosheit, 152. der zanksüchtige Breyhun bringt das dortige Bräuwesen in Verfall, ib.

Eisenach. Geschichte des Gottesackers daselbst, VII, 203. auf demselben wird eine Kirche zum heil. Creutz erbauet, und 1697 eingeweyhet, ib. Inscriptiones daran, 204. Waisenhaus und Freyschulen zu Eisenach, 205. Classis selecta Gymnasii, und ein seminarium theologicum daselbst, ib. der erste Inspector und die ersten Seminaristen darinnen, ib. Geschichte des Prediger-Klosters und der Stadtschule daselbst, 205 f. Freytische daselbst, 206.

Eisle-

Eisleben die Hauptstadt der Grafschaft Mansfeld, V, 301.

Elchingen, wird aus einem Schlosse von Lucarda und ihrem Gemahl Marggr. Conrad von Meißen in ein Benedictiner-Kloster verwandelt, X, 405.

Eleonora, Kaif. Friedr. III Gemalin, K. Eduards von Port. Tochter, ihr wahres Geburts-Jahr 1434, I, 93. sie erwählt den Kais. vor dem Dauphin Ludwig XI, der auch um sie anwarb, ib. die solenne Verlobung geschah zu Lissabon durch den kaiserl. Procurator M. Iac. Moz, 1451 den 2 Aug. 94. sie geht mit vielen Gefahren nach Italien, kommt den 2 Febr. 1452 zu Siena beym Kays. an, geht mit ihm nach Rom. Wird am 19 Merz als Kaiserin vom Pabst gekrönt, der sie den 16ten vorher eingesegnet, und auf 3 Nächte die eheliche Beywohnung untersagt, 95. geht mit dem Kaiser nach Neapel zu ihrer Mutter Bruder K. Alfonsen. Der Kaiser hält solennes Beylager daselbst mit seiner schönen Eleonora, will sie aber nicht würklich aus albeenem Wahn beschlafen. Ursachen, 96. verliebter Rangstreit, wer von beiden dem andern ins Bette nachgehen müße? 96. ihr Lob, Kinder und Tod, ib.

Eleonora, Kaif. Ferdin. II Gemalin s. Ferdin.

Eleonora, Kaif. Ferd. III Gem. s. Damen-Orden.

Eleonora, Gem. H. Ge. Wilh. von Braunschw. Lüneb. in Celle, ist aus dem Geschlechte Desmiers in Poitou in Franck. Von ihren Vorfahren ist der älteste, den man weiß, Fulco Desmiers Herr von Lolbroire von 1081, XXI, 74. sie war geb. 1639, vermählt 1665. Sie hieß eine Weile Madame de Harbourg; gebahr eine Pr. Soph. Dorothea, Gemalin H. Georg Ludw. calenb. Linie, 75. sie war reformiert, starb 1722. Ihre Beysetzung, 75.

Elephant, was derselbe auf der Münze, I, 417. andeuten solle? 424. ein Bild der Ewigkeit. Im 8ten Saec. soll ein Elephant in Teutschland gefangen worden seyn; war nur ein Elend, IV, 270.

Elephanten-Orden, Dänischer, die Nachrichten von diesem Ritterorden sind noch unvollständig. Wer davon geschrieben, X, 130. Bircherod giebt K. Canut VI ums Jahr 1189 oder 88 als Stifter an. Gründe, von dieses Königs Creutzzügen hergenommen, 130 f. wichtige Zweifel an dieser Meinung, 131 f. eine Gewisheit hingegen ist, daß König Christian I, der erste König in Dännemark, oldenburgischen Geschlechts, nebst seiner Gemahlin

Dorothea von Brandenburg A. 1464 zu Rothschild eine Capelle in der Domkirche gestiftet, zu Ehren der heil. Dreyfaltigkeit, Mutter GOttes ꝛc. worinnen für die Ruhe ihrer, und aller dererjenigen Seelen, welche das Zeichen einer zugleich angeordneten Gesellschaft trügen, sollte Meße an gewißen Tägen ordentlich gehalten werden, 132. päbstliche Bestätigung dieser Stiftung und Brüderschaft, da in Sixt IV Bulle von 1474 steht: daß die Fürsten vom K. eine Halskette bekämen, ib. an dieser Bruderschafts-Kette hieng eine Münz, worauf die Mutter GOttes und ein Elephant stund, 133. Beweiß von einem Gemählde, daß diese Elephanten-Gesellschaft unter Christians Sohne, K. Johanne, fortgedauert, 134. dieser König hat den Orden den Königen von England und Schottland ꝛc. mitgetheilt, ib. bey der Reformation wird dieses Ordens vergessen, ib. aber K. Friedrich II erinnert sich dessen, und macht zum Glanz des Hofes einen weltlichen Ritterorden daraus. Das hierbey gestiftete Ordenszeichen, 135. wen dieser König zu Ordensrittern ernennet, ib. wie das Ordenszeichen des Elephanten in folgenden Zeiten ist ausgeschmückt, verändert und vermehrt worden, 135. was K. Friedrich für Fürsten zu dieses Ordens Rittern gemacht, 136. K. Christian V erneuert ihn 1694 und bringt ihn in die ietzige Verfassung, ib.

Elisabeth, Königin von England, verdienet die Klage ihres Volks auf einer Gedächtniß-Münze auf ihr Absterben, daß sie nicht unsterblich gewesen. Ihre Lobsprüche sind bey Feind und Freunden groß, und niemand macht ihr den Ruhm strittig, daß sie die vortrefflichste Regentin, die ie die Welt gesehen, gewesen, XXI, 227. 229. sie wird im 70sten Jahr ihres Alters kränklich, verliert ihre Gemüths-Kräfte, wird verdrießlich, und mistrauisch, 229. des Gr. Esser Hinrichtung, und die irrländische Empörung soll sie sehr gekränkt haben. Bey abnehmenden Leibs- und Gemüts-Kräften, behielte sie ihren alten Abscheu vor allen Arzneyen; ib. sie bezeigte, daß sie sich nach dem Tod sehnte, 230. ehe sie sich völlig legte, ließ sie sich einen Ring vom Finger zwicken, den sie 45 Jahr getragen, und einst dem Parlamente, so sie zu einer Vermälung bereden wollen, unter den Worten gezeiget: das wäre das Ehepfand, wodurch sie sich schon mit dem Reiche verehligt habe, 230. als schwächlich besucht sie die Predigten in ihrer Capelle fleißig, ib. sie erkläret sich

sich mehr, als einmal, daß ihr niemand, als ihr rechtmäßiger Erbe und Vetter K. Jacob auf dem Throne folgen sollte, 230. sie entschlägt sich auf die letzte aller weltlicher Gedanken, und bereitet sich unterm Beystand des Erzbisch. von Cantelberg zu ihrem Ende mit aller Zuversicht des Glaubens. Sie starb den 24 Merz 1603 oder 2 nach der englischen Zeitrechnung, in eben der Kammer, wo ihr Grosvatter K. Heinrich VII auch gestorben. Ihr Alter ist auf 69 Jahr und 6 Monat, ihre Regierungs-Zeit auf 45 Jahre gestiegen, ib. wegen ihrer Mutter, der Anna von Bollen, und wegen ihrer evangelischen angenommenen Lehre, war sie ihrer Schwester, der Königin Maria und allen Catholiken verhaßt, und man war auf ihren Tod bedacht, damit sie nicht zur Regierung und das Pabstum dadurch wieder zum Verfall kommen möchte, 231. des Verräther Wyat falsche, aber vor seinem Ende widerrufne Anklage, als hätte man in der 1554 erregten Empörung Elisabeth auf den Thron setzen wollen, hätte ihr den Kopf gewiß gekostet, wenn sie K. Philipps Staats-Absichten nicht gerettet hätten, 232. sie muste doch zum Schein das Pater noster in die Hand nehmen; aber Gardiner Bischof von Winchester und Joh. Storre rathen beständig bey Verfolgung der Protestanten auf ihre Hinrichtung, 232. man gedachte sie an einen catholischen Fürsten zu vermälen, und K. Philipp soll seinen Sohn Don Carlos dazu bestimmt haben. Der K. Maria Tod A. 59 hat den Anschlag vernichtet, 232. sie ist tödlichen Nachstellungen auch während ihrer Regierung ausgesetzt gewesen, A. 1586 einer Coniuration der Catholiken, die der Secret. Walkingham entdeckt; und den meuchelmörderischen Anschlägen des guisisch gesinnten französischen Gesandten L. Aubelpine A. 87. Stafford entdeckt den Mord-Anschlag, ib. die spanischen Ministri bestechen den Leibarzt der Königin Lopez einen portugiesischen Juden mit 50000 Ducaten, sie zu vergiften, 232.

Elisabeth, Gemalin K. Ludwig des Gr. in Ungarn, führt nach dessen Tod die vormundschaftliche Regierung in Ungarn für ihre Tochter Maria, I. 2. wird derselben beraubet, 3. und endlich ersäuft, 5.

Elisabeth, Gemalin K. Sigismund Augusts in Polen, K. Ferdin. I Tochter, lebte wol mit ihrem Gemal; soll durch Gift hingerichtet worden seyn, I. 170.

Elis

Elisabeth, Königin in Ungarn, K. Joh. II Mutter, s. Isabella.

Elisabeth, Churf. Friedr. III von der Pfalz Tochter, geb. 1540, vermält sich A. 58 mit H. Johann Friedrich dem Mittlern zu Weimar. Beweiset eine ausnehmende eheliche Treue, da sie bey ihrem Gemal 26 Jahre in seiner Gefangenschaft bis A. 94 standhaft aushält, XII, 236. da sie endlich gestorben, und nach Coburg begraben ist worden, ib. ihren Wahlspruch deutete sie mit ; H an; was er sagen soll, XVI, 138.

Elisabeth Amalia, Geml. Churf. Phil. Wilhelm von der Pfalz bringt 23 Kinder zur Welt; macht ein Verzeichnis davon an dreine alte Dienerin; hält gute Kinderzucht, XII, 50, 53.

Elisabetha Maria, Prinzeßin von Oels, vermälte Herzogin von Würtenberg, s. Oels.

Elwangen, des fürstlichen Stifts, iezige Einrichtung, IV, 220. Dessen Stifter war Hariolph, Bischof von Langres in Champagne A. 754 oder 64, 222 f. der gefährliche Fang eines Elendthiers, giebt Anlaß zu Erbauung eines Benedictiner-Klosters und dem Namen Elfang, 220. Kaiser Ludwig der Fromme giebt demselben ein Privilegium A. 814. Inhalt; 221. Beweiß, daß der Anfang der Erbauung von Elwangen schon unterm Pipin geschehen, ib. schlechter Anfang, 222. Kaif. Ludwig schenkt denselben das Kloster Gunzenbaußen, 223. es erhält A. 978 vom P. Bened. VIII die geistliche und vom Kaiser Otto III 989 die weltliche Exemtion, ib. wie es mit einem, erwählten Advocaten zu halten. Elwangens fürstliche Würde gehet also über die Zeiten Kaif. Heinrichs IV zurück, 323. Das Stift bekommt mit dem Grafen von Würtenberg, als Schutzvogt 1452 Händel, ib. unter dem Abt Hirnheim, geht darauf die Zucht bey den Conventualen verloren, welches die Verwandlung des Klosters in seculárem Ecclesiam Canonicorum durch eine Bulle, Pabst Pius II. 1459 nach sich ziehet, 223, 224. alle Canonici müßen altadelich seyn, ib.

Emanuel K. in Portugal, woher er den Nahmen bekommen, VII, 40. er regiert von 1495 bis 1521; unter ihm war goldne Zeit in Portugal, ib.

Emanuel Philibert, Herzog von Savoyen, geb. 1528, Eltern, V, 980. ist zum geistlichen Stande bestimmt, und ihme als Kinde der Cardinalshut schon verheißen, ib. sein sinnreicher Einfall vom Schloße zu Nizza, so der Pabst A. 38 gerne haben wollte, Er meynte,

meynte, man sollt ihme eines von Holz geben, ib. will A. 41 den Kaiser auf den Zug nach Algier begleiten. Des Kaisers Wolgefallen, ib. er dient dem Kaiser im schmalcaldischen Krieg; sein Gehalt; bekommt den Vließorden; commandiret bey Mühlberg die Arrieregarde, 381. Frankreich sucht ihn vom Kaiser abzuziehen, ib. er geht mit dem Infant Philipp nach Spanien 1551, kommt A. 52 wieder nach Teutschland, hilft Metz belägern, ib. der Kais. übergiebt ihm im 25sten Jahr seines Alters das Commando. Seine Verrichtungen, 381 f. schießt den Obrist. Graf Waldeck vor seinem Regimente tod. Wird nach seines Vaters Tod vom Kaiser belehnt 1554, da die Franzosen seine Lande meist inne hatten, 382. gebt heim und macht Anstalten gegen den Feind 1555. Kommt bald wieder nach den Niederlanden und wird vom K. Philipp zum Generalgouverneur gemacht, ib. er erficht A. 57 den herrlichen Sieg bey St. Quintin über die Franzosen, ib. K. Philipp weigert sich nach dieser That, die Hand vom Herzog sich küßen zu lassen, 382. dieser Sieg hatte den Frieden im Schloß Cambresis 1559 zur Folge; welcher dem Herzog seine Restitution bey Frankreich auswürkte, der König Heinrichs II Schwester Margaretha heyratet, ib. giebt sein Gouvernement auf; sucht die von Frankreich noch besetzte Orte seines Landes frey zu machen, welches ihm erst A. 74 bey K. Heinrich III völlig gelingt, 383. die Berner müßen ihm auch wieder herausgeben, was sie seinem Vater genommen hatten, ib. auch die Walliser. Er macht neue acquisitions zu seinem Lande, sonderlich durch Tausche, ib. thut Anspruch auf die Erbfolge in Portugal. Sucht die Marggrafschaft Saluzzo vergeblich wieder an sich zu bringen, 383. trag Cypern nicht den Venetianern, nach dem Anerbieten der Türken, streitig machen, 383. verfolgt die Waldenser 20 Jahre wegen der Religion, 384. befördert sich seinen Tod durch hitzige Dinge, wodurch er sich beym Frauenzimmer jung machen will, stirbt 1580 im Aug. ib. seine Abbildung und vorzüglicher Charakter, 384.

Emerita breitet das Evangelium in Rhätien aus, s. Chur.

Eminenz, wer diesen Titel für die Cardinäle beym Pabste ausgewürkt? X, 56.

Enckenfürth, Wilhelm von, P. Hadrians VI Liebling, Datarius, I, 117. Bisch. zu Tortosa und Cardinal, 119. errichtet besagtem Pabste ein herrliches Grabmahl, 128.

Enckhuysen, eine Stadt in Westfrießland, ein Hafen am Suyder-See. Alter, Nahme, I, 387. die Stadt schlägt einen Ueberfall H. Carls von Geldern herzhaft ab, ib. ist die erste Stadt, die sich 1572, nach Briel, gegen die Spanier empöret, 387. die Enckhuyser treiben den Heerings-fang am stärksten, ib.

Engelbert, Erzbischof von Cöln, bekommt die Erziehung des K. Heinrichs VII auf sich A. 1220, ist ihme hernach als Gehülfe in der Regierung zugegeben; krönt ihn A. 1222 zu Aachen; wird von Graf Friedrich von Isenburg ermordet, XVI, 364 f.

Engelbert, auch Erzbischof von Cöln, nimmt wegen kränklicher Umstände den Erzbischof von Trier, Conon von Falkenstein zum Coadjutor an, deme er auch die völlige Regierung abtritt, die derselbe, zum großen Vortheil des Erzstifts, auch nach Engelberts Tod A. 1368, als Administrator bis A. 70 füret, II, 149. 150.

Engelland, das Königreich, wird dem Pabste zinsbar, I, 18. und A. 1213 als ein Lehen aufgetragen, 20. wird in Shires oder Comitatus eingetheilt vom K. Alfred, 29. kommt ganz unter dänische Herrschaft, 45. - - Englands und Schottlands Vereinigung kommt, nachdem verschiedene Könige damit umgangen, endlich unter der Königin Anna zu Stande, IX, 74 f. K. Wilhelm hat die Hauptmaaßregeln zu diesem schweren Werke hinterlaßen, 75 f. Anna läßt davon den Vorschlag im Parlamente thun 1702, welches sie aber wegen des Herzogs von Hamilton aufhub, und die Sache bis A. 1706 anstehen ließ, 76. Da kamen endlich 30 Bevollmächtigte von beiden Nationen zusammen, da nach 44 Conferenzen die Vergleichungs-Artikel zu Stande kamen, und vom Lord Sommers entworfen wurden. Inhalt der 13 Artikel, 77. 78. sie werden dem Schottischen Parlamente zur Untersuchung vorgelegt. Was Hamilton und andere schottische Herren einzuwenden hatten, 78. die Gutheißung erfolgt doch, nachdem die unveränderliche Erhaltung des presbyterianischen Kirchen-Regiments in Schottland bestätiget war, ib. Bedenklichkeiten einiger Engelländer dabey, 79. man achtet alle Schwürigkeiten der schottischen Mißvergnügten nicht; läßt den Hamilton schmälen, und ratificiret den 27sten Jan. 1707 den Vereinigungs-Tractat im schottischen Parlamente, 80. Anmerkungen von den Haupttagen der Vereinigungs-Unterhandlung, ib. - - Engelland ist seit

18 Jahrhunderten von 8 königlichen Familien beherrscht worden, 1) die ältesten brittischen Könige werden von den Sachsen und Angeln in Cambrien, welches den Nahmen Gwallischland hernach bekant, getrieben, wo ihre Nachkommen als Prinzen von Wallis regiert bis 1243, IX, 2. 2) die angelsächsische königliche Familie breitet sich in 7 Reiche aus, deren Regiment vergeht mit dem westsächsischen Eduard III nach 611 Jahren, ib. 3) der Könige aus dänischem Geschlechte waren fünfe, bis auf Haralden, 3. 4) das normännische Geschlechte gibt von Wilhelm dem Eroberer an dem Reiche 4 Könige, ib. 5) das Haus *Anjou Plantagenet* hat von K. Heinrich II an, in 332 Jahren 14 Könige dem Reiche gegeben, und sich durch innerliche Uneinigkeiten zwischen den Häußern York und Lancaster aufgerieben, ib. wodurch, 6) A. 1485 das Haus Tudor, durch Heinrich VII, der K. Richard II erlegt, zur Regierung kommt, IX, 4. stirbt nach 118 Jahren mit der Königin Elisabeth aus, ib. hierdurch gelanget 7) das königlich schottische Haus Stuart mit Jacob I auf den engelländischen Thron, und stirbt nach 111 Jahren mit der Königin Anna in England ab, 4. Diesem folgte 8) endlich A. 1714 das churfürstliche hannöverische Haus in der Person K. Georgs I, ib. Abstammung dieses Haußes aus dem uralten königl. englischen Geblüte, nach Eckhards gründlicher Herleitung, IX, 5-7. angehängter Wunsch den Georgs Abreise nach seinem Königreich, 7. 8. - - Streitigkeiten der Engelländer mit den Spaniern wegen einiger Besitztümer in America 1738, XIII, 359. f. - - - Vortheile der Engelländer von ihrem americanischen Toback, XIII, 360. - - englische Reichskleinodien recensiret und samt ihrem Gebrauch beschrieben, theils auch ihr Schicksal, XX, 396. 398. conf. Carl II - - die Engelländer fangen in Kirchen- und Staats-Sachen erst den 23 Mertz das Jahr an, I, 439.

Epernon, Johann Ludwig von Nogaret und Valette Duc d', der A. 1554 geboren war, hat alle seines gleichen an Jahren des Alters, der Aemter und langen Würde übertroffen. Er ist aus der Familie von Nogaret in Gascogne entsprossen. Seine Abkunft scheint mehr neu, als alt-adelich zu seyn, XIX, 146. doch ist Wilhelm von Nogaret ꝛc. K. Philipp IV Cantzler berühmt, der den Pabst Bonifacius VIII zu Anagnia, A. 1303 aus der Welt geschafft, ib. sein Vater war Jo-

Johann, königl. General-Lieutenant in Guienne, und seine Mutter eine Schwester des Marechal de Bellegarde, 146. er inclinirct nicht zum studiren, sondern zum Krieg. Es will ihm Anfangs nicht gelingen, bis er 1577 am Hofe die königliche Mutter Catharina gewinnt, die ihm auch K. Heinrichs III Gnade zugewendet, 147. er signalisirt sich im Krieg wider die Hugenotten; wird des Königs Favorit A. 79. er gewinnt des Königs Gunst noch mehr durch die Abneigung von der Liga der Guisen. Der K. schenkt ihm die Herrschaft Epernon und macht ihn zum Pair A. 81, ib. er läßt sich ferner nicht, durch die ihm angebotene schöne Prinzeßin von Conty, von den Guisen gewinnen; dafür ihn der König zum Colonel general de France macht A. 85. Wichtigkeit dieses Amts, 147. giebt ihm das Gouvernement von Metz, T. und V. Darüber ärgern sich die Ligisten, 148. er vermählt sich mit Margaretha von Foix, einer nahen Verwandtin vom Hause Navarra. K. Heinrich stirbt in seinen Armen 1589, ib. er läßt sich nicht bewegen, beym neuen König, ehe er catholisch geworden, zu bleiben, sondern geht in sein Gouvernement, thut ihm aber doch getreue Dienste gegen die Ligisten, 148. man will ihn beym König verläumden und in die Bironischen Händel einflechten. Der K. glaubt ein bessers, und gönnet ihm die Ehre eines Prinzens vom Geblüte 1603, 148. der König giebt ihm eine harte Rede, als er sich wegen Verkürzung des Solds für die Soldaten beschwehrte; die er so ernsthaft und redlich beantwortet, daß ihn der König des größten Vertrauens würdigt, und zum ersten Rath der Königin bey der Regiments-verwaltung machen wolte, da er A. 1610 den österreichischen Krieg vorhatte, 148. nach K. Heinrichs IV Ermordung, macht er der königlichen Wittwe Muth, sich des jungen Königs zu versichern, 149. bey welcher er viel vermag. Unter des neuen Königs Regierung nahm sein Ansehen ab, und er muste endlich dem Richelieu nach seinem Willen leben, ib. der Königin Maria that er A. 1619 einen Dienst, und befreyte sie von ihrem Aufenthalt zu Blois, wo sie gleichsam gefangen saß. Er nimmt hernach einen Vergleich zwischen dem König und seiner Mutter, des Königs Gnade, aber keine Verzeyhung, an, III, 328. was ihn zu der Befreyung der Königin bewogen, XI, 275 f. Epernon zieht sich durch sein hitziges Wesen iedermans Unwillen auf den Hals,

Hals, und war ihm an keines
Gunst gelegen, XIX, 149. doch
war er behutsam, sich mit des
Richelieu Hauptfeinden zu deſſen Sturz, einzulaſſen; der ihm
doch gerne wehe thut, ib. die
erſte Gelegenheit gaben ihm dazu des Herzogs Händel mit dem
Erzbiſchof Sourdix von Bourdeaux, dem er Magenſtöße gegeben und ſehr maltraitiret, 150.
der Herzog wird vom Erzbiſchof
in Bann gethan, und ſo lange
vom König aller ſeiner Würden
entſetzt, bis er mit der Kirche verſöhnt ſeyn würde, ib. der vom
Hof unterſtützte Erzbiſchof nimmt
keine andere, als canoniſche Satisfaktion an, und der H. muß
vor der Thür der Hauptkirche
kniend, nebſt ſeinem Sohn die
Abſolution vom Erzbiſchof empfangen, die er in harten Ausdrücken ertheilt, 150. er wird
wieder in ſein Gouvernement
von Guienne eingeſetzt und ſtilt
Empörungen, 151. er will A. 37
nicht die Armee gegen Spanien
commandiren; dafür ihn Richelieu ſeines Gouvernements
entſetzt; verliert 2 Söhne A. 39,
der dritte fällt ins Königs Ungnade, ib. wird A. 41 kränklich, hart verldumdet, und muß
von ſeinem Schloße Plaſſac nach
Loches weichen, welche Veränderung ihm wehe thut. Schein
des Anſehens, den ihm Richelieu noch läſſt; wie ſich der Herzog
habey bezeigt, 151. endlich ver-
kundet ihn ein Edelmann Ma-
daillan, den er fort geiagt, und
gibt vor: der Herzog trachte dem
K. und Richelieu nach dem Leben; dieſes mehrt ſeinen Kummer,
daß er den 30 Jenner, wolberei-
tet, A. 1642 ſtirbt, ib. von
ſeinen mannichfaltigen Lebensge-
fahren, 152. er trug wegen der
wunderbaren Errettungen, einen
Ring, worauf das Glück, ſo ihn
umfäht, geſchnitten war, ib. ſein
Charakter beym Grammond,
152.

Eraſmi von Roterdam friedfertige
Geſinnungen bey der Religions-
ſpaltung, XII, 92 f. ſeine Entſchuldigung gegen den Pabſt, um
nicht gegen Luthern zu ſchreiben;
und großes Lob, ſo er dieſem Mann
beylegt, I, 118. ſein Urtheil von
Pabſt Hadrians VI Reforma-
tions-Unternehmen in der römiſchen Kirche; 119. wahre Bedeutung ſeines Sinnbilds, und der
dem Deo Termino beygeſchrie-
benen Worte concedo nulli, XII,
118 f.

Erb-Aemter des heil. röm. Reichs,
ſiehe Reichs-Erbämter.

Erb-Aemter hoher und adelicher
Familien bey Reichsfürſten und
Hochſtiftern. Erbbeamte oder
Officiarios ſpeciales ſollen die
Principes imperii haben, nach
kaiſerl. alter Verordnung vom

Römerzuge, V, 39. nehmlich einen Marschall, Truchseß, Schencken und Kämmerer, ib. dergleichen giebt Kaiser Ludwig IV A. 1336 dem Graf Wilhelm von Jülich, als er ihn zum Marggrafen gemacht. Wie sie hießen, XXII, 75 f. 78 f. - - Pflichten der Erbbeamten, V, 40. - - nach einem Spruch vom König Heinrich VII von 1230 heißt es: quod nulla uirgo uel mulier in ullo *quatuor* officiatorum principalium ratione haereditatis fratri suo succedere possit, VIII, 15. - - große Fürsten begleiteten Erbämter bey Hochstiftern, zuweilen; u. c. Bamberg und Kempten kan sich rühmen die Herzoge von Sachsen und Bayern zu Erbbeamten zu haben, IV, 104. XII, 20. es haben aber diese fürstliche Häußer, wie auch die Landgrafen von Mecklenburg (nun Oesterreich) und Grafen von Montfort, Erbbeamte des Stiftes Kempten, wieder andere freyherrliche und adeliche Geschlechte damit belehnet, XXI, 6. Chursachsen macht nicht viel Wesens von diesem Erbamte, 7. unter den Erbbeamten des Bistums Chur sind die Grafen von Tyrass als Erbschenken, und wurden von Kaif. Maximil. I und Kaif. Ferd. I noch damit belehnt. Uebrige Erbbeamten dieses Stifts, XIII, 72. - - .

Untersuchung der Fragen: 1) woher es gekommen, daß die Hochstifter 4 Erbbeamte erhalten? XXI, 6. wie weit des Canzler Ludewigs Meinung hierinnen gegründet, ib. und 2) woher sich die großen Fürsten für eine Ehre geschätzet, bey Hochstiftern Erbbeamte zu werden? Es war die superstitio; davon das monstrose durch subofficiales gemäsiget ist worden, 7. - - . richtige Regel: daß derjenige Prälat ein Reichsfürst sey, der die 4 Selbst-Erbämter hat; aber es ist die Folge nicht: welcher sie nicht habe, seye kein Reichsfürst, XXI, 5. - - von dem durchlauchtigsten Hauße Oesterreich trift man Sacc. XIV die vier gewöhnlichen Erbämter an, V, 39. und haben diese Erbbeamte besondere Vorrechte, ib. nicht allein das Erzherzogtum Oesterreich hat dergleichen, sondern auch die andere mitvereinigten Herzogtümer, deren man in Steyermark vom Jahr 1186 schon erwähnet findet, V, 40. - - das Erzhaus hat diese Erbämter gar ansehnlich noch mit andern vermehret, 40. und p. 38, wo ein Verzeichnis der Erbämter stehet, conf. XIII, 115-118. wo die functiones der Erbbeamten von Nieder-Oesterreich beschrieben sind. - - Erblandämter des Herzogtums Crain, XXI, 181. Erbämter

bey

IV. Realregister.

bey der Probstey S. Cassii zu Bonn, bey welchen adelichen Familien solche sind, XI, 30.

Erbkämmerer Amt des Erzstifts Maynz erlangt im aschaffenburger Vertrag 1565 Graf Ludwig von Stollberg für sich, seine und seiner Brüder Söhne und Nachkommen, die Besitzer der Grafschaft Königstein seyn würden, mit treflichem Anhang, V, 44 f. - - nach Graf Michaels von Wertheim Tod 1566 erlangt besagter Graf von Stollberg, so wie es Michael gehabt, das Erbkämmerer-Amt von Würzburg samt dazu gehörigen Lehen, für sich und seine 2 älteste Töchter Catharina, Gemalin des Gr. von Eberstein und Elisabeth Gemalin des Gr. Dieto von Manderscheid und hernach Wilhelm Freyherrns von Crichingen, V, 45. - - das Erbkämmerer-Amt vom Hochstift Worms haben die Cämmerer von Worms, X, 61. - - Ober-Erb-Cämmerer in Steyer wird der Fürst von Eggenberg 1622, X, 76.

Erb-Marschalle vom Hochstift Augspurg sind die Freyherren von Westernach, II, 382. vom fürstlichen Stifte Fulda, die Freyherren von Schlitz genannt Götz, XVII, 299. Ober-Erb-Marschall in Oesterreich ob und unter der Ens wird der Fürst von Eggenberg 1628, X, 76. - - in Tyrol sind die Trautsone nach Absterben der Ritter von Lauber Erb-Marschalle geworden 1452; ob nicht eher? VI, 195. die Grafen von Schaunberg waren Erb-Marschalle von Steyer von A. 1442 und in Niederösterreich von 1525; sterben aus 1559, XIII, 174. warum das letztere nicht gleich an die Starenberge, sondern an Hofmann und Eggenberg gekommen? XXI, 190.

Erbschenken im Königreich Böhmen waren die Herren von Wartenberg, welche vorher Ralsko hießen und von denen die Grafen von Waldstein abstammten, VI, 7. - - vom Erzstifte Maynz die Grafen von Schönborn, XVIII, 283. - - Schenken von Erbach bey den Pfalzgrafen bey Rhein, VII, 63.

Erbschenken-Amt restituirt im fürstlichen Frauenstifte Gandersheim die Herzogin und Aebtißsin Eleonora Ernestina Antonia 1720, und belehnt damit Conrad Detlef Grafen von Dehn, XIX, 16.

Erb-Truchseßen-Amt, Obrist-, von Oesterreich kommt mit der Herrschaft Göllersdorf an das gräfliche Haus Schönborn, VII, 119. wie dieses Erbamt zu Zeiten K. Ottocars von Böhmen von der Familie von Velosperg ablam, und 1276 Alberone Gr. von Puchaim verliehen und durch Rudolphs Spruch A. 1290 bestätigt ist worden, 116 f. - - Erb-Truchseßen von Münster sind die Droste, XIV, 242. - - von Würzburg hatten die Grafen von Rineck das Erb-Truchseßen-Amt bis 1559, da es an Graf Heinrich von Ysenburg kommt; wird nach dessen Tod vom Graf Wolf Ernst von Ysenburg nebst dem würzburgischen Amt Schönrheim u. als Lehen prätendiret, VII, 165. - - Erb-Küchenmeister beym Hochstift Freysingen waren in XIII Saec. die Freundsperg oder berühmten Frunsperge, XVI, 211. - - Blarer, eine adeliche schwäbische Familie sind Erb-Truchseßen beym Stifte Elwangen, IV, 218. das Erb-Küchenmeister-Amt in Steyermark kommt von den Herrn von Emerberg an die Wurmbrande von Stuppach, XIII, 154. Obrist-Erb-Hofmeister-Amt in Oesterreich unter der Ens errichtet K. Ferdinand A. 1539, und belehnt damit den Freyherrn von Rogendorf, für sich und seine männliche Nachkommen, mit dem Vorrang vor allen andern Erbämtern, und andern Vortheilen, XVIII, 117 f. solches erhält Gr. Sixt von Trautson für sich und seine Erben 1620 vom Kais. Ferdinand II, VI, 196. - - Erb-Land-Hofmeister-Amt in Kärnthen, bekleideten vor Alters die Herren von Reutschach, I, 218. Obrist-Erb-Münzmeister-Amt in Oesterreich, ertheilte Kaiser Leopold 1682 nach Absterben Conrads von Richthausen dem Graf Ferdinand Maximilian von Sprinzenstein, V, 35. Ober-Land-Erbstallmeister-Amt in Kärnthen, ertheilt Erzherzog Carl, dem Gr. Bartholomäus Reventhüller 1588, XX, 173. das Erb-Stallmeister-Amt von Steyer, kömmt A. 1565 an das Haus Windischgrätz, XIII, 175. - -

Erb-Vorschneider-Amt (Obr.) im Herzogtum Steyer giebt Erzherzog Carl, Maxmil. von Schrattenbach zu Lehen, IV, 268.

Erbeinigung zu Nürnberg 1524, zwischen Pfalz und Bayern wird zu Hebung alles Widerwillens getroffen, IV, 324. D. Ek setzt schlau hinein, daß alle alte bayerische und pfälzische Verträge ihre Gültigkeit dabey behalten sollten. Folgen dieser Clausel, 324 f. - - Erbeinigung zwischen dem General Souches und dem gräflichen Hause Schönborn, VII, 119.

Erb-

Erbverbrüderung errichten die erneſtiniſch ſächſiſchen Fürſten mit den gefürſteten Grafen von Henneberg 1554 zu Kahla, welche zum Vortheil Sachſens A. 1583 ausſchläget, II, 120. 116. VII, 148 - - zwiſchen den gräflichen Häußern Hohnſtein, Schwarzburg und Stollberg 1433; deſſen Beſtätigung vom Lehensherrn wird eitel, VI, 340 f. - - Erbverbrüderung zwiſchen dem Churf. Joachim von Brandenburg und ſeinen Churerben, und dem Herz. Friedrich II von Liegnitz und Brieg 1537 geſchloßen, XIII, 37. Bedingniße, und was Churbrandenburg an des Herzogs Lande geſetzt, 37 f. König Ferdinand von Böhmen erkläret dieſelbe für nichtig und den Rechten der Krone Böhmen nachtheilig, 39. die nachkommenden Herzoge ſehen deswegen dieſe Erbverbrüderung doch nicht für unkräftig an, 40. - - Erbverbrüderung zwiſchen Sachſen, Brandenburg und Heßen wird erneuert 1555, zu Leipzig und 1587 zu Naumburg, II, 127. 134. - - Erbverbrüderung zwiſchen Oſtfrießland und dem Churhauß Braunſchweig-Lüneburg, vom H. Ernſt Auguſt, Biſchof zu Oßnabrück und Fürſt Chriſtian Eberhard. A. 1691 errichtet, XIX, 418 f. Erbverbrüderung zwiſchen den beiden Biſtümern Paderborn und Mans in Frankreich A. 836 errichtet, XIX, 413 f. - - vorhin errichtete Erbverbrüderungen unter den Chur- und Fürſten und Ständen des Reichs zu confirmiren und zu approbiren, werden Kaiſer Leopold, Joſeph, Carl VI &c. in ihren Capitulationen anheiſchig gemacht, XIX, 422.

Erdbeben A. 858, wirft das Kloſter St. Alban bey Maynz übern Haufen, VII, 302.

Eresburg, die berühmte, zu Carls des Großen Zeiten, wo ſie gelegen, IV, 130.

Erfurt führt in ihrem groſen Stadtſiegel das Bild des heil. Biſchofs Martini, XII, 130. und heiſet in der Umſchrift fidelis filia Mogontinae sedis, ib. Gudeni Gedanken darüber, ib. vor Alters hat der Erzbiſchof von Mainz ſeine Vicedominos daſelbſt gehabt, 131. mehrere Nachricht von ihrem nexu mit Mainz, 131 f. im 30jährigen Kriege wolte der Rath ſich durch Hülfe der Schweden von aller mainziſchen Unterthänigkeit losmachen, 132. findet aber kein Gehör, ib. der Churfürſt Johann Philipp wird nach dem weſtphäliſchen Frieden in alle ſeine Rechte in Erfurt völlig reſtituirt, ib. gänzliche Zerrüttung des gemeinen Stadt-

Stadtwesens und kaiſ. Achtserklärung, 1663, 132 f. der
Churf. läßt Gnade für Recht
ergehen, nimmt die Huldigung
in Perſon ein, und ſetzet einen
Statthalter, 133. mehrere Statthalter, ib. feyerliche Einweyhung
des Freyherrn von Warßberg,
133 f. was es mit den erfurter
Freypfenningen für eine Bewandnis hat, 138 f. die Peſt hat
1597 in und um Erfurt eine ge-
waltige Menge Menſchen wegge-
rafft, 140. wer ſie dahin gebracht
haben ſoll, ib. wie viel die Univerſität dabey gelitten, ib. im 16
Saec. hat da die Peſt ſo erſchröck-
lich gewütet, daß ſie faſt alle 12
Jahr wiedergekommen, ib. lä-
cherliches Vorgeben von den Vor-
boten dieſer Landplage, 140 f.
Irrungen bey dem 30iärigen
Kriege zwiſchen dem Rath und
der Bürgerſchaft, 141 f. kaiſerl.
Specialcommißion deßwegen,
142. deren Verrichtungen und
Erfolg, 142 f. Erfurt hat unter
allen Städten Teutſchlandes die
erſte Univerſität in ihren Ring-
mauern geſtiftet, 169 f. ihr Anfang iſt nicht eher als im 14
Saec. zu ſuchen, 170. von den
ertheilten Privilegien, 170 f. der
Churf. zu Mainz wird Kanzler
der Univerſität, 171. deſſen
Nachfolger halten ihre Procan-
cellarios daſelbſten, ib. Schweden hat ſich 1632 des Canzella-
riats angenommen, ib. die älteſten ſtatuta der Univerſität, 171
f. Verbeſſerung derſelben, 172.
Aenderung darinnen, ib. der
Rector Magnificus wurde vormals jährlich zweymal erwählt, ib.
Veränderung darinnen, ib. wie
dieſe Wahl geſchiehet, 172 f.
Strafe für den, der dieſe Würde nicht annehmen will, 173. es
iſt falſch, daß iemals ein Scharfrichter Rector alda geweſen wäre, ib. von der theologiſchen Facultät daſelbſt, 173 f. von der
Juriſtenfacultät, 174. von der
mediciniſchen, ib. von der
philoſophiſchen, 174 f. von der
Univerſitätsbibliotheck, 175. die
Univerſität iſt vom Anfang vielen ge ärlichen Veränderungen
unterworfen geweſen, 175 f. ſie
begehet 1692 ihr drittes Jubelfeſt, 176. hat viele milde Stiftungen zum Behuf armer Studenten, XII, 185. auf derſelben
ſoll das ius ciuile romanum in
Teutſchland zuerſt öffentlich gelehrt worden ſeyn, 178. vor Zeiten waren nur 3 Proſeſſores iuris allda, 189. von den erfurti-
tiſchen angeblichen Sargpfenningen, XVII, 289 f. Adelarius erſter Biſchof allda, 290. er braucht
Eobanum zu ſeinem Gehülfen, ib.
ſie ſind A. 755 zu Dockum b y
einer großen Taufhandlung erſchlagen, ihre Leichname aber in
der von Boniſacio der Mutter
Gottes zu Ehren erbaueten
Stifts-

Stiftskirche zu Erfurt begraben worden, ib. man hält sie für Schutzpatrone von Erfurt, ib. bey Grundlegung eines neuen Gebäudes will man ihre tief versenkten Leichname wieder gefunden haben, 291. man macht ihnen einen silbernen Sarg, ib. ein damit 1465 gehaltener Aufzug, 291 f. wie sie um ihre silbernen Särge gekommen, 292 f. Gudenus wird bey dieser Gelegenheit widerlegt, ib. angeblicher Ursprung der Sargpfenninge, 293. wird geprüft, 294 f. und die Unwarscheinlichkeit gezeiget, 296. Fabel von erfurtischen Münzen aus alchymischem Silber, woher sie entstanden, XXI, 66 f. womit sie ihre Reichsunmittelbarkeit beweisen wollen, 68 f. die dem Hause Sachsen mit Erbschutz verwandte Stadt richtet sich 1617 in Begehung des Reformationsjubelfestes nach churfürstlich sächsischen Anstalten, 70. es wolte schon damals verlauten, als wenn sie ihre freyen Religionsübungen nach der A. C. vom Erzstifte Mainz allein durch ein besonderes Privilegium erhalten hätte, ib. bey dem westphälischen Frieden kam die Sache noch deutlicher zur Sprache, ib. wie die Stadt ihre freye evangel. Religionsübung rechtfertigt, 70 f. wie der Anfang ihrer Reformation geschehen, 71.

D. Luther predigt aldda 1521, und was unter dieser Predigt vorgegangen, ib. zween Dechante stiesen die Canonicos aus dem Stifte, die D. Luthern eingeholt hatten, worüber ein greulicher Tumult entstehet, den D. Luther misbilliget, ib. schon 1522 ist die evangelische Lehre in 8 Kirchen gepredigt worden, und von wem? ib. im großen erfurtischen Bauerenaufstande kams noch weiter, ib. die evangelische Bürgerschaft besitzet ietzt 9 gangbare Kirchen, ib. die Stadt gibt sich im westphälischen Frieden alle mögliche Mühe, eine vollkommene Sicherheit in ihrer von Churmainz angefochtenen Freyheit in geistlich- und weltlichen zu erhalten, worinnen sich die evangelischen Stände und die schwedische Gesandten sehr für sie interessiren, die letztern aber die Saiten gar zu hoch spannen, daß selbst Churfachsen nicht damit zufrieden seyn konnte, 71 f.

Erich, Herzog von Pommern, König der drey nordischen Reiche, vermählt sich durch Vorsorge der großen Königin Margareth mit Philippa K. Heinrichs IV in England T. 1406, XV, 403. ihr Brautschatz soll in einem einzigen Goldstück einer Tonnen Goldes werth bestanden seyn, ib. Ungewisheit von beider Alter, 403 f. Philippa war kriegerisch;

wird

wird aber doch eine Brigkten Schwester zu Wapsten in Schweden 1415. Schenkt diesem Kloster ihre kostbare goldne Krone, stirbt A. 30, 404.

Erich, Plongpenning, König in Dännemark, ein Sohn K. Waldemars II, wird vom Vater A. 1232 zum K. ernennt und gekrönet. Hat Händel mit seinem Bruder Abel H. in Südjütland 1238, der sich an die Grafen von Holstein hänget, die Reichsfeinde waren, IX, 394. im Vergleich geloben Gunzelin Graf von Schwerin und Heinrich Burwin zu Mecklenburg, wendische Herren, dem K. sich als getreue Vasallen zu erzeigen, ib. bekommt A. 44 neue Fehde mit seinem Bruder Abel, der auch die andern Brüder Cnuten und Christophen aufhetzet. Der Krieg endigt sich glorreich für den König durch die Versöhnung mit seinen Brüdern, die von ihm die Lehen empfangen, 395. er verlangt auf einen Reichs-Tag einen Pflugschatz zum Zug nach Liefland; muß ihn mit Gewalt erzwingen; geht nach Liefland A. 49; das von dem Grafen von Holstein belagerte Rendsburg ruft ihn zurück, 396. er besucht seinen Bruder Abel zu Schleßwig, wird aber, da Abel im Gespräche, durch eine Rede des Königs unwillig wurde, übern Schachspiel gefangen genommen und in Ketten und Banden geworfen, dann mit guter Erlaubnis des Herzogs von Lago Gudemund auf der Schleye ermordet und ins Wasser versenket den 9 Aug. 1250, 396. 397. der Leichnam wird nach 2 Monaten entdeckt und in die Peters-Kirche verscharrt, 397. wird A. 57 von seinem Bruder K. Christopher in die königl. Gruft nach Ringstädt gebracht, und vom Pabst unter die Heiligen versetzt, ib.

Erich XIV, König in Schweden, ein Sohn K. Gustavs und Catharinen Pr. von S. Lauenburg, geb. den 13 Dec. 1533, II, 347. verjähret, nachdem er die Regierung angetretten, übel mit seinen Brüdern, davon er zwar den 2 ältesten Johann und Magno ihre bestimmten Länder einräumt, die aber auf dem Reichstag zu Arboga in April 1561 dabey sehr einschränkende Puncte eingehen müßen, II, 300. er weigerte sich auch gewiße Geldsummen und Landgüter an die Brüder heraus zu geben, 301. die Leibesgestalt war schön an diesem König; er besaß Wißenschaften, aber keine Klugheit; folgte bösen Rathgebern, sonderlich dem Peerson, der ihme seine Brüder verdächtig macht, II, 347. er setzt seinen Br. Johann

Her-

Herzog von Finnland mit Weib und Kind in hartes Gefängnis; gedenkt ihn öfters zu tödten; der Muth fällt ihm aber allezeit, wenn er ihm nahe kommt. Doch ermordet er dessen Anhänger, Nils Sturen, ib. - - mit Polen zerfällt er sich, weil er Reval in Schutz nimmt, und Schweden dadurch den Weg in Liefland öfnet, 348. gegen Dännemark krieget er ziemlich siegreich, wegen der 3 Kronen im dänischen Wappen, aber ohne Frucht, ib. - - K. Erich macht A. 1561 die ersten Grafen in Schweden, VII, 339. - - er war unglücklich in seinen Anwerbungen bey hohen Personen und bekam 4 Körbe, 1) von der Königin Elisabeth in Engelland. 2) der Königin Maria in Schottland. 3) von der Lothringischen Prinzeßin Renata, und 4) der heßischen Christina, XX, 284. seine berufene Unzucht mag Ursache daran mit gewesen seyn. Er declarirt A. 65 den Reichsständen: er wäre gesonnen, nach seines Vaters Beyspiel eine einheimische Gemalin zu nehmen, 285. er verfällt auf seine Maitreße Catharina, eines Bauern, Magnus, aus Medalpadien, Tochter. Sie verkaufte Obst auf dem Markte als ein unzeitiges Mädgen, da sie der K. erblickte, und an ihrer Schönheit und Schwatzhaftigkeit ein Gefallen fand. Läßt sie unter seiner Schwester Mägden erziehen; braucht sie als Beyschläferin unter grausamer Eifersucht, 285. er liebt sie so sehr, daß er von andern Ausschweifungen abläßt. Als sie fruchtbar wird, entschließt er sich sie zu heyrathen, und den Sohn Gustav zum Thronfolger zu ernennen. Solches trägt er A. 67 den Ständen vor, die es misbilligen, ib. doch setzt er den 4 Jul. A. 68 zu seinem Hochzeitfest an; lädt dazu seine Brüder höflichst ein, bestimmt ihnen aber dabey den Tod, weil sie ihre Herzogtümer nicht nach seinem Willen mit dem unsichern Lief- und Estland vertauschen wolten. Aber Catharina warnte sie redlich, daß sie wegblieben, 286. große Herrlichkeit der neuen Königin bey ihrer, mit der Krone auf dem Haupte, vorgegangenen Trauung. Woraut ihre Kinder gleich für ächte und Thronerben erkläret wurden, ib. bey der Solemnität fiel dem alten Gyllenstiern die Krone, zum bösen Anzeigen aus der Hand. Diese Misheyrath wird wird hernach von den Ständen als eine Ursache der Absetzung des Königs mit angegeben, 286 f. gute Conduite dieser aus dem Staube erhobenen Königin; sie lernte auf ihren Glücksstuffen. Es wird ihr nie beygemeſſen, daß ſie den König durch üble Rathſchläge zur Grauſamkeit ꝛc. verleitet; wol aber, daß ſie ihm durch einen Liebestrank die Sinnen verrücket habe, 287. iſt falſch, weil der König ſchon vorher öfters einen Unſinn an ſich hat ſpüren laſſen, 287 f. K. Erich hat nach ſeiner Verſtandsgeneſung ſich die Grabſchr. aus 1 Reg. II, 15. geſetzt: Translatum eſt regnum et factum fratris mei: a Domino conſtitutum eſt ei, 288. ſetzt auf ſeine Heyraths-Gedächtnis-Münze: Deus dat, cui vult, ib. ſeine Brüder empörten ſich A. 1568 wider ihn, bemächtigten ſich ſeiner den 23 Sept., entſetzten ihn des Reichs. Er muß 10 Jahre in kümmerlicher Gefangenſchaft ſitzen, darinnen er A. 78 an Gift den 25 Febr. ſtirbt, II, 348.

Erich, Biſchof zu Oßnabrück und Paderborn, iſt der jüngſte Sohn H. Albrechts II, zu Braunſchweig Lüneburg Grubenhagiſcher Linie, XVII, 10. ſtudiert zu Rom und gewinnt die Gunſt P. Jul. II, der ihn fördert, 11. A. 1508 wird er Biſchof zu Oßnabr. und darf ſ. Canonicat zu Paderborn beybehalten, ib. er wird e. A. zum Biſch. von Paderborn poſtulirt. Seine Capitulation, ib. erlangt A. 1509 die Confirmation, wozu er die Gebüren entlehnt, vom Pabſt ſo, daß er nicht nur Oßnabrück beybehalten, ſondern als Biſchof an beiden Orten ſtehen ſolte, 11 f. er wird A. 1511 geächtet, weil er keine Reichsſteuer zum venetianiſchen Krieg hergeben will; wird durch Gehorſam ausgeſöhnt, 12. er läßt im Stifte Paderborn ein neues Breviarium machen, ſo zu Leipzig gedruckt, 18. befiehlt deſſen fleißigen Gebrauch ſcharf, 12 f. der Landgraf von Heßen ſoll ihn lau in ſeinem Brevier-Eifer gemacht haben, 13. wird aber doch als ein Eiferer für die Religion angeſehen, ib. Religions-Unruhen zu Oßnabrück 1525, werden verglichen, 13 f. dergleichen gab es zu Paderborn A. 28, wozu ſonderlich die Ueppigkeit der Domherren und anderer Bedienten der Geiſtlichen, bey einem gewöhnlichen Tanz Anlaß gegeben. Vergleich, wobey ausgemacht wird, daß der Geiſtlichen Hausgenoßen keinen bürgerlichen Handel und Nahrung treiben ſollen, 14. er trift einen beſondern Lehens-Vergleich mit Simon edlen Herrn zu Lippe mit Conſens der Ritterſchaft und Städte des Stifts Paderborn 1517, darüber der Jeſuit Strunk ſchmält, 14. 15. er wird 1532 bey den münſteriſchen Unruhen vom dortigen Capitel poſtulirt, dabey er den rude donatum Fridericum jährlich mit

2000

2000 rhein. Goldgulden befriedigen solte, stirbt aber, ehe die Sache zu Stande kommt, den 14ten May, 16.

Erich der iüngere, H. zu Braunschweig und Lüneburg, letzter Fürst der calenbergischen Linie, hat einen eifrigstcatholischen Vater, und eine eifrigstevangelische Mutter, VIII, 211 f. er wird evangelisch unterrichtet, und die evangelische Religion wird im ganzen Fürstentum eingeführt, 212. Luthers weisagendes Urtheil von seinem Glaubensbekenntnisse, ib. er nimmt eine evangelische Gemalin Sidonia, H. Heinrichs von Sachsen Tochter, wird aber doch catholisch, und läßt sich vom Kaiser zum obersten Feldherrn wider die Stadt Bremen bestellen, 213. der erste Feldzug lauft übel ab, denn er wurde bey Drakenburg A. 1547 im May vom Graf Albrecht von Mansfeld geschlagen, ib. conf. XIX, 252 u. f. will die Schuld auf den kaiserl. Obrist Wriesberg schieben, 255. er lässet seinen Zorn an seinen evangelischen Unterthanen aus, VIII, 212. gestattet ihnen aber wieder die Religionsfreyheit, 213 f. H. Heinrich zu Br. Wolfenbüttel vertreibt ihn aus seinem Lande, 214. er nimmt spanische Kriegsdienste an, hilft bey St. Quintin A. 57 siegen, und kommt wieder in sein Land, ib. kan aber nicht lange ruhen, ib. seine zweyte Gemalin, Dorothea, H. Franz. Tochter 1575, 215. er reist nach Lothringen und Venedig, und stirbt 1583 zu Padua, ib.

Erlach, General Gr., läßt sich von Frankreich bestechen, nach H. Bernhards von Weimar Tod, Breysach demselben in die Hände zu spielen, VIII, 45.

Ernst, H. von Bayern, Churfürst zu Cöln, Bisch. zu Freysingen, Hildesheim und Lüttich, wird 1583 den 23 May gegen Erzbischof Gebharden zum Erzbischof zu Cöln erwählt, muß aber noch eine Weile um das Erzstift kämpfen, I, 302. sucht gar ängstlich Hülfe bey Spanien oder dessen Gouverneur in den Niederlanden, erlangt sie nachdrücklich, 1586, VII, 67 u. f.

Ernst, Marggraf und Stammvater des Badendurlachischen Hauses, ein Sohn Marggr. Christophs, geb. 1482, I, 363. 364. baut das Schloß zu Durlach; nimmt die evangelische Religion an, 364. seine Gemalin, ib. Kinder, 365. trift mit der Badenischen Linie einen Vertrag, daß Schulden halber von keiner Linie etwas sorte von Land und Leuten können veräußert werden, ib. dämpft den Bauernkrieg im Brisgau ohne vieles Blutvergießen, stirbt 1553, 365.

Ernst

Ernſt Adelbert Erzbiſchof zu Prag und Cardinal ſ. Harrach.

Ernſt Auguſt, H. v. Braunſchw. Lüneburg, nimmt, vermög des weſtphäliſchen Friedens, X, 333 u. f. als erſter evangeliſcher Biſchof ſeines Hauſes Beſitz vom Bistum Oßnabrück 1662, 336. verlegt die Reſidenz nach Iburg, ib.

Ernſt Bogislas, vermeinter letzter Biſchof zu Camin, Herzog von Croy und Arſchot, des H. R. R. Fürſt. Seine Geburt und Abſtammung, XI, 192. er wird als ein pommeriſcher Abkömmling 1632 zum Biſchof von Camin poſtuliret, 188. da der weſtphäliſche Friede eine Aenderung mit dieſem Stifte beſchloſſen, Art. XI, aber A. 53 doch die Beybehaltung des Capitels von Schweden und Brandenburg beliebet wurde, ſo bekam Ernſt Bog. an ſtatt des Bistums die Dom-Probſtey, womit er zufrieden ſeyn muſte, 188 f. zeigt ſich als einen guten Redner, 189. macht ſeiner Frau Mutter als der allerletzten gebornen Fürſtin des pommeriſchen Stammes eine ſchöne Grabſchrift, 190. ſich aber ſelbſt eine ſehr erbauliche, ib. der Churfürſt von Brandenburg belehnt ihn aus beſonderer Gewogenheit mit verſchiedenen Gütern, 191.

Ernſt Ludwig Landgr. zu Heßen-Darmſtadt, iſt Landgr. Ludwigs, unter 16 Kindern, von 2 Gemalinnen in der Ordnung der 4te und von der 2ten Gemalin erſter Sohn, XVI, 314. die Regierung kommt wider alles Vermuten auf ihn, ib. er feyert nach dem 50ſten Jahr ſeiner löblichen Regierung im ganzen Lande ein Dank- und Freudenfeſt 1738, ib. deswegen ergangene Verordnung, 314. iſt der älteſte Fürſt bisher im Hauße Darmſtadt in Anſehung der Regierungszeit, 315 f. Jubeltexte und Solennität, Chronoſticha und Anagram. 316 f. Ode, 317 f. er ſoll der dritte Landgr. in Heßen ſeyn, der über 50 Jahr regiert, 319. es kan aber von Landgr. Hermann nicht geſagt werden, ſondern nur vom Landgr. Carl und Ernſt Ludwig. Er lebt noch 2 Jahre drüber, 320. ſein Lebenslauf, ib. ſeine kluge Wahl bey der Erziehung ſeiner 3 Enkel, ib.

Erpach, die Herren und Grafen von, wollen einige ſchon von Kaiſer Carls des Gr. Tochter, Imma, und ihrem Gemal Eginhard herleiten, VII, 63. der Beſitz der Herren von Erpach von Michelſtadt, welches Kaiſ. Ludwig, 815, dem Eginhard geſchenket, hat dieſe Meinung veranlaſſet, ib. wichtige Zweifel gegen dieſes Vorgeben, 63. 64. die Würde und Alter des Hauſes Er-

Erpach ist bey dem zweifelhaften ersten Ursprung dannoch vorzüglich. A. 1184 hat Eberhard von Erpach ein Diploma unterschrieben, 59. A. 1224 Gerhardus, Pincerna de Erpach, der das Jus patronatus der Kirche zu Weiblingen gehabt, 59. daß sie groß begütert im XIII Saec. gewesen, beweißt ein Schenkungsbrief von 1250, Conrads an das Kloster Schönau, 80. mehrere alte Schenken von Erpach, aus Urkunden, ib. verschiedene haben hohe geistliche Würden bekleidet. Man findet Eberharden und Conraden als Canonicos, &c. 61. Gerlachen 1329 als Bischof zu Worms, 61. Dietrichen als Churfürsten zu Maynz 1439. Philippen als gefürsteten Abt des Klosters Weissenburg, 61. Erpachische Vermählungen mit gräflichen, herrlichen und fürstlichen Häußern, 62. 63. Kais. Carl V macht A. 1532 Eberhard Schenken und Herrn zu Erpach und Bickebach zum Reichsgrafen, 63. das Schenken-Amt führten sie von den Pfalzgrafen, ib. kurze genealogische Nachrichten von einigen Grafen von Erpach aus dem XVI und XVII Saec. sonderlich vom Gr. Georg Albrechten, dem Stamm-Vatter aller itzigen Grafen von Erpach, geb. 1597, VII, 58 f.

Erstgeburts-Recht. Das allerälteste Statutum davon im Reiche, wo mans antrift? VI, 383.

Erzbischöfe, haben nicht allzeit reine Absichten bey Vermehrung ihrer suffraganeorum, VI, 134.

Eselsfresser, werden die Schlesier von einem Bergwerke zum Reichsstatt, wo Gold gefunden wurde, und welches der goldne Esel hieß, genennet, weil sie keinen Ausländer dort zu- und mitfressen ließen. Replique der Schlesier auf den Eselsfresser, IX, 214.

Esperance, Freyherrn und Freyin von, siehe Leopold Eberhard.

Essen. Lage dieser fürstlichen Abtey in Westphalen, XIII, 211. sie hat zum Stifter Bisch. Alfrieden von Hildesheim, A. 873. die Klosterfrauen bekommen im ersten Stiftungsbrief die freye Disposition von ihren Gütern, ib. waren Anfangs Benedictiner-ordens, werden Canonißinnen, 211. der Stiftungsbrief scheinet verdächtig, hat wenigstens einen Umguß erlitten, 211 & 215. Privilegien vom K. Zwentipold in Lothringen u. f. Kaisern bis auf Kais. Heinrich II. Kaiser Otto III gab das Wahlrecht, 215. Aenderungen mit den Stifts-Advocaten, ib. Kais. Rudolph wird es 1275 verschreibt, daß

Nnn es

es ohne Folge auf seine Successores seyn solte, und mit einem geringen Schutzgelde zufrieden zu seyn, 215. unter welchen Bedingnißen A. 1495 der H. v. Cleve und Gr. von der Mark Schirmvogt geworden, ib. die Aebtißin Irmengard und ihre Nachfolgerin Anna Sabonne Gräfin von Salm, 209. führen Proceß an der Cammer mit der Stadt Eßen, die eine Reichsstadt seyn wollte, 215. muß aber die Herrschaft der Aebtißin erkennen, salvis iuribus antiquis Civitatis, 215. 216.

Este, eine kleine Stadt im Paduanischen, aber von großem Alterthume. Wo man bey den Alten Nachricht von ihr findet, VIII, 162 f. in mittlern Zeiten gehört es zum Comitatu Patauiensi, 163. von diesem Orte nehmen im XV Sæco die vornehmsten Marggrafen in der Lombardie ihren Zunahmen, ib. ob dieße vom trojanischen Fürsten Marthus herleitet, ib. andere halten sie vom röm. Ritter Actius zu Zeiten K. Tarquinii Pr. her, und soll ein Caius Actius A. 213. b seinen Sitz zu Este genommen und ein besonders Wappen geführet haben, 164. was von des Aen. Sylvii Meinung und von dem Marggf. Scorsia, den Kayß. Carl der Dicke 884 zum Marggrafen zu Este gemacht haben soll, zu halten? ib. die Estenser stammen von den edlen Longobarden her, 164 f. Muratorius führt sie vom Marggr. Adelberto in Tuscien Söhne, dem Obertus oder Obizo, Marggr. in Italien, der A. 951 schon groß war, her, und der ein Longobarde gewesen, 165. unter seinen Nachkommen war Azzo Marggr. in der Lombardie, der 1097 über 100 Jährig gestorben. Dieser heyratete zu erst Graf Welphs II von Altorf Tochter, Kunigunden oder Cuntza mit einem stattlichen Heyrathsgut, ib. er war noch nicht Marggr. zu Este, sondern eigentlich von Genua und Mayland, 166. Azzo war unter den Fürbitten Kays. Heinrichs IV. beym P. Gregor. VII. und hat auch für denselben garantiret, 166 f. aus der Ehe Azzo und der Cunza kam Welph IV, der gelangt nach seiner Mutter Bruder Welphs III Herz. in Kärnthen und Marggr. von Verona Tod, durch seiner Großmutter Irmengarts Vorschub in Besitz der welphischen Erblande, 167. Kayser Heinrich macht ihn A. 1070 zum Herzog in Bayern, ib. seine Söhne Welph und Heinrich folgen ihme im Herzogthum Bayern, ib. H. Heinrich heist H. Heinrich den Großmüthigen, dieser Heinrich den Löwen, Stamm-Vatter des herzoglich braunſchweigiſchen Hanſes, 167. - - des alten Azzo Kinder, mit ſeiner zwoten Gemahlin Gerſendis waren Fulco und Hugo. Vom Fulco ſtammen die Herzoge von Modena ab, 168. Streit zwiſchen den Halbbrüdern um die väterliche Erbſchaft, ib. wie dieſe 2 ſo lange getrennte Aeſte ſich 1695 wieder vereiniget, 168. 161. Lobſprüche auf dieſes vortrefliche eſtiſche Haus, ib. - - Albrecht von Eſte, Herr von Ferrara läßt ſich mit Franc. Carraria zu Padua wider Venedig ein; wird durch ſeinen Bruder Aetius in den erſten Jahren des XV Saec. in die Enge getrieben, und muß Venedig verſprechen, kein Salz mehr zu Comachio ſieden zu laſſen, V, 327. - - Borſius von Eſté erſter Herzog von Modena, ſiehe Borſius.

Ethelred, K. v. England, wird nach des däniſchen Königs Sveno Tod wieder auf ſeinen Thron geſetzt, I, 42. läßt die angeſeſſenen Dänen ermorden; ſtirbt aus Kummer, 1016, 43.

Ethelwolf führt die Abgabe des Peters-Groſchen in ganz Engelland ein, I, 18. macht mehr reiche Stiftungen nach Rom, 20.

Eva, umgekehrt AVE; Vergleichung der Eva mit der H. Maria, XI, 258 f.

Evangeliſche Lehre, hat zur erſten Bekennerin in Bayern Argula von Stauf, die mit D. Ecken diſputiren wolte, XI, 144; nimmt ihren Anfang in Crain 1535 durch den Primus Truber, laibachiſchen Domherrn, der den Kelch und Prieſter-Ehe behauptet, XIII, 108. es fehlt nicht an Verfolgungen, ſonderlich des Biſchofs wider ihn, ib. dannoch breitet ſich die Lehre unter dem Herrenſtand ſonderlich aus, ib. es fehlt nicht an Verträgen und Brüchen derſelben, bis ſich Erzherzog Ferdinand einen ſtrengen Ernſt ſeyn läßt, mit Gewalt zu reformiren und auszujagen, 9. 10. - - ob die evangeliſchen Stände des Reichs den König von Schweden nach Teutſchland gezogen, und deswegen den Schweden Satisfaction zu leiſten verbunden geweſen? XIX, 66 f. ſ. Guſt. Adolph.

Eucherius, Biſchof zu Lion, giebt die beſte Nachricht vom S. Mauritius und der thebaniſchen Legion, XVII, 245. ob 2 Eucherii zu Lion Biſchöfe im V und VIten Saec. geweſen? 247.

Eugenius IV. röm. Pabſt 1431, I, 73. ſucht die langgewünſchte Vereinigung der abend- und morgenländiſcher Kirche bey damaligen Aſpecten zu Stande zu bringen, 74. die kommenden Griechen gaben ihm einen guten Vorwand, das,

das, ihme verhaßte, Basler Concilium aufzuheben, doch ein anderes dagegen zu Stande zu bringen. Dieß geschieht zu Ferrara 438, 75. es wird scharf zwischen den Griechen und Lateinern dorten disputirt, das Concilium nach Florenz verlegt, und die Vereinigung mit dem gegenwärtigen Kaiser Johannes VII beschloßen, 76. auf diese vermeinte Union läßt der Pabst eine Medaille prägen, 78. das Unions-Geschäfte, wobey der Pabst so sehr geehrt ist worden, und worauf er so viel verwendet, ist gemalet worden, 78 f. wie der Unions-Vorgang mit den Jacobiten, auf den Vaticans-Kirchen-Thor-Flügeln, 79. seine Grabschrift, ib. er wurde A. 1439 vom Basler Concilio abgesetzt, VI, 388.

Ἐϰατινοτεχνοθυματογραματοϰαμιον, bedeutet eine Kunst- und Naturalien-Kammer. Wer der Erfinder dieses ewigen Worts ist, XX, 93.

F.

Faber, Johann Jacob, Bürgermeisters in Hamburg, Lebenslauf, XVII, 333 f.

Fabier, waren eine so starke Familie zu Rom A. 277. ab u. c. daß sie 306 Mann starck gegen die Vejenter ausziehen konten.

Die aber auf einmal erschlagen sind worden, VI, 4 f. wie Wahrscheinlich ist, daß nur ein einziger in der Wiege übrig geblieben, der hernach das Geschlecht fortgepflanzet, 5 f. wie es zu erklären? 6.

Faënza steht unter den Mansfredi als kaiserlichen und auch pabstlichen Vicariis, I, 58. Caesar Borgia erobert es, und tüttet die Mansfredi aus 1500, 61. wirft das pabstliche Joch 1507 ab, kommt unter venetianische Gewalt bis 1509, da es dem P. Julius II wieder zu Theil wird, 63.

Falkenberg, ein schwedischer Oberst, verführt, und vertheidigt Magdeburg tapfer, bleibt aber, als es mit Sturm übergieng 1632, 230.

Falkenstein, ein uraltes, Grafen gleich geachtetes, Geschlecht, so sich auch Herren von Münzenberg geschrieben, ist in der Wetterau entsprossen, und sind die Herren von Falkenstein, schon lange vor ihrem berühmten Erzbischof Conon, des röm. Reichs Erbkämmerer gewesen, von welchem der Cantzler Ludewig annimmt, daß derselbe die Erb-Cämmerer-Würde erst seinem Geschlechte erlanget, wird gründlich widerlegt, Ib. 146 f. wie die Münzenbergischen Güter an das Haus Falkenstein gekommen, IV, 403. wie die folfalkensteinischen Güter nach Ausgang der männlichen Erben mit dem Erzbischof Werner A. 1419, durch die übrigen 5 Erbtöchter vertheilet worden und an andere Häußer gekommen sind, 404. da die Grafen von Sayn, Virneburg, Solms, Eppstein und Isenburg, theils Gemale, theils Kinder Theil nahmen, XXI, 142.

Falkenstein, eine Herrschaft und Schloß an der böhmischen Gränze. Dessen gewesene und ietzige Besitzer, XIII, 94.

Farinacius, der große römische Jurist braucht Schutz, XI, 167.

Farnese, Petrus Aloysius, erster H. von Parma und Piacenza wird 1547 ermordet, XXII, 347. Octavio Farnese, dessen Sohn, wird von den kaiserlichen bedränget, sucht Frankreichs Hülfe, ib.

Fastrada Kaiser Carls des Gr. dritte Gemalin liegt im Stifte St. Alban bey Mayntz begraben, VIII, 302.

Sawkes, ein frecher Theilnehmer an der Pulver-Conspiration in England, XV, 160.

Ferber, Wolfgang, von Zwickau, Pritschmeister, beschreibt ein Armbrustschießen zu Dresden, in Versen, XXI, 196.

Ferdinand I röm. Kaiser. Er wird auf einer Münze Kaisers Maximil. I vom Jahr 1518 Rex Siciliae genennet, III, 184. kommt durch Vorsorge seiner Schwester Maria Königin von Ungarn zum Besitz dieses Reichs, V, 315. reitzt den türkischen Kaiser durch seine Forderungen, sich des Grafen von Zips, Johanns K. von Ungarn, anzunehmen, VI, 15. wie seine Händel mit diesem Könige verlauten, s. Johannes I K. v. U. und von den Händeln mit desselben Sohne K. Johann II und seiner Mutter, s. Elisabeth K. v. Ungarn. Sein Bruder Kais. Carl V bringt ihme die römische Königswürde zu Wege A. 1531; dawider setzten sich Chursachsen und die schmalcaldischen Bundesverwandten, II, 2. sein widriges Bezeigen gegen die Protestanten war Ursache daran, 2 f. merkwürdig ist, daß Luther und Melanchthon den treulichen Rath gaben, der Churf. von Sachsen sollte zu Ferdinands Wahl beförderlich seyn, XIV, 294. aber die politischen Räthe waren anderer Meynung und gossen Oel ins Feuer, 294 f. auch andere catholische Fürsten widersetzten sich, II, 59. ihre Einwendungen und was Ferdinand darauf zu sagen hatte, 60. protestantischer Seits faßte man hernach bessere Hoffnung von seiner Neigung, nach dem der nürnbergische Religions-Friede geschlossen war; dieses veranlaßte vermuthlich eine evangelische

gelische Reichs-Stadt, den, II, p. 1. vorgestellten Thaler prägen zu lassen, 3. gewiße Anzeichen, daß Kaiser Ferdinand hernach viel gütiger und geneigter gegen die Evangelischen gedacht, wann auch gleich deßen Rescript an D. Luthern vom Jahr 1537 nicht für ächt gehalten werden will, 4 f. wie sich endlich der Widerspruch gegen seine röm. Königs Würde durch den cadanischen Vergleich mit Chursachsen gänzlich gehoben, XIV, 295. II, 59. Ferdinanden wird nachher die Kaiser-Würde auch schwer, und sauer zu erlangen gemacht. Kais. Carl V sucht ihn auf allerhand Art zu überreden, die römische Königswürde an seinen Sohn Philipp zu überlassen. Aber Ferdinand wolte nicht, sondern wuste kräftig zu antworten, II, 60. 61. da Carl drohet, steckt er sich hinter die protestantischen Fürsten, 61. da ihm nach Carls Abdankung A. 58 die Kaiserwürde völlig zu Theil wird, will ihn Pabst Paul IV nicht als Kaiser erkennen, und macht allerhand Vorwürfe und Vexas, denen Kaiser Ferdinand rühmlich und herzhaft begegnet, 61-63. des P. Pauls Nachfolger Pius IV gab klüglich nach, und erkannte Ferdinanden als Kaiser, wie man recht an ihn gesetzet, 63 f. der Kaiser verstattet seinen Unterthanen den Gebrauch des Kelchs im heil. Abendmahl, und würkt die Erlaubnis auch beym Pabst A. 1564 dazu aus, VIII, 339. 344. eine ihm in dieser Sache überreichte merkwürdige Bittschrift der niederöstereichischen Stände, 1556, 340 f. des Kaisers zwar gnädige aber unzulängliche Erklärung darauf, 343; denn die catholischen Priester gaben ihnen das heil. Abendmahl nicht in zweyerley Gestalt, und keine Evangelische durften sie halten, 344. Klagen deswegen, und päbstliches Breue, so A. 64 verkündigt wird, und die Austheilung sub utraque gestattet, ib. Kaif. Ferdinand verdienet das Lob eines christlichen Monarchens. Was er seinem Sohne Maximil. II für trefliche Lehren vorgeschrieben, II, 6. aus- und innländische Schriftsteller beschreiben ihn als einen mit allen vorzüglichen Fürsten- und Regenten-Tugenden begabten Herrn, XXII, 254 f.

Ferdinand II röm. Kaiser, Erzherzog Carls in Steyermark und Maria H. Albrechts V in Bayern Tochter, Sohn, geb. 1578 den 9 Jul. verliert seinen Herrn Vater 1590. wer während seiner Minderjährigkeit regiert, bis er A. 96 die Regierung selbst angetretten, XXI, 178. vermält sich A. 1600 mit Maria Anna H. Wilhelms V in Bayern,

Bayern, Prinzeßin, nach erhaltener päbstlicher Dispensation, 179. das Herzogtum Crain beschenkt ihn bey der Hochzeit mit kostbaren Goldstücken, 180. 177. und andern Kostbarkeiten bey der Heimführung, 181. - - die Böhmen setzen nach Kaiser Matthias Tod ihre Empörung fort, und wollen nichts vom Ferdinand wissen, ob er gleich schon ihr gekrönter König war, I, 311 f. muß also, da die Güte nichts helfen will, 310. mit Gewalt der Waffen sein Recht zu behaupten suchen. Herzog Maximilian von Bayern kommt ihm zu Hülfe; und ersicht, ihre verbundene Armee den herrlichen Sieg auf dem weißen Berge bey Prag über des, von den Empörern erwählten K. Friedrichs V von Pfalz Kriegsvölker; wodurch Prag und ganz Böhmen in des Kaisers Hände kommen. Baut auf dem Siegesfeld eine herrliche Kirche, 314. 320. - - A. 1616 verliert er seine erste Gemalin, vermält sich zum zweytenmal mit der mantuanischen Prinzeßin Eleonora, die 1600 geb. war, A. 22. Sie lebte seit A. 12 im Ursula-Kloster zu Mantua als eine Elternlose Waise, XXII, 298. der Kaiser läßt um sie durch den Fürst von Eggenberg anwerben, der den 21 Nov. A. 21 mit ihr getrauet wird. Kommt den 4 Febr.

darauf zu Inspruck an, wo sie prächtigst eingeholet wird. Die Verlobung wird in der Bartüßer Kirche durch priesterliche Einsegnung bestätiget. Wie sie der Kaiser empfangen, 299 f. den 30 Jun. 1622 wird sie zur Königin von Ungarn, A. 27 den 21 Nov. von Böhmen, und 1630 zu Regenspurg zur Kaiserin gekrönt, 300. die Ehe bleibt unfruchtbar, doch war sie die getreueste und liebreichste Gemalin und Trost ihres Gemals, ib. sie war eine wahre Mutter des Landes, wird Wittwe 1637, stirbt 1655 den 27 Jun. 301. - man beobachtet in des großen Kaisers Ferdinands Geschichten 17 sonderbare merkwürdige Dinge oder so zu nennende Paradoxa, 301. 304. es wird an ihm seine übertriebene Frömmigkeit getadelt, 304. deren sich sein listiger Feind zu seinem intendirten Sturz gern bedienet hätte; so ihm aber mislungen, 302.

Ferdinand III röm. Kaiser, erbt von seinem Herrn Vater den leidigen Krieg mit Schweden, Frankreich und einigen Reichsständen; äußert aber bey ziemlichem Fortgang der Waffen, dannoch die größte Neigung zum Frieden; wozu er auf dem Regenspurger Reichstag 1640 und 41 die Hand bietet, XXII, 275. läßt die Präliminarien zu Hamburg zu Stande kommen; beschickt am ersten den Friedens-Congreß zu Münster und Oßnabrück durch seine Gesandten, den Gr. von Auersperg und den Reichshofrath Crane, 276. die Unterhandlungen dauerten bey abwechselndem, und endlich in Böhmen sehr gefährlich werdenden Kriegsfortgange bis auf den 24 Oct. 1648, da der Friede endlich zu Stande kommt, nachdem der Kaiser vieles von seiner Autorität u. a. m. nachgegeben, ib. er hebt zuförderst den Prager Frieden auf; admittiret alle Reichsstände zum Congreß, auch mittelbare Städte; läßt den Churfürsten von Trier loß, 276 f. hebt das Restitutions-Edict auf; bezeiget gleich große Geneigtheit den Religions-Bedräng- und Beschwernißen, auf Ansuchen der Protestanten, abzuhelfen, 277. seine Gütigkeit und Schwedens Mitwürkung bestätigten den Religions-Frieden im Vten Articel kräftigst, 277. der Annus decretorius 1624 und die Ausdehnung des geistlichen Vorbehalts auf die Protestanten; die Gleichheit bey Reichs-Deputationen, dem Cammergerichte und Reichshofrath wird von ihm zugestanden, 278. er indemnisiret Churpfalz, ib. befriedigt das trotzige Frankreich mit Elsaß und dem Sundgau, 279. endlich äußert er seine Liebe zum Frieden, daß er dasjenige, was Schweden und die Reichsstände zu Vollstreckung des Friedens beschloßen, nicht nur, trotz aller päbstlicher Protestationen, genehm hält, den Congreß zu Nürnberg eifrig beschickt, und den arctiorem modum exequendi A. 49 fördert, 279 f. noch ein Beweiß seines Ernstes zu Vesthaltung des Friedens, 287. - - der Kaiser schreibt im Jahre 52 einen Reichstag nach Regensburg aus, auf welchem er unter vielen wichtigen Angelegenheiten, auch Gelegenheit hatte, die römische Königs-Würde für seinen ältesten, und schon A. 46 zum böhmischen und A. 47 zum ungarischen König gekrönten Prinz Ferdinand, auszuwürken, XXII, 306 f. der Kaiser kommt den 12 Dec. nach Regensburg; und da die Eröfnung des Reichstags sich etwas langsam anließ, so arbeitet er indessen bey den gegenwärtigen Churfürsten an seines Sohnes Wahl; die vielleicht schon zu Prag vorher mit Chur-Maynz, Trier, Sachsen und Brandenburg mag richtig geworden seyn, 307. die Bewegursache, diese Wahl zu beschleunigen, war, allen französischen, schwedischen und anderer Misvergnügten Intriquen vorzukommen, die schon beym westphälischen Friedensgeschäfte dahin zielten, die Kaiserwürde künftig dem

Erz-

IV. Realregister.

Erzhause zu entziehen, 307 f. die Churfürsten ließen sich desto leichter zur Wahl bewegen, weil sie auch durch die auf dem Reichstag zur Deliberation zu ziehende Königswahl und beständige Wahlcapitulation, Schmälerungen ihrer Vorrechte vor sich sahen, 308. Um die Reichsgeschäfte nicht zu unterbrechen, wird Augspurg zur Wahl auf den 24 May 1653 angesetzt, ib. die Fürsten regen sich, und verlangen noch vor eröfnetem Wahlgeschäfte über diese Sache zu rathschlagen, ib. es wird aber doch die Frage: Ob ein röm. König zu erwählen seye? dem Churfürstlichen Collegio alleine überlassen, und nur einige Monita zur Capitulation zu machen beschloßen, 309. die Königin Christina von Schweden fordert auch durch ein Recommendations-Schreiben die Königswahl, ib. die Kaiserin, der Churfürst von Maynz, Cöln, Trier, Pfalz finden sich persönlich zu Augspurg ein. Die übrigen Churfürsten durch Abgesandte, 309. die Monita des Churbrandenburgischen Gesandten von Blumenthal, der etwas spät kam, werden nicht mehr viel consideriret, um den bestgesetzten Wahltag nicht zu verzögern, 310. der fürstl. sonderlich protestantischen monitorum, wird auch wenig Gebrauch gemacht, ib. die Wahl geht den 31 May einmütig vor sich, 311. die Krönung K. Ferdinands erfolgt zu Regenspurg den 18ten Jun. Crönungs-Streit zwischen Maynz und Cöln. Cöln geht mit Protestation fort, 311. andere merkwürdige Dinge, so dabey vorgegangen, 312. die Kaiserin Eleonora wird auch A. 53 zu Regenspurg gekrönet. Die Abreise des Kaisers geschieht den 18ten May 1654. Die Freude über den neugekrönten König währt nicht lange, dann dieser Hofnungsvolle Herr starb den 9ten Jul. darauf an den Blattern, 312. des Kaisers letzte wichtige Beschäftigungen waren durch seinen Gesandten den Gr. Pötting an den König Carl Gustab von Schweden, Frieden zwischen ihm und Polen A. 56 zu stiften, XIV, 45. der König will übel empfinden, daß der Kaiser im Schreiben gemeldet: er hielt es dem von GOtt ihm in der Christenheit aufgetragenem höchsten Amte gemäß, sich zu befleißigen, Frieden unter den christlichen Mächten zu stiften, ib. des Königs mündlich und schriftliche Antwort bezeiget Widerwillen und Mistrauen, 45. desgleichen war des Kaisers Bemühen, den Ragoczy vom Zug in Polen abzuhalten, vergeblich, und macht derselbe allerhand Forderungen an Kaiser, ib. ob er nun gleich

Ooo mit

mit Volk und Geld, durch außerordentliche Steuern wol versehen war, so trug er doch Bedenken, nach dem Flehen der Polen, sich in ihre Händel mit Gewalt zu mischen, und die 20000 Mann Hülfstruppen marschiren zu lassen, 46. im letzten Jahre seines Lebens verneuerte er mit aller Strenge die, von A. 1627 bis A. 52 ergangenen scharfen Religions-Patente wegen der Evangelischen in Niederösterreich, 46. 48. die Evangelischen wenigen Stände werden mit ihren demüthigen Bitten nicht gehört, sondern sehen sich genöthigt, ihr Vaterland mit dem Rücken anzusehen, 48. Anzahl und Beschaffenheit der vornehmen Evangelischen ums Jahr 1647 in Niederösterreich, und wie vergeblich beym westphälischen Frieden für sie gehandelt ist worden, 48. von des Kaisers letzten Maladie und Absterben den 23 Merz A. 57, 44. ein Schrecken beschleuniget sein Ende, ib. auf seinem Trauergerüste heißt er in der Aufschrift *Pacificus*, 45.

Ferdinand II, König in Arragonien, der Catholische. Seine großen, theils wahre, theils vorgegebene Verdienste, um den Pabst und die christliche Kirche, III, 50 f. sucht und erhält dafür beym Pabst Alexander VI Belohnung. Dieser eignet ihm die 3 Großmeisterthümer vom Jago, Alcantara, und Calatrava Orden zu; schenkt ihm die neue Welt und das Recht Africa zu erobern, 51. will ihm den Titel *Christianissimus*, so Frankreich nicht leiden will, geben, ib. endlich nennt er ihn Regem *Hispaniarum* Catholicum. Dawider Portugal Einwendungen macht, 52. K. Ferdinand setzt doch Christianissimus nebst catholicus einmal auf eine Münze, 53. nennt sich auch Triumphator, 56. bemächtigt sich des Königreichs Neapel 1503, s. *Corduba*, und A. 1512 und 13 des halben Königreichs Navarra, VI, 371. er erhält nach seines Tochtermann K. Philipps von Castilien Tod die vormundschaftliche Regierung in Castilien durch des Cardinal Ximenez Bemühung, vor dem Kais. Maximil. I, III, 179-181. er hat es nicht gut mit seinen Enkeln, vornemlich dem Carl; gewinnt sondern will sein jüngern Ferdinand die Nachfolge in seinem Reiche im Testamente wenigstens vermachen. Läßt sich durch den Cardinal Hadrian nicht andern; aber endlich durch den süßen Traum von der Grundlegung zur Universal-Monarchie bewegen, Carln die gebürende Erbfolge zu verschaffen, 181. 182.

Ferdinand I König von Neapel war ein natürlicher Sohn K.

fonſens V. von Arragonien von der Villardina Carlina, geb. 1424. Ihn erkennen die Stände als Herzog von Calabrien, und huldigen ihm als Erb-Prinz 1443, welches P. Eugen IV und Nicolaus V genehmigen und ihn legitimiren, XXI, 124. nach des Vaters Tod A. 58 waren Uebelgeſinnte bedacht, ihn um die Nachfolge zu bringen, ib. einige hängen ſich an den Pr. Carl von Viana, K. Johanns II von Arragonien, Sohn, der aber abſeegeln muß, 125. Pabſt Calixtus III geht ihm ſchärfer zu Leibe, und vernichtigt alles, was ſeine Vorfahrer zu ſeinem Beſten gethan; giebt Ferdinanden für einen untergeſchobenen Sohn aus, und erklärt Neapel für ein, dem röm. Stul heimgefallenes, Lehen, ib. aber Calixt ſtirbt und P. Pius II iſt wieder beſſer geſinnt; beſtätigt Ferdinanden im Beſitz Neapels, und läßt ihn A. 49 zu Bari vom Card. Latino krönen, 126. die Prinzen von Tarento und Roſſano hängen ſich darauf an H. Johann von Anjou, der Ferdinanden ſchlägt und verjagt würde haben, wenn ihm nicht der Pabſt, der Herz. von Mailand, und der große Fürſt in Epiroto, Scanderbeg, zu Hülfe gekommen wären; durch deren Beyſtand er den H. von Anjou A. 62 bey Troja ſchlägt und heimjagt, 126. P. Paulus II macht große Forderung am König, von welchen P. Sixt IV A. 71 wieder abs und ſich behandeln läßt, ib. große Türkengefahr, ib. mit P. Innocent. VIII ſteht er A. 84 wieder nicht wol; und viele von den Magnaten hatten vom Erb-Prinzen Alphonſus eine üble Meinung, daher ſuchten ſie den Herz. Renatus von Lothringen zum König zu machen, 127. es kommt zum Krieg und Aufruhr, da der Pabſt und die Rebellen hart vom Prinz Alfonſus eingetrieben werden; darüber es zum Frieden A. 86 kommt, und für die Empörer eine Amneſtie zugeſtanden wird, ſ. Aquila, der König verſpricht dem Pabſt den jährlichen Tribut zu geben, und der Pabſt beſtätigt die Bullen ſeiner Vorfahrer zum Faveur des Königs und ſeines Prinzens, 127. neue Cabalen einiger Großen, die aber meiſtens mit ihren Köpfen oder Gütern dafür büßen müßen, ib. darunter befande ſich des K. Schwager, Marino Marzano, der dem König einſt auf eine ſchändliche Art nach dem Leben geſtanden; da Ferdinand der Gefahr hart entronnen und einen Ducaten zum Andenken ſeiner Rettung hat ſchlagen laſſen, 121-123. darüber wird der König der Tyranney angeklagt, und der Haß der Großen

Großen haftete auf dem Erb-Prinzen, der sich an Mayland machte, und sich den K. Carl VIII von Frankreich übern Halß dadurch zog, ib. Ferdinand stirbt A. 1494, da ihm ein gefährliches Wetter von Frankreich bevor stunde, VI, 314 f. die Schriftsteller sagen, er sey sine lux et sine crux gestorben, XXI, 128. er förderte Handlung, Künste und Wissenschaften, ib.

Ferdinand II, K. von Neapel, des vorhergehenden Enkel, wird A. 95 vom K. Carl VIII, aus seinem Reiche gejagt, VI, 318. aber durch Beystand K. Ferd. von Arragonien, Venedigs ꝛc. bald wieder restituirt, 320.

Ferdinand, Cardinal Infant von Spanien, wird A. 1641 in die andere Welt geschickt, weil er die Mademoif. d' Orleans heyraten will, XIV, 37 f.

Ferdinand, Churf. und Erzbischof zu Cöln, Bischof zu Paderborn ꝛc. Herz. von Bayern, ein S. H. Wilhelms und der Renata von Lothringen, geb. 1577, wird Erzbischof zu Cöln, Bischof zu Lüttich, Hildesheim und Münster 1612, zu Paderborn 1619. Der Bischof Theodor v. Fürstenberg hatte ihn e. a. eiligst zum Coadjutor angenommen, weil die paderbornische Ritterschaft sich verlauten lassen, auch etwas bey der Wahl eines Bischofs dreinreden zu dörfen; und weil das H. Braunschweigische Haus einem seiner Prinzen gerne zum Bistum Paderborn geholfen hätte, welches dem Pabst nicht anstunde, XIX, 416. er erhält Paderborn gegen den heßischen Anfall A. 1648, welchem Hauße, alles vom Stifte Paderborn eroberte behalten zu dörfen, von Schweden Hofnung gemacht wurde, ib. er stirbt nach 38jähriger erzbischöflichen Regierung 1650, ib.

Ferdinand von Fürstenberg, der hochgelehrte Bischof von Paderborn, stirbt 1683 den 26 Jan., XVII, 276.

Ferdinand, Erzherzog von Oesterreich, Kais. Ferdin. I Sohn, geb. 1529, III, 11. verliebt sich zu Augspurg in die tugendhafte Philippina Welserin, nimmt sie heimlich zur Gemalin, 1550, 11/13. wird wegen dieser einzigen ungleichen Heyrath im Erzhauße mit dem Vater ausgesöhnt 1558, 13. erbt nach des Vaters Tod die Grafschaft Tyrol, und Vorderösterreichischen Lande, 15. -- liebt die Wissenschaften und Soldaten von Jugend auf, V, 162. hasset böse Gesellschaft, ib. commandiret die böhmischen Truppen in der Schlacht bey Mühldorf 1547, wird Statthalter in Böhmen A. 56, und nimmt die Stände ungemein

gemein durch seine löbliche Regierung ein, 163. commandiret in Ungarn wider die Türken und treibt sie zurück, ib. auch A. 66, da aber mit einer großen Macht nichts geschieht, 164. seine rühmlichen Beynahmen und besondere Leibesstärcke, ib. er legt eine schöne Rüstkammer zu Ombraß bey Insprück an, darinnen er die Rüstungen von 125 großen Helden gesammlet; die er in Kupfer stechen und beschreiben läßt. 1601 ediret. Heinrichs von Ranzau Lobspruch darauf, 165 s. vermält sich A. 82 zum 2tenmal mit Anna Catharina Gonzaga, 166. stirbt 1595, ruhet neben seiner geliebten Welserin zu Insprück, III, 16. seine Kinder, ib. V, 166.

Ferdinand Albrecht, H. zu Braunschweig Lüneburg in Bevern, ein S. H. Augusts von Br. Wolfenb. und seiner dritten Gemalin Sophia Elis. Pr. von Mecklenburg, geb. 1636. Unter seinen Lehrmeistern war Sigm. von Birken, XX, 355. hätte auf der Reutbahn in seiner Jugend bald das Leben eingebüßt; hat A. 58 auf Reisen einen Hofmeister H. Kätte, der ihn in allen Briefen beym Herrn Vater anschwärzt, 356. wird von demselben nicht als ein Kind gehalten. Doch schickt er ihn A. 62 nach Italien; da lernt er durch den Jesuiten Kircher einen Prinzen von Fez und Marocco unter seiner Societät kennen, 346. spricht die K. Christina und den P. Alexander, der mit ihm über eine Stunde sich unterhalten und manche evangelische Sentiments hat mercken lassen, 357. er besieht Neapel, Malta, Sicilien, und stehet große Gefahr durch Sturm aus, ib. geht A. 64 nach England, wird in die Gesellschaft der Wißenschaften zu London aufgenommen, ib. A. 65 reißt er nach Preußen, Chur- und und Liefland. Nach seines Herrn Vaters Tod A. 67 läßt er sich auf seinem Schloße Bevern nieder, und vermält sich mit Christina, Landgr. Friedrichs von Heßen zu Eschwege, Tochter, 357. VII, 380. reiset A. 70 auch nach Dännemark und Schweden. A. 75 besucht er den kaiserlichen Hof zu Wien, und besieht auch Ungarn, 358. geht durch Schlesien nach Hauße; erlernt 10 Sprachen auf seinen Reisen, 358. er ist in der fruchtbringenden Geselschaft, unter dem Nahmen des Wunderlichen, gewesen. Ludwig Landgr. von H. Darmstadt hat seine Gedanken in Versen über denselben aufgesetzt, 358. der Herzog plaisantirt selbst über diesen Nahmen. Er hat sein Leben selbst beschrieben, unterm Titel: wunderli-

che Begebnißen und wunderlicher Zustand in dieser wunderlichen Welt, 354. Zugabe
bey diesem Werke, ib. zwepter
Theil begreifend die wunderliche göttliche Dinge des A. u.
N. T. aus dem Wunder-
buch — mit Verwunderung
angesehen, 355. von seinen übrigen Schriften, sonderlich geistlichen und witzigen, 359 f. er
vertheidigt den angenommenen
Nahmen: Wunderlich; rüh-
met sein und seines Hofes christlichen Wandel, 360. stirbt 1687,
353. hat eine Freude an Versetzung der Buchstaben der Nahmen, um nachdenkliche Sprüche heraus zu bringen, XX,
441 f.

Ferdinand Albrecht, des vorhergehenden 4ter Sohn, geb. 1680.
Seine Studia und Reisen in Gesellschaft seines Bruders H. Augusts, VII, 380. seine Kriegsdienste von A. 1703, ist nebst 2
Herren Brüdern in der Schlacht
bey Schellenberg; vor Landau
General-Adjutant beym K. Joseph, 381. steigt bis zum Gene-
ral-Feld-Marschall-Lieütenant
1714, ib. wird A. 15 Gouverneur zu Comorra, Generalfeld-
zeugmeister, 381. seine Campagnen A. 33 und 34 in Gesellschaft
seines Erb-Prinzen Carls. Er
macht in allen 17 Campagnen,
ib. vermält sich A. 1712 mit
Antonietta Amalia, H: Ludwig
Rudolphs in Blankenburg: Vr.
Wünsche und Medaille auf diese Vermälung, 382 f. seine
Kinder, 383. succediret seinem
Herrn Schwieger-Vatter H.
Ludwig R. im Herzogtum Braunschweig Wolfenbüttel, 1735,
stirbt aber schon den 8 Sept.
e. a. 383 f.

Ferdinand Maria, Churfürst v.
Bayern, nimmt sich des Reichsvicariats an A. 1657, und
kommt mit seinen Patenten Chur-
Pfalz bevor, II, 98. Chursachsen erkennet ihn und vergleicht
sich wegen des Vicariats-Insie-
gels, ib. Speyer will seine Patente nicht annehmen ic. wird darüber mit der Reichsacht von
demselben bedrohet, 99. will gegen Churpfalz wegen des streitigen Wildfangrechts, auch als
Reichsvicarius seine Gewalt zeigen; wie in andern die pfälzischen Häuser angehenden Cau-
sis, 99. 100. protestirt gegen das
von Churpfalz angerichtete
Reichsvicariats-Hofgericht,
100 f. läßt an die Reichsstäns-
Leute Patente ergehen, 101.
wird in der Qualität eines Reichs-
vicarius von allen Churfürsten
erkennet, und seine Acta bestätigt Kaiser Leopold, 104. läßt
sich vom Churfürst Carl Ludwig von der Pfalz, wegen seines

Fernel, Jean, K. Franc. I, Leib-Medicus, macht des Dauphins Gemalin Catharina fruchtbar, durch Anwendung einer Regel des Hippocrates; kriegt für iedes Kind 10000 Reichsthaler, deren waren 10. Artige Antwort auf des Dauphins Frage: Ferez Vous des Enfans à ma femme? III, 260.

Ferrara. Ob diese, dem longobardischen K. Desiderio abgenommene, Stadt, Kais. Carl der Gr. der römischen Kirche, oder erst Mathildis dem Gregor. VII. gegeben? XIX, 201. Kais. Friedrich II eignet sich dieselbe wieder zu, ib. verl. sie, dem P. Gregor. IX wieder zugeschanzet, ib. das Haus Este besaß es als Statthalter des päbstlichen Stuls und entrichtete einen iährlichen Censum von 1000 Ducaten. Pabst Paulus II ertheilt dem Borso von Este 1471 die herzogliche Würde davon, doch unter vorbehaltenem Censu, XVIII, 44 s. nach dem Tode des letzten Herzogs zu Ferrara und Modena, Alfonsens II, ächten Stammes, A. 1597, nimmt sie P. Clemens VIII wieder, als ein heimgefallenes Kirchenlehen, zu sich, XIX, 201. er ist unerbittlich gegen den Cäsar von Este, und treibt ihn aus Ferrara, ib. er leidt einen Vergleich und hält einen frolockenden Einzug. Gedächtnisschrift deswegen über dem Thore daselbst, ib.

Ferrero, das Geschlecht, stammt von einer vornehmen florentinischen Familie der Acciaioli ab, welche bey den innerlichen Truben zwischen den Gibellinen und Guelphen, oder, weil keiner ein obrigkeitlich Amt verwalten könnte, der auswärtige Kriegsdienste hätte, wie die Acciaioli, aus Florenz weichen musten, XXII, 18. IX, 119. sie lassen sich in der Biela oder Bellaga nieder, wo sie den Nahmen Forestieri kriegten, daraus Ferreri geworden; sie breiten sich aus und acquiriren Güter und Grafschaften, sonderlich im Savopischen, XXII, 18 s. der Stammvatter der nachherigen Fürsten von Masserano war Bessus Ferrero, der A. 1469 Podestat zu Biela gewesen; hatte 2 Söhne, Sebastian und Heinrich, 19. Sebastian, Herr von Gallianico, wird 1489 Generalschatzmeister in Piemont, dem K. Carl VIII von Frankreich und seinem Nachfolger K. Ludwig XII. bekannt, den er bey den Zusammenkünften in der Lombardie und im mailändischen große Dienste thut, ib. er baut allenthalben Paläste, und kauft viel Güter in Mailand, Piemont und im Kirchenstaate, 19. wird

wird 80 Jahr alt, hat 7 Söhne und etliche Töchter, die ihm Ehre bringen, 20. Bessus und Gottfried seine 2 verehligte Söhne pflanzen 2 Linien fort. Des Bessus S. Philibert erheyratet mit der Bartholomaea Flisca das Marquisat Masserano u. a. 20. Bessus III sein S. ertauscht das Marquisat Crevecoeur, erzeugt mit seiner 2ten Gem. Claudina von Savoyen Franz Philib. Flisco Pr. v. Masserano; dieser erhält die reichsfürstliche Würde vom Kaiſ. Rudolph II 1577, 20. IX, 118. in eben dem Jahr verspricht ihm H. Eman. Philib. von Savoyen seine natürliche Tochter zur Gemälin; die solte legitimiret werden und das savoyische Wappen führen. Dagegen solte Masserano, nach gewissen Fällen, an den natürlichen Sohn des Herzogs, Don Amadaeus von Sav. fallen, XXII, 20. Beatrix stirbt aber zu früh. Franz Philib. vermält sich mit Francisca von Grillet, Gr. von Trivier, Tochter; die bringt ihm Töchter und einen Sohn Paul Ferrero F. von Masserano zur Welt, 22. Franz Philib. war 1608 savoyischer General der Reuterey; begiebt sich A. 16 im montferratischen Krieg in spanischen Schutz, welches ihm viel Unglück zuzieht, 21. sein S. Paul, der die savoyische Gunst genießt, erzeugt einen Sohn Ludwig; dieser den Carl Bessus Ferrero, der 1687 H. Carl Eman. von Sav. natürliche Tochter Christina heyratet, aber doch durch H. Victors Amad. II angestellte Reunion seiner Domainen viel von seinen Gütern verliert, 22. darüber er verdrießlich wird, alle übrige Güter verkauft und sich nach Madrit begiebt, wo er 1712 Grand d' Espagne geworden, stirbt 1720, 22. von seinen Kindern, ib. sein ältester Sohn Victor Amad. Ludwig F. in F., Fürst v. Maßer. geb. 1688, nimmt Kriegsdienste, ist als Adjutant des K. Phil. V. bey Luzara &c. erhält 1701 der Königin Leib-Regiment Cavallerie, hält sich wol in den Treffen in Spanien und wird endlich 1734 Generalcapitain der Königl. Armeen, 22. er trift eine reiche Heyrath mit Joh. Irene Caraccioli, des Herzogs von Castel Sangro Tochter, ib. die starb 1721. Kinder, 22. - - fünf merkwürdiger Cardinäle aus dieser Familie kurze Lebensbeschreibung, 23, 24.

Feuermaschinen, oder Feuerschiffe werden 1585 zum erstenmal zu Andorf gegen die Spanier mit grausamen Effect, obgleich die Unternehmung nur halb gelungen, gebraucht, XIII, 14. die Fran-

Franzosen sind also nicht die ersten gewesen, die Feuer-Maschinen zu Wasser erfunden und gebraucht, ib.

Feuerwerker, ein besonderer, Marcel Dietrich von Schwanewitz, rühmt sich der Erfindung eines Feuerwerks, womit man ganze Armeen auf einmal aufreiben könnte: kan aber mit seiner Probe nirgends ankommen, XI, 126 f.

Fichard, Johann, wegen seiner Lebensbeschreibungen der Juristen gegen Guido Pancirolum vertheidiget, XVI, 9 f.

Findanus, Sanctus, eines irrländischen Fürsten Sohn, im 8ten Jahrhundert, wird öfters aus der Normannen räuberischen Händen wunderbar erlöset, XIX, 122. gelobet sich GOtt; wandelt übers Meer, Frankreich und Teutschland, und kommt nach Rom, wo er geistlich wird, 123. auf der Rückkehr, kommt er zum Graf Wolf nach Kyburg, dient demselben als Priester, und geht A. 800 ins Closter Rheinau, so Gr. Wolfgard gestiftet. Wird nach 5 Jahren ein Einsiedler. Sein strenges Leben und Fasten. Er theilt am Brigitten-Tag Fleisch aus, und sättigt viele Armen mit wenig, ib. stirbt 827 und ruhet im Closter Rheinau in einem schönen Grab, so ihm ein Prälat neuerer Zeiten errichten lassen, 124. ist nicht Bischof, oder der erste Abt des besagten Closters gewesen, ib.

Firley, ein polnischer reformierter Edelmann, will die Krone aus der Kirche tragen, weil der K. Heinrich nicht den Dissidenten den Frieden im Wahlvergleich bestätigen will, III, 266.

Flacius, Matthias, ein großer Theolog, ist der heftigste Widersacher des Interims. Geht deswegen nach Magdeburg; eifert in Schriften, und soll der Erfinder einer Spottmünze aufs Interim seyn, XXII, 61.

Flandern, die Grafschaft, hat ihren Ursprung vom K. Carl dem Kahlen in Frankreich, der dem Balduin mit dem eisernen Arm, A. 862 dieselbe, als ein Lehen gegeben. Was sie begriffen, X, 93. die Grafen waren Pairs von Frankreich; und dieser Krone Lehenshoheit darüber dauert bis K. Franz I auf dieselbe Verzicht thun muß, 93. 95. die Herrschaft Flandern war ein Stück von Lothringen, und daher ein teutsches Reichslehen, 93. 95. Struv wolte es zum Allodio Imperii machen, 95. Woraus diese Herrschaft bestanden, 93 f. und endlich das freye eigenthümliche Flandern, 94. wie Flandern zum Erblehen geworden, daß es auf Töchter, Schwester und deren Nachkommen hat kommen kön-

können? 94 f. Flandern konnte also Prinzeßinnen zu Besitzerinnen und Regentinnen haben. Die erste war Margaretha Graf Philipps, der auf einem Creutzzuge 1191 gestorben, Schwester, Graf Balduins von Hennegau und Namur Gemalin; die folgte als Erbin in der Regierung, X, 90. K. Philipp II von Frankreich ihr Tochtermann, will wegen ihrer Tochter Isabella Erbe seyn, die Gr. Philipp vor seinem Ende als Erbin eingesetzt habe; und muß die Mutter derselben die Grafschaft Artois und das westliche Flandern abtretten, 90 f; sie muß den Gentern viele Freyheiten einräumen, 91. stirbt 1194, ib. 2) Graf Balduins, der 1206 als griechischer Kaiser umgekommen, Tochter, Johanna, die ihn erbt. Man sucht sie um die Nachfolge zu bringen, 91. sie heyratet endlich mit des Königs von Frankreich Einwilligung 1211 Pr. Ferdinand, des K. Sanctii I von Portugal, Bruder, der dem königl. Prinz Ludwig Aire und St. Omer versprechen muß, 92. Gr. Ferdinand wird in der Schlacht bey Bovines des Kais. Otto IV mit K. Philipp, 1214 gefangen, da Johanna während seiner Gefangenschaft bis A. 25 regiert. Nach Ferdinands Tod heyratet sie den Gr. Thomas von Savoyen, stirbt 1244, ib.

3) Margaretha, der Johanna Schwester erbet Flandern; hat mit Gr. Johann von Avesnes und Hennegau, ihrem Sohne erster Ehe, großen Streit, da sie die, mit dem Dampiere erzeugten Söhne, mit Ausschließung desselben zum Gehülfen in der Regierung annahm, 92. sie stirbt 1279, ib. 4) Margaretha erbet von ihrem Vater Ludwig III, dem letzten Grafen, der von 1346 bis 1383 regiert, III, 214, und ein Sohn Gr. Ludwigs II, der A. 1322 zur Regierung gekommen, und A. 1346 in der Schlacht bey Cressy geblieben, ib. Flandern 1384; sie regiert mit ihrem Gemahl H. Philipp von Burgund gemeinschäftlich bis 1404. da sie bis 5, alleine wieder herrscht, X, 93. um ihres Gemahls Schulden nicht bezalen zu dörfen, entsagt sie der Erbschaft seiner beweglichen Güter und legt Beutel und Schlüßel auf sein Grab, 93. die 5) Regentin war ohne Zweifel Maria Herzogin von Burgund A. 1477, nach ihres Vaters H. Carls Tod, 96.

Fleetwood, Carl, Cromwells Tochtermann, ist zu republikanisch gesinnet, als daß er, nach Cromwells Tod, das Protectorat hätte suchen mögen, VIII, 224.

Florenz, die Stadt, bekommt 1530 ein Alexander von Medices einen

einen Oberherrn vom Kaiſer Carl V, XI, 230. Dieſer führt zwar den herzoglichen Titel, aber nicht als Herzog von Florenz in den erſten Jahren; den ihm endlich A. 35 der Kaiſer auch zugeſtehet, 231. da ihn vorher, auf Zureden des Pabſts, die Bürgerſchaft von Florenz A. 32. ſchon als ihren Herzog erkläret, XVIII, 62=64. -- wie Kaiſer Carl V, vermög der Accordspuncten bey der Uebergabe der Stadt, da ihr ihre Freyheit iſt verheißen worden, dannoch derſelben einen Herrn hat geben können? 58=60. Die Antwort iſt: weil Florenz, wie vormals, unter den kaiſerlichen Oberbotmäßigkeit ſtehen, und nur nichts in ihrem Weſen und innerlicher Verfaßung geändert werden ſolte, 61. da ſie verdienet hätte wegen ihres Ungehorſams dem Fisco eingezogen zu werden, ib.

Forbes, William, wird von K. Carl I zum erſten Biſchof zu Edimburg gemacht 1633. war ein eifriger Vertheidiger des biſchöflichen, als von GOtt eingeſetzten, Kirchenregiments; iſt auch verdächtig, als hieng er auf die papiſtiſche Seite, XX, 391. ſchreibt Conſiderationes de iuſtificatione, purgatorio, inuocatione SS. &c. pflegt 5 bis 6 Stunden lang zu predigen; mag

ſich zu tod geprediget haben, 392. ſtirbt ſchon A. 34.

Forgatſch, Blaſius, ein ungariſcher Edelmann, ermordet K. Carln von Neapel und Ungarn, L, 4. wird erſchlagen, 5.

Foedor, Ivanowiz, wird Czaar nach ſeines Vaters Ivan Baſilowiz Tod 1584. Seine Dummheit giebt ſeinem Schwager Boris Gelegenheit ſich der Regierung zu bemächtigen, V, 371. ſtirbt 1597 an Gift, 373.

Foedor. Boriſſowiz wird Czaar 1605; aber nach wenig Monaten hingerichtet, V, 374.

Förſch, reichsfrey unmittelbares Geſchlecht, ſo 1563 ausgegangen, und wie deſſen Güter vertheilet worden, XXI, 18.

Foix, eine Grafſchaft in Ober-Languedoc am pyrendiſchen Gebürge, eine Vormauer Frankreichs gegen Spanien, begreift 5 Städte und 16 Caſtellaneyen, XXII, 90. Die Einwohner dieſes Landes mögen zu Cäſars Zeiten Eluates geheißen haben, ib. Foix iſt erſt nur ein Bergſchloß der Grafen von Carcaſſone geweſen, 91. Roger II Gr. zu Carcaſſone vererbt Foix nebſt der Grafſchaft Coſerans und halb Bolveſtre an ſeinen 2ten Sohn Bernhard. Dieſer ſtirbt 1050 und hinterläßt Roger I, von dem die Grafen von Foix abſtammen, 91. unter ſeinen Nachkommen erheyratet

Ppp 2   A. 1202

A. 1202 Roger Bernhard II mit der Ermesende ein Stück von der Vicomté Cerdagne in Catalonien, ib. deſſen Enkel Roger Bernh. III, bekommt mit der Margaretha Moncada, 1290, einen Theil von Bearn; erſtreitet dieſe Landſchaft von ſeinem Schwager Gerhard Gr. von Armagnac, und durch den Ausſpruch K. Philipps VI in Frankreich 1303, 91. ſein Sohn Gaſto I Gr. von Foix und B. erzeugt mit Johanna Gr. von Artois 3 Söhne, Gaſto II, Gr. v. F. u. B. Roger Bernh. Vic. von Caſtelbon; und Robert, Biſchof von Baur, ib. ſeine Gemalin weicht in ein Kloſter über einen Streit mit ihm. Er kommt zu ihr dahin und erzeugt den Lupus, der die Grafſchaft Rabat bekam, und deſſen Nachkommen mit Gr. Roger, 1679, ausgegangen, 92. *Gaſto Phoebus*, Gaſtonis Sohn, läßt ſeinen gottloſen Sohn hinrichten, und Foix fällt an Matthäus v. F. Vic. v. Caſtelbon, Rog. Bernhards Enkel. Deſſen Erbin und Schweſter die Güter an ihren Gemahl Archambald von Greilly und Captal de Buch bringt, 92. dieſen will K. Carl VI wegen ſeiner Connexion mit Engeland nicht belehnen. Er verſpricht aber alle Treu, und nimmt den Ruhmen von Foix und Bearn an, 92. K. Carl VII

giebt deſſen älteſten Sohn Johann die Grafſchaft Bigorre 1425, von deſſen Nachkommen Franz Phöbus wegen ſeiner Großmutter Eleonora die navarriſche Krone erhält, aber im 16 Jahr ſeines Alters ſtirbt, mit den Worten: ſein Reich ſey nicht von der Welt, 93. Erchambalds zweyter Sohn, Gaſto, bekommt die Hauptmannſchaft von Duch, hängt ſich an England, wird verjagt, ſtirbt in Arragonien 1429, ib. ſein Sohn Johann wird vom K. Heinrich VI in England zum Grafen von Candale gemacht, und erzeugt mit Margaretha, Herzogs von Suffolk, Tochter, die Margaretha von Foix. Dieſe Margaretha, ſo auf dem Thaler p. 92 ſteht, vermählte ſich mit Marggraf Ludwig II von Saluzo 1491, der ſie 1504 als Vormünderin über ihre 4 Söhne und eine Tochter hinterläßt, 95. Schickſal ihrer Söhne, 95 ſ. ſie ſtirbt 1532 in Frankreich, und wird ihr die Schuld vom Untergang der Monſeratiſchen Familie zugeſchrieben, 96. -- außer dieſer Margaretha ſind noch 3 Prinzeßinnen aus dem Hauße Foix berühmt. Die Germana, K. Ferdinand des Catholiſchen, Gemalin 1506; Margaretha, Gemalin des letzten Herzogs von Bretagne, Mutter

der

IV. Realregister.

der Erbin dieses Herzogtums und der Gemalin K. Carls VIII und K. Ludwigs XII; und Anna Gem. König Uladislaus in Ungarn und Böhmen, 93. Irrtümer, so Lithuanfius in ihrer Beschreibung begangen, 94. Kriegshelden aus dieser Familie, waren Gasto de Foix H. v. Nemours, der bey Ravenna gesiegt 1512, und im Nachsetzen geblieben, 94. zum Leidwesen K. Ludwigs XII, ib. Ferner die 3 Brüder: Andreas Herr von Esparne; erobert 1520 das Königreich Navarra, verliert es A. 21 wieder summt dem Leben, 94. Thomas Herr von Lescun und Marechal de Fr., bleibt A. 25 bey Pavia, Adet Vicomte de Lautrec Marechal de Fr.; starb vor Neapel 1528, ib. ihre Schwester, Francisca, war die Gemalin Joh. von Laval und K. Franc. I Maitresse, 94.

Fondi eine Herrschaft in Terra di Lavoro, giebt K. Carl II von Spanien A. 1690 dem Fürsten Heinrich Franz von Mansfeld; kommt wieder aus dessen Händen, XIX, 28 f.

Fontange, Maria von Scoraille, Herzogin, war Hofdame bey der Herzogin von Orleans, VI, 299. ihre Familie und Schönheit, ib. der König Ludwig XIV liebt und beschenkt sie, ib. die eifersüchtige Montespan kan sie mit allen Künsten nicht ausstechen, 299-301. der König macht sie zur Herzogin, als sie schwanger wird, und giebt ihr den H. von Noailles, einen frommen Herrn zum Hofmeister, weil sie zu sehr verschwendete, 301. sie wird im Kindbette elend und stirbt 1681, nach langem Lager, ohne Zweifel an Gift, 302. des Königs Sorgfalt für sie und Gnade für ihre Freunde, ib. mehrere Specialia, 423.

Poquenbroch, W. von, ein schlechter und gemeiner Arzt zu Amsterdam, XIV, 200. wird seiner schnakischen Einfälle wegen, der niederländische Scarron genennet, ib. seine lustige Grabschrift, ib.

Fracastorius, Hier., ein sehr berühmter Philosophus, Medicus und Poet aus Verona gebürtig, V, 178. sein Leben beschreibt Otto Friederich Menke zu Leipzig sehr fleißig, ib. von dem Adel seiner Familie, 178 f. seine Eltern, 179. ist vermutlich 1483 geboren, 179. ist mit ganz zusammengewachsenen Lefzen auf die Welt gekommen, ib. Scaligeri epigramma darauf, ib. seine Mutter schlägt ein Donnerstral zu Boden, da sie ihn eben in der Schoos hatte, ohne seinen Schaden, ib. diese wunderbare Erhaltung wird billig für eine gute Vorbedeutung angesehen, 179 f. er studiret zu Padua hauptsächlich

lich die Medicin, 180. wird von dem venetianischen Feldherrn, Barth. Liuiano, als Feldmedicus berufen, ib. treibt zu Verona die Medicin, und wird 1546 päbstl. Leibmedicus, ib. macht die Seuche zu Trident gefärlicher, damit der Pabst das Concilium nach Bononien verlegen könne, 180 f. seine medicinische große Erkenntnis, Erfarung und Ruhm, 181. er macht sich durch sein diascordion, eine Latwerge, einen unsterblichen Namen, ib. anderer großen Medicorum Zeugnis davon, ib. er bringt seine übrige Lebenszeit in Stille mit dem Studiren zu, 181. stirbt 1553, ib. seine Leibesgestalt, 181 f. ob seine Nase durch die gar lange Betrachtung der Gestirne zusammengezogen und breiter worden, 182. von seinem Bilde, 182 f. von seiner Gemütsbeschaffenheit, 183. für seine Curen nahm er von niemand Geld oder andere Belohnungen, ib. der Kaiser Carl V stehet in der Sonne und im Staube ein wenig stille, und siehet ihn gnädig an, 183. seine vortreflichen Schriften hat Paul Rhamnusius zu Venedig 1555 in Quart zusammen drucken lassen, 183 f. sie werden 10 mal nachgedruckt, 18. werden namentlich angefürt, ib. ihm werden Statuen zu Ehren aufgerichtet, ib. Fränkische Provinz oder Landschaft am Rhein hieß vor Alters schon immer per eminentiam das Reich, VI, 276.

Franciscanermönche, will Pabst Iulius II vereinigen; sie hintertreibens aber mit vielem Gelde, XVI, 261. wie sie aber D. Luther vereinigt, ib.

Franciscus. Nachricht von dem entsetzlichen Buche, conformitates uitae P. Francisci ad uitam Domini nostri Iesu Christi, X, 370 f. wie der Buchdrucker die üble lateinische Schreibart des Verfassers entschuldigt, 371. daraus wird angeführt, wie, wo, und wann Franciscus die Wundenmale unsers Heilandes bekommen haben solle, 372 f. wie der Verfasser, Barthol. de Pisis, solches zu beweisen vermeint, 374 f. kurze Beurtheilung, 376. ein Barfüßer will gesehen haben, wie Franz Christo unter dem Arm hervorgekrochen ꝛc. ib. Lucæ Waddings Nachricht von Francisci Wundenmalen, XV, 211. an welchen Tagen sich dieses vorgebliche Wunderwerk zugetragen haben soll, ib. sie sollen Francisco nicht vom Erzengel Michael, sondern von Christo selbst, zugefügt worden seyn, ib. Beschaffenheit dieser Umstände, 211 f. was Lucas, Episcopus Tudensis, 3 Jahre nach Francisci Tod davon geschrieben, 212 f. Verbergung und Wunder dieser Wunden-

Wunden, 212. wer sie gesehen, ib. ob andere heilige Männer auch solche Wundenmale gehabt? 213. christliches Urtheil Iac. Fabri Stapul. von diesen Wundenmalen, 214 f. ansehnliche Leute auch noch in den düstern Zeiten fechten dieses Vorgeben an, 215. ein paar Exempel davon, 215 f. Francisci Grabschrift, 216.

Franciscus I, wird römischer Kaiser, XVII, 369 f. von der ihm in Nürnberg aufgerichteten Ehrenpforte, 275 f.

Franciscus I, König in Frankreich, erstlich Herzog von Valois, ein Sohn Gr. Carls von Angoulesmes und Aloysiae Pr. von Savoyen, Sohn, geb. 1494 den 12 Sept., kommt als ein Nachkömmling K. Carls V vom H. Ludwig von Orleans, A. 1515 zur französischen Crone, I, 146. -- als den kaiserlichen untern H. Carl von Bourbon und dem Pescara ihr Versuch auf Marseille A. 1524 mit großem Verlust mislungen; glaubt K. Franz gute Zeit zu seyn, Mailand wieder zu erobern, XI, 322. er eilt aller Vorstellungen ungeachtet den Kaiserlichen nach in die Lombardie, ib. Saluzzo und Tremouille nehmen die Stadt Mailand ohne Widerstand ein, 323. der König ergreift den schlechtsten Rath, unterläßt den damals sehr schwachen Kaiserlichen nach Lodi nachzurücken, und dort zu vertreiben, 324. und unternimmt die Belagerung von Pavia mit 26000 Mann den 27 Oct., 325. Anton de Leva, der spanische General, setzt sich, so gut er kan, und besser, als man französischer Seits geglaubt, in Vertheidigungsstand, ib. die Franzosen erobern einen Brückenthurn, und lassen die darinnen Gefangenen aufhenken. Leva schießt denselben nieder, ib. vergeblicher Sturm am 6 Nov., wobey eine vornehme Frau Hippolyta Malaspina die Belagerten sehr zur tapfern Gegenwehr aufmunterte, 326. vergeblicher Wasser-Anschlag, ib. die teutschen Soldaten wollen von Leva bezahlt seyn und bekleidet. Zwingen ihn durch Vermünzung alles seines Silbers und seiner goldenen Halskette, des Universitäts-Zepters, und auf andere Art Geld zu schaffen, 326. dafür der Teutschen Obrister mit Gift aus der Welt geschaffet wird, 326 f. endlich kommt der Mangel an Lebensmitteln, und man muste Pferd und Eselsfleisch essen; daher ihnen die Franzosen Eselsfresser zuriefen, 327. der König läßt dem Leva durch einen Geistlichen und Verheißungen zur Uebergab zusprechen, 327. der König erhält frisches Pulver, und Johann von Medices geht zu ihm

ihm über, ib. Indessen sammeln sich die Kaiserlichen, verstärken sich durch den Frunsberg, und gehen auf den König los, 328. der abermals den guten Rath verständiger Generale verschmähet und beschließt, den Angriff der Kaiserlichen zu erwarten; deren Unternehmungen so glücklich von statten gehen, 328. - - König Franzens Vorsatz, den Madriter Frieden nicht zu halten; da er den 14 Jan. A. 26, ehe er den 14 Febr. den Vergleich wegen seiner Loslaßung schloße, ein Instrument von einem Notarius, in Beysein einiger Zeugen, heimlich errichten läßt, darinnen heftigst protestirt wird, daß der König an nichts, was er aus Noth und Zwang zum Nachtheil seiner Ehre, seines Reichs und der Christenheit ꝛc. um seine Befreyung zu erhalten, versprechen müste, wolle gehalten seyn, II, 249 f. er hält dießfalls sein Wort; da ihn sonderlich P. Clemens VII in seiner Treulosigkeit bestärket, und der Loszehlung vom Madriter Eid versichert, 251. - - K. Franciscus sieht sich A. 29 wieder gezwungen, mit dem Kais. Carl V wegen eines Friedens zu Cambray handeln zu lassen, der den 5 Aug. zum Schluß und A. 1530 in Erfüllung kommt, 282. 255. Bedingniße, 253 f. - - der König bekommt die Lösungs-summe für seine Prinzen ꝛc. die in Kais. Carls Händen als Geiseln waren, vom König Heinrich VIII in Engelland, 254. - - ob König Franciscus, oder Kaiser Carl, die meiste Schuld an den öftern Friedensbrüchen miteinander gehabt? II, 255 f. - - von König Franc. I unbilligem Bezeigen gegen den Herzog Carl II von Savoyen, s. Carl. macht A. 46 Friede mit England, stirbt A. 47 den 31 Merz, XXI, 397. sein Sinnbild, I, 145 f.

Franciscus II, K. von Frankreich, nimmt noch als Dauphin, wegen seiner Gemalin der Königin Maria von Schottland Ansprüche, A. 1559, und dann als König, den Titel und Wappen von Engelland an; legt ihn aber auch im Edimburger Frieden 1560 wieder ab, V, 235. stirbt den 5 Dec. vor der Ratification, 330.

Franciscus von *Valois*, Herzog von Alençon, K. Heinrichs III in Frankreich Bruder, wird zum Herrn der Niederlande, zum Herzog von Brabant, und Grafen von Flandern angenommen 1582, III, 280. seine Herrlichkeit währt nicht lange, ib.

Franciscus II, der letzte Herzog von Bretagne, ein Sohn Richards Grafens von Etampes und Margarethen Gr. v. Vertus, der Tochter Ludwigs, H.

von

von Orleans, geb. 1435, erbt
das Herzogtum von seines Vaters
Bruder H. Artur III, 1458,
XX, 378. - - Abstammung
der Herzoge von Bretagne dieser letzten Linie vom K. Ludwig
VI aus dem capetingischen Hauße,
377 f. K. Ludwig XI läßt ihm
bedrohlich wissen, sich des Münzens, des Titels von Gottes
Gnaden, welcher doch den Herzogen, ob sie gleich Lehensleute
von Frankreich waren, lang
schon gewöhnlich und unwidersprochen war, und der Lehenshoheit
im weltlichen über die Bischöfe
zu enthalten, 379. 383. er führte einen Schild von Hermelin,
oder Silber und schwarzen
Schwänzen bestreuet; woraus
auch das bretagnische Wappen
bestehet. Es war vor Alters das
Hermelin so hoch in Bretagne
gehalten, daß H. Johann IV
1381 einen Ritter-Orden, demselben zu Ehren, gestiftet, 382. - -
der Charakter H. Franzens ist
schlecht. Er ließ sich von eines
Schneiders Sohn, Pierre Landois, den er vom Kammerdiener
zum Hurenführer, und endlich
zum völligen Minister gemacht,
regieren, 384. Landois stürzt den
Canzler Chauvin und den Bischof von Rennes, wodurch er
sich durchaus verhaßt und zeitig
macht, so, daß er in einer Rebellion dem Herzog von der Seiten weggenommen und A. 1484
gehenket wird; nachdem er vorher das Land in Unruhe versetzt,
welche der Herzog bis an sein
Ende A. 88 empfinden muß, 384.
Franciscus, Herz. zu Braunschw.
Lüneburg zu Gifhorn, dritter
Sohn H. Heinrichs des jüngern zu Lüneburg, geb. 1508,
kommt durch seines Vaters Unglück A. 22 zur gemeinschaftlichen Regierung mit seinen Brüdern Otto und Ernst, XVI,
370. die, nach Herzogs Otto
Abfindung A. 27 mit Harburg,
H. Ernst bis A. 36 aber alleine
füret, hernach wieder gemeinschäftlich mit H. Franzen bis
1539; da gegen das Amt Gifhorn und das Kloster Isenhagen,
H. Franz die übrigen Lande mit
Commodis und Incommodis zu
Herzog Ernsten überlassen, doch
mit Vorbehalt des Rückfalls vor
Herzog Otten; welches der Kaiser bestätiget, 1541, 371. sein
Bruder H. Ernst, hat ihn zur
evangelischen Religion geleitet,
und er nahm Antheil an allen Religionshandlungen im Reiche von
A. 1526, 372. er wird zum
Reichstag nach Augspurg A. 30
gefordert, dahin er auch, aber
wegen seiner geringen Einkünfte,
nur im Gefolg des Churfürsten
von Sachsen, ging, 373. sub
er das, zu Augspurg übergebene,
Exemplar der Confession mit un-

zerſchrieben? es wird mit guten Gründen verneinet, 373 - 375. er vermählt ſich 1547 mit H. Magnus von S. Lauenburg Tochter, 375. erzeugt 2 Töchter; ihre Gemake, 376. ſtirbt gottſeelig 1549, war auſſerordentlich barmherzig, ib. er baut und beveſtigt Gifhorn, ib.

Franciſcus II, Herzog von Sachſen Lauenburg, der 2te Sohn H. Franz I. Geburt und Tod, XIV, 1. er geht 1566 in kaiſerl. Kriegsdienſte, commandiret A. 95 die kaiſerl. Armee in Ungarn, 2. der Regierung maßt er ſich, wenigſtens mit Ausſchließung ſeines Br. H. Magnus, der in Schweden war, wo nicht ſchon mit Verdrängung ſeines Herrn Vaters, A. 78 an, 3. er regiert nach des Vaters Tod, A. 81, alleine; verſorgt ſeine Brüder, und lohnt ſeine treuen Diener, ſchlecht, 3. 4. Magnus kommt aus Schweden, und will ihm Lauenburg abnehmen, wird aber A. 88 gefangen, und muß ſein Leben im Gefängnis ſchließen. Ungewisheit des Jahrs, 4. Magnus iſt auf kaiſerliche Verordnung gefangen geſeſſen, wie mit goldnen Buchſtaben über der Gefängnisthür ſtunde, 5. er ſoll ſelbſt und löblich, aber zu ſtreng, regiert haben, ib. er erzeugte mit 2 Gemalinnen, Margaretha, einer pommeriſchen, und Maria, einer braunſchweigwolfenbüttelischen Prinzeßin, 19 Kinder, 6. darunter 12

Prinzen rechnen, davon H. Auguſt 1619, und Julius Franz A. 56 zur Regierung kommen, ib. vier, Franz Carl, Rudolph Max., Franz Albr. und Franz Heinrich thun ſich im 30jährigen Kriege hervor, theils in kaiſerl. theils ſchwediſchen Dienſten, 6. Juliana und Sophia Hedwig werden, unter ſeinen Prinzeßinnen, Stamm-Mütter der Holſtein-Nordburg- und Glücksburgiſchen Häußer, 6. H. Franz regt ſich dagegen, als er A. 1582 auf den Reichstag zu Augſpurg als Herzog von Lauenburg erfordert worden, prätendiret als Herzog zu Sachſen, Engern und Weſtphalen, hergebrachter Weiſe begrüßet zu werden, ib. Kaiſer Sigismund hat dißfalls aber ſchon lange vorher entſchieden, 6. 7.

Franciſc. Anton, Erzbiſchof zu Salzburg, ſ. Harrach.

Franciſc. Carl, H. von Lauenburg, ſ. Catharina, Fürſtin von Siebenbürgen.

Franciſcus Ludwig, Pfalzgr. bey Rhein, geb. 1664, IV, 306. wird nach ſeines Bruders Wolfgang Antons Tod, Biſchof zu Breßlau 1683; vermehrt des Bistums Einkünfte um 50000 fl.; acquiriret Güter, baut Kirchen, Reſidenz und das Kloſter zu Freudenthal für die Patres piarum Scholarum, 307. wird Probſt zu Elwangen 1694 und auch

auch Bischof zu Worms, ib. er war 38 Jahr Hochmeister des Teutschordens, und nimmt sich dessen Gerechtsame rechtschaffen an, 308. wird 1709 im Schlangenbade von einer französischen Partey, mit seiner Lebensgefahr, aufgehoben, aber vom Prinz Ernst von Heßen-Rheinfelß wieder befreyet, ib. wird A. 1710 Coadjutor zu Maynz, und muſte dem Pabſt verſprechen, ſeinen Nunciis, als Churfürſt von Maynz, alle alt hergebrachte Ehre zu erweißen, und die Altranſtädter-Convention wegen der Religions-Freyheit, für nicht geſchloßen zu achten, 309. er wird 1716 Erzbiſchof von Trier; bauet ein Waiſenhauß zu Coblenz; bringt die Univerſität zu Trier in Aufnahm; beßert den Ehrenbreitſtein, 309. wird endlich A. 1729 Erzbiſchof zu Maynz, ib. ſein ſolenner Einzug beſchrieben, 309. 310. er reiſete ſehr gerne von einem Stift zum andern. Auch hat er von 1685 bis 1716 die königl. Oberhauptmannſchaft in Schleſien verwaltet. Epigr. auf deren Uebernahm, 311. er will nicht geöfnet und balſamiret werden, macht ſich ſelbſt eine ganz ſimple Grabſchrift, ib. ſtirbt. Ahnen-Tafel, 312.

Franciſcus Wilhelm, Graf von Wartenberg, Cardinal, Biſchof zu Regenſpurg, Oßnabrück, Min-

den und Verden, war ein Sohn Herz. Ferdinands von Bayern, den er mit Maria, G. Peter Peckens tugendhaften Tochter, in ungleicher Ehe erzeuget, XI, 26. kommt 1593 den 1 Merz zur Welt; bekommt 1604 die erſte Tonſur, und zu Rom vom Card. Bellarmino die 4 ordines minores, 27. ſeine erſten anſehnlichen Würden, ib. er wohnt der Zuſammenkunft der catholiſchen Stände zu Augſpurg, A. 1624 bey; wird Biſchof zu Oßnabrück A. 25. wie laſterhaft und verhurt die Cleriſey daſelbſt geweſen, als er angetretten; ſeine Bemühungen ſelbige zu verbeßern, 28 f. A. 29 wird er Biſchof zu Minden und Executor des ferdinandiſchen Reſtitutions-Edicts, und A. 30 Biſchof zu Verden, 29. verliert A. 31 das Biſtum Verden; muß aus Hildesheim. A. 34 geht Minden verloren. Lebt während ſeines Exilii von der Probſtey St. Caſſi zu Bonn, ib. und braucht ſich in Geſandſchaften und geiſtlichen Verrichtungen; geht nach Rom, 30. im Hochſtifte Oßnabrück konnte Franz Wilh. erſt nach 3 Jahren, wegen däniſchen Widerſtandes, A. 1628 durch Hülfe der ligiſtiſchen Armee zum Beſitz gelangen, X, 316 (XI, 27.) er ſuchte der catholiſchen Religion wieder aufzuhelfen, ib. muß aber

A. 33 den Schweden ausweichen, die es belagern, erobern und einen evangelischen Bischof daselbst machen, X, 315. rühmt sich die alte carolingische Schul daselbst wieder hergestellt zu haben, 316. unter andern Verrichtungen, während daß er seine 3 Bistümer mit dem Rücken ansehen muste, thut er sich in seines, und des Churfürstens von Cöln, und vieler Stifter Nahmen, da er 15 Stimmen zu füren hatte, als Bevollmächtigter beym westphälischen Friedensgeschäfte sehr hervor, ib. XI, 30 f. er sucht die Abtretung an Schweden und die secularisation Bremens und Verdens durch seine Vorstellungen zu hintertreiben, X, 316 f. noch mehr macht ihm dort zu schaffen, daß das Haus Braunschweig-Lüneburg das Hochstift Osnabrück für seine Prinzen als ein aequivalent &c. bekommen solte, 318. er bezeigt bey seiner Widersetzlichkeit keinen Eigennutz, sondern schlägt die, ihm für Osnabrück angebotene, Coadiutorie zu Maynz oder Münster aus, 318 f. warum er den Schweden und Protestanten billig verhaßt war, 319. macht allerhand Schwürigkeiten, wegen der mit Lüneburg zu errichtenden ewigen Capitulation, wegen des Zustandes beider Religionen in der Regierung; die durch sein Zögern

erst A. 50 zu Nürnberg zu Stande kommt, 319 f. er protestirt noch A. 50 wider den westphälischen Frieden, und was zu Nürnberg gewaltthätiger Weiße zum Nachtheil seines Stiftes vorgenommen worden, 320. er kommt auf kaiserliches Verlangen auf den Reichstag nach Regenspurg, A. 1652; wird A. 60 auf kaiserliche Recommendation vom P. Alexander VII zum Cardinal gemacht, XI, 30. will noch einmal nach Rom, stirbt aber zu Regenspurg den 14 Nov. 1661, 31. er war ein exemplarischer Prälat, und wartete seines bischöflichen Amtes; seine Constitutiones und Acta synodalia zeugen davon, 31. das oßnabrückische Bistum lag ihm am meisten am Herzen. Er stiftet 13 Klöster, Collegia und Seminaria, 32. dem Bistum Regenspurg löset er Güter ein, ib.

Frankenburg, eine Herrschaft im Land ob der Ens an den bayerschen Gränzen, mit ihren Appertinenzien gehört den Gr. von Kevenhüller. Alte Herren; Beschaffenheit und Werth derselben, XX, 172 f.

Frankenthal in der U. Pfalz, war vor Alters ein Stift regulierter Chor-Herren des heil. August., so ein wormsischer Patricius Eckenbert gestiftet 1125. Dessen Bestätigung vom Kaiser und Pabst,

Pabſt, X, 137. die vertriebenen reformirten Niederländer laſſen ſich daſelbſt zu Zeiten Churfürſt Friedrichs III nieder, und bauen ſich an. Religionsgeſpräch daſelbſt 1571, zwiſchen den Reformirten und Wiedertäufern, 138. Pfalzgr. Joh. Caſimir und Friedrich IV helfen dem Orte durch Freyheiten noch mehr auf, und beveſtigen es, 138. deſſen Flor wird im 30jährigen Kriege ſehr unterbrochen. Corduba, der ſpaniſche General berennt es 1621 den 19ten Sept. der engliſche Commendant Borris vertheidigt es mit ſeinen teutſchen und engliſchen Truppen tapfer, und des Grafen von Mansfeld Annäherung nöthigt die Spanier den 11 Oct. die Belagerung, mit 3000 Mann Verluſt, aufzuheben, 140. Mansfeld bekommt für die Errettung 12000 fl. ib. es wird A. 22 vom Tilly belagert und hernach bloquirt, 141; A. 23 der ſpaniſchen Infantin Iſabella durch Vergleich eingeräumt, und vom Verdugo beſetzt; dabey die Stadt viel von den Spaniern leidet, 141 f. A. 32 nahmen es die Pfälzer und A. 35 die Kaiſerl. wieder ein, da es die Spanier wieder beſetzen, 142. große Schwürigkeiten wegen der Wiedergabe dieſer Stadt beym weſtphäliſchen Frieden, weil die Spanier nicht daran wolten; die aber des Churfürſt von der Pfalz bey den Reichsſtänden zu Nürnberg ſehr betrieb, 142 f. XXII, 286. Das Reich erkennt die Billigkeit der Forderung der Churfürſten, und geſteht ihm einſtweilen für Frankenthal das Recht, Hailbronn zu beſetzen, und 3000 Reichsthaler für die Nutzung Frankenthals, zu, 144. A. 52 wird endlich die Räumung des Platzes den 4 May vorgenommen: wobey die vielen ſpaniſchen Kinder, und des geweſenen Commendanten Frangipani frommer Abſchied, merkwürdig waren, 144.

Frankfurt am Mayn, iſt längſt vor Caroli M. Zeiten geſtanden, und eine anſehnliche königliche Stadt geweſen, VI, 274. was zur Anbauung derſelben Anlaß gegeben haben mag, 274 f hohes Altertum des St. Bartholomäi Stifts daſelbſten, 274. ſie wurde unter Carlo M. eine königiche Pfalz, oder Reſidenzſtadt, 275. Ludwig der Fromme erbauet 822 ein neues palatium allda, ſo hernach der Saalhof heiſt, 275. unter K. Ludwig dem Teutſchen wird ſie die Hauptſtadt und vornemſte königl. Reſidenz deſſelben, 275 f. auch die ſächſiſchen Kaiſer haben ſich öfters da aufgehalten, 276. ſie wird eine königliche Wahlſtadt und bekommt andere große Privilegien, 276.

276. die noch originaliter vorhandenen Privilegia sind 1614 und 1728 zusammengedruckt worden, 276. die reichsberümte goldene Bulle Kaif. Carls IV wird nach dem dasigen Original abgedruckt, 276. wie es zu verstehen, wenn andern Städten oder Märkten Freyheit gegeben worden, gleich Frankfurt, 276 f. von ihrem Stadtwappen, 280.

Frankreich hegt den Satz in seinem Staaterechte, daß die Krone das Recht habe, alles dasjenige zurück zu fordern, was ehedim zum alten Gallien gehöret, und theils durch Gewalt, theils durch List sey abgerissen worden, XXII, 351. – – Einrichtung und Verbeßerung des Kriegsstaats unter K. Carl VII, XIII, 6 f. – – Frankreichs Verbindungen mit den schweizerischen Eidgenoßen von 1463 an bis auf die Zeiten K. Ludwigs XIV, 1663, XIII, 226, 231. X, 298 f. – – Könige von Frankreich siehe: Könige ɾc. – – Fils de France haben sich sonst die königlichen Söhne in Frankreich geschrieben, VII P. 21.

Francorum gentis fides wird in den ältern und neuern Zeiten schwarz beschrieben, II, 256.

Frangipani, Christ., Bannus von Croatien, ein Anhänger K. Johanns in Ungarn, wird vor Waradln erschoßen, VI, 14. 15.

Frangipani, Iul. Ant., spanischer Commendant zu Frankenthal, nimmt beym Abzug der Spanier daselbst einen sehr zärtlichen Abschied, und bekommt von einem Burger ein feines Compliment auf den Buckel, X, 144.

Franzosen machen sich durch die Zerstörung und Entheiligung der kaiserlichen Gräber und Leichname 1688 zu Speyer einen ewigen schimpflichen Vorwurf, XVI, 255. wie sie der Fecialis gallicus 1689 characterisiret, XXII, 350.

Franzosen kommen 1493 nach Teutschland und grassiren als eine Seuche, unter dem Nahmen böser Blattern. Ulrich von Hutten hat von dieser Krankheit Ursprung ɾc. geschrieben, der selbst auch mit behaftet und deswegen gelästert wurde, XV, 62 f.

Frauen, oder Weiber sind leicht in der Welt zu bekommen, III, 368, der Herr Autor vertheidigt abbittend, diesen Satz, 432.

Frauenberger, s. Segg.

Freßer. Der Kaiser Friedrich III mag einen großen wendischen Freßer nicht zum Geschenke annehmen, weil er ohnehin viele unnütze Mitfreßer habe, IX, 336.

Freyberg. Dieses freyherrliche Geschlecht hat schon viele Bischöffe und Prälaten hervor gebracht, X, 348 f. – – Nachricht von Brechels genealogischem Mſct. oder

oder gründlichen Beschreibung des uralten Adels derer von Freyberg, IV, 116 f. der sie von den alten römischen Curiis herleitet, 118. die Freyberge erlangen die freye Reichsherrschaft Justingen in Schwaben wieder, 116. Freyberg, die Stadt in Meißen, wird von den Schweden unterm Torstenson A. 1642 im Dec. belagert; der Obr. Lieut. von Schweinitz vertheidigt sie, XV, 394. den 1 Jan. A. 43 läßt der große Torstenson denselben wieder nach 18 Canon-Schüßen auffordern mit dem Bedeuten: er hab ihm die Ehre angethan, seine Armee vorgestellet, und das neue Jahr anschießen laßen, nun möcht er sich ergeben, 395. die Belagerung und Vertheidigung währen aufs tapferste fort bis auf den 17 Febr. da die Schweden wegen Annäherung der Kaiserlichen aufbrechen, 395. 397. Zahl der Canon-Schüße auf die Stadt und beiderseitiger Verlust, 398. der Kaiser dankt dem Schweinitz eigenhändig in einem Schreiben aufs gnädigste für sein Wolverhalten, ib. kaiserliche und churfürstliche Belohnungen dabey verdienter Männer, 399. Dankfest: Jubelfeyer, 399. 400.

Freymäurer, Free-Masons, Francs-Massons, Frey-Metzelaers. Geringschätziges Urtheil von ihrer Gesellschaft, VIII,

130 f. ein Auszug aus ihren Satzungen, 131 f. Historie der Freymäurer oder Baumeister von Adam an, 131 f. eigentlicher Ursprung dieser Gesellschaft in England, 132. Pflichten eines Freymäurers, 132 f. von den Innungen, Meistern, Gesellen, Lehrjungen und der Arbeit, 133. andere Erinnerungen, 133 f. merkwürdiger Beschluß dieser Satzungen, 134. allgemeine Einrichtung ihrer Versammlungen und Innungen, 134 f. Art, eine neue Innung anzuordnen, 135 f. die heimlichen Constitutiones der Freymäurer erfärt kein fremder Mensch, 136. allgemeine Anmerkungen über dieselben, ib. ein englisches und französisches Freymäurerlied, 143 f. in Holland werden ihre Zusammenkünfte verboten, 200. allgemeine Versammlung derselben, 1736, zu London, 436. was man in der berliner privilegirten Zeitung davon geschrieben, ib. hamburgische und braunschweigische Loge, XV, 418. eine gründliche Beurtheilung der Einrichtung des Ordens stehet in C. E. Simonetti Sendschreiben an die ehrwürdige Loge der Freymäurer in Berlin, ib. hällische Loge, XVII, 418. in dieser Loge sind auch geistliche Personen aufgenommen worden, ib. der Grosmeister derselben, Carl Sam. von Bruckenthal, ein

ein siebenbürgischer Cavallier, 444. in dem Churfürstentum Braunschweig und Lüneburg wird allen Geistlichen der Eintritt in diesen Orden ernstlich untersagt, 418. das königl. und churfürstl. Consistorialrescript von 1745 wird eingerückt, 418 f. P. Clemens XII bedrohet alle römisch-catholische Christen mit dem Kirchenbann, wenn sie sich in diese Gesellschaft einverleiben lassen, 419. Hauptinnhalt dieses 1738 zu Rom angeschlagenen Verbotes, 419 f. Beschreibung eines wahrhaftigen Freymäurers in Versen, 421 f.

Freysingen, das Bistum, legt der heil. Corbinianus unter H. Grimalds von Bayern Vergünstigung an, A. 724, VII, 228. Meichelbecks treffliche Geschichte dieses Hochstifts, wer sie veranstaltet, 229. Folge der dasigen Bischöfe vom Anfang des XVIten Jahrhunderts bis auf jetzige Zeit, IV B. §. 16.

Friedberg, die Burg, eine uralte freyadeliche Ganerbschaft, steht unmittelbar unterm Kaiser und Reich ꝛc. VI, 26, scheinet älter zu seyn, als daß sie Kaiser Friedrich II erbauet haben solte, ib. 300 adeliche Ganerben sollen vormals zu dieser Burg gehört haben, ib. die Einrichtung ihres Regiments und A. 1558 gemachte Regiments-Einigung, 26-28. vom Kaiſ. Carl IV, vorgeschriebener Burgfriede, 28. 29. Kaiſ. Maximilians I Satzung vom J. 1498, wegen Erwählung eines Burggrafens, 29. Capitulation eines Burggrafens von 1710, 29 f. Kaiſ. Carl V. beygefügte Artickel von 1551, 30 f. — — der Burggraf, die Baumeister und Burgmanne, entsetzen 1725 den Burgmann Rudolph Joh. von Walpot zu Bassenheim ſeiner Stelle, weil er in Reichsgrafen-Stand erhoben ist worden, 31. müssen ihn restituiren: bekommen einige Einschränkung vom Kaiser, wegen zu errichtender Statuten und Vorschläge, wie aller vermutlichen Unterdrückung der Ritterschaft vorzubeugen, 32. die Burg hat viele Privilegien von Kaiſ. Rudolphs Zeiten an: sonderlich alte große Gerechtigkeiten in der Reichsstadt Friedberg, 32. darüber schon manche Klagen entstanden, ib. die Burg läßt sich die von Schwarzburg auf der Stadt haftende und an sich gebrachte Pfandschaft nicht ablösen, 31. — — umständliche Beschreibung der Wahl eines Burggrafens, XIX, 2 u. f. was Carl IV und Kaiſ. Max. I verordnet, 3. — — nach dem Tod eines Burggrafens fällt die Amtsverwaltung auf die 2 Baumeister, und es wird ein Regiments-Convent innerhalb einem Monate

nate ausgeschrieben. Es eröfnet die Versammlung der ältere Baumeister mit einer Rede, 3. Burgfrieden, Wahlsatzungen und Privil. werden vorgelesen, die Capitulation eingerichtet, der Wahltag wird anberaumt, 4. wer zum Scrutinio kommt. Die 2 Baumeister begeben sich ins Audienzzimmer, und 2 Cavalliers werden allemal zugleich zur Ablegung der Stimmen eingeführt, 4. Maiora machen die Wahl aus. Präsentation des Erwählten, ib. Pflichten und besonderer Eid, 5. dann gehts zur Tafel. Huldigung. Notification an den Kaiser und dessen Bestätigung der Capitulation, 6. vor der Wahl geschahe nie keine Notification. Der Churfürst von Maynz bracht beym Kaiser A. 1671 an, nach dem Tod des Burggr. von Carben einen Kaiserlichen Commissarius zur Wahl zu bevollmächtigen, es wurde aber mit der Wahl, vor Anlangung des kaiserl. Commißions-Rescripts, des zum Fürstenstein, zugefaren, 6. - - A. 85 nach Absterben dieses Burggrafens hat Chur-Maynz Ihro Majestät wieder angegangen, dero Autorität, wegen der Alternativ eines catholischen mit einem evangelischen Burggrafen, zu interponiren, ib. des Kaisers rühmliche Mäßigung in dieser Religions-Sache, 6.

A. 1699 und 1707 gehen die Wahlen doch nicht ohne Concurrenz eines Kaiserl. Ministers hin, 7. - - die Burg ist für einen evangelischen und keinen vermischten Stand anzusehen, 7. der catholischen Grauamina und Paritätsgesuch, ib. es werden catholische Burggrafen, A. 99 und 1710 gewählet, doch der Capitulation einverleibet, daß deswegen keine Alternativa zugestanden sey, 7. - - Verzeichnis der Herren Burggrafen von A. 1577 bis 1747, XIX, 2. 3. des zuletzt angeführten Burggrafens Hans Eitel Diede zum Fürstenstein, eines in Kriegs- und Civildiensten hochverdienten Mannes Lebensbeschreibung, XX, 437-439. woraus erhellet, daß er 1745 erwälet worden und A. 46 den 20 Sept. gestorben. Ob hier, oder S. 3. XIX, ein Fehler stecket? - - Ein alter Edelmann, der eines Burgmanns Tochter heyratet, wird dadurch der Burgmannschaft fähig, XIX, 171.

Friedeburg, hat Saec. XIII seine eignen Herren; kommt an das Erzstift Magdeburg und 1442 an die Grafen von Mansfeld; wird verdußert, wie der acquirirt, V, 301.

Friedens-Schlüße. Zu Bretigny schließen der Prinz Eduard von Wallis und der Dauphin den 8 May 1360 einen Frieden; nach wel-

welchem der gefangene König Johannes in Frankreich loskommet; sein halbes Reich dem K. von Engelland mit aller Souveraineté abtritt, und 3 Millionen Ecus d'or Ranzion zalen soll, VII, 30 - - zu *Cambrai* A. 1529. Warum diesen Frieden, zwischen Kaiſ. Carl V und K. Franc. I von Frankr. zwo Damen, die königl. Mutter Louise und des Kaisers Vaters Schwester Margaretha negociret? II, 252. beide Damen unterhandeln mit besonderer Klugheit und Verschwiegenheit, ib. Schwürigkeiten und endlich verglichene Punkte, welche der Sieg der Kaiserlichen über die Franzosen bey Landriano erzwungen, 253 f. - - erster Religionsfriede wird zu Nürnberg 1532 den 23 Jul. geschloßen. Hauptinhalt des Accords, II, 3. - - Londoner Friedensschluß 1604. M. Jul. zwischen K. Philipp III von Spanien, dem Erzherzog von Oesterreich und dem K. Jacob I von Engelland getroffen, welcher dem A. 1588 angegangenen Kriege ein Ende machte, XXI, 218, 224. conf. Jacob I. - - Präliminarien zum westphälischen Frieden werden zu Hamburg von den kaiserlichen, französischen und schwedischen Gesandten geschloßen; und Oßnabrück und Münster zu den Unterhandlungs - Orten bestimmt, welche A. 1643 den 11 Jul. den Anfang genommen, XXII, 275 f. - - münsterischer Friede zwischen Spanien und den vereinigten Niederlanden, im Jahr 1648, wird nach 80jährigem Kriegen, durch Spaniens Entkräftung, der Niederländer Geld-Mangel, und durch die Furcht, es möchten die spanischen Niederlande an den König von Frankreich, einen noch gefährlichern Nachbarn, kommen, befördert, XX, 323 f. vermög des Bündnißes mit Frankreich vom Jahr 1635 war ausgemacht, daß kein Theil ohne den andern mit Spanien Frieden suchen solle, 324. als die westphälischen Friedens - Handlungen angegangen, läßt Frankreich 1645 die. Republik erinnern, dieselben zu beschicken, wobey es ihren Gesandten alle Vorzüge verheißen, ib. Nahmen und Gesinnungen der 8 nach Münster von der Republik geschickten Gesandten, 324. der Statthalter Friedrich Heinrich nimmt diese Betreibung Frankreichs übel, ib. die Gesandten langen den 11 Jan. zu Münster an, werden von allen mit allen Ehren angesehen, nur der päostl. Nuncius thut spröde, 321. erst kommt ein Stillestand auf 20 Jahre in Vorschlag von Spanien. Darauf die Holländer

sehr

zug kaiserlicher Seits durch den verlornen Schlüssel zur Ziffer-Schrift der kaiserl. Instruction, den der päbstliche Nuncius nicht suppliren konnte, ib. den Schweden gefiel der Aufschub, weil sie die Eroberung Prags der Zeit kosten, ib. neue Verzögerung wegen Oxenstierns Abwesenheit, 131 f. unterdessen kommen die Franzosen mit 11 und die Schweden mit 12 neuen Anforderungen, die noch vor der Unterschrift sollten berichtigt werden. Die Französischen betrafen Elsaß, Geld für die heßischen Kriegs-Völker, eine Satisfaktion für den Bisch. von Basel wegen der Grafschaft Pfirt, als Lehen-Herrn; die Schwedischen, eine Erläuterung wegen Bremens, und die Winterquartiere für die National-Truppen, 332. der Reichs-Deputirten Zureden bewegen endlich den schwedischen Bevollmächtigten, Salvius, daß den 14 oder 24 die Unterschrift verheißen worden, ib. früh morgens kommen die reichsständischen Gesandten in den Bischofshof; aber es vergeht der Vormittag, wegen der, den heßencaßelischen Völkern bey der Ratification auszuzahlenden 100000 Reichsthaler; und weil Chur-Cöln nicht unterschreiben wolte. Dessen man aber endlich nicht achtete, 333. mit welchen Ceremonien und Umständen endlich die Unterzeichnung der Instrumente, und an welchen Orten, sie Nachmittags vorgenommen worden, ib. welche Gesandten der Reichsstände unterschrieben, 334. welcher Reichs-Stände Gesandten, die gegenwärtig waren, nicht unterschrieben, ib. man unterschrieb ohne Beysetzung der Titel der Principalen, und nur überhaupts, in wessen Nahmen es geschehe. Erst Nachts um 9 Uhr wurde man fertig. Den 25 waren Feyerlichkeiten. Den 26 werden die Reichsdeputirten zur Unterschrift noch eines Exemplars vorgefordert, so nach Schweden bestimmt war, ib. die Gesandten der Cronen verlangten den 20 Oct. eine Vollmacht von den Reichsdeputirten zur Unterschrift, wegen der Gültigkeit der ganzen Handlung. Man zeigte die Unmöglichkeit, und traf ein Auskunftsmittel zur Versicherung, daß auch die nicht unterschriebenen, so gut als die andern dadurch verbunden seyn sollten, 335. das schwedische Instrum. unterschrieben 38, das franzsösische, 35 reichsständische Gesandten, ib. der chursächsische Gesandte Leuber unterschreibt keines von den Instrumenten, ohnerachtet ihm Servien deswegen zugesprochen, 335. er kriegt im Nov. Befehl, es zu thun, ib. die Augspurgischen Con-

Confeßions-Verwandten Stände bekommen kein besonderes Exemplar. Wie sie diesem Abgang abgeholfen, 336. der kaiserliche Gesandte Cran hindert den Abdruck des Jnstrumentes sub auctoritate Paciscentium, weil er schon eigennützig den Abdruck beider Jnstrumente verstattet hatte, 336. die Erfüllung dieses merkwürdigen Friedens bewürket der Executions-Receß zu Nürnberg, XXII, 282 = 288. f. Nürnberg. Der so sorgfältig ausgearbeitete westphälische Frieden, muß doch in der Folge in vielen Orten verschiedene Interpretationes leiden v. c. II, 94. XXI, 14. nach Oliva, einem bey Danzig nahe gelegenen Cistercienser-Kloster, wird nach vielen überwundenen Schwürigkeiten, durch französische Bemühungen endlich ein Friedens-Congreß beschloßen, XVI, 266-268. Nahmen der schwedischen, 267. der polnischen, kaiserlichen, und churbrandenburgischen Gesandten, 269. die Mediation führte der französische Gesandte in Polen Ant. de Lombres, ib. die Unterhandlungen sollen den 5 Januar. 1660 ihren Anfang nehmen; sie verzögern sich durch die widersprechende Zulaßung der kaiserl. churbrandenburgischen und dänischen Gesandten; durch den Tod K. Carl Gustavs, durch die großen Förderungen von Seiten Polens und Schwedens, 270. durch den anderwärtigen Aufenthalt der Gesandten, durch die kaiserl. und brandenburgische Mühe, das Friedenswerk zu hemmen ꝛc. ib. holländische und spanische Bona officia werden verbeten, 271. der Abschluß erfolget doch schon den 3 May 1660. Die Auswechslung der Ratificationen zwischen Polen und Schweden, dem Kaiser, Brandenburg und Schweden den 6 und 8 Aug. zu Danzig, ib. Jnhalt der Hauptpunkten, 271 f. im dritten Artikel wird wegen der Etcaeterationen im polnisch und schwedischen Titel eine genaue Bestimmung gemacht; denn eine große Ursache zum vorhergegangenen Kriege war, daß der König in Polen in einem Schreiben A. 54, zu seinem Nahmen 3, zu des Königs von Schweden nur 2 &c. gesetzt, 272.

Friedrich I, römischer Kaiser, macht auf dem Reichstag zu Worms 1157, mit Einwilligung einiger Fürsten Verordnungen wegen der Maynzölle, IV, 293. - - ächtet 1180. Heinrich den Löwen, Herz. von Sachsen, und vertheilet dessen Staaten, X, 205. behauptet sein Recht gegen den Pabst, bey zwistigen Wahlen in Capiteln eines Ertz- und Bischofs,

schofs, den Ausschlag zu geben 1153, da er Wicmannen zum Erzbistum Magdeburg geholfen, X, 212 f. - - würkt die Bestätigung des Pabsts Victors auf dem Concilio zu Pavia, und die Verwerfung P. Alexanders aus, 215.

Friedrich II röm. Kaiser, wird von seinen Feinden für ein untergeschobenes Kind ausgegeben, VII, 371 f. die angegebene Ursache vom Alter seiner Mutter Constantia wird widerlegt, und gezeigt, daß sie noch wol zum Kindergebähren geschickt gewesen, 372 f. es würde ein solcher Betrug dem päbstlichen Hofe nicht verborgen geblieben seyn; sondern der Pabst würde sich dessen zu Einziehung seines Lehenreichs, bey dem Haß gegen das hohenstaufische Haus bedienet haben, 373. P. Innocent. III zeigt selbst den Erfinder dieser Lästerung, den Marcuald, an, ib. Beweiß der legitimirten Geburt Friedrichs, 374. guter Charakter, den ihm einige Schriftsteller zueignen, ib. wie ihn hingegen Curbio herunter macht und der schändlichsten Laster beschuldigt, 375 f. bezeigt sich als ein busfertiger Sohn gegen die römische Kirche vor seinem Ende, 376. - - dieser Kaiser hat den Titel als König von Jerusalem geführt und sehr darüber gehalten, 371. - - er erhält A. 1220, wider Verhoffen, auf dem Reichstag die Ernennung seines Sohnes Heinrichs, zum römischen König; dafür er die geistlichen Fürsten mit einem herrlichen Freyheitsbrief belohnet, XVI, 365. Verhalten des Kaisers und dieses Sohnes Heinrichs gegeneinander, und ungluckliches Ende des letztern, 365-368. - - Kaif. Friedr. II stirbt 1250, V, 287. wie doch in einem Diplomate vom Märggr. Heinrich dem Erlauchten in Meissen vom Jahr 1256 stehen kan: Regnante Frider. Secundo feliciter? V, 287 f.

Friedrich III röm. Kaiser H. von Oesterreich in Steyermark, wird 1440 den 2 Februar. erwählt und A. 42 auf den Königs-Stul zu Rensee gesetzt, den 17 Jun. zu Aachen gekrönet, VI, 386. er wird auf seiner Wallfart nach Jerusalem A. 1436 zu Triest vom Albrecht von Neiperg zum Ritter des cyprischen Ordens geschlagen, XXII, 231. zu Trier bey einem prächtigen Gastmahl, so ihm der, mit dem goldnen Vliesse prangende Herz. Carl von Burgund gab, schmückte sich der Kaiser mit der Ordenskette der Mäßigkeit, oder des arragonischen Blumentopfes-Ordens, 225 f. er nimmt sich die schöne Infantin von Portugal, Eleonora, zur Gemalin; son-

IV. Realregister.

derlich auch, weil sie keinen Wein trank, I, 93. den er ihr so gar nicht erlaubte, um fruchtbar zu werden, 96. läßt sich, ehe er sie beschlafen, nebst ihr die Kaisers Krone vom Pabst zu Rom aufsetzen A. 1452, 95. s. Eleon. macht den Borso von Este zum H. von Modena auf dem Ruckwege, mit großen Solennitäten. Was seine Bedenklichkeiten dabey gehoben, XVIII, 44. - - muß sich bittere Dinge von den Churfürsten 1456 vorbringen lassen, die ihn mit einem römischen König, auch wider seinen Willen, bedrohen, VI, 391 - - geräth zu Cilly in große Gefahr 1459, wird sonderlich durch der Stadt Laybach Bürger entsetzet, welches, nebst einem Traum, ihn zur Stiftung des dortigen Bisthums veranlaßet, IV, 195. - - der Kaiser thut A. 68, eine Wallfart nach Rom, hauptsächlich um sich Raths beym Pabst zu erholen, theils wegen eines Türkenzugs, theils wegen des österreichischen Rechts zur Erbfolge in Böhmen, XI, 234. schlägt zu Rom 122 Personen auf der Tyberbrücke zu Rittern, ib. dergleichen er bey seiner kaiserlichen Krönung, pro more auch schon gethan hatte A. 52, 235. dieser wiederholte Ritterschlag ist vom Kais. wol nicht aus Eifersucht gegen den Pabst,

der dergl. chen gethan hatte, vorgenommen worden, 235 f. sondern er wolte wahrscheinlich einige von den teutschen Adelichen durch diesen Ritterschlag beehren, 237. der Actus geschahe auf der Tyberbrücke mit Kais. Carls des Gr. Schwerde, 238 f. der Pabst beschenkte damals den Kaiser mit einem kostbaren Kleide und Schwerde, weil er in so schlechtem Aufzuge erschienen, 236. er beleidigt den Herzog Carl von Burgund, durch die verheißene und doch versagte Königswürde und machet, daß derselbe, bey den cölnischen Trublen, desto fertiger belagert, und das Reich also angreift. Er bietet das Reich zum Entsatz auf; der unter ihm langsam genug anziehet. Frucht davon, IV, 253. er bringt die letzten 8 Jahre seines Lebens meistens zu Linz in der sogenannten Mäusefalle zu, und beschäftigt sich mit der Astrologie und Alchymie, worinnen er es weit gebracht, VI, 393 f. wird elend. Was er gesagt, als ihm der Fuß abgenommen war, 395 f. beschleinigt sich den Tod durch ein Fasten, wobey er 8 Melonen geessen, den 9 Aug. 1493. Wunderzeichen vor seinem Tode, ib. sein Leichnam wird nach Wien gebracht und aufs prächtigste begraben, 397 f. sein Grabmahl und daran befindliche Me keiten, 399 f. - - Kaiſ. Friedrich hatte das beſondere Symbolum der 5 Vocalen, deren Bedeutung auszudenken ſich die Gelehrten viel beſchäftigt, III, 169. 40 Auslegungen lateiniſch davon, 170 f. 2 teutſche. Eine Inſcription bey Gelegenheit eines Bundes wider den Türken, 171. der Kaiſer hatte es aber lange ſelbſt in ſeinem täglichen Handbuch erkläret, 172. Auſtriae Eſt Imperare Orbi Vniuerſo. Alles Erdreich wird darinnen ſenſu theologico, nach Daniels Prophezehung und der gemeinen Auslegung derſelben genommen, nicht politico; wiewol es auch nachmals nach ererbten ſpaniſchen Reichen in dieſem ſenſu nicht übertrieben vom Hauße Oeſterreich lautete, 173. 426. bey der Geburt des Erzh. Leopolds 1716, werden dieſe kaiſerl. Buchſtaben wieder zu allerhand Wünſchen und Sinnſprüchen angewendet; wobey ſich der Witz eines Schuſters diſtinguirt, 174. wie dieſes Symbolum zu Kaiſ. Carl V Zeiten erkläret iſt worden, IV, 201. wie bey der Geburt des Erzh. Joſephs 1741 den 13 Merz, XVII, 194. - - Kaiſer Friedrichs III Monogrammata ſind rar. Warum? XII, 184.

Friedrich I König in Dännemark, vorher Herzog zu Schleßwig und Holſtein, ein Sohn K. Chriſtians I von Dännemark, geb. 1473. Seine Frau Mutter Dorothea, eine Pr. Marggr. Johanns des Goldmachers von Brandenburg, bringt ihn erſt im 51ſten Jahr ihres Alters zur Welt, XX, 258. ihm waren die Herzogtümer Schleßwig und Holſtein alleine beſtimmt, und mündlich und ſchriftlich vom Vater auf dem Toddette zugeſprochen, wie das Vorgeben der Königin war, ib. Schleßwigs und Holſteins Beſchaffenheit und Privilegien, ſonderlich des öfters verſicherten Wahlrechts, vornehmlich vom K. Chriſtian ſelbſt 1460 beſtätiget, eines von ſeinen Kindern oder Erben zum Herrn wählen zu dörfen, 258-261. weißen aber das Gegentheil, und daß K. Chriſtian nicht habe dießfalls diſponiren können, 261. es kommt auch A. 82 zu Kiel zur Wahl, da die Königin und der Bruder König Johannes ſich auch einfinden, und die erſtere für Friedrichen arbeitet; dannoch wählen die Stände beide, Johann und Friedrich zu Herzogen von Schleßwig und Holſtein, 261. dafür erhält die Landſchaft die Bekräftigung ihrer Privilegien und die Verſicherung, daß die Herzoge nicht als Könige oder Prinzen von Dännemark wären angenommen worden, ib. die Regierung der Her-

Herzogtümer tritt K. Johannes alleine an, und belehnt A. 83 seinen Bruder mit dem Herzogtum Schleßwig; hätt ihn gerne geistlich gemacht; solches wollen die Mutter und der Adel nicht, 262. es wird A. 1490 eine Theilung der Lande Schleßwig, Holstein und Stormarens vorgenommen, und von den Hauptschlößern der 2 Theile, ihre Nahmen Gottorp und Segeburg angenommen, 262. was zu iedem Theile gehöret, und wie es mit den geistlichen und weltlichen Lehen, den Pflichten der Ritterschaft, Gerechtsamen und Schulden solte gehalten werden, ib. H. Friedrich darf wachsen, und nimmt den Gottorpischen Theil, dabey noch frey blieb, nach 4 Jahren zu täuschen, 263. K. Johann bezeigt sich noch in mehrern Dingen gefällig, ib. doch macht H. Friedrich A. 94 eine Anforderung an Geld mehr Lande und auf die Helfte von Norwegen, ib. er läßt sich A. 1506 mit 28970 Goldgulden rheinisch abfinden, 263. nimmt den Titel als Erbe von Norwegen am ersten an, darüber die Norweger misvergnügt sind, weil sie nicht als Erbunterthanen angesehen seyn wolten, 261. macht zu große Foderung, als König Johann seiner Hülfe A. 1501 in Norwegen nöthig hatte,

264. K. Friedrich entdeckt K. Gustaven in Schweden, des vertriebenen K. Christians II Anstalten zur Wiedererlangung seiner verlornen Reiche, und verhaupt die bundsmäßige Hülfe, XI, 43. verlangt dergleichen von den wendischen Hansee-Städten; da ihm auch die Lübecker gleich Volk und Schiffe zuschicken, 44. drey Männer, Bisch. Esche Bilde zu Bergen, Nils Bilde zu Bahuß, und Güldenstiern zu Aggerhuß, beharren in ihrer Treue gegen K. Friedrich, ib. Verlauf der Sachen in Norwegen A. 1531. und 32 und auf was Art. er sich K. Christians bemächtiget und in harte Gefangenschaft gesetzt, 44 f. conf. Christ. II. Sein Verfaren gegen K. Christian II der sich auf Treu und Glauben ergeben, ist schwer zu rechtfertigen, XI, 48. K. Friedrich genießt der Freude nicht lange, seinen Feind gefangen zu haben; sondern stirbt 1533 den 3 Apr. Aus seinem toden Leichname läuft viel Blut, welches als ein böses Omen angesehen wird, XIV, 230.

Friedrich II König in Dännem. erneuert den Elephanten-Orden und macht einen weltlichen Ritterorden daraus, X, 1734 f.

Friedrich III K. in Dännemahle sich als Erbisch. wohl Bremen 1643 mit Sophia Amalia H.

Georgs

von Braunschw. Lüneb. Prinzeßin, erzeugt mit ihr 8 Kinder, XV, 407 f.

Friedrich IV K. in D. bekommt den Graf Steenbock mit der gantzen schwedischen Armee bey Tönningen gefangen, und bezahlt dessen Stolz auf einer Münze, zum ruhmvollen Angedenken, XIV, 97 f. conf. Steenbock.

Friedrich V König in Dännemark wird 1747 den 4 Sept. gekrönet, XXI, 403. feyert den 28 u. f. Oct. 1749 ein prächtiges Jubelfest wegen des, vom König Christian I an, der 1449 den 28 Oct. von den dänischen Ständen erwälet worden, 300 Jahre fortwärenden glücklichen Regiments des oldenburgischen Hauses in Dännemark und Norwegen, 405. herrliche Gedächtnis-Schaustücke, die bey dieser Gelegenheit geprägt sind worden, 405 f. diese Jubelfeyer war die erste ihrer Art, 407.

Friedrich I, König in Preußen rc. stiftet den Adler-Orden an seinem Crönungs-Tage, siehe Ritterorden; eine Mäler-Bildhauers und Baumeister-Academie, die Universität Halle, eine Fürsten- und Ritteracademie, und die Societät der Wissenschaften zu Berlin, XV, 386. acquiriret mit Ober-oranischen Erbschaft Neufchatel, ß. Neuburg. Ihm erhält Dankelmann noch als Chur-Prinzen das Leben, III, 85. den er lohnt und stürzt, 87.

Friedrich August, König von Polen und Churfürst in Sachsen, stirbt nach angestelltem Reichstag zu Warschau den 1 Febr. 1733 im 63 Jahr seines Alters, XIX, 386. seine letzte Beicht und Hofnung im Sterben, ib. bey dem Leichenbegängnis zu Dresden wird ihm ein herrliches Trauergerüste aufgerichtet; Aufschrift, 386. XIX merkwürdige Sinnbilder, durch welche seine Vorzüge, vornehmste Tugenden, und Thaten entworfen, zierten dasselbe. Von seiner Abstammung vom großen sächsischen Wittekind, und von der Jagellonischen Prinzeßin Barbara, 387. von seiner Beywohnung als Prinz bey der Eroberung Maynz 1689; der Antritt seiner Regierung im Churfürstentum nach seines Herrn Bruders, Churf. Joh. Georgs Tod 1694, 388. sein ungarischer Feldzug A. 1695, da er dem Kaiser 8000 Mann überlassen, die er selbst commandiret; Bedingnisse, ib. dabey ihn Caprara an wichtigen Unternehmungen hindert, 389. A. 96 läßt er noch 4000 Sachsen nach Ungarn kommen; belagert Temeswar; muß wegen Anrückung der gantzen türkischen Macht die Belagerung auf-

aufheben, ib. zweifelhaftes Gefecht am 26 Aug. beym Aufbruch. Der Churfürst behauptet doch die Nacht das Schlachtfeld, kan aber nicht weiter angreifen, 389. von seiner Erwählung zum Könige in Polen, welche der Bischof von Cuiavien, Damsky, Bielinsky und Prebendowsky vornemlich beförderet den 27 Jun. 1697. Der Krönung darauf den 25 Sept., 389. wie weit ihn oder seine Krone der Carlowitzische Friede angegangen, 389 f. von den, dem Könige recht eignen, Tugenden der Freygebigkeit, Beständigkeit, Milde und Gnade, ꝛc. 390. 392. von dem Siege der Völker des Königs in Polen bey Calisch, A. 1706, nach schon geschloßenem altranstädter Frieden, der aber noch nicht bekannt war, über den schwedischen General Mardenfeld, 390. von seinem Reichsvicariat, 1711, 391. vom Warschauer Friedensschluß 1716, den 3 Nov. dessen Genehmig- und Bestätigung, der Polen beruhigt und ein Hauptgrundgesetz der Republik heißt, 391. von der Vermählung seines Erbprinzens 1719, ib. Zeichen seiner Liebe, Gunst und Förderung der Wißenschaften, Künste und Manufacturen, Kriegs-Kunst und vorzüglichen Kriegszucht, und seiner so klugen Anstalten im Lande, 391 f. es hatte dieser König 3 Orden, des goldnen Vliesses, den rußischen Andreas- und dänischen Elephanten-Orden, 392. stiftet aber selbst 1705 den polnischen weißen Adler-Orden, zu Tykozin in Litthauen, pro fide, lege et grege, 392.

Friedrich Wilhelm, Churfürst zu Brandenburg, legt den Grund zur Hoheit seines Haußes, I, 346. wozu die Souveraineté von Preußen gar viel beyträgt. Wie Preußen an das Haus Brandenb. gekommen, ib. der Churfürst muß bey seiner Lehensempfängnis, 1641, vom K. Uladislaus, nachtheilige Punkten versprechen, die seine Herrschaft in Preußen sehr einschränken, 346 f. ihm wird Sitz und Stimme bey der Königswahl versaget; schickt aber seine Stimme schriftlich ein; was damit vorgegangen, 347 f. doch erlangt er, daß er A. 1649 nicht persönlich vom neuen König die Lehen empfangen darf, 348. beym Einbruch des K. Carl Gustavs von Schweden, sieht er sich gezwungen, Preußen von Schweden zu Lehen zu nehmen, vermög des Königsberger Vergleichs vom J. 1656, 348 f. wegen seiner guten Dienste wird er als souverainer Herr von Preußen und Fürst in Ermeland, von Schweden erkennet, und der Labiauer Tractat errichtet,

349 f. hält sich nicht an seine Verbindung mit Schweden aus guten Ursachen, 350. tractirt mit Polen wegen des Friedens, wobey ihm der ungar. und böhmische Gesandte Lisola gute Dienste thut. Nach langem Handeln kommen die berühmten Welauer Tractaten zu Stande, 1657. der Churfürst giebt Ermeland an Polen zurück, behält die Oberherrschaft von Preußen; doch soll es nach Abgang der churfürstlichen Descendenten an Polen heimfallen, 351. weitere Puncten, ib. bey der Ratification zu Bidgast erhält er noch die Aemter Bütow und Lauenburg zu Lehen, und Elbingen eigenthümlich, doch mit Vorbehalt der Einlösung, ib. die preußischen Stände sind eben so wenig, als die Polen, mit der Souverainität des Churfürsten zufrieden, und hat der Churfürst bis 1663 zu thun, da er endlich die Erbhuldigung, als Dominus directus, von den Landsständen, unter Eingestehung großer Rechte, erlanget, IX, 172-184. — falsche Muthmaßung, von dem, I, S. 345. vorgestellten Thaler, als ob ihn der Churfürst wegen Zwistigkeiten mit dem chursächsischen Vicariate, habe prägen lassen, 352. — des Churfürst eilt mit 20000 Mann, dem Reichsfeinde Frankreich A. 1674 entge-

gen; Franckreich aber hetzt die Schweden auf, daß der K. Carl XI den Wrangel mit 14000 M. ihm ins Land einfallen läßt, I, 354. die erbärmlich haußen, und dem französischen Gesandten Vitri doch nicht genug thun, 355. der Churfürst eilet nicht, wie man vermutet, nach Hauße; läßt aber an guten Anstalten und Alliantzen gegen Schweden, nichts ermangeln; plötzlich aber ist er den 11 Jun. zu Magdeburg mit seinen Truppen, geht auf Ratenau zu, und erlangt dorten schon Vortheile über die Schweden, 356 f. diese weichen; aber bey Fehrbellin müssen sie halten, da dann der Churfürst, den vielstärkern Feind, blos mit seiner Cavallerie, den 18 Jun. angreift und schlägt, und dadurch auf einmal seine Lande rettet, 358 f. war eines Siegs-Thalers werth, 353. — — was Schweden und Chur-Brandenburg auf dem Reichstag gegen einander geäußert, X, 67 f. des Herrn von Bessers schönes Lobgedicht auf den fehrbelliner Sieg, 68. u. f. — die Schweden rüsten sich zu einem Einfall in Preußen, um den Churfürsten von der Belagerung Stralsunds abzuhalten, wobey Frankreich Vorschub thut, XIV, 226 f. Bened. Horn wird Feldherr, hat aber mit der Liebe zu thun, 227. der Einbruch geschieht im Nov. 1678 von Liefland aus, durch Churland ꝛc. mit 16000 Mann, ib. Horn getraut sich nicht Memel anzugreifen, doch macht er einige Progreſſen, 228. der Churfürſt ſchickte einſtweilen unterm Gen. Görzken 3000 Mann nach Preußen; eilt aber auch bald zur Hülfe nach. Trotz aller hinderlichen Beſchwerlichkeiten, rucken aus der Mark 9000 Mann an die pommeriſchen Gränzen; der Churfürſt kommt den 10 Jan. 1679 zu Marienwerder an, 228 f. Görzke hatte ſich indeſſen bey Welau geſetzt, zog ſich aber nach Königsberg, den König zu erwarten; derweilen ſich die Schweden wol thun, 229. die erfahrne Ankunft des Churfürſten, macht ſie ſchüchtern und ſie gehen zurück. Görzke ſetzt ihnen heftig mit 5000 Reutern nach, zerſtreut viele, und die Schweden ſind nicht mehr 10000 Mann ſtark, als der Churfürſt mit dem Fußvolke auf Schlitten nach, und den 19 Jan. nahe kommt, ib der vorausgeſchickte Obr. Treffenfeld wirft ohnweit Tilſit ein Corpo Dragoner und Reuter übern Haufen; darüber Horn, mit Zurücklaſſung alles Proviants, von Tilſit fort und über die Memel ſetzt, ib. ſie verlieren von ihrer Arriœregarde 1400 Mann, ſamt Geſchütz und Bagage, 230. Horn ſein Pferd.

Der eilet, was er kan, nach Liefland, und wird von der preußiſchen Reuterey unterm Graf Schöning bis 8 Meilen von Riga verfolgt, ib. erbärmlicher Zuſtand der Schweden auf ihrer Flucht. Es kommen kaum 2500 Mann nach Liefland von der Armee zurück, 230. Denkmale dieſer tapfern Errettung Preußens auf Münzen, 225. 231.

Friedrich II, Churfürſt und Pfalzgraf bey Rhein, der Weiſe, ein Sohn Churfürſt Philipps, errichtet mit ſeinem ältern Bruder Churf. Ludwig einen Vertrag A. 1508, nach welchem ſie die übrigen Länder, außer denen, die zum Churfürſtentum gehörten, theilen wolten, IV, 314. — — weil er wol in Reichsſachen erfaren war, ſo hat ihn Kaiſer Carl V, A. 1521, bey Errichtung des Reichs-Regiments, ſeinem Bruder Erzherzog Ferdinanden, dem erſten Statthalter beym neuen Regimente, in dieſem hochwichtigen Amte an die Seite geſetzt, XIX, 307. der Churf. von Maynz ſucht damals den Pfalzgrafen beym Kaiſer anzuſchwärzen, als hindre er die Berathſchlagungen auf dem Reichstag, daß nichts von ſtatten gehen wolte, ib. er erhält aber ſeinen Credit beym Kaiſer, und verweiſet dem Churf. von Maynz ſein falſches Angeben, der darüber

lich wird, 308. Chievres war des Pfalzgr. großer Freund, und suchte ihm, weil er bey der Wahl Kais. Carls V manchen Vorschub gethan, durch die Vice-Königs-Stelle in Neapel, u. a. Vortheile zu belohnen; weil aber Chievres darüber stirbt, so wird die Vergeltung durch diese Statthalterschaft abgestattet, 308. der Kaiser hatte auch dabey zur bedenklichen Ursache einen pfälzischen Fürsten zu nehmen, um den Churf. von der Pfalz Ludwigen, Friedrichs Br., durch einen andern Statthalter nicht zu kränken in seinen Rechten; der noch über dieses Reversales den 28 May zu Worms bekommt, daß dadurch seinem Vicariats-Amte nichts benommen seyn solle, 308 f. Friedrich solte zwar Anfangs nur des Erzh. Ferdinands Statthalter heißen, welches er ablehnt, und daher als gemeinschaftlicher Statthalter des Kaisers angenommen wird, 309. er läßt sich aber hernach doch bereden, daß er sich schreibt: Frid. Pal. Locumtenens in absentia Ferdinandi; und gieng er dem Erzh. Ferd. zu Gefallen immer nach Neumark, wann Reichsrath zu Nürnberg war, 311. viele wichtige Ursachen, und sonderlich die großen Kosten und ausgebliebene Besoldungen veranlassen ihn, diese Würde A. 1523 im Sept. aufzugeben, 311. er hat das Andenken dieser Würde durch einen Thaler verewigt, 305. 302. - - A. 28 bekam er das Commando über die Reichs-Armee wider die Türken; war aber zu schwach, die Belagerung Wiens A. 29 zu verhindern, doch schaft er einige Verstärkung noch hinein unter seines Vetters Pfalzgraf Philipps Anführung, IV, 283 f. - - er lebt zu Amberg oder Neumark; geräth in solche Schulden-Last, daß er darüber A. 1538 auf allerhand Anschläge verfällt, auszuweichen; sonderlich dachte er auf die Restitution K. Christians seines Schwiegervatters, IV, 315. er tritt mit seiner Gemalin und 70 Mann seine Wallfahrt zu Pferde, durch Frankreich und Lothringen, an. Wie ihm begegnet worden? die Königin Eleonora von Frankreich macht ihm ein Reisegeschenk von 2000 Kronen, 316. er kommt unter vieler Noth und Ebentheuern endlich nach Galerata in Spanien, 317 f. schickt seinen Secretarius Hubert Thomas voraus an den Kaiser nach Toledo, der ihn fragt: Warum der Pfalzgraf in so schlimmen Wetter die weite Reise thäte? Thomas muß gestehen, daß ihn die Noth getrieben. Der Kaiser zückt die Achsel, 318. läßt ihn aber prächtig

tig einholen und lebt, zu der Spanier Verdruß, vertraulich mit ihm; läßt ihm auf des Thomas lustige Vorstellungen monatlich 1300 Ducaten auszalen, 319. übrigens thut ihm der Kaiser nichts zu Gefallen, und nach 4 Monaten brumte der Rentmeister und die Inquisition über ihn und seine Leute, ib. der Kaiser schenkt ihm 7000 Ducaten auf den Weg. Friedrichs Gleichgültigkeit darüber; reiset damit nach Compostell; schickt viel Bagage und Leute nach Teutschland, 319. in Frankreich wird des kranken Pfalzgrafens und seines Beutels wieder gepfleget. Seine Gemamalin spahrte so wenig, als er, ib. geht nach England zum K. Heinrich VIII, richtet nichts, als daß er 6000 Kronen zur Heimreise bekommt, 320. zu Brüßel kommt ihm sein Canzler Hartmann entgegen, und meldet, wie schlimm es zu Haußte stünde, ib. er wird böse, daß sein Bemühen für seinen Schwiegervatter beym Kaiser und seinen Ministers nichts fruchten will, IV, 322 f. - - seines Bruders Krankheit ruft ihn nach Speyer auf den Reichstag; er geht nach des Churfürsten Ludwigs Tod, den 16 May 1544, nach Heidelberg und tritt die Regierung an, 323. Ursachen, warum er seines ältern Bruders Ruprechts Sohne

Pfalzgr. Otto Heinrichen in in der Churwürde vorgezogen ist worden. Streit darüber wird verglichen, 323 f. hingegen H. Wilhelm IV von Bayern will ihm selbige strittig machen; der Kaiser belehnt aber Pfalzgr. Friedrichen und setzt ihm den Reichsapfel ins Wappen, 324 f. der Churfürst errichtet 1545 zu Heidelberg, mit sämtlichen Pfalzgrafen einen Receß, um die churfürstliche Würde bey den rheinpfalzgräflichen Linien zu erhalten, 325. er favorisiret der evangelischen Religion und fördert derselben Schul- und Kirchenwesen; Ursache davon, 326. wird zum schmalcaldischen Bund eingeladen, kommt A. 46 auf den Bundstag nach Frankfurt. Dort versichert er, zwar bey der evangelischen Lehre beständig zu halten, aber wegen des Beytritts zum Bund bringt er wichtige Bedenken vor, ib. hernach ist er gesonnen, dem Hermann Churf. und Erzbisch. zu Cöln Beystand bey seiner intendirten Reformation zu leisten, ib. er schickt dem Herz. von Würtenberg, und weiter zur alliirten Armee Truppen wider den Kaiser, welches denselben sehr verdrießt, ib. er sieht sich durch des Kaisers Kriegsglück und Granvellens Zureden, gezwungen, sich dem Kaiser zu Halle zu unterwerfen, 327. entschulschuldigt sich beym Kaiser, mehr, vom Schmerz wegen dessen üblen Aussehens gerühret, als demütig; der ihm alle vorige Gnade wieder verheißet, ib. kan aber doch dessen Gunst durch Annehmung des Interims nicht recht wieder gewinnen, 327. sein Leibs- und Seelen-Charakter, 328. 445. bey seinem großen Geldmangel war er ein Feind des Bestechens; artige Begebenheiten dießfalls, 328. stirbt 1556, alt 74 Jahr, ib.

Friedrich V, Churfürst von der Pfalz, wird A. 1619 den 27 Aug. zum König von Böhmen erwählt, I, 312. er sucht sich zu behaupten, 314. seine Armee wird vor Prag auf dem weißen Berge angegriffen und geschlagen den 4 Nov. 1620, 317 f. er wohnt der Schlacht zu seinem großen Nachtheil nicht bey, sondern divertiret sich derweilen in Prag, 320. entflieht nach Breßlau, ib. H. Maximilian von Bayern that ihm hierbey am wehesten, der ihn aber auch vorher treulich und redlich abgemahnet und gewarnet, 314. 315. XII, 24. auf diesen wird seine Churwürde 1623 transferiret, 18 f. — er kommt zu der Armee des H. Christians und Grafens von Mansfeld A. 22 am Rhein; entläßt sie aber seiner Dienste, da ihm vergebliche Hofnung zu seiner Restitution in Güte, gemacht wird, II, 197. — — befindet sich A. 32 beym K. Gustav Adolph bey der Einnahm Augspurgs, X, 46. Münchens, XIV, 206.

Friedrich, Cardinal, Bischof zu Breßlau, Johanniter Ordensmeister in Teutschland, Landgr. von Heßendarmstadt, ein Sohn Landgr. Georgs II, wird catholisch 1636. A. 47 Obrist-Meister zu Heitersheim; gewinnt des Kaisers Gnade, wird kaiserlicher Abgesandter am päbstlichen Hof, und A. 55 giebt ihm P. Alexander VII den Cardinals-Hut; wird Protector der teutschen Nation, XII, 27. A. 71 Bisch. zu Breßlau, welches, wegen des Ausschließungs-Rechts der Schlesier der Ausländer von ihren Prälaturen und geistlichen Beneficien, zu bewundern, 27. 29. seine fernerer Aufenthalt zu Rom fällt, wegen der aus Schlesien dahin gezogenen großen Summen dem Hochstifte beschwerlich; und da er auch zum Obrist-Hauptmann beider Schlesien ernennet wird, verlangt der Kaiser, daß er sich nach seinem Bistum begeben soll, A. 76. Seine rühmliche geist- und westliche Regierung, 29. er sucht die Gewalt der catholischen Religion in Schlesien auszubreiten, wozu er sich allerhand Mittel bedienet, 30. baut sich eine prächtige Begräbgräbnißcapelle am Dom zu Breßlau, die er der heil. Elisabeth, der Mutter der Sophia, Stamm-Mutter der Landgrafen von Hessen, gewiedmet; deren Beschreibung und Grabschrift des A. 1680 verstorbenen Cardinals, 30 f. warum er den Titel Princeps auf dem Thaler, S. 25, nach dem Cardinals und vor dem Landgräflichen hat setzen laßen, XII, 432.

Friedrich IV, Marggr. zu Brandenb. in Franken, wird blödsinnig und der Regierung von seinen beiden ältesten Söhnen 1515 entsetzt; stirbt auf der Plaßenburg, 1536, V, 244. von der Liths Meinung von seiner gehinderten Erledigung, 436.

Friedrich, Herzog zu Braunschweig, wird in Vorschlag zur Kaiserwürde gebracht: aber auf der Heimreise von Frankfurt erschlagen. Die Thäter, IV, 341. Anstifter, 342.

Friedrich III, H. von Holstein-Gottorp, XII, 217. seine Conduite bey Ausbruch des Kriegs 1626 in Niedersachsen, 219. er thut nach des Königs von Dännemark Christian IV Niederlag Friedens-Vorschläge zwischen dem Kaiser und König, 220. was der Kaif. verlanget, ib. der Herzog williget in den, vom K. Christian angestellten schleßwigholsteinischen Landtag, worauf wegen der Vertheidigung der holsteinschen Lande Rathschlüße gefaßet werden, 221. es wird ihm von Tilly übel ausgeleget und in seine Länder eingebrochen, obgleich H. Friedrich sich auf kaiserliche Ermahnung dem Kriegswesen entzogen, ib. von seiner Geschicklichkeit und Fertigkeit in der lateinischen Sprache, 223. er legt die gottorpische Kunst-und Naturalienkammer an, XX, 90. kauft zu dem Ende die berühmte Sammlung Petri Paludani, eines Medici zu Enkhuysen, ib.

Friedrich, Herzog zu Schleßwig-Holstein Gottorfischer Linie, wird 1702 in der Schlacht bey Clißcow erschossen, XIV, 249 f. Auszug aus des Gottorf. Hofpredigers Sam. Reimari Klagrede, 250 f. des Herzogs tödliche Wunde und gute Todesbereitung, 252. dem Könige von Schweden entfallen dieses Todes wegen etliche Thränen aus den Augen, 253. fürstliches Leichenbegängnis und Trauergerüste, ib. Aufschrift des Sargs, 255. Ahnen-Tafel, 256.

Friedrich II, Herzog zu Liegnitz und Brieg, H. Friedrich I und Ludomilla Podiebrad 2ter Sohn, XIII, 34. war nicht Ritter des güldnen Bließes, ib. mehrere irrige Nachrichten von ihm gezeigt, 35 f. thut A. 1507 eine Reise nach dem gelobten Lande, 35. war Obr. Hauptmann in Nieder-Schlesien, ib. ward evangelisch, ib. von seinen Gemalinnen, 35 f. er macht sich beym K. Ferdinand verhaßt durch sein öffentliches Bekenntnis der evangelischen Lehre, durch Schlagung harter Thaler, und durch die, für sich und seine Erben, mit Churf. Joachim von Brandenburg und seinen Erben im Churfürstentume, errichtete unwiderrufliche Erbverbrüderung, 1537, 37. was in dieser Erbverbr. gegen einander von beiden Seiten verheißen und bedungen ist worden, 37 f. er hält in seinem, A. 39 gemachten Testamente seine Erben zu deren Westhaltung an, 38. aber die böhmischen Stände bringen dagegen Klagen beym K. Ferdinand A. 46 auf dem Landtage in Prag an; daß diese Erbverbrüderung und Erbhuldigung zum Nachtheil der Freyheiten der Stände und Gerechtsamen der Krone Böhmen liefen, ib. der König kommt nach Breßlau; der franke Herzog kan nicht auf die Vorladung erscheinen, sondern schickt seine 2 Söhne, welche die Befugnis und das Recht zu einer solchen Erbverbrüderung, aus alten Privilegien, die auch selbst K. Ferdinand bestätiget, darthun, 39. auf der böhmischen Stände Gegeneinwendung, erkläret der König diese Erbverbrüderung, für unbefugt, null und nichtig; befiehlt derselben Aufhebung binnen 6 Monaten, unter Vorbehalt der Strafe, 39. 40. der Herz. stirbt 1547, ib.

Friedrich V, Burggraf zu Nürnberg, ein Sohn Burggr. Joh. II und Elisabeth, Gräfin von Henneberg, tritt nach seines Vaters Tod die gemeinschaftliche Regierung mit dessen Bruder Burggr. Albrecht 1358 an, währt bis auf dieses Fürsten Tod A. 61, XVIII, 75 f. Kaiser Carl IV setzt die, für den Vater gehabte, Gnade fort gegen ihn, und belehnt ihn mit dem schlüsselbergischen Lehen zu Tangeroreut ꝛc. 76. bewilligt ihm 3 Jahre lang die gesetzte Kornsteuer der Klöster in den fränkischen Bistümern, 77. macht ihn A 62 zum Hauptmann des Reichs in Frankenland, ib. bestätiget oder erneuert ihm A. 63 in einem Huldbrief die fürstliche Würde wegen des Burggrafstums. Willebriefe, 77. besagter Brief ertheilt ihm, auch das Bergwerks-Recht; er baut die reiche Guldgrube zu Goldcronach, 78. Carl giebt ihm A. 64 die Landvogtey im Elsaß auf seine, des Kaisers Lebenszeit, mit dem besondern Vortheil, daß ihm und seinen Erben alle heimfällige Lehen solten verliehen werden; item, den Zoll zu Sels am am Rhein, 78. Gefälle von Geselten, leben, ib. des Kaiſers Gunſt erhellet ferner aus den wiederholten Eheverſprechungen, die er mit dem Burggrafen errichtet. Die erſte war wegen zwey zu erwartenden Kinder errichtet, die vor 1661 geſchehen ſeyn muß; und A. 75 erneuert und würklich worden iſt, zwiſchen der Prinzeßin des Kaiſers, Margaretha, und dem Prinz Johann, 78. die Prinzeßin Friedrichs, Catharina, wird an Pr. Sigismund A. 68, unter großen Verpfändungen verſprochen; welches Verſprechen aber mit päbſtlicher Dispenſation und allerſeitiger Einwilligung wieder aufgehoben wird, weil Sigmunden die vortheilhafte Verlobung mit der Maria Pr. von Ungarn glücket, 79. der Burggraf ſtreitet und vergleicht ſich mit dem Grafen von Oettingen, wegen des im Wappen zu führenden Brakenkopfs, 79 f. dieſer brave Fürſt ſtirbt A. 98 den 21 Jan. nachdem er das Jahr vorher ſeinen beiden Söhnen, Johann und Friedrich die Regierung aufgetragen; 80.

Friedrich und Johann, Burggrafen von Nürnberg, liegen zu Ebrach in der Stiftskirche begraben, VIII, 104.

Friedrich, der Streitbare, letzter Herzog von Oeſterreich, babenbergiſcher Linie, verlieret nach 1230, gegen ſeine empörten Miniſterialen, die K. Ottocars von Böhmen Beyſtand hatten, ſeinen fürſtlichen Schatz, dem Heinrich Chunring geplündert, und auch ſein Siegel, und nimmt daher Anlaß ein neues Wappen, die weiße Binde im rothen Felde, anzunehmen, XXI, 166 f. dergleichen Kleidung ſchenkt er auch den, A. 1232 von ihm geſchlagenen 200 Rittern, 167. 263 f.

Friedrich II, Herzog zu Sachſengotha und Altenburg, geb. 1676, H. Friedrichs I, älteſter unter 7 Söhnen. Seine Frau Mutter, Lehrmeiſter und trefliche Erziehung, VII, 98 f. ihm wird A. 91 nach ſeines Vaters Tod und von demſelben 1683 errichteten Recht der Erſtgeburt, die Erbhuldigung in den Herzogtümern Gotha und Altenburg geleiſtet, 99. geht nach Holland und England und genießt große Ehre. Rückreiſe, 99. 100. wird vom Kaiſ. Leopold motu proprio volljährig erkennet, 1693, 100. führt ſich als ein patriotiſcher Reichsfürſt auf; errichtet verſchiedene Bündniße mit dem Kaiſer und mit Reichsfürſten; wird in den wichtigſten Händeln als Schiedsrichter angenommen, 100 f. ſeine Einrichtung der Landesregierung und Sorgfalt für Kirch und Schulen, 102. Cyprian ſchreibt auf ſeinen Befehl die

die Hilaria evangelica und die Hist. der A. Confeſſ., ib. ſeine milden Stiftungen, Sorgfalt für Gerechtigkeit, Policey und Handel, 103. ſtirbt 1732, 104. ſeine Gemalin ward Magdalena Auguſta H. Carl Wilhelms von Anhalt Zerbſt Pr. den 7. Jun. 1696, VI, 106. ſeine 16 mit ihr erzeugte Kinder, 106 f. er erlebet ſeines Erb-Prinzens Vermälung 1729, 108. vermehrt die herrliche Bibliothek auf dem Friedenſtein durch Direktion des großen Cyprians, 109. vermehrt das unvergleichliche Münzcabinet zu Gotha, durch Ankaufung des Fürſtl. Schwarzb. Arnſtädtiſchen. Sorgfalt für deſſen Erhaltung, 109. der Herzog läßt das prächtige Werk, Gotha Nummaria 1730 zu Amſterdam durch Herrn Lieben ediren, ib. was er zur Zierde des Landes gebauet, 110. kauft die Herrſchaft Ober Cranichfeld von den Grafen Reußen, 1695, erblich an ſich, ib. er verdienet den Titel eines Titus, ib. ſeine ſchöne Leibesgeſtalt und unvergleichliche Gemüthsgaben, 111. 112. Sagittarius wünſcht ihm alle Glückſeeligkeiten der vorigen VII Friedriche des Stammhauſes Sachſens. Wie es der Autor als erfüllet ausgeleget, 112.

Friedrich, Herzogs Wilhelm zu Sachſen-Weimar ſiebender Prinz, XXI, 386. warum er Senior heißt, ib. wird im 13 Jahr auf den Reichstag nach Regenſpurg geſchickt, ib. ſetzt ſein Studieren in Jena fort, wird A. 1654 Rector Magnificentiſſimus, ib. 1656 erhitzt er ſich bey Luſtbarkeiten und verkürzt dadurch ſein Leben, 387.

Friedrich, H. von Würtenb. und Stamm-Vatter aller nachfolgenden Herzoge. Dieſer Fürſt, Mömpelgardiſcher Linie, folgte H. Ludwigen, der A. 1593 den 8 Aug. geſtorben, in der Regierung. Er hält dafür, daß mit der ulrichiſchen Linie und dem H. Ludwig die After-Lehnſchaft von Oeſterreich verloſchen, und ſucht vom Kaiſer und Reich die unmittelbare Belehnung, XVI, 146 f. er findet auf dem Reichstage A. 94 gutes Gehör, und die Reichsſtände beſchließen, dem Kaiſer ſo lange keine Türken-Hülfe zu bewilligen, bis er dem H. Friedrich Billigkeit widerfaren laſſen, 147. der Kaiſer antwortet dem H. auf ſeine Bittſchrift: die Sache müſſe mit allen Erzherzogen verſtanden werden, ib. nach Verlauf einiger Monathe erfolgt die Antwort: daß der Kaiſer in Anſehung der After-Lehn nachgeben, aber wegen der Erbfolge des Erzhauſes im Herzogtum Würtenberg verſichert ſeyn wolle, 148.

die Landstände fürchten sich auf diesen Fall wegen der Religion, ib. daher A. 98 in den Prager Tractaten 400000 fl. für die Aufhebung der Afterlehnschaft gebeten, hingegen die vollkommene unveränderte Beschaffenheit des evangelischen Religions-Zustandes und Freyheit aufs künftige versichert zu werden verlanget wurde, 148. nach langem Weigern, gesteht der Kaiser den Religions-Punkt ein; doch daß die Clausel, wegen zu verweigernden Huldigung im widrigen Falle, wegbleiben sollte. Die Vergleichs-Puncte vom Jahr 99 den 24 Jenner stehen 149-154.

Friedrich Carl, B. zu Bamberg und Würzburg, ein Sohn Melch. Friedrich, Freyherrns von Schönborn, Erbschenkens und Kaiserl. und Churmayntzisch. geh. Raths ꝛc. und Sophiens Freyfrau von Boineburg, geb. 1674, den 3 Merz, XVIII. 283. Erzbischof und Churfürst Lotharius Franz zu M. weyht ihn, nach vorher bekleideten ansehnlichen geistlichen Würden, zum Episcopo Arcadiapolitano; wird A. 1729 nach demselben B. zu Bamberg im Jenner, und im May Bischof zu Würzburg, ib. schon A. 1705 ist er kaiserl. geh. Rath und Reichs-Vice-Canzler geworden, ib. wie rühmlich er bey diesem hohen Amte den Reichsgeschäften vorgestanden, 284. wie er seiner doppelten bischöflichen Würde so eifrig vorgestanden, ib. er hat A. 36 zu Ludwigsburg den H. Carl Alex. und 2 Prinzen gesenket. Celebriret A. 42 das 1000jährige Jubel des Bistum Würzburgs, ib. merkwürdige Zusammenkunft der 3 schönbornischen Brüder zu Bamberg A. 29, da der Cardinal und Bischoff von Speyer Damian Hugo, dem B. von Bamberg, und dieser dem Churf. und Erzb. von Trier Franz Georgen, das Pallium umlegte, 284 f. er sorget auf alle Art für seine Stifts-Lande; fördert die Wissenschaften, Künste, Handthierungen; wendet durch seine Bemühungen und Vermittelungen nach Kais. Carls VI. Tod, von seinen und den fränkischen Landen die Kriegsverwüstungen ab, 285. hilft den Nothleidenden. Ist ein wahrer Patriot des Reichs. Er denkt fleißig und andächtig an sein Ende, ib. er stirbt den 25 Jul. 1746 zu Würzburg, 286. Beschreibung der Ceremonien bey seinem Leichenbegängniße, 286-288. Ahnen-Tafel, 288. weitere Elogia von ihm, 281-283.

Friedrich Christian, Bischof zu Münster 1688, s. Plettenberg.

Friedrich Ulrich, Herzog zu Braunschweig Wolfenbüttel, kommt 1613 zur Regierung, nach seines Vaters Heinrich Julius Tod, der ihn mit Elisabetha, K. Friedr. II in Dännemark Pr. 1591 erzeuget, II, 108 f. sein erstes war, daß er die alten herzoglichen Anforderungen an die Stadt Braunschweig, die eben in der Reichsacht stunde, heftig betrieb. Die Stadt muste einen nachtheiligen Vergleich nach vorgenommener Belagerung vom Herzog eingehen und huldigen, 189. er versichert bey angegangenen Unruhen in Böhmen dem Kaiser Ferdinand, durch Wort und That, seine Treue, I, 130. vereinigt sich bey zunehmender Kriegsgefahr 1623 mit dem übrigen Niedersächsischen Craiße zur Anwerbung von 10000 Mann, ib. die weitern Anstalten im Craiße verdrießen den Kaiser und läßt er den Tilly in Niedersachsen einbrechen, 130 f. darüber überläßt Friedrich, seinem Bruder H. Christian, Wolfenbüttel zu besetzen, welches mit lauter dänischen Völkern geschieht, 131. nach H. Christians Tod A. 26, hätte H. Friedr. Ulrich gerne wieder sein Wolfenbüttel gehabt. Es hilft aber sein Ausschreiben an die dänischen Völker nichts, seine Städte zu räumen, ib. Schreiben des Königs deswegen an ihn, 132 f. des Commendanten Grafens von Solms hartes Verfahren macht den Herzog hitziger,

Wolfenbüttel aus dänischen Händen zu reißen, 133. der Kaiserl. General Gr. Poppenheim belagert und erobert es, 134. allein die Kaiserlichen behalten es nach dem dänischen Frieden besetzt. Der Herzog schlägt sich darüber auf die Seite des Königs von Schweden, ib. die Schweden belagern es A. 33, und Rauschenberg der Commendant wehrt sich, bis es der General Gronsfeld entsetzet, 134. der Herzog muß das vom H. Philipp hinterlaßene Herzogtum Grubenhagen wieder an die Lüneburgischen Vettern abtretten, II, 190. hat eine unzufriedene Ehe mit Anna Sophia, Churf. Joh. Sigism. von Brandenb. Pr., auch keine Kinder mit ihr erzielet, ib. stirbt am Beinbruch, den 11 Aug. 1634, 190 ohne sein Wolfenbüttel wieder zu kriegen, I, 135.

Friedrich Wilhelm, H. zu Sachsenweimar, Administrator von Chursachsen, wird Vormund über Christians I Söhne, 1591, II, 178. läßt gleich den Cantzler Crell, der die Calvinischen so sehr geheget, setzen; deßen Proceß auf einem Landtage beschloßen wird, ib. die sächsischen Craißstände tragen ihm auch das Crais-Obristen-Amt auf, 179. hält Kirchen, Universitäts- und Schul-Visitationen, und die reine Lehre

cher wieder herzustellen, b.
straft die tumultuirenden zu Dreßden, vermahnt die Prediger zum
Glimpf in ihren Controvers-pre-
digten, ib. trift einen Vergleich
mit dem Teutschmeister wegen
aller Irrungen, so wegen der Bal-
ley Thüringen mit Churſachſen
hervorgewaltet, 193, 179. auch
geschiehet ein gleiches wegen des
Mitbesitzes vom Hennebergiſchen,
zwiſchen den ſächſiſchen Häuſern,
durch Churf. Joh. Georgs von
Brandenburg, als Obervor-
munds, Bemühung, 180. der
Administrator gehe A. 94. auf den
Reichstag nach Regenspurg, und
verwaltet gelegentheitlich das Erz-
marſchall-amt, ib. hält eine Crats-
versammlung wegen der Münzgebrechen zu Leipzig, übergiebt
die Regierung 1601. dem Churf.
Christian II, 180. durch ſeine
Vorſicht bleiben die Bisthümer
Merseburg und Naumburg, vermög einer Capitulation beym
Churhaus Sachsen, 181. Beweiß seiner Unparteylichkeit gegen
den Crell, 182. der Herzog läßt
nützliche Bücher drucken, verfertigt und ſammelt ſelbſt ein Ge-
bethbuch teutſch und lateiniſch, ib.
wird falſch von einigen H. Fr. W.
von Altenburg genennet und als
der Stifter der altenburgiſchen
Linie angegeben, 183. verſchiedene Vergleiche mit ſeinem Herrn
Bruder Johann wegen der Lan-

desregierung und Überlaſſung
Altenburgs u. a. Aemter, mit al-
ler Iurisdict. 1835. ſtirbe 1602,
7 Jul. ib.
Stammey, dieſes Beynahmen iſt zu
Hauſe Sachſen beygeleget wor-
den, dem H. Heinrich in der
altenburgiſchen Linie, dem Herz.
Ernſt zu Gotha, und dem H.
Chriſtian Ernſt zu Coburg-Saalfeld,
XX, 8.
Fruchtbarkeit der Weiber, wie
ſie befördert wird, VII, 363.
Fruchtbringende Geſellſchaft zur
Aufnahm der teutſchen Sprache
geſtiftet 1617, VI, 182.
Frunsperg, eine uralte adeliche Familie ſtirbt 1486 mit Georgen,
dem Enkel des großen kaiſerl.
Kriegs-Obriſtens Georgs, und
Caspars, deſſen eben ſo tapfern
Sohnes, Söhne aus, XVI, 210.
ein Ullrich von Frunsperg
kommt 1167 in Urkunden vor,
211. Ullrich und Johann ver-
kauffen die freye Reichsherrſchaft
Mindelheim, welche Georg verpfändet, um zum Dienſt Kaiſer
Carls 12000 Mann anwerben
zu können, mag weder um
ſeiner Reichsherrſchaft, noch um
ſeiner herrlichen Thaten willen,
eine Erbhöhung ſeines Standes
oder Vermehrung ſeines Wappens haben, 211, 212.
Seyburg, eine Stadt im Uchtlande, iſt vom H. Berchtolf zu Zähringen 1179 angelegt, III, 223.
wird

erhielt Reichsfrey 1218, nimmt die Grafen von Kyburg zu Schutzherren und kommt an Habspurg, ib. nimmt Savoyen zum Schutzherrn, kauft sich los, und tritt 1481 in den Bund der Eidgenossen. Das Regiment ist Aristocratisch, 223. Beschaffenheit des Raths, 224. ist catholisch, besitzet viel Land, ib.

Fugger. Der Stammvatter dieses gräfl. Hauses, Hans Fugger hat 2 Söhne, Hans und Ulrich, VI, 66. Hans erlangt das Burgerrecht zu Augspurg mit seiner Frauen Clara Wiedolphin 1370. Sein Gewerb, 66. hat 2 Söhne, Andreas und Jacob. Andreas wird reich und stolz durch die Handlung; bekommt vom Kaiser Friedrich III das erste Fuggerische Wappen mit dem Rehm; seine Nachkommen kommen herunter, 67. Jacob der Br. Vorgeher der Weberzunft und Handelsmann ist geseegnet; hinterläßt 7 Söhne 1469, ib. Ulrich Fugger treibt großen Handel, kommt ins Gewerbe mit Oesterreich und erhält vom Kais. Friedrich das Wappen mit den Lilien und Büffelshörnern, stirbt 1510, 67 f. ein Bruder Marx Fugger hat ansehnliche geistliche Würden; der Pabst giebt ihm ein Canonicat zu Augspurg, dawider sich das Capitel spreitzet, 68. Georg Fugger kauft das Schloß zu Göggingen. Jacob Fugger II, der 7de Sohn Jacobs I, ist erst geistlich, ergreift aber die Handlung, sonderlich den Kupferhandel in den ungarischen Bergstädten u. a. ib. baut in Kärnthen das Schloß Fuggerau, 68 f. leihet dem Kais. May. 1501, 30000 fl. auf Kirchberg und Weißenhorn; kauft andere ansehnliche Güter, 69. wird geadelt; der Pabst macht ihn zum Ritter des goldnen Sporns ꝛc. ib. ist auch Rathsherr zu Augspurg, 69. kauft die Jacober-Vorstadt und baut die Fuggerey zum Besten armer Handwerksleute; stirbt ohne Kinder. Hinterläßt seine großen Güter seines Bruders Georgs Kindern als ein ewiges Fideicommiß, 70. seine Grabschrift; Reichtum und Ehre dieses Geschlechts, 71. Sammlung der Bildniße der Fugger und Fuggerinnen, ib. und zahlreiche Lobsprüche, 72. — Raymund Fugger, Georgs Sohn, war nach Jacobs Tod der älteste, führt die fuggerische Handlung mit großem Seegen fort, VI, 74. baut die fuggerischen Häuser auf dem Weinmarkte beßer; kauft neue Güter, 74. Kaiser Carl und Ferdinand machen ihn zu ihrem Rath, und verleihen ihm die Graf- und Herrschaften Kirchberg und Weißenhorn als Erblehen,

lehen, ib. der Kaiſer erhebt ihn, ſeinen Br. Anton und Vetter Hieronymus 1530, in Adel- und Rittermäßigen- und auch in den Panner- Freyherrn- und Grafen-Stand unter außerordentlichen Freyheiten und Vorzügen, 74. 75. er wird von den Gelehrten als ein großer Förderer der Wiſſenſchaften verehret, 75 f. macht ſich durch eine prächtige Sammlung von griechiſch und römiſchen Altertümern hochverdient, 77. beſchenkt den Erasmus, 78. läßt vom Furtenbach die trefliche Sphaeram verfertigen, die in der kaiſerlichen Bibliothek zu ſehen, 78. vermählt ſich mit Catharina von Thurſo 1512, ib. fängt mit ihr die Hauptlinie der Fugger an, indem er 6 Söhne und 7 Töchter erzeuget, 78. ſtirbt 1535, ſeine Grabſchr., 80. Johann Jacob Fugger, geb. 1516, Bürgermeiſter zu Augſpurg, Rath und Oberkämmerer bey H. Albrecht in Bayern, bekommt zu ſeinem Antheil die Grafſchaft Pfird u. a., 79. macht ſich um die gelehrte Welt, ſonderlich durch die Verfertigung des öſterreichiſchen Ehrenſpiegels, hochverdient, ib. den Siegmund von Birken durch Zierrathen verunſtaltet, ib. ſeine Gemalin und Kinder, 80. ſtirbt 1575, ib. die Fugger enthielten ſich lau-

ge des gräflichen und freyherrlichen Titels, 80.

Fürer von Haymendorf erfindet zum Gedächtnis des glorwürdigſten Kaiſer Joſephs einen Obeliſcus, XXII, 312.

Fürſten ſollen von vorzüglicher ſchöner Geſtalt ſeyn, IV, 208. ſiehe auch Reichsfürſten.

Fürſtenberg, Heermeiſter in Liefland, weiß ſich gegen die ruſſiſche andringende Macht nicht zu helfen; überläßt ſeine Würde ſeinem Coadjutor Kettler 1559, IV, 388. wird doch von den Rußen gefangen fortgeſchleppet, 389.

Fürſtenbergiſches Herkommen, oder genealogiſche Nachrichten von den Grafen von Fürſtenberg von 1447 bis 1514, beſchrieben von Michel dem Schreiber bey Graf Heinrich von Fürſtenberg, II, 171. Kaiſer Leopold erkennet das fürſtliche Herkommen, hohe Verſchwägerungen, große Verdienſte ums Reich, Kaiſer und das Erzhaus Oeſterreich, der Grafen von Fürſtenberg, in dem, beiden Brüdern Franz Egon, Biſchof zu Strasburg und Herman Egon ꝛc. Heiligenberger Linie ertheilten, Fürſtenbrief, XII, 10 f. der neue Fürſt von Fürſtenberg erlangt nach beygelegtem Streite mit Oſtfrießland wegen der Präce-

Uuu den,

denz, durch eine beliebte Alternation Sitz und Stimme auf dem Reichstage 1667, 12 f. — Fürst Hermann Egons Vater, Graf Egon, war Anfangs geistlich, vermählte sich aber nach seines Bruders Joachims Tod mit Anna Maria, Pr. von Hohenzollern 1619, 13. er war A. 19 auf K. Ferdinands Wahltage und ward von diesem zum Ritter geschlagen, ib. er dient dem H. Maximil. von Bayern als geh. Rath und O. Hofmarschall, hält in dessen Nahmen A. 23 zu Regenspurg beym Kaiser um die Belehnung mit der Chur für den Herzog an, ib. geht in Krieg, wird General-Lieutenant, und commandirt den linken Flügel in der leipziger Schlacht, stirbt 1635, 13. Fürst Herman Egons Geburt, ansehnliche Chargen am bayerischen Hof und seine 6 Kinder, 14. seine männlichen Nachkommen sterben mit seinem erstgebohrnen Sohn Fürst Anton Egon aus 1716, ib. die fürstliche Würde wird aber vom Kaiser A. 1712 auch auf die Möskirchische und Stülingische Linie erstrecket; welchen 1617 das fürstenbergische Votum auf dem Reichstage priori loco et ordine gemeinschaftl. fortzuführen gerne gegönnet worden, 15.

Fulda, die gefürstete Abtey, (nun das Bistum) ist vermög des Pabst Zachariae Privil. von 751 unmittelbar dem römischen Stul unterworfen; welches K. Pipin bestätiget 755, XIV, 243. P. Johannes VIII erweitert das Privilegium, und P. Sylvester II begnadigt A. 999 den Abt Erkanbold, daß die Aebte zu Rom allein die Weyhe empfangen, Synodos halten und wie Bischöfe nach Rom appelliren können, ib. dannoch wird Fulda, so wol vom Erzb. Siegfried zu Maynz schon 1068, und von den Bischöfen von Würzburg vielfältig und hart angefochten, aber doch immer von Kaisern und Päbsten geschützet, 244. der Bischof von Würzburg, Joh. Philipp von Schönborn, und der Abt, Joachim Graf von Gravenegg errichten 1662 endlich einen Vergleich, in welchem der Bischof allen Ansprüchen einer Iurisdiktion über Fulda entsaget, salvo iure metropolit. er remedio appellat. ad Metrop. 244. 245. neuer Proceß, worinnen Würzburg sachfällig zu Rom wird, und ein neuer Vergleich 1722, da Würzburg die Cession seiner Iurisdict. so lange für gültig erkennet, als Fulda catholisch und geistlich bleibet; widrigenfalls wolte es sein Ius Episcopale so lange ausüben,

üben, bis Fulda im alten Stand wieder käme, 245. noch andere Puncten, ib. - - der Abt von Fulda hat bey den Kaiserinnen das Erzcanzleramt, und seine gewiße functiones bey deren Krönungen zu verrichten, 246. was dießfalls mit dem Abte Placidus 1690 bey der Krönung der Gemalin Kaiſ. Leopolds vorgegangen, 246 f. wie von dieser Ceremonie die Verordnung Kaiſ. Carls IV lautet, 247. was fuldaische Gesandten bey ähnlichem Falle gethan, ib. in gänzlicher Abwesenheit des Abts und seines Gevollmächtigten, hat der Abt von Murbach seine Vices vertretten, 248.

G.

Gabriel Bethlen, oder Bethlen Gabor, ein reformirter siebenbürgischer Edelmann, läßt sich die tyrannische Regierung des Gabriel Bathori zu Herzen gehen; da er Hülfe und Rettung bey den Türken sucht, erhält, und den Bathori aus dem Lande treibt 1613, XV, 251. die Türken behaupten Siebenbürgen als ein Leben gegen den, sich für den Bathori regenden, Hof zu Wien, ib. Bathori wird erschoßen und Bethlen gegen eine Erkenntlichkeit als Fürst von Siebenbürgen eingesetzt, 251. Bathori

Freunde erregen A. 14 einen Tumult, den er aber glücklich dämpft und sich seines Fürstentums erst recht versichert, 252. in dem, zwischen den Kaiserlichen und Türken geschloßenen Frieden A. 15, bleibt er unter der letztern Bothmäßigkeit, ib. A. 19 verspricht er den Böhmen Hülfe gegen den Kaiser Ferdinand II; dem kaiserl. General Docius macht er weis, er rüste sich für den Kaiser; erobert aber Caschau, bekommt den Docius gefangen, übt große Gewaltthätigkeiten an der catholischen Geistlichkeit aus; gewinnt die Bergstädte und Villeck. Die misvergnügten evangelischen Ungarn fallen ihm zu; er schickt 12000 Mann nach Mähren, geht selbst dem Buquoi und Dampier entgegen und erobert Preßburg, 252. vereinigt sich mit dem Graf Thurn, schlägt sich 3 Tage an der Donaubrücke mit den Kaiserlichen, erlegt 4000 Mann, belagert Wien, 253. Humanay erficht Vortheile über den Ragozi, welches die Aufhebung der Belagerung erzwingt, ib. Gabriel verbindet sich mit Böhmen, und die Ungarn erklären ihn A. 20 auf dem Reichstag zu Preßburg als ihren Fürsten. Die Beschützung der evangelischen Religion und die Austreibung der Jesuiten war der Hauptpunct der Verbindung,

dung, 253. doch wird ein Waffenstillstand zwischen ihm und dem Kaiser getroffen, und blieb ieder im Besitz von dem, was er hatte, ib. die ungarischen Stände der 3 Religionen errichten eine Vereinigung auf dem Reichstag zu Preßburg, in welcher sie die Geistlichkeit, als der Reichsstandschaft untähig, erklären. Die kaiserl. widersetzen sich zwar; aber die Confoederirten wurden über die Verzögerungen des Kaisers verdrießlich, und Bethlen Gabor wird den 25 Aug. als König von Ungarn ausgerufen. Die Siebenbürger tretten mit Macht bey; und Bethlen erlegt beym Ausbruch des Kriegs den General Dampier, 254. Kaiser Ferdinand läßt ein scharfes Ausschreiben ergehen; Gabor kehrt sich nicht daran; ermuntert die geschlagenen Böhmen; salvirt die Reichs-Kleinodien und ruft 1621 wegen des anruckenden Buquoi den Tartar-Chan um Hülfe an, darüber gehen viele zum Kaiser über. Vergebliche Tractaten. Buquoi erobert den 7 May Preßburg, 255. Gabor ersicht im Julius wieder Vortheile, geht wieder vor Preßburg, wo Marggr. Georg von Brandenburg zu ihm stößt, ib. doch schließt er zu Niclasburg Frieden; begiebt sich des königl. Titels und der Krone; wird Reichsfürst, bekommt Ratibor und Oppeln in Schlesien, 255. dabey den Ungarn Verzeyhung, Abschaffung der Beschwerden, und Religions-Freyheit bedungen wird, 255. er bricht A. 23 mit türkischer Hülfe abermals in Ungarn und Mähren ein, unter dem Vorwand, als ob ihm nicht alles nach dem Frieden erfüllet worden sey. Stillstand von 2 Monaten. Bethlen macht große Forderungen, schließt aber doch auf den Niclasburger Fuß A. 24, 256. Nach diesem hält er Frieden und Freundschaft mit dem Kaiser; beschickt die ungarische Krönung K. Ferdinands III A. 25; vermählt sich mit Catharina, Churf. Sigismunds von Brandenb. Prinzeßin; stirbt A. 28 am Brand, ib. vermacht Kais. Ferdinanden und seinen Sohne 2 Pferde und 40000 Ducaten, ib. viel seiner Gemalin, ib. vom Adel und Würde der bethlenischen Famlie und Vorfahren des Gabors, XXI, 322.

Gabrielle d' Eſtrées, K. Heinrichs IV in Frankreich Maitreße. Ihre Eltern und Gemahl, V, 269. der König macht sie zur Marggräfin von Monceaux, und nach der Geburt eines Sohnes, zur Herzogin von Beaufort. Sie hebet ihre Freunde, 169. ihre Kinder, 270. stirbt schnell, wahrscheinlich an Gift, 270 f. ihre Freun-

Freunde reitzten sie nach der Krone zu streben, und der K. stellte sich nicht ungeneigt dazu. Der Pabst eilte aber, auf der Gemalin Bemühung, nicht mit der Ehescheidung, 271 f. sie wird beschuldigt, als hätte sie den H. von Longueville, der sich ihrer Vermälung am meisten widersetzt, meuchelmörderisch hinrichten lassen, VIII, 42.

Gafferel, dessen curiosités inoüies werden übersetzt und mit Anmerkungen erläutert, VIII, 358 f.

Gailius, Andreas, der jüngere, will alles mittelmäßig an seiner Frau haben, VI, 143.

Galigai, Eleonora, des Marechal d'Ancre Gemalin, wird als eine Hexe hingerichtet, XI, 277.

St. *Gallen*, das fürstliche Stift, in der freyen Stadt Gallen 2 Stunden vom Boden-See. Beide haben ihre Benennung vom irrländischen Benedictiner-Mönch dem St. Gallus, der 627 zu Arbon gestorben, VI, 58. seine wunderbare Unterhaltung mit einem Bären, 58 f. seine Schüler bauen Cellen bey seiner zur Andacht an, 60. K. Sigebert II von Austrasien beschenkt sie mit einem Strich Landes Appenzel genannt; woher? ib. die Cellen werden zerstört, 658. wieder aufgerichtet, vom Pipin in ein benedictiner Kloster verwandelt, und Othmar zum ersten Abt gemacht, 60. wird abgesetzt, warum? 61. steht unterm Bischof von Constanz, bis A. 778 Carl der Große Rupertum zum Abt macht, 61. bekommt den Nahmen St. Gallen Münster; wächst an Gütern, erlangt 872 die freye Wahl eines Abts; Hartmut wird am ersten gewählt, ib. macht das Lesen, Schreiben und Wißenschaften lebhaft im Kloster. Notker und Ekart waren daselbst, 61. Werner II erlangt die Wahl eines Kasten-Vogts pfandweiß, 62. der 35 Abt Ulrich VI Freyherr von Son 1209, wird von den Schriftstellern am ersten Fürst genennt, 62. Abt Conrad von Musnang ist kriegerisch und hilft den H. von Bayern bekriegen, ib. bemächtigt sich aufs Kaisers Befehl der Stadt Wyll und des Schloßes Alt Togkenburg, ib. Abt Berthold von Falkenstein führt Kriege, vermehrt die Güter der Abtey, 62. zwistige Wahl 1271 Ulrichs von Güttingen und Heinrichs von Wartenberg; darüber es zum Krieg kommt, ib. die Stadt Gallen schwöret bey dieser Unruhe dem Kaiser und Reich, und Rudolph setzt ihr Ulrich von Ramschwag zum Kastenvogt, 62. Abt Cuno von Staufen hat Streit mit der Stadt; reizt die Appenzeller zum Aufstand, die ihn 1402 absagen, ihn in 2 Schlach-

Schlachten besiegen, und A. 1408 vom Kaiſ. Ruprecht frey geſprochen werden, 63. A. Heinrichs von Mansdorf weiterer Streit mit Appenzell 1421, den die Eidgenoßen A. 29 ſchlichten, 63. Abt Caſpar von Landenberg ergiebt ſich 1451 an die 4 Cantons Zürch, Lucern, Schweiz und Glarus, mit Vorbehalt ſeiner Pflicht gegen den Pabſt, Kaiſer, Reich und der Freyheiten ſeiner Unterthanen, ib. weitere Accords-Punkten, ib. die Stadt Gallen tritt A. 54 auch in Bund, und alle Streitigkeiten werden A. 1457 mit dem Convent gehoben, 63. Abt Ulrich Röſch hilft dem Kloſter ſehr empor, acquirirt Roſchach ꝛc. erlangt vom Kaiſer Friedrich III den Blutbann zu Wyll; erkauft die Graffſchaft Togkenburg mit Vorbehalt der Freyheiten der Landleute, ib. fängt einen neuen Kloſterbau zu Roſchach an und will den Convent hin verlegen. Die Stadt Gallen und Appenzell reiſſen den Bau wieder ein; werden dafür aber von den Eidgenoßen gezüchtigt, 64. Röſch wird der andere Stifter genennt; ſein Charakter, ib. der Abt Geißberger unterwirft ſich dem Pabſt und entzieht ſich aller biſchöflichen Gewalt 1504, ib. Gefahr des Kloſters bey den Religions-Aenderungen; Reſtitution deſſelben und ſeines Abts Diethelms 1532, 64. Toggenburgiſche Händel 1712, ib. was die reiche Abtey beſitzt, ib.

Gandersheim, das kaiſerl. fürſtl. gräfl. freye Frauen-Stift hat H. Ludolph in Sachſen A. 856 geſtiftet, XIX, 10. -- dieſes Stifts Capitel poſtuliret ſich 1713 eine vortrefliche Fürſtin zur Aebtißin Eliſabetha Erneſt. Ancon. Prinzeßin H. Bernhards von S. Meinungen, eine Enkelin mütterlicher Seits von H. Anton Ulrich von Braunſchweig Wolfenbüttel, 10. Lob ihrer Tugenden, 10 f. ſie liebt die Gelehrſamkeit, legt eine Stifts- und eine Hand-Bibliothek an, die mit treflichen Gemählden ausgeſchmükt iſt, 11. bezeigt Leibnitzen und Eccarden große Gewogenheit, 12. liebt nicht minder die Künſte, ib. ſie ward 1712 zur Aebtißin von Quedlinburg poſtulirt, begab ſich aber wegen entſtandenen Streitigkeiten ihres Rechts, 13. ſie hat bey ihren rühmlichen Bemühen des Stifts Flor zu heben an ihrem Oberhofmeiſter Joh. Ant. von Groll einen treflichen Beyſtand, 14. ſie vergleicht ſich mit Wolfenbüttel wegen Einſetzung der Canopicorum und Vicariorum, 14. von der Beſchaffenheit und Zahl der Canonicorum, die 1665 auf 4 geſetzt wird, 15. die Aebtißin ver-

verordnet 1719, daß keine als reichsfürstl. und reichsgräfliche Canonißinnen im Stifte sollten aufgenommen werden, wie es sich auch vor der Reformation befunden, ib. die Aebtißin muß bittlich um die Aufnahm ersuchet werden. Ahnen-Probe, 15. durch das Recht der ersten Bitte solle sich keine einzudringen suchen, weil es nicht Herkommens, ib. die Anzahl der Canonißinnen beruhet auf der Willkühr der Aebtißin, doch sollen eigentlich nur 4. residiren und genießen. Alle müßen Evangelischlutherisch seyn, 15. jede muß bey der Aufnahm 2000 Reichsthaler erlegen. Sie stiftet den Orden zur Erinnerung des Leidens Christi, Ordenszeichen, 15 f. sorgt für die brieflichen Urkunden, 16. restituirt das Erbschenken-Amt, so sie dem Grafen von Dehn verleihet. Baut das Kloster Brunkhausen und löset verschiedene Güter ein, 16.

Gara, Palatinus H. zieht das Regiment in Ungarn bey Mariä Minderjährigkeit an sich; macht aber sich und die Königin verhaßt, I, 2. läßt K. Carln von Neapel und Ungarn ermorden, 4. wird von dessen Anhang erschlagen, 5.

Gardie, Magnus de la, ein schwedischer Graf arbeitet, bey seinen weiten Absichten, an Hintertreibung der Vermälung der Königin Christina mit Pfalzgr. Carl Gustav, VIII, 18.

Gardie, Iac. de la, untersteht sich einer frechen Rede gegen die Königin, wegen der Erbfolge Carl Gustavs und seiner männlichen Nachkommen, VIII, 21.

Gaston, H. von Orleans, K. Heinrichs IV ²ter Prinz von der Maria von Medices, lebt mit seinem Br. dem K. Ludwig XII, wegen des Richelieu in beständigem Unwillen, XIV, 10. der erste Verdruß war über die zweymalige Arretirung des Ornano, seines Hofmeisters, ib. er beschließt mit dem H. von Vendome des Cardinals Untergang, ib. wird aber beym K. angeschwärzet, als tracht er ihm nach dem Leben, und nach der Vermälung mit der Königin, weil er die Montpensier zu nehmen anstehet, 11. von der bezeigten Conduite des Herzogs, den weitern Intriguen, diese Heyrath zu hindern oder zu fördern; Gastons Wankelmuth, und endliche Einwilligung und Vollziehung dieser seiner ersten Vermälung, 1626 im April; des Herzogs besondere Aufführung während dieses Ehestandes, der sich durch den Tod der Herzogin A. 27 den 4 Jun. endigte, XIII, 371 u. 376. der H. retirirt sich nach Nancy, da ihm die Ehre des Commando im Kriege wider Savoyen vorenthalten wird, ib.

der

der K. besänftigt ihn aus Furcht und räumt ihm große Vortheile ein, ib. Gaston entfernt sich wieder vom Hofe, bedroht den Richelieu und weicht wieder nach Lothringen, wo er sich mit H. Carls Pr. Margaretha vermählet, 12. er muß sich nach den Niederlanden zu seiner Mutter flüchten, weil ihn der H. von Lothringen abandonniren muß, ib. bricht mit spanischen Truppen in Frankreich ein und vereinigt sich mit dem Montmorancy. Sie erleiden eine Niederlag bey Castelnaudari vom Schomberg, da Montmorancy gefangen wird; den H. läßt aber Schomberg durch, 12. des Königs Liebe gegen den Bruder regt sich. Doch muß Gaston harte Dinge versprechen, 13. des Montmorancy Enthauptung treibt den Herzog wieder nach Brüßel A. 1633, wo ihn Isabella mit Freuden aufnimmt, ib. Richelieu bringt ihn durch List doch wieder ins Reich. Der König nimmt ihn liebreich auf und bittet ihn, nur den Richelieu zu lieben, 13. der H. läßt sich seine lothringische Gemalin nicht abbringen, 13 f. Puylaurens Tod und des Cardinals Anhalten, ihn um seine Gemalin zu bringen, bringen ihn wieder auf den Anschlag, den Cardinal ermorden zu laßen; der unausgeführet bleibt, 14. endlich willigt der K. in des Herzogs Heyrath, wodurch die Brüder völlig versöhnt werden, 15. läßt sich mit dem Cinqmars und Bouillon A. 42 in Verbindung zum Untergang des Richelieu ein, 15. allein der Anschlag wird entdeckt; Cinqmars vom Prinzen sacrificirt und Gascon dermaßen erniedrigt, daß er einem Privatmann ähnlich ward; 15 f. sein veränderlicher Charakter, 16.

Gattinara, Mercurinus de, kaiserl. Obr. Hofcanzler VII, 10. dieser hochbelobte Mann hat seinen Nahmen von der Stadt Gattinara, die die Herren von Arbore erbauet, 11. sein Vater war Paulin Herr von Arbore, ib. Gattinara verheyratet sich schon im 13ten Jahr. Dient Savoyen, wird A. 1509 Präsident in der Grafschaft Burgund; A. 18 beym Kaiser Carl Obr. Hof-Canzler in Spanien. Seine erste große Amtsverrichtung war, die schöne Antwort, so er dem Pfalzgr. Friedrich, der Carln seine Wahl hinterbracht, ertheilet, 11. 12. -- er giebt dem Kaiser den Rath, K. Franciscus in seiner Krankheit nicht anderst zu besuchen, als mit dem Vorsatz, ihn gleich loszulassen, 12. ein andermal: ihn nicht eher loszulassen, bis er würklich Burgund abgetretten, und Italien beruhigt wäre; alle andere harte Bedingnisse fahren

fahren zu laſſen. Da ihm nicht
gefolgt wird; ſo läßt er ſich auch
nicht zwingen, den Madriter Vergleich zu unterzeichnen, 13.
kommt A. 29 nach Italien, wird
Cardinal. Er ſollte den Kaiſer
zu aller Gewalt gegen die Ketzer
in Teutſchland reitzen; er räth
aber ein Concilium anzuſtellen,
ib. die Geſandten der Evangeliſchen, die gegen den ſpeyeriſchen
Reichs-Abſchied proteſtiret, wen-
deten ſich an den Gattinara;
der aber zu ihrem Unglücke krank
ward, 14. zu Bologna bey des
Kaiſers und Pabſts Zuſammenkunft betrieb Gattinara im Nahmen des Kaiſers ein Concilium,
ib. der Pabſt weigerte ſich deſſen
durch ſchlechte Entſchuldigungen,
15. Sarpi ſagt ihm und dem
Kaiſer zu viel nach, daß ſie in
die gewaltſame Unterdrückung
nach der Meinung des Pabſts
gewilliget hätten, ib. Melanchthon giebt ſeiner Mäßigung und
friedlichen Neigung ein trefliches
Zeugnis, 15. er ſtirbt zum groſſen Leidweſen der Proteſtanten zu
Inſpruck 1530, 5 Jun. 65 Jahr
alt, ib. iſt zu Gattinara begraben. Seine Grabſchrift, 16. 426.
der Kaiſer erhub ihn in Grafen
und Marggräflichen Stand, 16.
er liebt und ſchützt die Gelehrten,
ſonderlich den Eraſmus, ib.

Gebhard, Churfürſt und Erzbiſchof
zu Cöln, aus dem Stamm der
uralten Erb-Truchſeſſen des
H. R. Reichs und Freyherren
von Waldburg entſproßen. Seine Eltern, Erziehung und Würden, I, 298. er gelanget durch
Vorſchub des Grafen von Nuenar, vor ſeinem Competenten,
H. Ernſt von Bayern A. 1577
zur Chur- und erzbiſchöflichen
Würde, und P. Gregor. XIII
confirmiret ihn, 298 f. artiges
Anzeigen mit dem cölniſchen
Wappen, 299. er führt ein wol-
lüſtiges Leben; verliebt ſich in die
ſchöne Agnes Gräfin von Mansfeld, Canoniſſin in Girsheim;
lebt mit ihr in verbotener Liebe
bis 1582, da ihre Brüder ihm
vorſagen, ſie entweder zu ehligen,
oder ihrer blutigen Rache gewär-
tig zu ſeyn, 300. weil ihm durch
die Verehligung der Verluſt des
Erzſtiftes bevorſtunde, ſo riethen
ihm ſeine Freunde, die reformirten Grafen von Nuenar und
Solms, die römiſchcatholiſche
Religion zu verlaſſen, und doch
ſeine Würden beyzubehalten, iedoch ohne auf eine Erblichkeit
oder Reformation im Erzſtifte
zu denken, 300. die Evangeliſchen zu Cöln regen ſich zu ſeinem
Behuf. Er wirbt Truppen; bekennt ſich zur reformirten Religion, und geſtehet iedermann gleiche Freyheit zu: doch ſollen die
Rechte des Erzſtifts und Wahl-
freyheit demſelben verbleiben, 301.

nun regten sich das Domcapitel, der Pabst Gregor. XIII und Kaiſ. Rudolph, 301 f. er läßt sich nicht warnen, ſondern A. 1583 öffentlich trauen, und rechtfertigt ſeine Rüſtungen, 302. wird vom Pabſt in Bann gethan und abgeſetzt. Evangeliſche Fürſten nehmen ſich ſeiner beym Kaiſer und Capitel durch eifrige, aber vergebliche Vorſtellungen an, 302. ſo, daß ſie ihm keinen Gehalt aus dem Erzſtifte verſchaffen können, 303. die Furcht hält ſeine Freunde zum Theil ab, ihme mit Gewalt beyzuſtehen. Die Waffen entſcheiden die Sache bald; Bonn geht verloren; und nach, bey der Königin von England, vergeblich durch ſeine Gemalin geſuchter Hülfe, entweicht er nach Strasburg, wo er als Domdechant des halbevangeliſchen Capitels bis 1601 gelebt und den 21 May verſtorben, 303. wird nebſt ſeinem Bruder Carl in ein Grab nach Münſter gelegt, ib. ſeine unächten Abſichten und Ergreifung der reformirten Religion machten ſeinen Fall gewiſſer, ib.

Gebhard, Erzbiſchof von Salzburg; war aus einem vornehmen ſchwäbiſchen Geſchlechte entſproſſen. Ob er ein Graf von Helfenſtein geweſen? ſteht dahin. Sein Vater hieß Chadold, VI, 134. ſeine Gelübde. Wann er Erzbiſchof geworden, ib. er erhält vom Kaiſ. Heinrich IV das Recht einen Biſchof einzuſetzen; welches zu Gurk geſchiehet, 132. 135.

Gebhard, Biſchof von Würzburg, ein Graf von Henneberg, wird vom Kaiſ. Heinrich V, da er noch in der Grammatica begriffen war, A. 1122 zum Biſchof ernennet, IV, 291. bey dem Inveſtiturſtreit des Kaiſers mit dem Pabſte, hält es das Capitel mit dem letztern und wählt Graf Rüger von Vähingen ihm entgegen, ib. dieſer muß, ungeachtet des Pabſtes ꝛc. Beyfall aus Würzburg weichen. Päbſtliche Commiſſarii ſprechen ihm das Bistum aber weiter zu, 292. Gebhard will Rügern aufheben; es gelingt ihme nicht. Rüger wird vom Erzbiſchof zu Maynz zum Biſchof geweyht. Nach den zu Worms getroffenen Concordatis, wo der Kaiſer ſo viel nachgegeben, und nachdem Gebhard auch zu Lion auf dem Concilio abgeſetzt wurde, ſteht er ab. A. 1130 nach Rügers und 47 nach B. Emmerichs Tod wird er wieder übergangen, doch endlich A. 51 von allen willig von neuem gewählt und vom Pabſt beſtätiget, 292. er fördert das Aufnehmen verſchiedener Klöſter, 293. ſteht beym Kaiſ. Friedrich I in Gnaden, ſeegnet deſſen Beylager

ger A. '56 ju Würzburg ein; begleitet ihn nach Italien 1159, kommt krank zurück und stirbt 1160. Sein Leben in wenig Versen, ib. von seinem Titel, 294 f.

Geistliche Stiftungen, werden von großen Herren als eine Stütze der Reiche, und als ein höchstverdienstliches Werk zur Seeligkeit, für iedermann, angesehen, VIII, 310 f.

Geistliche Fürsten haußen öfters verschwenderisch mit ihrem Münzrechte, und überlaßen es an Städte, XVI, 302 f.

Geistliche protestantische Fürsten, vermälen, oder suchen sich, mit Beybehaltung der Administration ihrer Erz- und Hochstifter, mit kaiserlicher Erlaubnis zu vermälen, worinnen sich Kais. Rudolph willig finden läßt 1611, XX, 276 f. 280.

Geiza, König in Ungarn, regiert von 1074-77, XIV, 347 f.

Geldauswerfen, s. Auswerfen.

Geldern, stunde unter kaiserlichen Landvögten, deren einer Ssec. XI, Weichard II, Herr von Pruck war. Seine Tochter Adelheid nimmt Graf Otto von Nassau zum Gemahl; der wird vom Kais. Heinrich IV zum Grafen von Geldern gemacht, II, 242. bekommt mit seiner zwoten Gemalin Zutphen, ib. Reinold II, von seinen Nachkommen, wird Herzog 1339, 242. Geldern kommt nach ausgestorbenen Herzogen aus dem Hauße Naßau an den Herzog Wilhelm von Jülich 1372, welches nicht ohne Blutvergießen geschehen, X, 114 f. und nach Abgang der iülichschen Herzoge an den Graf Arnold von Egmond 1424; welcher aber Jülich dem Herzog Adolph von Bergen laßen muß, I, 171 f. deßen Nachfolger Gerhard, Herzog von Jülich, verkauft sein Recht auf Geldern an H. Carln von Burgund, X, 116-118. wie es endlich an das Haus Oesterreich auf beständig gekommen, II, 243. III, 366 f. — — wie doch der König von Preußen als Erbe von Jülich Clev und Bergen noch ein Recht auf Geldern habe behaupten können; nachdem H. Gerhard sein Recht auf Geldern an H. Carln von Burgund A. 1473 verkauft, und Herz. Wilhelm von Jül. Cl. u. B., sich durch einen Vertrag vom Jahr 1543 mit Kais. Carl V aller seiner Ansprüche auf Geldern und Zutphen begeben? Gründe zu Hebung dieses wichtigen Zweifels, X, 119. der K. von Preußen setzt sich im spanischen Succeßionskrieg durch Eroberung der Stadt Geldern in den Besitz des spanischen Gelderns, ib. und wird ihm solches im utrechtischen Frieden 1713 unter gewißen Bedingnißen überlaßen,

IV. Realregister.

laſſen, 114. - - geldriſche Rechte ſehen bey den Erbfolgen nicht auf Stamm und Nahmen, ſondern das nächſte Blut, X, 3.

Gelübde, ſcherzhafte, unter guten Freunden, werden Ernſt, VI, 134.

Geminianus S., aus der Familie de Ratcharinis im Modeneſiſchen entſproſſen, muß nach 358 Biſchof zu Modena werden, wo ihn der Erzbiſchof Severus von Ravenna einweyhet, XVI, 94 f. er zerſtöret die übrigen Götzentempel, ib. verjagt den Teufel, der ihm zum Poßen in des Kaiſers Ioviani Prinzeßin fährt, und ſagt: Er würde nicht eher ausfaren, bis er den Biſchof Geminian geſehen. Der Kaiſer läßt ihn aufforſchen, und er muß die weite Reiſe thun, da bey ſeiner Ankunft der Teufel weicht, 95. er widerſetzt ſich der ſich ausbreitenden arianiſchen Ketzerey, ſtirbt A. 387, ib. Biſch. Dodo hat 1106 ſeinen Leichnam erhoben und in die neuerbaute Domkirche gebracht. P. Paſchalis II weyht ihm einen eignen Altar. Ablaſſe für die, ſo in ſeiner Kirche an ſeinem Jahrtage beichten. Geſang auf ſeine Grabſtätte, 95 f. ſeine Wunder und Wolthaten, die er der Stadt nach ſeinem Tod erwieſen, 96. noch von einem

Geminian, Biſchofen zu Modena, ib.

Genua, führet den Nahmen des Kaiſer Conrads II auf ihren Münzen, bis aufs Jahr 1671, da der kaiſerl. Nahme auf einen Thaler weggelaſſen und Dux et Gub. Reip Gen. und ein Spruch darauf ſtehet, II, 36. 420. unterwirft ſich dem Herz. Phil. Maria von Mailand 1421; empöret ſich; unterwirft ſich wieder 1464 dem H. Franz Sfortia, durch Ueberſchikung einer Krone, I, 280. - wird durch die Adorni und Fregoſi zerrüttet, III, 251. - - Doria befreyet die Republik von der franzöſiſchen Oberherrſchaft A. 1528 und macht eine neue Einrichtung des Regiments und gemeinen Weſens, III, 254. Ehre, ſo ihm dafür widerfahren, 255. - - reſtituiret das von den Franzoſen beſetzte Corſica der Republik, ib.

St. Georg, der Ritter, ſoll aus Cappadocien gebürtig ſeyn und unter Kaiſ. Diocletiano einen Drachen erleget und eine Jungfrau aus deſſen Verwahrung erlöſet haben; in der Chriſten-Verfolgung als ein herzhafter Bekenner der Warheit grauſam hingerichtet worden ſeyn, VII, 347. er wird ſeiner Tapferkeit wegen als der Schutzpatron der Helden und Soldaten und als ein Heiliger verehrt, ib. Beſtimmung des Orts, wo er den Lindwurm erleget, 348. Baronius hält die
Er-

zehlung blos für ein Sinnbild, ib. Bellarminus und andere suchen ihn zu retten, und wollen nicht leiden, daß er als Dragoner dienet, ib. doch steht der Ritter St. Görg auf einer leuchtenbergischen Münze zu Fuß, da er als Patronus equitum sonst geehrt wird, I, 247. Kaiſ. Constantinus Ducas hat ihn am ersten auf seine Münzen gesetzt, ib. er soll gar, nach einiger Meinung, ein Graf von Mansfeld gewesen seyn; der am Schloßberg, des Schloßes gleiches Nahmens einen Lindwurm erleget, daher auch der Berg, der Lindberg genennet sey worden, XVI B. 3. Gelegenheit zu diesem erfundenen Ritter, VII, 348 f. einige deuten ihn auf den arianischen Bischof Georg, 349. lächerliche Auslegung des Namens, Georg, vom Windmacher Voragine, 351. - - Zur Verherrlichung dieses Ritters dienen die vielen ihm gestifteten Ritter-Orden. Was vom Constantinischen zu halten? 350. - - Kaiſ. Friedrich III und Kaiſ. Maximil. I giengen mit um einen St. Georgens-Ritter-Orden wider die Türken in Aufnahm zu bringen, ib. P. Alexanders VI Beſtättigung, ib. - - von St. Georgens Panniers- oder St. Jörgens Schildsgesellschaften in Teutschland und deren Alter, die in großem Ansehen stunden, 350 f. ihr Ursprung ist auf das Jahr 1392 zu setzen; da sich die Herren, Grafen, Freyen und Ritter in Schwaben, am Rhein und in Franken, zusammen thaten, VIII, 76 f. wo man die Nahmen der ersten Gesellschaften findet, 77. die Gesellschaften mehren sich auctoritate imperatoria, und dörfen auch Reichsstädte in Bund nehmen, 77. sie theilen sich in 3 Partheyen, Niederschwaben, Oberschwaben und in Hegow, ib. warum die schwäbischen Ritter die vornehmsten unter ihnen waren? 77 f. Ursachen, warum diese Geſellſchaft den Ritter St. Görg ins Schild und Pannier genommen; darunter wol die Pflicht der Turnier-Ritter, die jungfräuliche Ehre zu beschützen, mit war, 78. viele Reichs-Städte tretten in den Bund 1488, wodurch die St. Görgen-Geſellſchaft endlich dem schwäbischen Bund einverleibet ist worden, 79.

Georg I, König in Großbritannien, iſt nicht zu Osnabrück, sondern zu Hannover geboren den 28 May 1660, X, 84. 85. aber zu Osnabrück gestorben den 22 Jun. 1727, 84. Lobgedicht auf das Absterben dieses unvergleichlichen Königs, als Friedensſtifters von Europa, 83. 88.

Georg II, König von Großbritannien und Churfürst von Braunschweig Lüneburg, stammt von den ältesten englischen Königen ab, IX, 5 f. läßt die Schleuße zu Hameln bauen, 1732-34, IX, 9. 14 f. stiftet die Universität zu Göttingen, IX, 234 ꝛc. ist Rector Magnificentissimus, 302.

Georg Podiebrad, König in Böhmen, würkt seinen Söhnen 1461 die Anwartschaft auf Catzenelnbogen aus, VI, 404. Kaiser Friedrich der III macht dessen 3 älteste Söhne zu Fürsten des heil. röm. Reichs, II, 295. seine 4 Söhne theilen sich nach seinem Tod in die schlesischen und böhmischen Güter, ib. ausführlicher, VI, 402-405. er wird vom Pabst, weil er ein Ultraquiste war, bis in das vierte Glied vermaledeyet; worüber seine Nachkommen noch gegen D. Luther geklaget, XVII, 116. was Luther davon geurtheilt, 119. dieses tapfern Königs Schwerd ist in der Rüstkammer zu Oels aufbehalten. Dessen Beschreibung; merkwürdige Sprüche darauf, X, 359 f.

Georg von Oesterreich, Bischof zu Lüttich, ein natürlicher Sohn Kaiſ. Maximil. I, geb. 1505, wird A. 25 Bischof zu Brixen; verwechselt es A. 39 mit dem Bistum Valentia in Spanien, so ihm Kaiſ. Carl gegeben; der Kaiser hält ihn für nöthig zu Lüttich wegen der Niederlande, und verschaft ihm A. 41 die Coadiuterie daſelbſt, XVII, 58 f. Frankreich ist es zuwider, daher er auf der Herausreise zu Lion angehalten wird. Man kan ihn doch nicht zu Lüttich aus dem Sattel heben, aber er muß sich mit 15000 Ducaten lösen; kommt A. 43 zu Brüssel an, und hält nach der Abbankung des alten Bisch. Cornel. von Berg A. 44 seinen Einzug als Bischof zu Lüttich, 60. er erhält auf einem Landtage zum Abtrag seiner Ranzion und zur Türkensteuer auf 6 Jahre, jährlich 12000 Goldgulden, ib. die kleine Clerisey muß sich nach 6 Jahren zu allgemeinen Landesanlagen verstehen, 60. er schaft manche eingerissene Misbräuche bey der Clerisey ab, und führt examina ein, 61. sonderlich den Misbrauch des Banns gegen Gerichtsbediente schaft er A. 56 ab, ib. hätte gerne das Concilium Trident. A. 50 besucht, kan es aber Kränklichkeit halber nur beschicken, 62. er bekommt den Robert von Berg, nach des Kaisers Belieben, zum Coadiutor, ib. stirbt A. 57 den 4 May; seine Grabschrift in der Domkirche St. Lamberti, 63. er war beliebt beym Kaiſer und in Spanien. Auch hinterließ er einen filium

filium natur. Georg von Oesterreich, der A. 1610 Canzler auf der Universität Löwen gewesen, 63.
Georg Bischof zu Worms, s. Schönenburg.
Georg, Herzog von Braunschw. Lüneb. zellischer Linie, tritt A. 1631 auf schwedische Seite, VIII, 386. sucht in Verbindung mit dem schwedischen General Kniphausen A. 33, die Weser von den Kaiserlichen zu säubern, ib. Kniphausen breitet sich in Westphalen aus und nimmt Rinteln hinweg, 387. Gronsfeld eilt herbey Schweden den Uebergang der Weser zu wehren, ib. aber auch H. Georg erreichet Rinteln und schlägt den Gronsfeld aus seiner Positirung, der bey 1200 Mann verliert, ib. Hameln wird belagert; Gronsfeld sucht vergeblich es zu entsetzen. Nach verschiedenen kleinen Actionen kommt es den 28 Jun. bey Oldendorp zur Schlacht, in welcher die Kaiserlichen eine große Niederlag erleiden und den General Merode verlieren, 388. Hameln ergiebt sich, ib. der Herzog zwingt, nach harter Gegenwehr und abermaligem Verlust der Kaiserlichen unterm Schellhammer, Hildesheim zur Uebergab A. 34, 389. Georg unternimmt darauf die Belagerung von Minden, welches die bey Nördlingen geschlagenen Schweden nicht gerne sehen, und dem Herzog nicht recht gehorchten; daher hielt es hart, bis sich der Commendant Waldecker aus Mangel an Lebensmitteln zum capituliren gezwungen sieht, den 10 Nov. 1634, 390. Georg schickt dem Landgr. Wilhelm 2000 Mann zu, ib. als der Herzog den Prager Frieden hernach angenommen, thun ihm die Schweden große Promeßen, und da er nicht höret, so nehmen sie ihm durch heimliches Verständnis Minden ohne Verlust eines Mannes wieder ab, 390 f. die Lüneburgische Garnison muß Schwedische Dienste nehmen, 392. Georgs Klagen darüber beym schwedischen Gen. Leßle und dem Oxenstierna. Bedrohung gegen das wolfische Regiment. Dessen Entschuldigung, ib. Oxenstiern befriedigt den Herzog zwar durch Glimpf, kan ihm aber den heimlich gefaßten Groll nicht nehmen, 392. er erzeugt mit seiner Gemalin Anna Eleonora, Pr. von Heßendarmstadt 4 Söhne, Christian Ludwig, Georg Wilhelm, Joh. Friedrich und Ernst August, IX, 172. stirbt 1641 den 2 Apr. 176. der Herzog macht im Merz vorher ein Testament zu Hildesheim, darinnen er auf den bevorstehenden Anfall des zellischen Fürstentums

tums an seine Söhne, die Erbfolge also verordnet, daß die zusammenkommende Fürstentümer in zwo fürstliche Regierungen getheilet werden, und iegliches in seiner Integritaet bleiben, mithin nur zween von seinen 4 Söhnen zur Regierung kommen sollten; dabey dem ältesten das Optionsrecht vorbehalten wurde. Wabey er auch alle Sorgfalt anwendete, die Eintracht unter seinen 4 Söhnen zu erhalten, welches aber 1661 bald fehl geschlagen hätte, IX, 172–176.

Georg II Landgraf von Heßendarmstadt. Seine Eltern und Geburt, II, 354. Geschicklichkeit in Sprachen, ib. Reisen. Genießet außerordentliche Gnade vom K. in Spanien, 355. nach seiner Heimkunft macht er seinen gefangenen Herrn Vater, durch Vorstellungen am dreßdner und berliner Hofe und durch deren Vermittlung 1622 frey, gewinnet dabey des Churfürsten von Sachsen besondere Gunst, ib. geht auf den Reichstag mit seinem Herrn Vater und A. 24 nach Dreßden und wirbt um die Churprinzeßin Sophia Eleonora an, ib. reiset nach Italien. Hält Verlöbnis 1625 zu Dreßden und nach seines Vaters Tod A. 1627 Beylager, 356. er war nach seines Vaters Beyspiel und Testament gut kaiserlich, ib. bey andringender Schwedengefahr, sucht er persönlich beym K. Gustav Adolph die Neutralität; purgirt sich wegen der Klagen gegen ihm, und erhält sie, 356. welches der Kaiser nicht übel empfindet, sondern sich seiner guten Dienste bey Chursachsen bedienet; auch that er dem König Friedens-Vorschläge, 357. er hilft A. 35 den Prager Frieden zu Stande bringen, ib. steht dem Kaiser nachher mit 8000 Mann, unter Commando seines Bruders Landgr. Johannes bey; darüber seine Lande von den Franzosen und Schweden hart mitgenommen werden: vergleicht sich mit ihnen, ib. seine vielen Lebensgefährlichkeiten, 357 f. er besuchte aus Liebe zum Reisen, alle Craiß- und Reichstäge; wohnte den Krönungen Kaiser Ferdinands und Leopolds, bey, 358. er laß die Bibel gar gerne; wird kränklich und stirbt 1661 den 11 Jun., 359. hinterläßt seinem Sohn Ludwig VI schriftliche Ermahnungen, ib. begegnet Heßencaßel hart nach K. Gust. Ad. Tod; vergleicht sich durch H. Ernsts von Gotha Vermittlung wegen der langen Streitigkeiten mit diesem Hauße A. 1648, welcher Vergleich im westphälischen Frieden ratificirt wurde, 360.

Georg, Landgraf zu Leuchtenberg, kurze

kurze Nachrichten von ihm und seinem Geschlechte, I, 242 f.

Georg, H. von Mecklenburg, greift das geächtete Magdeburg A. 1550 am ersten an, XVII, 251. wird verwundet und gefangen, 252.

Georg, Herzog zu Sachsen, albertinischer Linie, beweiset bey den entstandenen Religionstrennungen einen besondern Eifer, sonderlich in eigenmächtiger Annehmung ausserordentlicher und solcher Titel, die Könige und Fürsten vom Pabst mit großer Mühe kaum erhalten können, u. c. Princeps catholicus, Veteris fidei assertor, Constantissimus, et Ecclesiae Filius Obedientiss. XXII, 25 f. Gelegenheit dazu, und was er damit hat andeuten wollen, 26 f. er äußert aber, wenn es seine Macht und Oberkeit angehet, schlechten Gehorsam gegen den Pabst. Er sagte: er wäre in seinem Lande selbst Pabst und Kaiser, 28. er übergiebt 1521 dem Kaiser und päbstlichen Gesandten auf dem Reichstage zu Worms, 12 Beschwerden wider den päbstl. Hof, und eifert gewaltig wider den Ablaß und mitverknüpfte Geldschneiderey, dringt auf ein Concilium, und droht: wenn der Pabst nicht reformire, so woll ers selbst thun, 29. doch war er D. Luthers Erzfeind, verfolgte und strafte heftig, ja, am Leben, die dem evangelischen Gottesdienst nachhiengen, ib. zieht den Schönbergen und Einsiedeln ihre Güter ein, weil er keine Ketzer als Vasallen dulten will, 29. was er dem M. Sebast. Fröscheln für ein Urtheil selbst angekündigt, der zu Leipzig eine evangelische Predigt gehalten, 30. Eid, den diejenigen ablegen mußten, die zur catholischen Religion zurückgekehrt, ib. wie D. Luther verschieden an ihn geschrieben, aber harte Antworten erhalten, 30 f. seine Apologie gegen Luthern im vorgesetzten Ausschreiben zu Emsers T. Uebersetzung des N. Testaments, 31. wie er in einem Schreiben an Erasmus auf Luthern losgezogen, 31 f. er beschuldigt und verklagt D. Luthern beym Churfürsten von Sachsen, als wolle er seine Unterthanen zur Aufruhr bewegen, 32. ernstliches Schreiben deswegen an D. Luthern und dessen Verantwortung. Beide Fürsten gerathen darüber in großen Zwist miteinander, 32.

Georg Ernst, der letzte gefürstete Graf von Henneberg; seine Geburth 1511 und Auferziehung, II, 114. dient dem, ihn liebenden Landgr. Philipp von Heßen; ferner dem Kaiser; rettet dem H. Moriz das Leben in Ungarn; der ihm dafür Schmalkalden A. 47 beym Kaiser Carl V vom Untergange frey bittet, 115. er tritt

tritt nach seines über 80 Jahre alt gewordenen Vaters Fürst Wilhelms VII Tod, A. 1559 die Regierung an; er wendet sich schon A. 44 zur evangel. Religion; verbessert die Kirchenordnungen, und die Schule zu Schleußingen; regiert überhaupt löblich, ib. zahlt die Reichsanlagen und Cammerzieler von seinen Cammergütern, 15 f. vermählt sich zweymal, bekomint keine Kinder; stirbt plötzlich 1583, und ist zu Schleußingen begraben. Lobspruch, den ihm Wolfgang Nieder gemacht, 117.

Georg Friedrich Marggraf zu Brandenb. Anspach erlangt beym Kaiser Ferdinand die Einräumung des Culmbachischen Fürstentums, auf Anhalten Churf. Joh. Joachims II von Brandenburg, II, 127. und 175000 fl. zu Wiederherstellung der zerstörten Plaßenburg 2c. III, 416.

Georg Wilhelm, Marggraf zu Brandenburg Culmbach, ein S. Marggr. Chr. Ernst und Soph. Louise, Prinzeßin von Würtenberg, geb. 1678, XVIII, 92. seine Lehrmeister; reiset A. 95 als Graf von Plaßenburg, setzt sich bey K. Wilhelm und dem Churf. von Bayern in den Niederlanden in Hochachtung, ib. geht nach Engsand, ib. wird Obrist übers fränkische Cüraßier-Regiment; vermählt sich A. 99 mit Sophia, Prinzeßin von Weißenfels; Kinder mit ihr, 92. steht A. 1702 als General-Wachtmeister vor Landau und wird durchschossen; ist mit bey Schellenberg und Höchstätt, ib. kommt 1712 zur Regierung. Sein Vergleich mit Onolzbach wegen der Reichs- und Craißausschreib-amtlichen Gerechtsame, 93. bringt den Ritter-Orden de la Sincerite zu Stande, stirbt 1716 den 18 Dec. Seine Beerdigung, 93 f.

Georg Wilhelm, Herzog von Braunschweig-Lüneb. in Celle, zweiter Sohn H. Gorgs von Calenberg, geb. 1624, XIX, 105 f. wird Canonicus und Coadiutor des Erzst. Bremens 1645, 106. erste Reisen und Studia. Kommt A. 43 nach Hause und wählt Hannover zu seiner Residenz, ib. vergleicht sich mit seinem ältern Br. H. Christian Ludwig, wie sie sich nach H. Friedrichs zu Cede Abl bern in seine Lande zu 2 Theilen theilen wolten. Geht nach den Niederlanden zur Armee, wird verwundet, 106. geht nach Spanien und Frankreich, tritt A. 48 die Regierung im Fürstentum Calenberg und Göttingen nach H. Friedrichs Tod an, 107. Schließt einen Vergleich mit H. August zu Wolfenbüttel und H. Christian Ludwig zu Celle wegen der harburgischen Erbfolge;

gen, Schweden und Heßencaßel einen Vertheidigungs-Bund, A. 52, mit Dännemark, Holstein und Oldenburg wegen des Bud-jadinger Lands, ib. reist wieder nach Italien und den Niederlanden; macht Freundschaft mit K. Carl II von Engeland A. 60, 107. Streit mit seinem Br. H. Joh. Friedrich nach H. Christian Ludwigs Tod A. 65, über das Options-Recht in den Fürstentümern Calenberg und Celle, und vermittelter Vergleich, worinnen Georg nachgiebt, Celle nebst Ober- und Unter-Hoya und Diephold nimmt, und Grubenhagen, Calenberg und Göttingen seinem Bruder abtritt, 107. sucht Ruhe bey den Nachbarn zu stiften. Der Kaiser ersucht ihn, die Streitigkeiten zwischen Schweden und Bremen beylegen zu helfen, 108. erhält A. 66 die Erneuerung des vom Kaiser Carl V. A. 1555 errichteten Seniorats im Hause Braunschweig und Lüneburg, und erhält die gesamnte Belehnung, ib. wird Vormund über den Pr. Christian Albrecht in Ostfriesland, 108. er überläßt den Holländern 6 Regimenter, schickt den Venetianern Hülfe, vergleicht sich mit dem Bischof zu Münster wegen der Stadt Härter. Wird A. 72 zum Crais-Ober-

sten in Nieder-Sachsen erwählt, 108. hilft e. A. mit vereinigter Macht der Herzoge des Hauses Braunschweig die Stadt Braunschweig zwingen, H. Rudolph Aug. von Wolfenbüttel als Herrn zu erkennen, 108. er schickt in dem A. 72 entstandenen Krieg 14000 Mann an den Rhein; commandirt selbst A. 75 und schlägt den Crequy bey Trier aufs Haupt, bekomt ihn nebst dieser Stadt in seine Hände, 109. seine weitern Anstalten in folgenden Jahren, seine Lande zu schützen. Schließt mit Frankreich 2c. an dem Tage, da zu Nimwegen A. 79 den 5 Febr. auch geschloßen wird, Frieden; giebt darinnen zwar Bremen und Verden an Schweden zurück, behält aber doch andere Vortheile, 109. er steht der Stadt Hamburg gegen Dännemark bey und stiftet den pinnabergischen Receß, ib. auch A. 81 Ruhe in Hildesheim, ib. belagert A. 84 Dömiz; vergleicht sich mit Churbrandenburg wegen des Handels auf der Elbe; schickt A. 85 dem Kaiser 10000 Mann Hülfe wider die Türken; verschafft A. 86 den Hamburgern abermals Frieden, 110. schickt aus Freundschaft zu dem Pr. Wilhelm von Oranien 8000 Mann nach Holland; ruft sie aber bald zurück, um den Altonaer Tractaten und der Restitution

Ppp 2

tution des H. von Holstein Nachdruck zu geben, 110. er sequestrirt nach des letzten Herzogs von S. Lauenburg Tod, als Crais-Obrister dessen Lande; behält sie wegen seines uralten Anspruchs auf die Erbfolge in denselben, und verträgt sich deswegen mit Churſachſen A. 97, 110. was er mit Dännemark gehabt, f. Ratzeburg. Er überläßt seinem jüngern Bruder die seinem Hause zugedachte Churwürde, ib. errichtet mit Churbrandenburg, Sachſen und dem ganzen Hause Braunschweig einen Münzreceß A. 96, 116. wird Ritter des Hoſenbandes, ib. trägt A. 97 das ſeinige zu Beylegung der mecklenburgiſchen Händel bey, 111. hebt Irrungen mit Brandenburg, A. 99. fördert den traventhaliſchen Frieden A. 1700; tritt 1702 in den großen Bund wider Frankreich; stirbt endlich 1705 den 28 Aug. alt 82 Jahre, 111. ſeine Gemalin war *Eleonora Desmiens*, aus der Graffschaft Poitou; die war geb. 1639, ſtarb 1722, er erzeugte mit ihr Sophia Dorothea Gem. H. Georg Ludwigs von Hannover, 111. ſein Charakter. Wahlſprüche. Schlechtes Anſehen zu ſeinem ſo hohen Alter, 111. 112.

Georg Wilhelm, Herzog zu Liegnitz, Brieg und Wolau, der letzte des plaſtiſchen Stammes; geb. 1660. Der Hofprediger will ihm nicht den heidniſchen Nahmen Piaſtus in der Taufe geben, III, 45. giebt ungemeine Hoffnung in ſeinen jungen Jahren von ſich, ib. hat den ernſtlichen Vorſatz GOtt und dem Kaiſer treu zu ſeyn, 46. Traum und früher Tod, den 21. November 1675. Schreibt auf ſeinem Todbette dem Kaiſer einen beweglichen Brief, 46 f. Begräbnis und Grabſchrift, 47. verſchiedene Denkmahle in der neu aufgeführten Begräbnis-Capelle, 48. Geh. daſelbſt wird ein Gymnaſium geſtiftet, IX, 228 f. einige berühmte Profeſſores und Rectores darin, 231 f.

Gerechte; ein Beynahme der Regenten, XIV, 319.

Gerhard, Herzog, ſtiftet St. Huberts Ritter-Orden, V, 76. f. Jülich und Geldern.

Gerlach, Erzbiſchof von Maynz, ein Graf von Naſſau, Kaiſer Adolphs Enkel, I, 409. wird ſehr jung vom Pabſt zum Erzbiſchof gemacht gegen den abgeſetzten Br. von Virneburg; Heinrich, 410. hilft Carl IV gegen Kaiſ. Ludwig IV wählen, ib. ſucht ſich Freunde zu machen, um ſich ſeiner Würde gegen Heinrichen zu verſichern, verläßt ſich auf Kaiſ. Carl. Iſt gelinde gegen die Stadt Maynz und Erfurt,

411.

411. schließt mit dem Churfürsten von der Pfalz einen Tractat
1351. bey einer Kaiserwahl auf
einen tüchtigen Prinzen zu sehen
und einander beyzustimmen, 412.
gelangt durch einen Vergleich
mit dem Hauptprovisor des
maynzischen Erzstiftes, Cunen
von Falkenstein, nach Heinrichs
von Virneburg Tod zum ruhigen
Besitz, schließt mit verschiedenen
Fürsten einen Vertheidigungs-
bund, ib. wohnt dem Reichstag
zu Nürnberg und Metz bey; hilft
die A. Bullam zu Stande bringen; erlangt vom Kaiser die
Freyheit, verschiedene Städte anzulegen, 413. kommt beym Kaiser in Verdacht, als wollte er ihn
vom Thron stoßen; hat Streit
mit Hessen wegen einiger Lehen-
stücke; Vertrag, 414. Streit
mit der Stadt Mayn, ib. re-
formiret auf Veranlaßung des
Kaisers die Clerisey, sonderlich
in Ansehung des Kleiderprachts;
und was er sonst in seinem geistlichen Amte gethan, 414 f. vermehrt die Stiftsgüter; willigt in
die erzbischöfliche Würde von
Prag; erhält dafür Höchst und
den Zoll dabey, 415. wird 1371
von einem französischen Medico
zu tod lapirt. Ist im Kloster
Ebrach begraben; Grabschrift,
416.

Gerlach, aus dem Hause Erpach,
Bischof von Worms 1329. Be-

hauptet diese Würde gegen
Walpotten des Pabsts Creatur
durch die Standhaftigkeit des
Capitels; will das ruchlose Leben
der Geistlichen verbeßern, und
wär darüber bald um sein Bistum gekommen, VII, 61.
Gertrud, Gemalin Kais. Conrads
III, und ihr Sohn Friedrich H.
von Rothenburg liegen zu Ebrach
in der Stiftskirche begraben, VIII,
104.
Gesellschaft unsrer lieben Frauen
auf dem Berge bey Altbranden-
burg, XXI, 301. f.
Geschlechtsnahmen, von den be-
sessenen Gütern anzunehmen, ist
beym Adel noch nicht im X
Jahrhundert gebräuchlich gewesen, sondern kam weit später auf,
XI, 287.
Geusen. Was für Häupter, der,
in den Niederlanden verbundene
Adel, welcher beschloßen, des
Landes Freyheiten zu behaupten,
aber dem Könige von Spanien
doch treu zu verbleiben, gehabt,
VIII, 109. die Verbundenen,
gegen 400 an der Zahl, kommen A. 1566 im April unbewaff-
net nach Brüßel und verlangen
Audienz bey der Regentin, in einer Staatenversammlung, ib.
der Graf von Barlemont sucht
sie wegen der großen Anzahl auf-
zurichten und sagt; Es wäre nur
ein Haufen Gueux, Bettler, ib.
Anbringen des Adels und Antwort

wort darauf, 110 f. Brederode giebt darauf beym Mittagsmahl im Culenburgischen Hause Gelegenheit, daß sich die Verbundenen den Nahmen Gueusen annehmen und ihre Kleidung darnach einrichten, 111. auch zum Angedenken Anhängmünzen schlagen lassen, ib. woher das Wort Gueux seinen wahren Ursprung habe, ib. es war dieses Bezeigen wol eine Losung zum Aufruhr, 112. die Catholiken lassen sich auf Anstiften des H. von Arschott zum Gegenkennzeichen auch eine Anhängmünze prägen, zu großem Beyfall der Gouvernantin und des Pabsts, ib.

Giedde, Owe, Herr von Thomerupp, ein Däne, XIII, 308. ist der Wegweiser und Stifter der dänischen Etablissements in Ostindien 1618, 307. dient nach seiner Rückkunft zu Land und Wasser seinem König; wird A. 45 Admiral, ist unglücklich vor Gothenburg, wird gefangen, stirbt 1661. Seine Würden, Güter und Kinder, 309.

Gifhorn in Lüneburgischen; was dazu gehöret; wird eine Residenz H. Franzens und das Schloß bevestigt, XVI, 371-376.

Giovio siehe Iovius.

Givry, Annas d' Anglure, Baron de, bleibt bey der Belagerung vor Laon 1594, weil er aus rasender Liebe zu der schönen Prinzeßin Louise Marguerite de Lorraine de Guise, die ihn nur über die Achsel angesehen, mit Fleiß so nahe unter das feindliche Geschütz gegangen, daß er nothwendig erschossen werden müssen, XI, 390. kündet solchen abscheulichen Vorsatz der ihn verschmähenden Juno in einem Briefe an, 391.

Givry, Annas Descars, Cardinal von, wird nach seinem Character beschrieben, XI, 386. seine Herkunft, ib. schickt sich zu nichts bessers, als zu einem frommen Mönch, ib. geht ins Kloster S. Benedicti zu Dijon und wird Abt desselben, ib. und Bischof zu Lisieux, ib. setzet sich zu Rom durch sein untadelhaftes Leben bey dem Pabst in guten Credit, 387. worzu ihn die Ligisten daselbst gebraucht, ib. wird 1596 Cardinal, ib. zu grossem Verdrus K. Heinrichs IV in Frankreich, 387 f. er überschickt seine Cardinalsmütze dem Könige, von dem er sie nach 3 Monaten wieder bekommt, 390. seine Beförderung war ein listiger Staatsstreich der Spanier, ib. man kan von ihm weiter nichtes rühmen, als daß er seine 3 Clustergelübde rechtschaffen gehalten, 391. Einer seiner vertrautesten Diener macht nach seinem Tode bekannt daß er ihn über 100mal bis aufs

Blut

Freund und Beförderer der Gelehrten, ib. die damals entstandene Kirchenspaltung geht ihm sehr zu Herzen, 92. er räth zu glimpflichen Mitteln, ib. Erasmus vergleicht ihn mit dem Irenaeo; er stimmt mit Erasmi friedfertigem Gemüth überein, 92 f.

Glogau hat zum ersten besondern Herzog Conrad II, 1242; Veräußerungen an Böhmen, III, 43. der letzte H. Heinrich IX stirbt 1476, ib.

Gockel, D. Ernst, Consulent der Reichsstadt Ulm, kriegt schlechten Dank vom schwäbischen Craiß für seinen Tractat, de maiestatico S. R. G. Imperii Sueuiae et Franconiae circularium comitiorum Iure, VII, 155.

Godfrey, Edmund Bury, Friedensrichter zu London, XIV, 81. Tongue und Oat's entdecken das sogenannte papistische Complot wider des Königs Leben im Aug. 1678, solches wird bey Hofe für ein Gewäsch angesehen. Den 27 Sept. deponiret Oates seine Anzeige gerichtlich und eidlich bey dem Godfrey, 82 f. den Tag darauf bekommt er einen Verweis, daß er sich in eine so weit einreißende Sache eingelassen. Verschiedene, sonderlich Jesuiten, werden auf Oat's Anzeige eingezogen, 83. 14 Tage darauf wird Godfrey vermißt. Allerhand Muthmaßungen von seiner Abwesenheit und schlechte Nachsuche, 84. endlich sagt ein Kerl in einem Buchladen, er habe den Ritter Godfrey eine Meile von London, durchstochen, tod gefunden, ib. das zulaufende Volk findet ihn mit seinem eignen Degen durchbohrt, und wird sehr gegen seine vermuthliche Mörder aufgebracht, 85. sein rühmlicher Character, 85 f. ein Landstreicher Capitain Bedlor, verlangt nach 3 Monaten gerichtlich eingezogen zu werden, um wichtige Dinge zu entdecken, 86. er sagte aus, daß die Jesuiten Walsch und Phaire Theil an des Geoffrey Ermordung hätten: er hätte dessen toden Körper in Sommersets Haus gesehen, und wären ihm 4000 ℔, denselben wegzuschaffen, gebotten worden, 86. Wren zeigt den Goldschmid Miles Prance, einen Papisten, an, der wird eingezogen, giebt Girald und Kelly, 2 irrländische Jesuiten, Green, und Hill als Gehülfen der Ermordung an, 87. diese lockten ihn, unter dem Schein Frieden zwischen 2 Streitenden zu stiften, in Sommersets Haus und erdrosselten ihn, ib. wie er aus der Stadt geschaffet ist worden, 88. die Jesuiten entwischen. Berry, Green und Hill werden hingerichtet. Prance hat

hat aber seine Aussage unter K. Jacob widerrufen, ib.

Godrus, ein dänischer König, kriegt in England mit K. Alfred, wird geschlagen, ein Christ und Lehensmann des englischen Königs, Saec. IX, I, 28.

Goes, Ioh. Antonides van der, ein Wiedertäufer in Seeland, XIV, 199. ein Nachahmer des Vondels in der Poesie, ib. seine Gedichte sind 1714. herausgekommen, ib. er hat sich eine Frau genommen, die ihm in der annehmlichen Dichtkunst nichts nachgegeben. P. Francii Verse auf ihre Hochzeit, 199.

Görtz, Georg Heinrich, Freyherr von Schlitz, genannt von Görtz, aus einer uralten zur rheinischen und fränkischen Ritterschaft gehörigen Familie entsprossen, nimmt den K. Carl XII in Bender, als Holstein Gottorpischer geh. Rath rc. dermassen durch seine Klugheit und fertige Anschläge ein, daß er ihn A. 1715 nach seiner Heimkunft zum geheimsten Minister macht, und in allem vollkommenes Gehör giebt, XVII, 299. VI, 235. er errichtet 5 hohe Reichscollegia, davon er das Haupt war, ib. der König beharret, bey dem Mangel an allem im Reiche, darauf, sich an seinen Feinden zu rächen; vornehmlich aber nach Görtzens Rath sich am König von Großbritannien und an Norwegen mit Hülfe des Czaars zu erholen, 236. Görtz geht nach dem Haag und hinterläßt Vorstellungen rc. und Vorschläge, wie dem Credit wieder aufzuhelfen, und auf sichere Art Münzzeichen und Zettel einzuführen wären, 236-238. es wird nach seinem Vorschlag das ganze Münzwesen geändert. Wie? 238. schlechte Würkung seiner kupfernen Münzen, 239. sie werden ein Hauptpunkt der Klagen wider ihn, ib. er wird nach des Königs Tod in Verhaft genommen, und ihm 1719 sein Todes-Urtheil und ihme so schmerzliche schimpfliche Begräbnis angekündet, 239. er behauptet, daß ihm nur seine Treue gegen seinen König den Tod bringe. Die Geistlichen wohnen seiner Hinrichtung meistens bey, ib. Umstände seiner Enthauptung und letzte Worte: Sättige dich, Schweden, mit dem unschuldigen Blut, darnach du so sehr gedürstet hast, 240. er war ein Deiste, der sich aber durch den Pr. Conradi von der Warheit der christlichen Religion vor seinem Ende überzeugen lassen, ib. er wird eines besondern Hochmuths beschuldigt, daß er das Wappen der görtzischen Familie auf einen königl. schwedischen Thaler setzen lassen, XVII, 298 f.

wird vertheidigt und das Vorgeben widerlegt, 300 f.

Görtz, eine Benediktiner-Abtey, 4 Meilen von Metz gelegen, hat den heil. Chrodogangum, B. zu Metz, zum Stifter A. 749, XV, 35. die Mönche sollen sich selbst einen Abt wählen, in gewissem Falle aber solchen ihnen der Bischof von Metz geben. Der erste Abt hieß *Rodogangus* und war 765 eingeweyht, 36. K. Pipin und Carl der Gr. beschenken sie, ib. sie leidet allerhand Abwechslungen, ist bald in guten, bald schlechten Umständen. Abt Johann A. 960 hilft demselben zum vorigen Glanz; sein rühmliches Leben ist beschrieben, 36. 37. wird vom Kais. Otto I A. 957 an den saracenischen K. Abderram nach Tortosa geschickt, welche Gesandschaft langweilig war, 37. unter seinen Nachfolgern war Abt Heinrich II der Gute berühmt; läßt die Stifts- und viele andere Kirchen bauen, ib. A. Peter bevestigt die Abtey 1198, 38. Metz strebt darnach, diese reiche Abtey an sich zu ziehen; sie erhält aber A. 1295 ihre Freyheit beym Pabst durch jährl. 2000 Unzen Silber an die P. Cammer, ib. der Wolstand macht das Closter üppig; wodurch es verfallen. K. Franz I schenkt sie dem Gr. von Fürstenberg 1542, der einen Waffenplatz daraus macht, und die protestantische Religion in Metz auch ausbreiten will; 38. der H. Claudius von Guise erobert es A. 43, worauf es grausame Blutbäder und Verwüstungen zu Görtz absetzt, so daß alles bis auf die Kirche abgebrennt wurde, 38. 39. Cardinal Carl von Guise und B. zu Metz wird A. 62 zum Abt gewählt; unter diesem wird die Abtey mit Metz vereiniget, und wurden 12 Canonici zur Pfarrkirche bestellet, ib. der P. Greg. XIII heißt die Secularisation, aber nicht die Einverleibung, gut; doch muß die Abtey dem Jesuiter-Collegio zu Pont à Mousson jährlich etwas abgeben; und Card. Carl II B. von Metz schreibt sich von 1600 an Abt von Görtz, 39. jetzt hat die Abtey noch 12 Canonicos und einen weltlichen Abt, und steht unter der Crone Frankreich, 40.

Göttingen. Beschreibung davon, VII, 212 f. ist eine uralte Stadt, 212. soll Goddinga uilla seyn, darinnen Carolus M. 778 ein Diploma ausfertigen lassen, ib. worgegen Zweifel gemacht worden, 212 f. es wird dieser Stadt in einem Instrumente von 952 gedacht, 213. Kais. Friederich II soll Göttingen mit Mauren und Gräben umgeben haben, 214. oder es hat sein Stadtrecht von Kaiser Otto erlangt, ib. Göttin-

nem gefundenen Büchlein, wo man dergleichen Gold und Schäße genug finden kan, XVI, 275 f. Goldmachen. Was von der Möglichkeit Gold zu machen zu halten? VII, 270. 272. Theophrastus Paracelsus soll ein reicher Goldmacher gewesen seyn, 272. welchen Vortheil Petrarcha von der Alchimie verspricht, XII, 224. die Kunst, Gold und Silber zu machen, ist eine Lust, die viele große Herren eingenommen. Kaiser Rudolph II steht darunter oben an, XVI, 2 f. seine Geschäftigkeit und Kosten, die er sich macht; er hält seine Kunst geheim; was man für Schätze davon gefunden, 4. 5. Kaif. Ferdinand II, und Kaif. Ferdin. III, auch Kaif. Leopold fördern und lohnen Artisten, 5. - - Churfürst August von Sachsen hat es wol am weitesten unter den Fürsten in dieser Kunst gebracht, 5. f. Landgraf Ernst Ludwig, von Heßendarmstadt, 2. Churfürst Johann von Brandenb. der Alchimiste genannt; H. Friedrich V von Würtemberg, H. Franz von Sachsenlauenburg, 8. Marggr. Friedr. Ernst von Culmbach, VII, 266 f. gewinnen theils, theils verlieren durch ihre Lust zu und in Erfahrung dieser Kunst. Heinrich IV K. in Engelland befiehlt seinen Unterthanen, sich fleißig auf

den Stein der Weisen zu legen, VII, 272. gewissere Goldgruben, als das Goldmachen für einen Staat, ib. wie weit einem Fürsten die Alchimie anzurathen sey? XVI, 8. Conan Erzb. von Chlia soll durchs Goldmachen reich geworden seyn, II, 1512. Goldmacher, einige berühmte, deren Kunst theils Proben abgelegt, theils als Betrügerey gefunden ist worden. David Beuter, Probierer in der Münze zu Annaberg, entdecket durch einen wunderlichen Zufall große Geheimniße in der Alchimie, XVI, 6. wird durch seine Kunst reich und liederlich; seine Kunst wird verraten und er vom Churf. August angehalten, Gold nebst seinen Gehülfen, zu liefern, 7. sein Bezeigen bringt ihn ins Gefängnis 1580. Ihm wird ein strenges Urthel vom Schöpfenstul zu Leipzig gesprochen. Der Churfürst entläßt ihn der Gefangenschaft, weil er an die Wand schrieb: Versperrte Katzen mausen nicht; er laborirt unter der Aufsicht des Schirmers, und lieferte durch seine Processe 800 Mark Golds, ohne das Silber. Stirbt plötzlich, 7. man glaubt er habe sich vergeben, ib. Gustenhover, ein Strasburger Goldschmid wird 1603 nach Prag genöthiget, Gold zu machen. Wie viel er geliefert soll haben? XVI, 3. Eduard

Edward Kelle, ein ehrlicher Notarius von London ohne Ohren, findet ein Buch in Wallis in alt-wallischer Sprache, und erhandelt es nebst einigen elfenbeinen Kugeln, mit rothem Pulver gefüllt, erlernet und kan damit Bley in Gold verwandeln, XVI, 3. zeigt 1591 seine Kunst Kaiser Rudolphen; wird Ritter; offenbaret aber seine Kunst nicht, wird gefangen gesetzt, fällt sich zu tode, ib. – – Kronemann, Christoph Wilh. Baron von, eines schwedischen Generals Sohn, der 1657 in Polen sich hervor gethan, ein Avanturier, kommt an den bayreuthischen Hof, gewinnt den Marggr. Christian Ernst, und gelanget zu den höchsten Ehrenstellen, VII, 266 f. macht Proben von seiner Silber- und Goldmacherey; führt den D. Lilien, Ober-Hof-Prediger, um ein großes Capital an, und wird nach allerhand Zwischenfällen, laut eingeholten Urthels und Rechts gehenket, 1635, 267. – – (Untersuchung:) Obs recht seye, einem Goldmacher wegen seiner mislungenen Kunst das Leben zu nehmen? VII, 268 f. – – Claudius Sirre, ein englischer Alchimist, macht einem Herrn von Rosenberg weiß, Ducaten auszusäen, davon durch Hülfe eines alchimischen Wassers lauter Goldkängel wachsen; er holt des Nachts den Saamen, und sucht den Weg, XX, 148. Sebald Schwerzer, ein Teutscher, der zu Venedig beym Pati gelernet, schreibt dem Churfürst August ein Buch von Verwandlung der Metalle. Er macht gute Proben, 1585, XVI, 6. dienet auch Kaiser Rudolphen, 3.

Goldne Bullen, kaiserliche. Es wird in denselben von der anhangenden goldnen Bulle nicht allezeit einerley Ausdruck gebraucht, XXI, 368. sind alle mit dem kaiserl. Monogrammate versehen, ib. es ist nicht durchaus geschehen, daß die goldnen Bullen bey hochansehnlichen und nichtigen Handlungen sind gebraucht worden, ib. eine merkwürdige schöne goldne Bulle vom Kais. Ludwig aus dem Hause Bayern, 361. die A. 13 Kais. Friedrichs I, de Ducatu Wirzeburg. hat Schannat auch aus dem würzburgischen Archiv ediret, aber ein paar Zeugen ausgelassen, I, 212.

Gomaristen, s. Arminianer.
Gonsaluo, s. Corduba.
Gonzaga. Wie sich dieses hochansehnliche Haus in der Lombardie in 5 Hauptlinien zertheilet, VIII, 362. wie sie heißen, und der Zeitordnung nach auf einander gehen, ib. Joh. Franz. Gonzaga ward erster Marggraf zu Mantua, dahin ihn Kaiser Sigismund 1433 als Reichsstatt-

halter geſetzt, XIX, 89. ſein Sohn Ludwig ſuccedirte ihm ihm 1444; dieſem A. 78 der älteſte Sohn Friedrich I, der Vater Franz des II, der geb. war 1466, zur Regierung kam A. 84, und als ein großer Capitain 1519 ſtarb, 89. der erſte Marggr. zu Mantua Johann Franz Gonzaga hatte auch eine Tochter, *Caecilia Gonzaga*, eine ſehr gelehrte Prinzeßin, XVII, 74. welches dem Hauptgeſchichtſchreiber des Hauſes Gonzaga, D. Anton Poſſevino, dem jüngern, unbekannt geblieben, ib. Beweiß davon, 75. Victorinus war ihr und ihrer Brüder Lehrmeiſter, ib. ihre große Fähigkeit und Neigung zur Gelehrſamkeit, 75 f. von ihrer ſchönen und tugendhaften Mutter *Paula*, 76. dieſe will ſie dem Kloſter widmen, ib. ihr Vater gehet ſehr ſchwer daran, ib. Greg. Conraraicus läßt ein weitläufigs Ermahnungeſchreiben an ſie ergehen, 76 f. Beurtheilung deſſelben, 79 f. es iſt ungewis, ob ſie eine Nonne geworden.

Gonzaga, Ferdinandus I, ein Sohn Franz II, letzten Marggr. zu Mantua, gebohren 1507, war H. von Arriano, Fürſt von Molfetta und Gr. von Guaſtalla, Stifter der fünften Linie des Hauſes Gonzaga von *Guaſtalla*, VIII, 362. I, 34. wird ſpan. General, hilft die Franzoſen aus Neapel treiben; bekommt Arriano als ein Herzogtum; zwingt Florenz zur Uebergab; erhält das goldne Vließ; iſt mit Kaiſ. Carl bey der Eroberung von Tunis; wird Vicekönig in Sicilien; dient in der Provence und gegen Algier, 35. in den Niederlanden; belagert Landrecy vergeblich, 35 f. geht als Geſandter nach England. Erobert Luxenburg und Aigni, und ſchließt als erſter Menipotentiarius den Frieden zu Creſpy, 1544, 36. wird Gouverneur in Mayland, ib. iſt eine Triebfeder zur Hinrichtung des P. L. Farneſe von Parma und Placenz, 97. wird Generaliſſimus der K. Kirche 1551, im Kriege mit Frankreich, wegen des Ottavio Farneſe, dem der Kaiſ. Parma nicht laſſen will; erwirbt ſich dabey ſchlechten Ruhm, und wird der Untreue beſchuldigt; muß nach Brüßel zur Verantwortung, 37. räth dem K. Philipp II, wider aller anderer Meinung die Belagerung von St. Quintin. Nach glücklichem Ausgang der Unternehmung räth er, auf Paris loszugehen; 38. ſtirbt zu Brüßel 1557, wird nach Mantua begraben. Grabſchrift, ib. Gemahlin und Kinder, 39. ſein Lob und Tadel, 40. Cäſar Gonzaga ſein älteſter Sohn erzeugte Ferdinand II Fürſt von Molfetta und

und Grafen von Guastalla, VIII,
361 f. beider Gemalinnen, ib.
unter Ferdinands Söhnen hat
Cäsar II den Titel eines Fürsten
von Guastalla geführet, der hatte 2 Söhne Ferdinand III und
Vespasian; davon Ferdinand
H. v. Guastalla nur 2 Töchter
hinterläßt, davon Maria Viktoria
Vincent. Gonzaga, der 1634 geboren wird, des Andreas, Cäsars II Bruders Sohn geheyratet, der A. 93 in Besitz von
Guastalla kommt; stirbt A. 1714,
alt 80 Jahre. (corr. A.) 363.
H. Vincentii Nachkommen,
363 f. dieses Haus Guastalla und
Ast. von Gonzaga hat es allezeit
mit dem Hause Oesterreich gehalten, und daher große Vortheile
gezogen, 364. Anton Ferdinand, Vincentii Sohn, wird 1708
mit Sabioneda und Bozzolo zum
Kaiser belehnet, ib.

Gonzaga, Ludwig, ein Sohn H.
Friedrichs von Mantua und
der Margaretha Paldologa, geboren 1538, XI, 397.
geht nach Frankreich, wird A.
50 naturalisiret, und erlangt durch
Proceß nur einen Theil der Alenconischen Erbgüter; eheverrathet
aber mit Henrietta von Clev,
Erbtochter H. Franzens von Nevers und Rethel, dessen Güter
1565, XI, 351. 397. K. Carl IX
bindet ihn durch wichtige Chargen, und erhebt die 2 Herrschaften
Senonche und Bregalles in ein
Fürstentum, unter dem Nahmen
Mantua, 1566. seine weitern
Dienste unter König Heinrich
III und IV, und sein Tod A. 95,
398. sein dritter Sohn Carl
Gonzaga, Herzog von Nevers rc.
erbt seine Lande. Dieser wird
vor Ofen 1602 im Türkenkriege
blessirt; ist angesehen am französischen Hofe, und muste der Card.
Guise ihm in Gegenwart des
Königs rc. eine Beleidigung abbitten, 398. er gelanget durch
Beystand des Königs von Frankreich zur Nachfolge im Herzogtum Mantua und Montferrat
nach H. Vincentii Tod 1627,
worein Kaif. Ferdinand und
Spanien endlich willigen, ib. vermählt sich mit Catharina von
Lothringen 1599, stirbt 1637, und
sein Enkel Carl III succediret
ihm, 399. er bauet Arches an,
und macht es zu einer Stadt
Charleville; führet den Titel
eines Reichsfürsten, und hat
ohne Zweifel unter diesem Nahmen die Müntzgerechtigkeit ausgeübet, 399. 400.

Gothen, hatten in Schweden vor
Alters ihr besonderes Königreich,
so hernach mit dem Königreich
Schweden vereiniget ist worden,
X, 325 f.

GOtt. Ob es erlaubt sey, das
unsichtbare göttliche Wesen unter einem Bilde sich vorzustellen,
XVII,

XVII, 162 f. warum es die ältesten Christen für unerlaubt gehalten, ib. die alten Christen haben in den ersten 4 Saec. gar keine Bilder in ihren Versammlungshäusern gehabt, und für ungereimt gehalten, von GOtt ein Bild zu machen, 163. auch im 8 Saec. verabscheueten die Lehrer der christlichen Kirche ein göttliches Bildniß, ib. was die Scholastici pro et contra davon disputiret, 163 f. man hat sich unterstanden, die geheimnißvolle göttliche Dreyeinigkeit in einem Bilde zu entwerfen, 164 f. eines der ältesten Gemählde davon beschreibt Paulus Nolanus, 165 f. verschiedene andere Abbildungen der Dreyeinigkeit, 166 f. abscheuliches Bild eines alten Mannes mit 3 Gesichtern oder gar 3 Köpfen, 167 f. es ist ein Irrtum, Christum in der Gestalt eines Lammes abzumalen, 168.
GOtt strafet, wo die Obrigkeit nicht strafet: schreibt H. Joh. Albrecht von Mecklenburg, bey einem besondern Fall mit einer nichtswürdigen Pfarrers-Tochter, XI, 127.
Gottfried, Graf von Leiningen, wird A. 1396 zum Erzbischof von Mayntz erwählt, muß aber Johann, Grafen von Naßau weichen, IV, 341. 347.
Gotthard, s. Kettler.
Gottorfische Kunst- und Naturalienkammer, deren Geschichte und Beschreibung, XX, 90 f.
Gottwich, das Kloster, stiftet der Bischof Altmann von Paßau. Durch welche Veranlassung? VI, 134.
Gozzadina, Bellizia hatte die Doctors und Professors-Würde in der Rechtsgelahrtheit zu Bologna, IX, 721. Nachricht von ihr, ib.
Grafen. Beschaffenheit derselben zu Zeiten Kais. Carls des Großen, die von der in den folgenden Zeiten weit unterschieden war, XI, 181 f. viele gräfliche Häuser, sonderlich in Westphalen, rühmen sich der Abstammung von diesem Kaiser, ib. es werden für die ältesten Grafen im Reiche geachtet, die wegen ihrer Würde keine Gnadenbriefe aufzuweisen haben, und doch von dem alten Kaisern also betitelt worden, VI, 380. Reichsgrafen und Herren lassen sich nicht mit der adelichen Ritterschaft in eine Classe setzen. Wer für oder dawider geschrieben, XIV, 76. die Reichsgrafen werden vom Reichs-Vicariats-Hofgerichte zu Augspurg zur Lehens-Empfängnis A. 1741 M. Oct. sub pœna caducitatis binnen 4 Wochen zu erscheinen, vorgefordert. Ihre Einwendungen und in die Capitulation hernach gebrachtes mo-

monitum in dieſer Sache, XVII, 406.

Grafen-Fehde, nennet man gemeiniglich die A. 1535 zur Befreyung des K. Chriſtians II von Dännemark vergebliche Unternehmung der Lübecker, XIV, 329 f. die damaligen Bürgermeiſter Ge. Wollenweber und Marx Meier, arbeiten bey den däniſchen Trublen daran, K. Chriſtian wieder los zu machen, weil die Reiche Dännemark und Schweden die Niederländer nicht vom Handel auf der Oſtſee ausſchlüßen, und den Hanſee-Städten nicht alleine die großen Vortheile laſſen wollen; welches ſie bey der Reſtitution des Königs wieder hoffen, 331. ſie ziehen den Bürgerm. von Coppenhagen Bogbinder und den von Malmbe Mainter heimlich in den hanſeatiſchen Bund, und hoffen vom Kaiſer Carl V und Churf. Joachim von Brandenburg Beyſtand, ib. zum Haupt der Unternehmung wird Graf Chriſtoph von Oldenburg, Domherr zu Bremen, ein geübter Soldat, angenommen; dem man die däniſche Krone verſpricht, wenn Chriſtian nicht ſolte können frey gemacht werden, 332. Graf Chriſtoph fordert Anfangs freundlich vom H. Chriſtian zu Schleßwig Holſtein, daß er den König loslaſſen ſolte; drohet hernach, mit Beyſtand der Lübecker und des Hanſeebundes mit Gewalt denſelben zu befreyen, ib. bricht A. 34 in Holſtein ein, macht einige Eroberungen, wird aber vom verſtärkten Herzoge zurück getrieben, der den Lübeckern großen Schaden thut, 333. Wollenweber und Meier hatten durch den Einfall in Holſtein nur geſucht, die däniſchen Inſeln von Mannſchaft zu entblöſen. Durch Verräterey unterſtützet, landen die Lübecker auf Seeland; erobern Rothſchild, und viele dort verſammelte Reichsſtände müſſen dem K. Chriſtian wieder huldigen, ib. Ribge und Stege ergeben ſich, wie auch Coppenhagen, alwo Graf Chriſtoph die däniſche Flotte, Zeughaus und das Schloß im Julius in ſeine Hände bekommt, 333. Bogbinder richtet eine neue Regierung an; man ertheilte den Bürgern zu Coppenhagen und Malmoe viele Freyheiten; welches auf verſchiedenen Inſeln und in Norwegen großen Beyfall verurſachte, und geſchahe die Huldigung K. Chriſtians, ſonderlich in Schonen, mit großem Zulauf, 333 f. Gr. Chriſtoph läßt Geld mit K. Chriſtians Bildnis prägen, 334. auf dieſen glücklichen Fortgang werden die Lübecker ſo frech, in Manifeſten kund zu thun, daß ſie dem ungerecht gefangenen König

Aaaa wieder

wieder auf den Thron helfen wollen ꝛc., II, 334. die Jütländer und Fühnen wählen endlich Herzog Christian von Holstein den 10 Aug. zum König, der indessen den Lübeckern immer zu Leibe gieng, ib. um aber dem Königreiche beyzuspringen, schließt er den 18 Nov. zu Stackelstorp einen Vertrag, daß die Fehde auf teutschen Boden einstweilen solte geendigt seyn, 335. K. Christian bekommt am K. Gustav einen starken Gehülfen, und schlägt desto mehr die ihm versuchte Vergleich angebotene Theilung des Reichs aus, ib. Marx Meier wird vom K. Gustav in Schonen geschlagen und gefangen; darüber ergiebt sich der Adel in Schonen und Seeland dem König Christian III, ib. Graf Christoph geräth in großen Geldmangel, 335 f. seine Sachen laufen schlecht, und er wird endlich in Coppenhagen eingeschlossen und gefangen; muß dem Könige Friend abbitten und schwören: nie Dännemark und Holstein wieder zu betretten, 336.

Granvella, s. Perenot.

Grave, eine holländische Vestung wird vom Turenne A. 1672 eingenommen, X, 32.

Graubündner Land, das Hecknest falscher Münze, XII, 148.

Gregorius XIII, röm. Pabst; wie guthätig er sich gegen die Jesuiten erwiesen, s. Jesuiten. Er hilft auch andern Orden auf, X, 367 f. pflegte zu sagen: Es müsse niemand mehr wissen, als der Pabst, 368. war ein großer Liebhaber der Wissenschaften, ib. seine gelehrten Beschäftigungen, ib. wie er vorher geheisen, und warum er sich Gregorius genennet, 368.

Gregorius XV, Pabst, macht den 12 Merz 1622 fünf neue Heilige, XIX, 338. diese sind Ignatius Loiola, Franc. Xaverius, Phil. Nerius, Isidorus, und Theresia à Jesu, ib.

Greiffenfeld, Peter Gr. von, Großcanzler v. Dännemark, hieß erst Schumacher, war eines Weinschenks Sohn von Coppenh.; hatte trefliche Gaben, studiert Medicin, morgenländische Sprachen und Theologie, reiset, wird beym K. Friedrich III Bibliothecarius, I, 107. verfertigt 1665 den Legem Regiam mit besonderer Einsicht; wird dafür vom König Christian V zum geheimen Rath gemacht; wird Ritter des restituirten Danebrogs-Ordens; veranlasset Bartholinum seine schöne Dissertat. de Origine Ordinis equestris Danebrogici zu schreiben; wird geadelt, Reichscanzler und A. 1673 in Grafenstand erhoben, A. 74 wird er Großcanzler, 108. er wolte eine holsteinische Prinzeßin heyraten,

ten, wozu Morhof schon ein Hochzeit-Lied gemacht, 108. f. wahre Hindernisse an dieser Vermählung. Seine Feinde bringen ihn in Ungnade beym König, durch allerhand, und sonderlich durch die Beschuldigung: daß er geist- und weltliche Aemter und das Recht verkauffet; davon er sich selbst nicht frey sprach, 110. 112. er wurde zum Tod verdammt, aber begnadigt, und saß von A. 1676 bis 98 gefangen; wird frey und stirbt A. 99; 111. viele Beschuldigungen werden falsch befunden. Er behauptet seine Treue gegen seinen König und Reich auf dem Schaffot; bekennet den Tod verdient zu haben, weil er dem König mehr, als GOtt, gehorchet, ib. sein Ehrgeiz; er war ein wahrer Maecenas, 112. von seiner Familie, ib. von der Münze mit der Nachteule und Spielkarten, die der König aus Spott auf ihn soll haben schlagen lassen, 112. 106. 429.

Greifswald, behalten die Kaiserl. noch, nachdem der K. Gustav Ad. dieselben aus Pommern vertrieben, unter dem Commando des Obrist Perusi besetzt. Bannier fordert in einem warnenden Schreiben denselben zur Uebergab A. 1631 M. Mart. auf, IX, 354 f. Perusi verfährt sehr hart mit Greifswald, sonderlich der Universität und dem Superintendenten Krackewitz, 355. er wehrt sich tapfer, nimmt den Bürgern bey der Geldnoth alles Silber ꝛc. und endlich das Zinn und läßt Geld daraus gießen, 356. den 11 Jun. bleibt Perusi in einem Ausfall, ib. den 16ten geht Greifswald mit Accord über. Die wider denselben handelnde Garnison wird theils niedergehauen, theils untergesteckt, 357. K. Gust. Ad. kommt selbst dahin, wird mit vielen Freuden empfangen. Die Greifswalder haben hernach ihren Erlösungstag jährlich lange Zeit durch Allmosen geben feyerlich begangen, 357.

Griechische Kirche, wird unter sich uneinig, über die zu Florenz decretirte, von vielen aber widersprochene Vereinigung mit der abendländischen Kirche, I, 80.

Grimani, Hieron. eines berühmten Procuratoris St. Marci zu Venedig, Grabschrift, XVIII, 132. *Grimani* Marino, dessen Sohn wird Doge 1595 zu Venedig; seine Verdienste sind abzunehmen von der Aufschrift seines Grabmahls, 133. er stirbt, 1605. ib.

Grießpeck von Grießpach, auch Grizenspach, ist eine altadeliche Familie in Bayern. Ludolph ist der erste, von dem man weiß, der das Schloß Grießenspach erbauet, und an der Stiftung des Klosters Biburg Theil genommen, XVI, 60. urkundlicher Beweiß vom Alter dieser Familie, 61. die Familie breitet sich in Böhmen und Tyrol aus. Das eigenthümliche Schloß Grießenbach kommt auf die sogenannte Griesenbecke, 62. Stammregister von denselben vom A. 1293 verstorbenen Gottfried an, bis auf Joh. Franz Baltasar, Freyherrn von Grießenbeck, Kaiserl. Regierungsrath zu Amberg und Oberamtmann von Sulzburg, 63 f. — Florian Grießpeck war K. Ferdinands Rath und Secretarius, den die Böhmen, bey den schmalcaldischen Unruhen 1547 gefangen gesetzt, 58. was sie ihm Schuld gegeben, 59. sein Vater war Georg Grießpeck, der die böhmische Linie angefangen, 64. sie waren Proceres Bohemiae und sind zu Zeiten Friderici Palat. dort ausgegangen, ib.

Gröningen, eine von den 7 vereinigten niederländischen Provinzen und freye Stadt. Vom Anbau und ältesten Zustand derselben findet man nichts; sondern die älteste Nachricht ist vom Jahr 1040, da dieselbe Kais. Heinrich III dem Bischof Bernold von Utrecht geschenkt haben soll, XXII, 122. die Stadt merket mit der Zeit, daß der Schenkungsbrief Heinrichs nicht die Stadt, sondern ein in der Herrschaft Drent gelegenes ansehnliches Landgut begreife; und daß sich die bischöfliche Gewalt nach und nach nur eingeschlichen; und als die Stadt durch Bündniße wächst, sucht sie die ihr entzogenen Rechte wieder zu erlangen, und sich der Herrschaft des Hochstifts zu entziehen, 123 f. Kais. Wenzel giebt zwar A. 1382 auf Ansuchen des Domcapitels eine scharfe Verordnung gegen die Stadt. Doch muß der Bischof Florentinus, wolt er nicht alles verlieren, A. 1392 einen Vergleich wegen des Schultheißen-Amts eingehen, und der Stadt auf 100 Jahre die Jurisdiktion gegen eine jährliche Erkenntlichkeit rc. überlaßen; welches nach 100 Jahren wieder erneuert werden solle, 124. die Domherren verloren dabey nichts, und beide Theile waren zufrieden, 125. aber der Bischof Friedrich von Blankenheim thut der Stadt in allem Tort; es kommt 1405 zur Belagerung und nachtheiligen Vergleich für die Stadt, und endlich zwingt sie der Bischof, wie andere Stiftsstädte, ihm den Huldigungs-Eid 1419 zu schwören, iedoch mit Vorbehalt ihrer Rechte und Freyheiten, 125 f. A. 1460 erkauft sie vom Bisch. David aus dem burgundischen Hause, das Landschultheißen-
Amt

Amt auf seine Lebenszeit, und dann weiter, bis die Stadt ihr Geld wieder bekäme, 126 - - die Stadt ersucht Kaiſ. Friedrich III, ſich der frießiſchen Händel anzunehmen, und denſelben durch ſeine Autorität Einhalt zu thun. Der Kaiſ. ſchickt A. 1481 Commiſſarien dahin, den kaiſerlichen Ausſpruch der frießiſchen Landſchaft anzukündigen; da dann der Stadt Gröningen im Oſter- und Weſtergoe ꝛc. als Reichslanden, vom Kaiſer, Macht und Gewalt aufgetragen wird, das Land zu regieren und Ruhe herzuſtellen, ib. die Bürgermeiſter und Rathsglieder werden dabey in Ritterſtand erhoben; eine Reichsſteuer von 10000 Goldgulden rheiniſch auferlegt. Löwarden u. a. wenden ſich mit Verträgen zu Gröningen, die Kaiſ. Max. I beſtätiget, 126. die Stadt wird durch ihre Händel mit H. Albrecht von Sachſen, den Kaiſ. Maximilian A. 96 zum Erbſtatthalter in Frießland gemacht, und der ihrer Freyheit zu Leibe gewollt, veranlaſſet, den Graf Edzard von Oſtfrießland zum Schutzherrn anzunehmen A. 1506, dem die Einrichtung ihrer Regierung überlaſſen wird, 127. die Söhne H. Albrechts wüthen gegen Stadt und Schutzherrn A. 1513 die Reichsacht aus, ib. Edzard ruft den Herzog Carl von Geldern

zu Hülfe, der A. 14 alle Herrſchaft in Gröningen an ſich reißt, viel gutes verſpricht, aber Stadt und Land äußerſt mishandelt, 127. Stadt und Land unterwirft ſich dem Schutz Kaiſ. Carls V, unter Vorbehalt der alten Privilegien ꝛc. verſteht ſich zu 12000 Goldcarolinen jährlicher Landesſteuer, ib. bey den niederländiſchen Unruhen hält Gröningen am längſten bey Spanien, und erhält die Stapelgerechtigkeit und Botmäßigkeit über Omeland beſtätiget, 127. es will nicht zur utrechter Union tretten; wird von Georg Lalain, Gr. von Renneberg durch eine Belagerung A. 1579 gezwungen, den Generalſtaaten Gehorſam zu ſchwören. Der Graf wird untreu, und überliefert A. 80 die Stadt den Spaniern, ib. Graf Moritz nöthigt ſie A. 94 durch eine Belagerung aufs neue zur Union, doch mit Vorbehalt aller Freyheiten ꝛc. zu tretten, 127. Graf Wilhelm von Naßau zum Statthalter anzunehmen, und ihre Streitigkeiten mit Omeland der Entſcheidung der Generalſtaaten zu überlaſſen. Die reformirte Religion ſolle allein öffentlich geübet werden. Mehr Bedingniße; auf welche den 23 Jul. die Übergab, und Abzug der Spanier, geſchieht, 128. Chronoſtichon und Medaillen auf

auf diesen Vorgang, ib. - -
Gröningen wird A. 1672 beym
Einbruch der Franzosen und ihrer Alliirten, vom Churf. von
Cöln Max. Heinrich und dem
Bernhard von Galen Bischof
zu Münster im Julius belagert,
X, 178. die Stadt ist wol versehen und bevestigt, und hat den
Rabenhaupt zum Commendanten, ib. die Einwohner verbinden sich zur möglichsten Gegenwehr; und so gar die Menonisten thun durch löschen große
Dienste, 179. die Alliirten fordern die Stadt auf mit dem Erbieten, sie durch einen guten Accord ans teutsche Reich und zur
Reichsfreiheit zu bringen, 180 f.
abschlägige Antwort. Der Stadt
wird heftig zugesetzt; erhält den
25 Jul. doch etwas Succurs,
181. den 31 aber einen sehr beträchtlichen, der glücklich im Angesicht der Feinde in die Stadt
kommt, 182. die lange Belagerung verursachet Misverständnis
zwischen dem Churfürsten und
Bischofen; ersterer gedenkt auf
die Aufhebung, der Bischof aber
meint am Ludwigs-Tage Meße
in Gröningen lesen zu können,
ib. doch wird den 27 Aug. die
die Belagerung aufgehoben, nachdem die Feinde durch die tapfere
Gegenwehr der Stadt, Desertion u. d. bey 11000 Mann verloren; da in der Stadt bey der
großen Verheerung durchs Feuer,
kaum 100 Menschen umgekommen, 182 f. die Mönche im Lager suchten die Kraft der Artillerie gegen die Ketzer durch Seegensprechen zu vermehren. Die
erste gebenedeyte Kugel stürzt ein
Marienbild herunter, und eine
Kugel der Ketzer nimmt dagegen
einem seegensprechenden Pfaffen
den Kopf hinweg, 184. Tapferkeit und muntere Aufführung der
Studenten während der Belagerung, und Ursachen des mislungenen Vorhabens, ib.
Gröningen, Grüningen, die Burg
und Stadt, hatte vor Alters
schon Grafen aus dem Hause
Würtemberg, und haftete darauf,
warscheinlich, seit Kais. Friedrichs
I Zeiten, der Vexilliferatus
Imperii, der 1336 nebst der Grafschaft an Gr. Ulrich von Würtenberg gekommen, XIV, 239.
240.
Gröningen, Gr. Jobst von,
Statthalter in Seeland, commandirt ein Corpo Kaiserliche
in Westphalen; belagert Bremen, wird den 20 Merz 1547
tödlich verwundet, XIX, 251.
Gronsfeld, die Grafen von, führen
ihre Abstammung von den alten
Grafen von Bronchorst her, X,
2. diese sollen von den Grafen
von Luxemburg abstammen;
daher sie Kais. Heinrich VII mit
vielen Freyheiten versehen, ib.
glück-

glückliche Heyrathen. Johann Herr von Bronchorst eheyratet Anholt; sein Sohn Wilhelm Batenburg, ib. dessen Sohn Gisbert I, Borkelo, 3. seine Söhne Gisbert II und Dietrich stiften 2 Linien von Bronchorst und Borkelo, und Batenburg und Anholt, ib. die erstere stirbt aus mit Gr. Jobst 1553; wer ihn geerbt, ib. Dietrichs Sohn Gisbert verkauft Batenburg. Eben desselben Sohn Dietrich eheyratet Gronsfeld mit der Catharina, ib. erzeugt 4 Söhne 1) Gisberten, dem nimmt der H. von Geldern, Anholt. Sein Sohn stirbt unbeerbt 1525, 3. 2) Heinrichen, der bekommt Gronsfeld, ib. 3) Jacoben, der kriegt Rhöne, dessen männliche Nachkommen 1630 und 37 aussterben, und ihre Güter an das Haus Croy und Salm durch Erbtöchter überlassen, 3. 4. 4) Hermann, der bekommt Anholt wieder 1557. seine männlichen Nachkommen gehen mit Friedr. Wilhelm aus 1660, 4. die gronsfeldische Linie dauert am längsten. Unter Heinrichs Nachkommen wird Jodocus vom Kaiser zum Reichsgrafen gemacht, ib. Graf Johannes nimmt den Titel Bronchorst wieder an, und erzeuget mit Sibylla von Eberstein Jobst Maximilian, Grafen von Bronchorst, und Gronsfeld, X, 4. dieser macht sich in Bayerischen und der Liga Kriegsdiensten sehr berühmt; war des Tilly Abgesandter an den niedersächsischen Craistag A. 25, wo er sehr laut sprach, 5. war A. 29 bey der lübeckischen Friedenshandlung, ib. tummelt sich an der Weser, in Heßen; kriegt Stöße vom Baudis bey Calenberg, ib. noch einmal, 6. entsetzt Wolfenbüttel 1631, 6. ist bey der unglücklichen Schlacht bey Oldendorp, 7. dankt ab 1636, ib. seine Grafschaft suchen die Heßen heim; er wird gefangen, von der Landgräfin aber wieder ohne Entgeld losgelassen 1645, ib. kommt wieder in bayerische Dienste, als General Feldmarschall; versieht es am Lech, wird zur Verantwortung gezogen und abgedankt 1649, 7. dient hernach dem Kaiser als Commissarius in verschiedenen wichtigen Angelegenheiten, dafür er vom Kaiser zum Reichsgrafen gemacht wird; er erhält Sitz und Stimme auf dem Reichstag unter den westphälischen Grafen, 8. er war sehr geschickt mit der Feder; macht Anmerkungen zu des Waßenbergs teutschen Florus, ib. stirbt 1667. seine Gemalin und Nachkommen, die 1719 ausgestorben, ib.

Gropper, D. Johann, verfertigt Capi-

Capitula zur Verbeßerung der cölnischen Clerisey, IV, 60. widersetzt sich durch Schriften der Reformation des Churfürsten von Cöln, Graf Hermanns von der Wied, 63. wohnt dem Religionsgespräche zu Regenspurg 1541 aufs Kaisers Befehl bey, 140. wozu er vermuthlich einen Aufsatz gemacht, ib.

Grosmuth einer schottischen Dame, die ihre 2 Söhne fürs Beste des Vaterlandes vor ihren Augen hinrichten läßt, I, 69.

Großprior von Frankreich macht sich an die Herzogin von Portsmouth, Maitreße K. Carls II. von England; muß darüber schnell entweichen, VI, 245 f.

Grotius, Hugo, trit auf die Seite der Arminianer, V, 154. schreibt deswegen pietatem ordinum Hollandiae, und vertheidigt diese Schrift, 154. macht sich aber dadurch sehr verhaßt, 154 f. sucht den König von Grosbritannien zu bewegen, diesem Religionsstreit durch seine Vermittlung abzuhelfen, so aber übel ausschlägt, 155. er wird nebst andern gefangen gesetzt, und bekommt nach 9 Monaten sein Urtheil zur ewigen Gefangenschaft, nebst Einziehung aller seiner Güter, 155 f. wessen man ihn beschuldigt, 156. er wird aufs veste Schloß Löwenstein bey Gorkum gebracht, und ihm täglich 24 Stüver zum Unterhalte angewiesen, ib. nur seine Gemalin darf ihn besuchen, unter gewissen Einschränkungen, ib. wer sie gewesen, 157. sie war so ungemein gros und lang, daß Grotius, ein ganz kleiner Mann, gegen ihr, wie ein Zwerg aussahe, 157. was ihr wegen ihrer recht entsetzlichen Größe in Frankreich begegnet, ib. sie versorgt ihn reichlich in seiner Gefangenschaft aus ihren Mitteln, 157. er ist zu grosmütig, als daß er um Verzeihung bäte, um seine Befreyung zu bewirken, 156. im Gefängnis hatte er keine andere Erquickung, als das Studieren, und den sehr liebreichen Umgang mit seiner getreuen Frauen, 157. seine vornemste Arbeit im Gefängnis waren holl. Gesänge von der Warheit der christl. Religion, so in viele Sprachen übersetzt worden, 157 f. andere im Gefängnis verfertigte Schriften, 158. er sitzt ein Jahr und zehn Monate gefangen, 158. seine kluge und treue Frau setzet ihn durch eine artige Weiberlist in Freyheit, 158 f. sie läßt nemlich ihr kleines Männgen in einer Bücherkiste zum Schloße hinaustragen, 158. glücklich überstandene Gefar dabey, ib. er gehet in einen Maurer verkleidet nach Brabant, ib. man läßt seine Gemalin ungehindert

hindert abziehen, 159. Grotii Schreiben an die Generalstaaten, 159. er bedauert, daß sein Freyheitskasten verkommen, ib. er selbst und andere Poeten preisen diesen Freyheitskasten und seine Gemalin, 159 f. Heinsii und Barlaei Verse darauf, 160. Grotii Schicksale bey seiner schwedischen Ambassade in Frankreich und in Stockholm, 147 f. - - Grotii Irrtum, wenn er dem Pabste die prätendirte Vicariats-Gerechtigkeit, vacante imperio, weil er das Haupt des römischen Volks sey, zugesprochen, I, 64.

Grubenhagen, ein altes Ganerben-Schloß in der Graffschaft Dassel; wie es 1270 an das Haus Braunschweig gekommen, I, 168, davon nannte sich hernach die ältere Linie der Herzoge von Braunschweig über 300 Jahre, ib. - - H. Albrechts des großen Sohn, Heinrich I, war der Stifter dieser Linie, nachdem ihm der Vater 1279 Grubenhagen, nebst andern Graf- und Herrschaften in der Theilung unter seine 3 Söhne, hinterlaßen; stirbt aus mit H. Philipp II, 1596, 267 f. conf. XI, 149.

Grumbach, Wilhelm von, war den 1 Jun. 1503 im Zeichen des auffsteigenden Scorpions, und daher zu lauter bösen Händeln geboren, wie Rüger sein Nativitätssteller behauptet, XII, 160. sein Bildnis stehet auf der Schaumünze, 153. er war Marschall am würzburgischen Hofe; Bischof Melchior Zobel beleidigt ihn durch Zurückforderung eines Geschenkes von 10000 Goldgulden, so Bischof Conrad ihm geschenket; er quittirt darüber seine Hofdienste und dient dem Kaiser im Krieg gegen die schmalkaldischen Bundsgenoßen; wobey er dem würzburgischen Land viel Dienste erwiesen haben will, IV, 302. er geht mit Marggraf Albrecht nach Preußen; glaubt bey seiner Wiederkunft große Klagen gegen die Bischöflichen anzubringen zu haben, die ihn mit dem Bischof brouilliren, ib. er übergiebt seinem Sohne Cunz seine Güter, und wird vom Marggr. Albrecht zum Statthalter seiner Lande gemacht, 303. bey Ausbruch des marggräflichen Kriegs A. 1552, gab der Bischof nicht ohne Frucht, dem Grumbach gar gute Worte und Verheißungen, den Krieg von seinem Lande abzulenken, ib. unvollständige Unterhandlung der würzburg- bambergisch- und culmbachischen Räthe in Ansehung des Vorzugs der Pflichten der Dienerschaft vor der Lehensverwandschaft, 303. der Marggraf weißet den Grum-

Bbbb bach

bach wegen seiner Anforderung auf 60000 fl. auf das würzburgische Amt Mainberg an. Dafür er dem Bischof viele Güter und seine Lehen, als eigen, abzwinget, ib. der Kaiser caßiret den marggräflichen Vertrag, worauf Grumbach herausgeben und die Lehen wieder empfangen muß, 303. hängt sich gleich wieder an den Marggrafen und giebt gefährliche Anschläge gegen Würzburg und Bamberg. Darüber werden ihm seine großen Güter und 17000 fl. jährl. Revenuen eingezogen ꝛc. ib. weil nun Grumbach keine Hülfe und Restitution bey dem Cammergerichte erlanget, so läßt er sich verleiten, sich an des Bischofs Leib und Leben zu rächen, 298 f. s. Jobel. - - Grumbach suchet schriftlich, die ihm angeschuldigten Verbrechen theils zu rechtfertigen, theils von sich abzulehnen, XII, 154. wo man seine Vertheidigungsschriften findet, und was sie enthalten? 155. sie werden nach erobertem Grimmenstein als Schmähschriften verbrennet, 156. Grumbach will nur eingestehen, daß er den Bischof habe auffangen, nicht aber ermorden wollen lassen, 158. und wenn er ihn auch erschossen hätte, so hätt er es aus erlaubter Gegenwehr gethan, ib. er geht A. 58 noch, nach des Bischofs von Würzburg Ermordung nach Frankreich, wirbt Volk an, läßt sich aber von den rheinischen Churfürsten bewegen, die Truppen auseinander zu lassen, und gütlich mit dem neuen Bischof Friedrich von Würzburg sich zu vertragen, 159. es gehen mit ihm A. 59 zu Augspurg Unterhandlungen vor; aber die bischöfl. Commissarii wollen von nichts, als seiner Verbannung hören, ib. er wird darüber zornig; nimmt Würzburg ein, zwingt das Capitel zur Vergleichung aller vorgegangener Händel, und seinem Sohn Cunz seine Güter wieder einzuräumen, 159. er läßt zu Würzburg mit Witten keine Gewalt ausüben, sondern straft, die wider seine Ordre gehandelt, ib. Kaiser Ferdinand vernichtigt diesen würzburgischen Vergleich und ächtet den Grumbach. Diesen nimmt Herzog Joh. Friedrich der Mittlere in Schutz, und bringt seine Sache beym Kaiser Maximil. II auf guten Fuß, 159 f. Grumbach wird vom Graf Günther von Schwarzburg angeklagt, als hab er ihm vertraut, daß er dem Churfürsten August aus billiger Rache nach Leib und Leben trachten wolle, 160. die bestellten Mörder werden eingezogen, und sterben darauf: Grumbach habe sie angestiftet, ib. Grumbach will mit dem Grafen confrontiret

‑tinet werden, der sich mit einem Aechter einzulassen, als schimpflich abschlägt, 160. ob Grumbach sich einer liederlichen Betrügerin, die er dem Herzog für die Königin Elisabeth angegeben, bedienet habe, um ihn zur Trennung von seiner Gemalin Agnes zu bewegen, und ihn also als einen Thoren behandelt? 163 f. 167 f. genauere Beschreibung seiner Lebens-Umstände, 156 f. da sonderlich vieles von dem ungerechten Betragen des Bischofs gegen ihn erhellet, 157 f.

Guarino, der erste Lehrer der griechischen Sprache und Gelehrsamkeit unter den Wetschen, XVII, 49 f. wird 1370 geboren, 50. lernt zu Constantinopel die griechische Sprache, ib. wird über die Nachricht, daß eine von 2 Kisten mit raren geschriebenen griechischen Büchern auf einem Schiffe untergegangen, in einer Nacht ganz grau, 50 f. Chrysoloras ist sein Lehrer im griechischen, 51 f. er wird 1420 in seiner Geburtsstadt ein öffentlicher Lehrer der humaniorum unter großem Zulauf, ib. einige berümte Schüler von ihm, ib. wird nach Florenz berufen, ib. muß sich auch zu Venedig aufgehalten haben, ib. bringt seine letzten Lebensjahre mit Ruhe und Vergnügen zu Ferrara zu, 51 f. stirbt 1460 im 90sten Jahr, 52. seine Grabschriften und Lobsprüche, 52 f. ein dankbarer Schüler Ianus Pannonius, nachmaliger Bischof zu Fünfkirchen in Ungarn, bechret ihn mit einem vortreflichen panegyrico in carmine heroico, 53. nützliche Schriften desselben, 53 f. übersetzet die 17 Bücher der geographiæ Strabonis auch einiges vom Plutarch, 53 f. seine übrigen Schriften, 54. sein Charakter, 54 f. er eifert wider Ioh. Pratensem, der alle heidnische Schriften zu verbrennen befohlen, 55. und wider Car. Malatestam, der Virgilii Bildsäule zu Mantua in den Po schmelzen lassen, 55 f. er zeuget mit seiner Frau 12 wohlgeartete Söhne, darunter einer ein so großer Lehrer der griechischen und lateinischen Sprache, als er, gewesen, 56. siehe auch XXI, 79.

Guastalla, das Herzogtum, s. Gonsaga.

Gudemund, Lago, ein dänischer Ritter, ermordet K. Erich Plogpenning von Dännemark zu Schleßwig auf der Schleye, IX, 397.

Gudenow, die Familie der, wird in Rußland ausgerottet, V, 334.

Guise, Claudius Herzog von, ein Sohn Herzogs Renati von Lothringen und Bruder Herzog Antons, bekommt 20 Wunden in der Schlacht bey Marignan, 1515. Wie ihm sein Stallmeister Adam, ein Teutscher, das Leben rühmlich gerettet, VIII, 35. bekommt in der Theilung mit seinem Bruder 1530 das Herzogtum Guise, die Grafschaft Aumale u. a. m. wird der Stammvater des berühmten Hauses der Herzoge von Guise, 40. — Franciscus H. von Guise macht 1552 vortrefliche Gegenanstalten in dem vom Kaiser belagerten Metz; erwirbt sich ungemeinen Ruhm durch seine Klugheit, Tapferkeit und Leutseligkeit, IX, 122-126. —, Heinrich H. von Guise, das Haupt der Liga in Frankreich, strebet nach der Krone, I, 331 f. (s. Carl von Bourbon) wird nebst seinem Bruder dem Cardinal auf K. Heinrichs III Befehl ermordet 1588, 335. — — Heinrich II von Lothringen, Herzog von Guise, ein Sohn H. Carls geb. 1614, VIII, 58. ein großer Liebes-Ritter, übekommt A. 1647, da er wegen seiner Ehescheidungssache in Rom ist, Lust, Neapel bey den dortigen Unruhen wegzukapern; 58. verschiedene unglückliche Versuche durch seine Abgeschickten, 58 f. endlich glückt es ihm durch den Cicio d'Arpaya beym Volke Gehör mit seinem Anerbieten zu finden, 59. der König von Frankreich erlaubt ihm einen Versuch auf Neapel zu thun und verspricht ihm allen Vorschub, 60. er läßt sich aber durch die Hitze und Flehen des Volks verleiten, die mächtige Hülfe von Frankreich nicht zu erwarten, sondern den 13 Nov. von Rom aus mit wenig Leuten dahin zu gehen, ibentwischt den aufpassenden Spaniern, und kommt den 15 nach Neapel. Wird freudig aufgenommen und unter Weyhrauch und Hosianna in die Kirche zur L. Frauen geführt, 60. seine artige Entrevuë mit dem bisherigen General des Volks, Gennaro Annese und dem sogenannten französischen Amballadeur Luigi de Ferro; der bey dem prächtigen Mahle des Herzogs und des Annese, wie ein Hund aufwarten muste, 61. schlechte Nachricht vom Zustande in der Stadt, und toller Auftritt des Fleischers Ropolo mit dem Gennaro, 62. das elende Nachtlager des H. in der Küche des Gennaro, dem er zur Bedeckung dienen muß, ib. er macht sich des Gennaro los und wird zum Generalissimo

neralissimo erkläret, ib. die übel zugerichtete französische Flotte kommt an, verbrennt im Dec. einige spanische Schiffe, giebt einige Fäßer Pulver, und zieht wieder ab, 63. Mazarin hinderte das Unternehmen, da er es nicht förderte, weil er das Wachstum der Guisen nicht für vortheilhaft für Frankreich ansahe, 63. der H. ist von allen Seiten verlassen, und viele vornehme Neapolitaner sehen sich nach der spanischen Regierung, die sie unterm neuen Vice-König Ognate gelinder hosten, wieder um, ib. dieser bietet dem Herzoge Geld und Sardinien an, wenn er abziehen wolte, 63. Guise trauet nicht; soll den 25 Mertz ermordet werden, wird entdeckt, ib. Ognate bemächtigt sich der Hauptposten, und der Herzog wird vom Commendanten zu Capua aufgefangen, 64. Ognata will ihm den Kopf herunter schlagen lassen, welches Don Iuan und anderer Fürbitten verhindern; er wird sehr hart im elendesten Gefängnis zu Gaëta gehalten; muß in eines kurtz vorher gehenkten Bette schlafen, ib. verlangt ein Buch, bekommt Vorbereitungen zum Tode; begehrt ein Comödien-Buch, man giebt ihm ein Buch, worinnen Conradini Enthauptung vorgebildet war, 64. der Herzog wird nicht kleinmütig; sondern setzt den Spaniern vom innerlichen Zustande Frankreichs allerhand ins Ohr, VIII, 66. bekommt dafür ein schönes Zimmer, und delicate Tafel, doch genaue Wache, 67. der Herzog giebt Vorschläge, wie Neapel zu befriedigen, die dem Gennaro und Ferro das Leben kosten, ib. zerfällt sich bald wieder mit dem Ognate und wird wieder schlechter gehalten, 68. sein hitziges Gespräch mit dem Spanier Don Alvaro de la Torre bey Auspackung eines Gegengifts, 68 f. noch ein schärfers, da der Leuchter nach des Torre Kopf fliegt, 69. er wird nach Spanien gebracht 1650: vom Printz Condé losgebeten, A. 52, der hoffte, er würde Trublen zu seinem Besten in Frankreich anfangen, 70. er legt sich aber wieder auf Liebeshändel, und processiret mit seiner ungetreuen Amalia, Mademoisf. de Pons, ib. A. 54 läßt er sich den Lust wieder ankommen, einen Versuch auf Neapel zu thun; erhält vom Könige eine ansehnliche Flotte und Truppen, 70. findet aber von den Spaniern starken Widerstand. Er bemächtigt sich zwar des Castells al Mare ohnweit Neapel, leidet aber großen Verlust und kommt unverrichteter Dinge nach Toulon, 71. wird getadelt und gelobt, 71 f. stirbt 1664, 72.

Guinea, die berühmte africanische Goldküste, wann sie am ersten von den Europäern, sonderlich Franzosen, befahren worden, XIII, 305. wie und wo sich die Dänen dort vestgesetzet haben, 306 f. wie das Gold dort gefunden wird und wie schlau die Einwohner dabey geworden, 311 f.

Gumprecht, der heilige, soll ein Graf von Rotenburg seyn, X, 410. des würzburgischen Mönchs Egilwards Nachricht von ihm, ib. der H. Burkhard, Bischof zu Würzburg, bekehrt ihn, 410 f. welches bestättigt wird, 411. er hat in der Gegend von Onolzbach vor 786 ein Benedictinerkloster gestiftet, 402. warum er in einem Documente ein Bischof genennet wird, ib. die Stiftung selbst ist um die Mitte des 8 Saec. vorgegangen, 413. das Stift nimmt zu, und erwächst daraus die Stadt Onolzbach oder Anspach, ib. wird ein Collegiatstift von Würzburg, ib. hat viele kaiserl. Schutzbriefe und päbstl. Bullen aufzuweisen, ib. die eigentliche Schutz- und Schirmvögte waren die Herren und Grafen von Dornberg, ib. Einrichtung dieses Stifts, 414. dem Stifte wird die Pfarre zu Onolzbach geschenkt, und noch ein Capellan angenommen, ib. Mishelligkeiten zwischen dem Stifte und dem Stadtmagistrat wegen Besetzung der Stadtpfarre, und deren Beylegung, ib. mit der Probstey des Stiftes werden 10 ansehnliche Pfarren mit ihren Caplaneyen auf beständig verknüpft, 415. die Stiftsprädikatur in teutscher Sprache wird 1437 gestiftet, ib. die Gesellschaft U. L. Frauen mit dem Schwanenorden hält ihre Jahrtäge ꝛc. in der Stiftskirche zu Onolzbach, wozu eine ewige Messe und Vicarey gestiftet wird, ib. Geschichte des Stiftsgebäudes, 415 f. diese ganz erneuerte und erweiterte Stiftskirche wird 1738 eingeweyhet, 416.

Gurk, ietzt ein feines Städtgen in Nieder-Kärnthen, VI, 130. hat sein Aufkommen einem Collegio XX Canonicorum S. August. und einem Nonnen-Kloster zu danken, ib. hatte zu Stiftern, Graf Wilhelm zu Zeltschach, und seine Gemalin Hemma. Blutige Veranlaßung zu dieser Stiftung und dabey vorgekommenes Mirakel, 130 f. Erzbischof Gebhard von Salzburg errichtet statt des abgegangenen Bistums in Kärnthen, ein neues, wozu er die Güter des Frauenklosters zu Gurk anwendet, 131. Pabst Alexanders VI und Kais. Heinrichs IV Erlaubnisbriefe, ib. der letztern Nothwendigkeit, 133.

133; Erzbischof Gebhard sucht dadurch sich einen Suffraganeum mehr zu machen, 134. weyhet A. 1072 Günthern als ersten Bischof zu Gurk ein, 136. die Probstey bleibt dabey in ihrem Wesen, ib. die Erzherzoge von Oesterreich setzen zween hintereinander; der Erzbischof von Salzburg den dritten Bischof ein, 136. der Bischof ist Vicarius perpetuus des Erzbischofs von Salzburg, ib.

Zustav Wasa, König in Schweden ein Sohn Erichs Wasa, Ritters, Reichsraths und Hauptmanns in Aland, war geboren 1490 den 12ten May von Cäcilia, M. Carlsons Tochter. Ungewisheit, ob er aus altem königl. schwedischen Geblüte entsproßen, II, 346. er wird als Geisel von Stockholm nach Dännemark 1518 geschleppet; entrinnt seinem Vetter Erich Bannern zu Callor in Jütland 1519, unter der Gestalt eines Ochsentreibers nach Lübeck, ib. er kommt nach Schweden zu den Dalekarlen; lehnt sich gegen die dänische Herrschaft auf; wird A. 21 Reichsgouverneur und A. 23 den 17 Jun. zu Stregnäß zum König erkläret, 346. - - als der vertriebene K. Christiern A. 31 sich in Norwegen ein- und starken Anhang gefunden, sucht zu dessen Faveur Gustav Trolle und Thuro Johannson die ohnehin schwürigen Dalekarler gegen den König aufzuwiegeln, XI, 43 f. - - der König macht gegen Christians Einbruch in Schweden Anstalten; bezeigt billige Unzufriedenheit gegen den König von Dännemark, wegen einiger Versehen, die dem K. Christian seinen Einbruch erleichtert, 44 f. - - K. Gustav sucht A. 39 auf dem Reichs-Tag zu Orebro das Erbrecht auf die Krone für seine Nachkommen, XX, 226. ein Schmaländer, Jonas, hindert die Sache, 227. dieses und die vielen Empörungen machen ihn verdrieslich, daß er A. 44 im Ernste die Krone auf dem Reichstag zu Arosen niederlegen will, ib. ihn von seinem Entschluße abzubringen, bewilligen die Stände seinen männlichen Nachkommen die Erbfolge schriftlich, 227. er macht A. 57 ein Testament, bestimmt jedem seiner 4 Söhne seinen Landes-Antheil, ib. stirbt 1560 den 29 Sept., II, 347. hatte zwo Gemalinnen Catharina, P. von S. Lauenburg, und Margaretha von Leuenhaupt. Kinder, XX, 226.

Gustav Adolph, König in Schweden, K. Carls IX mit Christina, H. Adolphs von Holstein Prinzeßin erzeugter Sohn, war 1594 den 9 Dec. geb. II, 351. er mag vermög seines gelinden Naturels seines

seines gewesenen Præceptors Skyttens Rath nicht befolgen, den Adel zu unterdrücken und seine Einkünfte durch Confiscationes ihrer Güter vermehren, sondern giebt vielmehr dem Axel Oxenstiern Gehör, dem schon gedrukten Adel wieder aufzuhelfen, ib. er erbt Kriege von seinem Vater mit den Dänen, Rußen und Polen, die er alle rühmlich führt, und A. 1613, 17 und 29 endigt, ib. er mischt sich A. 1630 in den teutschen Krieg, 351. allgemeiner Vorwurf der Catholiken und Kaiserlichen, daß die Evangelischen den K. Gustav Ad. nach Teutschland gerufen; welches die Evangelischen widersprechen und behaupten: der vom Kaiser gereizte König wäre von selbsten gekommen, XIX, 66 f. wie weit dieses bejahet oder verneinet werden kan, ist nicht schlechterdings aus der Münze und dem darauf befindlichen Sinnbilde, 65. zu entscheiden, 67. in der That wird der König schon A. 14 vom Landgr. Moritz in Heßen-Caßel zur Union eingeladen, auch vom K. Jacob I von England ersucht, sich zur Beyhülfe Churf. Friedrichs V von der Pfalz zu verbinden, 67. der polnische Krieg und das Mistrauen gegen Dännemark halten ihn ab, ib. aber die vom Wallenstein unternommene Belagerung Stralsunds

A. 28 veranlasset ihn, sich in die teutschen Händel zu legen, und derselben Stadt auf ihr Bitten seinen Beystand zu verheißen; wie der K. declariret, 68. es ist aber gewis, daß der K. seine Hülfe der Stadt erst angeboten, 68 f. niemand ist ihm bey seiner Ankunft auf teutschen Boden zugefallen, 69. was zwischen dem Könige und dem Herzog von Pommern für Unterhandlungen vorgegangen, bis sich der Herzog gezwungen gesehen, mit Schweden einen Vertheidigungsbund einzugehen, mit Vorbehalt seiner Pflichten gegen den Kaiser, Reich und Ober-Sachsen, 69. 70. selbst die mecklenburgischen vertriebenen Herzoge nehmen Anstand, ihre Zuflucht zum König zu nehmen; bis der Kaiser sie mit der Begnadigung auf die lange Bank von neuem geschoben, 70. wie sich Churbrandenburg geweigert, und unter welchem Vorwenden es die Vereinigung seiner Waffen mit den schwedischen abgelehnet, 70 f. Chursachsens ähnliche Entschuldigungen, und Absichten, wie weit man sich des Königs bedienen wolte, 71. Chursachsens Beyspiel folgen die zu Leipzig versammelten evangelischen Stände; die erst Zeit und Umstände abwarten wollen, sich aber doch rüsten, 71. darüber wird Magdeburg

deburg zerstört; wie der König, um die Schuld von sich abzulehnen, öffentlich kund gemacht, 71 f. wie Gustav Adolph vor Berlin gerückt, nach verlohrnem Magdeburg, und den Churfürsten gezwungen hat, die Neutralität aufzuheben, und nach seinem Willen zu leben, 72. die große Noth vor dem eindringenden Tilly zwingt Chur-Sachsen endlich, Parthey zu nehmen, ib. also haben weder Brandenburg noch Sachsen den König von Schweden verlanget, ib. zwar zwey Reichsstände, der Marggraf Christian Wilhelm, Administr. von Magdeburg, und die Landgräfin von Heßen-Caßel haben den K. um Hülfe angeflehet: nichts destoweniger sind sie es nicht gewesen, die den König zu kommen, am ersten bewogen haben, 72. - - der König setzet über den Lech; treibt die bayerische Armee mit großem Verlust an Mannschaft und ihres großen Feldherrn, des Tilly, den 5 Apr. 1632 zurück, X, 43. geht vor Augspurg, nimmt es ein; läßt sich huldigen und Münzen mit seinem Bild und Wappen daselbst schlagen, 43 - 48. hat wol nicht im Sinne gehabt, König in Schwaben zu werden, sondern sich nur durch die Huldigung, der Treue der Stadt, während des Krieges, versichern wollen, 48. - - der König belagert Ingolstadt vergeblich; läßt sich aber durch des französischen Gesandten zu München, Grafens von Etienne, Vorspieglungen, dem er wegen seiner Frechheit im Reden den Bart putzet, doch nicht abhalten, noch saumseelig machen, weiter in das, heimlich mit Frankreich verstandene, Bayern einzudringen, XIV, 204 f. als der Gesandte endlich sich vernehmen läßt, sein König würde seinen Freund nicht ruiniren, noch vielweniger die catholische Religion in Franken und Bayern ausrotten lassen, sondern 50000 Mann Hülfe denselben schicken; so versetzt der König: er wolle dem K. in Frankreich die Mühe ersparen, und mit 100000 nach Paris entgegen gehen, 206. der König nimmt

nimmt darauf Landshut, Freysingen und München ein, wo er sehr säuberlich verfäret, 206 f. f. München. - - Es wird dieser große König den 6 Nov. in der Schlacht bey Lützen erschossen 1632, II, 351. dieses unvergleichlichen Königs Vortreflichkeit und Vorzüge erhellen vornehmlich auch daraus, daß ihm selbige auch große Männer, die nicht seiner Religion waren, ja seine Feinde selbsten, nicht streitig machen, sondern wenn sie ihn auch schmähen wollen, in dem dannoch loben müßen, III, 194 f. was Pabst Urbanus VIII von ihm gesagt, als er dessen Tod vernommen, 195. wie Kaiser Ferdinand sich darüber bezeiget, 196. ein öfters bestätigter Lobspruch auf ihn war: Suecos exaltavit, 196 f. seine Gemalin und Kinder, f. Maria Eleonora. Ein lübeckischer Kaufmann der Bley in Gold habe verwandeln können, soll ihm einen Klumpen Gold von 100 Pfund geschenkt haben, XXI, 66 f.

Gustav Adolph, Herzog zu Mecklenburg-Güstrow, solte in der reformirten Religion erzogen werden, XXI, 268. wird aber seiner Frau Mutter aus den Armen gerissen und lutherisch unterwiesen, worinnen er auch standhaft verbleibt, ib. was er Kirchen und Schulen zum besten gethan, ib. seine Reimgedichte, ib.

Gustav, Gustavson, K. Gustav Adolphs natürlicher Sohn wird 1634 Bischof zu Osnabrück, X, 315. läst durch D. Gissenium von Rinteln reformiren, ib. resigniret nach dem XIII Artikel des westphälischen Friedens, gegen 80000 Thaler, die ihm Bischof Franz Wilhelm zalen muß, ib.

Gustav Samuel, Pfalzgraf zu Zweybrücken, geb. 1670. seine Eltern, IV, 178. dient den Holländern als Obristlieutenant, 179. quittirt 1696, reiset nach Ita=

Stalien, wird zu Rom catholisch, kriegt den Nahmen Leopold, ib. wird A. 97 kaiserlicher Obrister und ist bey der Schlacht bey Zenta, ib. sucht das Großmeistertum des constantinischen Ritterordens St. Georgii vergeblich, 179. geht darüber von Wien nach Frankreich, bekommt den Hubertsorden zu Strasburg 1715, 180. nimmt nach vernommenem Tod K. Carls XII, als nächster Agnat Besitz vom Herzogtum Zweybrück, 180. erweißt dem verstorbenen König die letzte Ehre; verstattet den Reformirten ihr Ober-Consistorium wieder; verordnet ein Collegium zu Verwaltung der Kirchen- und Klöster-Güter; giebt aber doch Anlaß zu Religionsbeschwerden, ib. macht sonst gute Regierungs-Anstalten, bauet, 180 f. sucht seine Gerechtsame auf die jülich- und veldenzische Erbschaft hervor, 181. um Kinder zu kriegen, scheidet er sich von seiner alten Gemalin Dorothea Pfalzgr. von Veldenz; fingirt Gewissensscrupel, ib. findet leicht beym Pabste Gehör, der die Ehe für nichtig erkläret, 182. vermählt sich den 13 May 1723 mit der Fräulen Louise Dorothea von Hofmann, die vorher catholisch geworden. Die wird in Reichsgräflichen Stand erhoben 1725, ib. ein französischer Brief, der nicht wol von dieser Heyrath urtheilte, bringt den geheimen Raths-Präsidenten Freyherrn von Schottenburg, der reformirt war, und die Heyrath nicht billigte, in große Ungnade, und Verfolgung beym Herzog; daraus ein schwerer Proceß entstanden, 182. 183. der Herzog stirbt 1731 ohne Kinder, 183.

Guttenberg, Johann, von Sorgenloch, genannt Gänsefleisch, warhafter Erfinder der Buchdruckerey, XIV, 353 f. welches in einem Gespräch erwiesen wird, 355-58. Ode auf ihn, 358 f.

Guzmann, Eleonora, Maitresse K. Alphonsi XI von Castilien, Mutter König Heinrichs von Castilien und mehrerer Kinder, wird aus Rache der Königin hingerichtet, VI, 51.